KB175911

비트겐슈타인(1889~1951)

▲비트겐슈타인의 누나 마르가레테 브람스에게 피아노를 배웠다.

◀아버지 카를 비트겐슈타인 오스트리아 철강재벌로, 1890년대 세계에서 가장 부유한 사람이었다.

가족사진 맨 오른쪽이 루트비히 비트겐슈타인이다.

▲기념우표와 비트겐슈타인의 악보

▼비트겐슈타인의 명판

비트겐슈타인의 중년기(1930년 무렵)

비트겐슈타인 가문의 음악 살롱　이 저택에 브람스, 말러, 멘델스존 같은 거장들이 드나들었다.

케임브리지 대학교　비트겐슈타인은 이 대학을 졸업한 다음, 철학 교수 러셀과 함께 강단에 섰다. 철학사에서 가장 운명적인 만남이었다.

비트겐슈타인이 직접 설계한 스톤보로우가(家) 하우스

세계사상전집039
Ludwig Wittgenstein
TRACTATUS LOGICO–PHILOSOPHICUS
PHILOSOPHISCHE UNTERSUCHUNGEN
VERMISCHTE BEMERKUNGEN
논리철학논고/철학탐구/반철학적 단장
루트비히 비트겐슈타인/김양순 옮김

동서문화사

논리철학논고/철학탐구/반철학적 단장
차례

일러두기

1. 이 책에 실린 글의 원전은 다음과 같다.

《논리철학논고》: Ludwig Wittgenstein, *Tractatus Logico-Philosophicus,* German -English, English trans. by C. K. Ogden and F. P. Ramsey, London : Routledge & Kegan Paul, 1922에서 독일어판(*Logisch-Philosophische Abhandlung*).

《철학탐구》: Ludwig Wittgenstein, *Philosophische Untersuchungen,* German -English, English trans. by G. E. M. Anscombe, Blackwell Publishers, 1958[Second Edition].

《반철학적 단장》: Ludwig Wittgenstein, *Vermischte Bemerkungen,* G.H. von Wright(Editor), Heikki Nyman(Editor), Alois Pichler(Editor), Frankfurt a/ M : Suhrkamp Verlag, 1994[Second Edition].

2. 《논리철학논고》와 《철학탐구》는 원저자가 괄호로 표시한 부분은 눈에 띄도록 모두 대괄호 안에 묶고, 독자의 이해를 돕기 위해 역자가 본문에 넣은 말들은 소괄호로 처리했다. 그리고 《반철학적 단장》은 별도로 〈편집 노트〉에 자세한 설명을 밝혀두었다.

3. 인명 및 지명은 외래어표기법을 기준으로 원어 발음에 가깝도록 표기했다.

Tractatus Logico-Philosophicus

논리철학논고

버트런드 러셀의 해설 [1]

　비트겐슈타인의 《논리철학논고》는 그 폭과 범위와 깊이에서 철학계의 중요한 사건으로 여겨질 만하다. 그것이 다루는 문제들에 궁극적인 진리를 제시한다고 평가되든 그렇지 않든 간에 말이다. 이 책은 기호 체계의 원리들 및 어떤 언어에서건 말과 사물들 사이에 이루어져야 할 필연적 관계들에서 출발한다. 나아가 이러한 탐구 결과를 전통 철학의 다양한 부문들에 적용함으로써, 저마다 어떻게 해서 전통적 철학과 전통적 해결책들이 기호 체계의 원리들에 대한 무지와 언어의 오용으로부터 발생했는가를 보여준다.

　처음에는 명제들의 논리적 구조와 논리적 추론의 본성이 다루어진다. 그다음 계속해서 인식론, 물리학의 원리, 윤리학, 그리고 마지막으로 신비주의(das Mystische)로 나아간다.

　비트겐슈타인의 책을 이해하려면, 그가 어떤 문제에 관심을 보이는지부터 깨달아야 한다. 그의 이론 중 기호 체계를 다루는 부분에서, 그는 논리적으로 완전한 언어로써 충족되어야 할 조건들을 문제 삼는다. [2] 언어에 관해서는 여

---

1) 이 해설은 '버트런드 러셀이 쓴 서문'으로서 《논리철학논고》에 첨부된 것이다. 당시 러셀은 비트겐슈타인을 매우 높게 평가하고 있었으나, 비트겐슈타인은 무명의 젊은이에 지나지 않았다. 그래서 난항을 겪는 출판 교섭 중에 러셀이 서문을 쓰기를 자청했으며, 그로 인해 가까스로 출판의 길이 열렸다.

　그러나 비트겐슈타인은 러셀의 이 서문이 만족스럽지 않았다. 비트겐슈타인이 러셀에게 보낸 편지에서 다음과 같은 말을 볼 수 있다. "당신 원고의 매우 많은 부분에 나는 완전히는 동의할 수 없습니다. 당신이 나를 비판하는 부분도 그렇지만, 내 견해를 그저 설명하려는 부분 또한 마찬가지입니다."(《일기(Tagebücher) 1914~1916》 부록Ⅲ, 1920년 4월 9일) "당신의 서문은 인쇄되지 않을 것입니다. 결과적으로 내 책도 인쇄되지 않겠지요.—왜냐하면 서문의 독일어 번역을 보니, 그것을 내 글과 함께 출판할 결심이 도저히 서지 않습니다. 영문에서 보이던 당신의 세련된 문체를 독일어 번역에서는—당연하다고 말하면 당연하겠으나—잃었으며, 뒤에 남겨진 것은 단지 천박함, 그리고 오해뿐이기 때문입니다."(같은 책, 1920년 5월 6일)

2) 여기에서는 《논리철학논고》에 대한 러셀의 근본적인 오해를 볼 수 있다. 러셀은 《논리철학논

러 가지 문제가 있다. 첫째로, 우리가 무엇인가를 의미하려는 의도로 언어를 쓸 때 우리의 마음속에선 실제로 어떤 일이 일어나는가? 이 문제는 심리학에 속한다. 둘째로, 사고와 낱말 또는 문장, 그리고 그것들이 지시하거나 의미하는 것 사이에는 어떤 관계가 있는가? 이 문제는 인식론에 속한다.[3] 셋째로, 거짓보다는 진리를 전하기 위해서 문장들을 사용하는 문제가 있다. 이는 문제된 문장들의 주제를 다루는 특수 과학들에 속한다. 넷째로, (문장과 같은) 하나의 사실이 다른 하나의 사실에 대한 상징이 될 수 있으려면, 그것들은 서로 어떤 관계를 맺어야 하는가? 이 마지막 문제는 논리적 문제이다. 그리고 이것이 비트겐슈타인이 관심을 기울이는 문제이기도 하다. 그는 정확한 기호 체계들, 즉 한 문장이 어떤 매우 확정된 것을 '의미'하는 기호 체계의 조건들을 문제 삼는다. 실제로 언어는 언제나 다소간 모호하므로 우리가 주장하는 바는 그리 정확하지 않다. 따라서 논리학은 기호 체계에 관해서 다루어야 할 두 가지 문제를 지닌다. (1) 기호들의 조합이 난센스가 아니라 어떤 뜻을 지니기 위한 조건들 (2) 기호들 또는 그것들의 조합이 의미 또는 지시의 유일성을 지니기 위한 조건들. 논리적으로 완전한 언어는 난센스를 방지하는 구문규칙과, 언제나 일정하고 유일한 의미를 지니는 단일한 기호를 갖춘다. 비트겐슈타인은 논리적으로 완전한 언어의 조건들에 관심을 기울인다. 이 말은 어떠한 언어건 논리적으로 완전하다거나 여기서 당장 구성할 수 있다는 것이 아니라, 언어의 전체 기능은 의미를 얻는 데 있으며 또 언어는 우리가 요청하는 이상 언어(理想言

<hr />

고)를 불완전한 일상 언어에서 출발하여 '이상 언어'로 향하려는 시도로 파악하고 있다. 하지만 비트겐슈타인의 방향은 전혀 다르다. 일상 언어는 논리적으로 완전하다고 생각한다. 《논리철학논고》가 행하려는 것은 일상 언어를 분석하여, 그것이 지닌 참된 진리적 구조를 밝히는 일이다. 이상 언어를 추구하려는 이념은 오히려 러셀 자신의 것이며, 비트겐슈타인은 바로 그점을 비판하는 것이다.

3) 사고, 낱말, 문장과 그것이 의미하는 바의 관계를 '인식론의 문제'로 삼는 것은 러셀의 입장이다. 흥미롭게도 《논리철학논고》 집필 과정에서 비트겐슈타인은 의미론을 인식론에 근거하게 하는 러셀의 입장을 비판하며, 러셀 또한 그 비판을 인정하여 집필 중이었던 저술을 단념했다(《논리철학논고》 역주83 참조). 만약 이 부분에서 또다시 의미론을 인식론에 근거하려 하는 러셀의 입장을 엿볼 수 있다면, 러셀은 비트겐슈타인이 무엇을 비판했는지를 이해했기 때문이 아니라 그 비판에 굴하여 책을 중지한 것이 된다. 그 무렵 러셀이 비트겐슈타인에게 품었던 경외심을 생각한다면 그런 일도 가능했으리라.

語)에 접근하는 정도에 비례해서만 이러한 기능을 수행한다는 것이다.[4]

　언어의 본질적인 일은 사실들을 주장 또는 부정하는 것이다. 한 언어의 구문론이 주어지면, 한 문장의 의미는 그 구성 낱말들의 의미가 알려지자마자 곧 확정된다. 어떤 문장이 어떤 사실을 주장하기 위해서는, 그 언어가 어떻게 구성되어 있건, 그 문장의 구조와 사실의 구조 사이에는 공통적인 무엇이 있어야 한다. 아마 이것이 비트겐슈타인의 이론 중 가장 근본적인 논제일 것이다. 그는 주장하기를, 문장과 사실 간에 공통적이어야 하는 구조는 다시 언어로 말할 수 없다고 한다. 그의 표현에 따르면, 그것은 오직 보일 뿐이며, 말로 할 수는 없다. 왜냐하면 우리가 무엇을 말하건, 그것은 여전히 같은 구조를 갖추어야 하기 때문이다.

　이상 언어의 첫 번째 요건은, 모든 단순체는 저마다 하나씩 이름이 있어야 하며, 2개의 다른 단순체에 결코 같은 이름이 붙어서는 안 된다. 이름은 기호에 해당하는 부분들을 지니지 않는다는 뜻에서 단순한 기호이다. 논리적으로 완전한 언어에서는, 단순하지 않은 것이 단순한 기호를 갖지는 않을 것이다. 전체에 대한 기호는 부분들에 대한 기호들도 포함하는 '복합체'가 될 것이다. 뒤에 밝히겠지만, '복합체'에 관해 이야기할 때, 우리는 철학적 문법의 규칙들을 위반하고 있다. 그러나 이는 처음에는 불가피한 것이다. "철학적인 문제들에 관해 쓴 대부분의 명제들과 물음들은 거짓이 아니라, 무의미하다.[5] 그런 까닭에 우리는 이런 종류의 물음들에 대해 결코 답할 수 없고, 다만 그것들의 무의미성을 주장할 수 있을 뿐이다. 철학자들의 물음이나 명제들은 대부분 우리가 우리의 언어 논리를 이해하지 못하는 데에 기인한다. 그것들은 선(善)과 미(美)가 거의 동일한가 하는 물음과 같은 종류이다"(4.003). 세상에서 복합적인 것은 사실이다. 다른 사실들로 합성되지 않은 사실은 비트겐슈타인의 이른바 '사태(Sachverhalt)'이다. 반면에 둘 또는 그 이상의 사실들로 이루어진 하나의 사실은

---

4) 여기에서 '버트런드 러셀의 해설' 역주2에서 말한 오해가 나타난다.
5) 러셀은 비트겐슈타인의 '무의미(sinnlos)'와 '난센스(unsinnig)'의 구별에 무관심하다. 《논리철학논고》에서는 '난센스'라고 번역되는 부분인데, 여기에서는 러셀의 영문 인용에 근거하여 '무의미'하다고 번역했다. 이하의 부분에서도 인용은 러셀의 영문에 근거하며, 반드시 《논리철학논고》 본문과 일치하지는 않는다.

'사실(Tatsache)'이다.[6] 예컨대 "소크라테스는 현명하다"는 하나의 사실일 뿐 아니라 사태인 데 반해서, "소크라테스는 현명하고, 플라톤은 그의 제자이다"는 하나의 사실이긴 하나 사태는 아니다.

그는 언어적 표현을 기하학에서의 투영에 비유한다. 기하학적 도형은 여러 가지 방식으로 투영될 수 있을 것이다. 저마다의 이러한 방식들은 상이한 언어에 대응하지만, 원래 도형의 투영적 속성들은 이러한 방식들 중 어느 것이 채택되더라도 변하지 않고 남아 있다. 이러한 투영적 속성들은 그의 이론에서, 명제가 사실을 주장하려면 명제와 사실이 공통으로 가져야 하는 것에 대응한다.

이는 단순한 예를 들어 생각해 보아도 명백하다. 이름 둘을 쓰지 않고서 두 사람—이 사람들은 단순체들로 취급될 수 있다고 가정하자—에 관해 어떤 진술을 하기란 불가능하다. 그리고 그 두 사람 사이의 어떤 관계를 주장하려면, 당신의 주장을 담은 문장이 필연적으로 그 두 이름 사이의 관계를 확립하게 될 것이다. 만일 우리가 "플라톤은 소크라테스를 사랑한다"고 말한다면, '플라톤'이라는 낱말과 '소크라테스'라는 낱말을 묶는 '……은 ……를 사랑한다'는 표현이 그 두 낱말 사이의 타당한 관계를 확립한다. 그리고 이러한 사실 덕분에 우리의 문장은 '플라톤'과 '소크라테스'라는 낱말들로 불린 사람들 사이의 관계를 주장할 수 있는 것이다. "복합기호 'aRb'는 a가 b에 대해 R이라는 관계에 있음을 말하는 것이 아니라, 'a'가 'b'에 대해 어떤 관계에 놓여 있다는 것이 aRb임을 말한다"(3.1432).

비트겐슈타인은 다음과 같은 진술과 더불어 그의 기호 체계론을 시작한다. "우리는 사실의 상(像)을 그린다"(2.1). 그에 따르면, 상이란 현실의 모형(模型)이다. 그리고 현실 속의 대상들에 상의 요소들이 대응한다. 상 자체가 하나의 사실이다. 사물들이 서로 이러이러한 관계를 맺는다는 사실은 상 속에서 그 요소들이 서로 타당한 관계를 맺는다는 사실로써 표현된다. "상과 모사된 것 속에 뭔가 동일한 것이 있어야, 그 사실이 다른 사실의 상이 될 수 있다. 상이 현실을 상이라는 방식으로—올바르게 또는 그르게—표현하기 위해 현실과 공동으로 가져야 하는 것이 사상 형식이다"(2.161, 2.17).

---

6) '사태'와 '사실'에 관한 이 설명은 정확하지 않다(《논리철학논고》 역주6 참조).

우리가 어떤 뜻에서건 상이 되는 데 본질적인 만큼의 유사성만을 함축하고자 할 때, 다시 말해서 논리형식의 동일성 이상을 함축하고자 원하지 않을 때, 우리는 현실의 논리상에 관하여 이야기한다. 그에 따르면, 사실의 논리상이 사고(Gedanke)이다. 상은 사실에 대응하거나 대응하지 않을 수 있으며, 따라서 참이거나 거짓일 수 있다. 그러나 그 어느 쪽이건 상은 논리형식을 사실과 공유한다. 그가 어떤 뜻으로 상에 관해 이야기하는가는 그의 다음 진술로 예증된다. "음반(音盤), 악상(樂想), 악보(樂譜), 음파(音波)는 모두 서로에 대해 언어와 세계 사이에 성립하는 내적 묘사 관계에 있다. 즉 그 모두에 공통된 논리적 구성이 있다. (동화 속에 나오는 두 젊은이와 그들의 말 두 마리와 백합들처럼. 어떤 의미에서 그것들은 모두 하나다)"(4.014). 명제가 사실을 표현할 가능성은, 명제 속에서 대상들이 기호들로써 표현된다는 사실에 기초한다. 이른바 논리적 '상항(常項)들'은 기호를 통해 표현되지는 않으며, 사실의 논리형식과 마찬가지로 명제 속에 현존하고 있다. 명제와 사실은 동일한 논리적 '다수성(多數性)'을 보여야 하며, 이 논리적 다수성 자체는 사실과 상이 공유해야 하므로 표현될 수 없다. 비트겐슈타인은 고유하게 철학적인 모든 것은 오직 보여질 수 있는 것에, 즉 사실과 그 논리상 사이에 공통적인 것에 속한다고 주장한다. 이러한 견해로부터 나오는 결과는, 철학에서 올바른 명제란 아무것도 없다는 것이다. 모든 철학적 명제는 문법 위반이다. 그리고 철학적 논의를 통해 우리가 성취할 수 있는 최선의 결과는, 철학적 논의의 오류를 사람들이 보게끔 하는 것이다. "철학은 자연과학들 중의 하나가 아니다. ('철학'이란 낱말은 자연과학과 나란히 있는 것이 아니라, 그 위나 아래에 있는 어떤 것을 의미해야 한다.) 철학의 목적은 사고의 논리적 명료화(明瞭化)이다. 철학은 이론이 아니라 활동이다. 철학 활동의 본질은 해명이다. 철학의 성과는 '철학적 명제'가 아니라, 명제의 명확화이다. 철학은 말하자면 불투명하고 흐릿한 사고들을 명료하게 만들고 뚜렷하게 경계 지어야 한다"(4.111 및 4.112). 이러한 원리에 따르면, 비트겐슈타인의 이론을 이해하도록 독자들을 인도하는 데에서 말한 것들은 모두 그 이론 자체 때문에 의미를 잃은 것들이다. 이러한 단서와 함께, 그의 체계 밑에 놓여 있는 세계상을 전달하려 노력할 것이다.

세계는 사실로 이루어져 있다. 엄격히 말해서 사실은 정의될 수 없다. 그러나 우리가 의미하는 바는, 사실은 명제를 참 또는 거짓으로 만드는 것이라고 말함으로써 설명될 수 있다. 사실은 사실을 부분으로 포함할 수도 있고 포함하지 않을 수도 있다. 예를 들어 "소크라테스는 현명한 아테네 시민이었다"는 '소크라테스는 현명했다'와 '소크라테스는 아테네 시민이었다'라는 2개의 사실로 이루어져 있다. 사실로 된 부분이 없는 사실을 비트겐슈타인은 사태라고 부른다. 이것은 그가 원자적(原子的) 사실[7]이라고 부르는 것과 같은 것이다. 원자적 사실은 사실로 된 부분을 포함하지는 않지만, 그럼에도 불구하고 구성 부분을 내포한다. 만일 우리가 '소크라테스는 현명하다'를 하나의 원자적 사실로 간주할 수 있다면, 그것은 '소크라테스'와 '현명하다'라는 구성 요소를 포함하고 있음을 알 수 있다. 원자적 사실이 가능한 한 완전히 분석된다면(이는 이론적 가능성이지, 실제적 가능성을 의미하는 것은 아니다), 궁극적으로 그 구성 요소들은 '단순체' 또는 '대상'이라 불릴 수 있을 것이다. 비트겐슈타인은 우리가 단순체를 실제로 분리하여 그것에 관해 경험적 지식을 얻을 수 있다고 주장하지는 않는다. 그것은 전자(電子)처럼, 이론에 의해 요청되는 논리적 필연성이다. 그가 단순체들이 존재해야 한다고 주장하는 근거는 모든 복합체가 저마다 하나의 사실을 전제한다는 점이다. 사실들의 복합성이 유한하다고 가정할 필요는 없다. 비록 모든 사실이 저마다 무한개의 원자적 사실로 이루어져 있고, 모든 원자적 사실이 무한개의 대상으로 이루어져 있다고 할지라도, 대상과 원자적 사실은 그래도 존재할 것이다(4.2211). 이러이러한 복합체가 존재한다는 주장은 그 구성 요소들이 이러이러한 방식으로 관련되어 있다는 주장일 뿐이며, 이는 어떤 한 사실의 주장이다. 따라서 우리가 복합체에 이름을 부여한다면, 그 이름은 타당하며 참인 명제, 즉 그 복합체의 구성 요소들의 관련성을 주장하는 명제의 참을 통해서 의미를 얻는다. 따라서 복합체들에 대한 명명(命名)은 명제를 전제하고, 명제는 단순체의 명명을 전제한다. 이런 방식으로 단순체에 대한 명명은 논리학에서 논리적 출발점임을 볼 수 있다.

모든 원자적 사실들이 알려짐과 동시에, 그것들이 원자적 사실 전부라는 사실이 알려지면 세상은 완전히 기술된다. 세상은 그 속에 있는 대상들을 단지

---

7) '원자적 사실'이라는 용어는 비트겐슈타인이 쓰는 용어가 아니다. 또한 '사태'를 '원자적 사실'로서 파악하는 것은 잘못이다(《논리철학논고》 역주6 참조).

명명함으로써 기술되지는 않는다. 이 대상들을 구성 요소로 가지는 원자적 사실들을 또한 알아야 할 필요가 있다. 원자적 사실들의 총체가 주어지면 모든 참인 명제는, 아무리 복합적이더라도 이론적으로 추론할 수 있다. 원자적 사실을 주장하는 (참 또는 거짓인) 명제는 원자명제[8]라고 불린다. 모든 원자명제들은 논리적으로 서로 독립적이다. 어떠한 원자명제도 다른 원자명제를 함축하거나 다른 원자명제와 모순되지 않는다. 따라서 논리적 추론은 원자적이 아닌 명제들과 관계하는 것이 전부다. 원자적이 아닌 이러한 명제들은 분자명제라고 불릴 수 있을 것이다.

분자명제에 관한 비트겐슈타인의 이론은 진리함수의 구성에 관한 그의 이론을 축으로 한다.

명제 p의 진리함수는 p를 포함하면서 그 전체의 참·거짓이 오직 p의 참·거짓에 달려 있는 명제이다. 마찬가지로, 여러 명제 p, q, r ……의 진리함수는 p, q, r ……을 포함하면서 그 참·거짓이 오직 p, q, r ……의 참·거짓에 달려 있는 명제이다. 언뜻 보면 마치 진리함수 외에도 명제의 함수가 있는 것처럼 보일지도 모른다. 예를 들어 'A는 p라고 믿는다'가 그러할 것이다. 왜냐하면 일반적으로 A는 참인 명제와 거짓인 명제를 믿기 때문이다. A가 예외적으로 지능적인 인물이 아니라면, 우리는 그가 p를 믿는다는 사실로부터 p는 참, p를 믿지 않는다는 사실로부터 p는 거짓이라고 추론할 수는 없다. 다른 외견상의 예외들은, 'p는 매우 복잡한 명제이다' 또는 'p는 소크라테스에 관한 명제이다'와 같은 것들이다. 그러나 곧 밝힐 이유들 때문에, 비트겐슈타인은 이러한 예외들이 단지 겉보기에만 그러할 뿐이며, 실제로 명제의 함수 저마다는 모두 진리함수라고 주장한다. 이로부터 나오는 결론은, 우리가 진리함수를 일반적으로 정의할 수 있다면 우리는 원자명제의 집합에 의해서 모든 명제에 대한 일반적 정의를 얻을 수 있다는 것이다. 비트겐슈타인은 계속해서 이 일에 착수한다.

어떤 명제 집합의 모든 진리함수가 'p가 아니거나 q가 아니다($\sim p \lor \sim q$)'나 'p가 아니고 q도 아니다($\sim p . \sim q$)'라는 두 함수의 어느 하나로부터 구성될 수 있다는 점은 셰퍼(Scheffer) 박사가 밝힌 바 있다(《미국수학회보(Trans. Am. Math. Soc.)》

---

8) '원자명제'라는 용어는 《논리철학논고》에서는 '요소명제'라고 불린다.

14권 pp.481~488). 비트겐슈타인은 셰퍼 박사의 작업에 대한 지식을 전제하면서, 후자를 이용하고 있다. '∼p.∼q'로부터 다른 진리함수들이 구성되는 방식은 알기 쉽다. '∼p.∼p'는 '∼p'와 동등하고, 이로써 우리의 기초 함수를 통해 부정에 대한 정의를 얻는다. 따라서 우리는 'p∨q'를 정의할 수 있다. 왜냐하면 이는 '∼p.∼q'의 부정, 즉 기초 함수의 부정이기 때문이다. '∼p'와 'p∨q'로부터 다른 진리함수들로의 전개는 《수학원리(Principia Mathematica)》 첫머리에 자세히 기술되어 있다. 이는 우리의 진리함수의 입력항이 되는 명제들이 열거될 때 필요한 모든 것을 제공한다. 그러나 비트겐슈타인은 매우 흥미로운 분석에 의해서 그 과정을 일반적 명제에까지, 즉 진리함수의 입력항이 되는 명제들이 열거되지 않고, 어떤 조건을 만족시키는 모든 것으로서 주어지는 경우에까지 확장하는 데 성공했다. 예를 들어 fx가 명제함수(명제를 값으로 출력하는 함수)라고 하자. 그러면 fx의 다양한 값은 명제의 집합을 형성한다. 우리는 '∼p.∼q'라는 관념을 확장해서, fx의 값이 되는 모든 명제를 동시적 부정에까지 적용할 수 있을 것이다. 이런 방식으로 우리는 수리논리학에서 보통 'fx는 x의 모든 값에 대해 거짓이다'라는 말로 표현되는 명제에 도달한다. 이것의 부정은 'fx를 참으로 하는 x가 적어도 하나는 존재한다'라는 명제, '(∃x).fx'로 표현되는 명제가 될 것이다. 만일 우리가 fx 대신에 'fx가 아니다'로부터 출발하였더라면, 우리는 'fx는 x의 모든 값에 대해 참이다'라는 명제 '(x).fx'에 도달했을 것이다. 일반명제[즉 '(x).fx'와 '(∃x).fx']를 다루는 비트겐슈타인의 방법은 다음과 같은 점에서 이전의 방법들과 다르다. 일반성은 관련된 명제들의 집합을 특정할 때 비로소 나타나며, 그리고 명제 집합이 특정되면 진리함수의 구성은 유한개의 입력항 p, q, r······의 경우와 꼭같이 진행된다.

이 점에 관해서 자신의 기호 체계에 대한 비트겐슈타인의 설명은 이 책 속에 그리 충분하게 주어져 있지 않다. 그가 사용하는 기호는 다음과 같다.

$$[\bar{p}, \bar{\xi}, N(\bar{\xi})]$$

다음은 이 기호에 대한 설명이다.

p̄는 모든 원자명제 전체를 나타낸다.

ξ̄는 명제들의 임의의 집합을 나타낸다.

N(ξ̄)는 ξ̄를 이루는 모든 명제의 부정을 나타낸다.

[p̄, ξ̄, N(ξ̄)]라는 기호 전체는, 원자명제들에서 임의의 선택을 하여 그 모두를 부정한 다음 그 원래의 명제들 중 임의의 것과 방금 얻어진 명제들의 집합에서 임의의 선택을 함으로써—이 과정은 무한히 반복된다—얻어질 수 있는 모든 것을 의미한다. 그는 이것이 일반적 진리함수이며, 또한 명제의 일반 형식이라고 말한다. 그가 의미하는 것은 보기보다는 덜 복잡하다. 그 기호는 원자명제가 주어졌을 때 다른 모든 명제들이 생산될 수 있도록 도와주는 과정을 기술하려고 의도된 것이다. 그 과정은 다음에 근거한다.

(a) 모든 진리함수는 동시적 부정으로부터, 즉 '~p.~q'로부터 얻어질 수 있다는 셰퍼의 증명.

(b) 연언(連言)과 선언(選言)[9]으로부터 일반명제들을 도출해 내는 비트겐슈타인의 이론.

(c) 명제는 오직 진리함수의 입력항으로서만 다른 명제 속에 나타날 수 있다는 주장.

이 세 가지 기초가 주어지면, 원자적이 아닌 명제는 모두 원자명제로부터 일정한 방법을 통해 도출될 수 있다는 결론이 나온다. 비트겐슈타인의 기호가 나타내는 것은 이 방법이다.

이러한 일률적인 구성 방법으로부터 우리는 논리학에 속하는 명제들을 정의할 수 있을 뿐 아니라, 추론 이론을 놀랄 만큼 단순화시킬 수 있다. 방금 기술된 생성 방법은 비트겐슈타인으로 하여금, 모든 명제들이 위와 같은 방식으로 원자명제로부터 구성될 수 있으며, 이런 방법으로 명제들의 총체가 정의된다고 주장할 수 있게 한다. (우리가 앞에서 언급한 외견상의 예외들은 나중에 우리

---

9) '연언(連言)'이란 '논리곱'(그리고)을, '선언(選言)'이란 '논리합'(또는)을 말한다.

가 고찰하게 될 방식으로 다루어진다.) 이리하여 비트겐슈타인은 다음과 같이 주장할 수 있다. 즉 명제란 원자명제의 총체(및 그것이 원자명제의 총체라는 사실)로부터 나오는 모든 것이며, 하나의 명제는 언제나 원자명제의 진리함수이다. 만일 p가 q로부터 나온다면 p의 의미는 q의 의미 속에 포함되어 있고, 또 이로부터 당연히 어떤 것도 하나의 원자명제로부터는 연역될 수 없다는 결과가 나온다는 것이다. 그는 논리학의 모든 명제들은 예컨대 'p이거나 p가 아니다'와 같은 동어반복이라고 주장하는 것이다.

원자명제로부터는 아무것도 연역될 수 없다는 사실은 예컨대 인과성에 대해 흥미롭게 적용된다. 비트겐슈타인의 논리에서는 인과 연쇄 같은 것은 있을 수 없다. 그는 "미래의 사건들을 현재의 사건들로부터 추론할 수 없다. 인과 연쇄에 대한 믿음(信)은 미신(迷信)이다"라고 말하고 있다. 내일도 태양이 떠오르리라는 것은 가설이다. 우리는 사실 그것이 떠오를지 여부를 알지 못한다. 왜냐하면 어떤 사건이 일어났기 때문에 다른 어떤 것이 일어나야만 할 강제성은 존재하지 않기 때문이다.

이제 다른 주제, 즉 이름이라는 주제를 택하여 보자. 비트겐슈타인의 이론적 논리 언어에서 이름은 오직 단순체에게만 주어진다. 우리는 하나의 사물에 2개의 이름을 주거나 2개의 사물에 하나의 이름을 주어선 안 된다. 그에 따르면, 명명될 수 있는 사물들의 총체, 달리 말해서 세상에 존재하는 것들의 총체를 기술할 수 있는 길은 없다. 그런 기술을 하려면 우리는 모든 사물 각각에 논리적 필연성에 의해서 갖춰진 어떤 속성을 알아야 할 것이다. 사람들은 그런 속성을 자기동일성에서 찾아보려고 시도해 왔다. 그러나 동일성 개념은 비트겐슈타인에게 결정적이고 파괴적인 비판을 받는다. 식별 불가능한 것들의 동일성에 의한 동일성 정의는 거부된다. 왜냐하면 식별 불가능한 것들의 동일성은 논리적으로 필연적인 원리가 아닌 것으로 여겨지기 때문이다. 이 원리에 따르면, x의 모든 속성이 y의 속성이라면 x는 y와 동일하다. 그러나 2개의 사물이 완전히 같은 속성들을 가지는 것은 결국 논리적으로는 가능할 것이다. 만일 이런 일이 현실에서는 일어나지 않는다면, 그것은 세상의 우연적 특징이지 논리적으로 필연적인 특징은 아니다. 그리고 물론 세상의 우연적 특징은 논리의 구조 속에 포함되어선 안 된다. 따라서 비트겐슈타인은 동일성을 버리고, 상이한 글자들은 상이한 것들을 의미하도록 규정하고 있다. 실제로는, 동일성은 이름과 기술(記述) 사이에서, 또는 기술과 기술 사이에서 필요하다. 그것은 '소크라테스는 독미나리를 마신 철학자'나 '짝수의 소수(素數)는 1 다음의 수다'와 같은 명제들을 위해 필요하다. 동일성의 이러한 사용은 비트겐슈타인의 체계에서 쉽게 제공된다.

동일성의 거부는 사물들의 총체에 관해 이야기하는 한 가지 방법을 배제한다. 그리고 제안될 수 있는 다른 방법도 마찬가지로 모두 잘못임이 드러날 것이다. 적어도 비트겐슈타인은 그렇게 주장하며, 내 생각에 그 주장은 옳다. 이는 결국 '대상'이란 개념이 유사 개념이라고 말하는 것과 같다. 'x는 대상이다'라고 말하는 것은 아무것도 말하지 않는 것이다. 이로부터 나오는 결과는, 우리는 '세상에는 셋 이상의 대상이 존재한다'거나 '세상에는 무한히 많은 대상이 존재한다'는 식의 진술을 할 수 없다는 것이다. 대상은 어떤 확정된 속성과 연관해서만 언급될 수 있다. 우리는 '사람이라는 대상이 셋 이상 존재한다'거나 '붉은 대상이 셋 이상 존재한다'고는 말할 수 있다. 왜냐하면 이 진술에서는 '대상'이 논리학의 언어에 있는 변항(變項)으로 대체될 수 있기 때문이다. 그 변항은 첫 번째 경우에는 'x는 사람이다'란 함수를 만족시키며, 두 번째 경우에는 'x는 붉다'란 함수를 만족시킨다. 그러나 우리가 '대상이 셋 이상 존재한다'고 말하려 할 때는, 이렇게 '대상'이란 낱말에 변항을 대입하는 것은 불가능하며, 따라서 우리는 그 명제가 의미를 잃었음을 알게 된다.

여기서 우리는 비트겐슈타인의 근본적 논제 중 하나, 즉 세상 전체에 관해서는 어떤 말도 불가능하며, 말할 수 있는 것은 세상의 제한된 부분뿐이라는 논제와 접하게 된다. 이러한 견해는 원래 표기법을 통해 도출되었을 수도 있다. 그리고 그 점은 그 견해를 위해서는 유리하다. 왜냐하면 훌륭한 표기법은 미묘성과 시사성을 지녀서, 때로는 거의 살아 있는 선생처럼 보이기 때문이다. 표기법의 부정확성은 종종 철학적 오류의 징후이며, 완전한 표기법은 사고의 대용품일 것이다. 그러나 논리가 세상 전체가 아니라 세상 내부에 있는 사물들에 제한되어야 함을 비트겐슈타인에게 처음 시사한 것은 표기법이었을지 몰라도, 일단 제안되고 나서 보면, 그 견해를 추천할 만한 점은 그 밖에도 많은 것으로 보인다. 나로서는 그것이 궁극적으로 옳은지 여부를 공언하지는 못하겠다. 이 해설에서 나의 역할은 그 견해를 설명하는 것이지, 그에 대해 판단을 내리는 것이 아니다. 그의 견해에 따르면, 우리는 오직 세상 밖으로 나갈 수 있을 경우에만, 다시 말해서 그것이 우리에 대해서 세상 전체가 되기를 중지할 경우에만 그것에 관해서 뭔가를 말할 수 있을 것이다. 우리의 세상을 위에서 내려다볼 수 있는 우월한 존재에게는 우리의 세상이 한계 지어져 있을지도 모른다. 그러나 우리에게는 세상이 제아무리 유한하다 할지라도, 그 바깥에는 아무것도 없기 때문에, 세상은 한계가 있을 수 없다. 비트겐슈타인은 시야(視野)를 유추로서 사용하고 있다. 우리의 시야는 그 바깥에 아무것도 없다는 이유 때문에, 우리에게는 시각적 한계를 가지고 있지 않다. 그와 마찬가지로 우리의 논리적 세상은 논리적 한계를 가지고 있지 않다. 왜냐하면 우리의 논리는 그 바깥에 있는 것에 관해서는 아무것도 모르기 때문이다. 이러한 고찰들은 그를 유아론(唯我論)에 관한 좀 괴상한 논의로 이끌어간다. 그는 말하기를, 논리가 세상을 가득 채우고 있다고 한다. 세상의 한계는 논리의 한계이기도 하다. 그러므로 논리에서는, 우리는 세상에 이것들은 있지만 저것은 없다고 말할 수 없다. 왜냐하면 그렇게 말하는 것은 언뜻 우리가 어떤 가능성들을 배제한다는 것을 전제할 터인데, 이는 사실일 수 없기 때문이다. 왜냐하면 그러한 전제는 마치 논리가 세상의 한계를 바깥쪽에서도 관조할 수 있을 것처럼, 논리가 세상의 한계를 초월할 것을 요구할 것이기 때문이다. 생각할 수 없는 것을 우리는 생각할 수 없다. 그러므로 우리는 생각할 수 없는 것을 말할 수도 없다.

그는 이것이 유아론에 대한 열쇠를 준다고 말한다. 유아론이 의도하는 것은 전적으로 옳다. 그러나 그것은 들을 수는 없고, 볼 수만 있을 뿐이다. 세상이 나의 세상이라는 것은, 언어(내가 이해하는 유일한 언어)의 한계가 나의 세상의 한계를 가리킨다는 사실에서 나타난다. 형이상학적 주체는 세상에 속하는 것이 아니라, 바로 세상의 한계이다.

다음으로 우리는, 예컨대 'A는 p라고 믿는다'와 같이, 언뜻 보기에는 자기가 포함하는 명제의 진리함수가 아니라고 보이는 분자명제의 문제를 다루어야 한다.

비트겐슈타인은 이 주제, 모든 분자 문제는 진리함수라는 자신의 입장을 진술하는 맥락에서 도입하고 있다. 그는 이렇게 말한다(5.54). "일반적 명제 형식에서 명제는 오직 진리 연산의 기초로서 다른 명제 속에 나타난다." 그는 계속해서 이렇게 말한다. 얼핏 보면 명제는 예컨대 'A는 p라고 믿는다'처럼 다른 방식으로도 나타날 수 있는 것처럼 보인다. 표면상으로 여기서 명제 p는 대상 A에 대해 어떤 종류의 관계에 있는 것처럼 보인다. "그러나 'A는 p라고 믿는다', 'A는 p라고 생각한다', 'A는 p라고 말한다'가 'p는 p를 말한다'라는 형식이다. 그리고 여기서 문제는 사실과 대상의 대응관계가 아니라 대상과 대상의 대응을 통해 주어지는 사실들 간의 상관관계이다"(5.542).

비트겐슈타인이 여기서 말하고 있는 바는 너무나도 간결해서, 그가 관심을 가지고 있는 논쟁들을 염두에 두고 있지 않은 사람에게는 그 요점이 분명하지 않을 것 같다. 그가 동의하지 않는 이론은 나의 《철학논문집(Philosophical Essays, 1910)》과 《아리스토텔레스 협회 회보(Proceedings of the Aristotelian Society, 1906~1907)》에 실려 있는 참과 거짓의 본성에 대한 나의 논문이다. 여기서 논하는 문제는 믿음의 논리형식 문제, 즉 사람이 어떤 것을 믿을 때 일어나는 것을 표현하는 도식은 무엇인가 하는 문제이다. 물론 이 문제는 믿음에 대해서뿐만 아니라 의심, 숙고, 욕구 등 이른바 명제적 태도라고 할 수 있는 다른 심적 현상들에도 역시 적용된다. 이 모든 경우에, 그 현상을 'A는 p라고 의심한다', 'A는 p라고 바란다' 등의 형식으로 나타내는 것은 자연스러워 보이는데, 그것은 마치 우리가 사람과 명제 사이의 관계를 다루는 것처럼 보이게 한다. 물론 이것은 궁극적인 분석일 수 없다. 왜냐하면 사람이니 명제니 하는 것들은, 그것들이 그 자체로 사실들이라고 하는 뜻에서가 아니라면, 허구이기 때문이다. 그 자체로 하나의 사실로서 간주될 때 명제는 어떤 사람이 자기 자신에게 말하는 낱말들의 집합이거나, 복합적 이미지이거나, 마음을 스쳐 지나가는 일련의 이미지들이거나, 초기 단계의 신체 운동일 수도 있다. 그것은 무수히 많은 다른 것들 중의 어떤 하나라도 상관없다. 그 자체로 하나의 사실로서의 명제, 예를 들어 어떤 사람이 혼잣말로 발언한 실제의 낱말 집합은 논리와는 관계가 없다. 논리와 관계있는 것은 이 모든 사실들 가운데 공통적인 요소, 말하자면 그 사람으로 하여금 명제가 주장하는 사실을 의미할 수 있게 해주는 요소이다. 물론 심리학에는 더 많은 것이 관계된다. 왜냐하면 어떤 기호가 그 상징하는 바를 의미하는 것은 단지 논리적 관계 덕분만이 아니라, 의도와 연상(聯想)

과 같은 그 밖의 심리학적 관계 덕분이기도 하기 때문이다. 그러나 의미의 심리학적 측면은 논리학자의 관심사가 아니다. 이 믿음의 문제에서 그의 관심사는 논리적 도식이다. 한 사람이 어떤 명제를 믿을 때 무슨 일이 일어나고 있는가를 설명하기 위하여, 형이상학적 주체로서 그 사람이 가정되어야 할 필요는 없다. 설명되어야 하는 것은, 사실로서 명제를 구성하는 낱말들의 집합과 명제를 참 또는 거짓으로 만드는 '객관적' 사실 사이의 관계이다. 이것은 궁극적으로 명제의 의미에 관한 문제로 환원된다.

다시 말해서 명제의 의미는 믿음의 분석에 포함된 문제에서 유일하게 비심리학적인 부분이다. 이 문제는 단순히 두 사실 사이의 관계 문제, 즉 믿는 자에 의해 사용된 일련의 낱말들과 이 낱말들을 참 또는 거짓으로 만드는 사실 사이의 관계에 관한 문제이다. 그 일련의 낱말들은 그것을 참 또는 거짓으로 만드는 것이 사실인 것과 마찬가지로 사실이다. 이들 두 사실 사이의 관계가 분석 불가능한 것은 아니다. 왜냐하면 명제의 의미는 그 구성 요소인 낱말들의 의미로부터 얻어지기 때문이다. 하나의 명제를 이루는 일련의 낱말들의 의미는 그 개별적 낱말들이 지니고 있는 의미들의 함수이다. 따라서 실제로는, 전체로서의 명제는 명제의 의미를 설명하는 데에서 설명되어야 하는 것 속에 들어가지 않는다. 내가 지적하려 애쓰는 관점을 암시하는 데에는, 우리가 고찰해 온 경우들 속에서 명제는, 명제로서가 아니라 사실로서 나타난다고 말하면 알기 쉬울 것이다. 그러나 이러한 진술을 너무 글자 그대로 받아들여서는 안 된다.

진짜 요점은, 믿음과 욕구 등에서 논리적으로 중요한 것은 사실로서 간주된 명제와 그것을 참 또는 거짓으로 만드는 사실과의 관계이며, 그 두 사실 사이의 관계는 그 구성 요소의 관계로 환원될 수 있다는 점이다. 따라서 그 명제는 그것이 진리함수 속에 나타날 때와 같은 뜻으로는 결코 나타나지 않는다.

내가 보기에 비트겐슈타인의 이론에는 더욱더 기술적 발전이 필요한 대목들이 몇 군데 있다. 특히 그의 수론(數論)(6.02 이하)이 그러하다. 그의 수론은 현 상태로는 단지 유한수들밖에 다룰 수 없다.[10] 초한수(超限數)들을 다룰 수

---

10) 비트겐슈타인의 수론이 러셀이 추구하는 초한수를 다루지 않는다는 것은 사실이지만, 유한수만 다룬다는 것은 오해이다. 비트겐슈타인의 수론에서, 수는 조작의 반복횟수로서 상한이

있는 것으로 밝혀질 때까지는 어떠한 논리도 충분하다고 여길 수 없다. 나는 이러한 빈틈을 메꾸는 것을 불가능하게 만드는 것이 비트겐슈타인의 체계 속에 있다고는 생각하지 않는다.

이런 비교적 세부적인 문제들보다 더 흥미로운 것은 신비스러운 것에 대한 비트겐슈타인의 태도이다. 이것에 대한 그의 태도는 순수 논리학에서의 그의 이론으로부터 자연스럽게 파생하는 것인데, 그 주장에 따르면 논리적 명제는 사실에 대한 (참 또는 거짓인) 상이며, 어떤 구조를 명제와 사실과 공유한다. 논리적 명제를 사실에 대한 상이 될 수 있도록 만드는 것은 이러한 공통적 구조이다. 그러나 그 구조 자체는 말로 나타낼 수 없다. 왜냐하면 그것은 말이 언급하는 사실들의 구조일 뿐 아니라 말의 구조이기도 하기 때문이다. 그러므로 언어의 표현 가능성이라는 관념에 포함되어 있는 모든 것은 언어로 표현될 수 없는 채로 남아 있어야 하며, 따라서 완전히 엄밀한 뜻에서는 표현 불가능하다. 비트겐슈타인에 따르면, 이 표현 불가능한 것은 논리와 철학 전체를 포함한다. 철학을 가르치는 올바른 방법은 가능한 모든 명료성과 정확성을 다하여 자연 과학의 명제만을 말하고, 철학적 주장들은 배우는 사람에게 맡겨, 교사는 그 사람이 철학적 주장들을 할 때마다, 그것의 무의미함을 증명해 주는 것이라고 그는 말한다. 이런 교육법을 시도하는 사람에게는 소크라테스와 같은 운명이 기다릴지도 모른다. 그러나 그것이 유일하게 올바른 방법이라면, 그런 운명의 두려움 때문에 주저해서는 안 된다. 비트겐슈타인이 자신의 입장을 지지하기 위해 내놓은 매우 강력한 논증들에도 불구하고 그의 입장을 받아들이는 데 망설임이 야기되는 것은 그런 두려움 때문이 아니다. 망설임의 원인은, 비트겐슈타인이 말할 수 없는 것에 관해서 상당히 많은 것을 말하고 있으며, 따라서 언어들의 어떤 위계 구조(位階構造)를 통하거나 또는 다른 빠져나갈 구멍이 있을 것이라는 점을 회의적인 독자에게 암시하고 있다는 사실이다. 예를 들어, 비트겐슈타인은 윤리학의 전체 주제를 신비스러운, 표현 불가능한 영역 속에 둔다. 그럼에도 불구하고 그는 자신의 윤리적 견해들을 전달할 수 있

없다. 그런 뜻에서 무한으로 열려진 자연수가 주어져 있다. 그리고 러셀이 추구하는 그 이상의 수는 적극적으로 거부한다. 즉 수에 대하여 또 무한에 대하여 비트겐슈타인과 러셀은 근본적으로 다른 입장에 서 있다.

다. 그는 자기가 신비라고 부르는 것은 비록 말로 할 수는 없지만 보여줄 수는 있다고 반론할 것이다. 이러한 반론이 적절할지도 모른다. 그러나 솔직히, 그런 변명은 나에게는 여전히 어떤 지적 불안감을 남겨놓음을 고백해 둔다.

이러한 난점들이 특히 심해지는, 순전히 논리적인 문제가 하나 있다. 일반성의 문제이다. 일반성 이론에서는 주어진 명제함수 fx에 대해 fx 형식의 모든 명제들을 고려하는 것이 필수적이다. 비트겐슈타인의 체계에 따르면, 이것은 표현 가능한 논리의 일부에 속한다. 그러나 fx 형식을 지닌 명제들의 총체에 포함되는 것으로 보이는 x의 가능한 값들의 총체는 말할 수 있는 것들 가운데 들어갈 수 없다. 왜냐하면 그것은 바로 세상 내에 있는 사물들의 총체이고, 따라서 전체로서의 세상을 생각하려는 시도를 포함하기 때문이다. "한계 지어진 전체로서의 세상에 대한 느낌은 신비스럽다." 그러므로 x값들의 총체는 신비하다(6.45). 이것은 비트겐슈타인이 세상에 얼마나 많은 사물들이 존재하는가에 대해서, 예컨대 우리가 3개 이상의 대상이 존재한다는 명제를 만들 수 없다는 것을 주장하는 부분에서 명확히 논해진 것이다.

이러한 난점들은 나의 마음에 모든 언어, 저마다 비트겐슈타인의 말처럼 그 언어 내부에서는 그것에 관해 말할 수 없는 어떤 구조를 가지지만, 첫 번째 언어의 구조를 다루는 다른 언어가 새로운 구조를 가지고 존재할 수도 있으며, 언어들의 이러한 위계 구조가 끝없이 반복될 수도 있다는 가능성을 암시한다. 물론 비트겐슈타인은 그의 이론 전체가 그런 언어들의 총체에 그대로 적용될 수 있다고 대답할 것이다. 이에 대한 유일한 응수는 그러한 언어 총체의 존재를 부정하는 것일 터이다. 그럼에도 불구하고, 논리적으로 말하기는 불가능하다고 주장하는 비트겐슈타인에 따르면 총체들은 존재하며, 그것은 그의 신비주의의 주제이다. 우리의 위계 구조로부터 주어지는 총체는 논리적으로 표현 불가능할 뿐 아니라 허구이자 단순한 환영일 뿐이며, 이런 방식으로 그 상상의 신비스러운 영역은 폐기될 것이다. 이러한 가설은 매우 어렵다. 그리고 나는 지금으로서는 어떻게 대답해야 할지 알지 못하는 반론들을 예견할 수 있다. 그러나 나는 비트겐슈타인의 결론에서 벗어날 수 있는 보다 쉬운 가설이 있으리라고도 생각할 수 없다. 비록 이 매우 어려운 가설이 지지 가능한 것으로 증명된다 하더라도, 그리고 그 때문에 그 자신이 가장 강조하고 싶어 했던 부분이 손상되었다 하더라도 비트겐슈타인의 이론 중 대부분은 손상되지 않은 채로 남을 것이다. 논리학의 난점들 및 반박 불가능해 보이는 이론들의 기만성을 오랫동안 경험한 사람으로서, 나는 어떤 이론에서 잘못된 점을 발견할 수 없다는 이유만으로 그 이론의 올바름을 확신할 수 없다는 것을 안다. 그러나 어떤 점에서도 명백한 잘못을 찾을 수 없는 논리 이론을 구성해 냈다는 것 자체가 대단히 어렵고 중요한 작업을 이뤄낸 것이다. 생각건대, 비트겐슈타인의 이 책은 그런 칭찬을 받을 자격이 있으며, 진지한 철학자라면 누구도 이 책을 소홀히 다룰 수 없을 것이다.

1922년 5월
버트런드 러셀

논리철학논고

나의 친구
핀센트[1]를
기념하여 바침

모토 : ······그리고 웅성대거나 시끌시끌한 소리 말고는 우리가 아는 모든 것
은 세 단어로 말할 수 있다.—퀴른베르거[2]

---

1) David H. Pinsent(1891~1918). 케임브리지 대학에서 수학을 공부했다. 두 사람은 케임브리지 재
학 시절, 비트겐슈타인이 〈음악 감상에서 리듬의 역할〉을 연구할 때 실험자와 피실험자의 관
계로 처음 만났다. 이들의 우정은 핀센트가 1918년 비행기 사고로 세상을 떠날 때까지 이어졌
다. 핀센트의 죽음과 《논리철학논고》의 완성은 시기적으로 거의 겹친다.
2) Ferdinand Kürnberger(1821~1879). 오스트리아의 저널리스트이자 작가.

머리글

　이 책은 아마도, 여기에 표현된 사상 내지는 그와 비슷한 사상을 스스로 이미 생각해 본 적이 있는 사람만이 이해할 것이다. 그러므로 교과서가 아니다. 독자 한 사람이라도 이를 읽고 이해하여 즐거움을 준다면 이 책의 목적은 달성된 셈이다.

　여기서는 철학적 문제들을 다루고 있으며, 내가 믿기로는 이러한 문제가 우리의 언어 논리에 대한 오해에서 기인한다는 것을 보이고 있다. 이 책의 전체적인 뜻은 대략 다음의 말로 요약될 것이다. 대체적으로 말할 수 있는 것은 명료하게 말할 수 있다. 그리고 이야기할 수 없는 것에 관해서 우리는 침묵해야 한다.

　그러므로 이 책은 사고에 한계를 그으려 한다. 아니 오히려, 사고가 아니라 사고의 표현에 한계를 그으려 한다. 왜냐하면 사고에 한계를 그으려면 우리는 이 한계의 양적 측면을 다 생각할 수 있어야 할 것이며, 따라서 우리는 생각할 수 없는 것을 생각할 수 있어야 할 것이기 때문이다.

　그러므로 한계는 오직 언어에서만 그어질 수 있을 것이며, 그 한계 건너편에 있는 것은 그저 난센스이다.

　나의 노력이 다른 철학자들의 노력과 어느 만큼 합치(合致)하는지는 판정하지 않겠다. 사실 내가 여기에 쓴 내용은 개별적으로는 결코 참신성을 주장할 게 없다. 그리고 내가 생각한 것을 이전에 이미 다른 사람이 생각했는지 여부는 아무래도 상관없기 때문에, 참고 문헌들을 제시하지도 않았다.

　단지, 나의 사고가 프레게[3]의 위대한 업적과 나의 친구인 버트런드 러셀[4]의

---

3) Gottlob Frege(1848~1925). 독일의 철학자, 논리학자. 현대논리학을 개척하여 현대철학에서 언어철학을 중심에 서게 한, 이른바 '언어론적 전회'의 문을 열었다. 그 문에서 걸어 나온 것이, 이 책 《논리철학논고》이다.

저술에 크게 자극받았다는 점만을 언급해 두고자 한다.

만약 이 책이 어떠한 가치를 지닌다면 그것은 두 가지 측면에서이다. 첫 번째는, 여기에 표현된 사고에 있어서이다. 그 측면에서 보자면 사고가 잘 표현되고 핵심을 잘 지적했을수록 가치는 더욱 커졌을 것이다. 그러나 이 점에서 개선의 여지가 여전히 크게 남아 있음을 나는 자각하고 있다. 이는 그저 그 과제를 마치기에 내 역량이 부족하기 때문이다. 누군가 좀 더 잘 성취할 수 있는 사람이 나타나주길 바랄 뿐이다.

한편, 여기에 표현된 사고가 진리라는 것은 침해하기 어려우며 결정적인 점이다. 그러므로 나는 그들 문제는 그 본질에서 궁극적으로 해결되었다고 생각한다. 그리고 만약 내가 틀리지 않았다면, 이 책이 지닌 가치의 두 번째 측면은 이들 문제가 해결됨에 따라 성취한 것이 얼마나 보잘것없는지를 이 책 스스로가 보여준다는 점에 있다.

1918년 빈(Wien)에서

L. W.

---

4) Bertrand Russell(1872~1970). 영국의 철학자, 논리학자. 비트겐슈타인과 러셀의 만남은 1911년 가을이었다. 비트겐슈타인은 베를린 공과대학에서 항공공학을 배운 뒤, 수학 기초에 관심을 보이기 시작하여 케임브리지 대학의 러셀 아래서 논리학을 배우기 시작했다. 러셀이 현대논리학의 금자탑이라고도 칭하는 《수학원리(Principia Mathematica, 1910~1913)》 전3권 가운데 제1권을 화이트헤드와의 공저로 출판한 이듬해의 일이다.

1 세계는 성립되어 있는 사항들의 총체이다.

1.1 세계는 사실의 총체이지, 사물의 총체가 아니다.

1.11 세계는 사실을 통해, 그리고 그것이 사실 전부라는 점을 통해 규정된다.

1.12 왜냐하면 사실의 총체는 무엇이 성립되어 있는지를 규정하고, 또 무엇이 성립되지 않았는지도 규정하기 때문이다.

1.13 논리공간[5] 안에 있는 사실이 곧 세계이다.

1.2 세계는 사실로 분해된다.

1.21 그 가운데 어떤 것은 성립되거나 성립되지 않았을 수 있다. 그리고 나머지 모든 것은 그대로 있을 수 있다.

2 성립되어 있는 사항, 즉 사실은 사태[6]의 성립이다.

---

[5] 논리공간 : 일반적으로, 비트겐슈타인은 가능성의 총체를 '공간'이라고 부른다. 물체가 취할 수 있는 가능한 위치의 총체가 삼차원의 이른바 '공간'이듯이, 어떤 사항이 현실에 일어날 수 있을지 어떨지 그 논리적인 가능성의 총체는 '논리공간'이다. 그러나 그 내실을 더더욱 상세하게 검토하기 위해서는 3.4 이하를 기다려야 한다(논리공간에 대한 더욱 깊은 설명은 역주27 참조).

[6] 사실(事實)/사태(事態) : '사실'과 '사태'를 구별하는 포인트는 두 가지가 있다. 하나는, 사실이 현실에서 일어나고 있는 사항이라는 것에 대하여, 사태는 일어날 수 있는 사항으로 반드시 현실에서 일어나고 있다고만은 할 수 없다는 점이다. 대충, 이 점(사태~가능성, 사실~현실성)을 파악해 두면 《논리철학논고》를 읽는 데 지장은 없다. 그러나 비트겐슈타인이 고려하는 구별 포인트가 하나 더 있다. 사태는 2.01에서 말하듯이 여러 대상의 결합인데, 사실은 성립한 사태를 여럿 모은 것이라도 좋다는 점이다(사태~요소성, 사실~복합성). 또는 다른 말로 한다면, 사실이란 내가 세계에서 현실을 만났다는 여건이며 분석의 출발점인데, 사태란 《논리철학논고》가 행하는 분석의 결과로서 요청되는 것일 뿐이다.

2.01 사태란 대상[7][사물]의 결합이다.

2.011 사태의 성립 요소가 될 수 있다는 것이 사물의 본질이다.

2.012 논리에 우연은 없다. 사물이 사태 속에 나타나려면 그러한 사태의 가능성이 사물 속에 선취되어 있어야 한다.

2.0121 가령 단독으로 성립할 수 있는 사물이 있고, 나중에 그 사물이 어떤 상황 속에 나타난다면, 그것은 마치 우연처럼 보일 것이다.

사물이 사태 속에 나타날 수 있으려면 그 가능성이 처음부터 사물 속에 포함되어 있어야 한다.

[논리적인 것은 단순한 가능성이 아니다. 논리는 모든 가능성을 다루며 모든 가능성은 논리에서 사실이기 때문이다.]

무릇 공간적 대상을 공간 밖에서 생각하거나 시간적 대상을 시간 밖에서 생각할 수 없듯이, 우리는 어떤 대상도 다른 대상과의 결합 가능성을 떠나서 생각할 수 없다.

대상을 어떤 사태의 문맥에서 생각할 수 있다면 그 대상은 그러한 문맥의 가능성 밖에서 생각할 수 없다.

2.0122 사물은 가능한 모든 상황 속에 나타날 수 있는 한 자립적이라고 할 수 있다. 그러나 이런 형식의 자립성은 사태와의 연관 형식이며 비자립성이다. [같은 낱말이 서로 다른 두 형식으로, 단독으로 쓰이면서 명제 속에 쓰일 수 없다.]

2.0123 만약 내가 그 대상을 알고 있다면 다양한 사태 속에 그것이 나타나는 모든 가능성을 알고 있다는 것이다.

[이런 가능성은 모두 대상의 본성이어야 한다.]

---

7) 대상 : '대상' 또한 '사태'와 마찬가지로 분석의 결과로서 요청되는 것일 뿐이다. 우선은 사실을 구성하는 개개의 사물을 떠올리며 읽는 것은 허용되지만, 《논리철학논고》에서 '대상'이 무엇을 의미하는지를 정확하게 읽어내려면, 《논리철학논고》가 어떤 분석을 행하려 하는지를 파악해야만 한다. 비트겐슈타인은 대상의 구체적인 예를 부여하고 있지 않으며, 특히 성질이나 관계도 대상인지 여부를 묻는 두 번째 점에 관해서는 해석이 나뉜다.

또한, '여러 대상'이라는 말 뒤의 괄호 안에 있는 '것'인데, 원서에서는 'Sachen'과 'Dingen'의 두 단어이다. 영어로 번역하면 한 단어로 'things'가 되며, 그것을 따라 단순히 '것'이라고 번역하였다.

새로운 가능성이 뒤늦게 발견되는 일은 있을 수 없다.

2.01231 어떤 대상을 알기 위해서 그 외적 특성을 알 필요는 없지만, 그 내적 특성[8]을 모두 알 필요는 있다.

2.0124 만약 모든 대상이 주어져 있다면 가능한 모든 사태도 주어져 있다.

2.013 모든 사물은 가능한 사태의 공간 속에 있다. 이 공간을 나는 공허한 것이라고 생각할 수 있지만 이 공간 없이는 사물을 생각할 수 없다.

2.0131 공간적 대상은 무한한 공간 속에 자리해야 한다. [그 공간점은 대상을 항(項)으로 하는 좌(座)이다.[9]]

시야에 들어온 반점은 반드시 붉을 필요는 없지만 아무튼 어떤 색을 띠어야 한다. 그 주위에는 이른바 색채 공간이 있다. 소리에는 어떤 높이가 있어야 하며 촉각의 대상에는 어느 정도의 딱딱함이 있어야 한다. 기타 등등.

2.014 대상은 모든 상황의 가능성을 포함한다.

2.0141 사태 속에 나타날 가능성이 곧 대상의 형식이다.

2.02 대상은 단순하다.

2.0201 복합체에 대한 모든 진술은 그 구성 요소에 대한 진술과 그 복합체를 완전히 기술하는 명제로 분해된다.

2.021 세계의 실체를 형성하는 것은 대상이다. 따라서 대상은 합성된 것일 수 없다.

2.0211 만약 세계에 실체가 없다면 어떤 명제에 뜻이 있고 없고는 다른 명제가 참이냐 거짓이냐에 달려 있게 된다.

---

8) 외적 특성/내적 특성 : 어떤 대상이 그 특성을 갖지 않는 것을 논리적으로 생각할 수 없을 때, 그 특성은 그 대상에 있어 '내적'이다(4.123 참조). 반면 그 특성을 갖는다고도 갖지 않는다고도 생각할 수 있을 때, 그 특성은 대상에 있어서 '외적'이다. 예를 들어 '비트겐슈타인'을 하나의 대상으로 삼는다면 '결혼한 적이 없다'는 것은 외적 특성이 된다. 한편, 《논리철학논고》의 구조에 완전히 따르는 형태로 내적 특성의 예를 제시하기는 어렵지만, '수2'를 하나의 대상으로 한다면 '3보다 작다'라는 것은 '3보다 작지 않은 2'를 생각할 수가 없으므로 내적 특성이 된다는 예를 그려두면 읽는 데 도움이 될 것이다.

9) 항(項)/좌(座) : 수학에서 변수와 거기에 대입되는 수를 좀 더 일반화하여 파악한 것이라고 생각해 주길 바란다. 변수가 '좌'이며, 거기에 대입되는 수가 '항'이다. 예를 들어, 'f(x, y)=x+y'는 좌 2개를 지닌 함수이다. 공간의 경우, 공간점이 변수에 대응하여 그 위치를 어떤 물체가 차지한다. 즉, 공간점이 좌이며 물체가 항이다.

2.0212 그렇게 되면 [참이든 거짓이든] 세계의 상을 그릴 수 없다.

2.022 아무리 현실 세계와 동떨어진 사고의 세계라 해도 현실 세계와 무언가를—어떤 형식을—공유해야 함은 분명하다.

2.023 이 불변의 형식을 성립시키는 것이 바로 대상이다.

2.0231 세계의 실체가 규정할 수 있는 것은 형식뿐이며, 실질적인 세계 본연의 모습이 아니다. 왜냐하면 세계 본연의 모습은 명제들을 통하여 비로소 묘사되며, 대상을 배열함으로써 비로소 형성되기 때문이다.

2.0232 한마디로 대상은 무색이다.

2.0233 같은 논리형식[10]을 가진 두 대상은 각각의 외적 특성을 빼면 단지 별개라는 것에서만 구별될 뿐, 다른 구별은 없다.

2.02331 어떤 사물이 다른 사물에 없는 특성을 지녔을 때에는 그것을 기술함으로써 바로 그 사물을 다른 사물과 구별하여 지시할 수 있다. 하지만 모든 특성을 공유하는 복수 사물의 경우에는 그 가운데 하나를 지적하기란 도저히 불가능하다.

왜냐하면, 식별의 단서가 되는 성질이 아무것도 없을 때에는 그것을 식별할 수 없기 때문이다. 즉, 단서를 얻을 수 있다는 것은 그것이 이미 식별되었다는 의미이다.

2.024 실체는 사실로 성립되어 있는 것에 의존하지 않고 독립적으로 성립한다.

2.025 실체에는 형식과 내용이 있다.

2.0251 공간, 시간, 색[색이 있는 것]은 대상의 형식이다.

2.026 대상 없이 세계는 불변의 형식을 가질 수 없다.

2.027 변치 않는 것, 성립하는 것, 대상은 같은 것이다.

2.0271 대상은 변치 않는 것, 성립하는 것이다. 그러나 대상의 배열은 변화

---

10) 논리형식 : 어떤 대상의 논리형식이란 그 대상이 어떠한 사태 속에 나타날 수 있는가, 그 논리적 가능성의 형식을 말한다. 예를 들어 어떤 대상 a가 빨갛다고 하자. 대상 a에게 빨갛다는 색은 외적 성질이며, 다른 색을 가질 수도 있었다. 즉, 'a는 파랗다' 'a는 노랗다' 등의 사태도 가능하다. 이것을 '대상 a는 색이라는 논리형식을 갖는다'고 말한다. 또한 대상 a가 논리적으로는 다양한 색과 관련을 맺을 수 있다는 점에서 대상 a 자체는 '무색'(2.0232)이라고 불리는 것이다.

하는 것, 불안정한 것이다.

2.0272 대상의 배열이 사태를 만든다.

2.03 사태 속에서 대상은 쇠사슬처럼 서로 이어져 있다.

2.031 사태 속에서 대상은 특정한 형식으로 연관되어 있다.

2.032 사태 속에서 대상이 결합하는 형식이 곧 사태의 구조이다.

2.033 형식이란 구조의 가능성이다.

2.034 사실의 구조는 사태의 구조로 이루어진다.

2.04 성립하는 사태의 총체가 세계이다.

2.05 성립하는 사태의 총체는 어떤 사태가 성립하지 않는지도 규정한다.

2.06 사태의 성립과 불성립이 곧 현실이다.

[우리는 사태의 성립을 긍정적 사실, 불성립을 부정적 사실이라고도 부른다.]

2.061 사태는 서로 독립적이다.

2.062 어떤 사태의 성립 또는 불성립으로부터 다른 사태의 성립 또는 불성립을 추론할 수는 없다.

2.063 현실의 총체가 세계이다.

2.1 우리는 사실의 상(像)[11]을 만든다.

2.11 상이란 논리공간 속에 있는 상황, 즉 다양한 사태의 성립과 불성립을 나타낸다.

2.12 상은 현실의 모형이다.

2.13 상의 요소는 상 속에서 (모사된) 대상에 대응한다.

2.131 즉 상의 요소는 상에서 각각의 대상을 대신한다.

2.14 상을 상이게 하는 것은 그 요소가 특정한 형식으로 서로 연관되는 것이다.

2.141 상도 하나의 사실이다.

---

11) 상(像): 사실을 그린 것 또는 사실을 모사(模寫)한 것을 말한다. 《논리철학논고》는 언어를 하나의 종(種)으로 파악한다. 2.1부터 2.225까지 상의 일반적인 특징을 살펴본 뒤, 계속되는 3부터 3.05까지 사고(사고도 또한 상의 한 종류이다)에 대하여 설명하고, 3.1에서 언어에서의 상, 즉 명제에 대한 의론에 들어간다. 거기서 2.1에서 2.225까지의 상 일반에 대한 의론은 3.1 이후의 명제에 대한 의론에서 보다 상세하게 전개된다.

2.15 상의 요소가 특정한 형식으로 서로 연관되어 있음은 사물도 그와 같이 서로 연관되어 있음을 나타낸다.

상의 요소의 이러한 연관은 구조(構造)라 부르고, 구조의 가능성은 상의 모사(模寫) 형식이라 부른다.

2.151 사상 형식은 상의 요소가 서로 연관되어 있는 것과 같은 형식으로 사물도 서로 연관됨으로써 성립한다.

2.1511 상은 이렇게 현실과 연결되어 있다. 상은 현실에까지 도달한다.

2.1512 상은 자(길이를 재는 도구)처럼 현실에 대어 있다.

2.15121 양끝 눈금선 가장자리만이 측정되어야 할 대상에 접해 있다.

2.1513 이렇게 생각하면 상을 상이게 하는 모사적 연관도 그림 속에 포함되게 된다.

2.1514 모사적 연관은 상의 요소와 사물의 대응으로 성립한다.

2.1515 이러한 대응은 상 요소의 촉각이며 상은 이것을 이용하여 현실에 접촉한다.

2.16 상이기 위해서 사실은 모사되는 것과 무언가를 공유해야 한다.

2.161 사실이 다른 사실의 상이 되기 위해서는 상과 거기에 모사되는 것 사이에 동일한 무엇이 있어야 한다.

2.17 상이 상이라는 형식으로 현실을—똑같이 혹은 다르게—모사하기 위해서 현실과 공유해야 할 것은 모사 형식이다.

2.171 상은 그것과 형식을 공유하는 모든 것을 모사할 수 있다.

공간적인 형식을 갖는 상은 공간적인 모든 현실을 모사할 수 있고, 색의 형식을 갖는 상은 색에 관한 모든 현실을 모사할 수 있다 등등.

2.172 그러나 상은 자신의 모사 형식을 모사할 수는 없다. 상은 그것을 보여줄 뿐이다.

2.173 상은 그 모사 대상을 외부로부터 모사한다[이때 모사의 시점(視點)이 바로 모사 형식이다]. 따라서 상은 그 모사 대상을 똑같이 또는 다르게 모사한다.

2.174 그러나 상은 자신의 모사 형식 바깥에 설 수 없다.

2.18 똑같든 다르든 상이 현실을 모사하기 위해서는 어떤 형식의 상이라도

현실과 공유해야 하는 것, 그것은 논리형식, 다시 말해 현실의 형식이다.

2.181 모사 형식이 논리형식일 때 그 상은 논리상이라고 불린다.

2.182 모든 상은 논리상이기도 하다. [하지만 모든 상이 예컨대 공간적인 상이라고 단정 지을 수는 없다.]

2.19 논리상은 세계를 모사할 수 있다.

2.2 상은 모사된 것과 모사의 논리형식을 공유한다.

2.201 상은 사태의 성립과 불성립의 가능성을 모사함으로써 현실을 모사한다.

2.202 상은 가능한 상황을 논리공간 안에 모사한다.

2.203 상은 그것이 모사하는 상황의 성립 가능성을 포함한다.

2.21 상은 현실과 일치할 수도 있고 일치하지 않을 수도 있다. 즉 옳을 수도 있고 옳지 않을 수도 있다. 참 아니면 거짓이다.

2.22 상은 그것이 모사하는 것이 참이든 거짓이든 그 모사 형식을 통해 모사한다.

2.221 그림이 모사하는 것, 그것이 상의 뜻이다.

2.222 그 뜻이 현실과 일치하거나 일치하지 않는 것, 여기에 상의 참과 거짓이 성립한다.

2.223 상이 참인지 거짓인지를 분간하기 위해서는 그것을 현실과 비교해 봐야 한다.

2.224 상만 봐서는 그 참과 거짓을 분간할 수 없다.

2.225 선천적으로[12] 참인 그림은 존재하지 않는다.

3 사실의 논리상이 사고(思考)[13]이다.

---

12) 선천적(아프리오리) : 경험적 인식에 앞선다는 뜻이다. 상(像)은 일반적으로 그것이 나타내는 사실을 관찰하여, 그 결과 참과 거짓을 알 수 있다. '선천적으로 참'이란, 그러한 사실 관찰을 행하기 이전에 참이라고 알 수 있다는 뜻이다.

13) 원어는 'Gedanke' : 사고(思考) 내용을 말한다. 프레게의 용어를 의식한 것이라고 생각한다. 프레게의 저술을 번역한 것에서 이것은 '사상(思想)'으로 표현된다. 그러나 '사상'이라는 말 자체에는 단순한 사고 내용 이상의 뉘앙스가 더해지므로, 프레게의 용어법을 어느 정도 벗어난 이 책의 맥락에서는 '사고'라고 번역했다.

3.001 '어떤 사태를 사고할 수 있다'는 것은 그 사태의 상을 만들 수 있다는 뜻이다.

3.01 참인 사고의 총체가 세계의 상이다.

3.02 사고는 사고되는 상황의 가능성을 포함한다. 사고될 수 있다는 것은 또한 가능한 것이다.

3.03 우리는 비논리적인 것을 사고할 수 없다. 그러려면 비논리적으로 사고해야 하기 때문이다.

3.031 일찍이, 신은 만물을 창조할 수 있지만 논리적 법칙에 어긋나는 것만은 창조할 수 없다고 말한 사람이 있다. '비논리적'인 세계에 대해서는 그것이 어떠한지를 말할 수 없기 때문이다.

3.032 '논리에 모순되는' 것을 언어로 묘사할 수는 없다. 이는 기하학에서 공간 법칙에 모순되는 도형을 좌표로 나타낼 수 없거나 존재하지 않는 점의 좌표를 나타낼 수 없는 것과 마찬가지이다.

3.0321 우리는 물리학의 법칙에 어긋나는 사태를 공간적으로 묘사할 수는 있어도, 기하학의 법칙에 어긋나는 사태를 공간적으로 묘사할 수는 없다.

3.04 선천적으로 올바른 사고란 그 사고 가능성이 곧 그 진리성의 조건이 되는 사고일 것이다.

3.05 사고 자체로부터 [비교 대상 없이] 그 진리성을 인식할 수 있는 경우에만 그 사고가 참임을 선천적으로 알 수 있다.

3.1 사고는 명제 속에서 지각 가능한 형식으로 표현된다.

3.11 우리는 가능한 상황을 투영하는 것으로서 명제라는 지각 가능한 기호[음성기호나 문자기호 등]를 사용한다.

그리고 투영 방법은 명제의 속뜻을 사고하는 것이다.

3.12 사고를 표현하는 데 이용하는 기호를 나는 명제기호라고 부른다. 그리고 명제란 세계와 투영 관계에 있는 명제기호이다.

3.13 명제에는 투영에 속하는 모든 것이 속해 있지만 투영된 것이 속해 있지는 않다.

즉, 명제에는 투영된 것의 가능성은 속해 있지만 투영된 것 자체가 속해 있는 것은 아니다.

따라서 명제 속에는 그 뜻하는 사실까지는 포함되어 있지 않다. 그러나 그 사실을 표현할 가능성은 포함되어 있다.

['명제의 내용'은 곧 뜻이 있는 명제의 내용이다.]

명제에는 그 뜻의 형식은 포함되어 있지만 내용은 포함되어 있지 않다.

3.14 명제기호는 그 요소인 낱말이 특정한 방법으로 서로 관련됨으로써 성립한다.

명제기호는 하나의 사실이다.

3.141 명제는 낱말의 혼합이 아니다. [음악의 주제가 소리의 혼합이 아니듯.]

명제는 분절(分節)되어 있다.

3.142 오직 사실만이 뜻을 표현할 수 있으며 이름의 집합은 그럴 수 없다.

3.143 명제기호가 하나의 사실이라는 것은 쓰거나 인쇄하는 일반적인 표현 형식에 은폐되어 있다.

예컨대 인쇄된 명제의 경우, 명제기호는 낱말과 본질적으로 구별되는 것처럼 보이지 않는다.

[그래서 프레게는 명제를 합성된 이름이라 부를 수 있었다.[14]]

3.1431 명제기호를 문자기호가 아니라 공간적 대상[책상, 의자, 책 등]이 합성된 것이라고 생각하면 그 본질은 매우 확실해진다.

이 경우 이러한 사물 상호 간의 공간적 배치가 명제의 뜻을 표현한다.

3.1432 복합기호 'aRb'는 a가 b에 대해 R이라는 관계에 있음을 말하는 것이 아니라, 'a'가 'b'에 대해 어떤 관계에 있다는 것이 aRb임을 말한다.

3.144 사람은 상황을 기술할 수 있지만 지명(指名)할 수는 없다.

[이름은 점(點)에 비유되지만, 명제는 화살에 비유되며 뜻을 가진다.]

3.2 사고의 대상에 명제기호의 요소가 대응하는 형식으로 사고는 명제로 표현될 수 있다.

3.201 명제기호의 그러한 요소를 나는 '단순기호'라고 부른다. 그리고 그때 명제는 '완전히 분석되었다'고 한다.

---

14) 프레게에게 명제는 참 내지 거짓을 지시하는 표현이며, 참과 거짓은 대상이다. 따라서 그의 경우에는 명제 역시 이름이다.

3. 202 명제에 사용된 단순기호를 이름[15]이라고 일컫는다.

3. 203 이름은 대상을 지시한다. 대상이 이름의 의미이다. ['A'는 'A'와 같은 기호이다.]

3. 21 명제기호 속의 단순기호의 배치에 상황 속의 대상의 배치가 대응한다.

3. 22 명제 속에서 이름은 대상을 대신한다.

3. 221 대상에 대해 나는 지명할 수 있을 뿐이다. 기호가 대상을 대신한다. 대상에 대해 말할 수는 있지만 대상을 말할 수는 없다. 명제는 오직 사물이 어떤지(wie)를 말할 수 있으며 사물이 무엇인지(was)를 말할 수는 없다.

3. 23 단순기호로 분석이 가능해야 한다는 요구는 명제의 뜻이 한정되어야 한다는 요구이기도 하다.

3. 24 복합체를 다루는 명제는 복합체의 성립 요소를 다루는 명제와 내적인 관계를 맺는다.

복합체는 기술을 통해서만 주어지는데 그 기술은 옳은 것도 있고 그릇된 것도 있다. 복합체를 다루는 명제는 그 복합체[16]가 존재하지 않을 때에는 난센스가 아니라 단순히 거짓이다.

어떤 명제 요소가 복합체를 나타낸다는 것은 그 명제 요소를 포함한 명제들의 불확정성에서 간파할 수 있다. 우리는 그 명제에 의해서는 아직 모든 것

---

15) 이름 : 명제는 단순히 이름만으로 이루어지며, 이름 이외의 구성 요소는 갖지 않는다. 이것은 사실이 대상만으로 이루어지며, 대상 이외의 구성 요소를 갖지 않는 것에 대응한다. 그리고 이름은 대상을 지시한다. 여기서 예를 들어 'a'가 이름이라고 하면 'a는 빨갛다'라는 명제에서 '는 빨갛다'라는 부분은 이름이냐 아니냐의 문제가 발생한다. 이것은 앞의 역주7에서 말한, 성질 또한 대상이냐 아니냐의 문제와 겹쳐진다. 이에 대해 완전히 정확하게 대답할 수는 없지만, 어쨌든, '빨갛다'는 부분이 구성하는 이름 이외의 요소라는 답은 있을 수 없다. 명제의 구성 요소는 모두 '이름'이라고 불린다.

16) 복합체 : 'N부부'를 두 사람의 인물로 이루어진 '복합체'라고 하자. 그때 'N부부는 동물원에 간다'는 대략, '어떤 인물 x와 y가 함께 동물원에 가고, 또한 x와 y 한 쌍이 N부부이다'라고 분석된다. 이렇게 복합체는 기술(記述)이 제공한다. 만약 복합체가 존재하지 않았다면, 예를 들어 여기에서 N부부로 이루어지는 쌍이 존재하지 않았다고 한다면, 그것은 '어떤 인물 x와 y의 쌍이 N부부이다'가 거짓이 된다. 한편, 'μ은 동물원에 간다'고 하고, 'μ'이라는 이름의 대상이 세계에 존재하지 않는다고 한다면, 이 문장은 거짓이 아니라 난센스가 된다. 여기에 '단순체(대상)'와 '복합체'의 결정적인 차이가 있다.

이 확정되었다고 할 수 없음을 안다. [일반성[17]의 표지가 내포하는 것은 하나의 원형(原型)[18]일 뿐이다.]

복합체를 나타내는 기호는 단순기호로 정리할 때는 정의(定義)로써 표현될 수 있다.

3. 25 명제의 완전한 분석은 단 하나밖에 없다.

3. 251 명제는 그 표현하는 바를 확정된, 그리고 명료히 지정할 수 있는 방식으로 표현한다. 즉 명제는 분절되어 있다.

3. 26 어떠한 정의로도 이름을 그 이상 분해할 수는 없다. 이름은 원시기호이다.

3. 261 정의된 모든 기호는 그것을 정의하기 위해 쓰인 기호를 통하여 표현한다. 그리고 정의가 그 길을 알려준다.

원시기호와 원시기호에 의해 정의된 기호, 이 두 기호가 같은 형식으로 사물을 표현할 수는 없다. 정의로써 이름을 다른 기호로 분해할 수는 없다. [다른 기호에 의존하지 않고 그것만으로 의미를 갖는 기호를 정의로써 다른 기호로 분해할 수는 없다.]

3. 262 기호 속에 표현될 수 없는 것이 기호의 사용으로 나타난다. 기호가 삼키고 있는 것이 기호의 사용으로 겉으로 나타난다.

3. 263 원시기호의 의미는 해명(解明)으로써 명백해진다. 해명은 원시기호를 명제에 사용하는 것이다. 따라서 명제들은 이러한 기호의 의미가 이미 숙지되어 있을 때 비로소 이해할 수 있다.

3. 3 오직 명제만이 의미내용을 갖는다. 명제라는 맥락 속에서만 이름은 지시대상을 갖는다.[19]

---

17) 일반성 : '모든 고양이는 하품을 한다'와 같은 명제(전칭명제全稱命題) 및 '코를 고는 고양이가 있다'와 같은 명제(존재명제)를 합쳐서 일반명제라고 부른다. 특정한 고양이에 대해 말하는 것이 아니라는 점에서 양쪽 모두 일반성이 포함되어 있다.

18) 원형 : 예를 들어 '모든 고양이는 하품을 한다'는 특정한 고양이에 대해 언급하는 것이 아니라, '고양이 x'를 골라내는 것이다. 이 '고양이−'가 여기서 원형이라고 불리는 것이다.

19) 의미/지시대상 : 여기서 비트겐슈타인은 매우 농후하게 프레게를 의식하고 있다. 프레게는 '의미'라고 불리는 사항에서 두 가지 측면을 구별한다. 하나는 그 표현의 지시대상이며, 이 측면의 의미는 'Bedeutung'이라고 불린다. 다른 하나는 그 지시대상을 규정하는 방법과 파악하

3.31 명제의 뜻을 특징짓는 각각의 부분을 나는 표현[기호]이라고 부른다. [명제 자체가 하나의 표현이다.]

표현이란 명제의 뜻의 본질로서 명제들이 서로 공유할 수 있는 모든 것이다.

표현은 형식과 내용을 특징짓는다.

3.311 표현은 그것이 포함하는 명제들의 모든 형식을 전제한다. 표현은 그러한 명제의 집합을 특징짓는 표지이다.

3.312 따라서 표현은 그것이 특징짓는 명제들의 일반적 형식으로 나타난다. 결국 이러한 명제의 일반 형식에 의한 표현은 정항(定項)이 되고 그 밖의 표현은 변항(變項)이 된다.[20]

3.313 그러므로 표현은 어떤 변항, 즉 자신의 값이 그 표현을 포함하는 명제이다.

[극단적인 경우, 변항이 정항이 되고 명제 전체가 표현이 된다.]

는 방법이며, 이 측면의 의미는 'Sinn'이라고 불린다. 프레게는 단어나 구절의 단계에서도, 명제의 단계에서도, 의미를 이 두 가지 측면으로 이중화한다. 즉, 고유명인 Bedeutung은 그것이 지시하는 대상, Sinn은 그 대상을 규정하는 방법이며, 명제인 Bedeutung은 그 명제의 진위, Sinn은 그 명제가 참 내지 거짓이라고 규정되는 방법이다(역주102 참조). 그러나 《논리철학논고》에서는 하나의 표현에서 이러한 두 가지 측면을 발견하지는 않는다. 이름은 Bedeutung을 갖지만 Sinn은 갖지 않으며, 명제는 Sinn을 갖지만 Bedeutung은 갖지 않는 것으로 여긴다.

그러면 번역어에 대해 말해두기로 하자. 프레게의 언어철학을 논하는 맥락에서는, 'Bedeutung'을 '의미', 'Sinn'을 '의의'라고 번역하는 것이 거의 표준 번역으로 여겨진다. 그러나 지금 말한 것처럼, 비트겐슈타인은 프레게처럼 '의미'를 이중화하지 않는다. '명제의 의미'라고 하면 Sinn이고, '이름의 의미'라고 하면 Bedeutung이다. 그리고 'Sinn'도 'Bedeutung'도 동등하게 '의미'를 그 기본적인 번역어로 했다. 그리고 'Bedeutung'에 대해서는 '지시대상'이라고 번역하는 편이 명확해지는 경우에는 그렇게 번역했다. 또한 3.3처럼 양자의 대비를 강하게 하고 싶을 때에는 'Sinn'을 '의미내용'이라고 번역했다.

20) 정항/변항 : 수학에서의 정수와 변수에 대응한다. 'x'에 들어가는 것은 여기서는 수가 아니라 표현이므로, '변수'가 아니라 '변항'이라고 불린다. 예를 들어 '고양이는 하얗다'라는 명제에서 '는 하얗다'를 정항으로 하고, '고양이'를 변항으로 하면, 'x는 하얗다'가 되며, 변항x에는 다른 '강아지'나 '한라산' 등이 들어간다. 또는 '고양이'를 정항으로 하고 '는 하얗다'를 변항으로 하면 '고양이x'가 되어, 변항x에는 그 밖에 '는 하품을 한다'나 '는 잔다' 등이 들어간다. 그리고 그것들을 대입한 결과인 '한라산은 하얗다'나 '고양이는 잔다'는 유의미한 명제가 된다. 한편, 예를 들어 '고양이x'에 '는 2로 나눌 수 있다'와 같은 표현을 대입하면, 완성된 명제 '고양이는 2로 나눌 수 있다'는 난센스가 된다. 이러한 것을 확인함으로써, 이름 '고양이'가 어떠한 명제를 구성할 수 있는지, 즉 '고양이'의 논리형식이 설명된다.

그러한 변항을 명제변항이라고 부른다.

3.314 표현은 명제 속에서만 의미를 갖는다. 모든 변항은 명제변항이라고 해석할 수 있다.

[이름의 변항도 마찬가지이다.]

3.315 어떤 명제의 성립 요소 하나를 변항으로 바꾼다면 어떤 명제 집합이 생기지만 그것은 모두 그렇게 생긴 가변적 명제의 값이다. 이 집합은 보통의 경우 우리가 자의적인 약속에 따라 명제의 각 부분에 어떠한 의미를 부여할 것인가에 아직 의존하고 있다. 그러나 그 의미가 자의적으로 규정된 그 모든 기호를 변항으로 바꾸면 여기서도 그러한 집합이 생기는데, 이 집합은 이미 어떠한 약속에도 의존하지 않고 그 명제의 본성에만 의존하고 있다. 즉 그것은 논리적 형식, 다시 말해 논리적 원형에 대응한다.

3.316 명제변항이 어떤 값을 취할지는 한정되어 있다.

이 값의 한정이 곧 변항의 성질이다.

3.317 명제변항의 값을 확정하는 것은 그 변항을 공통의 표지로 삼는 명제들을 열거하는 것이다. 다시 말해 그러한 명제를 기술하는 것이다.

따라서 이 확정은 상징만 문제시할 뿐, 그 의미를 문제시하지는 않는다.

즉 확정한다는 것은 단지 상징을 기술하는 것으로서 그렇게 기호화된 사물에 대해 무언가를 밝혀 말하는 것은 아니다. 값의 확정에 대해 본질적인 것은 그뿐이다.

어떻게 명제들의 기술이 이루어지는지는 본질적이지 않다.

3.318 나는 프레게나 러셀처럼 명제란 그것에 포함되어 있는 표현의 함수라고 생각한다.

3.32 기호란 상징을 지각할 수 있는 측면이다.

3.321 서로 다른 두 상징이 같은 기호[문자기호, 음성기호, 기타]를 공유할 수도 있다. 이때 그 둘은 같은 기호이지만 서로 다른 방식으로 표현된다.

3.322 서로 다른 두 대상을 나타내는 데 동일한 기호를 사용해도 그 표현 방식이 다른 이상, 동일 기호의 사용도 어떤 두 대상의 공통적인 표지를 지시하는 것은 아니다. 왜냐하면 기호는 원래부터 자의적이기 때문이다. 인간은 2개의 다른 대상에 대해 두 기호를 선택할 수도 있다. 그렇다면 앞에서 설명한

표현 방식에 어떤 공통성이 남을 여지가 있을까?

3. 323 일상적인 언어를 사용할 때 빈번히 일어나는 일이지만, 같은 말이 다른 상징에 속하는 일이 있다. 그런가 하면 각각 다른 방식으로 표현된 두 말이 그 명제 속에서 외견상 같은 방식으로 사용되는 일도 있다.

예컨대 'ist'라는 말은 계사(繫辭)로서도, 등호로서도, 또 존재의 표현으로서도 이용된다. '존재하다'라는 말은 '가다'처럼 자동사로 쓰이고 '동일한'이라는 말은 형용사로 쓰인다. 인간은 'etwas(무엇, 무슨 일)'라는 말로 어떤 대상에 대해 말하고 또 어떤 사건이 일어나는 것에 대해서도 말한다.

['이상은 이상하다'라는 명제에서 앞에 나오는 낱말은 인명이고, 뒤에 나오는 낱말은 형용사인데, 이 두 낱말은 서로 다른 의미를 가질 뿐 아니라 별개의 상징이다.]

3. 324 이리하여 가장 기본적인 혼동이 흔히 생긴다. [철학 전체가 이런 혼동으로 가득하다.]

3. 325 이런 오류를 피하기 위해 다른 상징에 같은 기호가 사용되거나 표현 방법이 다른 기호가 겉으로 보기에 같은 방식으로 사용되는 일이 없는, 오류를 배제한 기호언어, 즉 논리적 문법—논리적 구문론—을 충실히 반영한 기호 언어를 사용해야 한다.

[프레게와 러셀의 개념기호법[21]은 모든 결함을 배제하고 있다고 할 수 없지만 이런 언어의 하나이다.]

3. 326 기호에서 상징을 인식하려면 뜻이 있는 기호 사용에 주목해야 한다.

3. 327 기호는 논리적 구문론에 따라 사용될 때 비로소 논리형식을 규정한다.

3. 328 사용되지 않는 기호는 의미가 없다. 이것이 바로 오컴의 격언[22]이 말하는 바이다.

---

21) 개념기호법 : 추론의 구조를 명확히 표현하기 위해, 언어에서의 논리적인 측면만을 순수하게 끄집어냄으로써 구축된 기호언어. 프레게는 동명의 저술(*Begriffsschrift*, 1879)에서 그러한 언어를 제시함으로써 현대논리학의 기본적인 체계를 완성시켰다. 그것은 논리학의 혁명이라고 말할 수 있는 것이었다.

22) 오컴의 격언 : 오컴(William of Ockham)은 14세기 전반 영국의 스콜라 철학자이다. 여기서 오컴의 격언이란 '불필요하게 많은 것을 전제해서는 안 된다'로, '오컴의 면도날'이라고도 불린다.

[반대로 모든 경우에 의미 있게 사용되는 기호는 실제로 의미가 있다.]

3.33 논리적 구문론에서는 기호의 의미가 어떤 역할을 해야 하는 것은 결코 아니다. 논리적 구문론은 기호의 의미와 관계없이 성립되어야 하며, 단지 표현을 기술하는 것만 전제될 수 있다.

3.331 이런 점에 주목하며 러셀의 '유형이론(類型理論)'[23]을 살펴보자. 러셀의 오류는 기호의 규칙을 세우는 데 기호의 의미를 논해야 했던 점이다.

3.332 어떤 명제도 스스로에 대해 말할 수 없다. 명제기호가 명제기호 자신에게 포함될 수는 없기 때문이다. [이것이 '유형이론'의 전부이다.]

3.333 함수는 자신의 입력항이 될 수 없다. 함수 기호는 이미 입력항의 원형을 포함하고 있어서 스스로를 포함할 수 없기 때문이다.

예컨대 함수 $F(fx)$가 자신의 입력항이 될 수 있다면 당연히 '$F(F(fx))$'라는 명제가 존재해야 하는데, 여기서 외부 함수 F와 내부 함수 F는 사실 의미가 달라야 한다. 내부 함수 F는 $\phi(fx)$라는 형식인 데 비해 외부 함수 F는 $\psi(\phi(fx))$라는 형식이기 때문이다. 두 함수에 공통된 것은 F라는 글자뿐인데, 글자 자체만으로

---

23) 러셀의 역설/유형이론 : 1902년, 러셀은 프레게에게 보낸 편지에서 하나의 역설을 제시하는데, 그것이 프레게뿐만 아니라 논리학, 나아가서는 수학까지도 끌어들이는 커다란 문제가 되었다. 우선 그 역설을 짧게 소개하겠다. w를 '……는 자기 자신에게 술어를 붙일 수 없는 술어'라고 하자. 또는 집합을 사용한 표현으로는 '자기 자신을 요소로 갖지 않는 집합의 집합'으로서 집합M이 도입되었다. 상당히 부자연스럽게 만들어진 술어이고 집합이지만, 프레게의 체계나 당시의 집합론은 이러한 것을 거부하지 않았다. 그러나 이러한 술어w 내지 집합 M은 모순을 이끄는 것이 간단히 드러난다. 이것은 프레게의 체계나 당시의 집합론이 모순을 포함하고 있음을 의미한다. 이것이 러셀의 역설이다.

　그리고 이 역설의 해결을 위해 러셀 자신이 제안한 것이 유형이론이다. 여기서는 유형이라는 사고방식만을 설명하겠다. 술어w에는 '자기 자신에게 술어를 붙인다'는, 이른바 자기언급이 포함되어 있다. 거기서 러셀은 자기언급을 금지하기 위해 다음과 같은 유형의 구별을 만든다. '고양이' '에펠탑'이라는 개체를 유형0이라고 한다. 유형0의 개체가 갖는 성격 '하얗다' '제멋대로이다' 등을 유형1이라고 한다. 또, 유형1의 성질이 갖는 성질을 유형2라고 한다. 예를 들어 '남에게 미움을 받는 성격' 등은 유형1의 성질 '제멋대로이다'가 갖는 성질이라고 생각하면, 유형2가 성질로 여겨진다. 마찬가지로, 유형2의 성질이 갖는 성질은 유형3으로 여겨지고, 이하도 마찬가지로 계속된다. 이처럼 유형의 구별을 도입하고, '모든 성질은 자기보다 유형이 낮은 것의 성질이어야 한다'는 규칙을 만든다. 러셀의 역설에서 보인 것과 같은 자기언급은 자기 자신이 갖는 성질이 되기 위하여, 이 규칙에 반대하는 것이 된다. 이렇게 자기언급이 금지되어, 러셀의 역설은 발생하지 않도록 대비되었다.

는 아무것도 표현하지 못한다.

‘F(Fu)’ 대신에 ‘(∃(φ)) : F(φu).φu=Fu’[24]라고 써보면 곧 명백해진다.

이로써 러셀의 역설은 풀린다.

3.334 논리적 구문론의 규칙은 모든 기호가 각각 무엇을 나타내는지만 알면 저절로 이해되어야 한다.

3.34 명제는 본질적 측면과 우연적 측면이 있다.

명제기호를 만드는 특수한 방법에 의존하는 것은 우연적 측면이다. 오직 본질적 측면만이 명제로 하여금 그 뜻을 표현하도록 한다.

3.341 따라서 명제의 본질이란 그 명제와 같은 뜻을 표현할 수 있는 모든 명제가 공유하는 것이다.

마찬가지로 상징의 본질은 일반적으로 그 상징과 같은 목적을 이룰 수 있는 모든 상징이 공유하는 것이다.

3.3411 그러므로 본래의 이름이란 같은 대상을 표현하는 모든 상징이 공유하는 것이라고 할 수 있다. 따라서 이름의 경우, 그 이름이 어떻게 합성되어 있는지는 전혀 본질이 아니다. 이는 이름을 합성하는 각 단계에서 차차 밝혀질 것이다.

3.342 우리의 표기법에는 확실히 자의적인 면이 있다. 그러나 자의적이긴 해도 일단 무언가를 규정하고 나면 다른 것도 필연적으로 그렇게 되어야 한다. 이것은 결코 자의적이지 않다. [이것은 표기법의 본질과 관련된다.]

3.3421 기호의 특수한 표현 방식은 중요하지 않아도 그 표현 방식이 가능해야 함은 언제나 중요하다. 철학에서는 특히 그러하다. 개별적인 사례가 중요하지 않음은 명백해졌지만, 그러한 개별 사례의 가능성은 우리에게 세계의 본질을 명백히 보여준다.

3.343 정의(定義)란 어떤 언어를 다른 언어로 번역하는 규칙이다. 올바른 기호언어란 이런 규칙에 따라 임의의 다른 언어로 번역될 수 있어야 한다.

---

24) ‘(∃(φ)) : F(φu).φu=Fu를 보통의 단어를 사용해서 쓰면 이렇게 된다. F(φu), 또한 φu=Fu인 φ가 존재한다.’ 각 기호의 의미에 대해서는 역주 보충 '논리기호의 의미'를 참조하길 바란다.

이렇게 씀으로써, F(Fu)에 있어서의 바깥쪽 F가 본래 F(φu)라는 형식이라는 것이 밝혀지며, 그 결과 F(Fu)에 있어서의 바깥쪽 F와 안쪽인 F의 논리형식이 다르다는 것이 제시된다.

이것이 모든 기호언어가 공유하는 법칙이다.

3.344 상징의 경우 표현하는 행위는 논리적 구문론의 규칙에 따라 그 상징과 치환(置換) 가능한 모든 상징이 공유하는 것이다.

3.3441 예컨대 진리함수[25]의 모든 표기법에 공통된 것은 다음과 같이 표현할 수 있다. 어떤 진리함수의 표기도 예컨대 '~p(p가 아니다)'와 'p∨q(p 또는 q)'를 통해 치환될 수 있는데[26], 이것이 모든 진리함수의 표기법에 공통된 것이다.

[이와 같이 특수한 표기법이라도 그것이 가능하다는 점은 어떤 일반적인 것을 우리에게 보여줄 수 있는데, 이 예는 그 방법을 제시하고 있다.]

3.3442 복합체의 기호를 분석하는 방법도 자의적이 아니다. 즉 그 기호가 나타나는 명제가 다를 때마다 분석이 다른 것은 아니다.

---

25) 진리함수 : 참과 거짓을 입력하여 그 참과 거짓을 값으로 출력하는 함수를 '진리함수'라고 부른다. 예를 들어 부정명제 'p가 아니다'는 p에 참된 명제를 넣으면 거짓이 되고, p에 거짓인 명제를 넣으면 참이 되므로 하나의 진리함수로 간주할 수 있다. 또는 'p 또는 q'는 p나 q의 적어도 어느 한쪽에 참된 명제를 입력했을 때에 참이 되고, p와 q 양쪽에 거짓된 명제를 입력하면 거짓이 되므로 이것도 또 다른 진리함수로 간주할 수 있다. 그러나 일상 언어인 '이 아니다'나 '또는'은 반드시 그러한 진리함수적인 의미에 한정되지 않는 다양한 의미를 가지므로 어디까지나 진리함수로서의 의미만을 골라낼 때는 새로운 기호를 도입하게 된다. 예를 들어 'p가 아니다'가 갖는 진리함수로서의 의미를 골라낼 때는 '~p'라고 쓰고, 'p 또는 q'가 갖는 진리함수로서의 의미를 골라낼 때는 'p∨q'라고 쓴다. 그 밖에도 'p이면서 q'에 대응하는 진리함수는 'p.q'라고 쓰고, 'p라면 q'에 대응하는 진리함수는 'p⊃q'라고 쓴다(이들 기본적인 진리함수에 대해서는 역주 보충 '논리기호의 의미'에서 정리해 두었다).

또한 주의를 해두자면, 《논리철학논고》는 진리함수를 그 정확한 의미에 있어서 '함수'라고는 간주하지 않는다. 프레게는 참과 거짓이라는 대상을 생각하여 참과 거짓에서 참과 거짓으로 가는 함수를 생각했으나 그것은 비트겐슈타인이 취하는 사고방식은 아니다. 오히려 《논리철학논고》에서는 부정 및 '또는'이나 '동시에' 등에 의한 명제의 접속을 '연산'으로 간주하고 연산과 함수를 엄격히 구별한다(연산에 관한 의론은 5.2~5.5151에서 행해진다). 그러므로 《논리철학논고》에 있어서 '진리함수'라는 용어는 참과 거짓을 입력하여 참과 거짓을 값으로 출력하는 함수를 의미한다기보다는 명제를 부정하거나 명제와 명제를 '동시에' '또는' '이라면' 등에서 접속하거나 해서 만들어지는 복합적인 명제 내지 그 형식을 의미한다고 생각하는 편이 좋다.

26) '~p'와 'p∨q'를 쓰면, 모든 진리함수를 표시할 수 있다. 예를 들어 'p이면서 q'에 대응하는 진리함수 'p.q'는 '~(~p∨~q)'와 같다. 이것은 다른 진리함수를 기본으로 한 경우에도 마찬가지이며, '~p'와 'p.q'를 써도 모든 진리함수를 표현할 수가 있다.

3.4 명제는 논리공간[27] 속에 하나의 영역을 규정한다. 이 논리적 영역은 오로지 그 영역을 구성하는 요소의 존재, 즉 뜻이 있는 명제가 존재함으로써 보증된다.

3.41 명제기호와 논리적 좌표가 논리적 영역을 형성한다.

3.411 기하학적 영역과 논리학적 영역은 둘 다 존재의 가능성이라는 점에서 일치한다.

3.42 명제는 논리공간 속에 하나의 영역만을 규정할 수 있지만, 그 명제를 통해 모든 논리공간이 이미 주어져 있어야 한다.

[그렇지 않으면 부정, 논리합, 논리곱[28] 등을 만들기 위해 좌표에 새로운 요소가 도입되어야 할 것이다.]

[상을 둘러싼 논리적 기반이 논리공간에 두루 미쳐 있다.[29] 명제는 논리공

---

27) 논리공간 : 매우 단순한 모델로 논리공간의 예를 구성해 보자. 그 세계에는 2개의 등불 a와 b밖에 존재하지 않으며 가능한 사태는 'a는 불이 들어와 있다'와 'b는 불이 들어와 있다' 2개 뿐이라고 하자. 그때, 사태의 성립과 불성립에 관하여 네 가지 가능성이 생긴다. 그 네 가지 경우를 W_1, W_2, W_3, W_4라고 기입한다면 논리공간은 다음과 같다.

$$\begin{cases} W_1 \cdots\cdots \phi \\ W_2 \cdots\cdots a는\ 불이\ 들어와\ 있다. \\ W_3 \cdots\cdots b는\ 불이\ 들어와\ 있다. \\ W_4 \cdots\cdots a는\ 불이\ 들어와\ 있고,\ b는\ 불이\ 들어와\ 있다. \end{cases}$$

W_1은 어느 쪽 사태도 성립하지 않은 경우이며, ϕ라고 기입한 것은 성립한 사태가 아무 것도 존재하지 않음을 의미한다. W_2는 'a는 불이 들어와 있다'는 사태만이 성립하는 경우, W_3은 'b는 불이 들어와 있다'는 사태만이 성립하는 경우, 그리고 W_4는 2개의 사태가 양쪽 다 성립하는 경우이다.

거기서 예를 들어 명제 'a는 불이 들어와 있다'는 이들 네 가지 가능성 가운데 현실 세계가 W_2, W_4의 어느 한쪽일 때에 참이 된다. 또는 그 부정명제 'a는 불이 들어오지 않았다'는 현실 세계가 W_1, W_3의 어느 한쪽일 때에 참이 된다. 이처럼 명제는 그것을 참으로 하는 가능성을 논리공간 속에 하나의 영역으로서 규정하게 된다. 이것이 '명제는 논리공간 속에 하나의 영역을 규정한다'는 것의 의미이다.

28) 논리합/논리곱 : 'p 또는 q'에 대응하는 진리함수 'p∨q'를 p와 q의 '논리합', 'p이면서 q'에 대응하는 진리함수 'p.q'를 p와 q의 '논리곱'이라고 한다.

29) 《오그던에게 보내는 편지(Letters to C.K. Ogden, 1973)》에 근거하여 다소 번역을 했다. '……논리적 발판은 논리공간을 결정한다'고 번역하고 싶어지는 곳도 있으나, 비트겐슈타인은 'determine'이라는 번역어에 이의를 주장하여 'reach through'를 제안했다. 실제로 논리만으로는 논리공간은 '결정'되지 않는다. 또한, 이에 관하여 비트겐슈타인은 한 채의 집을 둘러싸고

간 전체에 확장된다.]

3.5 적용된, 다시 말해 사고된 명제기호가 사고(思考)이다.

4 사고란 뜻이 있는 명제이다.

4.001 명제의 총체가 언어이다.

4.002 우리는 각각의 말이 무엇을 어떻게 지시하는지 일일이 깨닫지 않아도 모든 뜻을 표현할 수 있는 언어 구성력을 지니고 있다.―마치 낱낱의 소리가 어떻게 발음되는지 몰라도 말할 수 있는 것처럼……

일상 언어는 인간이라는 유기체의 일부로서 다른 부분 못지않게 복잡하다.

인간은 일상 언어에서 언어 논리를 끌어낼 수는 없다.

사고는 언어로 위장한다. 즉 옷을 걸친 겉모습에서 그 속에 있는 사고 형태를 추측할 수는 없다. 왜냐하면 그 옷의 겉모양은 신체 모양을 알려주는 것과 전혀 다른 목적으로 만들어졌기 때문이다.

일상 언어를 이해하는 데 필요한 암묵적인 약속은 터무니없이 복잡하다.

4.003 철학적인 문제에 관해 쓴 대부분의 명제들과 물음들은 거짓이 아니라, 무의미하다. 따라서 우리는 이런 종류의 물음들에 대해 결코 답할 수 없고, 다만 그것들의 무의미성을 주장할 수 있을 뿐이다. 철학자들이 제시한 대다수의 물음과 명제는 우리가 그 언어의 논리를 이해하지 못하는 데서 기인한다.

[그것은 예컨대 선함과 아름다움은 거의 동일한가 하는 물음과 같은 종류이다.]

그리하여 가장 심오한 문제가 실은 전혀 문제가 아니라는 점도 놀랄 게 없다.

4.0031 모든 철학은 '언어비판'이다. [물론 마우트너[30]가 말한 언어비판은 아니지만.] 러셀의 공적은 명제의 외관상의 논리형식이 반드시 실제 논리형식은 아님을 보여준 점이다.[31]

거대한 발판이 놓이며, 그 발판이 전 우주에 미치고 있음을 상상해 보아도 좋다고 말한다.

30) Fritz Mauthner(1849~1923). 독일의 작가, 철학자. 《언어비판론(Beiträge zu einer Kritik der Sprache, 1901~1902)》이라는 저술이 있다.

31) 특히 러셀의 기술이론에 대해 말하는 것 같다.

4.01 명제는 현실의 상(像)이다.

명제는 현실에 대한 모형이며, 우리는 그렇게 현실을 상상한다.

4.011 얼핏 보기에 명제는—예컨대 종이에 인쇄되어 있는 경우—그것이 나타내고 있는 현실의 상으로는 보이지 않는다. 악보도 음악의 상으로는 보이지 않으며 표음기호[알파벳]도 발화(發話) 음성의 상으로는 보이지 않는다.

그렇지만 이러한 기호언어가 보편적 의미에서 그것이 표현하는 것의 상임은 명백하다.

4.012 확실히 우리는 'aRb'라는 형식의 명제를 상으로서 받아들인다. 여기서 기호는 분명 그것이 나타내는 것의 초상(肖像)이다.

4.013 이러한 회화성의 본질을 깊이 살펴보면 기호의 외관상의 불규칙성[예컨대 악보에서 #이나 ♭ 사용]으로 회화성이 손상되지 않음을 깨닫게 된다.

왜냐하면 이러한 불규칙성도 그것이 표현하려는 것을 단지 다른 방식으로 묘사하기 때문이다.

4.014 음반, 악상, 악보, 음파는 모두 서로에 대해 언어와 세계 사이에 성립하는 내적 묘사 관계에 있다.

즉 그 모두에 공통된 논리적 구성이 있다.

[동화에 나오는 두 젊은이, 그들의 말 두 마리와 백합처럼[32]. 어떤 의미에서 그들은 모두 하나이다.]

4.0141 어떤 일반적인 규칙이 존재하고, 그에 따라 음악가는 모음 악보에서 교향곡을 만들고 사람들은 음반의 트랙에서 교향곡을 이끌어낼 수 있다. 또 그 규칙에 따라 모음 악보에서 교향곡을 만들듯이 교향곡을 듣고 모음 악보를 도출할 수도 있다. 바로 여기에 외관상 전혀 다른 형태의 내적 유사성이 존재한다.

그리고 그 규칙이란 단지 교향곡을 음표언어에 투영하는 투영 법칙이다. 또한 음표언어를 음반언어로 바꾸는 번역 규칙이다.

4.015 그림의 성립 가능성, 즉 우리 표현법에서 모든 회화성의 성립 가능성은 묘사의 논리에 기초한다.

---

32) 《그림동화집》의 〈황금 아이들〉이라는 이야기.

4.016 명제의 본질을 이해하려면 기술할 사실을 묘사하는 상형문자를 생각해 보라.

상형문자가 알파벳이 되었을 때도 그 묘사의 본질은 상실되지 않았다.

4.02 이는 명제기호 의미를 설명해 주지 않아도 우리가 그 뜻을 이해하는 점에서도 명백하다.

4.021 명제는 현실의 상이다. 명제를 이해하면 그것이 묘사하고 있는 상황을 인지할 수 있기 때문이다. 이와 같이 미리 설명해 주지 않아도 명제의 뜻을 이해할 수 있다.

4.022 명제는 그 뜻을 나타낸다.

명제는 만약 그것이 참이라면 사실이 어떤지 보여준다. 그리고 사실이 이러이러함을 이야기한다.[33]

4.023 현실은 명제에 따라 예(ja) 또는 아니오(nein)로 확정되어야 한다.

그러기 위해서 현실은 명제를 통해 완전하게 기술되어야 한다.

명제는 사태의 기술에 불과하다.

대상의 외적 성질에 따라 대상을 기술하듯이, 명제는 현실의 내적 성질에 따라 현실을 기술한다.

명제는 논리적 기반으로 세계를 구축한다. 바로 그렇기 때문에 명제가 참이

---

33) 이야기하다/제시하다 : 명제는 세계 본연의 모습에 대하여 '이러이러하다'라고 이야기한다. 즉, 명제에 있어서 현실과 비교함으로써 그 참과 거짓을 말할 수 있는 것, 그것이 명제가 이야기하는 사항이다. 한편, 명제가 그렇게 세계에 대하여 말하기 위해서는 명제와 세계는 논리형식을 공유해야만 한다. 그러나 그들 논리형식을 명제는 이야기할 수 없다. 왜냐하면, 논리형식을 이야기한다는 것은 논리공간 전체를 이야기하는 것으로 이어지기 때문이다. 그리고 논리공간 전체를 이야기하려 한다면 우리는 그 논리공간 바깥에 서야만 한다. 그러나 그 것은 불가능하다. 그렇다면, 논리공간을 이야기하는 것도 논리형식을 이야기하는 것도 불가능하다. 그러나 다양한 명제를 실제로 써서 무엇인가를 이야기하는 것에 있어서 우리는 그 명제가 세계와 공유하고 있는 논리형식을 이해할 수 있다. 이렇게 이야기할 수 없는 것을 이해할 때, 비트겐슈타인은 그것을 '제시한다'고 말한다. 명제는 그것이 세계와 공유하는 논리형식을 제시하고, 그 논리형식에 의하여 펼쳐지는 논리공간을 제시한다.

여기서는 특히 논리에 관하여 '이야기한다'와 '제시한다'의 구별이 논해지는데, 나아가 비트겐슈타인은 뒤에 나오는 절에서 말로 할 수 없고 제시할 수 있는 것으로서, 자아 및 윤리를 논한다. 그것들을 말하지 못하고 제시할 수 있는 이유도 기본적으로는 그것들이 논리공간 전체에 관계하기 때문이다.

면 그 명제를 실마리로 삼아 전체적인 논리가 어떤지 파악할 수 있다. 우리는 거짓 명제로부터도 귀결을 이끌어낼 수 있다.

4.024 명제를 이해하는 것은 만약 명제가 참이라면 사실이 어떠한지를 아는 것이다.

[따라서 명제가 참인지 아닌지 몰라도 명제를 이해할 수 있다.]

즉 명제의 구성 요소를 이해할 때 우리는 그 명제를 이해한다.

4.025 어떤 언어를 다른 언어로 번역하는 것은 한쪽의 명제 하나하나를 다른 쪽의 명제로 번역하는 것이 아니다. 단지 명제의 구성 요소만 번역할 뿐이다.

[물론 사전에는 명사뿐 아니라 동사, 형용사, 접속사 등도 번역되어 있지만 그 모두를 똑같이 취급한다.]

4.026 단순기호[낱말]의 의미를 이해하려면 그 의미가 우리에게 설명되어야 한다.

그러나 명제를 통해 우리는 서로 이해하고 있다.

4.027 명제는 우리에게 새로운 뜻을 전달해 주는데, 이는 명제의 본질에 속한다.

4.03 명제는 기존의 표현을 이용하여 새로운 뜻을 전달해야 한다.

명제는 우리에게 어떤 상황을 전달한다. 그러므로 명제는 본질적으로 그 상황과 연관되어 있어야 한다.

그 연관이란 명제가 그 상황의 논리상이라는 말이다.

명제는 그것이 오직 상인 한, 무언가를 말해준다.

4.031 상황은 명제 속에서 실험적으로 구성된다.

이 명제에는 이러이러한 뜻이 있다고 말하는 대신에, 우리는 확실하게 이 명제는 이러이러한 상황을 묘사한다고 해도 된다.

4.0311 어떤 이름은 어떤 사물을, 다른 이름은 다른 사물을 나타낸다. 그리고 그 이름들은 서로 결합되어 있다. 이리하여 전체가 마치 활인화(活人畵)[34] 처럼 사태를 보여준다.

---

34) 활인화(活人畵)란, 분장을 한 몇몇 사람이 인형처럼 어떤 포즈를 취하여 명화나 역사적 장면 등을 재현한 것을 말한다.

4.0312 무릇 명제의 가능성은 기호가 대상을 대신한다는 원리에 기초한다. 그러나 '논리정항(論理定項)'[35]은 어떤 대상을 대신하지 않는다. 기호가 사실의 논리를 대신하지도 않는다. 이것이 내 기본적인 생각이다.

4.032 명제는 논리적으로 분절되어 있는 한에서만 상황에 대한 상이다.

[Ambulo(나는 걷는다)라는 명제도 역시 합성되어 있다. 그 어간이 다른 어미와, 또 그 어미가 다른 어간과 결합하면 전체 뜻이 변하기 때문이다.]

4.04 명제는 그것이 묘사하는 상황과 구별되어 있는 것만큼 구별되어야 한다.

명제와 상태는 동일한 논리적 [수학적] 다양성을 지녀야 한다. [헤르츠의 《역학》[36]에 나오는 역학 모델과 비교하라.]

4.041 이 수학적 다양성 자체를 다시 모사(模寫)할 수는 없다. 인간은 모사를 행할 때 이 다양성을 벗어날 수 없기 때문이다.

4.0411 예컨대 우리가 '$(x).fx$'[37]로 표현하는 것을 'fx' 앞에 (일반성(Allgemeinheit)을 나타내는) 표지를 넣어 '$Alg.fx$'와 같이 표현해 보자. 이것으로는 충분하지 않다. x를 일반화하는지 f를 일반화하는지 알 수 없기 때문이다. 이번에는 x에 일반성의 표지 'a'를 넣어 '$f(x_a)$'로 표현해 보자. 이것 역시 충분하지 않다. 일반성을 나타내는 범위를 알 수 없기 때문이다.[38]

항의 자리에 일반성을 나타내는 기호 'A'를 도입하여 '(A, A), $F(A, A)$'라고 해도 마찬가지이다. 가변항의 동일성을 확인할 방법이 없기 때문이다. 등등.[39]

어떤 기호를 붙여보아도 충분치 않은 것은 거기에는 필요한 수학적 다양성

---

35) 논리정항(論理定項) : 부정에 대응하는 진리함수 '$\sim p$', 'p 또는 q'에 대응하는 진리함수 '$p \lor q$', 'p 이면서 q'에 대응하는 진리함수 '$p.q$', 'p라면 q'에 대응하는 진리함수 '$p \supset q$' 등, 이것들에 있어서 '$\sim$' '$\lor$' '$\cdot$' '$\supset$' 등을 논리정항이라고 부른다.

36) Heinrich Rudolph Hertz(1857~1894). 독일의 물리학자. 여기에서 비트겐슈타인이 언급하는 저서는 《역학원리(Die Prinzipien der Mechanik, 1894)》.

37) '(x)'는 '전칭기호'라고 불리는 것이며, '$(x).fx$'는 '모든 x에 대하여, x는 f이다' (또는 '모든 것은 f이다')라고 읽을 수 있다(역주 보충 '논리기호의 의미' 참조).

38) 이 서식이라면, 예를 들어 '$(x).fx. \supset .(x).gx$'('모두가 f라면 모두는 g이다')와 '$(x) : fx. \supset .gx$'('모두는 (f라면 g)이다') 등을 구별할 수 없게 된다.

39) 이 서식이라면, 예를 들어 '$(x, y) : f(x, y). \supset .f(y, x)$'('모든 x, y에 대하여 $f(x, y)$라면 $f(x, y)$')와 '$(x, y) : (f(x, y). \supset .f(y, x)$'('모든 x, y에 대하여, $f(x, y)$라면 $f(y, x)$') 등을 구별할 수 없게 된다.

이 결여되어 있기 때문이다.

4.0412 공간적 관계를 '공간 안경'[40] 너머로 본다는 관념론적 설명도 같은 이유에서 충분하지 않다. 이것은 공간적 관계의 다양성을 설명할 수 없기 때문이다.

4.05 현실은 명제와 비교된다.

4.06 명제가 참이나 거짓이 될 수 있는 것은 오직 그것이 현실의 상이기 때문이다.

4.061 명제의 뜻은 그것이 사실인지 여부에 의존하지 않는다. 이것을 간과하면, 사람은 참과 거짓은 기호와 그것이 표현하는 대상 사이의 관계로서 동등하다고 생각하기 쉽다.

그렇게 되면 예컨대 '~p'가 거짓으로 표현하는 것을 'p'는 참으로 표현한다고 말하기 쉽다.

4.062 지금까지 참인 명제로 의사전달을 해왔듯이 거짓인 명제로 의사전달을 할 수 있을까? 그것이 거짓인 명제로 파악된다는 것을 알고만 있으면 될까? 아니다. 왜냐하면 명제는 그것이 전달하는 그대로의 사실이 있을 때 참이 되는데, 그러면 명제 'p'로 사태 '~p'를 생각하고 사실이 생각과 동일하다면 'p'는 이 새로운 해석에서도 참이지 거짓이 될 수 없기 때문이다.

4.0621 그러나 기호 'p'와 '~p'가 동일한 것을 말할 수 있다는 점은 중요하다. 왜냐하면 '~'이라는 기호에 대응하는 현실이 어디에도 없음을 보여주기 때문이다.

어떤 명제에 부정이 나타난다고 해서 그 명제의 뜻을 특징지을 수는 없다 [~~p=p].

명제 'p'와 '~p'의 뜻은 반대이나, 거기에 대응하는 현실은 동일하다.

4.063 진리 개념을 설명하기 위한 비유.─하얀 종이 위의 검은 얼룩점. 평면상의 각 점에 대해 그것이 하얀지 검은지를 열거하다 보면 얼룩의 모양을

---

40) 색 있는 안경을 쓰면 세계는 그 색을 띠는데, 그 색은 대상이 가진 색이 아니다. 마찬가지로 '공간'은 세계 그 자체의 구조가 아니라 우리의 인식 구조이며, '공간 안경'을 쓰고 세계를 보기 때문에, 세계는 삼차원적으로 나타난다. 대략 이러한 생각이 여기에서 비판되어진다고 생각한다.

기술할 수 있다. 어떤 점이 검다는 사실에 대응하는 것은 긍정적 사실이고, 하얗다[검지 않다]는 사실에 대응하는 것은 부정적 사실이다. 내가 평면상의 한 점[프레게가 말한 진리값]을 가리킬 때, 그 점은 진위가 판단되기 이전의 가정에 대응한다.[41] 등등.

그러나 그 점이 검은지 하얀지 말할 수 있으려면 어떤 경우에 검다고 하고 또 어떤 경우에 하얗다고 하는지를 내가 미리 알고 있어야 한다. 즉 'p'가 참이라고 [혹은 거짓이라고] 말할 수 있으려면 어떤 상태에서 'p'를 참이라고 하는지를 먼저 정해야 한다. 그렇게 함으로써 비로소 명제의 뜻이 확정된다.

그런데 이 비유가 맞지 않는 부분도 있다. 우리는 하얀 것이 무엇이고 검은 것이 무엇인지 몰라도 종이 위의 한 점을 가리킬 수 있다. 그러나 뜻이 없는 명제에 대응하는 것은 아무것도 없다. 명제는 '참'이나 '거짓'이라 불러야 할 성질의 무언가[진리값]를 지시하는 것이 아니기 때문이다. 명제에 주어지는 동사는 프레게가 생각하는 대로 '참이다'라든가 '거짓이다'라고 할 것이 아니다. 참인 명제에 이미 '참이다'라는 동사가 포함되어 있어야 한다.

4.064 모든 명제는 이미 뜻을 내포해야 한다. 명제를 긍정함으로써 비로소 명제에 뜻이 부여되는 것은 아니다. 긍정이란 바로 그 뜻을 긍정한다는 말이기 때문이다. 부정이나 기타에 대해서도 마찬가지이다.

4.0641 부정은 부정되는 명제의 논리적 영역에 이미 연관되어 있다고 말할 수도 있다.

부정명제는 부정되는 명제와 별개의 논리적 영역을 규정한다.

부정명제는 그 논리적 영역을 부정되는 명제의 논리적 위치 밖에 있다고 기술한다. 이와 같이 부정명제는 부정되는 명제의 논리적 영역을 이용하여 스스로의 논리적 위치를 규정한다.

부정되는 명제를 다시 부정할 수 있다. 이것은 부정되는 명제가 이미 하나의 명제이며, 결코 부정명제를 위한 준비 단계가 아님을 보여준다.

4.1 명제는 사태의 성립과 불성립을 묘사한다.

---

41) '평면상의 한 점을 지시한다'는 것은 단순히 흰색 내지 검은색 점을 지시한 것에 그치며, 거기에서는 아직 '그 점은 하얗다'거나 '그 점은 검다'는 판단은 행해지지 않았다. 이러한 판단과 판단 이전의 가정을 구별하는 견해로서 비트겐슈타인은 프레게를 생각한다.

4.11 참인 명제의 총체가 자연과학 전체[혹은 여러 과학의 총체]이다.

4.111 철학은 자연과학이 아니다.

['철학'이란 낱말은 자연과학과 동등한 수준이 아니라 그 이상이거나 이하를 의미해야 한다.]

4.112 철학의 목적은 사고를 논리적으로 명료화하는 것이다.

철학은 학설이 아니라 활동이다.

철학 활동의 본질은 해명이다.

철학의 성과는 '철학적 명제'가 아니라 명제의 명확화이다.

사고 자체는 불투명하고 흐릿하다. 철학은 이런 사고를 명료화하고 뚜렷하게 경계 지어야 한다.

4.1121 다른 자연과학에 비해 심리학이 철학에 더 가까운 것은 아니다.

인식론은 심리학의 철학이다.

기호언어에 대한 내 연구는 철학자들이 논리철학에서 극히 본질적이라고 보았던 사고 과정에 관한 연구에 해당되지 않을까? 다만 철학자들은 대개 비본질적인 심리학 연구에 휘말렸을 뿐이다. 내 방법에도 그런 위험이 있다.

4.1122 자연과학의 다른 가설에 비해 다윈의 이론이 철학과 더 관련이 있는 것은 아니다.

4.113 철학은 다양한 의견이 있을 수 있는 자연과학의 영역에 경계를 짓는다.

4.114 철학은 사고 가능한 것에 경계 짓고 그럼으로써 사고 불가능한 것을 경계 지어야 한다.

철학은 사고 가능한 것을 통하여 안에서부터 사고 불가능한 것을 한계 지어야 한다.

4.115 철학은 말할 수 있는 것을 명료하게 묘사함으로써 말할 수 없는 것을 지시하려 한다.

4.116 무릇 사고될 수 있는 모든 것은 명백히 사고될 수 있으며, 발언될 수 있는 모든 것은 명백히 발언될 수 있다.

4.12 명제는 현실의 모든 것을 묘사할 수 있지만, 그것을 묘사하기 위해 현실과 공유해야 하는 것, 즉 논리형식을 묘사할 수는 없다.

논리형식을 묘사하려면 그 명제로 논리의 바깥쪽에 설 수 있어야 하는데, 그것은 곧 세계의 바깥쪽에 서는 것이다.

4.121 명제는 논리형식을 묘사할 수 없다. 논리형식은 명제 속에 투영된다.

언어에 투영되어 있는 것을 우리는 묘사할 수 없다.

언어 속에서 스스로 모습을 드러내는 것을 우리가 언어로 표현할 수는 없다.

명제는 현실의 논리형식을 보여준다.

명제는 그것을 제시한다.

4.1211 예컨대 명제 'fa'는 그 뜻 속에 대상 a가 나타남을 보여준다. 또한 두 명제 'fa'와 'ga'는 모두 같은 대상을 다루고 있음을 나타낸다.

두 명제가 서로 모순되면 각각의 명제의 구조가 그것을 보여준다. 그 가운데 하나의 명제가 다른 명제로부터 도출될 때 역시 각각의 구조가 그것을 보여준다.

4.1212 보일 수 있는 것은 말할 수 없다.

4.1213 모든 것이 일단 우리의 기호언어로 잘 소통되기만 하면, 그것으로 이미 올바른 논리적 견해를 갖고 있다는 느낌도 이해할 수 있을 것이다.

4.122 어떤 의미에서 우리는 대상이나 사태의 형식적 특성, 더 나아가 사실 구조의 특성에 대하여 논할 수 있다. 마찬가지로 형식적 관계나 구조의 관계에 대해서도 논할 수 있다.

[구조의 특성 대신에 나는 '내적 특성'이라고도 하고, 구조의 관계 대신에 '내적 관계'라고도 한다.

내가 이렇게 말하는 것은 왜 그렇게 많은 철학자들이 내적 관계와 협의의 [외적] 관계를 혼동하는지 그 이유를 지적하고 싶어서이다.]

그러나 이러한 내적 특성이나 관계의 성립은 명제를 이용하여 주장할 수 없다. 그것은 각각의 사태를 묘사하고, 대상을 다루는 명제들에서 제시될 뿐이다.

4.1221 사실의 내적 특성은 그 사실의 모습이라고도 할 수 있다. [사람의 얼굴 생김새에 대해 말할 때와 같은 의미로.]

4.123 어떤 대상이 그 특성을 지니지 않는다고 생각할 수 없을 때 그것은

내적 특성이다.

[이 푸른색과 저 푸른색은 그 본성상 한쪽이 더 밝거나 어두운 내적 관계에 있다. 이 두 대상이 이러한 관계에 놓여 있지 않다고는 생각할 수 없다.]

[여기서 '특성'과 '관계'라는 낱말의 용법이 변동함에 따라 '대상'이라는 낱말의 용법도 변동한다.]

4.124 어떤 가능한 상황의 내적 특성이 성립함은 명제로 표현될 수 없다. 그것은 그 상황을 묘사하는 명제 속에서 그 명제의 내적 특성을 통하여 스스로를 드러낸다.

명제에 형식적 특성을 부여하는 것은 명제에서 그 형식적 특성을 박탈하는 것과 마찬가지로 난센스이다.

4.1241 이 형식에는 이런 특성이 있고 저 형식에는 저런 특성이 있다는 말로써는 모든 형식을 구별할 수 없다. 그런 방법은 두 형식에 각각의 특성이 있다는 언명이 유의미함을 전제로 하기 때문이다.

4.125 몇몇 가능한 상황 사이에 내적 관계가 성립함은 각각의 상황을 묘사하는 명제들 사이의 내적 관계를 통하여 언어 속에서 저절로 드러난다.

4.1251 이리하여 '모든 관계는 내적인가? 아니면 외적인가?'라는 논쟁은 결론이 난다.

4.1252 내적 관계로 배열된 계열을 형식 계열이라 부르기로 하자.

수열은 외적 관계가 아니라 내적 관계로 배열되어 있다.

다음과 같은 명제의 계열도 마찬가지이다.

'aRb',

'(∃x) : aRx,xRb',

'(∃x, y) : aRx,xRy,yRb' [42]

등등.

---

42) 'aRb'는 'a는 b에 대하여 관계 R에 있다'고 읽을 수 있다. 예를 들어 'aRb'를 'a는 b의 부모이다' 라는 관계에 있다고 하자. 그때 '(∃x) : aRx, xRb'는 'a는 x의 부모이며, x는 b의 부모이다. 그러한 x가 존재한다'가 된다. 다시 말해, b는 a의 손자이다. 또한 '(∃x, y) : aRx, xRy, yRb'는, 'a는 x의 부모이며, x는 y의 부모이고, y는 b의 부모이다. 그러한 x와 y가 존재한다'가 된다. 다시 말해 b는 a의 증손자이다. 이 예에서 '후계자'란 '자손'과 같다.

[b가 a에 대해 이러한 몇몇 관계에 놓여 있을 때, b를 a의 후속자(後續者)라 부른다.]

4.126 형식적 특성에 대해 논한 바와 마찬가지로 이제는 형식적 개념에 대해서도 논할 수 있다.

[예로부터 형식적 개념과 협의의 개념을 혼동하는 일이 논리학 전체에 일관되어 있는데, 그 이유를 밝히기 위해 형식적 개념이라는 용어를 도입하였다.]

무언가가 형식적 개념 속에 대상으로 포함되어 있음은 명제로 표현할 수 없다. 그것은 대상을 나타내는 기호 속에 저절로 드러난다. [이름은 대상을 나타내고 있음을 뜻하고 숫자는 수를 나타내고 있음을 뜻한다. 기타 등등.]

형식적 개념은 협의의 개념이 그렇듯 함수로써 나타낼 수 없다.[43]

왜냐하면 형식적 개념의 표지, 즉 형식적 특성은 함수로 표현될 수 없기 때문이다.

형식적 특성을 표현하는 것은 특정 상징의 모습이다.

그러므로 형식적 개념의 표지를 나타내는 기호는 상징, 즉 의미가 개념 속에 포함되어 있는 모든 상징의 특징적 모습이다.

따라서 형식적 개념은 이 특징적인 모습만 정항으로 남긴 명제변항으로 표현된다.

4.127 명제변항은 형식적 개념을 표현한다. 그리고 명제변항의 값은 그 개념에 포함되는 대상들을 표현한다.

4.1271 모든 가변항은 형식적 개념을 표현하는 기호이다.

왜냐하면 모든 가변항은 그 모든 값이 소유하고 있을, 그리고 그 값의 형식적 특성으로 해석될 고정된 형식을 나타내기 때문이다.

4.1272 그러므로 이름의 가변항 'x'가 대상이라는 유사 개념을 나타내는 본래의 기호이다.

'대상'['사물' 등]이라는 낱말이 정확하게 쓰이는 한, 개념기호법에서 그 낱말은 이름의 가변항에 의해 표현된다.

---

43) '협의(狹義)의 개념'이란, '고양이'와 '짝수' 등 보통 '개념'이라고 불리는 것들이며, 그것들은 'x는 고양이이다'나 'x는 짝수이다'처럼 함수로 나타낼 수 없다. 한편, '대상'이나 '수'처럼 형식적 개념은 'x는 대상이다'나 'x는 수이다'처럼 함수로서 나타낼 수 없다.

예컨대, '……인.두 대상이 있다'라는 명제에서 '대상'이라는 낱말은 '(∃x, y)……'로 표현된다.

그 밖의 경우, 즉 '대상'이라는 낱말이 협의의 개념을 나타내기 위해 쓰이는 경우에는 항상 난센스한 유사명제가 생긴다.

예컨대 '책이 있다'고 할 생각으로 '대상이 있다'고 할 수는 없다. 마찬가지로 '100개의 대상이 있다'라든가 'ℵ₀[44)개의 대상이 있다'고도 말할 수 없다.

대상의 총수를 말하는 것 또한 난센스이다.

이 점은 '복합체', '사실', '함수', '수' 등의 낱말에도 똑같이 적용된다.

이 낱말들은 모두 형식적 개념을 표현하므로 개념기호법에서는 가변항으로 표현되지[프레게나 러셀이 생각한 것처럼[45)], 함수 또는 집합으로 표현되지 않는다.

'1은 수이다', '오직 하나의 0이 존재한다'와 같은 표현이나 이와 비슷한 표현은 모두 난센스다.

['단 하나의 1이 존재한다'라는 말은 '2+2는 3시에는 4이다'라고 말하는 것처럼 난센스다.]

4.12721 형식적 개념은 그것에 포함된 대상과 함께 이미 주어져 있다. 따라서 형식적 개념에 추가하여 형식적 개념 자체를 기초 개념으로 도입할 수는 없다. 마찬가지로 함수라는 개념에 추가하여 특정 함수를 [러셀이 그랬던 것처럼] 기초 개념으로 도입할 수는 없다. 수라는 개념과 특정수에 대해서도 마찬가지이다.

4.1273 'b는 a의 후속자이다'라는 명제를 개념기호법으로 표현하려면, 다음 형식 계열의 일반항을 가리키는 표현이 필요하다.

aRb,

(∃x) : aRx.xRb,

---

44) 히브리 문자 알레프에 첨자 0을 붙인 이 기호는, 자연수 단계의 무한을 나타내는 것으로서 쓰인다.

45) 프레게와 러셀은 수를 '집합의 집합'으로 정의했다. 이 점은 프레게와 러셀의 '논리주의'라고 불리는 입장(숫자를 논리학에 환원하는 입장)의 근간에 관한 것이며, 또한 러셀의 역설이 발생한 지점이기도 하다.

$(\exists x, y) : aRx.xRy.yRb,$

......

형식 계열의 일반항은 가변항으로만 표현된다. 왜냐하면 형식 계열의 항(項)이라는 개념은 형식적 개념이기 때문이다. [이 점을 프레게와 러셀은 간과했다. 따라서 이러한 일반명제를 표현하려는 그들의 방법은 틀렸다. 거기에는 악순환이 포함되어 있다.]

그러나 형식 계열의 제1항과 선행 명제로부터 다음 항을 산출하는 연산이라는 일반 형식을 통해 형식 계열의 일반항을 규정할 수 있다.

4.1274 형식적 개념의 존재 여부를 묻는 것은 난센스이다. 어떤 명제도 그러한 물음에 대답할 수 없기 때문이다.

[예컨대 "분석 불가능한 주어–술어 명제가 존재하는가?"라고 물을 수는 없다.]

4.128 논리적 형식에 수는 없다.

따라서 논리학에는 어떤 특권적인 수도 있을 수 없다. 그러므로 철학적 일원론이라든가 이원론 등도 있을 수 없다.

4.2 명제의 뜻이란 사태의 성립 혹은 불성립의 가능성과 명제와의 일치 혹은 불일치를 말한다.

4.21 가장 단순한 명제, 즉 요소명제[46]는 어떤 사태의 성립을 주장한다.

4.211 요소명제의 특징은 그 명제에 모순되는 어떤 요소명제도 있을 수 없다는 점이다.

4.22 요소명제는 이름으로 성립된다. 그것은 이름의 연관, 연쇄이다.

4.221 명제를 분석하다 보면 직접적으로 결합된 이름으로 성립된 요소명제에 이를 수밖에 없다.

그렇다면 어떻게 그러한 명제와 명제의 결합이 이루어지는지가 문제이다.

4.2211 예컨대 세계가 무한히 복합적이어서 모든 사실이 무수한 사태로부터 성립하고 모든 사태가 무수한 대상의 합성으로 이루어졌을지라도 역시 대

---

[46] 요소명제 : 부정 '~', 논리합 '∨', 논리곱 '·' 또는 '(x)'나 '(∃x)' 등의 논리기호를 모두 포함하지 않는 형태로, 이름의 배열로서 나타낼 수 있는 명령을 '요소명제'라고 부른다. 요소명제를 부정하거나 논리정항에서 접속함으로써 복합적인 명제가 만들어진다.

상과 사실은 존재해야 한다.

4.23 이름은 오직 요소명제와 연관됨으로써 명제에 나타난다.

4.24 이름은 단순한 상징이다. 나는 그것을 단일 문자['x', 'y', 'z']로 표시하겠다.

요소명제는 이름의 연관으로서 'fx', 'φ(x, y)' 등의 형태로 적겠다. 때로는 p, q, r이라는 문자로 나타내는 경우도 있다.

4.241 의미가 동일한 두 기호를 사용할 때 그 사이에 '='를 넣어 나타내기로 하자.

그러므로 'a=b'에서 기호 'a'는 기호 'b'로 치환될 수 있다.

[만약 이미 알려진 기호 'a'에 치환될 것임을 약속하고 등식을 이용해 새로운 기호 'b'를 도입하면 이 등식―정의―은 [러셀에 따라] 'a=b Def.'라는 형식이 된다. 정의란 기호의 사용 규칙을 말한다.]

4.242 따라서 'a=b'라는 형식의 표현은 묘사의 보조 수단에 불과하다. 이 표현은 기호 'a', 'b'의 의미에 대해서는 아무것도 말해주지 않는다.

4.243 두 이름이 나타내는 것이 같은 사물인지 별개의 사물인지 알지도 못하면서 그 이름들을 이해할 수 있을까? 두 이름이 의미하는 것이 같은지 다른지 알지 못하면서 그 이름들이 포함된 명제를 이해할 수 있을까?

어느 영어 단어의 의미를 알고 있고 그것과 의미가 같은 독일어 단어의 의미를 알고 있을 때, 두 단어의 의미가 같은지 모른다고는 할 수 없다. 두 단어를 서로 번역할 수 없다는 것은 불가능하다.

그렇다면 'a=a'나 여기서 도출된 표현들은 요소명제도 아니고 다른 형식의 유의미한 기호도 아니다. [이 점에 대해서는 뒤에서 서술하겠다.]

4.25 어떤 요소명제가 참이면 그 사태는 성립한다. 어떤 요소명제가 거짓이면 그 사태는 성립하지 않는다.

4.26 참인 요소명제 모두를 열거함으로써 세계를 완전히 기술할 수 있다. 모든 요소명제를 들어 그 가운데 무엇이 참이고 거짓인지 열거할 수 있을 때 세계는 완전히 기술된다.

4.27 n개 사태의 성립과 불성립에 대해서는 $K_n = \sum_{\nu=0}^{n} \binom{n}{\nu} [=2^n]$의 가능성이 있다.[47]

사태의 이 모든 조합이 성립될 수 있지만 어떤 조합이 성립되어 있을 때에는

4.28 이들 조합에 대응하여 요소명제에 같은 수의 참 또는 거짓의 가능성이 있다.

4.3 요소명제의 진리 가능성이란 사태의 성립 또는 불성립의 가능성을 말한다.

4.31 진리 가능성은 다음 도표와 같이 나타낼 수 있다.

['W'는 참, 'F'는 거짓이다. 각 요소명제의 열 밑에 열거된 'W'와 'F'는 그 진리 가능성을 알기 쉽게 상징화한 것이다.]

p	q	r
W	W	W
F	W	W
W	F	W
W	W	F
F	F	W
F	W	F
W	F	F
F	F	F

p	q
W	W
F	W
W	F
F	F

p
W
F

4.4 명제란 그 요소명제의 진리 가능성과의 일치 또는 불일치의 표현이다.

4.41 요소명제의 진리 가능성이 명제의 참과 거짓의 조건이다.

4.411 요소명제의 도입이 다른 모든 종류의 명제를 이해하기 위한 기초를 제공해 준다. 이 점은 분석할 필요도 없이 확실하게 예상된 일이다. 실제로 일

---

47) n개에서 ν개를 골라내는 방법의 수와 같으며, $\binom{n}{\nu}$이라고 쓴다. n개의 사태의 성립·불성립의 조합의 수는 참이 되는 사태인 수 ν이 0에서 n까지의 경우의 총합이므로 $\binom{n}{\nu}$을 ν이 0의 경우에서 n의 경우까지 더한 것이 되며, $\sum_{\nu=0}^{n}\binom{n}{\nu}$이라고 쓴다. $\sum_{\nu=0}^{n}\binom{n}{\nu}(=2^{n})$이다. 예를 들어 4.31의 표에서, 우로부터 순서대로 n이 1, 2, 3의 경우이며, 각각 사태의 성립·불성립의 조합은 $2^{1}=2$, $2^{2}=4$, $2^{3}=8$이라고 되어 있다. 이것이 각 표의 행수가 된다.

반명제의 이해가 요소명제의 이해에 의존하고 있음은 한눈에도 명백하다.

4.42 어떤 명제가 n개 요소명제의 진리 가능성 중 어느 것과 일치하는지의 여부에 대해서는 $\sum_{\kappa=0}^{L_n} \binom{K_n}{\kappa} = L_n \left(= 2^{2^n} \right)$[48]의 가능성이 있다.

4.43 진리 가능성과의 일치는 위 도표(4.31)에서 진리 가능성 부분에 ‘W’[참]라는 표시를 나열함으로써 표현할 수 있다.

이 표시가 없을 경우에는 불일치를 의미한다.

4.431 요소명제의 진리 가능성과의 일치 또는 불일치를 표현하는 것은 그 명제의 진리 조건[49]을 나타낸다.

명제란 그 진리 조건의 표현이다.

[따라서 프레게가 개념기호법의 기호를 설명하며 먼저 진리 조건을 부여한 것은 정당했다. 다만 프레게의 경우 진리 개념의 설명이 틀렸다. 만약 ‘참’과 ‘거짓’이 현실의 대상으로서 ~p 등의 입출력항이라고 할 때 프레게의 규정에 따르면 ‘~p’의 의미는 규정되지 않는다.]

4.44 표지 ‘W’와 진리 가능성을 병치함으로써 생성된 기호(4.442의 도표)는 하나의 명제기호이다.

4.441 도표의 가로선, 세로선,[50] 괄호에 대응하는 대상이 없듯이 기호 ‘F’와 ‘W’의 복합에 대응하는 아무런 대상[혹은 대상의 복합]도 없다.

‘논리적 대상’은 존재하지 않는다.

‘W’와 ‘F’ 도표와 같은 것을 표현하는 기호는 물론 모두 마찬가지이다.

---

48) K_n은 n개의 사태의 성립·불성립의 조합의 수(그것은 또한 n개의 요소명제의 진위의 조합의 수와 같다)이다. 명제는 어떤 사태의 성립·불성립의 조합 아래 참과 거짓이 결정된다. 거기에서 사태의 성립·불성립에 관한 K_n개의 조합의 각각에 명제의 참과 거짓을 대응시키는 방법을 생각해 보면, K_n을 계산했을 때와 마찬가지로, $\sum_{\kappa=0}^{L_n} \binom{K_n}{\kappa}$가 된다. $K_n = 2^n$이므로, $L_n = 2^{2^n}$이 된다.

49) 진리 조건 : 명제를 참으로 만드는 사태의 성립·불성립의 조합 전체를 그 명제의 진리 조건이라고 한다. 예를 들어 ‘~p’(‘p가 아니다’)의 진리 조건은 ‘p가 거짓’이며, ‘p.q’(‘p이면서 q’)의 진리 조건은 ‘p도 q도 참’이다.

50) 프레게의 《개념기호법》에서는 가로선과 세로선이 다음과 같이 도입된다. A를 ‘고양이가 하품을 한다’라고 하자. 그때, ‘~A’는 ‘고양이가 하품을 한 것’에 대응하여 그 명제의 내용을 나타낸다. 여기에 세로선을 더해 ‘⊢’가 되면, 이것은 ‘고양이가 하품을 했다’는 판단을 나타내게 된다. 내용 제시의 단계에서는, 그것이 사실인지 아닌지는 고려되지 않지만 판단으로서 상정됨으로써, 그 내용이 사실이라는 것이 강조된다. 가로선은 ‘내용선’이라고도 불리며, 세로선은 ‘판단선’이라고도 불린다.

4.442 예컨대 다음 도표는 하나의 명제기호이다.[51]

p	q	
W	W	W
F	W	W
W	F	
F	F	W

[프레게의 판단선 '⊢'[52]는 논리적으로는 전혀 무의미하다. 프레게[그리고 러셀]의 저작에서 이 기호가 붙여진 명제를 그들이 참으로 간주함을 나타내는 데 불과하다. '⊢'는 명제에 붙은 번호처럼 명제의 구성 조직에 속하지 않는다. 어떤 명제가 참임을 그 명제 스스로 말할 수는 없기 때문이다.]

이 도표에서 진리 가능성을 나타내는 각 행의 배열을 조합 규칙을 사용하여 미리 확정해 두면 마지막 열만으로도 진리 조건을 표현하기에는 충분하다. 이 마지막 열을 가로로 쓰면 다음과 같은 명제기호가 된다.

'(WW–W)(p, q)'

더욱 명확히 나타내면 다음과 같다.

'(WWFW)(p, q)'

[처음 괄호 안 항의 자릿수는 다음 괄호 안의 항 수로 결정된다.]

4.45 n개의 요소명제에는 $L_n (=2^{2n})$개의 가능한 진리 조건 집단이 있다.

일정한 수의 요소명제의 진리 가능성에 포함되어 있는 진리 조건 집단은 하나의 계열로 배치할 수 있다.

4.46 가능한 진리 조건 집단에는 극단적인 두 경우가 있다.

하나는 요소명제의 모든 진리 가능성에 대해 그 명제가 참인 경우이다. 이때 '그 진리 조건은 항진적(恒眞的, Tautologie)이다'라고 한다.

---

51) 이 표 전체가 하나의 명제를 표현하고 있으며, 그 명제는 p도 q도 참의 경우(첫째 행)이거나, p가 거짓이고 q가 참인 경우(둘째 행)이거나, p도 q도 거짓의 경우(넷째 행)에 참이 되며, p가 참이고 q가 거짓의 경우(셋째 행)에는 거짓이 되는 명제이다.

52) 역주50 참조.

다른 하나는 모든 진리 가능성에 대해 그 명제가 거짓인 경우이다. 그 진리 조건 집단은 모순적이다.

전자의 경우 그 명제를 항진명제라고 하고, 후자의 경우에는 모순명제라고 한다.[53]

4.461 명제는 그것이 말하는 바를 나타내지만 항진명제와 모순명제는 아무것도 말하지 않음을 나타낸다.

항진명제에는 아무런 진리 조건도 없다. 그것은 무조건 참이기 때문이다. 그리고 모순명제는 어떤 조건에서도 참이 아니다.

항진명제와 모순명제는 무의미하다.[54]

[이는 마치 2개의 화살이 정반대 방향으로 날아간 뒤의 점과 같다.]

[예컨대 지금 비가 오든지 오지 않든지 둘 중의 하나라는 것은 알아도 현재 날씨 상태를 내가 알고 있는 것은 아니다.]

4.4611 그러나 항진명제와 모순명제는 난센스가 아니다. 0이 산술 기호 체계에 포함되듯이 둘 다 기호 체계에 당연히 포함된다.

4.462 항진명제와 모순명제는 현실의 상이 아니다. 그것들은 어떤 가능한 상황도 묘사하지 않는다. 항진명제는 모든 가능한 상황을 허용하고 모순명제는 전혀 허용하지 않기 때문이다.

항진명제에서는 그것과 세계가 일치하기 위한 조건들—묘사적 관계들—이 서로 상쇄된다. 따라서 항진명제는 현실에 대해 아무런 묘사적 관계를 갖지 않

---

53) 항진/모순 : 예를 들어 'p∨~p'('p 또는 p가 아니다')는 p가 참이든 거짓이든 반드시 참이다. 입력이 무엇이건 항상 참을 출력하는 진리함수를 '항진함수(恒眞函數)'라고 하는데, 항진함수를 나타내는 'p∨~p'와 같은 명제를 '항진명제'라고 부른다. 또한, 예를 들어 'p.~p'('p이면서 p가 아니다')는 p가 참이든 거짓이든 반드시 거짓이다. 입력이 무엇이건 항상 거짓을 출력하는 진리함수를 '항위함수(恒僞函數)'라고 부르는데, 항위함수를 나타내는 'p.~p'와 같은 명제를 '모순'이라고 부른다.

54) 무의미/난센스 : 지금까지 사전 양해도 없이 '난센스'라는 용어를 써왔는데, 여기에서는 '무의미(sinnlos)'와 '난센스(unsinning)'를 구별해야만 한다. 예를 들어 '고양이는 2로 나눌 수 있다'나 '하얀 것이 강아지에게 하품을 했다'와 같은 논리형식에 위반된 기호열은 난센스라고 불린다. 한편, 항진명제도 모순도 논리형식에 위반되는 기호열은 아니다. 그렇다고는 하지만, 항진명제도 모순도 세계에 대해 무언가를 이야기하는 것은 아니다. 거기에서 난센스는 아니지만 무의미라고 불리는 것이다.

는다.

4.463 진리 조건은 명제가 사실에 허용하는 가능 범위를 규정한다.

[명제, 상(像), 모형은 부정적 의미로는 다른 고체의 운동의 자유를 제한하는 하나의 고체와 같으며, 긍정적 의미로는 물체가 위치를 차지할 수 있는, 고정된 실체로 둘러싸인 공간과 같다.]

항진명제는 현실에 대해 전체적인—무한한—논리공간을 남긴다. 모순명제는 논리공간 전체에 충만하여 현실이 자리 잡아야 할 곳을 전혀 남기지 않는다. 따라서 둘 다 어떤 방식으로든 현실을 규정할 수 없다.

4.464 항진명제의 진리성은 확실하여 명제가 참일 가능성이 있으나 모순명제는 불가능하다.

[확실, 가능, 불가능. 여기에 확률론에 필요한 등급 표시가 있다.]

4.465 항진명제와 명제의 논리곱은 그 명제가 말하는 바와 같다. 즉 그 명제와 동일하다. 상징의 뜻을 바꾸지 않고서는 상징의 본질을 바꿀 수 없기 때문이다.

4.466 기호를 특정한 방식으로 논리적으로 결합한 것은 그 기호의 지시대상을 특정한 방식으로 논리적으로 결합한 것에 대응한다. 만약 어떤 결합이라도 허용된다면 거기에 대응하는 것은 결합되지 않은 기호뿐이다.

다시 말해 모든 상황에 대해 참인 명제는 애초에 기호 결합이 아니다. 만약 기호 결합이라면 대상들의 특정 결합만 그 명제에 대응하기 때문이다.

[반대로 논리적 결합이 아닌 기호에 대응하는 대상들의 결합 또한 존재하지 않는다.]

항진명제와 모순명제는 기호 결합의 극한적인 경우, 즉 기호 결합의 해소이다.

4.4661 물론 항진명제와 모순명제에서도 기호는 서로 결합되어 있다. 즉 서로 관계가 있다. 그러나 이러한 관계는 대응하는 것이 없으며 비본질적인 상징이다.

4.5 이제 가장 일반적인 명제 형식을 나타낼 수 있을 듯하다. 다시 말해 불특정 기호언어로 명제를 기술할 수 있을 듯하다. 그러면 이름의 지시대상을 적절히 선택하여 기술에 적합한 상징으로 가능한 모든 뜻을 표현할 수 있고, 기

술에 적합한 모든 상징은 그에 상응하는 뜻을 표현할 수 있다.

가장 일반적인 명제 형식을 기술하는 경우 그 형식에서 본질적인 것만 기술 되어야 함은 물론이다. 그렇지 않으면 그것은 가장 일반적인 형식이 아니기 때 문이다.

일반적 명제 형식이 존재함은 그 형식을 예견[즉 구성]할 수 없는 명제는 있 을 수 없다는 점에서도 명백하다. 명제의 일반적인 형식이란 '사태는 이러이러 하다'라는 것이다.

4.51 예컨대 나에게 모든 요소명제가 주어져 있을 때, 거기서 어떤 명제를 구성할 수 있는지만 물으면 된다. 그것이 곧 명제 전체이며, 명제는 이렇게 그 한계를 짓는다.

4.52 명제란 모든 요소명제의 총체로부터 [또한 원래부터 그것이 모든 요 소명제의 총체라는 점을 포함하여 거기서] 귀결되는 모든 것이다. [따라서 모 든 명제는 요소명제의 일반화라고도 말할 수 있다.]

4.53 일반적인 명제 형식은 가변항이다.

5 명제는 요소명제의 진리함수이다.

[요소명제는 자기 자신의 진리함수이다.]

5.01 요소명제는 명제에 입력되는 진리항이다.

5.02 함수의 입력항은 이름의 지표와 혼동하기 쉽다. 왜냐하면 입력항이나 지표를 포함한 기호의 의미를 간파할 때 나는 그 입력항이나 지표에 의존하기 때문이다.

예컨대 러셀이 사용한 '+c'에서 'c'는 그것을 포함한 기호 전체가 기수(基數)[55] 의 가산 기호임을 나타내는 지표이다. 하지만 이런 방법은 자의적인 결정에 기 인하므로 '+c' 대신에 단일 기호를 선택할 수도 있으리라. 한편, '~p'에서 'p'는 지표가 아니라 입력항이다. 먼저 'p'의 뜻을 이해하지 않고는 '~p'의 뜻을 이해 할 수 없다. [율리우스 카이사르라는 이름에서 '율리우스'는 지표이다. 지표는 언제나 그것이 포함된 이름의 대상에 대한 기술의 일부이다. 예를 들면 '율리우

---

55) 기수 : '하나, 둘, 셋, ……'하고 개수를 헤아릴 때의 수를 무한집합으로까지 적용할 수 있도록 확장한 개념이 '기수'이다. 일단은 자연수를 떠올리면 좋다.

스 가문의 저 카이사르'처럼.]

내가 오해한 것이 아니라면, 명제와 함수의 지시대상을 논한 프레게의 이론 밑바닥에는 이 혼동이 있다. 프레게에게 논리학의 명제는 이름이며 명제의 독립변수는 이름의 지표였다.

5.1 진리함수는 계열을 이루도록 배열할 수 있다.

이것이 확률론의 기초이다.

5.101 임의 개수의 요소명제에 대해 그 진리함수는 다음과 같은 도표로 나타낼 수 있다.

(WWWW)(p, q) : 항진명제 [p이면 p, q이면 q이다.] [p⊃p.q⊃q]

(FWWW)(p, q) : 말로 하면(이하 동일) p이자 q인 것은 없다. [~(p.q)]

(WFWW)(p, q) : q이면 p이다. [q⊃p]

(WWFW)(p, q) : p이면 q이다. [p⊃q]

(WWWF)(p, q) : p 또는 q이다. [p∨q]

(FFWW)(p, q) : q가 아니다. [~q]

(FWFW)(p, q) : p가 아니다. [~p]

(FWWF)(p, q) : p 또는 q이다. 그러나 p이자 q인 것은 없다. [p.~q : ∨ : q.~p]

(WFFW)(p, q) : p이면 q이다. 그리고 q이면 p이다. [p≡q]

(WFWF)(p, q) : p이다.

(WWFF)(p, q) : q이다.

(FFFW)(p, q) : p도 아니고 q도 아니다. [~p.~q] 또는 [p | q]

(FFWF)(p, q) : p이지만 q는 아니다. [p.~q]

(FWFF)(p, q) : q이지만 p는 아니다. [q.~p]

(WFFF)(p, q) : q이고 p이다. [q.p]

(FFFF)(p, q) : 모순명제 [p이면서 p가 아니고, q이면서 q가 아니다.] [p.~p.q.~q]

입력된 진위항의 진리 가능성 가운데 명제를 참이 되게 하는 것을 그 명제의 진리 근거라고 부르기로 하자.

5.11 주어진 개수의 명제에 공통되는 모든 진리 근거가 어떤 특정 명제의

진리 근거이기도 하다면, 후자가 참임은 전자가 참인 데서 귀결된다고 할 수 있다.

5.12 특히 명제 'q'의 모든 진리 근거가 명제 'p'의 진리 근거일 때, 'p'가 참임은 'q'가 참인 데서 귀결된다.

5.121 한쪽의 진리 근거는 다른 쪽 진리 근거에 포함되어 있다. 즉 p는 q로부터 귀결된다.

5.122 p가 q로부터 귀결된다면 'p'의 뜻은 'q'의 뜻 속에 포함된다.

5.123 신이 어떤 명제가 참인 세계를 창조하였다면 이로써 그는 이미 그 명제들로부터 귀결되는 모든 명제도 참인 세계를 창조한 것이다. 마찬가지로 신은 명제 'p'의 대상 전체를 창조하지 않고서 명제 'p'가 참인 세계를 창조할 수는 없다.

5.124 명제는 거기서 귀결되는 모든 명제를 긍정한다.

5.1241 'p. q'라는 명제는 'p'를 긍정하는 명제들 중 하나이자 'q'를 긍정하는 명제들 중 하나이다.

두 명제는 양쪽을 긍정하면서 뜻이 있는 명제가 존재하지 않으면 서로 대립 관계에 있다.

어떤 명제와 모순되는 모든 명제는 그 명제를 부정한다.

5.13 어떤 명제의 진리성이 다른 명제의 진리성에서 귀결됨은 그 명제의 구조에서 알 수 있다.

5.131 어떤 명제의 진리성이 다른 명제의 진리성에서 귀결됨은 그 명제들의 형식 상호 간의 관계에 의해 표현된다.

우리가 그 명제들을 어떤 하나의 명제와 결합하는 식으로 관련지어 볼 필요도 없다. 그러한 관계는 내적이어서 그 명제들의 성립에 의해 동시에 성립되기 때문이다.

5.1311 p∨q이자~p에서 q를 추론할 때 'p∨q'라는 명제 형식과 '~p'라는 명제 형식의 관계는 이러한 기호법에는 은폐되어 있다. 그러나 'p∨q' 대신에 'p | q.|.p | q'라고 쓰고 '~p' 대신에 'p | p' [p | q[50]란 p도 아니고 q도 아님]이라고 쓰면

---

50) p | q : '셰퍼의 막대기호'라고 불린다. 'p도 q도 아니다'에 대응하는 진리함수를 의미한다. 'p | q'는 'p가 아니며, 또한 p가 아니다'이므로, 단순히 'p가 아니다'(~p)와 같다. 또한 그것을 사용하

양쪽의 내적 관계가 드러났을 것이다.

[(x).fx에서 fa를 추론할 수 있음은 '(x).fx'라는 상징 속에 이미 일반성이 존재함을 나타낸다.]

5. 132 p가 q로부터 귀결된다면 q에서 p를 추론할 수 있다. q에서 p를 연역할 수 있다.

이 경우의 추론은 이 두 명제에서만 나와야 한다.

이 추론을 정당화하는 것은 이 두 명제뿐이다.

추론을 정당화하는—프레게와 러셀이 말하듯—추론 법칙은 무의미하며 무익하다.

5. 133 모든 연역은 선천적으로 이루어진다.

5. 134 하나의 요소명제에서 다른 요소명제가 연역될 수는 없다.

5. 135 어떤 상황의 발생에서 그것과 전혀 다른 상황의 발생을 추론하기란 불가능하다.

5. 136 그러한 추론을 정당화할 인과관계는 존재하지 않는다.

5. 1361 현재의 사건에서 미래의 사건을 추론하기란 불가능하다.

인과연쇄에 대한 믿음은 미신이다.[57]

5. 1362 의지의 자유는 미래의 행동을 지금 알 수 없다는 데서 성립한다. 논리적 추론의 필연성과 마찬가지로 인과관계가 내적 필연성이라고 가정할 경우에만 미래의 행동을 현재에 알 수 있다. 이때 실제로 무언가를 아는 것과 그

면, 'p│q.│.p│q'는 'p│q'가 아니다'와 같다는 것을 알 수 있으며, 이것은 'p도 q도 아니다'의 부정이므로 'p 또는 q'(p∨q)와 같다. 이렇게 모든 진리함수는 셰퍼의 막대기호를 써서 나타낼 수 있다.

비트겐슈타인은 여기에서, 셰퍼의 막대기호를 쓰면 명제 사이의 내적 관계가 분명해진다고 말한다. 이것은 나중에 논해지는 것처럼 비트겐슈타인이 논리정항을 명제의 진리 근거 영역에 대한 연산으로 생각하고 있다는 데에 관계한다. 셰퍼의 막대기호만으로 표시됨으로써 복합적인 명제의 구성이 단일한 연산의 반복으로 파악된다. 명제 사이의 내적 관계가 분명해진다는 것도 그 때문이라고 생각한다.

57) 원문을 그대로 번역하면 '인과연쇄를 믿는 것은 미신이다'가 되는데, 《오그던에게 보내는 편지》에서 비트겐슈타인은 그러한 번역을 잘못되었다고 하였다. '나는 인과연쇄를 믿는 것이 미신의 하나라고 말하고 싶은 것이 아닙니다. 미신이란 그야말로 인과연쇄를 믿는 것일 뿐이라고 말하고 싶습니다.' 번역문에서는 이 비트겐슈타인의 의도를 반영시키려고 했다.

무언가가 사실인 것은 논리적으로 필연적인 관계이다.

[그러나 p가 항진명제라면 'A는 p가 일어날 것을 알고 있다'는 무의미하다.]

5. 1363 어떤 명제가 우리에게는 명백히 참이라고 해도 그 명제가 참으로 귀결되지는 않는 이상, 이 명백함도 명제의 진리성에 대한 우리의 신념을 정당화하지는 못한다.

5. 14 어떤 명제가 다른 명제로부터 귀결된다면 후자가 말하는 것은 전자보다 많고 전자가 말하는 것은 후자보다 적다.

5. 141 p가 q로부터 귀결되고 또한 q가 p로부터 귀결된다면 p와 q는 동일 명제이다.

5. 142 항진명제는 모든 명제로부터 귀결된다. 그리고 그것은 아무것도 말하지 않는다.

5. 143 모순명제가 여러 명제와 공유하는 것은, 어떤 명제도 다른 명제와 공유하지 않는 것이다. 항진명제란 서로 공유하는 것이 없는 모든 명제에 공유된다.[58]

모순명제는 모든 명제의 밖에서 사라지고, 항진명제는 모든 명제의 안에서 사라진다.

모순명제는 명제들의 바깥쪽 한계이고, 항진명제는 실질이 없는 그 중심이다.

5. 15 명제 'r'의 진리 근거의 수를 Wr이라 하자. 그리고 명제 'r'의 진리 근거이자 명제 's'의 진리 근거인 수를 Wrs라고 하자. 비율 Wrs : Wr은 명제 'r'이 명

---

58) 매우 알기 힘든 부분이지만, 모순은 무의미하다는 점을 무시하고 굳이 조심성 없는 표현을 쓰는 편이 비트겐슈타인의 생각을 잘 전할 것이다. 보통의 논리곱 'p.q'가 p의 의미를 포함하고 있는 것처럼, 모순 'p.~p'도 p의 의미를 포함하고 있다. 또한 모순은 'q.~q' 등등이기도 하므로 모순은 q 등등의 의미도 포함하고 있다. 그렇다면, 모순은 모든 명제의 의미를 포함하고 있다는 것이 된다. ('그러나 어찌 된 것인가! 그렇다면 모순이야말로 가장 많은 것을 이야기하는 명제가 아닌가?' 《일기 1914~1916》, 1915년 6월 3일) 이것이, '모순이 여러 명제와 공유하는 것'이라고 불리는 것일 뿐이다. 그것은 아무리 많은 것을 이야기하는 명제라 해도 미치지 못하는 것이다. 이리하여 '모순이 여러 명제와 공유하는 것은 어떤 명제도 다른 명제와 공유하지 않는 것이다'라고 한다. 한편, 항진명제는 의미가 0이므로, 서로 공유하는 것을 갖지 않는 2개의 명제라 해도 의미 0은 공유한다고 말할 수 있다. 이리하여 '항진명제는 서로 공유하는 것이 없는 모든 명제에 공유된다'고 할 수 있다.

제 's'에게 부여하는(즉 'r'이 성립할 때 's'가 성립하는) 확률성의 정도이다.[59]

5.151 앞의 5.101과 같은 도표에서 Wr은 명제 r의 'W' 개수이고 Wrs는 명제 r의 'W'와 같은 행에 있는 명제 s의 'W' 개수라고 하자. 이때 명제 r은 명제 s에 대해 Wrs : Wr의 확률을 부여한다.

5.1511 확률명제만의 고유하고 특수한 대상은 없다.

5.152 어떤 진리 변수도 공유하지 않는 명제를 서로 의존하지 않는다고 말한다.

두 요소명제는 서로에게 $\frac{1}{2}$의 확률을 부여한다. p가 q로부터 귀결될 때 명제 'q'는 명제 'p'에게 확률 1을 부여한다. 논리적 추론의 확실성은 확률성의 극한적인 경우이다.

[이는 항진명제와 모순명제에도 적용된다.]

5.153 하나의 명제는 그 자체로는 확실하거나 불확실하지 않다. 하나의 사건은 일어나든가 일어나지 않든가 하지 그 중간은 없다.[60]

---

59) 이해를 위해 간단한 모델을 부여하겠다. 2개의 동전 a와 b에 대하여, 위가 나온다는 사태를 각각 생각한다. 그때, 논리공간은 다음과 같은 것이 된다(ϕ는 'a~위'라는 사태도 'b~위'라는 사태도 성립하지 않음을 의미한다. 또한, 여기에서는 'a~아래'이나 'b~아래'라는 사태를 생각해서는 안 된다. 'a~위'와 'b~아래'는 상호 독립이 아니기 때문이다).

    W,⋯⋯ϕ

    W,⋯⋯a~위

    W,⋯⋯b~위

    W,⋯⋯a~위, b~위

  여기서 'a나 b의 적어도 어느 한쪽은 위이다'(명제 r)라는 정보가 주어졌다고 하자. 그때 이 정보가 참이라는 조건 아래, 'b는 위가 아니다'(명제 s)가 성립할 확률 'Wrs : Wr'을 구해보자. 명제 r의 진리 근거인 수 Wr은 3(W_2, W_3, W_4)이며, 명제 s의 진리 근거 중 명제 r의 진리 근거이기도 한 수 Wrs는 1(W_2)이다. 그러므로 'r 아래에서 s가 성립할 확률'은 $\frac{1}{3}$이 된다. 이것이 바로 보통의 확률론에서 말하는 '조건부 확률'이다. 주목해야 할 것은 비트겐슈타인이 조건부 확률을 확률의 기본적인 의미로 삼고 있다는 점이다.

60) 여기에 조건부 확률을 확률의 기본적 의미로 생각하는 이유가 나와 있다. 비트겐슈타인은 단독 명제에 확률을 부여하는 것은 불가능하다고 생각한다. 단독 명제는 참이나 거짓의 어느 한쪽이며, $\frac{1}{2}$이나 $\frac{1}{3}$이라는 값은 의미를 갖지 않는다. 확률은 어디까지나 명제 사이의 관계로서 주어진다. 거기서 예를 들어 명제 r을 'p,q'로 하고, 명제 s를 'p'로 하면, r 아래서 s일 확률은 1이 되고 이것이 r에서 s가 귀결하는 것을 나타낸다.

  또 명제 r도 명제 s도 요소명제라고 하면 r 아래서 s일 확률은 0이 되고, 이것은 r과 s가 서로에게 독립적이라는 것을 나타낸다. 이 두 가지 경우를 양쪽의 극으로 하여 명제 사이의 관계

5.154 항아리 속에 흰 구슬과 검은 구슬이 같은 수만큼 들어 있다[그 밖에는 아무것도 없다]. 구슬을 하나씩 꺼냈다가 다시 항아리 속에 넣어보자. 항아리에서 나오는 검은 구슬과 흰 구슬의 개수는 횟수를 거듭함에 따라 서로 근접함을 실험을 통해 확증할 수 있다.

그러므로 이것은 수학적 사실이 아니다.

그런데 내가 흰 구슬을 꺼낼 확률과 검은 구슬을 꺼낼 확률이 같다고 하면, 이는 내가 아는 모든 상황[가설적으로 상정된 자연법칙도 포함하여]하에서 한쪽 사건이 일어날 확률이 다른 쪽 확률에 비해 크지 않음을 의미한다. 위 설명에서 쉽게 알 수 있듯이, 그러한 모든 상황이 양쪽에 부여하는 확률은 $\frac{1}{2}$이다.

두 사건의 발생이 내가 알지 못하는 상황에 의존하지 않음을 위 실험을 통해 확인할 수 있다.

5.155 확률명제의 기본형은 다음과 같다. 내가 아는 한에서의 상황들은 특정 사건의 발생에 이러이러한 정도의 확률을 부여한다.

5.156 따라서 확률은 일반화이다.

확률은 명제 형식의 일반적 기술을 포함한다.

우리는 확실성이 결여된 경우에만 확률을 사용한다. 즉 어떤 사실을 완전히 알지 못할 때에도 우리는 그 형식에 대해서는 무언가를 알고 있다.

[명제는 어떤 특정한 상황에 대한 불완전한 상이지만, 하나의 상으로서는 항상 완전하다.]

확률명제는 말하자면 다른 명제들로부터 발췌한 것이다.[61]

5.2 명제들의 구조는 서로 내적 관계에 있다.

에 0에서 1 사이의 값이 주어진다. 이것이 비트겐슈타인이 생각하는 확률의 의미이다.

61) 예를 들어 5.154의 사례를 보면, 거기에서는 단지 흰 구슬과 검은 구슬에만 주목하였지 구슬의 크기나 항아리의 형태는 무시하고 있다. 또는 구슬이 깨졌거나, 늘어났거나, 색이 변했거나 하는 일은 없다는 것도 전제된다. 이것은 주어진 논리공간 속에 어떤 관점에서 한정된 부분 공간(확률론에서 말하는 '표본공간')을 설정하고 있다는 것이다. 논리공간 및 거기에서의 명제 사이 진리 근거의 관계는 선천적으로 결정되는데, 항아리 속 구슬을 꺼낸다고 하는 구체적인 사항에 대하여 어떠한 부분공간(표본공간)을 설정해야 하는지는 선천적으로 결정되는 것이 아니라 5.154로 보이는 실험을 필요로 한다. 확률명제는 어디까지나 그러한 경험적 성격을 갖는 부분공간의 설정에 있어서 의미를 갖는 것이며 '다른 명제들로부터 발췌'라고 비트겐슈타인이 말하는 것도 거기에 이유가 있다.

5.21 내적 관계의 특색을 우리의 표현법으로 강조하면 다음과 같이 말할 수 있으리라.

우리는 다른 명제들[연산의 기초[62]]로부터 어떤 명제를 만들어내는 연산의 결과로서 그 명제를 서술한다.

5.22 연산이란 그 결과와 기초의 구조 간의 관계를 표현한다.

5.23 연산이란 어떤 명제로부터 다른 명제를 만들어내기 위해 전자에 행해지는 것이다.

5.231 물론 그것은 기초가 되는 명제와 결과가 되는 명제의 형식적 특성, 즉 양쪽 형식이 지닌 내적 유사성에 의존한다.

5.232 어떤 계열을 배열하는 내적 관계는 그 계열의 한 항(項)을 다른 항에서 만들어내는 연산과 같다.

5.233 어떤 명제가 다른 명제로부터 논리적으로 유의미하게 만들어질 때 비로소 연산이 성립한다. 즉 그 명제의 논리적 구성이 시작될 때 비로소 연산이 성립한다.

5.234 요소명제의 진리함수는 요소명제를 기초로 하는 연산의 결과이다. [나는 이 연산을 진리 연산[63]이라 부른다.]

5.2341 p의 진리함수의 의미는 p의 의미 함수이다.

부정, 논리합, 논리곱 등은 연산이다.

[부정은 명제의 뜻을 반대로 바꾼다.]

5.24 연산은 가변항 속에서 뚜렷이 드러난다. 연산은 한 명제의 형식에서 다른 명제의 형식으로 어떻게 도달하는지를 보여주기 때문이다.

연산은 형식의 차이를 표현한다.

[이 경우 연산의 기초와 결과가 공유해야 할 것은 바로 기초이다.]

---

62) 연산과 기초 : 가까운 예를 든다면 무언가를 '뒤집을' 때, 뒤집는 것은 연산이며, 뒤집히는 대상이 연산의 기초라고 불린다. 또는 0부터 시작해서 순서대로 '1을 더하는' 방법으로 자연수를 구성할 때, 1을 더하는 것은 연산이며 0은 그 연산의 첫 기초이다. 5.234에서 말하듯이 진리함수를 만드는 부정, 논리합, 논리곱 등도 연산으로 파악할 수 있다.

63) 진리 연산 : 부정은 'p의 진리 근거의 영역 바깥쪽을 골라낸다'는 연산이며, 논리합 'p∨q'는 'p의 진리 근거 영역과 q의 진리 근거 영역을 합병시킨다'는 연산이며, 논리곱 'p.q'는 'p의 진리 근거 영역과 q의 진리 근거 영역의 공통부분을 골라낸다'는 연산이다.

5. 241 연산은 형식을 특징짓는 것이 아니라 단지 형식의 차이를 특징짓는 것이다.

5. 242 'p'에서 'q'를 만들어내는 동일한 연산이 'q'에서 'r'을 만들어낸다. 이 연산 계열을 표현할 수 있는 것은 'p', 'q', 'r' 등의 가변항이며, 이 가변이 일정한 형식적 관계를 일반적으로 표현한다.

5. 25 연산의 성립이 곧 명제의 뜻을 특징짓지는 않는다.

연산 자체는 아무것도 말하지 않는다. 무언가를 말하는 것은 연산의 결과 뿐이다. 그리고 연산의 결과는 연산의 기초에 의존한다.

[연산과 함수를 서로 혼동해선 안 된다.]

5. 251 함수는 자신의 입력항이 될 수 없지만 연산의 결과는 연산의 기초가 될 수 있다.

5. 252 어떤 형식 계열에서 항에서 항으로의 [러셀과 화이트헤드가 말한 유형에서 유형으로 순차적으로 나아가는 것] 전진은 그와 같은 방식으로만 가능하다. [러셀과 화이트헤드는 유형에서 유형으로의 전진 가능성을 인정하지 않으면서도 그것을 거듭 사용하고 있다.]

5. 2521 연산을 연산의 결과에 계속 적용하는 것을 연산의 반복 적용이라 부른다. [즉 'O'O'O'a'는 'a'에 'O'ξ'라는 연산을 세 번 반복 적용한 결과이다.]

몇몇 명제에 대해 하나 이상의 연산을 반복 적용하는 경우에도 이와 같은 의미로 논할 수 있다.

5. 2522 그러므로 형식 계열 a, O'a, O'O'a, ……의 일반항은 '[a, x, O'x]'라고 쓸 수 있다. 괄호로 묶인 이 표현은 가변항이다. 괄호 속 제1항은 형식 계열의 첫째 항이고, 제2항은 계열의 임의의 항 x의 형식이며, 제3항은 계열의 x 바로 다음 항의 형식이다.

5. 2523 연산의 반복 적용이라는 개념은 '이하 등등'의 개념과 같다.

5. 253 어떤 연산은 다른 연산의 효과를 부정할 수 있다. 연산은 상쇄할 수 있다.

5. 254 연산은 소거될 수 있다. [예컨대 '~~p'의 부정처럼. ~~p=p.]

5. 3 모든 명제는 요소명제에 진리 연산을 한 결과이다.

진리 연산이란 요소명제로부터 진리함수를 만드는 방법이다.

진리 연산의 본질이지만, 요소명제로부터 진리함수가 생기는 경우와 마찬가지로 진리함수로부터 또 하나의 새로운 진리함수가 생긴다. 모든 진리 연산은 요소명제의 진리함수로부터 다시 요소명제의 진리함수, 즉 명제를 만든다. 요소명제에 대한 진리 연산의 결과에 다시 진리 연산을 하여도 그 결과가 동일한, 요소명제에 대해 단일한 진리 연산도 있다.

결국 모든 명제는 요소명제에 대한 진리 연산의 결과이다.

5. 31 앞의 4.31의 도표는 'p', 'q', 'r' 등이 요소명제가 아닌 경우에도 의미가 있다.

4.442의 명제기호는 'p'와 'q'가 요소명제의 진리함수인 경우에도 전체적으로 요소명제에 대해 하나의 진리함수를 표현함을 쉽게 이해할 수 있다.

5. 32 모든 진리함수는 요소명제에 대해 유한개의 진리 연산을 반복적으로 적용한 결과이다.

5. 4 이 점에서 [프레게와 러셀이 말한] '논리적 대상', 즉 '논리정항'은 존재하지 않음이 드러난다.

5. 41 왜냐하면 진리함수에 대한 진리 연산의 결과는 요소명제의 진리함수로서 동일한 경우라면 모두 동일하기 때문이다.

5. 42 ∨, ⊃ 등이 좌우 등을 의미하는 관계가 아님은 명백하다.

프레게와 러셀의 논리적 '원시기호'[64]에 대한 교차적 정의가 가능하다는 것은 이미 그것들이 원시기호가 아님을 나타내며, 더 나아가 아무런 관계도 나타내지 않음을 보여준다.

그리고 '~'와 '∨'로써 정의되는 '⊃'은 '∨'를 정의하는 데 '~'와 함께 사용되는 '⊃'과 같으며 후자 '∨'는 전자 '∨'와 같다. 이하 등등.

5. 43 p라는 하나의 사실로부터 다른 사실, 예컨대 ~~p,~~~~p 등이 무한히 귀결된다는 것은 애초부터 믿기 어렵다. 그리고 논리학의[수학의] 무수한 명제가 불과 6개 정도의 '기본법칙'으로부터 귀결된다는 것도 그에 못지않게 기

---

64) 원시기호 : 프레게의 《개념기호법》에서는 조건법 '⊃'과 부정 '~'가 원시기호로서 도입되어, 다른 논리합 '∨'나 논리곱 '.'은 거기서부터 파생적으로 정의된다. 러셀의 《수학원리》에서는 부정 '~'와 논리합 '∨'가 원시기호로 도입되고, 다른 논리곱 '.'이나 조건법 '⊃'은 거기서부터 파생적으로 정의된다.

묘한 이야기이다.

그런데 논리학의 명제는 모두 같은 것을 말한다. 즉 아무것도 말하지 않는다.

5.44 진리함수는 실질적인 함수가 아니다.

예컨대 우리는 이중부정으로 긍정명제를 만들 수 있는데, 그러면 긍정명제의 내부에 어떤 의미로 부정명제가 포함되어 있었던 것일까? '~~p'는 ~p를 부정하는 것인가? 아니면 p를 긍정하는 것인가? 아니면 양쪽 모두인가?

명제 '~~p'는 마치 어떤 대상을 다루듯 부정을 다루는 것이 아니라 부정의 가능성이 긍정 속에 미리 들어 있는 것이다.

가령 '~'라고 불리는 어떤 대상이 존재한다면 '~~p'는 'p'와 별개의 뜻을 말함이 분명하다. '~p'는 ~를 다루는데 'p'는 그렇지 않기 때문이다.

5.441 이와 같이 외견상의 논리정항의 소거는 '~(∃x).~fx'에도 나타난다. 이것은 곧 '(x).fx'와 같다. 또 '(∃x).fx.x=a'에도 나타난다. 이것은 곧 'fa'와 같다.[65]

5.442 하나의 명제가 주어져 있다면 그 명제와 함께 그것을 기초로 한 모든 진리 연산의 결과도 이미 주어져 있는 것이다.

5.45 논리적 원시기호가 존재한다면 올바른 논리학이 원시기호 상호 간에 위치를 명백히 하여 그 현존을 정당화해야 한다. 그리하여 논리학이 그 원시기호로부터 구성됨이 명백해져야 한다.

5.451 논리학이 몇몇 기초 개념을 가진다면 그 기초 개념들은 서로 의존해야 한다. 하나의 기초 개념이 도입된다면 그것은 자신이 나타나는 모든 기호 결합 속에 도입되어야 한다. 즉 먼저 하나의 기호 결합을 위해 기초 개념을 도입하고 나서 이번에는 다른 기호 결합을 위해 새로이 그것을 도입할 수는 없다. 예컨대 부정(否定)이라는 기초 개념이 도입된다면 그것은 '~p'라는 형태의 명제 속에서 이해되면서 '~(p∨q)', '(∃x).~fx' 등과 같은 명제 속에서도 부정으로 이해되어야 한다. 그것을 먼저 다양한 경우의 어떤 집단을 위해 도입하고 나서 다른 집단을 위해 도입할 수 없다. 그렇게 하면 두 집단에서 그 부정의 의미가

---

[65] '~(∃x).~fx'는 'f가 아닌 것은 존재하지 않는다'에 대응하며 '(x).fx'('모든 것은 f이다')와 같다.
'(∃x).fx.x=a'는 '성질 f를 가지며, 또한 a와 동등한 것이 존재한다'에 대응하고 'fa'('a는 f이다')와 같다.

동일한지 아닌지 의심스러울 것이며, 당연히 두 경우에 같은 기호 결합법을 이용해야 하는 이유도 사라질 것이기 때문이다.

[간단히 말하면 프레게가 정의에 의한 기호 도입법에 대해 적은 것[《산술의 기본법칙》[66]]이 단지 필요한 변경을 거쳐 원시기호의 도입에 대해서도 적용된다.]

5.452 논리학의 기호 체계에 새로운 방책을 도입하는 것은 어떤 경우라도 중대한 귀결을 안고 있어야 한다. 논리학에는 어떤 새로운 방책도 괄호 속이든 각주의 형태든 은근슬쩍 도입되면 안 된다.

[예컨대 러셀과 화이트헤드의 《수학원리》에는 특히 언어로 표현되는 정의와 원칙이 나온다. 무엇 때문에 여기서 갑자기 언어가 나오는지 그 이유를 부여할 필요가 있다. 그러나 거기에는 이유가 나와 있지도 나올 수도 없다. 왜냐하면 그런 방법은 사실상 용납되지 않기 때문이다.]

그럼에도 불구하고 새로운 방책 도입의 필요성이 특수한 부분에서 증명되었다면 우리는 즉시 어떤 점에서 그 방책이 항상 사용되어야 하는지 물어야 한다. 즉 논리학에서 그 위치가 설명되어야 한다.

5.453 논리학에서 사용되는 모든 수는 반드시 타당한 이유가 제시되어야 한다.

그보다 오히려 논리학에는 어떤 수도 있을 수 없음을 명백히 해야 한다.

논리학에는 특별한 수가 존재하지 않는다.

5.454 논리학에 병렬(竝列)은 없다. 분류도 있을 수 없다.

논리학에는 보다 일반적인 것이나, 보다 특수한 것은 있을 수 없다.

5.4541 논리학에서 문제 해결은 단순해야 한다. 문제의 해결이 단순함의 기준을 설정하기 때문이다.

문제 영역에 대한 대답은 선천적으로 조화를 이루며, 거기에는 자주적이며 규칙적인 형태로 통합된 문제 영역이 있음에 틀림없다. 우리는 늘 그것을 예감해 왔다.

---

66) 《Grundgesetze der Arithmetik》(Ⅰ,1893 ; Ⅱ,1903)에서 프레게는 '동일한 것이 결코 이중으로 정의되어서는 안 된다. 왜냐하면, 그 경우에는 이것들의 정의가 서로 일치하는지 어떤지 의심스럽기 때문이다'라고 말한다.

이는 '단순성이 진리의 징표이다'[67]라는 격언이 들어맞는 영역이다.

5. 46 논리학의 기호가 올바르게 도입되었다면 그 기호와 함께 모든 조합의 뜻도 도입되었을 것이다. 즉 'p∨q'뿐 아니라 '~(p∨~q)' 등도 도입되었을 것이다. 또 가능한 모든 괄호 조합의 성과도 이미 도입되었을 것이다. 그럼으로써 원래 의미의 일반적 원시기호는 'p∨q', '(∃x).fx' 등이 아니라 이들을 결합하는 가장 일반적인 형식임이 명백해졌을 것이다.

5. 461 '∨'나 '⊃'과 같은 논리학의 유사 관계는 본래 관계와 달리 괄호를 필요로 한다. 얼핏 보기에 별것 아닌 듯한 이 사실에 실은 중요한 의미가 있다.

이러한 유사 원시기호에 괄호가 쓰이는 것은 이미 그것이 진짜 원시기호가 아님을 나타낸다. 그렇다고 해서 괄호 자체에 독립된 의미가 있다고 생각하는 사람은 없을 것이다.

5. 4611 논리학의 연산기호란 구두점을 말한다.

5. 47 모든 명제의 형식에 대해 미리 말할 수 있는 것이라면 명백히 단번에 말할 수 있어야 한다.

요소명제에는 이미 온갖 논리학적 연산이 포함되어 있다. 왜냐하면 'fa'는 '(∃x).fx.x=a'와 같음을 뜻하기 때문이다.

무릇 구성체가 있는 곳에는 입력항과 함수가 있다. 그리고 입력항과 함수가 있는 곳에는 이미 모든 논리정항이 있다.

단 하나의 논리정항이란 모든 명제가 본질적으로 공유하는 것이다.

이것이야말로 일반적인 명제 형식이다.

5. 471 일반적인 명제 형식이 명제의 본질이다.

5. 4711 명제의 본질을 말하는 것은 모든 기술(記述)의 본질, 즉 세계의 본질을 말하는 것이다.

5. 472 가장 일반적인 명제 형식의 기술은 논리학에서 사용되는 단 하나의 일반적 원시기호를 기술하는 것이다.

5. 473 논리학은 스스로를 돌보아야 한다.

무릇 가능한 기호는 표현할 수 있어야 한다. 논리학에서 가능한 모든 것은

---

67) 네덜란드의 의학자 부르하버(Hermann Boerhaave, 1668~1738)의 《진단 치료 잠언(Aphorismi de cognoscendis et curandis morbis, 1709)》에 나오는 말.

무엇이든 허용되어 있다. [예컨대 '소크라테스는 동일하다'란 '동일하다'는 성격이 존재하지 않는 이상 아무것도 뜻하지 않는다. 그 명제가 난센스인 이유는 우리가 그것을 임의로 규정할 수 없기 때문이며 이러한 상징이 부당해서가 아니다.]

어떤 의미에서 우리는 논리학에서 오류를 범할 수 없다.

5.4731 러셀이 여러 차례 말한 자명성(自明性)은 언어가 모든 논리적 오류를 저지함을 생각해 보면 논리학에서는 불필요하다. 비논리적으로는 생각할 수 없다는 점, 바로 이 점에서 논리학은 선천적이다.

5.4732 우리는 기호에 잘못된 의미를 부여할 수 없다.

5.47321 오컴의 격언은 물론 자의적인 규칙이 아니다. 그 실용적인 효과에 의해 정당화된 규칙도 아니다. 그 취지는, 불필요한 기호 요소는 아무것도 의미하지 않는다는 것이다.

하나의 목적을 충족하는 기호는 논리학적으로 서로 등가(等價)이다. 어떤 목적도 충족하지 못하는 기호는 논리학적으로 무의미하다.

5.4733 프레게는 올바르게 형성된 명제는 모두 어떤 뜻을 지녀야 한다고 말했다.[68] 나는 이렇게 말하겠다. 가능한 명제는 모두 올바르게 형성되며, 만약 그 명제에 뜻이 없다면 그것은 오로지 우리가 그 몇몇 성립 요소에 의미를 부여하지 않았기 때문이다.

[설령 자신은 거기에 의미를 부여했다고 생각해도 사정은 변하지 않는다.]

따라서 '소크라테스는 동일하다'라는 명제는 '동일하다'는 말이 형용사로서 아무런 의미가 없기 때문에 아무런 뜻도 없다. 만약 그것이 동등 기호로 쓰인다면 형용사와는 전혀 다른 방식으로 상징화되므로—다른 관계를 나타내므로—두 경우에 그 상징도 전혀 별개이다. 두 상징은 우연히 기호를 공유했을 뿐이다.

5.474 필요한 기초 연산의 수는 오직 우리의 기호법에 의존한다.

5.475 특정한 차원의 수—특정한 수학적 다양성—를 지닌 기호 체계의 형성에 모든 것이 귀착된다.

---

68) 《산술의 기본법칙》I, 제28절.

5.476 물론, 여기서 문제는 표현되어야 할 기초 개념의 수가 아니라 오히려 규칙을 어떻게 표현할 것인가 하는 점이다.

5.5 모든 진리함수는 몇몇 요소명제에 $(-----W)(\xi,\ldots)$라는 연산을 반복 적용한 결과이다.

이 연산은 괄호 속의 모든 명제를 부정한다. 따라서 나는 이 연산을 이 명제들의 부정이라고 부른다.[69]

5.501 괄호 속 각 항의 순서가 특별히 문제가 되지 않을 때에는 명제를 항으로 가지는 괄호 표현을 '$\bar{\xi}$'라는 기호로 표시한다. 여기서 'ξ'는 이 괄호 표현의 각 항을 값으로 하는 가변항이다. 그리고 그 위의 가로 막대는 가변항이 괄호 속 모든 값을 대신함을 나타낸다.

[예컨대 'ξ'가 P, Q, R이라는 세 값을 가질 때 $\bar{\xi}=(P, Q, R)$이다.]

가변항의 값은 확정되어 있다.

가변항의 값을 확정하는 것은 가변항이 대신하는 명제들을 기술하는 것이다.

이때, 괄호 속 각 항을 어떻게 기술하느냐는 본질적이지 않다.

가능한 기술 방법으로는 세 가지가 있다. (1) 일일이 열거한다. 이 경우에 각 가변항은 그 값인 정항으로 치환된다. (2) 함수 fx, 즉 x의 모든 값에 대한 이 함수의 값이 기술되어야 할 명제이다. (3) 명제를 형성하는 형식적 법칙을 나타낸다. 이 경우 괄호 속의 각 항은 모두 어떤 형식 계열의 항이다.

5.502 따라서 '$(-----W)(\xi, \ldots)$'는 'N($\bar{\xi}$)'로 바꾸어 쓸 수 있다.

N($\bar{\xi}$)는 명제변항 ξ의 모든 값의 부정이다.

5.503 이 연산으로 명제가 어떻게 형성되고 형성되지 않는지 쉽게 표현할 수 있음이 명백하다. 그렇다면 다음과 같은 것도 역시 정확하게 표현될 수 있어야 한다.

5.51 $\bar{\xi}$가 값이 하나일 때는 N($\bar{\xi}$)=~p[p가 아니다]이며, 값이 둘일 때는 N($\bar{\xi}$)=~p.~q[p도 q도 아니다]이다.

---

69) 예를 들어 $(\sim\sim\sim\sim\sim W)(\xi,\ldots)$라는 연산을 세 가지 요소명제 p, q, r에 한 번씩 시행한다고 하면, 그 결과가 되는 명제는 p, q, r이 모두 거짓일 때에 참이 되는 명제, 즉 '~p.~q.~r'이다. 이 것은 바로 셰퍼의 막대기호(역주56 참조)를 셋 이상의 변항에 확장한 것이다.

5.511 모두를 포괄하여 세계를 비추어야 하는 논리학이 어째서 이런 특수한 코바늘이나 뜨개법을 사용할 수 있을까? 오로지 그 모든 것이 한없이 촘촘한 그물코에, 커다란 거울에 짜여 있기 때문이다.

5.512 'p'가 거짓이면 '~p'는 참이다. 다시 말해 '~p'에서 'p'는 거짓 명제이다. 그렇다면 '~'는 어떻게 그것이 붙은 거짓 명제를 현실과 일치시킬 수 있을까?

그러나 '~p'에서 부정하는 것은 '~'가 아니라 이 기호법에서 p를 부정하는 모든 기호에 공통된 것이다.

즉 그것은 '~p', '~~~p', '~p∨~p', '~p.~p' 등이 [한없이] 형성되는 공통의 규칙이다. 이 공통된 것이 부정을 반영한다.

5.513 p와 q를 함께 긍정하는 모든 상징에 공통된 것은 'p.q'라는 명제이다. 그리고 p 또는 q 중 하나를 긍정하는 모든 상징에 공통된 것은 'p∨q'라는 명제이다.

따라서 두 명제가 공통된 것을 갖지 못할 때 양자는 서로 대립관계에 있다. 또 모든 명제에는, 완전히 그 바깥에 있는 명제는 하나밖에 없으므로 그 부정은 단 하나밖에 없다.

이리하여 러셀의 기호법에서도 'q : p∨~p'는 'q'와 같고, 'p∨~p'는 아무런 뜻이 없음이 명백하다.

5.514 기호법이 한번 완성되면 거기에는 p를 부정하는 모든 명제, p를 긍정하는 모든 명제, 그리고 p나 q 중 하나를 긍정하는 모든 명제의 형성 규칙이 포함되어 있다. 이러한 규칙은 상징과 동등하며 그 상징 속에 규칙의 뜻이 반영된다.

5.515 '∨', '.' 등이 명제만을 결합하는 것은 우리의 상징 속에 나타나야 한다.

우리의 상징은 이를 실제로 나타낸다. 왜냐하면 'p'나 'q'라는 상징이 이미 '∨'나 '~'를 전제하기 때문이다. 만약 'p∨q'에서 'p'라는 기호가 복합기호를 나타내지 않으면 'p'는 단독으로는 아무런 뜻도 가질 수 없다. 그렇다면 'p'와 같은 값의 'p∨p', 'p.p'라는 기호도 뜻을 갖지 못한다. 그러나 'p∨p'가 뜻을 갖지 못하면 'p∨q'도 역시 뜻을 갖지 못한다.

5.5151 부정명제의 기호를 만들려면 반드시 긍정명제의 기호를 이용해야

할까? 부정명제를 표현하는 데 부정 사실을 이용하면 안 될까? [예컨대 'a'가 'b'에 대해 이런저런 관계를 갖지 않으면 그것으로 aRb가 성립되지 않음을 표현할 수 있을 듯하다.]

그런데 여기서도 부정명제는 긍정명제를 통해 간접적으로 형성된다.

긍정명제는 부정명제의 존재를 전제할 수밖에 없다. 그 반대도 마찬가지이다.

5. 52 만약 값이 x인 모든 값에 대한 함수 fx의 총체적인 값이 ξ의 값이라면 N(ξ)=~(∃x).fx이다.[70]

5. 521 나는 '모든'이라는 개념을 진리함수로부터 분리한다.

프레게와 러셀은 일반성[71]을 논리곱 또는 논리합에 결부시켜 도입하였다. 따라서 일반성과 진리함수라는 두 관념을 모두 포함하는 '(∃x).fx' 및 '(x).fx'라는 명제는 이해하기 어렵다.

5. 522 일반성을 나타내는 표현[72]의 독자성은 첫째로 논리적 원형을 지시하며, 둘째로 특히 정항을 주시한다는 것이다.[73]

5. 523 일반성을 나타내는 표현은 (하나의) 항으로 모습을 드러낸다.[74]

5. 524 대상이 주어져 있다면 그와 함께 모든 대상도 이미 주어져 있다.

요소명제가 주어져 있다면 그와 함께 모든 요소명제도 주어져 있다.

5. 525 '(∃x).fx'라는 명제를 러셀처럼 'fx는 가능하다'로 바꿔 말하는 것은 옳지 않다.

어떤 상황의 확실성이나 가능성, 불가능성을 명제로 표현할 수는 없다. 그러한 것은 항진명제인지, 의미 있는 명제인지, 모순명제인지에 따라 표현된다.

---

70) 함수 fx의 값 전체를 ξ의 값으로 취할 때, N(ξ)는 fx의 형식을 갖는 모든 명제에 대하여 부정이 되며, 그것은 'f인 것은 존재하지 않는다'(~(∃x).fx)와 같다.

71) '(x).fx'(모든 것은 f이다)나 '(∃x).fx'(f인 것이 존재한다)를 '일반명제'라고 부르고 그러한 명제에 있어서의 '모든'이나 '존재한다'는 요소가 '일반성'이라고 불린다(역주17 참조).

72) 《오그던에게 보내는 편지》(5.523)에 따라서 3.24 및 4.0411에서는 '표지'라고 한 'Allgemeinheitsbezeichnung'의 번역을 여기서는 '표현'이라고 했다.

73) 예를 들어 '(x).fx'에 있어서 논리적 원형이란 'fx'를 말하며, 거기에서 정항이 되는 것은 'f'의 부분이라고 생각된다. '모든 것은 f이다'와 같은 형태로 f를 주시하게 된다.

74) 이름이 대상을 지시하듯이, 일반명제에 있어서 일반성 표현의 부분이 갖는 역할은 대상의 집합을 나타내는 것이다. 또한 《오그던에게 보내는 편지》에 따라 '하나의'를 삽입해 두었다.

자칫 우리가 매달리기 쉬운 선행 조건은 사실 이미 상징 속에 포함되어 있어야 한다.

5. 526 우리는 완전히 일반화된 명제[75]를 이용하여, 다시 말해 미리 특정 대상에 이름을 할당하지 않고도 세계를 완전히 기술할 수 있다.

그로부터 통상적인 표현법에 이르려면 '……인 x, 그것도 단 하나의 x가 존재한다'와 같은 표현에 이어 '그리고 이 x는 a이다'라고 말하면 그뿐이다.

5. 5261 완전히 일반화된 명제도 다른 모든 명제와 마찬가지로 합성된 것이다. [이는 '(∃x, φ).φx'에서 'φ'와 'x'는 따로 분리하여 언급해야 함을 봐도 명백하다. 'φ'와 'x'는 일반화되지 않은 명제의 경우와 마찬가지로 각각 독립적으로 세계에 대해 지시 관계에 있다.]

합성된 상징이라는 징표는 그것이 다른 상징과 공통된 부분이 있다는 것이다.

5. 5262 어떤 명제든 그 참과 거짓은 세계의 일반적 구조와 어딘가 다른 것이다. 그리고 요소명제의 총체가 세계의 구조에 허용하는 범위는 완전히 일반적인 명제가 경계 짓는 범위와 동일하다.

[만약 어떤 요소명제가 참이면 그로 인해, 적어도 또 하나의 요소명제의 진리성이 추가된다.]

5. 53 대상의 동일성을 나는 기호의 동일성으로 표현하며 등호에는 의존하지 않는다. 그리고 대상의 차이는 기호의 차이로 표현한다.

5. 5301 동일성이 대상 간의 관계가 아님은 명백하다. 이는 예컨대 '(x) : fx. ⊃.x=a'라는 명제를 고찰하면 확실해진다. 이 명제의 뜻은 단순히 a만이 함수 f를 만족시킨다는 뜻으로 a와 어떤 관계를 갖는 사물만이 함수 f를 만족시킨다

---

75) 완전히 일반화된 명제 : 예를 들어 '(∃x, φ).φx'(φx인 x와 φ가 존재하다) 같은 것에는 이름이 포함되어 있지 않으며, 그 의미에서 '완전히 일반화되었다'고 한다. 여기에서 예를 들어 '(∃x, φ).φx'가 '주어−술어형식으로 기술된 것이 존재한다'와 같은 의미로 이해되고, 그렇기 때문에 세계의 형식을 기술한 것인 것처럼 받아들여질 위험이 있다(《일기 1914~1916》에서 '여기에 나의 실수가 있음에 틀림없다'(1914년 11월 1일)는 것은 바로 이것이다). 그러나 《논리철학논고》의 생각에 따르면 형식을 기술할 수는 없다. 거기서 '(∃x, φ).φx'가 형식의 기술이 아니라 보통 명제와 마찬가지로 세계를 기술한 것임을 확인할 필요가 있다. 이것이 여기서 비트겐슈타인이 문제로 삼고 있는 것이다.

는 것은 아니다.

물론 a만이 a에 대해 이러한 관계에 있다고 할 수 있겠는데, 이것을 표현하려면 반드시 등호가 필요하다.

5.5302 '='에 대한 러셀의 정의[76]는 불충분하다. 왜냐하면 그 정의에 따르면 두 대상이 모든 성질을 공유한다고 할 수 없기 때문이다. [이 명제는 완전히 올바르지는 않지만 의미는 있다.]

5.5303 한마디로 두 사물에 대해 그 둘이 동일하다는 말은 난센스이며, 하나의 사물에 대해 그것이 자기 자신과 동일하다는 말은 아무것도 말하는 바가 없다.

5.531 따라서 나는 'f(a, b).a=b'라고 쓰지 않고 'f(a, a)' [또는 'f(b, b)']라고 쓴다. 또 'f(a, b).~a=b'라고 쓰지 않고 'f(a, b)'라고 쓴다.

5.532 마찬가지로 '(∃x, y).f(x, y).x=y'라고 쓰지 않고 '(∃x).f(x, x)'라고 쓴다. '(∃x, y).f(x, y).~x=y'라고 쓰지 않고 '(∃x, y).f(x, y)'라고 쓴다.

[그러므로 러셀이 이용한 '(∃x, y).f(x, y)' 대신에 '(∃x, y).f(x, y).∨.(∃x).f(x, x)'라고 쓴다.]

5.5321 그러므로 '(x) : fx⊃x=a' 대신에 예컨대 '(∃x).fx.⊃.fa : ~(∃x, y).fx.fy'라고 쓴다.

그리고 '단 하나의 x가 f( )를 만족시킨다'라는 명제는 '(∃x).fx : ~(∃x, y).fx.fy'[77]가 된다.

5.533 따라서 등호는 개념기호법의 본질적 구성 요소가 아니다.

5.534 우리는 이제 'a=a'라든가 'a=b.b=c.⊃a=c', '(x).x=x', '(∃x).x=a' 등의 유사명제는 올바른 개념기호법에서는 쓸 수조차 없음을 이해하였다.

---

76) 러셀은 '식별 불가능한 것은 동일하다'라는 원리에 근거하여 동일성을 정의한다. 즉 'x가 y와 동일하다는 것은, x가 가지고 있는 모든 성질을 y도 가지고 있다'고 정의된다.

77) '(x) : fx⊃x=a'(모든 x에 대하여, fx라면 x=a)는 5.5301에서 지적되었듯이 '단지 a만이 f이다'와 같다. 이것을 등호를 쓰지 않고, 다른 대상을 나타내는 이름에는 다른 신호를 쓰는 것으로 표현하면 '(∃x).fx.⊃.fa : ~(∃x, y).fx.fy'와 같다. 이것은 'f인 것이 존재한다면 fa가 되고, f인 2개의 다른 것은 존재하지 않는다'에 대응한다. 또한 '단지 하나가 f를 만족한다'는 '(∃x).fx : ~(∃x, y).fx.fy'가 된다. 즉 'f인 것이 존재하고, 동시에 f인 2개의 다른 것은 존재하지 않는다'는 것이다.

5.535 이리하여 그러한 유사명제에 결부된 명제도 모두 정리된다. 러셀의 '무한공리'[78]에 동반된 모든 문제도 이렇게 해결된다.

무한공리가 뜻하는 바를 말로써 표현하면 개별 지시대상을 지닌 무한한 이름이 존재한다는 것이다.

5.5351 물론 'a=a', 'p⊃p'와 비슷한 형식의 표현을 쓰고 싶은 유혹을 느낄 때도 있다. 특히 원형, 예컨대 명제나 사물 등에 대해 논하고자 할 때 이러한 유혹이 생긴다. 러셀도 《수학의 원리》에서 난센스인 'p는 명제이다'를 일부러 기호화하여 'p⊃p'로 표현했다. 그리고 오직 명제만 그 항(項) 자리를 차지하도록 뒤따르는 명제 앞에 이것을 전제로서 덧붙였다.[79]

[하지만 그 항의 형식이 올바른지 확인하기 위해 명제 앞에 p⊃p라는 전제를 붙이는 것은 다음과 같은 점만 봐도 이미 난센스이다. 만약 그 명제의 항이 명제가 아니라면 그 가설은 거짓이 아니라 난센스가 된다. 그뿐 아니라 올바르지 않은 종류의 항 때문에 명제 자체가 난센스가 된다. 그리고 올바르지 못한 항의 대입을 방지하려는 점에서 명제와 위와 같은 목적으로 일부러 첨가된 무의미한 전제는 뜻이 있든 없든 그 운명을 같이한다.]

5.5352 마찬가지로 우리는 '어떤 사물도 존재하지 않는다'를 '~(∃x).x=x'라고 표현하고자 할지 모른다. 설령 이것이 명제라 하더라도 그것은 '사물이 존재'하고 그 사물이 자신과 동일하지 않을 경우에도 역시 참이지 않을까?

5.54 일반적인 명제 형식에서 명제는 오직 진리 연산의 기초로서 다른 명제 속에 나타난다.

---

78) 무한공리 : 무한개의 대상을 요소로 갖는 집합, 즉 무한집합의 존재를 보증하기 위해서 설치된 공리. 이에 관하여 《일기 1914~1916》에서는 '무한공리에 관한 여러 가지 문제는 '(∃x)x=x'라는 명제에 있어 이미 해결되었어야 한다!'(1914년 10월 9일)고 말한다. 여기에서 '(∃x)x=x'는 '대상이 존재한다'는 것을 표현하려고 한 것이다. 왜냐하면 자기동일성 'x=x'는 대상인 한, 만족하고 있는 성질로 간주되기 때문이다. 그러나 비트겐슈타인은 등호를 쓴 이러한 표현을 유사명제로서 각하한다. 이리하여 동일성을 말하는 것에 대한 비트겐슈타인의 비판은 대상의 존재를 말하는 것에 대한 비판으로 이어진다. 그리고 무한개의 대상의 존재를 말하려는 무한공리 또한 이 관점에서 비판된다.

79) '모든 명제는 자기 자신을 귀결하고, 명제가 아닌 것은 그 무엇도 귀결하지 않는다. 따라서 'p는 명제이다'라는 것은 'p는 p를 귀결한다'고 말하는 것과 같다. 그리고 이 동등성은 명제를 정의하기 위해 쓰일 수 있다.'(Russell, *The Principles of Mathematics*, 1903, p.15)

5.541 얼핏 보면 어떤 명제는 이와 다른 방식으로 다른 명제 속에 나타날 수 있을 듯하다.

'A는 p라고 믿는다'라든가 'A는 p라고 생각한다' 등과 같은 심리학적 명제 형식에서 특히 그러하다.

즉 표면적으로 보면 명제 p는 대상 A와 어떤 관계가 있을 듯하다.[80]

[현대의 인식론—러셀이나 무어[81] 등—에서도 이러한 명제는 그렇게 이해되었다.]

5.542 그러나 'A는 p라고 믿는다', 'A는 p라고 생각한다', 'A는 p라고 말한다' 등은 사실 "'p'는 p를 말한다'라는 형식이다.[82] 여기서 문제는 사실과 대상의 대응관계가 아니라 대상과 대상의 대응을 통해 주어지는 사실들 간의 상관관계이다.

5.5421 여기서 오늘날의 피상적인 심리학이 생각하는 혼—주체 등—이란 없음을 나타낸다.

합성된 혼은 이미 혼이 아니기 때문이다.

5.5422 'A는 p라고 판단한다'와 같은 형태의 명제를 올바르게 설명하려면

---

80) 예를 들어 '당근을 먹으면 병에 걸린다고 그녀는 믿는다'라는 명제의 참과 거짓은, 그 구성 요소인 명제 '당근을 먹으면 병에 걸린다'의 참과 거짓과 연동하지 않는다. '당근을 먹으면 병에 걸린다'가 거짓이라 해도 그녀가 실제로 그렇게 믿는다면 '당근을 먹으면 병에 걸린다고 그녀는 믿는다'는 명제는 참이 되기 때문이다. 이처럼 일반적으로 'A는 p라고 믿는다'는 명제의 참과 거짓은 그 구성 요소인 명제 p의 참과 거짓과 독립되어 있으며, 그 의미에서 명제 'A는 p라고 믿는다'는 명제 p의 진리함수가 되지 않았다. 이것은 5.54에서 표현된 《논리철학논고》의 기본구도에 위반되는 예인 것처럼 생각된다. 또한 이 문제는 단순히 《논리철학논고》에 대한 사례의 예로 생각될 뿐만 아니라, 프레게에게도 러셀에게도, 나아가서는 현재에도 역시나 커다란 문제이다.

81) George Edward Moore(1873~1958). 영국의 철학자이자 논리학자. 20세기 초의 영국 철학계를 지배하던 헤겔학파의 관념론을 비판하고, 러셀과 함께 케임브리지의 (나아가서는 영국의) 철학 풍토를 바꾼 인물.

82) 'A는 p라고 믿는다'는, 주체 A와 명제 p가 어떠한 관계에 있는 것이 아니다. 사고주체나 신념 주체인 것은 세계 속에 하나의 대상이 아니다. 비트겐슈타인은 그렇게 생각한다. 우리가 무언가를 생각하거나 믿을 수 있는 것은 우리가 어떠한 기호를 배열하고, 그것이 바로 다른 사실의 상(像)이 될 수 있기 때문이다. 즉 상 'p'가 p라는 사실을 이야기하고 있다는 의미론적 관계야말로 사고나 신념의 중핵을 이룬다는 것이다.

난센스인 것은 판단 불가능함을 보여줘야 한다. [러셀의 이론[83]은 이 조건을 만족시키지 못한다.]

5.5423 복합체를 지각함은 그 성립 요소가 이러이러한 관계임을 지각하는 것이다.

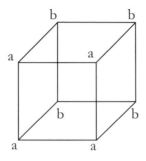

그것은 위 도형이나 이와 유사한 모든 형상을 정육면체로 볼 수 있는 두 가지 방식이 있다는 것을 충분히 설명한다. 이때 우리는 실제로 두 가지 다른 사실을 보기 때문이다.

[먼저 a모서리를 응시하며 b모서리를 슬쩍 보면 a가 전면에 나타난다. 반대로 하면 b가 전면에 나타난다.]

5.55 이제 우리는 요소명제의 가능한 모든 형식에 관한 물음에 선천적으로 대답해야 한다.

요소명제는 이름으로 이루어진다. 그러나 각각 다른 지시대상을 지닌 이름의 개수를 말할 수 없으므로 요소명제의 합성도 셀 수 없다.

---

83) 여기서 비트겐슈타인이 비판하는 '러셀의 이론'에서 명제 p의 유의미성은 비판주체가 명제 p의 구성 요소(대상 또는 성질 및 관계)를 인식하고 있음에 근거한다(직지이론 및 판단의 다항 관계설). 한편 《논리철학논고》에서의 비트겐슈타인의 생각에서는, 신념은 의미론적 관계에 근거한다(역주82 참조). 도식적으로 말하면 양자는 인식론과 의미론의 관계에 대해 정반대의 입장에 있다. 즉 러셀은 의미론을 인식론에 근거하게 하려고 했다. 그에 대한 비트겐슈타인의 비판 요점은 명제의 유의미성은 선천적인 사항이며, 러셀처럼 생각하면 그것이 경험적·우연적인 사항에 근거하게 된다는 점이다. 《논리철학논고》에서 이 비판은 이 부분에서 매우 무심한 듯 쓰여 있을 뿐이나, 이 문제를 둘러싸고 비트겐슈타인으로부터 격렬한 비판을 받아, 러셀은 집필 중이었던 《지식 이론》을 단념할 수밖에 없었다.

5. 551 논리학에 의해 결정되는 질문은 모두 단번에 결정되어야 한다. 그것이 우리의 원칙이다.

[이런 문제에 대답하기 위해 세계를 관찰해야 한다면 그것이야말로 우리가 근본적으로 잘못된 길로 들어서고 있음을 보여준다.]

5. 552 특히 논리학을 이해하는 데 필요한 '경험'은 무언가의 모습이 이러이러하다는 것이 아니라 무언가가 존재한다는 것이다. 그러나 존재한다는 것은 전혀 경험이 아니다.

논리학은 무언가가 그러하다는 모든 경험에 앞선다.

논리학은 '어떻게(wie)'에 앞서지만 '무언가(was)'에는 앞서지 않는다.

5. 5521 그렇지 않다면 우리가 어떻게 논리학을 응용할 수 있을까? 이렇게도 말할 수 있으리라. 세계가 존재하지 않는다 해도 논리학이 존재한다면 실제로 세계가 존재할 때 논리학은 어떻게 존재할 수 있을까?

5. 553 러셀은 여러 개의 사물[개체] 사이에는 단순한 관계가 성립한다고 말했다. 하지만 몇 개 사이란 말인가? n항 관계[84]가 존재하는지는 어떻게 결정되는가? 경험에 의해서?

[특별히 취급되는 수는 존재하지 않는다.]

5. 554 특수한 형식을 일일이 열거한다 하더라도 그것은 완전히 자의적일 것이다.

5. 5541 예컨대 무언가를 나타내기 위해 27항짜리의 관계기호를 사용해야 할지 여부에는 선천적으로 대답해야 한다.

5. 5542 그러나 도대체 그런 질문을 해도 될까? 어떤 기호 형식을 제시하면서 거기에 무언가가 대응할 수 있을지 여부를 모를 수 있을까?

무언가가 성립하려면 거기에 무엇이 존재해야 하느냐는 질문은 의미가 있을까?

5. 555 요소명제의 특수한 논리형식을 몰라도 요소명제에 대해 개념을 가질 수 있음은 명백하다.

---

84) n항 관계 : 예를 들어 'x와 y는 부모와 자식이다'는 2개의 항을 갖는 관계이므로 2항 관계, 'x는 y와 z의 장남이다'는 3개의 항을 갖는 관계이므로 3항 관계라고 불린다. 일반적으로 n개의 항을 갖는 관계를 n항 관계라고 부른다.

그러나 어떤 체계에 따라 상징을 형성할 수 있다면 이때 논리적으로 중요한 것은 그 체계이지 저마다의 상징이 아니다.

어째서 나는 논리학에서 내가 새로이 생각해 낼 수 있는 형식을 다루어야 하는가? 내가 다루어야 할 것은 나로 하여금 그 형식을 생각해 낼 수 있도록 한 무엇이어야 한다.

5.556 요소명제의 형식에는 계층이 있을 수 없다. 우리는 스스로 구성할 수 있는 것만 예견할 수 있다.

5.5561 경험적 실재는 대상의 총체에 의해 한계 지어진다. 이 한계는 요소명제의 총체 속에서도 드러난다.

계층은 실재에 의존하지 않으며 또 그래야 한다.

5.5562 요소명제가 존재함을 우리가 순전히 논리적인 근거로 인해 알고 있다면, 분석되지 않은 형식으로 명제를 이해하는[85] 모든 사람도 그 점을 알고 있어야 한다.

5.5563 사실상 우리의 일상어에 의한 모든 명제는 그 자체로 논리적으로 완전한 질서를 갖추고 있다. 따라서 우리가 기술해야 하는 가장 단순한 것은 진리를 암시하는 것이 아니라 부족함 없는 진리 그 자체이다.

[우리의 문제는 추상적이지 않다. 오히려 모든 것 중에서 가장 구체적이다.]

5.557 논리를 적용해 보면 어떤 요소명제가 있는지 결정된다.

그러나 그 적용에 포함되어 있는 것을 논리는 미리 예측할 수 없다.

논리는 명백히 그 적용과 충돌하면 안 된다.

오히려 논리는 그 적용과 접촉해야 한다.

그러므로 논리와 그 적용은 서로 자신이 담당하는 영역을 뛰어넘어서는 안 된다.

5.5571 요소명제를 선천적으로 열거할 수 없다면 그것을 열거하려는 시도는 결국 명백한 난센스가 된다.

5.6 내 언어의 한계가 내 세계의 한계를 의미한다.

5.61 논리가 세계를 채우고 있다. 세계의 한계는 논리의 한계이기도 하다.

---

85) '분석되지 않은 형식으로 명제를 이해하고 있다'는 것은 아주 평범한 일상 언어의 이해 방법일 뿐이다. 우리는 평소 특별히 분석하는 일 없이, 일상 언어를 그대로 이해하고 있다.

따라서 논리 안에서 '이러한 것은 세계에 존재하는데 저것은 존재하지 않는다'고 할 수 없다.

'저것은 존재하지 않는다'는 말은 어떤 가능성을 배제하는 것 같지만 그러한 배제는 결코 일어날 수 없다. 만약 일어난다면 논리는 세계의 한계를 넘어서야 한다. 그래야만 외부에서도 이 한계를 관찰할 수 있기 때문이다.

사고할 수 없는 것을 사고할 수는 없다. 그러므로 사고할 수 없는 것을 말할 수도 없다.

5.62 이런 견해가 유아론(唯我論)[86]은 어디까지 진리인가 하는 물음에 해결의 열쇠를 제공한다.

즉 유아론이 말하려는 바가 전적으로 옳지만 유감스럽게도 그것은 스스로를 드러낼 뿐 말로 표현될 수 없다.

세계가 나의 세계라는 것은 언어[내가 이해하는 유일한 언어]의 한계가 내 세계의 한계를 의미하는 데서 드러난다.

5.621 세계와 삶은 하나이다.

5.63 나는 나의 세계이다. [소우주]

5.631 사고하고 표상하는 주체는 존재하지 않는다.

만약 '내가 찾은 세계'라는 제목의 책을 쓴다고 하자. 그 책에는 당연히 내 몸에 관한 보고도 있어야 한다. 그리고 몸의 어떤 부분이 내 의지에 복종하며 어떤 부분이 복종하지 않는지도 말해야 한다. 이것이 곧 주체를 분리하는 방법, 아니 중대한 의미에서 주체는 존재하지 않음을 보여주는 방법이다. 즉 주체에 관한 한 이 책에서 논할 수 없다.

5.632 주체는 세계에 속하는 것이 아니다. 그것은 세계의 한계이다.

5.633 세계 속 어디에서 형이상학적 주체를 찾을 수 있을까?

당신은 이것이 눈과 시야의 관계와 매우 닮았다고 대답할 것이다. 그러나 실

---

86) 유아론(唯我論) : 어떠한 의미에서 자신과 타자가 대비되어 파악되는 장면에서, 타자의 존재를 부정하고 오로지 자신만이 존재한다고 주장하는 입장을 '유아론'이라고 부른다. 자타의 어떠한 대비를 거부하는지에 대응하여 몇몇 변동이 있다. 전형적인 유아론은 모두를 나의 의식으로의 발현으로 파악하여, 다른 의식주체인 타자를 나의 의식 속에 나타날 수 없다는 이유로 거부하는 것이다(현상주의적 유아론). 《논리철학논고》의 유아론은 이 유형에 속하지 않는다. 그러면 그것은 어떠한 유아론일까? 이것은 《논리철학논고》의 해석에 관한 문제이다.

제로 당신은 눈을 보고 있지 않다.

그리고 시야 속에 있는 무엇도 그것이 어떤 눈에 보인다는 추론을 허용하지 않는다.

5.6331 즉 그 시야는 결코 다음과 같은 형태가 아니다.

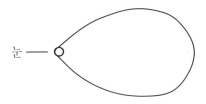

5.634 이는 우리 경험의 어떤 부분도 선천적이지 않음과 관련이 있다.

우리가 보는 모든 것은 그것과 다를 수도 있다.

대체로 우리가 기술할 수 있는 모든 것은 그것과 다를 수 있다.

사물에 선천적인 질서는 존재하지 않는다.

5.64 따라서 유아론은 엄격히 요약하면 순수한 실재론(實在論)[87]과 합치됨을 알 수 있다. 유아론에서 말하는 자아는 결국 더 이상 커지지 않는 점까지 줄어들고 거기에 남는 것은 자아에 대응하는 실재뿐이다.

5.641 심리학과 달리 철학에서 자아를 논할 수 있는 의미가 여기에 존재한다.

자아는 '세계는 나의 세계이다'를 통해 철학에 등장한다.

철학에서 말하는 자아는 인간, 인간의 몸, 또는 심리학에서 다루는 인간의 혼 등이 아니다. 형이상학적 주체, 즉 세계의—일부분이 아님—한계이다.

6 진리함수의 일반 형식은 다음과 같다.

---

87) 실재론 : 유일하고 명확한 규정을 부여할 수는 없으나 우선, 실재를 주관으로부터 분리시켜 파악하는 입장이라고 말해둘 수 있겠다. 그때 대립되는 입장은 관념론이며, 관념론은 그러한 주관에서 독립의 실재를 부정하고 오직 주관에 의해 파악되는 세계 내지 주관에 의해 구성되는 세계만을 인정하는 입장이다.

$$[\bar{p}, \bar{\xi}, N'(\bar{\xi})]^{88)}$$

이것이 명제의 일반 형식이다.

6.001 이것은 어떤 명제든 요소명제에 $N'(\bar{\xi})$이라는 연산을 반복 적용한 결과임을 뜻한다.

6.002 명제를 구성하는 일반 형식이 주어져 있다면 하나의 명제로부터 연산을 통해 다른 명제를 만들어내기 위한 일반 형식도 반드시 주어져 있다.

6.01 따라서 연산 $\Omega'(\bar{\eta})$의 일반 형식은 다음과 같다.

$$[\bar{\xi}, N(\bar{\xi})]'(\bar{\eta}) \ (= [\bar{\eta}, \bar{\xi}, N(\bar{\xi})])$$

이것은 한 명제에서 다른 명제로 이행하는 가장 일반적인 형식이다.

6.02 이렇게 해서 이제는 수를 생각해야 한다. 나는 다음과 같이 정의한다.

$$x = \Omega^{0\prime}x \ \text{Def.}$$
$$\Omega'\Omega^{\nu\prime}x = \Omega^{\nu+1\prime}x \ \text{Def.}$$

이 기호 규칙에 따르면 계열 x, $\Omega'x$, $\Omega'\Omega'x$, $\Omega'\Omega'\Omega'x$, …… 를 $\Omega^{0\prime}x$, $\Omega^{0+1\prime}x$, $\Omega^{0+1+1\prime}x$, $\Omega^{0+1+1+1\prime}x$, …… 와 같이 쓸 수 있다.

따라서 $[x, \bar{\xi}, \Omega'\bar{\xi}]$라고 쓰는 대신 $[\Omega^{0\prime}x, \Omega^{\nu\prime}x, \Omega^{\nu+1\prime}x]$라고도 쓸 수 있다.

그리고 다음과 같이 정의한다.

---

88) 기호 $\bar{p}$는 요소명제의 집합을 나타낸다. 이것이 명제 구성의 출발점이다. $\bar{\xi}$는 어떠한 명제의 집합을 나타내고 $N(\bar{\xi})$는 그들 명제를 모두 부정하고 논리곱('이며')으로 연결한다는 진리조합을 나타낸다. 이것에 의해 '명제'가 귀납적으로 규정된다. 즉, $\bar{p}$에 포함되는 것은 명제이며 $\bar{\xi}$가 모두 명제라면, 그에 대하여 연산 N을 시행한 것 또한 명제이다. 조금 더 구체적으로 말하면 이러하다. 우선, 개개의 요소명제에 연산 N을 시행하면 요소명제의 부정을 얻을 수 있다. 다음으로 그렇게 얻어진 요소명제와 그 부정으로부터 몇 개쯤 명제를 골라내고, 그에 대하여 연산 N을 실시한다. 그에 따라 또 새로운 명제가 구성된다. 그렇게 얻어진 명제집합으로부터 또다시 몇 개의 명제를 골라내어 연산 N을 실시한다. 이렇게 요소명제를 기초로 연산 N을 반복 시행함으로써 차례로 새로운 명제가 구성된다. 바로 이렇게 얻어진 명제가 '명제'라고 불릴 수 있는 것의 모두이다.

$$0+1=1 \text{ Def.}$$

$$0+1+1=2 \text{ Def.}$$

$$0+1+1+1=3 \text{ Def.}$$

[이하 등등]

6.021 숫자는 연산의 거듭제곱[89]이다.

6.022 수라는 개념은 모든 수에 공통된 것, 즉 수의 일반 형식이다.

수라는 개념은 수의 변항이다.

그리고 수의 동일성 개념은 특정수의 동일성 전체에 대한 일반 형식이다.

6.03 정수의 일반 형식은 $[0, \xi, \xi+1]$[90]이다.

6.031 집합론은 수학에서는 전혀 쓸데없다.

이는 수학에서 요구되는 일반성이 우연적이지 않음과 연관된다.

6.1 논리학의 명제는 항진명제이다.

6.11 논리학의 명제는 아무것도 말하지 않는다. [그것은 분석명제[91]이다.]

6.111 논리학의 명제가 무언가를 말하는 듯 생각하게 하는 이론은 모두 잘못되었다. 그런 이론에 따르면 예컨대 참과 거짓이라는 말도 다른 여러 특성 중의 두 특성을 나타낸다고 생각할 수 있다. 그러면 모든 명제가 이 두 특성 중 특히 하나를 소유함은 실로 기묘한 사실인 듯 생각될 것이다. 이는 명백하다고 할 수 없다. 예컨대 '모든 장미는 노랗든 붉든 둘 중 하나이다'라는 명제가 만약 참이라 해도 명백하다고 생각할 수 없다. 논리학의 명제는 이제 오히려 자연과학적 명제의 성격을 지닌다. 이 점이야말로 이 명제가 잘못 이해되고 있다는 확실한 증거이다.

---

89) 수는 연산의 반복횟수(거듭제곱)로 파악된다. 이것은 프레게와 러셀이 집합의 집합으로서 수를 정의하려고 한 것과는 근본적으로 다른 입장이다.

90) 이렇게 자연수가 귀납적으로 규정된다. 0은 자연수이다. ξ를 자연수로 하면 $\xi+1$도 또한 자연수이다. 이리하여 0+1, 즉 1도 자연수이고 1+1, 즉 2도 자연수이며, 이하 마찬가지로 제한 없이 자연수가 구성된다.

91) 분석명제 : 예를 들어 '독신자는 결혼하지 않았다'는 '독신자'와 '결혼'이라는 말의 의미에서만 참이 된다. 이처럼 말의 의미 분석에 의하여 그 진리성을 파악하는 명제를 '분석명제'라고 부른다.

6.112 논리명제를 올바르게 설명하려면 모든 명제 속에서 그 명제에 독자적 위치를 부여해야 한다.

6.113 논리명제라는 특별한 징표는 단지 상징만으로 그 진리성을 인식할 수 있음에 있다. 이 사실 속에 논리철학의 모든 것이 포함되어 있다. 그러므로 논리명제가 아닌 명제의 진위는 그 명제를 보는 것만으로는 인식할 수 없음도 역시 중요한 사실 중 하나이다.

6.12 논리학의 명제가 항진명제라는 점이 언어와 세계의 형식적·논리적 특성을 나타낸다.

그리고 성립 요소가 이렇게 결합되면 항진명제가 된다는 점이 그 성립 요소의 논리를 특징짓는다.

명제를 특정 방식으로 결합하여 항진명제를 만들려면 그러한 명제는 특정한 구조적 특성을 지녀야 한다. 그리고 명제를 그렇게 결합하면 항진명제가 된다는 점은 그들 명제가 그런 구조적 특성을 가지고 있음을 나타낸다.

6.1201 예컨대 명제 'p'와 '~p'가 '~(p.~p)'로 결합하면 항진명제가 된다는 것은 'p'와 '~p'가 서로 모순됨을 나타낸다. 그리고 명제 'p⊃q', 'p', 'q'가 '(p⊃q).(p) : ⊃ : (q)'[92]라는 형식으로 결합하면 항진명제가 된다는 것은 p와 p⊃q로부터 q가 귀결됨을 나타낸다. '(x).fx : ⊃ : fa'[93]가 항진명제라면 fa가 (x).fx로부터 귀결됨을 나타낸다. 기타 등등.

6.1202 같은 목적을 위해 항진명제 대신에 모순명제를 사용할 수 있음도 명백하다.

6.1203 항진명제의 구별법. 항진명제 속에 특히 일반성의 표현이 포함되지 않은 경우 다음과 같은 직관적인 방법을 사용하면 된다. 먼저 'p', 'q', 'r' 등을 대신하여 'WpF', 'WqF', 'WrF'라고 쓴다. 이들의 참거짓결합은 다음과 같은 괄호로 표현할 수 있다.

---

92) 대응하는 말을 쓰자면 p라면 q이며, 동시에 p라면 그때 q가 된다.
93) 대응하는 말을 쓰자면 '모든 것이 f라면 a는 f이다'가 된다.

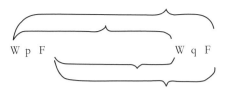

그리고 문제가 되는 명제 전체의 참과 거짓이 그 참거짓항의 결합에 어떻게 주어지는지를 나타내는 데 다음과 같은 선을 사용하기로 하자.

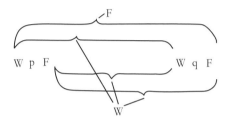

위 그림은 예컨대 p⊃q라는 명제를 표현[94]한다.

명제 ~(p.~p)[모순율]가 항진명제인지 아닌지 살펴보기로 하자. 우리의 기호법에서 '~ξ'라는 형식은 다음과 같이 쓸 수 있다.

그리고 'ξη'라는 형식은 다음과 같다.

---

94) 현재는 표를 쓰는 방법이 일반적이지만 비트겐슈타인이 굳이 표를 쓰지 않은 것은 도식화하는 편이 명제의 참거짓 양극성을 시각적으로 분명하게 드러내기 때문이다. 항진명제나 모순의 경우 참이나 거짓 둘 중 하나밖에 없는 극단적인 형태가 된다.

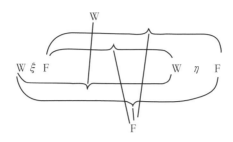

따라서 명제 ~(p.~q)는 다음과 같다.

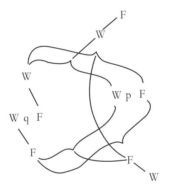

여기서 'q' 대신 'p'를 대입하여 가장 바깥쪽의 참거짓과 가장 안쪽의 참거짓과 결합 방식을 살펴보면, 명제 전체가 참인 경우는 각 항의 참거짓결합 전체와 관련이 있지만, 거짓인 경우는 어떤 참거짓결합과도 관련이 없다.

6. 121 논리학적 명제는 서로 결합하여 아무것도 말하지 않는 명제를 만들고 그럼으로써 그 논리학적 특성을 드러낸다. 이것이 논리학의 명제가 하는 일이다.

이 방법을 영위법(零位法)[95]이라고 부를 수도 있다. 다양한 명제는 논리명제(항진명제) 속에서 서로 균형을 이루고, 이 균형 상태는 그들 명제가 논리학적으로 어떤 성격을 지녀야 하는지 지시한다.

---

95) 영위법 : 측정량 외에 따로 기지량(既知量)을 준비한 다음 측정량과 기지량이 균형을 이루는 점을 비교하여 측정량의 크기를 알아내는 방법을 말한다.

6.122 이 점에서 우리는 논리명제가 없어도 무방하다. 적절한 기호법을 이용하면 명제를 보는 것만으로 그 형식적 특성을 알 수 있기 때문이다.

6.1221 예를 들어 두 명제 'p'와 'q'가 'p⊃q'라는 형식으로 결합하여 항진명제가 되면 q는 p로부터 귀결됨이 명백하다.

예컨대 'p⊃q.p'로부터 'q'가 귀결됨을 우리는 두 명제 자체로 알 수 있다. 하지만 똑같은 것을 다음과 같은 형식, 즉 두 명제를 'p⊃q.p : ⊃ : q'라는 형식으로 결합하여 이것이 항진명제임을 보여줌으로써 나타낼 수도 있다.

6.1222 이 점이 '왜 논리명제는 경험에 의해 반박될 수 없듯이 확증될 수도 없는가' 하는 물음에 빛을 던져준다. 논리명제를 반박하는 경험이 있을 수 없을 뿐 아니라 그것을 확증하는 경험도 있을 수 없다.

6.1223 우리는 흔히 '논리학적 진리'를 우리가 '요청한' 것처럼 느끼는데, 그 이유도 이제 분명해진다. 즉 우리는 적절한 기호법을 요청할 수 있는 한 논리학적 진리를 요청할 수도 있다.

6.1224 논리학이 형식과 추론의 학문이라고 불린 이유도 이제 명백하다.

6.123 분명히, 논리법칙이 다시 논리법칙 아래 놓여서는 안 된다.[96)]

[러셀이 생각하였듯이 각 유형마다 고유의 모순율이 있는[97)] 것은 아니다. 하나의 모순율만으로 충분하다. 모순율은 자기 자신에게는 적용되지 않기 때문이다.]

6.1231 명제가 논리학적이라는 징표는 일반적 타당성이 아니다.

일반적이라는 것은 모든 사물에 우연히 타당하다는 말일 뿐이다. 일반화되지 않은 명제도 일반화된 명제와 마찬가지로 항진명제가 될 수 있다.

6.1232 논리학적 의미의 일반적 타당성은 예컨대 '모든 사람은 죽는다'라는 명제의 우연적 타당성에 비해 본질적이라고 할 수 있다. 그러나 러셀의 '환

---

96) 여기서, 논리법칙과 항진명제를 구별해야만 한다. 항진명제는 무의미하기는 하지만 난센스는 아닌 기호열로서 명제에 포함될 수 있다. 그러나 논리법칙은 항진명제에 의해 제시되는 것이며 어떠한 의미에서도 명제가 아니다. 그렇기 때문에 논리법칙이 또다시 논리법칙에 따른다는 일은 있을 수 없다.

97) 러셀의 '유형'의 사고방식에 따르면(역주23 참조), 모순율이라고 불리는 항진명제 '∼(p.∼p)'(p이면서 p가 아닌 것은 없다)에도 유형의 차이에 대응하여 무수한 명제가 있다.

원공리(還元公理)'[98]는 논리명제가 아니다. 그리고 환원공리에 대해 설령 그것이 참이라 하더라도 우연히 그렇게 되었을 뿐이라고 우리의 느낌을 설명한다.

6.1233 환원공리가 타당하지 않은 세계를 생각할 수도 있다. 그러나 우리의 세계가 실제로 그러한 세계인가 아닌가 하는 문제에 논리학이 관여하지 않음은 명백하다.

6.124 논리명제는 세계의 기반을 기술한다. 아니, 묘사한다. 그것은 아무것도 '다루지' 않는다. 이름은 지시대상을 가지고 요소명제는 뜻을 가진다는 전제가 거기에 있다. 그리고 바로 이 점이 논리명제와 세계를 결합한다. 본질적으로 마땅한 특성을 갖는 어떤 상징 결합에서 항진명제가 나온다는 것이 세계에 대해 무언가를 지시함은 명백하다. 그리고 결정적으로 중요한 분기점이 여기에 있다. 이미 언급하였듯이 우리가 사용하는 상징은 자의적인 측면도 많고 그렇지 않은 측면도 많다. 논리학에서는 자의적이지 않은 것만 표현한다. 즉 논리학에서는 우리가 표현하려는 바를 기호를 빌려 표현하는 것이 아니다. 논리학은 본질적으로 기호를 필요로 하며 그 기호가 가지고 있는 본질적 특성이 스스로를 말한다. 만약 어떤 기호언어의 논리적 구문법을 알면 그것으로 인해 논리학의 모든 명제가 주어진다.

6.125 '참인' 모든 논리명제를 처음부터 기술해 보는 것은 가능하다. 이는 논리학의 오랜 사고방식[99]에 따르더라도 역시 가능하다.

---

98) 환원공리 : 러셀의 유형이론은 러셀의 역설(역주23 참조)을 배제하기 위해 유형의 구별을 도입했으나, 동시에 '거짓말쟁이 역설'('이 문장은 거짓이다'와 같은 주장은 모순이 된다)과 같은 자기언급에 의하여 발생하는 또 다른 형태의 역설도 해결하기 위해 유형의 구별에 더하여 또다시 차수(order)의 구별을 도입하고, 이중의 단층구조를 갖는 '분기 유형이론'이라고 불리는 것이 되었다. 그러나 차수(次數)의 구별은 유형으로 구분된 집합(class)을 또다시 차수에 따라 구분하는 것이며, 이대로는 수학을 전개하는 데 문제가 있다. 거기서, 집합의 규정에 있어서는 차수의 구별이 실질적으로 소용이 없도록 해주어야 했다. 이리하여 어떠한 차수의 명제함수에 대해서도 그것과 같은 값의 특정 명제함수가 발생하여 그 명제함수를 사용해서 집합을 규정해도 좋다는 취지의 '공리'가 도입되었다. 이것이 '환원공리'이다. 환원공리는 어떤 대상(명제함수)의 존재를 주장하는 것이며, 항진명제일 수 없다.

99) 《일기 1914~1916》에서 비트겐슈타인은 다음과 같이 말한다. '온갖 원자명제와 연역명제를 부여하고, 그 규칙을 그 명제에 적용하여 얻어진 것이 증명된 논리학의 명제와 같은 것이다. 예전부터의 논리학은 이렇게 말한다.'(부록II) 6.125에서 '논리학의 오랜 사고방식'이라고 하는 것도 이러한 파악 방식이라고 생각한다.

6. 1251 따라서 논리학에는 놀랄 일이 있을 수 없다.

6. 126 어떤 명제가 논리학에 속하는지 아닌지는 그 상징의 논리학적 특성을 계산함으로써 알 수 있다.

그리고 논리명제를 '증명할' 때 우리는 그런 계산을 한다. 이때 우리는 뜻이나 지시대상에 대해서는 고민하지 않고 다른 논리명제로부터 오직 기호 규칙에 따라 논리명제를 만들어낸다.

논리명제의 증명이란 어떤 연산을 반복 적용함으로써 다른 논리명제로부터 그 논리명제를 만들어내는 과정일 뿐이다. 여기서 연산은 최초의 항진명제로부터 끝까지 항진명제를 만들어내는 연산을 말한다. [또 항진명제로부터는 항진명제만 귀결된다.]

물론 논리명제가 항진명제임을 이런 방식으로 증명하는 것이 논리학에서는 본질적이지 않다. 이는 증명의 출발점인 최초의 명제가 항진명제임이 증명 없이 나타나는 점을 보아 이미 명백하다.

6. 1261 논리학에서 과정과 결과는 동등하다. [그러므로 놀랄 일은 없다.]

6. 1262 논리학에서 말하는 증명은 복잡한 명제에 대해 그것이 항진명제임을 더욱 쉽게 식별하기 위한 기계적 보조 수단에 불과하다.

6. 1263 만약 뜻이 있는 명제를 다른 명제로부터 논리적으로 증명할 수 있고 논리학적 명제도 그렇게 증명할 수 있다면 너무 기묘할 것이다. 뜻이 있는 명제의 논리학적 증명과 논리학 내부의 증명이 전혀 별개여야 함은 애초부터 명백하다.

6. 1264 뜻이 있는 명제는 무언가를 말한다. 그리고 그것을 증명하는 일은 그것이 올바름을 보여준다. 그러나 논리학에서 모든 명제는 그 하나하나가 증명의 형식이다.

논리학의 명제는 모두 기호로 표현된 긍정식이다. [그러나 긍정식 자체를 명제로 표현할 수는 없다.]

6. 1265 논리학에서 모든 명제는 자기 자신의 증명이라고 해석해도 좋다.

6. 127 논리학의 명제는 모두 자격이 동등하다. 그 사이에 기본법칙이나 파생적 명제가 본질적으로 정해져 있지는 않다.

모든 항진명제는 자신이 항진명제임을 스스로 보여준다.

6.1271 '논리학적 원칙'의 수는 명백히 임의적이다. 예컨대 프레게가 세운 원칙의 논리곱을 구성하는 것만으로 논리학은 하나의 원칙으로부터 도출될 수 있기 때문이다. [이러한 원칙은 이미 직접적으로 자명하지 않다고 프레게는 말할지 모른다. 그러나 프레게와 같은 엄격한 사상가가 논리명제의 기준으로 자명함의 정도에 호소하는 것은 이상하다.]

6.13 논리학은 학설이 아니라 세계의 거울상이다.

논리[100]는 초월론적[101]이다.

6.2 수학은 논리학적 방법이다.

수학의 명제는 등식이며 그러므로 유사명제이다.

6.21 수학의 명제는 어떤 사고도 표현하지 않는다.

6.211 수학적 명제는 우리가 생활하면서 필요로 하는 것이 아니다. 우리는 수학에 속하지 않는 명제로부터 역시 수학에 속한다고 할 수 없는 다른 명제를 추론하기 위해 수학적 명제를 이용할 뿐이다.

[철학에서 '도대체 무엇 때문에 우리는 그런 말이나 명제를 사용하는가?' 하는 물음은 항상 우리를 가치 있는 통찰로 이끈다.]

6.22 논리학의 명제가 항진명제로 보여주는 세계의 논리를 수학은 등식으로 보여준다.

6.23 두 식이 등호로 결합되어 있을 때, 두 식을 서로 치환할 수 있다. 실제로 치환 가능 여부는 그 두 식 자체에 나타나야 한다.

서로 치환할 수 있다는 것은 두 식의 논리적 형식을 특징짓는다.

6.231 예컨대 이중부정으로 이해할 수 있는 것은 긍정의 특성이다.

'(1+1)+(1+1)'로 이해할 수 있는 것은 '1+1+1+1'의 특성이다.

---

100) '논리'도 '논리학'도 모두 'Logik'이므로 역자의 판단에서 나누어 번역했다. 다른 부분에서도 역자의 판단으로 나누어 번역했다.

101) 초월론적: 《일기 1914~1916》에서 '윤리는 논리와 마찬가지로 세계의 조건이어야 한다'(1916년 7월 24일)고 말하고 있다. 이것이 여기에서 '논리는 초월론적이다'라고 하는 것과 관계가 있다. 그것은 단순히 '경험에 의하여 파악할 수 없다'는 의미에서의 '초월적'이 아니다. 이 세계에 대하여 초월적이면서도, 이 세계가 이렇게 있기 위해서 요청된 것, 그것이 '초월론적'이라는 것이다. 실제로 논리는 그 자신에 대해 말할 수는 없으나, 세계를 말하기 위해서 (그리고 또 세계가 그 말과 같기 위해) 불가결한 것이며 '초월론적'이다.

6.232 프레게에 따르면 앞에 나온 두 식의 지시대상은 같지만 그 의의는 다르다.[102]

그러나 등식에서 본질적으로 중요한 것은 등호로 결합된 두 식의 지시대상이 같음을 나타내기 위해 등식이 필요하지는 않다는 점이다. 두 식 자체로 그 의미가 같음을 알 수 있기 때문이다.

6.2321 수학 명제가 옳음은 즉각적으로 통찰할 수 있기 때문에 그것을 파악하려고 명제가 표현하는 것을 굳이 사실과 비교할 필요는 없다. 수학 명제의 증명 가능성은 수학 명제가 옳다는 것을 통찰함을 의미한다.

6.2322 두 식의 지시대상이 동일함을 주장할 수는 없다. 그 지시대상에 대해 무언가를 주장하려면 당연히 지시대상을 파악하고 있어야 하며, 지시대상을 파악했다면 두 식이 동일한 것을 의미하는지 다른 것을 의미하는지 이미 알 수 있기 때문이다.

6.2323 등식은 두 식을 검토할 관점을 지시함에 불과하다. 즉 지시대상이 같다는 관점에서 보라는 것이다.

6.233 수학 문제를 해결하려면 직관이 필요한가? 여기서 필요한 직관은 언어가 제공한다고 우리는 대답해야 한다.

6.2331 계산 과정이 바로 이 직관을 일으키는 역할을 한다.

계산은 실험이 아니다.

6.234 수학은 논리를 탐구하는 한 방법이다.

---

102) 예를 들어 '동틀 무렵의 샛별=초저녁의 샛별'이라는 동일한 성질의 주장을 생각해 보자. '동틀 무렵의 샛별'이라는 구절도 '초저녁의 샛별'이라는 구절도, 그 지시대상은 같다(양쪽 다 '금성'이라고 불리는 그 행성이다). 그러나 '동틀 무렵의 샛별=초저녁의 샛별'에는 단순히 '동틀 무렵의 샛별=동틀 무렵의 샛별'이라고 말하는 것에는 없는 인식상의 가치가 있다. 거기서 프레게는 보통 '의미'라고 불리는 것을 지시대상으로서의 'Bedeutung'과 그 지시대상이 주어지는 쪽 또는 지시대상이 우리에게 파악·이해되는 방식으로서의 'Sinn'으로 이중화하여 파악한다. 그리고 어절이나 구절뿐만 아니라 명제에 있어서도 'Bedeutung'과 'Sinn'의 의미의 이중성을 주장한다. 그에 대하여 《논리철학논고》에서는, 이름은 Bedeutung만을 가지며 Sinn은 갖지 않는다고 여기고, 명제는 거꾸로 Sinn만을 가지며 Bedeutung은 갖지 않는다고 여긴다(역주19 참조). 프레게의 번역에 있어서는 'Bedeutung'이 '의미', 'Sinn'이 '의의'라고 번역되는 것이 거의 표준 번역이지만 《논리철학논고》에서는 프레게와 같은 의미의 이중화는 부정되기 때문에 이제까지 기본적으로 'Sinn'도 또한 '의미'로 번역하여 왔다. 그러나 6.232는 프레게에 대해 언급한 부분이므로, 'Sinn'을 '의의'로 번역했다.

6. 2341 수학적 방법의 본질은 등식을 사용하는 점이다. 수학 명제가 그 자체로 이해되어야 한다는 것은 바로 이 방법에 기인한다.

6. 24 수학이 등식을 만들어내는 방법은 대입법(代入法)이다.

왜냐하면 원래 등식은 두 식의 치환 가능성을 표현하고 우리는 어떤 식을 다른 식으로 치환함으로써 어떤 등식에서 새로운 등식으로 나아가기 때문이다.

6. 241 따라서 2×2=4라는 명제의 증명은 다음과 같다.[103]

$$(\Omega^{\nu})^{\mu'}x = \Omega^{\nu \times \mu'}x \text{ Def.}$$

$$\Omega^{2 \times 2'}x = (\Omega^2)^{2'}x = (\Omega^2)^{1+1'}x = \Omega^{2'}\Omega^{2'}x = \Omega^{1+1'}\Omega^{1+1'}x$$

$$= (\Omega'\Omega)'(\Omega'\Omega)'x = \Omega'\Omega'\Omega'\Omega'x = \Omega^{1+1+1+1'}x = \Omega^{4'}x$$

6. 3 논리학 연구는 모든 합법칙성을 연구하는 것이다. 그리고 논리학 밖에서는 모든 것이 우연이다.

6. 31 이른바 귀납법칙[104]은 어떠한 경우에도 논리학의 법칙이 될 수 없다. 왜냐하면 그것은 명백히 뜻을 지닌 명제이기 때문이다. 그러므로 그것은 선천적인 법칙도 될 수 없다.

6. 32 인과법칙[105]은 법칙이 아니다. 법칙의 형식이다.

6. 321 '인과법칙'은 하나의 종명(種名)이다. 역학에는 이른바 최소법칙—예컨대 최소작용의 법칙[106] 등—이 있듯이 물리학에는 인과법칙, 즉 인과형식의

---

103) 이하의 증명에서는 6.02에서 도입된 여러 정의도 쓰인다.

104) 몇 개인가의 대상(a_1, ……, a_n)이 성질 f를 갖는 데서 '모든 것은 f이다'라고 추측하는 것을 생각하고 있다고 여겨진다. 거기서 '유의미한 명제'로 여겨지는 귀납법칙이란 '$fa_1 \cdots fa_n . \cup . (x) fx$'라는 것이다.

105) '모든 사건에는 원인이 있다'는 것이 이른바 '인과율'인데, 여기에서 비트겐슈타인이 생각하는 것도 이것으로 생각된다. 그는 그것을 '법칙의 형식'으로 파악하는데, 그것은 예를 들면 '사건 사이의 법칙은 인과형식을 가져야 한다'와 같은 것이다.

106) 이것은 직감적인 표현을 쓰면 '물리현상은 가장 노력이 필요치 않은 형태로 진행한다'는 것이다. 이 '노력'이라는 것을 엄격히 규정하려는 다양한 시도가 있었다. '빛은 통과시간을 가장 짧게 하도록 나아간다'는 페르마의 원리 등은 다양한 최소작용의 법칙의 원형이다. 그리고 최소작용 형식을 가진 여러 법칙을 총칭한 것이 '최소법칙'이라고 불리는 것이다.

법칙이 있다.

6. 3211 '최소작용의 법칙'이 무엇인지 정확히 알기도 전에 사람들은 틀림없이 그런 것이 있다는 예감을 가지고 있었다. [다른 경우와 마찬가지로 여기서도 선천적으로 확실한 것은 순수하게 논리적임을 알 수 있다.]

6. 33 우리는 보존법칙[107]은 선천적으로 믿지 않지만 논리적 형식의 가능성은 선천적으로 알고 있다.

6. 34 이유율, 자연의 연속원리, 자연의 최소소비의 원리[108], 기타 이와 비슷한 모든 명제는 과학 명제를 가능한 한 형식화하기 위한 선천적인 통찰이다.

6. 341 예컨대 뉴턴 역학은 세계를 기술하는 데 통일적인 형식을 부여한다. 먼저 불규칙적인 검은 얼룩점이 있는 하얀 평면을 떠올려 보라. 거기에 그려져 있는 것이 무슨 그림이든 사각 그물코로 촘촘히 짜인 그물을 그 평면에 덮고 각 그물코마다 검은지 흰지 말만 하면 그 모양의 정확한 기술에 얼마든지 다가갈 수 있으리라. 이러한 방법으로 이 평면에 대한 기술에 하나의 통일적 형식을 부여할 수 있다. 물론 그 형식은 자의적이다. 삼각형이나 육각형 그물코를 사용하여도 모양을 기술할 수 있으므로. 삼각형 그물코를 사용하면 더욱 단순히 기술할 수도 있으리라. 즉, 성긴 삼각형 그물코로 그것보다 촘촘한 사각형 그물코를 사용할 때보다 훨씬 정확하게 그 평면을 기술할 수 있다[또는 그 반대]. 여기서 다양한 그물코에 대응되는 것이 바로 세계를 기술하는 다양한 체계이다. 예를 들어, 세계를 기술하는 모든 명제는 주어진 몇 개 명제―역학의 공리―로부터 정해진 방법에 따라 형성되어야 한다고 역학에서는 말하는데, 그렇게 말함으로써 역학은 세계를 기술하는 하나의 형식을 규정한다. 이리하여 역학은 과학의 전당을 세우기 위한 자재를 제공한다. 그리고 이렇게 말한다. 네가 만들고자 하는 전당이 어떠하든 너는 이 자재만을 이용하여 그것을 조립해야 한다고.

[수 체계를 이용하여 임의의 수를 써낼 수 있듯이 우리는 역학 체계를 이용

---

107) 이것은 물질보존법칙이나 에너지보존법칙의 총칭이다.
108) '이유율'은 '아무 이유도 없이 사물이 발생하는 일은 있을 수 없다'는 원리. '자연의 연속원리'는 '자연은 비약하지 않으며'라는 표현으로 유명한 원리. '자연의 최소소비의 원리'는 '최소법칙'과 마찬가지 의미로 쓰인다고 생각한다.

하여 임의의 물리학 명제를 작성할 수 있어야 한다.]

6.342 이제 우리는 논리학과 역학의 상대적 위치관계를 알 수 있다. [여기서 상정되는 그물코는 다양하게, 예를 들어 삼각형이나 육각형으로 이루어져 있다고 하자.] 앞에서 언급한 그림이, 주어진 모양의 그물코로 기술된다는 것은 그 그림에 대해 아무것도 말해주지 않는다. [오직 그뿐이라면 이러한 종류의 모든 그림에 적용될 수 있기 때문이다.] 그러나 특정 크기의 그물코로 그 그림이 완전히 기술된다면 그 그림의 특징이 드러난다.

마찬가지로 세계가 뉴턴 역학으로써 기술된다는 것은 세계에 대해 아무것도 말해주지 않는다. 그러나 실제로 그렇듯 뉴턴 역학을 통해 세계가 그대로 기술된다는 것은 세계에 대한 무언가를 말해준다. 또 세계가 다른 역학 체계보다 특히 어떤 한 역학 체계를 통해 더욱 단순하게 기술된다면 이 역시 세계에 대해 무언가를 말해준다.

6.343 역학은 세계를 기술하는 데 필요한 참인 명제 전부를 단일한 계획에 따라 구성하려는 시도이다.

6.3431 물리법칙은 논리적인 모든 장치를 이용하여 세계의 대상에 대해 말한다.

6.3432 역학으로써 세계를 기술하는 것은 항상 완전히 일반적임을 잊어서는 안 된다. 역학에서는 예컨대 특정 질점(質點)을 논하지 않으며, 단지 어떤 질점만을 논한다.

6.35 앞에서 든 그림 속의 얼룩점이 기하학적인 형상이라 하여도 그 얼룩점이 실제로 어떤 모양이며 어디에 위치하는지에 대해 기하학은 아무것도 말해줄 수 없다. 그러나 그물코는 순수하게 기하학적이며 그 모든 특성은 선천적으로 말할 수 있다.

이유율의 법칙은 그물코를 다루지, 그물코로 기술되는 것을 다루지 않는다.

6.36 만약 인과법칙이 존재한다면 다음과 같은 것이리라. '자연법칙이 존재한다.'

그러나 우리는 물론 그것을 말할 수 없다. 그것은 스스로 드러난다.

6.361 헤르츠의 표현을 빌리면 사고할 수 있는 것은 합법칙적 연관뿐이라고 말할 수 있다.

6. 3611 어떤 사건의 경과도 '시간의 경과'—이런 것은 존재하지 않는다—와 비교할 수 없다. 어떤 사건의 경과는 다른 사건의 경과[예컨대 크로노미터의 움직임]와 비교할 수 있을 뿐이다.

따라서 시간적 경과를 기술하는 것도 오직 다른 사건의 경과를 통해서 가능하다.

공간에 대해서도 마찬가지이다. 예컨대 두 사건(단 서로 양립하지 않는다)에 대해 한쪽이 우선적으로 나타나야 할 원인이 현존하지 않으면 양쪽 모두 나타날 수 없다고 말하는 사람도 있다. 그러나 실상은 두 사건 사이에 부정합이 현존하지 않는 한 그중에서 한쪽만을 기술할 수 없다는 말일 뿐이다. 그리고 만약 부정합이 현존한다면 우리는 이를 한쪽은 나타나지만 다른 한쪽은 나타나지 않는 원인이라고 해석해도 된다.

6. 36111 왼손과 오른손을 겹칠 수 없다는 칸트의 문제[109]는 이미 평면뿐 아니라 일차원 공간에서도 일어날 수 있다.

일차원 공간에서 합동인 두 도형 a와 b는 이 공간 밖으로 옮기지 않는 한 겹칠 수 없다. 왼손과 오른손은 실제로 완전히 합동이다. 결국 두 손을 겹칠 수 없다는 것과 두 손이 완전히 합동이라는 것은 별개의 문제이다.

$$--- \;\bigcirc \!\!-\!\!-\; \times\!-\!-\!\times \;-\!\!-\!\!-\bigcirc\; ----$$
$$\quad\quad\quad a \quad\quad\quad\quad\quad b$$

만약 사차원 공간에서 장갑을 뒤집을 수 있다면 오른쪽 장갑을 왼손에 낄 수 있다.

6. 362 기술될 수 있는 것은 일어날 수 있다. 그리고 인과법칙에 따라 배제되어야 할 것은 기술될 수도 없다.

---

109) 칸트(Immanuel Kant, 1724~1804) 의론의 취지는 대략 다음과 같다. 공간적 규정을 도외시하여 오른손과 왼손을 관찰했다고 하자. 그때 오른손과 왼손은 완전히 같은 것이 된다. 그러므로 거기서부터 오른손과 왼손을 구별하는 판단을 형성하려고 해도 불가능하다. 왜냐하면 공간은 판단형식의 하나가 아니라 판단 이전의 감각적 인식을 성립시키기 위한 직관형식이기 때문이다(《형이상학 서설》(1783) 제13절 참조). 그리고 칸트에게 있어서 인과는 공간과 다른, 판단형식이었다. 이에 비하여 비트겐슈타인은, 시간·공간·인과가 형식이라는 것에 대해서는 칸트에게 찬성하면서도 그것들을 모두 기술 형식으로 간주한다.

6. 363 귀납 탐구의 핵심은 우리의 경험과 일치될 수 있는 법칙 가운데 가장 단순한 법칙을 받아들이는 데서 성립한다.

6. 3631 그러나 이 탐구는 아무런 논리학적 근거가 없다. 심리학적 근거가 있을 뿐이다.

가장 단순한 경우가 현실적으로 일어날 것이라고 믿을 만한 근거는 분명히 없다.

6. 36311 내일도 태양이 뜬다는 것은 하나의 가설이다. 즉 태양이 뜰지 안 뜰지 우리는 알지 못한다.

6. 37 무언가가 일어났으니 또 다른 것이 필연적으로 일어나야 한다는 강제성은 존재하지 않는다. 존재하는 것은 오직 논리적 필연성이다.

6. 371 현대의 모든 세계관에는 이른바 자연법칙이 자연현상을 설명한다는 착각이 그 밑바닥에 깔려 있다.

6. 372 사람들은 마치 고대인이 신이나 운명 앞에서 그러했듯이 자연법칙을 감히 범할 수 없는 것으로 받아들인다.

그들은 모두 옳기도 하고 그르기도 하다. 다만 현대적 체계에서는 마치 모든 것이 설명되어 있는 듯 보이는 데 비해 고대인의 경우는 확실한 결말을 인정한다는 점에서 고대인이 더 명료하다.

6. 373 세계는 나의 의지에 의존하지 않는다.

6. 374 비록 우리가 바라는 것이 모두 일어난다 하여도 그것은 말하자면 요행에 불과하다. 의지와 세계 사이에는 그것을 보증하는 아무런 논리적 연관도 없기 때문이다. 그리고 가령 의지와 세계 사이에 어떤 물리적 연관이 상정되었다 하여도 그 물리적 연관 자체를 바랄 수는 없기 때문이다.

6. 375 논리적 필연성만 존재하듯 오직 논리적 불가능성만 존재한다.

6. 3751 예컨대 두 색이 동시에 시야의 같은 장소를 차지하기란 불가능하다. 색의 논리적 구조에 의해 배제되어 논리적으로 불가능하기 때문이다.

이러한 양립 불가능성이 물리학에서는 어떻게 나타나는지 생각해 보자. 하나의 입자는 동시에 두 속도를 가질 수 없다, 즉 하나의 입자는 동시에 두 위치에 존재할 수 없다, 다시 말해 동시에 다른 위치에 있는 입자는 동일할 수 없다. 대체로 이런 식으로 나타날 것이다.

[두 요소명제의 논리곱은 명백히 항진명제도 모순명제도 될 수 없다. 그러나 시야의 한 점이 동시에 서로 다른 두 색을 가진다는 것은 모순명제이다.[110]]

6.4 모든 명제는 동등한 가치를 지닌다.

6.41 세계의 의의는 세계 밖에 있어야 한다. 세계 속에서 모든 것은 있는 그대로 존재하며 일어나는 그대로 일어난다. 세계 속에는 어떠한 가치도 없다. 만약 있다고 하여도 그것은 가치라고 할 만한 것이 아니다.

가치라고 할 만한 가치가 있다면 그것은 일어나는 모든 것, 존재하는 모든 것의 밖에 있어야 한다. 일어나는 것과 존재하는 것은 모두 우연적이기 때문이다.

비우연적으로 일어나고 존재하도록 하는 것은 세계 속에 있을 수 없다. 만약 있다면 그것은 다시 우연적일 테니, 그것은 세계의 밖에 있어야 한다.

6.42 따라서 윤리 명제도 있을 수 없다.

명제는 고차원적인 것을 표현할 수 없다.

6.421 윤리는 명백히 언어로 표현할 수 없다.

윤리는 초월론적이다.

[윤리와 아름다움은 하나이다.[111]]

6.422 '당신은 ……해야 한다'라는 형식의 윤리법칙이 제시되었을 때 그렇게 하지 않으면 어떻게 되는지 먼저 생각한다. 그러나 윤리는 명백히 통상적인 의미의 상벌과 무관하다. 그러므로 통상적인 의미에서 행동의 결과를 묻는 것은 중요하지 않다. 행동의 결과를 묻는다면 적어도 그것은 사건이어서는 안 된다. 하지만 그러한 물음도 어느 정도 올바를 것임이 틀림없다. 확실히 윤리적 상벌은 있어야 한다. 단 그것은 행동 그 자체에 존재해야 한다.

---

110) 이 부분은 색에 대한 명제가 요소명제가 아니라는 것을 나타낸다. 그렇기 때문에 역주20 등에 있어서 '고양이는 하얗다'와 같은 명제를 요소명제처럼 다룬 것은 《논리철학논고》의 주장에서 보면 부적절한 것이 된다. 그렇다면 어떤 명제가 요소명제가 되는 것인지, 비트겐슈타인은 그 구체적인 예를 전혀 제시하지 않았다.

111) 'Ethik'는 '윤리' 또는 '윤리학'이라고 번역할 수 있다. 역자의 판단으로 나누어 번역했다. 또한 'Ästhetik'도 '아름다움' 또는 '미학'이라고 번역할 수 있다. 그러므로 '윤리학과 미학은 하나이다'라고 번역할 수도 있다. 그러나 윤리학과 미학이 같은 것이라고 한다면, 그 이유는 윤리와 아름다움이 그 근저에 있어서 동등한 것이기 때문일 뿐이다. 그래서 '윤리와 아름다움은 하나이다'라고 번역했다.

[또한 분명히 상(賞)은 유쾌해야 하고 벌(罰)은 불쾌해야 한다.]

6.423 윤리적인 것의 부담자인 의지에 대해서는 말할 수 없다.

그리고 현상(現象)으로서의 의지는 오직 심리학만이 관심을 갖는다.

6.43 선하거나 악한 의지가 세계를 바꿀 때, 바꿀 수 있는 것은 단지 세계의 한계이지 사실이 아니다. 즉 선한 의지도 악한 의지도 언어로 표현할 수 있는 것을 바꿀 수는 없다.

간단히 말해서 그러한 의지에 의해 세계는 전체적으로 다른 세계로 변화해야 한다. 말하자면 세계 전체가 약해지거나 강해져야 한다.

행복한 세계와 불행한 세계는 전혀 별개이다.

6.431 마찬가지로 죽음으로도 세계는 변화하지 않고 끝난다.

6.4311 죽음은 삶의 사건이 아니다. 사람은 죽음을 체험할 수 없다.

만약 영원이 무한한 시간의 지속이 아니라 무시간성이라고 생각하면 현재 속에 사는 사람은 영원히 사는 것이다.

시야 속에 시야의 한계가 없는 것과 마찬가지로, 삶 또한 끝이 없다.

6.4312 시간적인 의미에서 인간 혼(魂)의 불사(不死), 즉 혼이 사후에도 영원히 산다는 것은 전혀 보증되지 않았다. 설령 그것을 보증한다 하여도 그것으로써 인간이 도달하려는 것은 조금도 달성되지 않는다. 도대체 영원히 산다고 해서 수수께끼가 풀릴까? 오히려 영생이 현재의 삶과 조금도 다를 바 없는 수수께끼가 아닐까? 공간과 시간 속에 있는 삶의 수수께끼에 대한 해결은 공간과 시간 밖에 있다.

[여기서 해결되어야 할 것은 자연과학의 문제가 아니다.]

6.432 세계는 실제로 어떠할까? 고차원적으로 이것은 완전히 아무래도 좋은 것일 뿐이다. 신은 세계 속에서는 스스로를 드러내지 않는다.

6.4321 모든 사실은 문제를 위한 것이지 해결을 위한 것이 아니다.

6.44 세계가 어떻게(wie) 존재하는지는 신비롭지 않다.

세계가 있다고 하는 것(daß)이 신비롭다.

6.45 영원의 관점[112]에서 세계를 직관하는 것은 세계를—한계 지어진—전

---

112) 스피노자(Baruch Spinoza, 1632~1677)의 《에티카(Ethica, 1677)》에 있는 말.

체로서 직관하는 것이다.

세계를 한계 지어진 전체로서 느끼는 것, 이 느낌이야말로 신비롭다.

6.5 말로써 표현할 수 없는 대답은 말로써 물을 수 없다.

수수께끼는 존재하지 않는다.

물음이 던져진 이상 그 물음에 대한 대답도 가능하다.

6.51 회의주의는 반박 불가능한 것이 아니라 명백히 난센스이다. 물을 수 없는 것을 의심하려 하기 때문이다.

즉 물음이 성립할 때만 의심이 성립하고 대답이 성립할 때만 물음이 성립하며, 무언가가 말로써 표현될 수 있을 때만 대답도 성립한다.

6.52 가능한 모든 과학적 물음에 대해 대답이 내려졌다고 해도 역시 삶의 문제는 여전히 손도 대지 않은 채 남아 있을 것이다. 이것이 우리의 직감이다. 그때는 이미 어떤 물음도 남아 있지 않을 터이다. 그리고 이미 물음은 없다는 것이 실은 그 대답이기도 하다.

6.521 삶의 문제에 대한 해결을 우리는 그 문제의 소멸을 통해 깨닫는다.

[이것이 오랜 의심 끝에 삶의 의미를 깨달은 사람이 그 의미가 도대체 무엇인지 말로써 표현할 수 없는 이유가 아닐까?]

6.522 물론 말로써 표현할 수 없는 것도 있다. 그것은 스스로 드러난다. 그것이 신비이다.

6.53 철학의 올바른 방법은 원래 다음과 같으리라. 말로써 표현할 수 있는 것, 즉 자연과학 명제—철학과는 아무런 관련이 없는 어떤 것—이외에는 아무 것도 말하지 말 것, 그리고 누군가 형이상학적인 것을 말하려 할 때마다 그가 자신의 명제 속 이러이러한 기호에 아무런 의미도 부여하지 않았음을 지적할 것. 물론 이 방법은 그를 만족시키지 못하겠지만—그는 철학을 배웠다고 느끼지 않을 것이다—그래도 이것이 엄격하고 올바른 단 하나의 방법이다.

6.54 내가 말하려는 바를 이해하는 사람이라면 먼저 내 명제를 통하여—그 위에 서서—그것을 뛰어넘을 때 결국 그것이 난센스임을 깨닫는다. 이렇게 내 명제는 해명된다. [사다리를 타고 올라간 자는 그 사다리를 던져버려야 한다.]

그는 내 명제를 극복해야 한다. 그때 비로소 그는 세계를 올바로 볼 것이다.

7 말할 수 없는 것에 대해서는 침묵해야 한다.

논리기호의 의미

《논리철학논고》에서의 논리기호는 기본적으로 《수학원리》에 따른다. '점'의 사용 등 현재로는 일반적이지 않은 것도 있으나, 《논리철학논고》의 이해에 도움이 되도록, 《수학원리》에 따라 논리기호의 용법을 해설해 두겠다.

(1) 부정 ~p : 'p가 아니다'에 대응한다. p가 참일 때 거짓이며, p가 거짓일 때 참이다.

(2) 논리합 p∨q : 'p 또는 q'에 대응한다. p나 q의 적어도 어느 한쪽이 참일 때 참이며, p도 q도 거짓일 때 거짓이다.

(3) 논리곱 p.q : 'p이면서 q'에 대응한다. p도 q도 참일 때 참이며, p나 q 중 적어도 어느 한쪽이 거짓일 때는 거짓이다.

(4) 조건법 p⊃q : 'p라면 q'에 대응한다. p가 참이면서 q가 거짓일 때 거짓이며, 그 이외일 때는 참이다.

(5) p|q : 'p도 q도 아니다'에 대응한다. p도 q도 거짓일 때 참이며, p나 q 중 적어도 어느 한쪽이 참일 때는 거짓이다.

(6) (x).fx : '모든 것은 f이다' 또는 '모든 x에 대하여, x는 f이다'에 대응한다.

(7) (∃x).fx : 'f인 것이 존재한다' 또는 '어떤 x에 대하여, x는 f이다'에 대응한다.

(8) 점 '.' ' : '의 사용 : 괄호 대신에 쓴다.

이것은 다음 세 유형으로 나뉜다(괄호 안은 보기).

유형 1……'∨'나 '⊃'에 붙여진 것(p.⊃.q)

유형 2……'(x)'나 '(∃x)'에 붙여진 것((x).fx)

유형 3……논리곱을 나타내는 것(p.q)

유형 1, 2, 3은 이 순서대로 '보다 약하다'. 유형 1이 가장 강하며, 유형 3이 가장 약하다.

점에는 '.' ':' 등이 있으며, 나아가서 3점, 4점으로 숫자는 증가할 수 있는데, 《논리철학논고》에는 2점까지만 나온다.

점의 강약과 숫자를 이용하여, 괄호와 같은 범위를 지정한다.

범위 지정의 방향은 유형 1의 경우는 논리기호에서 멀어지는 좌우 어느 한 방향, 유형 2의 경우에는 논리기호 오른쪽 방향, 유형 3의 경우는 좌우 양방향을, 각각 범위로 지정한다.

n점의 점은, 지금 말한 방향으로, n보다 많은 숫자의 점은 막다른 곳에 이를 때까지, 또는 자신과 동등하거나 보다 강한 유형의 n점의 도트에 맞닥뜨릴 때까지의 범위를 지정한다.

참고로 구체적인 보기 다섯 가지를 살펴보자(괄호를 써서 나타낸 식을 함께 적어둔다).

① p.q.⊃.r ⋯⋯(p.q)⊃r

② p : q.⊃.r ⋯⋯p.(q⊃r)

③ p : p.⊃.q : q.⊃.r ⋯⋯p.(p⊃q).(q⊃r)

④ (x).fx.⊃.(x).gx ⋯⋯(x)fx⊃(x)gx

⑤ (x) : fx.⊃.gx ⋯⋯(x)(fx⊃gx)

Philosophische Untersuchungen

철학탐구

무릇 진보라는 것에는 실제보다도 훨씬 더 위대하게 보이는 일면이 있다.

네스트로이

머리글

　이하에 공간(公刊)하는 것은, 내가 지난 16년 동안 몰두해 왔던 철학적 탐구의 침전물(沈澱物)이라고 할 수 있는 여러 사상들이다. 그것들은 의미, 이해, 명제, 논리의 개념, 수학의 기초들, 의식의 존재 양식들, 그 밖에 많은 주제들과 관련되었다. 나는 이들 사상을 모두 짧은 단락으로 적어놓았다. 그것들은 같은 주제에 대해서 연쇄적으로 말한 경우도 있고, 한 영역에서 다른 영역으로 느닷없이 비약한 경우도 있다. 나의 의도는 처음부터 이 모든 것을 한 권의 책으로 정리하는 일에 있었으므로, 그 모양을 어떻게 할 것인가에 대해 여러 시기에 여러 가지로 머릿속에 그려보곤 했다. 그러나 나에게 중요한 것은, 그 책 안에서 사상이 하나의 주제에서 다른 주제로, 자연스럽고 끊임없는 경과를 거쳐 진행되어야 한다는 것이었다.

　내가 얻은 여러 결과들을 그렇게 하나의 전체로 융합하려는 수많은 시도가 실패로 끝난 뒤, 나는 결코 그 일에 성공하지 못할 것임을 깨달았다. 즉 내가 쓸 수 있는 최선의 글은 아무래도 단순한 철학적 발언에 지나지 않으리라는 것, 그것을 자연의 경향을 거슬러 억지로 하나의 방향으로 향하게 하려는 순간 나의 사상은 제대로 기능하지 못하리라는 것을 알아차렸다. 그리고 이것은 물론 (여기서 이루어지는) 탐구 그 자체의 성질에도 관계하고 있었다. 이 탐구는 광범한 사상의 영역을 종횡무진 모든 방향으로 여행할 것을 우리에게 요구하기 때문이다. 이 책에 담긴 철학적인 발언은 말하자면 이와 같은 오랫동안의 복잡한 여행에서 생겨난 일련의 풍경 스케치이다.

　같거나 거의 같은 논점이 서로 다른 방향에서 다뤄져 항상 새로운 그림이 그려졌다. 그것들 부지기수가 잘못 쓴 것들이거나 성격이 분명치 않은 것들이어서, 미숙한 화가의 결점이 모두 노출되고 있었다. 그리고 이것들이 제거되었을 때, 이제 관찰자에게 한 폭의 풍경화를 제공할 수 있도록 정리되고 때로는 가위질하지 않으면 안 되는 약간의 어정쩡한 것들만 남았다. 그러므로 이 책은 원래 한 권의 앨범에 지나지 않는다.

나는 얼마 전까지도 나의 작업을 내 생전에 출판하려는 생각을 아예 포기하고 있었다. 그러한 생각은 기회 있을 때마다 (나의 마음속에서) 더욱 강해졌는데, 그 이유는 주로 내가 강의나 강의록, 토론에서 전개했던 사색의 결과가 자주 오해되고 때로는 다소 희석되거나 훼손되어 일반에 유포되고 있다는 사실을, 원하든 원하지 않든 간에 알게 되었다는 데에 있었다. 이로 인해 나의 허영심은 더욱 자극되었으나, 나는 그것을 진정시키려고 애를 썼다.

그러나 4년 전 나는 나의 첫 번째 책[《논리철학논고》]을 다시 읽고, 그 사상을 설명할 기회를 만나게 되었다. 그때 갑자기 그 옛 사상과 새로운 사상을 함께 간행해야 할 것이 아닌가, 새로운 사상은 나의 낡은 사상과의 대비에 의해서만이 또 그 배경 아래에서만이 정당한 조명을 받을 수 있을 것이 아닌가 하는 생각이 들었다.

16년 전 다시 철학에 종사하게 된 이래 나는, 내가 첫 번째 책에 적어두었던 내용 중에 중대한 오류가 있다는 것을 인정하지 않을 수 없었기 때문이다. 내가 이 오류들을 깨닫는 데—나 자신이 거의 평가할 수 없을 정도로—유용했던 것은 프랭크 램지[1]가 나의 생각에 대해서 내린 비판이었다. 그의 생애 마지막 2년 동안 나는 그와 함께 헤아릴 수 없을 정도로 많은 이야기를 나누었고, 나의 생각에 대해서도 논의했다. 그의—항상 강력하고 정확한—비판 못지않게 나는 이 대학의 교수인 피에로 스라파[2] 씨가, 여러 해 동안 나의 사상에 대해 끊임없이 보내준 비판의 덕을 보았다. 이러한 격려 덕분에, 이 책의 더욱 원숙하고 풍요로운 부분이 생겨날 수 있었던 것이다.

한 가지 이상의 이유로 내가 여기에 게재하는 것은, 다른 사람들의 글과 일맥상통할 것이다. 만약에 나의 발언에 나의 것이라고 식별할 수 있는 도장이 찍혀 있지 않다면, 나는 더 이상 그것들을 나의 소유물이라고 주장하고 싶지 않다.

나는, 나의 발언들을 미심쩍은 느낌을 가지고 세상에 공개한다. 이 작품에

---

1) Frank Plumpton Ramsey(1903~1930). 영국의 수학자·철학자.
2) Piero Sraffa(1898~1983). 이탈리아의 경제학자. 케임브리지 대학교에서 강의를 함.

는 그 빈약성과 이 시대의 암울 속에서 몇몇 두뇌에 빛을 던지도록 운명 지워지고 있다는 것, 이것은 있을 수 없는 일은 아니다. 물론 있을 것 같지도 않은 일이다.

　나는 나의 글에 의해서 다른 사람들이 생각하는 수고를 면하게 되는 것을 바라지 않는다. 가능하다면, 누군가가 스스로 생각할 수 있도록 격려가 되기를 바란다.

　나는 좋은 책을 쓰고 싶었다. 그러나 결과는 그렇게 되지 않았다. 그리고 내가 이것을 개선할 수 있는 시간은 이미 지나가 버렸다.

케임브리지에서

1945년 1월

제1부

1 아우구스티누스의 《고백록(Confessiones)》 제1권 제8장 : '그들[연장자들]이 그 어떤 대상의 이름을 부르고, 동시에 몸을 그 대상 쪽으로 움직이는 것을 본 나는 그들이 그것을 표시하려고 할 때 그들이 내는 음성에 의해서 호칭된 다는 것을 알았습니다. 그들의 의도(意圖)는 모든 사람들에게 있는 자연스러운 언어인 몸짓에 의해 분명했습니다. 이 언어는 얼굴 표정이나 눈빛, 그 밖에 팔다리의 움직임이나 음성의 울림으로 이루어져 있고, 이들이 사물을 구하고 파악하고 거부하고 또는 피하려고 하는 마음의 상태를 나타내는 것입니다. 이와 같이 나는 여러 가지 말이 여러 문장 안의 정해진 자리에 놓이는 것을 되풀이해서 듣고, 그 말들이 어떤 대상의 표지(標識)인가를 조금씩 이해하며 배웠습니다. 그리고 나의 입이 이러한 기호들에 익숙해지자 나는 이들 기호에 의해 나의 생각들을 표현하게 된 것입니다.'

우리는 이 말에서 인간 언어의 본질에 관한 특정한 영상(映像)을 얻은 것처럼 여긴다. 즉 언어에 포함되어 있는 낱말 하나하나가 대상을 이름 짓는다—문장은 그와 같이 이름 지은 것의 경합이다—는 것이다. 이러한 언어상(言語像) 안에서 우리는 '어느 낱말이나 하나의 뜻을 갖는다'고 하는 생각의 근원을 본다. 이 뜻은 낱말에 결부되어 있다. 그것은 그 낱말이 가리키는 대상이다.

낱말 종류의 구별에 대해서 아우구스티누스는 말하지 않는다. 언어의 학습을 이렇게 기술하는 사람은 우선 먼저 '책상', '의자', '빵' 그리고 사람의 이름과 같은 명사에 대해서 생각하고, 두 번째에 비로소 어떤 종류의 활동이나 성질들의 이름에 대해서 생각하여 그다음 나머지 종류의 낱말들에 대해서는 되는 대로 된다고 생각하는 것은 아닐까?

이제 다음과 같은 언어 적용의 예를 생각해 보자. 내가 누군가에게 물건을 사오라고 시킨다. 나는 그에게 '다섯 개의 빨간 사과'라는 기호가 적힌 쪽지를 건넨다. 그는 그 쪽지를 상인에게 가지고 간다. 상인은 '사과'라는 기호가 붙은 서랍을 연다. 이어 목록 중에서 '빨강'이란 낱말을 찾아내어, 그에 대응하는 색의 표본을 찾아낸다. 그리고 그는 기수(基數)의 계열—이것은 그가 외우고 있다고 가정한다—을 '5'라는 말까지 외우며, 각 수를 말할 때마다 표본의 색깔을 가진 사과를 하나씩 서랍에서 꺼낸다. 우리는 이와 같이 또는 이와 유사한 방법으로 낱말을 조작한다. '그러나 이 상인은 어디에서 그리고 어떻게 해서 '빨강'이라고 하는 낱말을 찾아내어 '다섯 개'라고 하는 낱말로 무엇을 하기 시작하면 좋은가를 어떻게 알고 있을까?' 아니 나는 내가 말한 대로 그가 행동할 것이라고 가정하고 있다. (사물의) 해명은 어디에선가 끝이 난다.—그러나 '다섯'이란 낱말의 의미는 무엇인가? 그와 같은 것은 여기에서는 전혀 문제가 되지 않았다. 어떻게 '다섯'이란 낱말이 사용되는가 하는 것만이 문제일 뿐이다.

2 의미라고 하는 이 철학적 개념은, 언어가 작용하는 방법에 관한 하나의 원초적 생각 안에 안주한다. 그러나 그것은 우리의 언어보다 더 원초적인 어떤 언어의 관념이라고도 말할 수 있다.

아우구스티누스가 하고 있는 기술(記述)이 해당되는 하나의 언어를 생각해 보자. 그 언어는 건축가 A와 그의 조수 B 사이의 의사소통에 유용해야 한다. A는 석재로 건물을 짓는다. 석재에는 주춧돌, 기둥, 석판, 들보가 있다. B는 그에게 석재들을 건네야 하는데, 그 순번은 A가 그것들을 필요로 하는 순서대로이다. 이 목적을 위해서 두 사람은 '주춧돌', '기둥', '석판', '들보'란 낱말들로 이루어져 있는 하나의 언어를 사용한다. A가 그 낱말들을 외친다. B는 이 외침에 따라서 가져오도록 일러진 석재를 가져간다. 이것을 완전한 원초적 언어라고 생각해 보자.

3 아우구스티누스가 기술하고 있는 것은 의사소통의 한 체계라고 말할 수 있을 것이다. 다만, 우리가 언어라고 부르는 것 모두가 이러한 체계는 아니다. 그리고 우리는 이것을 '이 표현은 적절한가, 적절하지 않은가'라고 하는 물음이 생기는 매우 많은 경우에 강조하지 않으면 안 된다. 그때 대답은 '그렇다. 적절하다. 그러나 이 좁게 한정된 영역에 대해서만 적절하고, 당신이 표현하는 전체

에 대해서는 아니다'라고 하는 것이다.

이것은 마치 누군가가 '게임이라고 하는 것은 사람이 어떤 규칙에 따라 물체를 한 평면 위에서 이동시키는 데 있다……'고 설명하고, 우리가 '당신은 판 위에서의 놀이를 생각하고 있는 것 같은데, 그것이 게임의 모든 것은 아니다. 당신은 자기 설명을 명확하게 그러한 게임에 한정함으로써, 당신의 설명을 바로잡을 수 있다'고 대답하는 것과 같다.

4 문자가 소리, 강조, 구두(句讀)의 표지로서 사용되고 있는 문서를 생각해 보자. [어떤 문서는 음의 구성을 기술하기 위한 언어로 해석할 수도 있다.] 그때 어떤 사람이 각 문자에는 하나의 음성만이 대응될 뿐, 이들 문자가 그 이외에는 전혀 다른 기능을 가지고 있지 않은 것처럼 이 문서를 이해하고 있다고 생각해 보자. 아우구스티누스가 언어를 파악하는 방법은 이와 같이 하나의 너무나도 단순한 언어 파악과 비슷하다.

5 제1절의 예를 고찰해 보면, 우리는 아마도 낱말의 의미라고 하는 일반적인 개념이 얼마만큼 언어의 작용을 안개로 둘러싸 사물을 명료하게 보는 것을 불가능하게 하는지를 예감할 것이다. 만약에 우리가 언어라는 현상을, 원초적인 그 적용법에 입각해서 연구한다면 안개는 사라진다. 그 적용 예에서는 낱말의 목적과 작용을 명료하게 전망할 수 있다.

언어의 그와 같은 원초적 여러 형태를, 아이들은 말하는 것을 배울 때 사용한다. 그 경우 언어를 가르친다는 것은 그것을 설명하는 것이 아니라 훈련하는 것이다.

6 우리는 제2절에서 말한 언어가 A와 B의 전체 언어이며, 게다가 한 민족의 전체 언어라고 상상할 수 있을 것이다. 아이들은 그와 같은 행동을 하여 그때와 같은 낱말을 쓰고 그와 같이 해서 다른 사람의 말에 반응하도록 교육받는다.

훈련의 중요한 부분은, 선생이 여러 대상들을 가리켜 아이들의 주의를 그것으로 향하게 하고, 그와 동시에 무엇인가 낱말을 말하는 것, 예컨대 '석판'이라는 말을, 그와 같은 모양을 한 것을 제시할 때 발음하는 것으로 성립될 것이다. [나는 이것을 '직시적(直示的) 설명' 또는 '정의(定義)'라고 부르지 않는다. 아이들은 아직 이름이 무엇인지 물을 수 없기 때문이다. 나는 이것을 '낱말의 직시적 교시(敎示)'라고 부르고 싶다. 나는 이것이 훈련이라고 하는 것의 중요 부분을 구성한다고 말했는데 그것은 인간에게 (우연히) 그렇게 되어 있기 때문이지, 다른 사고방식을 할 수 없기 때문이 아니다.] 이와 같은 낱말의 직시적 교시는, 낱말과 사물 사이에 하나의 연상적 결부를 만들어낸다고 말할 수 있다. 그러나 이것은 어떻게 된 일일까? 그것은 여러 가지 일일 수 있다. 하지만 사람들이 아마도 우선 먼저 생각하는 것은, 아이가 낱말을 들으면 사물의 영상이 그 아이의 마음에 떠오른다고 하는 것이 아닐까? 그러나 그러한 일이 지금 일어나고 있다면—그것이 낱말의 목적일까? 그렇다. 그것이 목적인 경우도 있을 수 있다. 나는 그와 같은 낱말[음열]의 용례를 마음속에 그릴 수 있다. [낱말을 발음한다고 하는 것은 말하자면 표상(表象)을 간직하고 있는 피아노 건반을 두들기는 것과 같으므로.] 그런데 제2절에서 말한 낱말의 경우에는 표상을 불러일으키는 일이 낱말의 목적이 아니다. [물론 그러한 일이 본래의 목적에 유익하다는 경우도 찾아볼 수 없는 것은 아니지만.]

그러나 비록 직시적 교시가 표상을 불러일으킨다고 해도 나는 그것이 낱말의 이해를 가져온다고 말해야 할까? '석판!'이라고 외치는 소리에 이러저러한 행동을 하는 사람은 그 외침을 이해하지 못하는 것일까? 물론 직시적 교시가 그러한 이해를 낳는 데에 유용하겠지만, 그것은 일정한 교육이 수반되었을 때 비로소 가능해진다. 다른 교육이 이루어진다면 이들 낱말의 직시적 교시가 같아도 전혀 다른 이해가 생길 것이다.

'나는 막대와 지렛대를 연결해서 제동을 걸었다'—물론 이를 위해서는, 다른 전체 기구(機構)가 주어져 있지 않으면 안 된다. 그것(과의 관계)이 있어야 비로소 브레이크 레버는 브레이크 레버가 되는 것이지 거기에서 분리되어 있으면 지렛대조차 되지 못한다. 그것은 어떤 것이 될 수도 있고, 또 아무것도 안 될 수 있다.

7 제2절의 언어를 실제로 사용할 때 한쪽은 낱말을 외치고 다른 한쪽은 그

낱말들에 따라 행동한다. 그러나 언어의 교육에 있어서는 배우는 사람이 대상의 이름을 말하는 과정을 볼 수 있을 것이다. 즉 선생이 돌을 가리키면 그 낱말을 발음한다. 더 나아가 이 경우 선생이 먼저 한 말을 학생이 그대로 따라서 발음하는 가장 간단한 연습도 있을 것이다. 이 둘은 모두 언어와 비슷한 일들이다.

우리는 또한 제2절에서 낱말의 사용 전체 과정을 통해서 아이들이 자기의 모국어를 배우는 게임의 하나다—라고 생각할 수가 있을 것이다. 나는 이러한 게임을 '언어 게임(Sprachspiel)'이라고 부르고 어떤 원초적인 언어를 자주 언어 게임으로서 이야기하고자 한다.

그렇게 되면 돌을 가리키거나 미리 한 말을 따라서 발음하는 것과 같은 과정 또한 언어 게임이라고 말할 수 있을 것이다. 원진(圓陣) 게임 때 사용되는 말에 대해서 여러 가지 예를 생각해 보자.

나는 또한 언어와 언어가 짜여져 포함된 여러 활동과의 총체도 '언어 게임'이라고 부를 것이다.

8 제2절의 언어를 약간 확장해서 생각해 보자. 주춧돌, 기둥 등의 낱말 외에 이 언어가 제1절에서 상인이 사용한 수사(數詞)처럼 사용되는 일련의 어계열(語系列)을 포함한다고 하자[알파벳의 문자열이라도 좋다]. 또 두 개의 낱말이 있어서, 그것들은 '거기에', 그리고 '이것'이라고 발음되어도 좋고[왜냐하면 그것이 이미 양자의 목적을 거의 암시하고 있으므로], 사물을 지시하는 손의 운동과 함께 사용되고 그리고 마지막으로 한 무리의 색채표본이 있다고 하자. A에게는 'd−석판−저기에'라는 명령을 준다. 그때 그는 조수에게 하나의 색채를 보이고 '거기에'라는 낱말로 건축 현장의 한 장소를 지시한다. B는 석판이 놓인 곳에서 표본의 색을 가진 석판을 알파벳 문자의 'd'에 이르기까지 한 장 한 장 꺼내어 그것들을 A가 지시한 장소로 가지고 간다. 다른 경우에는, A는 '이것−저기에'라는 명령을 준다. '이것'에 의해서 그는 하나의 석재를 지시한다. 등등.

9 아이가 이 언어를 배울 때 a, b, c, ······라는 숫자의 열을 암기하지 않으면

안 된다. 그리고 그것들의 사용을 배워야 한다. 이와 같은 교육에 있어서도 낱말의 직시적 교시가 이루어질까? 예를 들어 석판이 가리켜지고 'a, b, c 석판'이라고 하는 식으로 세어진다. '주춧돌' '기둥' 등등의 낱말의 직시적 교시에 한층 유사한 것은 수사의 직시적 교시로, 이것은 세는 데에 유용할 뿐만 아니라 눈에 의해 파악 가능한 물건의 집합을 가리키는 데에도 유용하다. 이와 같이 해서 아이는 최초의 다섯 또는 여섯의 기수사(基數詞)의 사용을 배운다.

'저기에'와 '이것'도 역시 지시적으로 교시될 수 있을까? 사람이 어떻게 해서 이들 낱말의 사용을 가르칠 수가 있는지를 생각해 보자. 그때 장소나 사물이 지시될 것이다. 그러나 그 경우 이 지시는 낱말의 사용 때에도 이루어지는 것으로 그러한 사용의 학습 때에만 이루어지는 것이 아니다.

10 그렇다면 이 언어의 낱말들은 무엇을 표기하고 있는가? 그 사용되어진 방식에 있어서가 아니라면 그것은 무엇을 표기하고 그 무엇인가는 어떻게 해서 표시될 수 있을까? (낱말의) 사용에 대해서는 우리는 이미 기술하였다. 그러면 '이 말은 이것을 표기하고 있다'고 하는 표현은 이러한 기술의 일부가 되어 있지 않으면 안 될 것이다. 바꾸어 말하면 이 기술은 '……라고 하는 말은 ……을 표기하고 있다'는 형식을 취해야 할 것이다.

그런데 '석판'이란 낱말의 사용 기술을 줄여서 말할 수 있다면 그것은 그 낱말이 이러한 대상을 표기한다고 사람들이 말한다—고 하는 것이 될 것이다. 그와 같이 바꾸어 말하게 되는 것은, 예를 들어 '석판'이라는 낱말은 우리가 실제로 '주춧돌'이라고 부르는 모양의 석재를 가리키는 것이다—라고 생각하는 오해를 제거하는 것이 문제가 될 정도의 경우일 뿐이다. 그런데 이러한 지시 '관계'의 상태, 즉 그 이외의 경우 이 낱말의 사용은 이미 알려져 있다.

마찬가지로 'a', 'b' 등의 기호는 수(數)를 표기한다고 말할 수 있는데, 이렇게 말할 수 있는 것은 'a', 'b', 'c' 등이 그 자체의 언어 속에서 '주춧돌', '석판', '기둥' 등이 실제로 역할을 다하고 있다—고 생각하는 것 같은 오해를 어쩌면 제거할 수 있는 경우이다. 또 'c'는 이 수를 표기하는 것으로, 저 수를 표기하는 것이 아니라고 말할 수도 있지만, 그것은 그렇게 함으로써 이러한 문자가 a, b, c, d 등의 순서로 사용되어야지 a, b, d, c의 순서로 사용되어서는 안 된다는 것이 분명해지는 경우이다.

그러나 이와 같이 낱말의 사용 기술을 서로 근사(近似)하게 만든다고 해서 이들 사용 그 자체가 근사해지는 것은 아니다! 왜냐하면 우리가 보기에는 이들 사용은 전혀 닮은 것이 아니기 때문이다.

11 도구상자 안에 들어 있는 여러 가지 도구를 생각해 보자. 거기에는 망치, 집게, 톱, 드라이버, 자, 아교단지, 아교, 못, 나사가 들어 있다. 이들 물건의 기능이 여러 가지인 것처럼, 낱말의 기능도 여러 가지이다. [더욱이 유사점이 여기저기에 있다.]

물론 우리를 혼란시키는 것은 여러 가지 낱말들이 말로 표현되거나 문서나 인쇄물 안에 나타나거나 할 때 그 나타나는 모습이 같은 것처럼 보인다는 점이다. 왜냐하면 그것들의 사용 예가 우리에게 그다지 분명하지 않기 때문이다. 특히 우리가 철학을 하고 있을 때 그러한 것이다!

12 그것은 마치 기관차의 운전석을 들여다보는 것과 같다. 거기에는 여러 손잡이가 있는데, 다소의 차이는 있지만 그것들은 같은 것처럼 보인다. [모두 손으로 잡는 것이므로 같게 보이는 것은 당연한 일로 여겨진다.] 그러나 어떤 것은 크랭크 손잡이로 연속적으로 위치를 바꿀 수가 있고[그것은 통풍 밸브의 여닫이를 제어한다], 어떤 것은 변환 스위치의 손잡이로, 두 가지 작용만 하는 위치를 가져 스위치가 켜거나 끄거나 둘 중 하나이다. 또 어떤 것은 브레이크 레버의 손잡이로 강하게 잡아당길수록 브레이크가 강하게 듣고, 또 다른 것은 펌프의 손잡이로 왕복운동을 시킬 때에만 작동하는—그런 식이다.

13 우리가 '언어에 포함되는 모든 낱말들은 저마다 무엇인가를 표기하고 있다'고 말할 때, 이것으로 당장 그 무엇이 표현되지는 않는다. 만약에 우리가 어떠한 구별을 하고 싶은가를 엄밀하게 명백히 하고 있지 않다면 말이다. [우리가 제8절의 언어에 포함되는 낱말을, 루이스 캐럴[1]의 시문(詩文)에 나오는 '뜻

---

1) Lewis Carroll(1832~1898). 영국의 소설가·수학자·논리학자. 초현실적인 동화를 주로 발표함.

이 없는 말'이나, 어떤 노래에 나오는 '유비발레라(juwiwallera)'와 같은 낱말로부터 구별하고 싶은 것은 당연히 있을 것이다.]

14 '모든 도구는 무엇인가를 바꾸는 데에 유용하다. 예를 들어 망치는 못의 상태를, 톱은 판자의 모양을—하는 식으로'라고 누군가가 말한 경우를 생각해 보자. 그러면 자, 아교단지, 못은 무엇을 바꾸는가? '어떤 것의 길이에 관한 우리의 지식, 아교의 온도, 상자의 강도를 바꾸는 것이다.' 이와 같은 표현상의 유형화에 의해서 무엇을 얻게 되는가?

15 가장 직접적으로 '표기한다'는 말은 아마도 표기되는 대상에 표지가 붙어 있는 경우에 사용될 것이다. A가 건축 때에 이용하는 도구에 그 어떤 기호가 붙어 있다고 가정해 보자. A가 조수에게 그와 같은 표지를 보이면 조수는 그 기호가 붙은 도구를 가지고 온다.

이와 같이 해서 또는 다소 이와 비슷한 방식으로 하나의 이름이 한 가지의 것을 표기하고 하나의 이름이 하나의 물건에 주어진다. 우리가 철학을 할 때 '무엇인가에 이름을 붙인다고 하는 것은 하나의 물체에 하나의 라벨을 붙이는 것과 같다'고 자기 자신에게 타이르고 있다면, 그것이 유용하다는 것은 자주 증명될 것이다.

16 A가 B에게 제시하는 색채표본의 경우는 어떠한가. 그것은 언어의 한 부분일까? 아니, 어떻게 생각해도 상관없다. 그것은 말로 된 언어의 일부는 아니지만, 내가 누군가를 향하여 "그라고 하는 낱말을 발음해 보라'고 말할 때, 이 '그'도 또한 문장의 일부라고 생각할 수 있을 것이다. 더욱이 그것은 제8절의 언어에 있어서의 색채표본과 전적으로 동일한 역할을 하고 있는 것이다. 즉 그것은 다른 사람이 말해보아야 할 낱말의 표본인 것이다.

표본을 언어라고 하는 도구의 일부로 생각하면, 가장 자연스럽고 가장 혼란이 적다. ['이 문장'이라고 하는 반사적인 대명사에 대한 고찰.]

17 제8절의 언어에는 여러 가지 낱말의 종류가 있다—고 말할 수 있을 것이

다. 왜냐하면 '석판'이라고 하는 낱말의 기능과 '주춧돌'이라고 하는 낱말의 기능은, '석판'이라고 하는 낱말의 기능과 'd'라고 하는 낱말의 기능보다도 서로 한층 유사하기 때문이다. 그러나 낱말을 종류에 따라 어떻게 총괄하느냐는 구분의 목적에—또 우리의 성향에 좌우될 것이다.

사람들이 도구를, 도구의 종류에 따라 나누고 또는 체스의 말을 말의 종류로 나눌 수 있는 여러 가지 시점(視點)에 대해서 생각해 보기로 하자.

18 제2절과 제8절의 언어가 명령만으로 성립되어 있다는 것에 당황하지 않도록 하자. 이 때문에 이들 언어가 완전하지 않다고 말하고 싶다면, 우리의 언어가 완전한가 완전하지 않은가—화학기호의 체계나 미적분학의 기호가 병합되기 전에, 우리의 언어가 완전했었던가 여부—를 스스로에게 묻자. 왜냐하면 이들 기호 체계는 말하자면 우리 언어의 변두리이기 때문이다. [얼마나 많은 집과 거리가 있어야 도시가 되기 시작할까?] 우리의 언어는 하나의 옛 도시로 간주될 수 있다. 즉 골목길과 광장, 낡은 집과 새 집, 여러 시대에 걸쳐 증축된 집들로 이루어진 하나의 미로로서, 똑바르고 정연한 가로와 같은 모양의 집들로 이루어진, 일군(一群)의 새로 개척된 땅으로 둘러싸여 있다.

19 우리는 전투 중에 명령과 보고만으로 이루어진 언어를 쉽사리 상상할 수 있다. 또는 물음과 그것에 대한 긍정 내지 부정의 표현만으로 이루어진 어떤 언어나 그 밖에 다른 무수한 언어를 상상할 수 있다. 그리고 한 언어를 상상한다는 것은 다름 아닌 하나의 생활양식을 상상하는 일이다.

그러나 다음과 같은 일은 어떠한가. 제2절의 예에 있었던 '석판!'이라는 외침은 문장일까? 그렇지 않으면 단어일까? 단어라고 한다면, 그것은 우리의 일상 언어 중에서 동일하게 발음되는 낱말과 같은 의미를 가지지는 않을 것이다. 왜냐하면 제2절에서는 그것은 바로 외치는 소리였기 때문이다. 하지만 문장이라고 보아도 그것은 우리의 언어에 있어서의 '석판!'이라는 생략문이 아니다. 처음 물음에 관한 한 '석판!'은 단어라고도 할 수 있고, 또 문장이라고도 할 수 있다. 아마도 '무너진 문장'이라고 하는 것이 맞겠다[사람들이 무너진 수사학적 과장에 대해서 이야기하는 것처럼]. 더욱이 그것은 '생략'문이기조차 하다. 그러나 그것은 '석판을 가지고 오너라!'라고 하는 문장을 단축한 것에 지나지 않으며, 이와 같은 문장은 제2절의 예 안에는 없다. 하지만 반대로 '석판을 가지고 오너라!'라고 하는 문장이 '석판!'이라고 하는 문장의 연장이라고 말하면 왜 안 되는 것일까? 그것은 '석판!'이라고 외치는 사람이 실은 '석판을 가지고 오너라!'라는 것을 의미하고 있기 때문이다. 그렇다면 '석판!'이라고 말하면서 그와 같은 일('석판을 가지고 오너라!'라는 것)을 의미하고 있다는 것은, 도대체 어떻게 된 일인가? 마음속으로는 단축되지 않은 문장을 자기 자신에게 말해주고 있다는 것인가? 게다가 왜 나는 누군가가 '석판!'이라는 외침으로 의미하고 있던 것을 표현하는 데에 해당 표현을 다른 표현으로 번역하지 않으면 안 되는가. 또 쌍방이 같은 것을 의미한다면, 왜 나는 '그가 '석판!'이라고 말하고 있다면 '석판!'이라는 것을 의미하는 것이다'라고 말해서는 안 되는가. 또 당신이 '석판을 가지고 오너라'라는 것을 의미할 수가 있다면, 왜 당신은 '석판!'이라는 것을 의미할 수가 있어서는 안 되는가. 하지만 그가 '석판!'이라고 외칠 때에는, 내가 그에게 석판을 가져다주기를 원하는 것이다. 분명히 그렇다. 그러나 '그러한 일을 원한다'라고 하는 것은 자기가 말하는 문장과는 다른 문장을 그 어떤 모양으로 생각하고 있다는 것일까?

20 그러나 지금 어떤 사람이 '석판을 가지고 오너라!'고 말한다면 이제 그 사람은 이 표현을 하나의 긴 단어, 즉 '석판!'이라는 한 마디에 대응할 수 있는 하나의 긴 단어로 뜻을 나타낼 수 있을 것처럼 보인다. 그러면 우리는 이 표현을 어떤 때에는 한 마디로, 어떤 때에는 네 마디로 뜻을 나타낼 수 있는가? 보통 사람들은 이러한 표현을 어떻게 생각하는가? 생각건대 우리는 예를 들어, '석판을 건네주게' '석판을 그가 있는 곳으로 가지고 가라' '석판을 두 장 가지고 오너라' 등등, 다른 문장과 대비해서, 즉 우리의 명령어를 다른 방식으로 결합시키고 있는 문장과의 대비에서 위의 표현을 사용할 때, 이것을 네 마디로 이루어진 하나의 문장이라고 생각한다—고 말하고 싶은 생각이 드는 것은 아닐까? 그러나 하나의 문장을 다른 문장과 대비해서 사용한다는 것은 무슨 뜻인가? 그때 무엇인가 그러한 다른 문장이 머리에 떠오르는 것인가? 그렇다면 이들 모두가 떠오르는가? 그중 하나의 문장을 말하고 있는 사이에 그렇게 되

는가, 그렇지 않으면 그 이전인가 또는 그 이후인가? 어느 경우도 아니다! 비록 그와 같은 설명에 우리가 약간의 매력을 느낀다고 해도, 실제로 무엇이 일어나고 있는가를 잠깐 생각해 본다면, 그와 같은 설명이 잘못되었다는 것을 알 수 있다. 우리는 우리 자신이 위와 같은 명령문을 다른 문장과 대비해서 사용하고 있는 것은, 우리의 언어가 그와 같은 다른 문장의 가능성을 포함하고 있기 때문이다—라고 말한다. 누군가가 '석판을 가지고 오너라!'라고 하는 명령을 내리는 것을 자주 들었다고 해도 우리의 언어를 이해하지 못하는 사람, 예를 들어 외국인은 이 음성 계열 전체가 한 마디로서, 자기 언어로는 무엇인가 '건재(建材)'라고 하는 말에 해당하는 것 같다—고 생각할지도 모른다. 그때 그 자신이 이 명령을 내렸다고 하면 그는 그것을 아마도 다른 식으로 발음할 것이고, 또 우리는 그 사람의 발음은 이상하다, 그것을 한 마디라고 생각하고 있다—는 등으로 말할 것이다. 그러나 이 때문에, 그가 이 명령을 낼 때에는, 무엇인가 또 다른 일이 그의 마음속에 일어나 있는 것은 아닐까? 그가 그 문장을 하나의 단어로서 파악하고 있는 것에 대응하는 무엇인가가, 이와 비슷한 일 또는 무엇인가 다른 일이, 그의 마음속에서 일어나고 있는지도 모른다. 그렇다면 당신이 그러한 명령을 내릴 때 당신의 마음속에서는 무엇이 일어나고 있는가? 그것을 발음하는 동안에, 그것이 네 마디로 이루어지고 있다는 것이 의식되고 있을까? 물론 당신은 이 언어—그중에는 이미 말한 것과 같은 다른 문장도 포함되어 있다—에 숙달되어 있지만, 이 숙달이라고 하는 것이 그 문장을 발음하는 사이에 '일어나고 있는' 것일까? 물론 나는, 다른 방식으로 파악한 문장을 외국인이 아마도 다른 방식으로 발음할 것이라는 점을 인정하고 있다. 그러나 우리가 잘못된 파악이라고 부르는 것은, 반드시 명령의 발음에 부수된 (그것과는 다른) 무엇인가의 안에 생기는 것은 아니다.

문장이 '생략형'인 것은 그것을 발음할 때 무엇인가 우리가 생각하고 있는 것이 제외되기 때문이 아니라 그것이—우리의 문법의 일정한 범례(範例)에 비해—단축되어 있기 때문이다. 여기에서 사람들은 물론 '너는 단축된 문장과 단축되어 있지 않은 문장이 같은 뜻을 가지고 있다는 것을 인정하고 있지 않은가? 그렇다면 그것들은 어떠한 뜻을 가지고 있는가? 도대체 그러한 뜻에 대해서 하나의 언어 표현이 없는가?'—하는 의의가 있을 수 있다. 그러나 문장의 동일한 뜻은 그것들의 동일한 적용에 있는 것이 아닐까?—[러시아어에서는, '이 돌은 빨갛다'라고 하는 대신에 '돌 빨간'이라고 한다. 그들에게는 계사(繫辭)라는 것이 뜻을 가지고 있지 않은가, 그렇지 않으면 이 표현에 계사를 붙여서 생각하는가?]

21 B가 A의 물음에 대해서, 쌓아 올린 석판이나 주춧돌의 수량을 보고한다거나, 어떤 장소에 놓여 있는 건재의 색이나 모양을 보고한다고 하는 언어 게임을 생각해 보자. 그러면 어떤 보고는 '석판 다섯 장'과 같은 것이 될 것이다. 그때 '석판 다섯 장'이라고 하는 보고 내지는 진술과, '석판 다섯 장!'이라고 하는 명령과의 차이는 무엇일까? 그것은 이러한 말의 발음이 언어 게임에서 하는 역할이다. 그리고 그때 물론 낱말이 발음되는 톤(tone)도 달라지고 표정이나 기타 여러 가지 것들이 달라질 것이다. 그러나 우리는 또 그 톤이 동일할 경우도 생각할 수가 있고—왜냐하면 명령이나 보고도 여러 가지 톤, 여러 가지 표정으로 발음되는 일이 있을 수 있기 때문에—양자의 차이가 사용된 방식에 있는 경우도 생각할 수 있을 것이다. [물론 우리는 '진술'이나 '명령'과 같은 말을, 문법적인 문장 형식이나 소리의 억양을 가리키기 위해서 사용할 수도 있을 것이다. 예를 들어, '오늘 날씨가 훌륭하지 않은가'라는 문장이 진술로 사용되고 있을 경우에도, 이것을 의문문이라고 부른다—고 하는 식으로.] 우리는 모든 진술이 수사적으로 의문문의 모양과 톤을 가지고 있는 언어나, 어느 명령이나 '이것을 해주시겠습니까'라고 하는 의문문 모양으로 되어 있는 언어 등을 생각할 수 있을 것이다. 그때 사람들은 아마도 '그가 말하고 있는 것은 의문형을 취하고 있지만, 실제로는 명령이다'—즉 언어의 실천에서는 명령이라는 기능을 가지고 있는 것이다—라고 말할 것이다. [마찬가지로 '당신은 이것을 할 것이다'라는 말을 예언이 아니라 명령으로 말한다. 이때 서로를 구별하는 것은 도대체 무엇일까?]

22 진술에는 어떤 가정이 포함되어 있어서, 그 가정이야말로 진술되고 있는 그 자체이다—라고 하는 프레게의 견해는, 원래 그 어떤 진술문도 '주장되고 있는 것은 이러이러한 사태가 주어지고 있다는 것이다'라는 형식으로 표현

할 수 있는 우리의 언어 안에 주어진 가능성에 그 바탕을 두고 있다. 그러나 '이러이러한 사태가 주어져 있다는 것'은, 우리 언어에서는 문장이 아니다. 그것은 아직 언어 게임 안에서 허용된 수(手)는 아니다. 그렇다고 해서 '주장되어 있는 것은 ……라는 것이다'라고 쓰는 대신에, '다음과 같은 일이 주장되고 있다. 즉 이러이러한 사태가 주어져 있다' 등으로 써도 거기에서는 '다음과 같은 일이 주장되고 있다. 즉……'과 같은 말이 바로 여분인 것이다.

우리는 또 어떤 진술이라도 긍정을 뒤에 수반한 의문의 형태로 잘 쓸 수 있을 것이다. 예를 들어, '비가 오고 있나? 그래!' 하는 식으로. 이것은 어떠한 진술에도 의문이 포함되어 있다는 것을 나타내는 것일까?

물론 우리들은 진술기호를, 예를 들어 의문부호와 대비해서 사용할 권리를 가진다. 또는 진술을 픽션이나 가정으로부터 구별하려고 할 경우에도 그러하다. 다만 만약에 사람들이 진술이라고 하는 것은 고려와 진술[진리치(眞理値)의 첨가 등]이라고 하는 두 가지 행위로 이루어져 있고, 우리는 마치 악보에 따라 노래하는 것처럼, 문장이라는 기호에 따라 이들 두 가지 행위를 수행하는 것이라고 생각한다면 그것은 잘못이다. 악보에 따라서 노래한다고 하는 것은 물론 쓰인 문장을 소리 높여 또는 조용히 읽는 것이 대비되지만, 읽히고 있는 문장을 '사념(思念)한다'[생각한다]와는 대비되지 않는다.

프레게의 진술기호는 문장의 첫머리를 강조한다. 그러므로 마침표와 비슷한 기능을 가지고 있다. 그것은 완전한 문장 전체를 완성문 안의 문장과 구별한다. 누군가가 '비가 온다'라고 말하는 것을 들어도 문장 처음과 끝을 들었는지의 여부를 모른다면, 이 문장은 나에게 아직은 의사소통의 수단이 되지 않는다.

한 사람의 권투 선수가 특별한 타격 자세를 취하고 있는 그림을 생각해 보자. 이 그림은 그가 어떻게 서 있고, 어떻게 자세를 취해야 할 것인지 또 어떻게 자세를 잡아서는 안 되는지, 어떻게 특정한 사람이 이러이러한 장소에 서 있었는지, 이러한 것을 누군가에게 전달하기 위해 사용할 수가 있다. 이 그림은 [화학용어로 말하자면] 문장의 근(根)이라고 할 수 있을 것이다. 이와 마찬가지로 프레게는 '가정(假定)'을 생각했을 것이다.

23 그러나 문장은 어떤 종류가 많은가? 서술문, 의문문, 거기에 명령문과 같은 종류라면 무수히 많다. 즉 우리가 '기호' '어구' '문장'이라고 부르는 것 모두는 무수한 다른 종류가 있다. 더욱이 이러한 다양성은 고정된 것도 한꺼번에 주어지는 것도 아니다. 새로운 형태의 언어, 새로운 언어 게임이라 할 수 있는 것들이 발생하고, 다른 것들은 시들해지고 잊혀간다. [이 점에 대한 대체적인 영상을 숫자의 여러 변화가 부여해 줄 것이다.]

'언어 게임'이란 말은 여기에서는, 언어를 말로 한다는 것이 하나의 활동 내지는 생활양식의 일부라는 것을 분명히 하고자 하는 것이다.

언어 게임의 다양성을 다음과 같은 여러 가지 예, 그리고 그 밖의 것과 연관시켜 생각해 보기로 하자.

명령하기 그리고 명령에 따라 행동하기

어떤 대상을 자세히 바라보고, 또는 계량(計量)한 대로 기술하기

어떤 대상을 어떤 기술(記述)[소묘]에 의해 구성하기

어떤 사건을 보고하기

그 사건에 대해 추측하기

어떤 가설을 세우고 검증하기

어떤 실험의 결과를 표나 그림으로 표현하기

이야기를 창작하고 읽기

연극을 연기

돌림노래 부르기

수수께끼 풀기

농담을 하고, 남의 이야기를 낸다

산술 응용문제 풀기

어떤 말을 다른 말로 번역하기

부탁한다, 감사한다, 야단친다, 인사한다, 기원한다.

언어라고 하는 도구와 그 사용법의 다양성, 낱말이나 문장의 종류의 다양성을, 논리학자가 언어의 구조에 대해서 말하고 있는 것과 비교하는 것은, 매우

흥미 있는 일이다. [《논리철학논고》의 저자가 말하고 있는 것도 포함해서.]

24 언어 게임의 다양성에 유의하지 않는 사람은 '물음이란 무엇인가'라는 물음을 하고 싶어 할 것이다. 이러한 물음은 내가 이러이러한 일을 모른다고 하는 것의 확인일까? 그렇지 않으면 남이 나에게 ……라고 말해주는 것을 바라고 있는 것에 대한 확인일까? 또는 명백하지 않은 나의 심적 상태의 기술일까? 그렇다고 한다면 '살려줘!'라고 하는 외침도 그와 같은 기술인가?

얼마만큼 여러 종류의 일이 '기술(記述)'이라고 불리고 있는가를 생각해 보자. 좌표에 의한 물체의 위치의 기술, 얼굴 표정의 기술, 촉각의 기술, 기분의 기술.

물론 의문문이라고 하는 통상의 형식 대신에, 확인이나 기술과 같은 형식을 취할 수가 있다. 예를 들어 '……인지 어떤지 알고 싶다' '……인지 어떤지 의문이다' 등. 그러나 그것으로 해서 서로 다른 언어 게임이 서로 근사(近似)해지게 된 것은 아닌 것이다.

이와 같은 변형의 가능성, 예를 들어 모든 진술문을 '……라고 나는 생각한다' 또는 '……라고 나는 믿는다'와 같은 조건이 따른 문장으로 [그러기 때문에 말하자면 나의 내적 생활의 기술에] 변형시킬 수 있는 가능성의 중요성에 대해서는 다른 곳에서 더 분명이 제시된다. [유아론.]

25 사람들은 자주 동물들이 정신적으로 결여되어 있기 때문에 말을 하지 않는다고 말한다. 즉 '그들은 생각을 하지 않는다. 그 때문에 말을 하지 않는다'는 뜻이다. 그러나 동물들은 그야말로 말을 하지 않을 뿐이다. 좀 더 잘 말하자면 동물들은 언어라는 것을 사용하지 않는다—단 가장 원시적인 언어 형태를 도외시한다면, 명령하고 묻고 이야기하고 지껄이는 것은 걷거나 먹거나 마시거나 노는 것과 마찬가지로, 우리의 자연사이다.

26 사람들은 언어의 학습이 여러 대상에 이름을 붙이는 것에 있다고 생각한다. 즉 인간, 모양, 색, 아픔, 기분, 수(數) 등으로. 이미 말한 바와 같이 이름을 붙인다는 것은 하나의 사물에 하나의 이름표를 붙이는 것과 같다. 사람들은

이것을 '낱말의 사용을 위한 준비다'라고 말할 수 있다. 그러나 그것은 어떤 일에 대한 준비인가?

27 '우리는 사물에 이름을 부여하고, 이제 그것들에 대해서 이야기를 할 수 있다. 이야기할 때 자기 자신을 그 사물에 관여시킬 수가 있다'—마치 이름을 붙이는 행위에 의해서 우리가 그 이후에 행하는 일이 이미 주어져버린 것처럼. 마치 '사물에 대해서 이야기한다'는 말을 듣는 것이 단 하나밖에 없는 것처럼. 그런데 우리는 문장을 가지고 실로 여러 종류의 일을 행한다. 감탄사만 놓고 생각해 보자. 이것들은 저마다 전혀 다른 기능이 있다.

물!
저쪽!
와!
도와줘!
굉장하다!
안 돼!

그런데 이 말들이 '대상에 이름을 붙이고 있다'고 당신은 말하고 싶어 할까?
제2절과 제8절의 언어에서는, 이름을 붙이는 일에 대한 물음 같은 건 생기지 않았다. 이것과 그 상관물인 직시적 설명은 일종의 독특한 언어 게임이라고 말할 수 있을 것이다. 즉 원래 이것은 우리가 '그것을 무엇이라고 하는가'라고 묻도록 교육되고 훈련되어 있다는 것을 말하며—그 결과 이름을 붙이는 일이 이루어진다. 또 무엇인가에 이름을 찾아준다고 하는 언어 게임이 있고, 그 때문에 '이것을 ……이라고 한다'라고 말하고서, 그때부터 그 새로운 이름을 사용하는 일이 있다. [이와 같이 해서 아이들은 예를 들면 자기 인형에 이름을 붙이고 그 후 그 인형에 대해서 다른 사람과 이야기하기도 하고, 그 인형과 대화를 나누기도 한다. 이 점에 대해서는 우리가 이름이 지어진 사람들을 그 이름으로 부른다—고 하는 인명의 사용이 얼마나 특수한 것인지를 생각해 보자!]

28 사람들은 인명(人名), 색명(色名), 재료명(材料名), 수사(數詞), 방위명(方位名) 등을 직시적으로 정의할 수 있다. 두 개의 호두를 가리키며 '이것을 2라고 한다'고 말하는 것과 같은 2라는 수의 정의는, 완전히 정확하다. 그러나 그렇다면 어떻게 해서 2라는 것을 이와 같이 정의할 수 있는가? 이 정의가 주어진 사람은 '2'라는 말에 의해서 사람이 무엇을 지명하려고 하는가를 모르고, 이 호두의 집합이 '2'라고 받아들일 것이다. 그는 그와 같이 받아들일 수가 있지만, 어쩌면 그와 같이 받아들이지 않을지도 모른다. 반대로 내가 이 호두의 집합에 하나의 이름을 붙이고 싶어도 그가 그것을 수의 이름이라고 오해할 가능성도 있을 것이다. 마찬가지로 내가 어떤 인명을 직시적으로 설명해도 그는 그것을 색의 이름, 인종의 표시, 더 나아가서는 어떤 방위의 이름으로 알지도 모른다. 즉 직시적인 정의는 그 어떤 경우에나 이러저러하게 해석할 수가 있는 것이다.

29 아마도 사람들은 '이 수를 2라고 한다'라는 방법으로만 2를 직시적으로 정의할 수 있다—고 말할 것이다. 왜냐하면 '수'라고 하는 낱말은 언어 내지는 문법의 어떠한 장소에 우리가 이 말을 놓는가—를 나타내기 때문이다. 그러나 이것은 그와 같은 직시적 정의가 이해되기 전에 수라는 말이 설명되지 않으면 안 된다—는 것이다. 이 정의에 있어서의 '수'라고 하는 말은 분명히 그와 같은 장소, 우리가 이 말을 놓는 위치를 나타내고 있다. 그리고 우리는 '이 색을 ……라고 한다', '이 길이를 ……라고 한다' 등으로 말함으로써 오해를 막을 수 있을 것이다. 즉 오해는 자주 이와 같이 해서 피할 수 있다. 그러나 그렇다면 '색'이나 '길이'라는 말은 이렇게밖에 파악할 수 없는가? 그래서 우리는 바로 그것들을 설명하지 않으면 안 된다. 더욱이 다른 낱말을 사용해서! 그러면 이와 같은 연쇄의 마지막에 오는 설명은 어떻게 되는가? ['마지막 설명' 같은 것은 없다'고 말하지 마라. 그렇게 말하는 것은 바로 '이 거리에는 마지막 집과 같은 것은 없다. 언제라도 새로운 집을 더 지을 수가 있으니까'라고 말하고 싶어 하는 것과 마찬가지이니까.]
2의 직시적 정의에 '수'라는 말이 필요한가 여부는 사람들이 이 정의를, 이 낱말이 없다면 내가 바라는 것과는 다른 식으로 이해해 버리는가의 여부에 달려 있다. 그리고 이것은 물론 정의가 주어지는 상황이나 내가 정의를 주는 사람에게 의존하고 있다.

더욱이 사람들이 설명을 어떻게 '파악'하는가는, 그 사람이 설명된 말을 어떻게 사용하는가에 의해서 나타난다.

'빨강'이라는 말을 설명하기 위해, 무엇인가 빨갛지 않은 것을 가리킬 수는 없을까? 이것은 독일어에 익숙하지 않은 사람에게 'bescheiden(겸손한)'이란 말을 설명하지 않으면 안 될 때 설명을 위해 거만한 사람을 가리키며, '이 사람은 겸손하지가 않다'고 하는 것과 비슷하다. 이것이 다의적(多義的)이라고 하는 것은, 이와 같은 설명에 대한 반론이 되지 못한다. 어떠한 설명도 오해가 될 수 있다.

그러나 물론 이러한 것까지도 '설명'이라고 불러야 하는가—하고 물을 수 있다. 왜냐하면 이와 같은 설명은 계산의 경우에는 물론 우리가 보통 '빨간'이라고 하는 말의 '직시적 설명'이라고 부르는 것과는 다른 역할을 하기 때문이다. 비록 그것이 학습자에 대해서 동일한 실제적 결과, 동일한 효과를 주는 것이었다고 해도.

30 그러기 때문에 사람은 언어에서 낱말이 일반적으로 어떠한 역할을 하고 있는지가 이미 분명한 경우 직시적 정의가 낱말의 사용—의미—을 설명한다고 말할 수 있을 것이다. 따라서 누군가가 나에게 색채어를 설명하려 하고 있다는 것을 당사자인 내가 알고 있을 경우에는 '이것을 '세피아'라고 한다'와 같은 직시적 설명이 이 낱말의 이해를 돕게 된다. 다만 이와 같이 말할 수 있는 것은, '안다'거나 '분명하다'와 같은 말에 이제 갖가지 문제가 결부되어 있다는 것을 잊어버리지 않은 경우에 국한한다.

사물의 이름을 물을 수 있게 되기 위해서는, 사람은 이미 무엇인가를 알고 있지 않으면 안 된다. 그런데 무엇을 알고 있지 않으면 안 될까?

31 우리가 누군가에게 체스의 왕(王) 말을 보여주고 '이것이 체스의 왕이야'라고 말하더라도 이것이 그 말의 사용법을 설명한 것은 아니다. 만약에 그가

이 마지막 규정, 즉 왕의 말을 제외하고 이 게임의 여러 규칙을 이미 알고 있는 것이 아니라면 말이다. 실제의 말이 제시된 일이 없었다고 해도, 그가 이 게임의 여러 규칙을 배운 일이 있다고 상상할 수는 있다. 그 경우 말의 모양에 대응하는 것은 낱말의 울림이나 형태이다.

그러나 사람들은 또한 누군가가 규칙을 배우거나 만든 일이 없는데, 이 게임을 이미 배웠다고 생각할 수도 있다. 그는 처음에는 구경하는 것으로 매우 간단한 게임을 배우고 그다음 더 복잡한 게임으로 나아갔다. 우리는 그러한 사람에 대해서도—예를 들어 그 사람에게 낯선 모양의 말을 제시하고서—'이것이 왕이다'라는 설명을 해줄 수도 있을 것이다. 이 설명이 그에게 말의 사용법을 가르치는 것은, 말하자면 말이 놓일 장소가 준비되어 있었기 때문이다. 즉 그와 같은 장소가 이미 준비되어 있는 경우에만 이러한 설명이 그에게 그 사용법을 가르친다—고 우리는 말할 것이다. 그리고 이 경우 장소가 준비되어 있는 것은 우리가 설명을 주는 상대방이 이미 규칙을 알고 있는 것이 아니라 그가 다른 뜻에서 이미 어떤 게임에 능통했기 때문이다.

더 나아가 내가 누군가에게 체스를 설명하는데 먼저 하나의 말을 가리키며 '이것이 왕이다. 이것은 이렇게 움직일 수가 있다' 하고 말하는 경우를 생각해 보자. 이 경우 '이것이 왕이다'[또는 '이것은 '왕'이라고 한다']라는 말이 낱말의 설명이 되는 것은, 설명을 듣는 사람이 이미 '게임의 말이 무엇인가를 알고 있는' 경우에 한정된다. 그러기 때문에 그가 이미 무엇인가 다른 게임을 한 일이 있다거나, 다른 사람의 게임을 '이해하면서' 구경한 적이 있다거나—이와 유사한 일이 있는 경우에 한정된다. 또 그러한 경우에만 그는 게임을 배울 때 '그것은 무엇이라고 하는 것이냐' 즉 이 말은 무엇이라고 하는가—하는 적절한 질문을 할 수 있을 것이다.

우리는 사물의 이름으로 무엇인가 할 수 있음을 이미 아는 사람들만이 뜻 있는 물음을 할 수 있다—라고 말할 수 있다.

우리는 또 (사물의 이름을) 질문받은 사람이 '이름은 자네가 정하게'라고 대답하는 것을 상상할 수가 있다. 그러면 질문한 사람은 모든 것을 자기가 떠맡지 않으면 안 될 것이다.

32 낯선 나라에 가는 사람은 종종 그곳 사람들의 말, 그들이 주는 직시적인 설명을 통해 배울 것이다. 그리고 그러한 설명의 해석을 자주 추측하지 않으면 안 되고 때로는 올바르게, 때로는 잘못 추측할 것이다.

그리고 나는, 아우구스티누스가 인간의 언어 학습을 마치 아이가 낯선 나라에 가서 그 고장의 말을 이해하지 못하는 것처럼, 즉 그 아이는 이미 하나의 언어는 알고 있으나 이곳의 말은 알지 못하는 것처럼 기술하고 있다—고 말할 수 있으리라 생각한다. 즉 아이는 이미 생각할 수 있지만, 아직 말을 할 수가 없을 뿐이다—라고 말하려는 것처럼 보인다. 그런데 '생각한다'는 것은 이 경우 자기 자신에게 말하려는 것이었을 것이다.

33 그러나 만약 사람들이 '직시적 정의를 이해하기 위해서는 이미 그 어떤 언어 게임에 능통해 있지 않으면 안 된다—고 말하는 것은 정말이 아니다. 다만—자명한 일이지만—설명을 하고 있는 사람이 무엇을 가리키고 있는가를 알기만 하는[또는 추측하는] 것만으로 좋은 것이다! 즉 예를 들어 그 대상의 모양을 가리키고 있는가, 그 색인가, 그렇지 않으면 수인가 등등의 일을 알면 되는 것이다'라고 이의를 제기한다면 어떨까? 그러면 그때 '모양을 지시한다', '색을 지시한다'—는 것은 어떻게 해서 성립되는가? 한 장의 종이를 지시해 보자! 그리고 다음에 그 모양을 지시해 보자—다음에는 그 색을—다음에는 그 수를[이것은 이상하게 들린다]! 그런데 당신은 어떻게 해서 이것을 했는가? 당신은 지시할 때마다 무엇인가 다른 것을 '생각했다'고 말할 것이다. 그리고 그와 같은 일이 어떻게 해서 일어나는가—하고 내가 물으면 자신의 주의를 색, 모양 등에 집중한 것이다—라고 대답할 것이다. 그러나 나는 그러한 일이 어떻게 해서 일어나는지를 다시 한번 묻는다.

누군가가 꽃병을 가리키면서 '이 훌륭한 푸른빛을 봐! 모양은 문제가 아냐—'라거나 '이 훌륭한 모양을 봐! 색은 아무래도 상관없어'라고 말하는 경우를 생각해 보자. 이와 같은 두 가지 요청에 응할 때, 당신들이 서로 다른 반응을 할 것임은 틀림없다. 그러나 당신이 색으로 주의를 돌릴 때 당신은 항상 같은 일을 하는가? 좀 더 다른 경우를 생각해 보자. 내가 몇 가지 예를 들어보겠다.

'이 청색은 저기에 있는 것과 같은가? 차이를 알 수 있나?'

색을 섞으면서 말한다. '이 하늘의 청색을 낸다는 것은 어렵다.'

'날이 갤 것 같다. 이미 푸른 하늘이 보이기 시작한다.'

'이 두 가지 청색이 얼마나 다른 효과를 가져오는지 봐.'

'저기에 푸른 책이 보이지? 그것을 가지고 와.'

'이 푸른 신호등이 의미하고 있는 것은……'

'도대체 이 청색을 무엇이라고 하는가? '인디고'인가?'

색에 주의를 돌릴 때 사람들은 종종 그 모양의 윤곽을 손으로 만져보거나 시선을 그 외곽으로 돌리지 않거나 또는 그 대상을 물끄러미 바라보고 이전에 어디에서 그 색을 보았는지 회상하려고 애쓴다.

사람이 그 주의를 모양으로 돌릴 때에는 자주 그 모양을 덧그리거나 색을 분명히 보지 않으려고 눈을 깜박인다. 나는 사람이 '주의를 이러이러한 것으로 돌리고 있을' 때에는 이러한 일이나 이와 유사한 일이 일어난다고 말하고 싶다. 그러나 우리로 하여금 누군가가 모양이나 색 등에 주의를 돌리고 있다고 말하게 하는 것은 단지 이러한 일만이 아니다. 그것은 마치, 체스의 수가 말을 판 위에서 여차여차하게 밀어내는 것만으로 성립되는 것이 아니다. 또한 그렇다고 해서 말의 움직임에 따른 체스 두는 사람의 사고나 감정에 의해 성립되는 것도 아니며, 우리가 '체스로 한판 승부를 한다'거나 '체스 문제를 푼다'라고 하는 상황에 의해서 성립되어 있는 것과 같은 것이다.

34 그러나 누군가가 '나는 물체의 형태에 주의를 돌릴 때에는 항상 같은 일을 한다. 즉 그 윤곽을 눈으로 쫓고, 그것에 의해서 ……을 느낀다'라고 말했다고 가정하자. 또 이 사람이 이러한 모든 체험을 가지고 하나의 둥근 모양을 한 대상을 가리키면서 다른 사람에게 '이것이 원이라고 하는 것이다'라고 하는 직시적 설명을 하고 있다고 가정하자. 그럼에도 불구하고 이 다른 사람은 설명을 하는 사람이 그 모양을 눈으로 따라가는 것을 보고, 그 사람이 느끼는 것을 자기도 느끼고 있다고 해도, 그 설명을 다른 식으로 해석할 수는 없는가? 즉 이 '해석'은 그가 설명을 받은 낱말을 이제 어떻게 사용하는가에, 예를 들면

'원을 가리켜라!'라는 명령을 받았을 때 무엇을 가리키는가에 의해서도 성립할 수 있는 것이다. 왜냐하면 '이 설명을 이러이러하게 생각한다'라는 표현도, '이 설명을 이러이러하게 해석한다'라는 표현도, 그 설명이 주어지고 이것을 들을 때에 수반하는 (일련의) 사건을 표기하고 있지 않기 때문이다.

35 물론 모양을 가리키기 위한 '특징적인 체험'이라고 말할 수 있는 것은 존재한다. 예를 들어, 가리킬 때에 윤곽을 손가락이나 눈으로 따라가는 일이다. 그러나 내가 '모양을 생각하고 있는' 모든 경우에 이러한 일이 일어나는 것은 아니고 또 무엇인가 다른 특징적인 사건이 이들 모두의 경우에 일어나는 것도 아니다. 또 가령 그러한 사건이 모든 경우에 되풀이된다고 해도, 우리가 '그는 모양을 가리킨 것이지 색을 가리킨 것은 아니다'라고 말할 수 있는지 여부는 상황에 따라서, 즉 지시의 전후에 일어나는 일에 달려 있다.

왜냐하면 '모양을 가리킨다' '모양을 뜻한다'라고 하는 말은 '이 책을 가리킨다' [저 책이 아니다], '의자를 가리키고 있는 것이지, 책상이 아니다'와 같이 쓰이지는 않기 때문이다. 그러기 위해서는 우리가 '이것을 가리킨다' '저것을 가리킨다'라고 하는 말과 함께 한쪽으로는 '모양이 아니라, 색을 가리킨다' '색을 뜻한다' 등등과 같은 말의 사용을, 얼마나 다른 방식으로 배우는지 생각해 보면 된다.

이미 말한 바와 같이 어떤 경우에는, 특히 '모양을' 가리키거나 '수를' 가리키거나 할 때에는 특징적인 체험과 특징적인 지시 방식이 있다. '특징적'이라고 하는 것은 모양 또는 수가 '의미되어' 있을 경우에는 그러한 체험이나 지시 방식이 [항상은 아니지만] 가끔 되풀이되기 때문이다. 그러나 당신은 게임의 말을 '게임의 말'로서 가리키기 위한 특징적인 체험도 아는가? 그래도 사람들은 '내가 뜻하는 것은, 내가 가리키는 이 특정한 나뭇조각이 아니라 이 말이 '왕'이라는 것이다'라고 말할 수 있다. [재인식한다, 원한다, 상기한다 등등.]

36 그리고 우리는 여기에서 유사한 많은 경우에 이루어지고 있는 일을 한다. 즉 우리가 [예를 들어 색에 대한] 모양의 지시라고 부르는 어떤 하나의 육체적인 행동을 지시할 수 없기 때문에, 이러한 말에는 어떤 하나의 정신적인

활동이 대응한다고 말한다.

우리의 언어가 우리에게 어떤 물체(의 존재)를 추정시킴에도 불구하고, 물체가 존재하지 않는 그러한 곳에 정신이 존재한다고 우리는 말하고 싶다.

37 이름과 이름이 붙여지는 것의 관계는 무엇인가? 실제로 그 관계는 무엇인가? 제2절의 언어 게임 또는 다른 언어 게임을 보자! 거기에서는 이러한 관계가 어떠한 일에 의해서 성립되는가를 알 수 있다. 이 관계는 특히 이름을 듣는다는 것이 이름이 붙여진 것의 영상을 우리의 마음속에 환기시키는 일로도 성립될 수 있고, 또 특히 이름이 이름이 붙여지는 것에 적혀 있다거나, 이름이 붙여진 것을 가리킬 때에 발음되거나 하는 일에 의해서도 성립된다.

38 그러나 예를 들어 제8절의 언어 게임에 나온 '이것'이라고 하는 말 또는 '그것을 ……라고 한다'와 같은 직시적 설명에 있어서의 '그것'이라는 말은 무엇을 가리키는가? 혼란을 일으키고 싶지 않으면 이들 말이 무엇인가에 이름을 붙인다고 결코 말하지 않는 것이 좋다. 그리고 이상하게도 '이것'이라는 말은 이전에 그것의 본래 이름이라고 일컬어졌다. 그러므로 우리가 이 말 외에 '이름'이라고 부르는 것은 모두 부정확하고 비슷한 의미로서의 이름이다.

이런 이상한 방법은—이렇게 말해도 좋다면—우리 언어의 논리를 승화(昇華)시키려는 하나의 경향에서 유래한다. 이에 대한 참된 대답은, 우리가 실로 여러 가지 것에 '이름'을 짓는 것이다. '이름'이라는 말은, 한 낱말의 여러 가지 사용 방식, 서로 다른 많은 방식으로 유사한 사용 방식을 특징짓는다. 그런데 이런 종류의 사용 중에는 '이것'이라고 하는 종류의 낱말은 들어 있지 않다.

하기야 우리가 가끔 예를 들어 직시적인 정의로 이름 붙여진 것을 가리키며 그때 이름을 발음한다—는 것은 사실이다. 마찬가지로 우리는 예를 들어 직시적 정의에서 한 가지 것을 가리키면서 '이것'이라고 발음한다. 더욱이 '이것'이라는 말과 이름이 또한 문장의 관계로 해서 자주 같은 위치에 온다. 하지만 이름이 특징적인 것은 바로 그것이 직시적인 '그것이 N이다' [또는 '그것을 'N'이라고 말한다']에 의해 설명된다. 그러나 우리는 또 '그것을 '이것'이라고 한다'거나 '이것을 '이것'이라고 한다'와 같은 설명을 할까?

이것은 이름을 붙이는 것을 하나의, 말하자면 신비로운 사건으로 파악하는 것과 관련된다. 이름을 붙인다는 것은, 하나의 낱말과 하나의 대상의 이상한 결합처럼 보인다. 이리하여 철학자가 이름과 이름에 붙여지는 것의 관계 그 자체를 끌어내기 위해 눈앞에 있는 대상을 응시(凝視)하면서 몇 번이고 어떤 이름을 되풀이하거나, 또 '이것'이고 하는 말을 되풀이할 때 어떤 이상한 결합이 실제로 생기게 된다. 왜냐하면 철학적인 여러 문제는 언어가 일을 쉬고 있을 때 발생하기 때문이다. 그리고 그때 우리는 물론 이름을 붙인다는 것이 무엇인가 주목할 만한 영혼의 작용이며 말하자면 대상에 세례를 베푸는 일과 같은 것이다─라고 생각할 수 있다. 그리고 또 '이것'이라고 하는 말을, 말하자면 대상을 향해 할 수도 있고, 그것으로 대상에 대하여 말을 걸 수도 있다─그러나 이 말의 이러한 사용은 이상한 것으로서 아마도 철학을 하는 경우 외에는 일어나지 않을 것이다.

'그것은 청색이다'라는 말을, 어떤 때에는 사람이 지시하는 대상에 대한 진술이라고─또 어떤 때에는 '청색'이라는 말의 설명이라고 생각하는 일은 어떻게 일어나는가? 후자의 경우 사람들은, 원래 '그것을 청색이라고 한다'는 식으로 생각한다. 그렇다면 '……이다'라는 낱말을 어떤 때에는 '……라고 한다'고 생각하여 '청색'이라고 하는 낱말을 '청'이라고 생각하고 또 어떤 경우에는 '……이다'를 실제로 '……이다'라고 생각할 수 있는가?

누군가가 정보 전달을 할 작정으로 한 말에서 낱말의 설명을 끌어내는 일도 일어날 수 있다. [말이 난 김에, 여기에 중대한 결과가 생기는 미신이 숨어 있다.]

나는 '부부부'라는 말로 '비가 오지 않으면 산책하러 간다'를 뜻할 수 있는가? 언어 안에서만, 나는 무엇인가를 무엇인가에 의해서 뜻할 수 있다. 이것은 분명히 '뜻한다'는 말의 문법이 '무엇인가를 표상한다' 등을 표현하는 문법과 비슷하지 않다는 것을 보여준다.

39 그러나 왜 사람들은 이 말을 그것이 분명히 이름이 아닌 경우에도 그대로 이름으로 삼으려고 하는 생각을 품게 되는가? 바로 그렇게 하고 싶기 때

문이다. 왜냐하면 사람들은 보통 '이름'이라고 일컬어지는 것에 대해서 이의(異議)를 제기하고 싶은 유혹을 느끼기 때문이다. 그리고 이를 다음과 같이 표현한다. 즉 이름이라는 것은 원래 단순한 것을 가리키지 않으면 안 된다고. 또 이것을 이를테면 다음과 같이 근거를 부여할 수 있을지도 모른다. 즉 보통의 뜻으로 쓰이는 고유명사에, 예를 들어 '노퉁(Nothung)'이라는 말이 있다. '노퉁'이라는 검(劍)은 일정한 구조로 합성된 각 부분으로 이루어져 있다. 각 부분이 달리 합성되었으면 노퉁은 존재하지 않는다. 그런데 분명히 '노퉁에는 날카로운 날이 있다'고 하는 문장은, 노퉁이 아직 완전하건 이미 부서졌건 뜻을 가지고 있다. 그러나 만약에 '노퉁'이 어떤 대상의 이름이라고 한다면, 노퉁이 부서졌을 때 그와 같은 대상은 이미 존재하지 않는다. 그리고 그때 이름에 그 어떤 대상도 대응하지 않으므로 이 이름은 그 어떤 뜻도 가지지 않을 것이다. 그런데 이때 '노퉁에는 날카로운 날이 있다'고 하는 문장에는 뜻을 가지지 않는 말이 들어 있으므로, 이 문장은 난센스가 될 것이다. 그런데 이 문장은 뜻을 가지고 있다. 그러기 때문에 이것을 구성하는 각 낱말에 대해서 항상 무엇인가가 대응하고 있는 것이 아니면 안 된다. 그러므로 '노퉁'이라고 하는 말은 의의의 분석에 의해 소멸하고 그 대신 단순한 것을 이름 짓는 말이 도입되어야 한다. 이러한 말을 우리는 정당하게 본래 이름이라고 부를 것이다.

40 우선 먼저 낱말은 그것에 대응하는 것이 아무것도 없을 때에는 뜻을 가지지 않는다—는 사고방식의 논점에 대해서 이야기해 보기로 한다. 중요한 것은 사람이 '의미'라는 말에 의해서 이 말에 '대응하는' 것을 가리킨다고 하면 이 낱말은 어법에 위반하여 사용되고 있다—고 하는 것을 확인해 두는 일이다. 그것은 이름의 뜻과 이름을 지니는 것을 혼동하는 일이다. N.N 씨가 죽을 때 그 이름을 지닌 사람이 죽는 것이지 그 이름의 뜻이 죽는다고는 말하지 않는다. 그리고 그와 같이 말하는 것이 난센스가 되는 것은, 그 이름이 뜻을 갖는 것을 그만두었다면 'N.N 씨는 죽었다'고 말하는 것이 뜻을 가지지 않게 될 것이기 때문이다.

41 제15절에서 우리는 제8절의 언어에 고유명사를 도입하였다. 지금 'N'이라

는 이름을 가진 도구가 부서졌다고 가정하자. A는 그것도 모르고 B에게 'N'이라는 기호를 준다. 이때 이 기호에 뜻이 있는가, 아니면 뜻이 없는가? B는 이 기호를 받았을 때 무엇을 하지 않으면 안 되는가? 우리는 이 점에 대해서 그 어떤 합의에도 이르지 않고 있다. 그가 무엇을 할 것인가—라고 물을 수는 있을 것이다. 이제 그는 아마도 어쩔 줄을 모르고 서 있거나 또는 A에게 파편을 보이든가 할 것이다. 그때 우리는 'N'이 무의미하게 되었다고 말할 수 있을지도 모른다. 그리고 이와 같은 표현은 우리의 언어 게임에 포함되어 있던 'N'이라는 기호에 대해서는 이미 그 어떤 적용 예도 없다[우리가 그 기호에 새로운 사용 예를 주지 않는 한은]고 말하게 될 것이다. 'N'은 또 사람들이 그 어떤 근거에 의해서건, 도구에 무엇인가 다른 이름을 붙여 'N'이라는 기호가 언어 게임 안에서도 이미 적용되지 않게 된 것에 의해서도 무의미한 것이 될 것이다. 그러나 우리는 또 하나의 규칙을 생각하여 그것에 의하면 도구가 부서져 있는데 A가 이 도구의 기호를 부여할 경우에는 B는 그것에 대한 대답으로서 머리를 흔들지 않으면 안 된다고 할 수도 있다. 이에 의해서 'N'이라는 명령은 이러한 도구가 이미 존재하지 않는 경우에도 언어 게임 안으로 도입된 것이 되어, 기호 'N'은 이미 그 이름을 지닐 물체가 없어진 경우에까지도 뜻을 갖는다고 말할 수가 있을 것이다.

42 그러나 예를 들어 도구를 지시하기 위해서는 한 번도 사용되지 않았던 이름도 언어 게임 안에서는 뜻을 갖는가? 그래서 'X'를 그와 같은 기호로 하여 A가 이 기호를 B에게 준다고 가정하자. 그러면 이와 같은 기호도 또한 언어 게임 안으로 도입될 수 있는 것으로 B는 그와 같은 기호에 대해서도 예를 들어 머리를 흔들어 대답하지 않으면 안 될 것이다. [사람들은 이것을 양자 사이의 일종의 오락이라고 생각할 수 있을 것이다.]

43 '의미'라는 말을 이용하는 많은 경우에—이것을 이용하는 모든 경우는 아니라 해도—사람들은 이 말을 다음과 같이 설명할 수가 있다. 즉 '낱말의 의미란 언어 안에서의 그 사용이다'라고.

그리고 이름의 의미를 사람들은 종종 그 이름을 지닌 것을 지시함으로써 설명한다.

44 '노퉁(Nothung)에는 날카로운 날이 있다'고 하는 문장은 노퉁이 이미 부서져 있는 경우에도 뜻을 갖는다고 우리는 말했다. 이는 이 언어 게임에서는 하나의 이름이 그것을 지닐 물체가 없어도 사용되기 때문이다. 그러나 우리는 이름[즉 우리가 분명히 '이름'이라고도 부르게 될 기호]을 수반한 하나의 언어 게임을 생각하여, 그 안에서는 이름이 그것을 지닌 물체가 존재하고 있는 경우에만 사용되고 따라서 직시의 몸짓을 수반한 직시적인 대명사에 의해서 항상 대체할 수 있다는 식으로 생각할 수도 있을 것이다.

45 직시적인 '이것'에 그것을 지닐 물체가 없다는 것은 있을 수가 없다. 사람들은, '이것이 있는 한 이것이 단순한 것이든 합성된 것이든 '이것'이라는 말 또한 의미를 갖는다'고 말할 수가 있을 것이다. 그러나 이것이 이 낱말을 하나의 이름으로 만든다는 것은 아니다. 그 반대이다. 왜냐하면 이름은 직시의 행위와 함께 사용되는 것이 아니라, 그러한 동작에 의해서만 명백해지기 때문이다.

46 그런데 이름이 원래 단순한 것을 표기하고 있다고 하는 것은 도대체 무슨 말인가?
소크라테스는[《테아이테토스》에서] 말하고 있다. '만약에 내가 착각하는 게 아니라면 나는 어떤 사람들로부터 이러한 일을 들은 것 같은 생각이 든다. 우리도 우리 이외의 것도, 그것으로부터 합성되어 있는—나에게 말하게 한다면—기본적인 요소가 있는데, 그것들에 대해서는 그 어떤 설명도 있을 수 없다. 왜냐하면 그 자체로서 그 자체에 머물고 있는 것은 모두 그 이름을 가지고 가리킬 수가 있을 뿐, 그 이외의 규정은 불가능하며 그것이 있다고도 없다고도 말할 수 없기 때문이다. ……그런데 그 자체로서 그 자체에 머물고 있는 것에 대해서 우리는…… 다른 그 어떤 규정도 없이 이것을 그 이름으로 부르지 않으면 안 될 것이다. 그러기 때문에 그 어떤 기본적인 요소에 대해서 이것을 분명히 하는 방식으로 이야기한다는 것은 불가능할 것이다. 왜냐하면 이것에는 단순히 부르는 이름만 있을 뿐이고, 그것이 가지고 있는 것은 그 자체의 이름뿐이기 때문이다. 이에 대해서 다음과 같이 말하는 것은, 즉 이러한 기본적인 요소로 합성되어 있는 것은 그 자체가 조합되어 생긴 복합체이므로 그 이름도 그와 같이 조합되어 그것을 설명하는 언론이 되는 셈이다. 그 까닭은 언론의 본질은 조합에 있기 때문이라는 것이다.'

이러한 기본적인 요소가 러셀의 '개체'이기도, 또 나의 '대상'이기도 했다(《논리철학논고》).

47 그러나 실재(實在)가 합성되는 단순한 구성 요소란 어떠한 것인가? 저 의자의 단순한 구성 요소는 무엇인가? 의자를 이루고 있는 목재의 단편인가, 분자인가, 그렇지 않으면 원자인가? '단순'이란 합성되지 않은 것을 말한다. 따라서 여기서 문제가 되는 것은, 어떠한 뜻으로 '합성되어 있는'가 하는 점이다. '의자의 단순한 구성 요소에 대해서 아무렇게나' 이야기한다는 것은 전혀 뜻을 이루지 않는 것이다.

또는 이 나무 의자에 대한 나의 시각상(視覺像)은 부분으로 성립되어 있는가? 그렇다면 어느 것이 그 단순한 구성 요소인가? 많은 색이 붙어 있다는 것은 합성의 일종이다. 또 다른 종류는 예를 들면 직선 부분으로 이루어진 어떤 굽은 윤곽선—과 같은 것이다. 그리고 곡선 부분은 올라가는 큰 가지와 내려가는 가지로 합성되어 있다고 말할 수 있다.

만약에 내가 누군가에게 설명을 하지 않고 '지금 내가 눈앞에 보고 있는 것은 합성되어 있다'고 말하면, 그는 당연한 권리를 가지고 '합성되어 있다'는 무슨 뜻인가? '무엇이든지 그렇게 말할 수 있다!'고 반문할 것이다. '당신이 보고 있는 것은 합성된 것인가'라는 물음이 확실히 의의를 갖는 것은, 어떠한 종류의 합성이—즉 이 말의 어떠한 특수한 사용이—문제가 되어야 할 것인가가 이미 확정되어 있는 경우이다. 만약에 사람이 나무의 줄기뿐만 아니라 가지도 보고 있어서 나무의 시각상이 '합성되어 있다'고 말하지 않으면 안 되는 일이 확정되어 있다면 '이 나무의 시각상은 단순한가 그렇지 않으면 합성되어 있는가'라는 물음과, '어느 것이 그 단순한 구성 요소인가'라는 물음에는 명확한 의의와 명확한 사용법이 있게 될 것이다. 그리고 이 두 번째 물음에 대해 그 대답은 당연히 '가지'가 아니라[이와 같은 대답은 '사람이 이 경우 이 '단순한 구성 요소'를 무엇이라고 부르는가'라고 하는 문법적인 물음에 대한 대답일 것이다], 오히려 개별적인 가지의 기술이 된다.

그러나 예를 들어 체스판은 분명히 또 단적으로 합성되어 있는 것이 아닌가? 당신은 아마도 32의 흰 정사각형과, 32의 검은 정사각형으로 이루어진 합성을 생각하고 있는 것이다. 하지만 우리는 예를 들어 그것이 흑과 백이라고 하는 색, 거기에 정사각형의 망목(網目)이라고 하는 패턴으로 이루어져 있다고 말할 수도 있지 않을까? 그리고 만약에 이때 전혀 다른 관찰 방법이 있다고 하면 당신은 그래도 체스판이 단적으로 '합성되어 있다'고 주장할까? 일정한 언어 게임 밖에 서서 '이 대상은 합성되어 있는가'라고 묻는 것은 이전에 한 소년이 했던 일, 즉 어떤 예문(例文) 중의 동사가 능동의 모양으로 쓰이고 있는가, 수동의 모양으로 쓰이고 있는가를 말하지 않으면 안 되게 되자, 예를 들어 '잠잔다'는 동사가 능동적인 일을 의미하는가 수동적인 것을 의미하는가에 대해서 고민한 것과 비슷하다.

'합성'이라고 하는 말[그러기 때문에 '단순'이라고 하는 말]은 무수한 서로 다른 여러 가지 방식으로, 서로 비슷한 방식으로 이용되고 있다. [어떤 체스판의 눈의 색은 단순한가, 그렇지 않으면 순수한 백과 순수한 황색으로 이루어져 있는가? 그리고 그 백은 단순한가 그렇지 않으면 무지개의 여러 색을 합성한 것인가? 이 2cm의 선분(線分)은 단순한가, 그렇지 않으면 1cm씩의 선분 두 개로 이루어져 있는가? 그런데도 왜 3cm 길이의 선분과 마이너스의 의미로 첨가된 1cm의 선분으로 이루어져 있다고 말해서는 안 되는가.]

'이 나무의 시각상(視覺像)은 합성되어 있는가? 그렇다고 한다면 어느 것이 그 구성 요소인가'라는 철학적인 물음에 대한 올바른 대답은 '그것은 당신이, '합성되어 있다'로 무엇을 알고 있는가에 의존한다'──는 것이다. [더욱이 이것은 물론 답이 아니라 문제의 거부이다.]

48 제2절의 방법을 《테아이테토스》의 서술에 응용해 보기로 하자. 그 서술이 실제로 해당될 수 있는 하나의 언어 게임을 생각해 보자. 이 언어는 한 평면 위에 있는, 색깔이 있는 정사각형의 조합을 서술하는 데에 사용된다. 각 정사각형은, 체스판의 모양을 한 복합체를 형성한다. 빨강, 초록, 하양 그리고 검

정의 정사각형이 있다. 이 언어의 단어는 [각기 서로 대응해서] 'R' 'G' 'W' 'S'이며, 문장은 이들 단어의 순열이다. 이들은 다음 그림과 같은 순서로 정사각형이 나열되는 방식을 기술한다.

그러면 'RRSGGGRWW'라는 문장은 예를 들어 다음과 같은 종류의 합성물을 기술하는 것이 된다.

이때 문장은 이름의 복합체이고, 여기에 각 요소의 복합체가 대응한다. 기본적인 요소는 색이 든 정사각형이다. '그래도 이들 정사각형은 단순한가?' 나로서는, 이 언어 게임 안에서는 무엇을 이 이상 자연히 '단순한 것'이라고 부르면 좋을지 잘 모르겠다. 그러나 다른 사태하에서 나는 한 색의 정사각형이 어쩌면 두 개의 정사각형으로 이루어져 있다거나, 색과 모양이라고 하는 요소로 되어 있다고 생각해서 이것을 '합성되어 있다'고 말할 것이다. 하지만 합성이라는 개념은 다시 확장되어 작은 평면이 큰 평면과 그것으로부터 제거된 평면에 의해서 '합성되어 있다'고 말할 수도 있다. 힘의 '합성', 직선 외의 한 점에 의한 선분의 '분할'과 비교하라. 이들 표현은 우리가 어떤 경우에는 작은 것을 큰 것의 합성의 결과로서 파악하여, 큰 것을 작은 것의 분할 결과로서 파악하고 싶어 하는 경향까지도 있다는 것을 나타낸다.

그러나 우리의 문장이 기술하는 도형이 과연 네 개의 요소로 이루어져 있다고 말해야 할 것인지, 그렇지 않으면 아홉 개의 요소로 이루어져 있다고 말해야 할 것인지 나로서는 알 수가 없다! 실제로 위의 문장은 네 개의 문자로 이루어져 있는가, 그렇지 않으면 아홉 개의 문자로 이루어져 있는가? 그리고 어느 것이 이 문장의 요소인가? 문자의 형(型)인가? 그렇지 않으면 문자인가? 만약에 우리가 특별한 경우의 오해를 회피하고만 있으면 어느 쪽이라고 해도 상관없는 것이 아닐까?

49 그러나 우리가 이들 구성 요소를 설명[즉 기술]할 수 없고, 이름을 붙이는 일밖에 할 수 없다는 것은 어떻게 된 일일까? 어쩌면 다음과 같이 말할 수 있을지도 모른다. 복합체에 대한 기술은 그 복합체가 극단적인 경우 단 하나의 정사각형으로 이루어져 있다면, 그때 단지 색이 있는 정사각형의 이름이 되어버린다고.

사람들은 여기에서 다음과 같이 말할 수 있을 것이다. 하기야 그것은 손쉽게 여러 가지 철학적인 미신으로 통하게 되겠지만, 'R'이나 'S'와 같은 기호는 어떤 때에는 단어이고 어떤 때에는 문장일 수 있다고. 그러나 그것이 '단어인가 문장인가' 하는 것은 그것이 말해지거나 글자로 쓰이는 상황에 의존한다. 예를 들어 A가 B를 향해 색을 칠한 정사각형의 복합체를 기술해 보이지 않으면 안 될 때, 'R'이라고 하는 말밖에 사용하지 않는다면 이 말은 '하나의 기술—문장—이다'라고 해도 좋을 것이다. 그러나 그가 혹시 낱말과 그 의미를 기억하고 있거나 남에게 낱말의 사용을 가르치려고 직시적인 교시를 하면서 그 말을 발음하거나 하면 그 경우에도 그 낱말은 문장이다—라고는 하지 않을 것이다. 이 상황하에서는 예를 들어 'R'은 기술(記述)이 아니다. 사람은 그것으로 하나의 요소를 이름 짓는 것이다—그러나 그렇다고 해서 이 경우, 요소라고 하는 것은 이름을 붙이는 일밖에 할 수 없다고 말하는 것은 이상할 것이다. 이름을 붙이는 일과 기술하는 일은 하나의 평면에 성립되는 것은 아니다. 이름을 붙인다는 것은 기술에 이르는 하나의 준비이다. 이름을 붙이는 것만으로는 아직 언어 게임에 종사하는 것이 아니다. 체스의 말을 나열하는 것만으로는, 체스 게임을 하는 것이 되지 않는 것과 마찬가지로, 사람은 어떤 것에 이름을 붙이는 것만으로는 아직 아무것도 이루지 않은 것이다—라고 말할 수 있다. 게임 중이 아니라면 사물은 이름을 갖는 일조차 없다. 이것은 또한 프레게가 낱말이란 문장의 맥락 안에서만 의미를 갖는다—고 하는 표현으로 생각하고 있었던 일이기도 하다.

50 그러면 요소에 대해서 우리가 그것들의 존재와 비존재를 말할 수 없다는 것은 무슨 뜻인가? 만약 우리가 존재 또는 비존재라고 하는 말이 모든 요소 사이의 결합 유무에 있다면, 한 요소의 존재[비존재]에 대해 말하는 것은 아무 뜻도 이루지 못하는 것이다. 그것은 마치 우리가 '파괴한다'고 하는 말이 모든 요소의 분리에 있다면 어떤 요소의 파괴에 대해서 말하는 것도 아무 뜻을 이루지 못하는 것과 마찬가지이다.

그러나 사람들은 다음과 같이 말하고 싶을지도 모른다. 우리는 요소에 존재를 덧붙이는 일을 할 수 없다. 만약에 요소가 존재하지 않는다면 우리는 그것에 호칭을 부여할 수도 아무 일도 주장할 수 없을 것이기 때문이다. 하지만 한 가지 매우 비슷한 경우를 생각해 보자. 사람들은 어떤 한 가지 일에 대해서 그것이 1m가 된다거나 1m가 안 된다고 주장할 수 없는데, 그것은 파리에 있는 미터원기(原基)이다. 그러나 그렇다고 해서 우리는 물론 이것에 무엇인가 이상한 특성을 첨가한 것이 아니라, 단지 미터 단위를 사용해서 측정하는 게임에서 그것이 다하는 독특한 역할을 특징지은 것에 지나지 않는다. 미터원기의 경우와 비슷한 방식으로 파리에 보존되어 있는 색채의 표본과 같은 것도 생각해 보자. 그러면 우리는 '세피아'란 거기에 밀폐되어 있는 표준 세피아의 색을 말한다고 설명한다. 그때 이 표본에 대해서 그것이 이 색인지 이 색이 아닌지 주장하는 것은 아무런 뜻도 없을 것이다.

우리는 이 점을 다음과 같이 표현할 수 있다. 즉 이 표본은 우리가 그것을 사용해서 색에 대해서 말하는 언어의 도구이다. 그것은 이 게임 안에서는 서술된 것이 아니라 서술하기 위한 수단이다. 그리고 바로 이것은 제48절의 언어 게임에서의 한 요소에 대해서 우리가 그것을 지명하면서 'R'이라고 하는 말을 발음한 경우에 해당한다. 우리는 그렇게 함으로써 이 사물에 자신들의 언어 게임에서 하나의 역할을 준 것이다. 그것은 이제 서술의 수단이다. 그리고 '그것이 존재하지 않는다면 그것은 그 어떤 호명(呼名)도 않을 것이다'라는 말은 이제 '이 사물이 존재하지 않는다면 우리는 이것을 자기들 게임에서 상용할 수 없을 것이다'라는 것 이상도 이하도 아니다. 외관상으로 존재하지 않으면 안 되는 것은 언어에 속해 있다. 그것은 우리의 게임에서는 하나의 본보기이며, 그 것과의 비교가 이루어지는 그 무엇이다. 그리고 이것을 확인한다는 것은 하나의 중대한 확인을 하는 것일 수 있다. 그러나 그럼에도 불구하고 그것은 우리의 언어 게임—우리의 서술 방식—에 관한 하나의 확인이다.

51 제48절의 언어 게임을 기술할 때 나는 정사각형의 색에 'R'과 'S' 등의 낱말이 대응한다고 말하였다. 그러나 이러한 대응은 무엇에 의해서 성립되는가? 어느 정도까지 이들 기호에 정사각형의 어떤 색채가 대응한다고 말할 수 있는가? 제48절의 설명은 이들 기호와 우리 언어의 어떤 단어[색명] 사이에 어떤 연관을 만들어낸 데 지나지 않는다. 그런데 게임에서 기호의 사용은 다른 방식으로도 가르칠 수 있고, 특히 본보기를 지시함으로써 가르쳐진다고 전제되었다. 물론 그렇지만, 그렇다면 언어의 실천에서 기호에 어떤 요소가 대응한다고 하는 것은 무슨 뜻인가? 색이 칠해진 정사각형의 복합체를 기술(記述)하는 사람이, 빨간 정사각형이 있는 곳에서는 항상 'R'이라고 말함으로써 그것이 성립되는 것일까? 그러나 만약에 그 사람이 기술할 때에 잘못해서 검은 정사각형이 보이는 장소에서 'R'이라고 말했다면 어떨까? 이때 그것이 잘못이라고 판정하는 기준은 무엇인가? 또는 'R'이 빨간 정사각형을 표기한다는 것은 이 언어를 사용하고 있는 사람이 'R'이라고 하는 기호를 사용할 때, 그 정신 안에 항상 빨간 정사각형이 떠오른다는 것으로 성립되는 것일까?

좀 더 확실하게 보기 위해 우리는 무수히 유사한 경우와 마찬가지로 여기에서도 사건의 세부를 주시하지 않으면 안 된다. 일어나는 것을 바로 가까이에서 관찰해야 한다.

52 만약에 내가 '쥐는 회색 넝마나 먼지 안에서 자연히 발생한다'라고 가정하고 싶어 한다면, 그러한 넝마를 면밀하게 조사하여 쥐가 어떻게 해서 그 안으로 숨을 수가 있는지, 어떻게 해서 거기로 들어가게 되었는지를 탐구해 보면 좋다. 그러나 만약에 우리가 쥐는 그러한 것에서 발생할 리 없다고 확신한다면, 그러한 탐구는 아마도 쓸데없는 일이 될 것이다.

그런데 철학 안에서 사건의 세부를 이와 같이 관찰하는 것에 반대하고 있는 것은 무엇인가? 우리는 우선 이것을 이해하는 것부터 배워야 한다.

53 제48절의 우리의 언어 게임에는 여러 가지 가능성이 있고, 하나의 기호가 이 게임에서 이러이러한 색의 정사각형을 가리킨다고 우리가 말할 것으로 여겨지는 경우가 많이 있다. 예컨대 우리가 이 언어를 사용하는 사람들에게 이러이러한 방식으로 그 기호가 사용되는 것이 이미 전수되어 있다는 것을 아는 경우에 말할 것이다. 또는 이 기호에 이 요소가 대응하는 것이 무엇인가 표와 같은 모양으로 문서가 되어 있는 경우나 이 표가 언어 교수(敎授) 때에 이용되어 논쟁이 있을 때에는 그 결말을 짓기 위해 대조되는 경우도 그러할 것이다.

그러나 우리는 또 그와 같은 표를 언어 사용에 있어서 도구라고 생각할 수 있다. 그때 어떤 복합체의 기술은 다음과 같이 해서 이루어진다. 즉 그 복합체를 기술(記述)하는 사람이 하나의 표를 가지고 있어서, 그중에서 복합체의 각 요소를 찾아내어, 표 위의 각 요소로부터 그 기호로 옮아갈 수 있다[그리고 그 기술이 주어지는 사람도 또한 그 기술어를 표를 매개로 색이 칠해진 정사각형의 직관으로 번역할 수 있다]. 사람들은 이 표가 여기에서 다른 경우에는 기억과 연상이 다하는 역할을 맡고 있다고 말할 수 있을 것이다. [우리는 보통 '빨간 꽃을 가져다줘!'라고 하는 명령을, 우선 빨간색을 색채표 안에서 찾아내고 이어 자기가 그 표 안에서 찾아낸 색의 꽃을 가지고 오는 식으로는 수행하지 않을 것이다. 그러나 일정한 색조의 빨강을 고른다거나 혼합하는 것이 문제가 되는 경우에는 표본이나 표를 이용해야 하는 사태가 생긴다.]

이와 같은 표를 이 언어 게임의 어떤 규칙을 표현한 것이라고 한다면 우리가 규칙이라고 부르는 것에는 실로 여러 가지 역할이 그 게임에서 주어져도 좋다 —고 말할 수 있다.

54 하지만 어떤 경우 우리는 게임이 일정한 규칙에 의해 이루어진다고 말하는지 생각해 보자!

규칙은, 게임에서 교수(敎授)의 보조가 될 수 있다. 그것은 학생들에게 전달되고, 그들은 그 응용을 훈련한다. 또는 그것은 게임 그 자체의 도구가 된다. 또 어떤 규칙은 교수 때에도 게임 그 자체에도 적용된 예가 없고 규칙표 안에도 적혀 있지 않다. 사람들은 남이 게임을 하고 있는 것을 보면서 게임을 배운다. 그러면 우리는 게임은 이러어러한 규칙에 따라 이루어진다고 말한다. 왜냐하면 관찰자는 그러한 규칙을 실제 게임에서 읽을 수가 있으므로 그것은 게임의 행위가 준수하는 자연법과 같기 때문이다. 그러나 그 관찰자는 이 경우 어떻게 해서 경기자의 잘못과 올바른 게임 행위를 구별하는가? 이에 대해서는 경기자의 행동에 특징이 있다. 잘못 말한 것을 정정하는 사람의 특징적인 행동을 생각해 보라. 어떤 사람이 그렇게 한다는 것은 비록 우리가 그 사람의 언어를 이해하지 못하더라도 인지(認知)하는 일은 가능할 것이다.

55 '언어의 이름이 표기하는 것은 파괴 불가능해야 한다. 왜냐하면 파괴 가능한 것이 모두 파괴되어 있는 사태를 기술할 수 있어야 하기 때문이다. 그리고 이러한 기술에는 낱말이 나타날 것이다. 그 낱말에 대응하는 것은 파괴되어서는 안 된다. 그렇지 않으면 낱말은 뜻을 가지지 않게 될 것이기 때문이다.' 나는 내가 앉아 있는 나뭇가지를 자를 수는 없다.

사람들은 물론 이제 그러한 기술 자체가 파괴를 면하지 않으면 안 된다고 반론할 수 있을 것이다. 그러나 기술에 포함되는 말에 대응하여 그 기술이 참일 때에는 파괴되어서는 안 될 것이야말로 낱말에 그 뜻을 주는 것이며, 그것 없이는 낱말이 아무 뜻도 가지지 않게 된다. 그런데 이 사람은 어떤 의미로는 자기 이름에 대응하는 것이지만 파괴가 가능하다. 그리고 그의 이름은 그것을 지니고 있는 것이 파괴될 때에도 그 뜻을 잃지 않는다. 이름에 대응하여 그것 없이는 이름이 뜻을 가지지 못하게 되는 바와 같은 것은, 이를테면 하나의 본보기이며, 언어 게임에서 이름과 결부되어 사용되는 것이다.

56 그러나 만약 그와 같은 견본이 언어에 속해 있지 않고 우리가 예를 들어 낱말이 표기하고 있는 색을 기억한다면 어떨까? '우리가 그 색을 기억한다면 우리가 그 낱말을 발음할 때에 그 색이 우리의 눈앞에 나타난다. 그러기 때문에 만약에 우리가 그 색을 언제라도 생각해 낼 가능성이 있다고 하면 그 색은 그 자체로서는 파괴 불가능한 것이 되지 않으면 안 된다.' 하지만 그때 도대체 무엇을 우리는 자신이 그 색을 올바르게 생각해 내고 있다는 것의 기준으

로 간주하고 있을까? 자신의 기억 대신에 견본을 사용해서 일을 할 때 우리는 때로는 견본의 색이 변했다고 말하고 이것을 기억에 의해서 판정한다. 그러나 우리는 또 때때로 [예를 들어] 자기의 기억상(記憶像)이 흐릿해지는 일에 대해서도 이야기할 수가 없을까? 우리는 견본에 의존할 정도로는 기억에 의존하지 않고 있는 것이 아닐까? [왜냐하면 어떤 사람은 '기억이 없는 경우에는, 견본에 의존하고 있는 것이다'라고 말하고 싶을 테니까.] 또는 무엇인가 화학 반응에 의존하는 경우도 있을 것이다. 지금 일정한 색 'F'를 그려내지 않으면 안 된다고 할 때, 그 색이 화학적 물질 X와 Y가 결합되는 경우에 보이는 색이었다고 하자. 그 색이 이튿날, 다른 때보다도 밝게 보였다고 한다면 그때, 때로는 '내가 잘못된 것이 틀림없어. 색은 분명히 어제와 같다'고 말하지 않을까? 이것은 우리가 기억이 말하는 것을 항상 최고의 공소 불가능한 중재판정(仲裁判定)으로서 사용하는 것이 아님을 나타낸다.

57 '빨간 어떤 것은 파괴될 수 있지만, 빨강 그 자체는 파괴될 수 없다. 그러므로 '빨강'이라는 말의 뜻은 빨간 물체의 존재에 의존하지 않는다.' 분명히 빨강이라는 색[컬러, 안료가 아니다]이 찢어진다거나 짓밟힌다고 말하는 것은 아무 뜻도 없다. 그러나 우리는 '빨강이 사라진다'라고는 말하지 않을까? 빨간 것이 이미 존재하지 않게 되어도 우리는 빨강을 눈앞에 환기시킬 수 있다는 생각에 사로잡혀서는 안 된다! 그것은 빨간 불꽃을 내는 화학 반응이 항상 존재하고 있다고 말하고 싶어 하는 것과 조금도 다르지 않다. 그렇다면 그 색을 이미 생각해 낼 수 없게 된다면 어떨까? 만약에 우리가 이 이름을 가지고 있는 색이 어떤 색인지 잊어버렸다면 그것은 우리에게 그 뜻을 상실한다. 즉 우리는 이제 그것을 사용해서 일정한 언어 게임을 할 수 없다. 그리고 그때 이 상황은 우리의 언어 수단이었던 틀이 상실된 상황과 비교할 수 있다.

58 '나는 'X가 존재한다'라는 결합에 나타날 수 없는 것만을 '이름'이라고 부르고 싶다. 그렇게 하면 사람들은 '빨강이 존재한다'를 말할 수 없게 된다. 왜냐하면 빨강이 주어지지 않으면 빨강에 대해서 일반적으로 말할 수 없을 것이기 때문이다.' 좀 더 올바르게 말한다면 다음과 같이 된다. 만약에 'X가 존재

한다'라는 것이 'X'는 의미를 갖는다는 정도의 뜻을 말하는 것이라면 그것은 X를 주제로 한 문장이 아니라 우리의 언어 사용, 즉 'X'라는 말의 사용에 대해서 말한 문장이다.

'빨강이 존재한다'라는 말에는 그 어떤 뜻도 없다고 말함으로써, 우리는 무엇인가 빨강의 성질에 대해서 말하는 것처럼 보인다. 빨강이 바로 '그 자체로' 존재한다고 말하는 것처럼 보인다. 같은 생각—즉 이것이 빨강에 관한 형이상학적인 언명이라고 하는 생각—은 우리가 예를 들면 빨강에는 시간이 없다거나 또는 더 강한 말을 사용해서 '파괴 불가능'이라고 말할 때에도 나타난다.

그러나 원래 우리는 '빨강이 존재한다'는 말투를 '빨강'이라는 낱말이 의미를 갖는다는 언명으로서만 파악하고 싶다. 좀 더 올바르게 바꾸어 말한다면, '빨강은 존재하지 않는다'는 말투를 "빨강'은 뜻을 가지지 않는다'고 하는 언명으로서 파악하고 싶은 것이다. 다만 우리는 앞의 표현이 뒤의 것을 말하고 있다고는 말하지 않고, 앞의 표현에 무엇인가 뜻이 있다고 한다면, 이 뒤의 것을 말하는 것이어야 한다고 말하고 싶다. 그런데 이 뒤의 것을 말하려고 시도하면 앞의 표현은 자기모순에 빠진다. 왜냐하면 바로 빨강은 '그 자체로' 존재할 것이기 때문이다. 그런데 모순은 단지, 이 문장이 '빨강'이라는 낱말의 사용에 대한 무엇인가를 말하고 있는 것인데, 마치 그것이 이 색에 대해서 말하고 있는 것처럼 보인다는 데에 있다. 그러나 실제로 우리는 일정한 색이 존재한다고 말한다. 이는 그 색을 가지고 있는 그 무엇인가가 존재한다고 하는 것과 같다. 그리고 제1의 표현은 제2의 표현 못지않게 정확한 것으로 특히 '그 색을 가지고 있는 것'이 물리적 대상이 아닌 경우 더 그러하다.

59 '이름은 현실적인 요소만을 표기한다. 파괴될 수 없는 것, 모든 변화 속에도 동일한 상태를 유지하는 것(만을).' 그러나 그것은 무슨 말인가? 이 문장을 쓰는 동안 그것은 이미 우리 머릿속에 떠오르고 있던 일이 아닌가! 우리는 이미 확정된 표상(表象)을 말했다. 그것은 우리가 사용하고 싶다고 생각하는 특수한 영상이다. 왜냐하면 경험이 그러한 요소를 보여주는 것은 아니기 때문이다. 우리는 합성된 것[예를 들면 의자]의 구성 요소를 본다. 우리는 그 등받이가 의자의 일부분이지만, 그 자체는 여러 가지 목재로 합성되어 있고 다리는

단순한 구성 요소라고 말한다. 우리는 또 구성 요소는 변화하지 않은 채 있는데, 변화해 가는 [파괴되는] 전체를 보기도 한다. 이러한 구성 요소를 소재로 해서 우리는 현실에 관한 그와 같은 영상을 만들어내는 것이다.

60 지금 '내 빗자루가 구석에 놓여 있다'라고 말할 때, 이것은 실제로는 빗자루의 자루와 솔에 관한 언명인가? 하여간 사람들은 이 언명을 자루의 위치와 솔의 위치를 말하는 어떤 다른 것으로 바꿀 수 있을 것이다. 그리고 이제 그와 같은 말은 처음의 언명을 더욱 분석한 모양이 된다. 그러나 왜 나는 그것을 '더욱 분석했다'고 말하는가? 그것은 빗자루가 거기에서 발견되었을 때 자루와 솔이 거기에서 서로 일정한 위치를 차지해야 하기 때문이다. 그리고 이것은 이전에는 말하자면 그 문장의 의미에 숨겨져 있었고, 분석된 문장 중에서 표명된 것이다. 그러면 빗자루가 구석에 놓여 있다고 말하는 사람은 원래 자루와 솔이 거기에 있고 그 자루가 솔에 끼워져 있다고 생각하는 것일까? 만약 다른 사람에게 그러한 것을 뜻했느냐고 물었다고 하면 그는 아마도 빗자루의 자루를 특별히 생각한 것도, 또 솔을 특별히 생각한 것도 아니라고 말할 것이다. 그리고 그것은 옳은 대답일 것이다. 왜냐하면 그는 빗자루의 자루와 솔에 대해서 특별히 이야기할 생각이 없었기 때문이다. 누군가에게 '빗자루를 가져다줘!' 하고 말하는 대신에 '자루에 솔이 붙어 있는 것을 가져다줘!'라고 말하는 경우를 생각해 보자. 이에 대한 대답은 '당신은 빗자루를 원하는가? 그렇다면 왜 그렇게 이상한 표현을 하는가'가 될 것이다. 그는 다시 분석된 문장 쪽을 더 잘 알까? 이 문장은 보통 문장과 같은 효과가 있지만 더욱 에두른 방식으로 수행한다고 말할 수 있을 것이다. 누군가에게 몇 가지 부분으로 합성된 그 무엇을 가지고 오라거나 움직이라고 하는 명령이 주어지는 언어 게임을 생각해 보자. 그리고 그것을 하는 데에는 두 가지 방식이 있다고 하자. 즉 (a)제15절의 경우와 같이 합성되어 있는 것[빗자루, 의자, 책상 등]이 저마다 이름을 가지고, (b)부분만이 이름을 가지고 있어서 전체는 이들 부분의 이름에 의해서 기술되는 것으로 한다. 그러면 제2의 게임에서의 명령은 어느 정도 제1의 게임에서의 명령이 분석된 모양으로 되어 있을까? 후자는 전자 안에 숨어 있어서 분석으로 꺼낼 수 있을까? 하기야 빗자루는 자루와 솔이 분리되면 해체된다.

그러나 그렇다고 해서 빗자루를 가지고 오라는 명령도 이에 대응하는 부분으로 이루어져 있을까?

61 '하지만 당신은 ⓐ에서의 특정한 명령이 ⓑ에서의 명령과 동일한 것을 말하는 것을 부정하지는 않을 것이다. 제2의 명령이 제1명령의 분석된 모양이 아니라고 한다면 당신은 그것을 무엇이라고 부를 작정인가?' 물론 나도 ⓐ의 명령이 ⓑ의 명령과 같은 뜻을 가지고 있다고 말할 것이다. 또는 앞에서 사용한 표현을 사용하면 그것들은 동일한 것을 수행한다—고 말할 것이다. 그리고 이것은, 만약 나에게 ⓐ의 모양으로 그 어떤 명령이 제시되어 'ⓑ에 있어서의 명령도 이것과 같은 의미인가' 또는 'ⓑ에 있어서의 명령과 그것은 모순되는가'와 같은 물음을 제기한다면 나는 그 물음에 이렇게 대답할 것이다. 그러나 그렇다고 해서 우리가 '같은 뜻을 가진다'거나 '같은 것을 수행한다'와 같은 표현의 사용 방법에 대해서 일반적인 양해에 도달하였다—고 말하는 것은 아니다. 사람들은 '이것들은 같은 게임의 두 가지 다른 형식에 지나지 않는다'고 말하는 것은 어느 경우인가—라고 물을 수 있기 때문이다.

62 예를 들어 ⓐ와 ⓑ의 명령을 받은 사람이 요구된 것을 가져오기 전에 이름과 그림이 병기되어 있는 표를 참조하였다고 생각해 보자. 그때 그는 ⓐ의 명령과, 그것에 대응하는 ⓑ의 명령을 수행할 때 같은 일을 할까? 그렇다고도 또는 그렇지 않다고도 할 수 있다. 당신은 '두 가지 명령이 노리는 것은 같다'고 말할 수 있다. 나도 여기에서는 같은 말을 할 것이다. 그러나 명령이 '노리는 것'이라고 말할 수 있는 것은 어디에서나 명백하다고 말할 수는 없다. [마찬가지로 사람들은 어떤 종류의 것에 대해서 그 목적은 이러이러하다라고 말할 수 있다. 본질적인 것은 이것이 램프이고, 조명으로 쓰인다는 것이며—그것이 방을 장식하거나, 빈 공간을 채우거나 하는 것은 본질적인 것이 아니다. 그러나 본질적인 것과 비본질적인 것이 항상 명확하게 구별되는 것은 아니다.]

63 하지만 ⓑ의 어떤 문장이 ⓐ의 어떤 문장의 '분석된' 모양이라고 하는 표현은 우리가 쉽사리 전자의 형식이 한층 기본적이고, 다른 형식에 의해서 고

려되던 일을 미리 나타내고 있는 것이다──등으로 생각하게 만든다. 예를 들어 우리는 미분석(未分析)의 형식밖에 소유하고 있지 않은 사람에게는 분석이 결여되어 있지만, 분석된 형식을 알고 있는 사람은 그것으로 모두를 소유하게 된다고 생각한다. 그러나 이 후자에는 전자의 경우와 마찬가지로 사물의 일면이 상실되어 있다고 말할 수 없는가?

64 제48절의 게임을 조금 바꾸어서 이름이 저마다 색을 가진 정사각형을 표기하는 것이 아니라 그와 같은 정사각형 두 개로 이루어진 직사각형을 표기하고 있는 경우를 생각해 보자. 그와 같은 직사각형의 하나가 반은 빨갛고 반은 녹색인 것을 'U', 반은 녹색이고 반은 하얀 것을 'V'라고 하는 식으로 말이다. 우리는 이와 같은 색의 결합에 대해서 이름을 가지고 있으나, 저마다의 색에 대한 이름은 가지고 있지 않은 사람을 생각할 수 있지 않을까? 우리가 '이 색채 구성[예를 들어 프랑스의 삼색기]은 아주 독특한 특징을 가진다'라고 말하는 경우에 대해서 생각해 보자.

이 언어 게임의 기호는 어느 정도 분석을 필요로 하고 있는가? 즉 이 게임은 어느 범위까지 제48절의 언어 게임으로 대체(代替)할 수 있는가? 이 게임은 제48절의 게임에 관계는 하고 있지만, 그것과는 다른 언어 게임이다.

65 여기에서 우리는 이들 모든 고찰의 배후에 숨어 있는 커다란 문제에 부딪치게 된다. 왜냐하면 사람들은 이제 나에게 다음과 같은 항변을 할지도 모르기 때문이다. '당신은 안이하게 처리하고 있다! 모든 가능한 언어 게임에 대해서 말하고는 있지만, 그렇다면 언어 게임에서 본질적인 것은 무엇인가? 따라서 언어의 본질은 무엇인가? 당신은 어디에서도 그것을 말하고 있지 않다. 이들 모든 일에 공통된 것은 무엇인가? 그리고 이들을 언어 또는 언어의 일부로 하는 것은 무엇인가? 당신은 따라서 이전에 자신의 머리를 가장 괴롭힌 연구 부분, 즉 명제의 일반 형식과 언어의 일반 형식에 관한 부분을 바로 단념하는 것이다'라고.

이것은 진실이다. 우리가 언어라고 부르는 모든 것에 공통된 무엇인가를 말하는 대신 나는 이들 현상 모든 것에 대해서 같은 말을 적용하고 있다고 해서 그것에 공통된 것 등은 하나도 없고―이들 현상은 서로 다른 방식으로 유사하다고 말한다. 그리고 이 유사성 내지는 이 유사성 때문에 우리는 이들 모든 현상을 '언어'라고 부른다. 나는 이 점을 명백히 하는 일을 시도해 보고자 한다.

66 예를 들어 우리가 '게임(유희)'이라고 부르는 것을 한번 고찰해 보자. 보드게임, 카드놀이, 공놀이, 격투 경기 등에 대해서 말이다. 무엇이 이것들에 공통되는가? '무엇이든 공통점이 있어야 한다. 그렇지 않으면 그것들을 '게임'이라고 부르지 않는다'라고 말하면 안 된다―이들 모두에게 무엇인가 공통적인 것이 있는가의 여부를 보자. 왜냐하면 그것들을 주시하면 모든 것에 공통된 점이 보이지는 않겠지만 그것들의 유사성이나 연관성을 보고 이들 전체 계열을 보게 될 것이기 때문이다. 이미 말한 바와 같이 생각하지 말고 보라! 예를 들어 보드게임을 그 다양한 관련성과 함께 주시해 보자. 이어서 카드놀이로 가보자. 거기에서는 최초의 일군(一群)과의 대응을 많이 발견할 테지만 공통된 특성이 많이 모습을 감추고 다른 특성이 나타난다. 여기에서 공놀이로 옮겨가면 공통된 것이 많이 남지만, 많은 것이 상실되어 간다. 이들 모두가 '오락'인가? 체스와 밀레(3목 두기)를 비교해 보자. 어디에서나 승부가 있고, 경기자 사이의 경쟁이 있는가? 페이션스(혼자서 하는 카드놀이)를 생각해 보자. 공놀이에는 이기고 지는 것이 있지만, 아이가 공을 벽에 던졌다가 다시 받는 경우에는 이 특성이 사라진다. 기량이나 운이 어떠한 역할을 다하는지 보자. 그리고 체스 경기에서의 기량과 테니스 경기에서의 기량이 어느 정도 다른지 보자. 또 원진(圓陣) 게임을 생각해 보자. 여기에 오락이라는 요소는 있으나 얼마나 많은 다른 특성들이 사라지고 있는가! 이와 같이 해서 우리는 그 밖에도 실로 많은 게임들을 보고 다닐 수 있다. 유사성이 모습을 드러내는가 하면 그것이 사라지는 것도 볼 수 있다.

그렇다면 이 고찰의 결과는 이제 다음과 같이 된다. 우리는 서로 겹치거나 교차된 복잡한 유사성의 망목(網目)을 보고, 또 대체적인 유사성이나 자상한 유사성을 보고 있는 것이다.

67 나는 이와 같은 유사성을 '가족적 유사성'이라는 말보다 더 잘 특징지을 수 없다. 왜냐하면 한 가족 구성원 사이의 여러 가지 유사성, 예를 들어 몸매, 얼굴의 특징, 눈의 색깔, 걷는 모습, 기질 등등도 마찬가지로 겹쳐서 교차하기 때문이다. 따라서 나는 '게임'이 하나의 가족을 형성하는 것과 같다고 말하고 싶다.

마찬가지로 예를 들어 수(數)의 종류도 한 가족을 형성한다. 왜 우리는 어떤 것을 '수'라고 부르는가? 아마도 그것은 이제까지 수라고 불려왔던 많은 것과 하나의—직접적인—연관을 가지기 때문이다. 따라서 우리가 수라고 부르는 다른 것들과도 간접적으로 연관을 가진다고 말할 수 있다. 그리하여 우리는 마치 한 개의 실을 뽑기 위해서 섬유와 섬유를 서로 꼬아가는 것처럼 수라는 개념을 확장해 간다. 더욱이 실의 강도는 어느 한 섬유가 전체 길이를 관통한다는 점에 있는 것이 아니라 많은 섬유가 서로 겹쳐 꼬여 있다는 점에 있다.

그러나 만약에 누군가가 '그러기 때문에 이들 모든 구성물에는 무엇인가 공통된 것이 있다. 즉 이들 모든 것의 공통성 선언(選言)이다'라고 말하려 한다면 —나는 당신은 말과 어울려 놀고 있는 데에 지나지 않는다고 대답할 것이다. 마찬가지로 사람들은 무엇인가 한 가지 것이 실 전체를 관통한다—즉 그것은 이러한 섬유의 끊임없는 겹침이라—고 말할 수 있을지 모른다.

68 '좋아. 그렇다면 당신에게 수라는 개념은 기수(基數), 유리수(有理數), 실수 등등 개별적으로 서로 관련된 여러 개념의 논리합(論理合)으로 설명되는 것이다'—그러나 반드시 그렇지는 않다. 왜냐하면 나는 그와 같이 '수' 개념에 고정된 한계를 줄 수가 있는, 즉 '수'라는 말을 하나의 분명히 한계 지워진 개념을 표기하도록 사용할 수가 있지만, 이 개념의 범위가 그 어떤 경계에 의해서 닫혀 있지 않게 사용할 수도 있기 때문이다. 우리는 바로 '게임'이라는 말을 그와 같이 사용하고 있다. 그렇다면 게임이라는 개념은 어떻게 한계가 지어지고 있는가? 무엇이 여전히 게임이고 무엇은 이미 게임이 아닌가? 당신은 그 경계선을 그을 수 있는가? 그을 수 없다. 그러나 당신은 그 한계를 그을 수는 있다. 왜냐하면 아직 그 어떤 경계선도 그어져 있지 않기 때문이다. [하지만 이와 같은 일은 당신이 '게임'이라는 말을 응용했을 때 결코 번거로운 문제가 되지는

않았다.]

'그렇지만 그때에는 이 말의 용법이 규정되지 않았다. 우리가 이 말을 사용해서 하는 '게임'이 규정되어 있지 않았다.' 어떤 경우에나 규칙에 의해 제한되어 있다고는 말할 수 없다. 예를 들어 어느 정도의 높이까지 테니스공을 쳐올려도 좋은가, 어느 정도 강하게 쳐도 되는가 하는 것에 대해서도 규칙 같은 것은 없다. 그럼에도 불구하고, 테니스는 하나의 게임이고 규칙을 가지고 있다.

69 그렇다면 게임이란 무엇인가를, 누군가에게 설명하기 위해서 어떻게 하는가? 생각건대 우리는 그에게 여러 가지 게임을 기술해 보이고, 그 기술에 덧붙여 '이러한 것, 이와 비슷한 것을 사람들은 '게임'이라고 부르고 있다'라고 말할 수 있을 것이다. 그러나 이때 우리의 지식이 다소나마 늘어났을까? 우리는 다른 사람에 대해서만 게임이 무엇인가를 정확하게 말할 수 없는 것일까? 하지만 이것은 무지(無知)가 아니다. 우리가 경계를 모르는 것은 경계선이 그어져 있지 않기 때문이다. 이미 말한 바와 같이 우리는—특별한 목적을 위하여—경계선을 그을 수 있다. 그러나 그렇게 함으로써 비로소 개념이 사용 가능하게 되는가? 단연코 그렇지 않다! 그 특별한 목적을 위해서라면 그렇다고 할 수는 있어도 그것은 마치 '한 걸음 폭'이라는 길이의 척도를 사용할 수 있게 된 사람이 한 걸음 폭=75㎝라는 정의를 내린 것이 아닌 것과 마찬가지이다. 따라서 만약에 당신이 '그러나, 그것은 전부터 정확한 길이의 척도가 아니었다'라고 말하고 싶으면, 나는 대답하리라. 좋아, 그렇다면 그것은 부정확하다고. 그럼에도 불구하고, 당신은 나에게 정확성의 정의를 빚지고 있는 것이다.

70 '그러나 '게임'이라고 하는 개념이 이런 식으로 한정되어 있지 않다면 당신은 자신이 생각하고 있는 '게임'이 무엇인가를 애초부터 알고 있지 않은 것이다.' 내가 '대지는 온통 식물로 덮여 있다'고 기술할 때—당신은 내가 식물의 정의를 내리지 않는 한 내가 이야기하는 것에 대해서 아무것도 모르고 있다—고 말하고 싶을까?

내가 생각하는 일을 설명하기 위해서는, 예를 들어 그림을 한 장 그려서 '대지는 대체적으로 이렇게 보였다'라고 말하면 될 것이다. 나는 아마도 또 '정확하게는 이와 같이 대지가 보였다'라고도 말할 것이다. 그러면 이 풀이나 잎은 정확하게 그러한 상태로 그곳에 있었던가? 아니 그와 같은 것을 하고 있는 것이 아니다. 어떠한 그림도 나는 이런 뜻에서 정확하다고는 인정하지 않을 것이다.

누군가가 나에게 '아이들에게 무엇인가 게임을 가르쳐주시오!'라고 말한다. 그래서 내가 그들에게 주사위 도박을 가르치면, 그 사람은 나에게 '그런 게임을 가르치라고 한 적이 없다'고 말한다. 그가 나에게 명령을 주었을 때, 주사위 게임은 제외한다는 것이 그의 머리에 떠오르지 않았던 것일까?

71 '게임'이란 개념은, 윤곽이 흐릿한 개념이라고 말할 수 있다. '그러나 흐릿한 개념이 도대체 개념인가?' 핀트가 어긋난 사진이 도대체 인간의 영상인가? 게다가 초점이 어긋난 영상을 분명한 영상으로 바꾸어놓는 것이 항상 좋은 일인가? 초점이 안 맞은 것이야말로 바로 우리가 자주 필요로 하는 것이 아닌가?

프레게는 개념을 영역과 비교해서 말한다. 명확하게 경계가 정해져 있지 않은 영역을 사람들은 일반적으로 영역이라고 부를 수 없다고 말한다. 그것이 의미하는 바는 아마도 그와 같은 것을 가지고는 우리가 아무 일도 시작할 수가 없다는 것이다. 그러나 '어딘가 그 근처에 서 있어라!'라고 말한다는 것은 무의미한 일일까? 내가 다른 사람과 어떤 광장에 서 있고, 이와 같이 말했다고 생각하자. 그때 나는 아무런 경계선도 긋지 않고, 아마도 손으로—마치 일정한 지점을 지시하는 것처럼—지시를 할 것이다. 그리고 바로 이와 같이 해서 사람들은 게임이 무엇인가를 설명하는 것이다. 사람들은 몇 가지 예를 들어, 그것이 어떤 의미로 이해되기를 바란다. 하지만 이와 같이 표현했다고 해서 나는 그가 마침내 이들 예 중에, 내가—그 어떤 이유로 해서—말할 수가 없었던 공통된 것을 파악했으리라고 생각하는 것은 아니다. 그렇지 않고, 그들이 이들 예를 이제 일정한 방식으로 적용할 것이라고 말하고 있는 것이다. 예시한다는 것은 여기에서는—가장 좋은 방법이 결여되어 있기 때문에 취해지는—간접적인 설명 수단은 아니다. 왜냐하면 그 어떤 일반적인 설명도 오해될 수 있기 때문이다. 이와 같이 해서 우리는 바로 게임을 하고 있는 것이다. ['게임'이라고 하는 것은 언어 게임을 말한다.]

72 공통된 것을 파악하는 일. 내가 누군가에게 여러 가지 채색화를 보이고, '당신이 이 모든 그림에서 보는 색은 '황갈색'이다'라고 말했다고 가정하자. 이 것은 그가 이 그림들에서 공통된 것을 찾아내어 그것을 알아차린다면 이해가 되는 하나의 설명이다. 그때 그는 그 공통된 것에 눈을 돌려 그것을 지시할 수 있다.

이것과 다음의 경우를 비교해 보자. 내가 그에게 여러 가지 모양을 한 같은 색의 도형을 보이고 '이것들이 서로 공통되게 가지고 있는 것은 '황갈색'이다'라고 한다. 또 다음 경우와도 비교해 보자. 내가 그에게 여러 가지 색조의 청색 표본을 보이고 '이들 모두에 공통적인 색을 나는 '청색'이라고 부른다'라고 한다.

73 누군가가 표본을 가리키며 '이 색을 '청색'이라고 하고⋯⋯'라고 말하면서 나에게 색깔 이름을 설명해 줄 경우 많은 점에서 색의 표본 아래에 말이 적혀 있는 일람표를 그가 나에게 건네주는 경우와 비교할 수 있다. 비록 이와 같은 비교가 여러 가지 점에서 오해를 초래하기 쉬운 것이라 해도. 사람들은 이제 이와 같은 비교를 확장하고 싶어 한다. 설명을 이해했다고 하는 것은 설명된 것의 개념을 정신 안에 소유하는 것이며, 그것은 곧 표본이나 영상을 소유하는 것이다. 사람들이 나에게 여러 가지 나뭇잎을 보이고, '이것을 사람들은 '잎'이라고 부른다'고 말했다고 한다면 나는 잎의 모양이라는 개념, 잎의 모양에 관한 영상을 정신 안에 받아들이는 것이 된다(는 것이다).

그러나 그때 일정한 모양을 보여주지 않는데 '모든 잎의 모양에 공통되는' 잎의 영상이라는 것은 도대체 어떤 모양을 하고 있을까? 녹색이라는 색의 '내 정신 안의 표본'—녹색의 모든 색조에 공통되는 표본이란 어떠한 색조를 가지고 있는 것일까?

하지만 그와 같은 '일반적인' 표본이 있을 수 없을까? 예를 들어 잎의 그림이나 순수한 녹색의 표본같이. 분명히 있을 것이다! 그러나 이 그림은 그림으로 이해되는 것이지, 일정한 잎의 모양으로 이해되지 않는다는 것, 또 순수한 녹색 조각은 녹색을 띤 모든 것의 표본으로 이해되는 것이지, 순수한 녹색을 나타내는 표본으로 이해되지 않는다는 것—이것은 다시 이들 표본을 응용하는 방식의 문제이다.

녹색의 표본이 어떠한 형태를 하지 않으면 안 되는가를 물어보자. 그것은 네모꼴이어야 하는가? 그것은 그때 녹색을 한 네모의 표본이 될 수 있을까? 따라서 그것은 '불규칙한' 모양을 하고 있어야 하는가? 그렇다면 그때 그것을 단지 불규칙한 모양의 표본으로 간주하는—즉 불규칙한 모양의 표본으로만 사용하는—것을 저지해 주는 것은 무엇인가?

74 이 잎을 '잎 모양 일반'의 표본으로 보는 사람은, 예를 들어 그것을 이 특정한 모양의 표본으로 생각하는 사람과는 다른 방식으로 이것을 본다—라고 하는 생각도 또한 여기에 귀착된다. 과연 그것은 그대로일지도 모른다—실제로는 그대로가 아니지만. 왜냐하면 그것은 경험상 그 잎을 정해진 방식으로 보는 사람이 그것을 그때 이러이러하게 또는 이러이러한 규칙에 따라서 적용하고 있다는 것을 말하는 데에 지나지 않을 것이기 때문이다. 물론 사물을 이리저리 살펴보는 일도 있을 것이고, 어떤 표본을 이렇게 보는 사람이 그것을 일반적으로 이러한 방식으로 상용하고, 그것을 달리 보는 사람이 달리 사용하는 것과 같은 경우도 있다. 예를 들어 정육면체의 도식적인 소묘(素描)를, 하나의 정사각형과 두 개의 마름모꼴로 이루어진 평면도형이라고 보는 사람은 '이러한 것을 가져다줘!'라는 명령을, 그 도형을 공간적으로 보는 사람과는 아마도 다른 방식으로 수행할 것이다.

75 어떤 게임에 대하여 '그것이 무엇인가를 안다'는 것은 무슨 뜻인가? 그것을 알고는 있지만 말로 표현할 수 없다는 것은 무슨 뜻인가? 그와 같은 지식은 말로 표현되지 않은 정의와 같은 가치를 가지는 것인가? 그러므로 그 정의가 말로 표현된다면 나는 그것을 자기 지식의 표현으로 인지할 수 있을 것인가? 나의 지식과 나의 게임에 관한 생각은 내가 해줄 여러 설명 속에 완전히 표현되어 있지 않은가? 즉 내가 다양한 게임의 예를 기술하여 어떻게 하면 이

들 예에 따라서 사람이 모든 가능한 방식으로 다른 게임을 구성할 수 있는가를 보이고, 나는 이러이러한 것을 더 이상 게임이라고 부르지 않을 것이라고 말하는 것 안에 표현되어 있는 것이 아닐까?

76 누군가가 분명한 경계선을 그었다고 해도 나는 그것을, 나도 항상 그으려고 생각했던 경계선 또는 마음속에서 이미 그어버린 경계선으로 인지할 수는 없다. 왜냐하면 나는 그 어떤 경계선도 그으려고 생각하고 있지 않았기 때문이다. 이때 사람들은 그들의 생각이 나의 생각과 같지는 않지만 유사하다고 말할 수는 있다. 그리고 이 유사성은 경계가 확실치 않은 색의 반점으로 이루어져 있는 한 장의 그림과, 동일한 구도로 그려져 있기는 하지만 경계가 분명한 색의 반점으로 이루어진 또 한 장의 그림 사이 같은 유사성이다. 이때 이 유사성은 그 차이성과 마찬가지로 부정할 수 없다.

77 그래서 이와 같은 비교를 좀 더 추진시키면 분명한 영상이 흐린 영상과 유사할 수 있는 정도가 제2의 영상의 흐릿한 정도에 의존한다는 것이 분명해진다. 지금 하나의 흐릿한 영상에 대해서 이에 '대응하는' 분명한 영상을 그리지 않으면 안 되게 되었다고 생각해 보자. 전자에는 분명치 않은 적색의 직사각형이 있고, 그것에 대해 윤곽이 분명한 직사각형을 그리는 것이다. 물론 윤곽이 분명치 않은 직사각형에 대응하고 있고, 윤곽이 분명한 그런 직사각형은 몇 개든지 그릴 수 있을 것이다. 그러나 만약에 원본 쪽의 색이 경계의 흔적도 없이 서로 융합되어 있다고 하면—그때는 흐릿한 영상에 대응하는 분명한 영상을 그리는 것이 가망성 없는 기도가 되지 않을까? 그때가 되어 당신은 '이곳은 원, 직사각형 또는 하트형으로도 그릴 수가 있을 것이다. 색이 모두 융합되어 있기 때문이다. 이것은 무엇에나 맞고 그 무엇에도 맞지 않는다'고 말할 수밖에 없지 않을까? 그리고 예를 들어 미학이나 윤리학 안에서 우리의 여러 개념에 대응하는 여러 정의를 구하고 있는 사람은, 이와 같은 상태에 놓여 있는 것이다.

이와 같은 곤란에 직면하면 이러한 말[예를 들어 '좋은']의 뜻을 우리는 도대체 어떻게 해서 배웠는가를 자신에게 물어보아야 한다. 어떠한 예에 입각해서인가, 어떠한 언어 게임에서인가를 말이다. 그렇게 하면 이 말이 한 가족(家族) 몫의 여러 가지 뜻을 가지고 있지 않으면 안 된다는 것을 더 손쉽게 알 수 있을 것이다.

78 아는 것과 말한다는 것을 비교해 보자.

　몽블랑은 몇 미터의 높이인가—
　'게임'이라는 말은 어떻게 쓰이는가—
　클라리넷은 어떻게 소리가 나는가.

무엇인가를 알고 있는데 그것을 말할 수가 없다—에 놀라는 사람은 아마도 첫 번째 예와 같은 경우를 생각하는 것이다. 분명히 세 번째 예와 같은 경우는 생각하지 않는다.

79 다음과 같은 예를 생각해 보자. 어떤 사람이 '모세는 존재하지 않았다'고 말한다면 그것은 여러 가지 것을 의미할 수 있다. 이스라엘 사람들이 이집트에서 탈출했을 때 그들에게는 특정한 통솔자가 없었다—는 것일 수도 있고, 또는 그들의 통솔자는 모세라는 이름이 아니었다—고도 할 수 있으며, 또는 성서가 모세에 대해서 말하는 일을 모두 성취한 사람은 없었다—는 등등의 말일 수도 있다. 러셀에 의하면 '모세'라는 이름은 여러 가지 기술을 기초로 하여 정의될 수 있다. 예를 들어 '이스라엘 사람들을 황야를 가로질러 인도한 사람', '이 시대 이곳에 살아서 당시 '모세'라는 이름으로 불린 사람', '어렸을 때 파라오의 딸에 의해서 나일강으로부터 건져진 사람' 등등. 그러므로 이러저러한 정의를 가정함으로써 '모세는 존재했었다'라는 문장이 다른 뜻을 가지게 되고, 마찬가지로 모세에 관한 다른 모든 문장이 다른 뜻을 가지게 된다. 따라서 사람들이 'N은 존재하지 않았다'고 우리에게 말할 때 우리도 또한 '당신은 어떻게 할 작정인가? 당신은 ……라고 말하고 싶은가, 그렇지 않으면 ……라고 말하고 싶은가 하고 묻는 것이다.
　그러나 내가 지금 모세에 대해서 어떤 말을 했다고 하면—나에게는 항상

이 기술 가운데 어느 것 하나를 '모세'로 대체할 용의가 있을까? 어쩌면 나는 '모세'라는 말로 성서가 모세에 대해서 이야기하는 일을 행한 남자 또는 그 많은 것을 행한 남자에 대해서 이해하고 있다—고 말할지도 모른다. 하지만 어느 정도까지 고려하면 좋은가? 자기의 언명을 거짓이라고 해서 폐기하기 위해서는, 어느 정도 많은 일이 거짓이라고 증명되지 않으면 안 되는가를 나는 이미 정한 것일까? 그러기 때문에 '모세'라는 이름은 나에게 있어 모든 가능한 경우에 고정되고 일의적(一義的)으로 확정된 사용을 가지고 있는 것이 되는가? 나에게는 말하자면 일련의 발판이 준비되어 있어서, 그중의 하나가 제거되어도 다른 발판에서 자신을 지탱할 준비가 되어 있다는 말은 아닌가? 또 하나 다른 경우를 생각해 보자. 내가 'N은 죽었다'라고 말하려고 한다면 'N'이라고 하는 이름의 뜻에 대해서는 아마도 다음과 같은 사정이 있을 수 있을 것이다. 즉 내가 믿는 바로는, 어떤 사람이 살고 있었는데, 그 사람을 나는 (1) 어딘가에서 본 일이 있고, 그 사람은 (2) 이러이러한 모습을 하고[영상], (3) 이러이러한 일을 했고, (4) 사회에서는 'N'이라는 이름으로 통하고 있었다.

'N'이란 이름으로 무엇을 이행하고 있는가 하는 물음을 받으면 나는 이들 모두 또는 그 몇 가지를 들어 서로 다른 상황하에서는 서로 다른 것을 열거할 것이다. 그러면 'N'에 관한 나의 정의는 '이들 모두에게 해당하는 사람'이라는 것이 될 것이다. 그런데 지금 그중의 어느 것인가가 거짓임이 증명되면 어떤가? 나에게는 사소한 일로 보이는 것만이 거짓이라고 판명되었다고 해도—나에게는 'N'은 죽었다'는 문장을 거짓이라고 선언할 용의가 있어야 한다는 것이 될까? 그러나 사소한 일이라고 하는 경계는 어디에 있는가? 위와 같은 경우에 ('N'이라는) 이름의 설명을 하나 주었다고 한다면 나는 이제 그 설명을 바꿀 용의가 있다.

이것을 사람들은 다음과 같이 표현할 수 있다. 나는 'N'이라는 이름을 고정된 의미 없이 사용하고 있다. [하지만 이것은 이 이름의 사용을 거의 방해하지 않는다. 마치 어떤 책상이 세 다리 대신에 네 다리로 서 있고, 그 때문에 상태에 따라서는 흔들리지만, 그 책상의 사용을 방해하지 않는 것과 마찬가지이다.]

말을 사용하는데 그 뜻을 모르고 있으니까 나는 난센스한 일을 말하고 있는 것이다―라고 사람들은 말해야 할 것인가? 어떤 사태인가를 파악하는 일에 방해되지 않는 한, 하고 싶은 말을 해도 좋을 것이다. [만약에 그것을 파악하고 있다면 많은 말을 하지 않을 것이다.]

[과학적 정의의 변동. 오늘날 A라는 현상이 경험적으로 얻어진 수반현상(隨伴現象)으로 여겨지는 것은 훗날에는 'A'의 정의로 이용될 것이다.]

80 나는 '거기에 의자가 있다'고 말한다. 내가 거기로 가서 그것을 끌어당기려고 했을 때 그것이 갑자기 시야에서 사라졌다면 어떨까? '그렇다면 의자 등은 없었던 것으로 하고 그것은 어떤 착각이었던 것이다.' 그러나 1, 2초 사이에 그것이 다시 보이고 그것을 잡거나 할 수가 있게 된다. '그때에는 의자가 원래 거기에 있었던 것으로, 그것이 없어졌다는 것은 그 어떤 착각이었던 것이다.' 하지만 조금 있으면 그것은 다시 사라진다고―또는 사라지는 것처럼 보인다고 가정해 보자. 우리는 그때 무엇이라고 해야 좋은가? 그와 같은 경우에도―그와 같은 것을 여전히 '의자'라고 불러도 좋은가를 말해주고 있는―규칙이 준비되어 있는가? 그렇지 않으면 그러한 규칙은 '의자'라는 말의 사용에서는 결여되어 있는가? 그리고 우리에게는 이 말의 응용이 가능한 모든 경우에 대해서 규칙이 주어져 있는 것이 아니므로 우리는 이 말에 원래 그 어떤 의미도 결부시키지 않는다고 말해야 할 것인가?

81 언젠가 램지는, 나와의 대화에서 논리학이 하나의 '규범학'이라는 것을 강조하였다. 그때 그의 머릿속에 어떤 생각이 있었는지 나는 모른다. 그러나 그 생각은 틀림없이 후에 비로소 내가 알게 되었던 것과 밀접하게 관계되어 있었다. 즉 우리는 철학에서 말의 사용을 고정된 규칙에 따르는 게임이나 계산과 자주 비교하지만, 언어를 사용하고 있는 사람이 그와 같은 게임을 한다고는 말할 수 없다―는 것이다. 그래서 사람들이 지금 우리의 언어 표현은 단지 그와 같은 계산에 근접해 가는 데에 지나지 않는다―고 말하려 한다면 그 사람은 그것 때문에 이내 오해의 가장자리에 서게 된다. 왜냐하면 우리가 논리의 내부에서 하나의 이상 언어에 대해서 말하는 것처럼 보일 수 있기 때문이다. 말하자면 마치 우리의 논리가 공허한 공간을 위한 논리라도 되는 것처럼. 그런

데 논리학은 자연과학이 자연현상을 다루는 것과 같은 뜻으로 언어—내지는 사고—를 다루는 것이 아니므로 우리가 고작 말할 수 있는 것은 우리가 이상 언어를 구성한다는 것이다. 그러나 여기에서 '이상'이라는 말에 문제가 있다. 왜냐하면 그러한 언어 쪽이 우리의 일상 언어보다도 더 좋고 완벽한 것처럼 들리고, 또 이 말에 의해서 사람들에게 올바른 문장이 어떠한 것인지를 보이기 위해서는 논리학자가 필요한 것처럼 들리기 때문이다.

그러나 이 모든 것은 이해한다, 의미한다, 생각한다와 같은 개념에 대해서, 사람들이 더 큰 명석함을 획득했을 때 비로소 정당한 빛 속에 그 모습을 나타낼 수가 있다. 왜냐하면 그때에는 어떤 문장을 말하여 그것을 의미하고 이해하는 사람이 그때 그는 어떤 계산을 일정한 규칙에 따라서 수행하고 있다—고 우리로 하여금 생각하게 하는 것[그리고 이전에 나로 하여금 그와 같이 생각하게 한 원인]이 무엇인지가 분명해질 것이기 때문이다.

82 나는 무엇을 '그가 일을 진행할 때 따르는 규칙'이라고 부르는가? 우리가 관찰하는 그의 언어 사용을 유감없이 기술하는 가설(假說)인가? 또는 그가 기호의 사용 때에 참조하는 규칙, 아니면 우리가 그에게 규칙에 대해서 물을 때 그가 대답하는 것인가? 그러나 만약 관찰자에 따라서 그 어떤 규칙도 명확하게 인지되지 않고 물었을 때 그 어떤 규칙도 밝혀지지 않는다면 어떤가? 왜냐하면 그는 나의 물음에 대해서 자기가 'N'으로 이해하고 있는 일, 즉 하나의 설명을 주기는 했지만 그 설명을 철회하고 변경하려 하기 때문이다. 그러면 나는 그가 일을 진행시킬 때 따르는 규칙을 어떻게 규정해야 하는가? 그 자신은 그런 규칙을 모른다. 더 정확하게 묻는다면 '그가 일을 진행할 때 따르는 규칙'이라는 표현은 이 경우 또 그 무엇을 말하는 것인가?

83 이때 언어와 게임의 유사성이 우리에게 빛을 주지 않을까? 우리는 사람들이 들판에서 공놀이에 흥겨워하는 것을 매우 쉽게 상상할 수가 있다. 현존하는 여러 가지 게임을 하는데 그 대부분을 끝까지 하지 않고, 그사이에 공을 목적도 없이 공중에 던지거나 장난삼아 공을 가지고 쫓아다니며, 서로에게 던지기도 한다. 그리고 이때 누군가가 말한다. 이 전체 시간을 통해서 사람들

은 공놀이를 하고 있고, 그래서 공을 던질 때마다 일정한 규칙에 따른다고 말이다.

하지만 우리가 게임을 할 때—'하면서 규칙을 만들어내는' 경우도 있지 않은가? 또 하면서 규칙을 바꾸는 경우도 있지 않은가?

84 나는 말의 응용에 대해서 그것이 어떤 경우에도 규칙에 의해서 한정되어 있는 것은 아니라고 말했다. 그러나 도처에서 규칙으로 한정되고 그 규칙이 그 어떤 의문의 개입도 허락하지 않으며, 의문이 들어갈 여지가 모두 막힌 것 같은 게임이란 도대체 어떠한 게임일까? 우리는 규칙의 응용을 규제하는 규제를 생각할 수 없을까? 그리고 그런 규칙이 제거해 줄 의문을 생각할 수 없을까?

하지만 의문을 생각할 수 있기 때문에 우리가 의문을 갖는 것은 아니다. 누군가가 항상 자기 집 문을 열기 전에 의문을 가지고, 문 저편에 심연(深淵)이 입을 벌리고 있는 것이 아닌가 하고 의심하여 지나가기 전에 그 점을 확인하는 것을 나는 손쉽게 상상할 수 있다[그리고 때로는 그가 옳았다는 것이 증명되는 경우도 있을 수 있다]. 그러나 그럼에도 불구하고 내가 그와 동일한 경우에 의문을 갖는 것은 아니다.

85 어떤 규칙은 이정표와 같이 거기에 서 있다(고 하자). 이 이정표는 내가 가야 할 길에 대해서 아무런 의문도 남기지 않는 것일까? 그것은 내가 그 옆을 지나갈 때 어느 방향으로 가야 할지, 즉 도로를 따라서인지 들길을 따라서인지, 그렇지 않으면 들길을 가로질러서 가는지를 지시할까? 그러나 내가 거기에 어떻게 따라야 하는지, 그것이 가리키는 방향인지 [예를 들어] 그 반대 방향인지, 어디에 그게 써 있는가? 또 하나의 이정표 대신 일련의 이정표가 밀집해 있거나 땅 위에 분필로 선이 그어져 있다면, 그것은 단 하나의 해석밖에 없는가? 그렇다면 나는 이정표가 이렇든 저렇든 의문의 여지도 남기지 않는 것이라고 말할 수 있다. 오히려 어떤 때에는 의문의 여지를 남기고, 어떤 때에는 남기지 않는다고 말할 수 있다. 그러면 이것은 이미 철학적인 명제가 아니라 경험명제(經驗命題)인 것이다.

86 제2절과 같은 언어 게임이 한 장의 표를 원용(援用)해서 행하여진다고 하자. A가 B에게 주는 기호는 그때에는 문자기호가 된다. B는 한 장의 표를 가지고 있어서, 그 첫 번째 칸에는 게임에 사용되는 문자기호가 있고, 두 번째 칸에는 석재(石材)의 모양이 그려져 있다. A가 B에게 그러한 기호 하나를 지시하면 B는 그것을 표 안에서 찾아내어 그것에 대응하는 그림을 본다. 그러므로 이 표는 그가 명령을 수행할 때 따라야 하는 하나의 규칙이다. 표 안에서 그림을 찾는 방법을 사람은 훈련에 의해서 배운다. 그 훈련의 일부는 예를 들어 학생이 표 안에서 손가락을 왼쪽에서 오른쪽 즉 수평으로 움직이는 것을 배우는, 말하자면 일련의 수평선을 긋는 법을 배우는 데 있다.

지금 표를 읽기 위해 여러 가지 방법이 도입되어 있다고 생각하자. 즉 어떤 때에는 위에서 말한 것처럼

와 같은 도식에 따라, 또 다른 때에는

와 같은 도식, 또는 더 나아가서 다른 도식에 따르게 된다. 그러면 이러한 도식은 표를 사용하기 위한 규칙으로서 표에 첨가된다.

이때 우리는 이와 같은 규칙을 설명하기 위해 더 많은 규칙을 생각할 수는 없을까? 한편 처음의 표는 화살표 도식이 없이는 불완전했을까? 그리고 그 밖의 표도 각기 도식이 없으면 불완전할까?

87 내가 '나는 이스라엘 사람을 이집트로부터 탈출시킨 사람이 있다면 그가 당시 어떻게 불렸든, 따로 무엇을 했든 하지 않았든, 아무튼 그를 '모세'로 알고 있다'고 설명한다고 가정하자. 그런데 이 설명에 포함되어 있는 말에 대

해서, '모세'라고 하는 이름에 대한 의문과 비슷한 의문이 가능하다[무엇을 '이집트'라고 하고 누구를 '이스라엘 사람'이라고 하는가 등]. 더욱이 이러한 의문은 비록 우리가 '빨간' '어두운' '감미로운'이라는 말에까지 도달했다고 해도 끝나지 않는다. '그러나 만약에 어떤 설명이 최종적인 것이 아니라고 한다면 그것은 어떻게 내가 이해하도록 도와주는가? 그때 그 설명은 완료되지 않고 있으므로 나는 여전히 그가 무엇을 뜻하는지를 이해하지 못하고 또 결코 이해하지 못할 것이다!' 다른 설명에 의해 지지되지 않으면 그 설명은 말하자면 공중에 뜬 것과 같이 된다. 어떤 설명은 주어진 다른 설명의 지지를 받아 안정될 수 있지만, 그 어떤 설명도 우리가 오해를 피하기 위해 필요로 하지 않는 한, 다른 설명 같은 것은 필요 없다. 설명은 오해를 제거하거나 방지하는 데 유효하다. 단, 이 경우의 오해란 설명이 없으면 생길 수 있는 오해로, 내가 생각하고 그릴 수 있는 모든 오해는 아니다.

모든 의심은 기반(基盤)에 생기는 갈라진 틈만을 나타내는 것처럼 보인다. 그 때문에 확실한 이해는 우리가 의심할 수 있는 것을 모두 의심하고, 이어 그와 같은 의심을 모두 제거할 때 비로소 가능하게 된다(고 여겨진다).

이정표는—보통의 상황에서 그 목적을 달성한다면 정상이다.

88 내가 누군가에게 '어딘가 이 근처에 서 있어라!'라고 말한다면—이 설명은 완전히 그 기능을 다할 수 있을까? 그리고 다른 그 어떤 설명도 이를 거부할 수 없을까?

'하지만 그 설명은 부정확하지 않은가?' 맞다. 그러나 왜 사람들은 이것을 '부정확'하다고 말해서는 안 되는가? 우리는 다만 '부정확'이라는 것이 무엇을 의미하는가를 이해하도록 하자! 왜냐하면 그것이 '사용 불능'을 의미하는 것은 아니기 때문이다. 또 우리는 이와 같은 설명에 대비시켜서 어떠한 것을 '정확'한 설명이라고 하는지 곰곰이 생각해 보자! 예를 들어 분필로 어떤 영역의 경계를 분명하게 긋는 일인가? 그러나 거기에서 드는 생각은, 그 선에 폭이 있다는 것이다. 그러므로 가장 정확한 것은 색의 경계이다. 하지만 그러한 정확성에는 또 어떤 기능이 있는가? 실은 공회전을 하는 것은 아닌가? 게다가 우리는 어떠한 일이 이 정확한 경계를 일탈하는 것으로 간주되어야 할지, 어떻게 어떤 도구로 그것을 확인해야 하는지 아직 결정하지 않았다.

　우리는 회중시계를 정확한 시간에 맞추거나, 그것이 정확하게 움직이도록 조정하는 것이 어떤 것인지 안다. 그러나 만약 다른 사람이 이 정확성은 이상적인 정확성인가, 어느 정도 이상적인 정확성에 가까운가 물었다면 어떨까? 물론 우리는 회중시계에 의한 시간 측정의 경우와 다른 훨씬 확실한 정확성이 있다고 시간의 측정에 대해서 이야기할 수 있다. 그 경우 '시계를 정확한 시각에 맞춘다'는 말에는 유사하다고 해도 다른 뜻이 있고, 또 '시간을 읽는다'는 것도 다른 사건이 된다 등. 지금 내가 누군가에게 '좀 더 시간을 지켜 식사하러 와야 한다. 식사는 정확히 1시에 시작한다'라고 말한다면—여기에서는 정확성이 화제가 되지 않는 것인가? 왜냐하면 '실험실이나 천문대에서의 시간 측정을 생각해 보면, 거기에서 비로소 '정확성'이 무엇을 의미하는지 알 수 있다'고 말할 수 있기 때문이다.

　'부정확'이라는 것은 원래 비난받을 일, '정확'이라는 것은 칭찬받을 일이다. 그리고 부정확한 것은 더 정확한 것만큼 완전히 그 목적을 달성하지 않는다. 따라서 거기에서는 우리가 무엇을 '목적'이라고 부르는가가 문제가 된다. 내가 태양까지의 거리를 1m까지 정확하게 말하지 않거나, 목수(木手)에게 책상의 폭을 0.001mm까지 정확하게 말해주지 않거나 하면 '부정확'한 것이 되는가?

　'정확'의 단일한 이상상(理想像)이 준비되어 있지는 않다. 우리는 그것을 어떻게 상상하면 되는가—자신이 그렇게 부릴 만한 것을 규정하지 않는 한—알 수 없다. 그러나 그와 같은 규정, 자신을 만족시킬 만한 규정을 하기는 어려운 일이다.

　89 이들 고찰에 의해서 우리는 논리학이 얼마나 숭고한 것인가 하는 문제에 직면하게 된다.

　왜냐하면 논리학에는 특히 심오한 것—보편적인 의미—이 주어져 있는 것처럼 보이기 때문이다. 논리학은 모든 학문의 바닥에 놓여 있는 것처럼 보인다. 왜냐하면 논리적인 고찰은 모든 것의 본질을 탐구하기 때문이다. 그것은 사물을 그 바탕에서 보려고 하기 때문에 이러저러한 실제로 일어난 일에 관여해서는 안 된다. 그것은 자연현상의 어떤 사실에 대한 흥미에서 생기는 것이 아니고, 인과적 연관을 파악하려는 필요에서 생기는 것도 아니다. 모든 경험적인 것의 기초 내지 본질을 보려는 노력에서 생기는 것이다. 그러나 그 때문에 우리가 새로운 사실을 찾아내야 하는 것은 아니다. 오히려 탐구 때 새로운 것을 일체 배우려고 하지 않는다는 것이 우리의 탐구에서 본질적이다. 우리는 자신들 눈앞에서 이미 공공연하게 놓여 있는 것을 이해하려고 한다. 왜냐하면 그것을 우리가 그 어떤 뜻에서 이해하지 않는 것처럼 여겨지기 때문이다.

　아우구스티누스 《고백록》 제11권 제14장. '그렇다면 시간이란 무엇일까요? 아무도 나에게 묻지 않지만 나는 알고 있습니다. (그러나) 그렇게 묻는 사람에게 설명하려고 생각하면 나는 알지 못하는 것입니다.' 이러한 일은 자연과학 문제[예를 들면, 수소의 비중을 묻는 문제]에 대해서는 말할 수 없을 것이다. 아무도 묻지 않을 때에는 알고 있지만, 설명을 하지 않으면 안 될 때 알지 못하는 것은, 무엇인가를 상기하지 않으면 안 되는 것과 같다. [그리고 분명히 사람이 그 어떤 이유로 해서 상기하는 일이 곤란한 그 무엇이다.]

　90　우리는 현상(現象)을 꿰뚫어 봐야 할 것 같다. 그러나 우리의 탐구는 현상을 향하지 않고 현상의 '가능성'으로 향한다—고 말할 수 있을지 모른다. 즉 우리는 자신들이 현상에 대해서 하는 언명의 종류를 상기한다. 그러므로 아우구스티누스도 또한 사람들이 사건의 지속, 그 과거, 현재 또는 미래에 대해서 하는 여러 언명을 상기하는 것이다. [그것들은 물론 시간, 과거, 현재 및 미래에 대한 철학적인 언명은 아니다.]

　따라서 우리의 고찰은 문법적이다. 그리고 이것은 오해, 즉 말의 사용에 대한 오해, 특히 우리 언어의 여러 영역에서 사용되는 표현 형식 사이의 어떤 유사성에서 생기는 오해를 제거함으로써, 우리의 문제에 빛을 가져온다. 이들 오해의 대부분은 한 표현 형식을 다른 것으로 대체함으로써 제거할 수 있다. 이것을 사람들은 우리 표현의 '분석'이라고 말한다. 왜냐하면 그 과정은 가끔 사물을 해체하는 것과 비슷하기 때문이다.

　91　그런데 이제 우리 언어 형식의 궁극적인 분석, 그러니까 하나의 완전히 해체된 표현 형식과 같은 겉모양을 한 것이 마치 존재하는 것처럼 보일 수 있

다. 즉 우리가 사용하는 표현 형식이 본질적으로는 아직 미분석인 채로 있는, 또는 통상의 표현 형식 안에 빛을 가져올 그 무엇인가가 감추어져 있는 것 같은 외관을 나타내는 일이 있을 수 있는 것이다. 그와 같은 광명을 가져오면 그것에 의해서 표현은 완전히 명백해지고, 우리의 과제는 해소되어 있을 것이다.

　사람들은 또 이것을 다음과 같이 말할 수도 있다. 우리는 자신들의 표현을 한층 정확하게 함으로써 오해를 제거하는데, 그러나 그때 마치 우리가 완전한 정확성이라고 하는 일정한 상태를 향해 노력하고, 그것이야말로 우리 탐구의 목적인 것처럼 보이는 일이 있을 수 있다고.

　92 이것은 언어, 명제, 사고의 본질을 묻는 가운데 표명된다. 왜냐하면 비록 우리가 자기들의 탐구 안에서 언어의 본질—그 기능이나 구조—을 이해하려고 노력해도 그것은 이와 같은 물음이 노리는 것이 아니기 때문이다. 즉 이러한 물음은 본질적인 것 안에 이미 공공연하게 외부로 드러낸 것이나, 정리함으로써 일목요연하게 되는 것을 보지 않고 무엇인가 표면의 배후에 놓여 있는 것을 본다. 그것은 내부에 있는 것, 우리가 사물을 꿰뚫어 볼 때 보는 것, 그리고 분석에 의해 파헤쳐져야 하는 것이다.

　'본질은 우리에게 감추어져 있다.' 이것이 지금 우리의 물음이 가정하는 형식이다. 우리는 '언어란 무엇인가' '명제란 무엇인가'를 묻는다. 그리고 이 물음에 대한 대답은 한 번에 그 어떤 미래의 경험과도 관계없이 주어져야 한다는 것이다.

　93 어떤 사람은 '명제 같은 건 세상에서 가장 흔해 빠진 것이다'라고 말하고, 또 어떤 사람은 '명제—그것은 무엇인가 매우 불가사의한 것이다!'라고 말할지도 모른다. 그리고 이 후자는 명제가 어떠한 기능을 다하고 있는가를 단순하게 파악할 수가 없다. 명제와 사고에 관한 우리 표현 방법의 여러 형식이 그를 방해하기 때문이다.

　왜 우리는 명제가 불가사의한 것이라고 말하는가? 한편으로는 그것에 주어진 터무니없는 뜻 때문이다. [그리고 이것은 정말이다.] 또 다른 한편으로는 그와 같은 뜻이나 언어 논리의 오해에 의해서 우리가 명제란 그 어떤 이상한 것, 독특한 일을 하지 않으면 안 된다고 생각하기 때문이다. 오해로 인하여 우리에게는 명제가 마치 무엇인가 이상한 일을 하는 것처럼 보인다.

94 '명제, 이 불가사의한 것!', 여기에서 이미 전체 서술의 승화(昇華)가 있다. 즉 명제기호와 사실 사이에 순수한 매개물을 생각하는 경향 또는 명제기호 그 자체를 순화하여 승화시키려는 경향이다. 무릇 무슨 일이나 통상적인 사물과 함께 생기고 있다고 하는 것, 이것을 우리가 파악하는 것을 우리의 표현 형식이 여러 가지 방법으로 방해하여 우리를 키마이라(그리스 신화 속 괴물) 몰이로 몰아세우기 때문이다.

95 '사고란 무엇인가 독특하지 않으면 안 되는' 이러이러한 사태이다—라고 말하거나 생각할 때, 우리가 그렇게 생각한다고 해서 사실에서 떨어져 어딘가에 서 있는 것은 아니다. 다만 이러이러하다고 생각하는 것이다. 그러나 사람들은 이와 같은 패러독스[그것은 바로 자명성(自明性)이라는 형식을 가진다]를 다음과 같이 표현할 수 있다. 사람들은 주어진 사태가 아닌 것을 생각할 수가 있다고.

96 여기서 생각되는 특수한 착각에는 여러 측면으로부터 다른 착각들이 접속되어 있다. 사고라고 하는 것, 언어라고 하는 것은 이제 우리에게, 세계의 독특한 상관물(相關物)이나 영상처럼 보인다. 명제, 언어, 사고, 세계라는 여러 개념은, 서로 앞뒤로 열을 이루어 저마다 다른 것과 같은 값을 갖는다. [그러나 이때 이러한 말은 무엇 때문에 필요한가? 그것들을 응용할 언어 게임 같은 것은 없다.]

97 사고에는 후광(後光)이 비친다. 그 본질, 즉 논리는 하나의 질서, 더욱이 세계의 선천적인 질서 내지는 세계와 사고에 공통이지 않으면 안 될 가능성의 질서를 그려낸다. 그러나 이 질서는 최고로 단순하지 않으면 안 되는 것처럼 보인다. 그것은 모두 경험에 앞서 있고, 전체 경험을 관통하지 않으면 안 된다. 그 자체에는 그 어떤 경험의 혼탁이나 불확실도 붙어 있어서는 안 된다. 그것은 오히려 가장 순수한 결정체이어야 한다. 그런데 이 결정체는 일종의 추상으

로서가 아니라, 무엇인가 가장 구체적이고, 단단한 것으로 나타난다.[《논리철학논고》 5.5563]

우리는 탐구의 특수성, 심오함, 중요함은 그것이 언어의 비길 데 없는 본질, 즉 명제, 낱말, 추론, 진리, 경험 등등의 여러 개념 사이에 성립되는 질서를 파악하려고 노력하는 데 있다―는 착각에 사로잡혀 있다. 이러한 질서는 말하자면 초개념(超槪念) 사이의 초질서(超秩序)이다. 그런데 만약 '언어' '경험' '세계'라는 말에 무엇인가 용법이 있다면 여기에는 '책상' '램프' '문(門)'과 같은 말 정도의 저속한 용법이 있어야 한다.

98 한편으로 우리 언어에 포함되는 어느 문장에도 '그대로의 상태로 질서가 있다'는 것은 분명하다. 즉 우리는 자신들이 사용하는 일반적인 모호한 문장에는 아직 완전무결한 뜻 같은 것은 없으므로, 완전한 언어는 자신들에 의해 우선 구성되지 않으면 안 된다고 생각해서 이상을 추구하는 것이 아니다―라는 것. 다른 한편으로는 뜻이 있는 곳에 반드시 완전한 질서가 있다는 것이 명백한 것처럼 보인다. 그러므로 완전한 질서가 모호한 문장 속에도 숨어 있지 않으면 안 된다고.

99 문장의 의의는―하고 사람들은 말하고 싶어 할지도 모른다―물론 이것 저것 미정인 채로 두는 일이 있지만, 그래도 문장은 하나의 일정한 의의를 가져야 한다. 미결정의 의의―그와 같은 것은 원래 뜻을 전혀 이루지 않는다. 이 것은, 분명치 않은 경계는 원래 경계가 아니다―라고 말하는 것과 같다. 이 경우 사람들은 예를 들어, 다음과 같이 생각한다. 만약에 내가 '나는 그 남자를 완전히 방 안에 가두었다. 다만 문 하나가 열린 채로 있다'고 말하려고 한다면, 내가 그를 가두었다는 말은 전혀 되지 않는다. 그가 갇혀 있다는 것은 겉보기에 지나지 않는다. 여기에서 사람들은 '그러므로 당신은 아무 일도 하지 않는 것이다'라고 말하고 싶어질 것이다. 구멍이 뚫린 울타리 같은 것은 울타리가 아닌 것과 마찬가지라고. 그러나 이것은 진실일까?

100 '규칙에 모호한 점이 있다면 그것은 게임이 안 된다.' 그러나 그럴 경우

그것은 정말로 게임이 아닌가? '아마도 당신은 그것을 게임이라고 부를 테지만, 어쨌든 그것은 완전한 게임은 아니다.' 즉 그것은 그때 불순(不純)한 것이 되었고, 내가 바로 그와 같은 불순한 것에 흥미를 가진다―는 것이다. 그러나 나는 그들의 표현 방법 중에서 이상(理想)이 다하는 역할을 우리가 오해하고 있다고 말하고 싶다. 즉 우리도 또한 그것을 게임이라고 부를 테지만, 다만 우리는 이상에 현혹되어 그 때문에 '게임'이라는 말의 실제 응용 예를 명확하게 보지 않는 것이라고.

101 논리학에는 모호함 같은 것이 있을 수 없다고 우리는 말하고 싶어 한다. 우리는 이제 이상적인 '하지 않으면 된다(müsse)'가 현실에서 발견될 수 있다는 생각에 사로잡혀 있다. 그때 사람들은 그것이 어떻게 해서 현실 속에서 발견될 수 있는가를 아직 보지 못하고, 이 '하지 않으면 안 된다'의 본질을 이해하고 있지 않다. 우리는 그것이 현실에 숨어 있다고 믿는다. 왜냐하면 그것을 이미 현실에서 본다고 믿기 때문이다.

102 논리적인 명제 구조에 관한 엄밀하고 명확한 여러 규칙은, 우리에게는 무엇인가 배후에 숨어 있어서 이해라는 매체 안에 숨어 있는 것처럼 보인다. 나는 실제로 지금 그 규칙들을 보고 있다[어떤 매체를 매개해서라도]. 왜냐하면 나는 기호를 이해하고, 기호에 의해서 무엇인가를 생각하기 때문이다.

103 이상이라는 것은, 우리 생각으로는 흔들림 없이 고정되어 있다. 당신은 그것으로부터 빠져나올 수 없고, 항상 그것으로 되돌아가 있어야 한다. 바깥쪽과 같은 것은 없다. 바깥쪽에는 생생한 숨결이 결여되어 있다. 이러한 생각은 어디서 왔는가? 이 이념은, 말하자면 안경처럼 우리의 코 위에 얹혀 우리가 보는 것은 모두 그것을 통해서 본다. 우리는 그것을 벗는다는 생각에는 미치지 못한다.

104 사람은 서술 방식에 알맞은 것들을 사물에 서술한다. 자기를 인상 지우고 있는 비교 가능성을 우리는 하나의 최고로 일반적인 상태의 지각이라고

받아들인다.

105 그 질서, 즉 이상이 실제 언어에서 발견될 것이라고 믿을 때 사람들은 일상생활에서 '문장' '낱말' '기호'라고 부르는 것에 만족하지 않게 된다.

논리학이 다루는 명제나 낱말 같은 것은 순수하고 확실히 분별되는 것이어야 한다. 따라서 우리는 이제 원래 기호의 본질에 대해서 머리를 썩이고 있다. 그것은 어떤 기호에 대한 표상인가, 그렇지 않으면 현재의 순간에 주어진 표상인가 하고.

106 거기에서는 말하자면 머리를 쳐들고 있기가 곤란하다. 즉 자기들이 일상적인 사고(思考)의 대상(對象) 쪽에 머물지 않으면 안 된다는 것을 알고, 또 자기들의 수단을 가지고 전혀 기술할 수 있을 것 같지 않은 최종적인 정밀성을 기술하지 않으면 안 된다고 여겨질 경우에도 길을 잃지 않는 것은 곤란한 일이다. 그것은 우리에게 망가진 거미집을 자신의 손가락으로 원상 복구시키지 않으면 안 되는 것과 같다.

107 현실의 언어를 정밀하게 고찰하면 할수록 이 언어와 우리 요청(要請) 사이의 충돌은 격렬해진다. [논리의 투명한 순수성이라는 것이 나에게는 (탐구의 결과) 생긴 것이 아니라 하나의 요청이었다.] 이 충돌은 견딜 수 없는 것이 되고, 이 요청은 당장이라도 공허한 것이 되려고 한다. 우리는 매끈한 얼음 위에서 길을 잘못 들어 있고 거기에는 마찰이 없다. 따라서 여러 조건이 어떤 의미에서는 이상적인 것이지만, 우리는 바로 그것 때문에 앞으로 나아갈 수가 없다. 우리는 앞으로 나아가고 싶다. 따라서 마찰이 필요하다. 거친 대지로 돌아가라!

108 우리가 '명제' '언어' 등으로 부르는 것이 자신의 마음속에 그린 형식상의 통일체가 아니라 서로 유사한 여러 형상의 가족이라는 것을 우리는 인식한다. 그러나 그때 논리학은 어떻게 되는가? 그 엄밀성이 거기에서는 낱낱이 흩어져 버리는 것처럼 보인다. 하지만 그것에 의해서 논리학이 전적으로 소멸해

버리지는 않는다. 어째서 논리학은 그 엄밀성을 잃는 일이 없는가? 물론 사람들이 논리학으로부터 그 엄밀성을 어느 정도 빼버림으로써 없어지는 것은 아니다. 투명한 순수성이라는 선입견은 우리가 자신들의 고찰을 전환시킴으로써만 제거할 수 있다. [고찰은 전환되어야 한다. 그것은 우리 본래의 필요를 축으로 해서 이루어지지 않으면 안 된다고 말할 수 있다.]

논리의 철학이 명제나 낱말에 대해서 이야기하는 것은, 우리가 예를 들어 '여기에 중국어 문장이 쓰여 있다'거나 '아니다. 그것은 문자기호와 같이 보일 뿐 사실은 장식무늬이다'라고 말하는 경우처럼, 일상생활 안에서 우리가 말하는 것과 다른 뜻이 아니다.

우리는 언어의 공간적·시간적 현상에 대해서 이야기하고 있다. 비공간적·비시간적 비실재물에 대해서 이야기하고 있는 것이 아니다. [말이 난 김에 말하자면, 사람들은 여러 가지 방식으로 현상에 관심을 갖는 일밖에 할 수가 없다.] 그러나 우리는 언어에 대해서, 체스 게임의 말에 대해서 이야기하는 것처럼 이야기하고 있다. 그때 이를 위한 게임 규칙은 이야기하지만, 그 물리적 여러 성질을 기술하는 것은 아니다.

'말이란 도대체 무엇인가'라는 물음은 '체스의 말이란 무엇인가'라는 물음과 비슷하다.

패러데이(Michael Faraday)의 《화학의 역사》. 물은 하나의 개체이다—결코 변화하지 않는다.

109 우리의 고찰이 과학적인 고찰이 되어서는 안 된다는 것은 사실이었다. '우리의 선입견에 반해 이러이러한 일을 생각할 수 있다'—그것이 어떠한 일이 되었든 간에—는 경험은 우리가 관심을 가질 수 없는 일이었다. [사고를 정기(精氣)와 같은 것으로 파악할 것.] 따라서 우리는 어떠한 종류의 이론도 세워서는 안 된다. 우리의 고찰에서는 가설과 같은 것이 허용되어서는 안 된다. 모든 설명이 버려지고 기술(記述)만이 그 자리를 대신하지 않으면 안 된다. 그리고 이러한 기술은 스스로의 빛, 즉 목적을 철학적인 여러 문제로부터 받는다. 이들 문제는 물론 경험적인 문제가 아니다. 오히려 우리 언어의 작용을 통찰함

으로써 해결되는 것이며, 더욱이 그 작용이 그것을 오해하려는 충동에 맞서 인식되는 방식으로 해결된다. 이들 문제는 새로운 경험을 꺼냄으로써 해결되는 것이 아니라 이미 아는 것을 정돈함으로써 해결된다. 철학이란 우리의 언어 수단을 매개로 우리의 오성(悟性)을 현혹시키는 것에 대한 도전이다.

110 '언어[또는 사고]란 비할 것이 없는 그 무엇이다.' 이것은 그 자체가 문법상 착각에 의해서 환기된 하나의 미신[오류가 아니다!]을 나타낸다.
그리고 이와 같은 착각, (철학적인) 여러 문제에 바야흐로 정열이 되돌아간다.

111 우리의 언어 형식을 오해함으로써 생기는 여러 문제는 심원(深遠)한 성격을 가진다. 거기에는 심각한 동요가 있어서 그것은 우리 언어의 여러 형식과 마찬가지로 우리 내부에 깊이 뿌리를 내리고, 그 뜻은 우리 언어의 중요성과 마찬가지로 크다. 왜 우리는 문법상의 농담을 심원이라고 느끼는가—를 자신에게 물어보자. [더욱이 이것이야말로 철학적인 심원성이다.]

112 우리 언어의 여러 형식 속에 도입된 직유(直喩)가 잘못된 외관을 낳고, 그 외관은 우리를 동요시킨다. 즉 '그렇게 되어 있지 않다!'—고 우리는 말한다. '하지만 그럼에도 불구하고 틀림없다!'

113 '그래도 그렇게 되어 있다'—고 나는 되풀이해 나 자신에게 타이른다. 나에게는 자신의 시점(視點)을 완전히 그리고 분명하게 이 사실에 맞추어 거기에 초점을 맞출 수만 있다면, 그 사물의 본질을 파악할 수 있을 것으로 여겨진다.

114 《논리철학논고》[4.5]—'명제의 일반적인 형식이란 사태가 이러이러하다는 것이다.' 이것은 사람들이 몇 번이고 되풀이하는 종류의 명제이다. 사람들은 되풀이해서 사태의 성질(자연)을 추구한다고 믿는데, 사실은 우리가 그것을 관찰할 때의 형식에 따라갈 뿐이다.

115 우리는 어떤 영상(映像)에 사로잡혀 있다. 그리고 거기에서 탈출할 수 없었다. 왜냐하면 그 영상은 우리 언어 안에 있고, 언어는 그것을 우리에 대해서 오직 사정없이 되풀이하고 있는 것처럼 여겨졌기 때문이다.

116 철학자들이 말—'지식' '존재' '대상' '자아' '명제' '이름' 등—을 써서, 사물의 본질을 파악하려 하고 있을 때, 사람들은 다음과 같이 묻지 않으면 안된다. 도대체 이 말은 그 원래의 고향에서 실제로 그와 같이 사용되고 있는가하고.

우리는 이들 말을, 그 형이상학적인 용법에서 다시 그 일상적인 용법으로 되돌린다.

117 사람들은 나에게 '당신에게는 이 표현이 이해되겠지? 그렇다면—당신이 알고 있는 의미에서 우리도 이 표현을 사용하고 있는 것이다'라고 말한다. 마치 의미라고 하는 것이 분위기와 같은 것이어서, 말이 그것을 동반하고, 또 갖가지 종류의 적용에서 그것을 둘러싸고 있는 것처럼.

예를 들어 누군가가, '그것은 여기에 있다'[고 하면서 자기 앞에 있는 대상을 가리킨다]고 하는 문장은 자기에게 뜻이 있다고 할 때, 그는 어떤 특수한 상황 하에서 사람들이 이 문장을 실제로 사용하고 있는가를 자문해도 좋다. 그러한 상황 안에서 이 문장은 비로소 뜻을 갖는다.

118 이 고찰은 흥미로운 모든 것, 즉 위대하고 중요한 모든 것만을 파괴하는 것처럼 보이는데, 어디서부터 그것이 중요하다고 말할 수 있을까? [말하자면, 모든 건조물이 돌조각과 기와만을 남기고 있는데.] 그러나 우리가 파괴하고 있는 것은 공중누각뿐이다. 우리는 그것이 서 있던 언어의 지반(地盤)을 노출시키고 있는 것이다.

119 철학에서 생긴 여러 결과는, 어떤 종류의 단순한 무의미함과, 오성(悟性)이 언어의 한계에 부딪쳤을 때에 생기는 혹 등이 발견되었다—는 것이다. 이들 혹이, 그 자체를 발견한 가치를 우리에게 인식시켜 준다.

120 언어[낱말, 문장 등]에 대해서 말할 때, 나는 일상의 언어를 말하지 않으면 안 된다. 이 언어는 우리가 말하고 싶은 일을 표현하기 위해서는, 거칠고 지나치게 물적(物的)일까? 그렇다고 한다면, 어떻게 하면 다른 언어를 창출할 수 있을까? 하지만 우리가 자신들의 언어로 대개 무엇이든지 시작할 수 있다고 하는 것은 얼마나 기묘한 일인가!

언어에 관해서 내가 설명할 때, 이미 그 전체 언어[예비적, 잠정적인 언어가 아니라]를 응용하지 않으면 안 된다고 하는 것은, 그대로 내가 언어에 대해서 표면적인 일밖에 발언할 수 없다는 것을 나타내고 있다.

그러나 그렇다면, 어떻게 하면 이와 같은 논술이 우리를 만족시킬 수 있을까? 아니, 그러한 당신의 물음도 또한 이미 이 언어 안에서 만들어져 있는 것이고 무엇인가 물을 일이 있었다고 한다면, 이 언어 안에서 표현되지 않으면 안 되었던 것이다!

따라서 당신의 시기와 의심은 오해이다.

당신의 시기와 의심은 낱말에 관계하고 있으므로, 나는 낱말에 대해서 말하지 않으면 안 된다.

사람들은 중요한 것은 낱말이 아니라 그 뜻이라고 말하고, 그때 뜻은 말과는 다른 것이라고 생각하기는 해도, 말과 같은 종류의 사항인 것처럼 생각해 버리고 만다. 이쪽에 말, 이쪽에 의미. 돈과 그것으로 살 수 있는 암소. [하지만 다른 한편으로는 돈과 그 효용.]

121 철학이, '철학'이라는 말의 관용에 대해서 이야기한다면, 제2단계의 철학이 있지 않으면 안 된다—고 사람들은 생각할지도 모른다. 그러나 전혀 그렇지 않다. 이 경우는 '정자법(正字法)'이라는 말을 취급하지 않으면 안 되는 정자법에 대응하고 있는 것으로, 그때에는 제2단계(의 정자법)와 같은 것 등은 없다.

122 우리가 자신들의 말의 관용을 전망하지 않고 있다는 것, 이것이 우리의 몰이해(沒理解)의 한 원천이다. 우리의 문법에는 전망성이 결여되어 있다. 전망이 좋은 서술은 이해를 중개하지만, 이 이해는 바로 우리가 '연관을 본다'는 것에서 성립되는 것이다. 그러기 때문에 연쇄의 고리를 찾아 엮어내는 일이 중요

하다.

전망이 있는 서술이라고 하는 개념은 우리에게 기본적인 의미가 있다. 그것은 우리의 서술 형식, 우리가 사물을 보는 법을 표기하고 있다. [이것은 하나의 '세계관'인가?]

123 철학 문제는 '나는 어찌할 바를 모르고 있다'는 모양을 취한다.

124 철학은 그것이 어떠한 방식이건 언어의 실제 관용에 저촉되어서는 안된다. 그러기 때문에 철학은 최종적으로 언어의 관용을 기술할 수 있을 뿐이다.

왜냐하면 철학은 그것에 기초를 부여할 수도 없으니까.

그것은 모든 것을 그것이 있는 그대로 해둔다.

그것은 숫자도 그것이 있는 그대로 두는 것이며, 그 어떤 수학적 발견도 철학을 전진시킬 수가 없다. 우리에게 '수학적 논리학의 주요 문제'는 그 밖의 문제와 마찬가지로, 수학의 한 문제이다.

125 모순을 수학적·논리수학적인 발견으로 해결한다는 것은 철학이 할 일이 아니다. 그러나 우리를 동요시키는 수학의 상태, 모순이 해결되기 이전의 상태를 전망할 수 있도록 하는 것은 철학의 일이다. [하지만 그것으로 곤란을 회피할 수 있는 것은 아니다.]

이 경우의 기본적인 사실은 이러하다. 즉 우리가 여러 규칙이나 기술을 어떤 게임을 위해 확립한다는 것, 그런데 이들 규칙에 따르려고 하면 자기들이 가정하고 있는 것처럼 잘 되어가지 않는다는 것, 그러므로 우리는 말하자면 자기 자신의 규칙에 사로잡힌다는 것.

이와 같이 자신의 규칙에 사로잡혀 있는 것이야말로 우리가 이해하고 싶은, 즉 전망하고 싶은 일이다.

그것은 생각한다는 우리의 개념에 한 줄기 빛을 던진다. 왜냐하면 앞의 어느 경우도 우리가 그렇다고 생각하고, 예견한 것과는 다른 일이 일어나기 때문이다. 예를 들어 모순이 생기면 우리는 바로 '그렇게 되리라고는 생각하지 않았다'고 말한다.

　모순의 시민적인 지위 또는 시민 세계에서의 모순의 지위, 이것이 철학의 문제이다.

　126 철학은 모든 것에 의견을 발표하기만 할 뿐 아무것도 설명하거나 추론하지 않는다. 모든 것이 공공연하게 거기에 있으므로, 설명할 일도 없다. 왜냐하면 숨어 있는 것과 같은 것에는 우리는 흥미를 느끼지 않기 때문이다.

　사람들은 또 새로운 발견이나 새로운 발명이 이루어지기 전에 가능한 것을 '철학'이라고 부를 수가 있을 것이다.

　127 철학자가 할 일은 일정한 목적을 향하여 여러 기억을 긁어모으는 일이다.

　128 사람들이 철학에서 논제를 세우려고 해도 그것에 대해서 논의가 이루어지는 일은 결코 없을 것이다. 왜냐하면 모두가 그것에 동의할 것이기 때문에.

　129 우리에게 가장 중요한 사물의 양상은, 그 단순함과 평범함에 의해 감추어져 있다. [사람들은 이것을 알아채지 못한다. 그것이 항상 눈앞에 있기 때문이다.] 인간 탐구의 본래 기반은, 전혀 사람을 놀라게 하는 일이 없다. 그것이 이전에 오히려 인간을 놀라게 했다는 사실을 제외하고는. 그리고 이것은 일단 보면 가장 놀라게 될 가장 강렬한 것이 우리를 놀라게 하지 않는다는 것을 말한다.

　130 우리의 명료하고 단순한 언어 게임은 장래의 언어 규제를 위한 예비 연구—말하자면 마찰이나 풍압(風壓)을 고려하지 않은 최초의 근사치가 아니다. 오히려 이들 언어 게임은 비교의 대상으로 제시되는 것이고, 이들은 유사나 차이를 매개로 하여 우리 언어의 여러 상태에 빛을 던져주어야 한다.

　131 그러니까 우리가 우리 주장의 부당함이나 공허함을 면할 수 있는 것은

오직 범례(範例)를 있는 그대로, 즉 비교 대상으로서—말하자면 잣대로서—제시하는 것에 의해서이며, 현실이 그것에 대응해야 하는 선입견으로서 제시하는 것에 의한 것은 아니다. [우리가 철학을 할 때 아주 쉽게 빠지는 독단.]

132 우리는 언어 사용에 관한 우리 지식 안에서 하나의 질서를 회복시키고 싶다고 생각한다. 그것은 일정한 목적을 위한 하나의 질서, 많은 가능한 질서 중 하나이지 질서 그 자체는 아니다. 우리는 이 목적을 위해 자신들의 일상적인 언어 형식이 손쉽게 간과되는 여러 가지 구별을 항상 되풀이해서 강조할 것이다. 그것에 의해서 마치 우리가 언어의 개혁을 자신들의 과제라고 여기는 것을 겉보기로 나타내는 일이 있을 수 있다.

특정한 실제적 목적을 위해 행하여지는 그와 같은 개혁, 실제 어법에서 생기는 오해를 회피하기 위한 술어(術語)의 개량이라면 가능하다. 그러나 이들은 우리가 다루어야 할 사항이 아니다. 우리를 번거롭게 하는 혼란은, 말하자면 언어가 공회전을 할 때 생기는 것이지 언어가 작동할 때 생기는 것은 아니다.

133 우리는 우리 말의 적용에 관한 규칙 체계를 들어본 일도 없는 방식으로 세련되고 완전한 것으로 만들려고는 하지 않는다.

왜냐하면 우리가 얻고자 하는 명석함은, 물론 완전한 명석함이지만 단지 철학적인 여러 문제가 완전히 소멸해야 한다는 것에 지나지 않기 때문이다.

진정한 발견은 우리가 원할 때 철학하는 것을 중단하도록 해준다. 그것은 철학을 평안하고, 철학 그 자체를 문제 삼는 물음에 의해서 더 이상 쫓기지 않도록 한다. 그리고 이제 실례에 입각한 하나의 방법이 제시되고 더욱이 이들 실례의 계열을 사람들은 중단할 수 있다. 하나의 문제가 아니라 여러 가지 문제가 해소된다[여러 가지 어려움이 제거된다].

철학 방법이 하나밖에 없다—는 일은 있을 수 없다. 실로 여러 가지 방법이 있고, 말하자면 서로 다른 치료법이 있는 것이다.

134 '사태가 이러이러하다'라는 명제를 생각해 보자. '이것이 명제의 일반 형식이다'라고 어떻게 말할 수 있는가? 이것은 무엇보다도 그 자체가 이미 하나

의 명제이며 우리말로 된 문장이다. 왜냐하면 여기에는 주어와 술어가 있기 때문이다. 그러나 이 문장은 어떻게 응용되는가―즉 우리 일상의 언어 안에서. 왜냐하면 나는 바로 거기에서 이 문장을 꺼내 왔으니까.

우리는 예를 들어 '그는 나에게 자기 입장을 설명했다. 그는 사태가 이러이러하니 가불이 필요하다고 말하였다'라고 말한다. 그러므로 사람은 여기에 관여되는 한 아까의 문장은 그 어떤 진술을 대변한다―고 말할 수가 있다. 그것은 명제의 형식으로서 사용되고 있는 것인데, 그와 같은 것으로 사용되는 것은 단지 그것이 하나의 우리말 문장 구조를 가지고 있기 때문이라는 데에 지나지 않는다. 사람들은 이 문장 대신에 갑자기 '이것 이것이 실정(實情)이다'라거나 '사물은 이러이러하게 되어 있다'고 말할 수도 있다. 또 기호논리학의 경우처럼 단순히 하나의 문자, 하나의 변항(變項)을 사용할 수도 있다. 하지만 문자 'p'를 그 누구도 명제의 일반 형식이라고 부르지는 않을 것이다. 이미 말한 바와 같이, '사태는 이러이러하다'가 그와 같은 것(명제의 일반 형식)이었던 것은, 단순히 그 자체가 독일어(한국어) 문장이라고 불리는 것이었기 때문이다. 그러나 비록 그것이 하나의 문장이라고 해도, 그것에는 명제 변항으로서의 용법이 있는 데에 지나지 않는다. 이 명제가 현실과 일치한다[또는 일치하지 않는다]고 말하는 것은 명백한 난센스일 테고, 따라서 이 명제는 우리의 명제 개념의 하나의 징표(徵標)가 명제인 음성이라는 것을 예시(例示)하는 것이 된다.

135 그런데 그렇다면 우리는, 명제란 무엇이고 '명제'라는 말로 우리가 이해하는 것은 무엇인가에 대해서 하나의 개념을 가지는 것이 되지 않는가?―맞는 말이다. 우리가 '게임'으로 이해하는 일이 무엇인가에 대해서도, 하나의 개념을 가지고 있는 데 한해서이다. 명제란 무엇인가―라는 물음을 받으면―지금 다른 사람 또는 자기 자신 그 누군가에게 대답하지 않으면 안 된다 해도―우리는 여러 가지 예를 들고 그것을 바탕으로 사람들이 명제의 귀납적 계열이라고 부를 수 있는 것을 제시할 것이다. 어쨌든 이와 같은 방식으로 우리는 명제라는 개념을 가지게 된다. [명제의 개념을 수의 개념과 비교하라.]

136 근본적으로 '사태는 이러이러하다'를, 명제의 일반 형식으로서 제시하

는 것은 명제란 모두 참 또는 거짓일 수 있는 것—이라고 설명하는 것과 같다. 왜냐하면 '사태가 이러이러하다'라고 하는 대신 내가 '이러이러한 일이 참이다'라고 말할 수도 있었을 것이기 때문이다. [그러나 또 '이러이러한 일이 거짓이다'라고도.] 하지만 이제는 다음과 같다.

'p'는 참이다=p

'p'는 거짓이다=p 아님.

그리고 명제란 모두 참 또는 거짓일 수 있다는 것은 결국 우리 언어 안에서 진리함수의 계산을 응용할 수 있는 것을 명제라고 부른다—는 것을 말한다.

그러면 이 설명—명제란 참 또는 거짓일 수 있는 것—은 '참'의 개념에 해당하는 것, 또는 '참'이라고 하는 개념이 해당되는 것, 그것이 명제이다—라고 말함으로써 명제가 무엇인가를 규정하는 것처럼 보인다. 그러므로 우리가 참과 거짓이라는 개념을 가지고 있고, 그 도움으로 이제 무엇이 명제이고 무엇이 명제가 아닌지 결정할 수 있는 것처럼 보인다. 진리인 개념과 맞물리는 것[톱니바퀴처럼], 그것이 명제이다—라고.

그러나 이것은 좋지 않은 영상(映像)이다. 그것은 사람들이 '체스의 왕이란 왕수(王手)를 걸 수 있는 바로 그 말이다'라고 말하는 것과 같다. 하지만 그것은 우리가 체스 게임을 하는 동안 왕에게만 왕수를 걸 수 있다는 말이다. 마찬가지로 명제만이 참일 수 있다—는 명제는 우리가 명제라고 부르는 것에 대해서만 '참'이나 '거짓'을 술어로서 덧붙인다는 것밖에 말하고 있지 않다. 그리고 명제가 무엇인가라는 것은, 어떤 의미에서는 [예를 들어 독일어의] 문장 구조의 여러 규칙에 의해서 규정되어 있고, 다른 뜻으로는 언어 게임에서의 기호 사용에 의해서 규정되어 있다. 그리고 '참'이나 '거짓'과 같은 낱말의 사용도 또한 이러한 게임의 한 구성 요소일 수 있다. 그때 그 사용은 우리에게 명제의 일부가 되어 있지만, 명제로서는 '적합한' 것이 아니다. 우리는 또 이렇게도 말할 수 있을 것이다. 왕수를 건다는 것은, 체스의 왕이 우리 개념의 일부가 되어 있다[마치 그 구성 요소인 것처럼]고. 왕수를 건다는 것이 졸(卒)이라고 하는 우리 개념에 적합하지 않다고 말하는 것은, 졸에 왕수가 걸려 예를 들어 졸을 잃은 사람이 지는 것 같은 게임—그와 같은 게임은 재미가 없다거나 터무니없다거나 너무 복잡하다는 것을 의미할 것이다.

137 그렇다면 우리가 문장 중의 주어를 '누가 또는 무엇이……?'라는 물음을 통해서 결정하는 것을 배우는 경우는 어떠한가? 여기에 이러한 물음에 주어가 '해당하는' 예가 있다. 그렇지 않으면 어떻게 해서 우리는 물음을 통해서 주어가 무엇이라는 것을 알았을까? 우리가 그것을 아는 것은 알파벳의 어느 글자가 'K' 다음에 오는가를, 알파벳을 'K'까지 말해보고 아는 것과 비슷한 방법에 의해서이다. 그런데 어느 정도 'L'이 이 'K까지의' 문자의 계열에 들어맞는가? 그리고 그 한도 내에서 사람들은 또한 '참'이나 '거짓'이 명제에 적합하다고 말할 수 있을 것이다. 그리고 아이를 향하여 '그 후에 '……은 참이다'라고 말할 수 있는지 말해보라. 이 말이 들어맞는다면 그것은 명제이다'라고 말하면서 명제를 다른 표현으로부터 구별하는 법을 가르칠 수 있을 것이다. [마찬가지로 이렇게도 말할 수 있다. '사태는 이와 같이 되어 있다'라는 말을 그 앞에 넣을 수 있는지 스스로에게 물어보라.]

138 하지만 내가 이해하는 말의 뜻이 내가 이해하는 문장의 뜻에 들어맞는 일은 있을 수 없는가? 또는 어떤 말의 뜻이 다른 말의 뜻에 들어맞는 일이. 물론 의미가 말에 대해 우리가 행하는 사용이라면 그와 같은 적합에 대해서 말하는 일에는 아무런 뜻이 없다. 그런데 우리는 말을 듣거나 발성하거나 할 때 그 뜻을 이해한다. 우리는 그것을 한번에 파악한다. 그리고 우리가 그와 같이 파악하는 것은, 실제 시간 안에 연장되는 '사용'과는 다른 그 무엇인가이다!

나는 내가 어떤 말을 이해하는가의 여부를, 알지 않으면 안 되는가? 자기가 어떤 말을 이해하고 있다고 생각하다가[어떤 계산법을 이해하고 있다고 생각하는 것과 마찬가지로], 얼마 후 그것을 이해하지 않고 있었다는 것을 알아차린다─는 일도 일어나지 않을까? [나는 '상대' 운동이나, '절대' 운동이 어떠한 것인지 안다고 믿었으나, 지금은 내가 그것을 모르고 있다는 것을 알고 깨달았다.]

139 누군가가 나에게 예를 들어, '정육면체'라는 말을 할 때 나는 그것이 무엇을 의미하는지 안다. 그러나 내가 그것을 그와 같이 이해할 때 그 말의 적

용 예 전체가 나의 머리에 떠오를까?

그럴지도 모른다. 그러나 다른 한편으로는 낱말의 의미가 그와 같은 적용 예에 의해서도 또한 규제되지는 않을까? 그리고 그러한 여러 규정이 서로 모순될 수 있는가? 우리가 이와 같이 한번에 파악하는 것이 어느 적용 예에 일치하거나, 그것에 알맞거나, 알맞지 않은 일이 있을 수 있는가? 그리고 우리 마음에 순간적으로 나타나는 것, 우리 머리에 순간적으로 떠오르는 것이 어떻게 해서 하나의 적용 예에 해당할 수 있는가?

그렇다면 우리가 어떤 말을 이해할 때, 우리 마음속에 떠오르는 것은 도대체 무엇인가? 그것은 어떤 영상 같은 것이 아닌가? 그것은 영상일 수 없는 것인가?

지금 '정육면체'라는 말을 듣고 마음속에 어떤 영상이, 예를 들어 어떤 정육면체의 겨냥도 같은 것이 떠올랐다고 가정해 보자. 이 영상은 어느 정도까지 '정육면체'라는 말의 적용 예에 해당되거나 해당되지 않는가? 아마도 당신은 말할 것이다. '그것은 간단하다. 이 영상이 나의 마음속에 있는데, 예를 들어 삼각 프리즘을 가리키며 이것이 정육면체라고 말한다면 이 적용 예는 영상에 해당되지 않는다.' 하지만 정말로 해당되지 않는가? 내가 일부러 이 예를 고른 것은, 영상이 결국 적합해지는 어떤 투영법을 생각하는 것이 매우 손쉽기 때문이다.

정육면체의 영상은 물론 우리에게 어떤 종류의 적용을 시사했지만, 나는 그것을 달리 적용할 수도 있었다.

(a) '나는 이 경우에 적절한 말은 ……이라고 생각한다.' 이것은 말의 뜻이 우리의 마음속에 떠오르는 그 무엇으로, 말하자면 우리가 이 자리에서 사용하고 싶은 정확한 영상을 나타내는 것은 아닐까? 내가 '당당한' '위엄 있는' '자랑스러운' '존경의 마음을 일으키게 하는'과 같은 말의 선택을 한다고 생각해 보자. 그것은 내가 서류 가방에서 겨냥도를 골라내는 것과 같은 일은 아닐까? 아니다. 사람들이 딱 맞는 말에 대해서 말하는 것이, 무엇인가 이러이러한 어떤 존재를 나타내는 것은 아니다. 오히려 사람에게는 그 영상과 같은 그 무엇인가에 대해서 이야기하는 버릇이 있고, 그것은 사람이 그 말을 딱 맞는 것으

로 느끼기 때문이고, 또 가끔 비슷하지만 동일하지 않은 영상을 고르는 것처럼 말을 고르기 때문이며, 또 가끔 말 대신에, 아니면 말을 해설하기 위해 영상을 사용하기 때문이다 등등.

(b) 나는 어떤 영상을 보고 있다. 그것은 한 노인이 지팡이에 몸을 의지하여 험한 길을 올라가는 모습을 나타낸다. 그러나 어떻게? 그가 이 자세로 거리를 미끄러져 내려오고 있었다고 해도 그와 같이 보이지 않을까? 화성(火星)의 주인은 이 영상을 아마도 이렇게 기술할 것이다. 왜 우리가 그와 같이 기술하지 않는가를 나로서는 설명할 필요가 없다.

140 그러나 그렇다면, 나의 잘못은 어떤 종류였는가? 영상이 자신에게 일정한 적용 예를 강제한다고 믿었으면 좋았을걸—하고 표현하고 싶어지는 그러한 잘못일까? 하지만 나는 어떻게 해서 그렇게 믿을 수가 있었던가? 무엇을 나는 거기에서 믿고 말았던가? 영상 또는 어떤 영상과 비슷한 것이 존재하고 있어서, 그것이 우리에 대해서 일정한 적용 예를 강제하고 있기 때문에, 나의 잘못은 혼동이었던 것인가? 왜냐하면 우리는 기껏해야 심리적으로 강제된 것이지 논리적으로는 아니다—라고 표현하고 싶은 경향이 우리에게 있을지도 모르기 때문이다. 그리고 그때 우리는 전적으로 두 종류의 경우를 인지하는 것처럼 보인다.

그러면 나의 논의는 무엇을 이룩하였는가? 사정에 따라서는 처음에 우리가 생각하고 있던 사건 이외의 사건도 기꺼이 '정육면체 영상의 응용'이라고 부른다—는 사실을 알게 한 [그것을 생각나게 한] 것이다. 우리가 가지고 있는, '영상이 우리에 대해서 일정한 응용을 강제한다는 신념'은, 그러기 때문에 우리 마음속에는 단 한 가지 경우밖에, 그리고 그 밖의 경우는 전혀 떠오르지 않는다—는 것으로 이루어지고 있다. '그 밖에도 해결이 있다'는 것은, 내가 '해결'이라고 부를 용의가 있는 다른 것이 있고, 그것에 대해서 이러이러한 영상과 비유를 응용할 용의가 있다는 것이다.

이제 본질적인 일은, 말을 들었을 때 그것이 우리 마음속에 떠오르지만 그 응용은 다를 수 있다는 점을 우리가 안다는 것이다. 그러면 그것은 양쪽 모두가 같은 뜻을 가지는 것인가? 나는 우리가 아니라고 대답할 것이라고 생각한다.

141 그러나 단지 정육면체의 영상뿐 아니라, 거기에 투영법도 가세해서 우리의 마음속에 떠오른다면 어떻게 되는가? 나는 이것을 어떻게 생각하면 좋은가? 예를 들어, 투영 방법의 도식을 눈앞에서 보는 것처럼, 또 두 개의 정육면체가 투영선에 의해서 서로 결부된 것을 나타내는 영상을 보는 것처럼. 하지만 그것은 나를 본질적으로 전진하게 해줄까? 이제 나는 이 도식의 여러 가지 응용 예도 생각할 수 없단 말인가?—할 수 있다. 그러나 그러기 때문에 나에게는 하나의 응용 예가 마음속에 떠오를 수 없는 것인가? 아니 그렇지 않다. 다만 우리는 이 표현의, 자신들에 의한 응용에 대해서 좀 더 명석해져야 한다. 내가 누군가에게 여러 가지 투영법을 설명해 주고, 이어서 그가 그것들을 응용한다고 가정하자. 그때 어떠한 경우에 내가 생각하고 있는 바로 그 투영법이 그의 마음속에 떠오른다고 우리는 말하는가—를 스스로에게 물어보자.

이제 우리는 이 점에 대해서 분명히 두 종류의 기준을 승인한다. 한편으로는 그 어떤 때에 그의 마음속에 떠오르는 영상[그것이 어떤 종류가 되었든 간에], 다른 한편으로는 그가—시간의 경과 중에서—이 표상(表象)으로 하는 응용. [그리고 이러한 영상이 공상 속에서 그의 마음속에 떠올라 오히려 겨냥도나 모델로서 그의 앞에 있는 것이 아니고, 또 그에 의해서 모델로 만들어진 것도 아니라는 것이 어디까지나 비본질적인 일이다—라는 것이 여기서는 분명히 밝혀진 게 아닐까?]

그렇다면 영상과 응용이 충돌하는 일이 있을 수 있는가? 그렇다. 영상이 우리에게 다른 적용을 기대하게 하는 한 충돌할 수 있다. 왜냐하면 사람들은 일반적으로 이 영상에 대해 이 응용을 하기 때문이다.

나는 여기에 하나의 정상적인 경우와 몇 가지 비정상적인 경우가 있다고 말하고 싶다.

142 정상적인 경우에만 말의 사용이 우리에게 명확하게 규정된다. 우리는 이러저러한 경우 어떻게 말해야 할지 알고 의심하지 않는다. 점점 더 이상한 경우가 될수록, 여기에서 무엇을 말해야 할 것인지 의심하게 된다. 그리고 만약에 사물이 실제로 거동하는 것과는 전혀 다른 거동 방식을 하고 있다면—예를 들어 아픔이나 두려움이나 기쁨에 대해 특유한 표현이 없거나, 규칙이 예

외가 되고 예외가 규칙이 되거나, 또는 그 둘이 거의 같은 빈도(頻度)로 현상이 되거나 한다면—우리의 정상적인 언어 게임은, 그것에 의해서 스스로의 안목을 잃는다. 한 덩어리의 치즈를 천칭 접시에 얹어, 천칭의 기울기에 맞추어 값을 정하는 절차는, 만약에 그와 같은 덩어리가 확실한 원인도 없이 갑자기 커지거나 작아지는 일이 자주 일어나면 그 안목을 잃고 만다. 이 고찰은, 우리가 감정이나 그것과 유사한 것에 대한 표현의 관계와 같은 사물에 대해 이야기하게 될 때 더욱 명백해진다.

우리가 어떤 개념의 뜻—여기에서는 그 중요성이라는 뜻이지만—을 설명하기 위해 말해야 하는 것은, 흔히 일반적인 자연의 여러 사실이다. 그 큰 일반성 때문에 거의 언급되는 일이 없는 것들 말이다.

143 그러면 다음과 같은 종류의 언어 게임을 생각해 보자. B는 A의 명령을 받아 특정한 형성 규칙에 따라 기호의 여러 계열을 써야 한다.

이들 계열의 처음에는, 10진법으로 쓰인 자연수의 계열이 오도록 한다. 그들은 어떻게 해서 이 (10진법) 체계를 이해하는 것을 배우는가? 우선 그들을 위해 수열이 미리 쓰이고, 그는 그것을 끈기 있게 적는다. ['수열'이라는 말에 걸려 넘어지지 말라. 그것은 여기에서 부당하게 사용되고 있지 않다!] 그런데 이미 여기에는 학습자의 정상적인 반응과 이상적(異常的)인 반응이 있다. 우리는 아마도 처음에 0에서 9까지의 수열을 적게 할 때 그의 손을 잡고 가르쳐준다. 그런데 그때 (그에 대한) 의사소통 가능성은, 그가 스스로 그것을 계속 써갈 수 있는가 여부에 달려 있다. 그리고 여기서 우리는, 예를 들어 그가 분명히 스스로 숫자를 베끼고는 있지만, 수열에는 따르지 않고 불규칙적으로 어떤 때는 이것 어떤 때는 저것을 베낀다—고 상상할 수 있다. 그러면 그때 거기에서 의사소통이 단절되고 만다. 그러나 어쩌면 그는 순번에 잘못을 저지르는 것이다. 이 경우와 처음의 차이는 물론 빈도의 차이이다. 어쩌면 그는 체계적인 잘못을 저질러서, 예를 들어 항상 하나 걸러서 수를 베끼거나 또는 0, 1, 2, 3, 4, 5, ……라는 수열을 1, 0, 3, 2, 5, 4, ……하는 식으로 베끼는 것이다. 여기에서 우리는 그가 우리를 잘못 이해하였다고 당장이라도 말하고 싶어진다.

그러나 주의하기 바란다. 불규칙한 잘못과 체계적인 잘못 사이에는, 즉 당신이 '불규칙한 잘못'이라고 부르고 있고 '체계적인 잘못'이라고 부르고 싶은 두 가지 사이에는 뚜렷한 경계 같은 것은 없다.

이때 사람들은 그를 체계적인 잘못의 습관으로부터 멀리할 수가 있다[악습에서 멀리할 수 있는 것처럼]. 또는 그가 베끼는 방법을 타당한 것으로 간주한 후 정상적인 방식을 그가 하는 방식의 변종 또는 변이로서 가르치려고 노력한다. 그리고 여기에서도 또한 우리 학생의 학습 능력이 좌절해 버리는 일이 있을 수 있다.

144 내가 '학생의 학습 능력이 여기에서 저하될 수도 있다'고 말할 때는 무엇을 뜻하는가? 나는 그것을 자기 경험으로부터 말하고 있는가? 물론 그렇지는 않다. [비록 그러한 경험을 한 일이 있다고 해도.] 그러면 나는 이 명제로 도대체 무엇을 하고 있는가? 어쨌든 나는, 당신이 '그래, 그것은 정말이다. 그것을 사람들은 상상할 수도 있고, 그런 일이 일어날 수도 있다!'고 말해주기를 바란다. 그러나 나는, 누군가가 그것을 스스로 표상할 수 있다는 사실에, 당사자의 주의를 환기시키고 싶다고 생각하고 있었던가? 나는 그와 같은 영상을 그의 눈앞에 놓고 싶다고 생각하고 있었고, 그가 그 영상을 승인한다는 것은 그가 주어진 사태를 달리 고찰하고 싶어 한다는 것, 즉 사태를 이러한 영상 계열과 비교하고 싶어졌다는 것을 말한다. 나는 그의 직관 방식을 바꾼 것이다. [인도의 수학자, '이것을 주시하라!']

145 학생이 지금 수열을 0에서 9까지, 우리가 만족할 만하게 쓰고 있다고 하자. 그러면 그와 같이 되어가는 것은, 그것이 가끔 잘 되어가는 경우일 뿐 그가 그것을 100번 시도한 것 중 한 번 올바르게 행하기 때문은 아니다. 지금 나는 수열을 더욱 앞으로 더듬어가게 하여, 일위(一位)의 숫자에 처음 수열이 되풀이된다는 점, 이어 십위(十位)의 숫자에도 그 되풀이가 나타나는 점에 그의 주의를 향하게 한다. [그것은 단지, 내가 어떤 종류의 강조를 하거나, 기호에 밑줄을 긋거나, 이러이러한 방식으로 아래에 맞추어서 쓰거나 하는 것과 같은 것에 지나지 않는다.] 그리하여 이제 그는 마침내 자력으로 수열을 계속 써

간다─혹은 그렇게 하지 않는다. 그러나 왜 그렇게 말하는가. 그것은 자명한 일이다! 물론 내가 말하고 싶었던 것은, 단지 그 이상의 설명 효과는 그의 반응에 의존하고 있다는 데 지나지 않는다.

하지만 지금 교사의 상당한 수고로 인하여 그는 수열을 올바르게 계속 써간다. 즉 우리가 하는 것처럼 써간다고 가정하자. 그러면 이제 우리는 그가 이 체계에 통달해 있다고 말할 수가 있다. 그러나 우리가 정당하게 그렇게 말할 수 있기 위해서는, 어디까지 그는 수열을 올바르게 계속 써가야 하는가? 여기에 그 어떤 경계도 그을 수가 없다는 것은 분명하다.

146 지금 내가 '수열을 백의 자리까지 계속 써나간다면 그는 이 체계를 이해했을까'라고 물으려고 한다면? 또는, 내가 우리의 원초적인 언어 게임 안에서 '이해한다'는 것에 대해서 말해서는 안 된다고 하면, 그가 수열을 거기까지 올바르게 계속 써갈 때 그는 이 체계를 잘 배워서 숙달해 있는 것일까? 여기서 아마도 당신은 말할 것이다. 그 체계에 숙달한다[또는 이해한다]는 것은, 사람이 수열을 이 수까지 또는 저 수까지 계속 써감으로써 성립될 리가 없다, 그러한 일은 단순히 이해의 응용에 지나지 않는다고. 이해 그 자체는 하나의 상태로서, 거기에서 올바른 적용이 파생해 온다고.

그러면 사람들은 여기에서 도대체 무엇에 대해서 생각하고 있는가? 어느 수열을, 그 대수적(代數的) 표현으로부터 도출하는 일에 대해서 생각하고 있는 것은 아닌가? 그렇지 않으면 무엇인가 그것에 유사한 일에 대해서인가? 하지만 우리는 이미 한 차례 그것에 대해서 언급하였다. 우리는 바로 대수적 표현의 응용을 한 가지 이상으로 생각할 수 있다. 그리고 각 응용 예는 다시 대수적으로 표현될 수 있지만, 분명히 그것에 의해서 우리는 한 발 앞으로 나아가는 것이 아니다. 응용은 계속 이해의 기준 상태로 존재한다.

147 '하지만 어떻게 해서 응용이 이해의 기준이 될 수 있는가? 내가 어떤 수열의 규칙을 이해하고 있다고 말할 때 나는 이제까지 대수적인 표현을 이러이러하게 응용해 온 경험을 근거로 해서 그와 같이 말하는 것이 아니다! 오히려 나는 자기 자신에 대해서는 항상 이러이러한 수열을 마음속에 두고 있는 것을

알고, 내가 어디까지 수열을 실제로 전개했는가 하는 것은 어떻게 되든 상관이 없다.'

그러면 당신의 의견으로는 일정한 수에 대한 실제의 응용을 기억하는 것을 전적으로 도외시해도, 수열 규칙의 응용을 알고 있다는 것이 된다. 그리고 당신은 아마도 말할 것이다. '물론 그렇다! 왜냐하면 수열은 실제 무한한 것이고, 내가 전개할 수 있었던 수열의 부분은 유한하니까'라고.

148 그러나 이 지식은 무엇에 의해 성립되는가? 나는 묻고 싶다. 언제 당신은 이 응용을 알고 있는가? 항상인가? 밤이나 낮에도인가? 또는 당신이 수열의 규칙을 생각하고 있는 동안인가? 즉 당신은 ABC나 구구단을 아는 것처럼 응용을 알고 있는가? 그렇지 않으면 당신은 '지식'을 어느 의식 상태 또는 사건—예를 들어 무엇인가에 대해서 생각하고 있다는 것—이라고 말하는가?

149 'ABC를 아는 지식은 어떤 마음의 상태이다'라고 말할 때, 사람들은 어떤 마음의 장치[예를 들어, 우리의 두뇌]의 상태를 생각하고, 그것을 매개로 해서 우리가 이 지식의 외적 표출을 설명한다고 생각한다. 그와 같은 상태를 사람들은 성향(性向, disposition)이라고 부른다. 그러나 여기에서 마음의 상태에 대해서 이야기한다는 것은 그 상태에 대해서 두 가지 기준이 존재하지 않는 한 이론(異論)이 없다고 말할 수는 없다. 즉 그 장치(裝置)의 작용과는 별도로 그 구조를 인지하거나 인지할 수 있는가 하는 것이다. [여기에서 의식되어 있는 상태와 성향과의 대비를 나타내는 데에 '의식' 또는 '무의식'이라는 말을 쓰는 것처럼 혼란을 일으키는 일은 없을 것이다. 왜냐하면 이 한 쌍의 말은 어떤 문법적 구별을 은폐하기 때문이다.]

(a) '어떤 말을 이해한다.' '하나의 상태.' 그러나 어떤 마음의 상태인가? 슬픔, 흥분, 고통을 우리는 마음의 상태라고 한다. 다음과 같은 문법상의 고찰을 해 보기 바란다. 우리는 말한다.

'그는 온종일 슬퍼했다.'

'그는 온종일 매우 흥분했다.'

'그는 어제부터 끊임없이 고통을 받았다.'

우리는 '우리는 어제부터 이 말을 이해한다'라고도 말한다. 하지만 '끊임없이'인가? 물론 사람들은 이해의 중단에 대해서 이야기할 수 있다. 그러나 어떠한 경우에 그런가? '언제 당신은 고통이 가벼워졌는가'와 '언제 당신은 이 말을 이해할 수 없게 되었는가'를 비교해 보자.

(b) 언제 당신은 체스를 할 수 있는가(능력이 있는가)—라고 사람들이 물었다면 어떤가? 언제라도 할 수 있는가? 그렇지 않으면 말을 움직이고 있는 동안인가? 또 말을 하나 움직이는 동안에 전 게임을 행할 수 있는 능력이 있는가? 체스하는 데 그렇게 적은 시간밖에 필요치 않고, 한판 승부에는 훨씬 긴 시간이 필요하다는 것은 얼마나 이상한 일인가?

150 '안다'는 말의 문법은 분명히 '할 수 있다' '가능하다'라는 말의 문법과 밀접하게 관계하고 있다. 그러나 또 '이해한다'는 말의 문법과도 밀접하게 관계하고 있다. [어떤 기술에 '숙달하고 있다'는 것]

151 그런데 '안다'는 말에는 다음과 같은 사용법도 있다. 우리는 '이제 나는 그것을 안다!'고 말하고, 그와 전적으로 동일하게 '이제 나는 그것을 할 수 있다!' '이제 나는 그것을 이해한다!'고 말한다.

다음과 같은 예를 머릿속에 그려보자. A는 수열을 쓴다. B는 그것을 보고, 수열 안에서 법칙을 찾아내려고 노력한다. 그것이 잘 되어가면 그는 '이제 나는 계속해 갈 수 있다!'고 외친다. 이러한 능력과 이해는 어떤 한순간에 생긴다. 따라서 거기에서 생긴 것이 무엇인지 조사해 보자. A는 1, 5, 11, 19, 29라고 썼다. 그때 B는 이제 그다음을 안다고 말한다. 거기에서는 무슨 일이 일어났는가? 여러 가지 일이 일어날 수 있다. 예를 들어, A가 천천히 숫자를 쓰는 동안에 B는 여러 가지 대수식을 써놓은 수에 적용하려고 열심이다. A가 19라는 수를 썼을 때, B는 $a_n=n^2+n-1$이라는 식을 시험해 보았다. 그러자 바로 다음의 수가 그의 가설을 확증하였다.

그러나 다른 경우 B는 식에 대해서 생각하지 않는다. 그는 어떤 긴장감을 가지고 A가 어떤 숫자를 쓰는지를 지켜본다. 그때 그의 머리에는 잡다하고 분명치 않은 생각이 교차한다. 마지막으로 그는 '항차(項差)의 수열은 어떻게 되는가'라고 자문한다. 그는 4, 6, 8, 10이라는 것을 알고 이제 앞을 계속할 수 있다고 말한다.

또는 그를 흘끗 보고 '아, 이 수열이라면 내가 안다'고 말하고—앞으로 계속해 간다. A가 1, 3, 5, 7, 9라는 수열을 적었다면 아마도 그렇게 했으리라는 것처럼. 또는 그는 한마디도 하지 않고, 다만 수열만을 적어간다. 아마도 그는 '그런 것은 쉽다!'고 말할 수 있는 느낌을 가졌을 것이다. [그와 같은 느낌은, 예를 들어 약간 놀랐을 때와 같이 가볍고 빨리 숨을 들이마시는 느낌이 된다.]

152 그러나 그렇다면 내가 앞에서 말한 일은 이해라고 하는 것인가?

'B가 수열의 체계를 이해한다'는 것은, 어느 경우든 단순히 B가 '$a_n = \cdots\cdots$'이라는 식을 생각하기에 이른다—는 것이 아니다! 왜냐하면 그가 그 식을 생각하기에 이르렀다고 해도, 여전히 그것을 이해하지 못하는 것을 충분히 생각할 수 있기 때문이다. '그가 이해한다'는 것은 그가 식을 생각해 낸다—는 것 이상의 일을 포함하지 않으면 안 된다. 그리고 마찬가지로 그 어떤 특징적인 이해라고 하는 것에 수반하는 사건 내지는 외적 표출 이상의 것을 포함하고 있어야 한다.

153 우리는 이제 한층 거친, 따라서 우리의 눈에도 분명한 여러 수반사상(隨伴事象)의 배후에 숨어 있다고 여겨지는 이해의 심적인 사건을 파악하려 하고 있다. 그러나 그렇게 잘 되어가지는 않는다. 좀 더 정확하게 말하자면, 그것은 실제의 시도(試圖)까지는 이르지 못한다. 가령 내가 이해의 모든 경우에 생기고 있는 무엇인가를 발견했다고 가정해도, 왜 그것이 이해라고 하는 것이어야 하는가? 그렇다. 내가 이해를 하고 있기 때문에, '이제 나는 이해하고 있다'고 말할 때, 어떻게 이해라고 하는 사건이 숨어 있는 일이 있을 수 있을까? 그리고 만약에 내가 그것이 숨겨져 있다고 말한다면, 어째서 나는 그때 자기가 추구해야 할 것을 아는 것일까? 나는 혼란의 와중에 있다(는 것이 된다).

154 그러나 기다려주기 바란다! 만약 '이제야 나는 그 체계를 이해하고 있

다'는 말이, '나는 식(式) ······에 생각이 미치고 있다' [또는 '내가 그 식을 말하고 있다' '내가 그 식을 쓰고 있다' 등등]와 같은 뜻을 말하지 않는다면, 여기에서 나는 '이제 나는 ······을 이해하고 있다' '이제 나는 계속 쓸 수 있다'와 같은 명제를, 그 식의 발음의 배후, 또는 그것에 수반해서 성립되는 어떤 일의 기술(記述)로서 사용하고 있다는 것이 귀결될 수 있을까?

만약 '식의 발음 배후에' 무엇인가가 있어야 한다면 그것은—식에 생각이 미쳤을 때—내가 계속 쓸 수 있다고 말하는 것을 정당화시켜 주는 어떤 종류의 상황이다.

그러나 이해를 '심적인 사건' 등으로는 결코 생각하지 말기를 바란다! 왜냐하면 그것은 당신을 혼란케 하는 이야기 방식이기 때문이다. 그 대신 묻기 바란다. 어떤 경우, 어떤 상황하에서 우리는 '이제 나는 그 앞을 알고 있다'고 말하는가 하고. 자기 생각이 식에 도달했다고 하고.

이해라는 것에 특징적인 일이[또한 심적인 사건도] 존재한다는 의미에서 이해는 심적인 일이 아니다.

[어떤 고통 감각이 제거되거나 가해지거나 하는 일, 어떤 멜로디나 문장이 들린다고 하는 것은 심적인 사건.]

155 그러므로 내가 말하고 싶었던 것은 이렇다. 즉 그가 만약에 갑자기 그 앞쪽을 알고 그 체계를 이해했다면, 그는 아마도 특별한 체험을 했을 거라는 점—그 체험은 사람들이 그에게 '당신이 그 체계를 갑자기 파악했을 때, 거기에서 어떠한 일이 일어났는가' 물었을 때, 우리가 앞에서 기술한 바와 마찬가지로 그가 기술할 것으로 여겨지는 것인데, 그러나 우리에게 있어 그가 그런 경우에 자기가 이해하는, 앞을 안다고 말하는 것을 정당화하는 것은, 그가 그런 체험을 한 상황이다.

156 이것은 (여기에서) 또 하나의 말, 즉 '읽는다'는 말의 고찰을 삽입하면 한층 명백해질 것이다. 우선 나는 이 고찰에서, 읽힌 것의 뜻의 이해를 '읽는' 것으로 간주하지 않고 있다는 점을 지적해 두어야 한다. 여기에서 '읽는다'라는 것은, 쓰여진 것과 인쇄된 것을 음성으로 옮기는 활동을 말하며, 또 구술(口述)

을 적거나 인쇄물을 베끼거나 악보에 따라 연주하는 등등의 활동을 말한다.

　우리 일상생활의 여러 상황 속에서 이 말의 사용은 우리에게는 물론 잘 알려져 있다. 그러나 이 말이 우리 생활에서 다하는 역할, 그리고 그와 함께 우리가 그것을 적용할 때의 언어 게임은 대충 기록한다고 해도 서술하기는 곤란하다. 어떤 사람, 예를 들어 독일 사람이 학교 또는 가정에서 우리에게는 다반사가 된 수업 과정을 거쳐, 그 수업에서 모국어 읽는 것을 배웠다. 그 후 그는 책, 편지, 신문, 그 밖의 것을 읽는다.

　그렇다면 그가, 예를 들어 신문을 읽고 있을 때 무슨 일이 일어나는가? 그의 눈은―말하자면―인쇄된 말을 따라가고, 그는 그것을 소리로 낸다. 또는 자기에게만 들리게 읽고 있다. 즉 어떤 말은 그가 인쇄된 모양을 전체로서 파악한 후 다른 어떤 말은 그의 눈이 최초의 음절을 파악한 후 다시 몇 가지 것은 음절마다 그리고 이러저러한 것들은 문자마다 읽고 있다. 우리는 또 그가 읽는 사이에 소리도 내지 않고, 자기에게만 들리게 읽지 않는데도, 그 후에 문장을 한 마디 한 마디 근접하게 재생할 수 있다면, 그는 이 문장을 읽고 있다고도 말할 것이다. 그는 자기가 읽는 것에 주의를 기울이고 있을 수도 또―말하자면―단지 읽는 기계로만 기능할 수도 있다. 즉 자기가 읽는 것에 주의를 기울이는 일 없이 소리 높여 정확하게 읽을 수도 있다. 어쩌면 자기 주의력을 무엇인가 전적으로 다른 것으로 돌리면서[그 때문에 그는 자기가 무엇을 읽고 있었는지 다른 사람이 바로 물어도 말할 수 없다].

　지금 이 독자와 초심자를 비교해 보자. 초심자는 고생을 해서 문자를 따라가면서 낱말을 읽는다. 그러나 몇 가지 말은 전후 관계로 추측하고, 또는 그 책을 아마도 부분적으로는 이미 암기한다. 그때 교사는 그가 실제로는 낱말을 읽고 있지 않다고 말한다[또 어떤 경우 그가 단지 읽는 척하고 있다고도 말한다].

　이와 같은 읽는 법과 초심자가 읽는 법을 생각하면서, 읽는다는 것이 무엇에 의해 성립되는가를 자문해 보면, 우리는 그것이 특수하게 의식된 정신적 활동이다―라고 말하고 싶어진다.

　우리는 또 이 학생에 대해서 '물론 그가 실제로 그 말을 읽고 있는지 아니면 그냥 암기하고 있는지는 오직 그만이 알고 있다'고도 말한다. [이 '오직 그만이

……를 안다'라는 명제에 대해서는 더 이야기하지 않으면 안 된다.]

그러나 나는 말하고 싶다. 우리가 승인해야 하는 것은—인쇄된 낱말의 어느 것 하나를 발음하는 것에 관해서는—그것을 '읽는 척하는' 학생의 의식과, 그 것을 '읽는' 숙련된 독자의 의식에서 일어나는 것과 동일한 일이 일어날 수 있 다는 점이다. '읽는다'는 말은, 우리가 초심자에 대해서 또는 숙련된 독자에 대 해서 이야기하고 있을 때 다른 방식으로 응용된다. 우리는 지금도 물론 이렇 게 말하고 싶다. 숙련된 독자에게 일어나는 일과 초심자에게 일어나는 일은, 그들이 그 말을 발음하고 있을 때 동일한 것일 수는 없다고 말이다. 그리고 비 록 그들에게 직접 의식되어 있는 것에 아무런 차이가 없다고 해도 그들 정신 의 무의식적인 작용 중에 또는 뇌 안에 (차이가) 틀림없이 있을 것이라고. 그 때 문에 우리는 다음처럼 말하고 싶어진다. 바로 여기에, 어찌 되었든 두 개의 서 로 다른 메커니즘이 있다! 그리고 이들 중에 일어나는 일이, 읽고 있는 것을 읽 고 있지 않는다고 하는 것과 구별하는 것이 되어야 한다고. 그러나 이러한 메 커니즘은 가설에 불과하다. 설명을 위한, 당시 지각하고 있는 것을 마무리하기 위한 모델에 지나지 않는다.

157 다음과 같은 경우를 생각해 보자. 인간 또는 다른 존재가 우리에게 읽 는 기계로서 이용된다. 그들은 그러한 목적을 위해 훈련된다. 그들을 훈련하 는 사람은 그중 몇 사람에게 이미 읽을 수 있을 것이라고 말하고, 다른 사람 에게는 아직 읽을 수 없을 것이라고 말한다. 그때까지 참여하지 않았던 어떤 학생의 경우를 보자. 그에게 쓰인 낱말 하나를 제시하면 그는 이따끔 그 어떤 음성을 낼 테지만, 바로 그때 거기에서 '우연히' 음이 거의 합치되는 일이 있다. 그런 경우 제3자가 그 학생의 발음을 듣고 '그는 읽고 있다'고 말한다. 그런데 교사는 '아니다. 그는 읽지 않는다. 단순한 우연이다'라고 말한다. 그러나 우리 는 이 학생이 지금 그 이상의 낱말을 제시하여도 계속 올바르게 반응한다고 가정하자. 잠시 후 교사는 '이제 그는 읽을 수 있다!'고 말한다. 그렇다면 그 처 음 낱말에 대해서는 어떤가? 교사는 '내가 틀렸다. 그는 어쨌든 그것을 읽은 것이다'라고 말해야 할까? 그렇지 않으면 '그는 후에 비로소 실제로 읽기 시작 하였다'고 말해야 할까? 언제 그는 읽기 시작하였는가? 그가 읽기 시작한 최

초의 말은 어느 것인가? 여기에서 이 물음은 뜻이 없다. 만약 우리가 '저 사람이 '읽은' 최초의 말은, 그가 올바르게 읽은 최초의 50개 낱말의 계열에 속하는 최초의 말이다'[와 같은] 설명을 하지 않는다면.

이에 대해서 우리가 '읽는다'라는 말을 기호로부터 발성된 음성의 이행이라고 하는 어떤 종류의 체험에 적용한다면, 그가 실제로 읽은 최초의 낱말에 대해서 이야기하는 것은 확실히 의의를 갖는다. 그때 그는 '이 말에서 나는 처음으로 '이제 나는 읽고 있다'는 느낌을 가졌다'고 말할 수 있다.

그러나 또 이와는 다른 자동 피아노와 같은 방식으로, 기호를 음성으로 번역하는 경우 사람들은 이렇게도 말할 수 있을 것이다. '이러이러한 일이 기계에 일어났다─이러이러한 부분이 철사로 연결되었다─후에 처음으로 기계가 읽은 것이다. 읽은 최초의 기호는 ……이었다'고.

하지만 살아 있는 읽는 기계의 경우 '읽는다'는 것은 이러이러한 방식으로 쓰인 기호에 반응하는 것을 말하였다. 그러므로 이 개념은, 심적 또는 기타의 메커니즘이라고 하는 개념으로부터는 완전히 독립되어 있었다.

교사는 여기에서 훈련된 사람에 대해서도 '아마도 그는 이 말을 이미 읽고 있었던 것이다'라고는 말할 수 없다. 왜냐하면 그가 한 일에 대해서는 의문이 없기 때문이다. 학생이 읽기 시작했을 때의 변화는 그의 행동의 변화로 '새로운 상황에서의 최초의 말'에 대해서 이야기한다는 것은 거기에서는 의의가 없다.

158 그러나 이것은 단순히 대뇌(大腦)나 신경조직에서의 일에 대해서 우리가 너무나도 적게 알기 때문은 아닐까? 우리가 그것을 좀 더 자세히 알고 있었더라면, 훈련에 의해서 어떠한 결합이 생겼는지 알 수 있을 것이고, 그의 대뇌를 관찰했을 때 '이 말을 그가 지금 읽었다. 지금 읽는 결합이 생겼다'고 말할 수 있을지도 모른다. 그리고 그것은 분명히 그대로이어야 한다─그렇지 않으면 우리는 어떻게 해서 그와 같은 결합이 존재한다는 것을 이렇게도 확신할 수 있는가? 그것은 틀림없이 선험적으로 그렇다─그렇지 않으면 단순히 개연적으로 그러한가? 그렇다면 어느 정도 개연적인가? 그러나 자문해 보기 바란다. 이러한 사항에 대해서 자기는 도대체 무엇을 알고 있는가 하고. 그래도 그

것이 선험적인 것이라면 그것은 우리에게 매우 알기 쉬운 서술 형식이 된다.

159 그러나 우리가 이러한 것을 생각해 볼 때, 우리는 어떤 사람이 읽는 것의 유일하고 현실적인 기준은, 읽는다는, 문자에서 소리를 읽어내는 의식된 행위라고 말하고 싶어진다. '하지만 어떤 사람은 자기가 읽고 있는지 아니면 단지 읽는 체하고 있는지 알고 있다!' A가 키릴(Cyril) 문자로 된 문서를 읽을 수 있다는 것을 B가 믿도록 만들고자 한다고 가정하자. 그는 어떤 러시아어 문장 하나를 암기하고는 인쇄된 말을 마치 읽을 수 있다는 듯이 말한다. 우리는 여기에서 A는 자기가 읽지 않는다는 것을 알고 있고, 읽는 시늉을 하는 동안 바로 이와 같은 일을 느낀다고 확실히 말할 것이다. 왜냐하면 인쇄된 문장을 읽을 때는 특유의 느낌이 당연히 있기 때문이다. 그러한 느낌을 기억해 내는 것은 어려운 일이 아니다. 침체된 듯한 느낌, 좀 더 잘 보려는 느낌, 잘못 읽은 느낌, 유창한 또는 그렇지 않은 어순의 흐르는 느낌 등을 생각하고, 마찬가지로 무엇인가 암기한 것을 복창하는 데도 특유한 느낌이 있다. 그리고 A는 우리 예에서 읽는 일에 특유한 느낌을 전혀 가지지 않고, 아마 사기라도 칠 때에 특유한 일련의 느낌을 지닐 것이다.

160 하지만 다음과 같은 경우를 생각해 보자. 우리가 유창하게 읽을 수 있는 어떤 사람에게, 그가 이제까지 본 일이 없는 텍스트를 읽으라고 준다. 그는 그것을 우리 앞에서 읽는다—그러나 그는 마치 자기가 암기하던 것을 읽는 듯한 느낌을 준다[이것은 그 어떤 약물의 작용일 수도 있을 것이다]. 그런 경우 우리는 그가 그 문구를 실제로는 읽지 않는다고 말할까? 즉 우리는 여기에서 그의 느낌을, 읽는지 여부를 기준으로 하여 타당한 것으로 생각하게 될까?

또는 특정한 약물의 영향을 받는 사람에게, 현존하는 알파벳에 속한다고 할 수 없는 일련의 서체 기호를 제시한다고 하자. 그는 기호의 마무리 상태에 따라 이들 기호가 마치 문자이기라도 한 것처럼, 게다가 읽고 있는 모든 외적 징표(徵標)와 감각을 가지고 낱말을 발음한다. [이와 비슷한 경험을 우리는 꿈속에서 한다. 그러나 눈을 뜬 후 사람들은, 예를 들어 '기호가 아니었는데 기호를 읽은 것처럼 여겨졌다'라고 말한다.] 그런 경우 많은 사람들은 그 사람이 그 기호를 읽고 있다—고 말할 것이다. 다른 사람들은 그 사람이 읽지 않는다고 말할 것이다. 그가 이와 같은 방식으로 네 개의 기호로 된 무리를 'OBEN'이라고 읽었다[또는 해석했다]고 가정하자. 지금, 우리가 그에게 같은 기호의 역순(逆順)을 제시하여 그가 'NEBO'라고 읽는다면 그는 그 이상의 조사에서도 그 기호에 대해 항상 같은 해석을 계속한다(고 한다). 그때 우리는 틀림없이 그는 스스로 그때마다 어떤 알파벳을 정리하고, 그것에 따라 읽는다—고 말하고 싶어질 것이다.

161 그런데 어떤 사람이 자기가 읽어야 할 것을 암기해서 암송하는 경우와, 전후 관계나 암기에 의한 추측의 도움을 전혀 받지 않고 각 낱말을 문자 하나씩 읽는 경우의 사이에는 연속된 일련의 단계가 존재한다는 것에 주의하기 바란다.

다음과 같은 일을 시도해 보자. 1에서 12까지의 수열을 말해보자. 지금 자기 시계의 문자판을 보고 그 수열을 읽자. 이 경우 당신은 어떤 것을 '읽는다'라고 말했는가? 즉 그것을 '읽기'로 하기 위해 무엇을 했는가?

162 누군가 글씨본으로부터 그 복제(複製)를 도출해 낸다면, 그는 읽는 것이다—라는 설명을 살펴보자. '글씨본'이란 그가 읽거나 쓰는 텍스트를 그가 받아쓰는 구술(口述), 그가 연주하는 악보 등등을 말한다. 지금 우리가, 예를 들어 누군가에게 키릴 문자를 가르치고 각 문자가 어떻게 발음되는가를 가르쳤다면, 그때 그에게 어떤 구절을 제시하여 그가 배운 대로 발음하면서 읽는다면 그때 우리는, 그는 우리가 준 규칙의 도움으로 어떤 낱말의 서체에서 소리를 도출하고 있다고 아마도 말할 것이다. 그리고 이러한 일도 '읽기'의 분명한 사례이다. [우리가 그에게 '알파벳 규칙'을 가르쳤다고 말할 수 있을지도 모른다.]

그러나 왜 우리는 그가 인쇄된 말로부터 발음되는 말을 도출했다고 하는가? 우리가 그에게 각 문자를 어떻게 읽으면 좋은지를 가르치고, 이어 그가 말을 소리 내어 읽었다는 것 이상의 것을 우리는 알고 있는가? 우리는 아마도 학생들이 인쇄된 것으로부터 발음되는 것으로의 이행을, 우리가 준 규칙의 도움으로 행한다는 것을 나타내는 것이라고 대답할 것이다. 어떻게 해서 우리가 이것을 제시할 수 있는가는, 우리가 앞의 예를 바꾸어 학생이 텍스트를 낭독하는 대신 그것을 적되, 인쇄된 것을 필기된 것으로 옮겨 써야 한다고 하면 더 분명해질 것이다. 왜냐하면 이 경우 우리는 한 단(段)에 인쇄 문자가 있고, 다른 단에 이탤릭 문자가 있는 한 장의 표 형식으로 그에게 규칙을 줄 수 있기 때문이다. 그리고 그가 인쇄된 것에서 서체를 도출하는 것은, 그가 그 표에 의해서 조사하는 것으로 나타난다.

163 그러나 그가 이것을 행하면서 그때 항상 A를 b로, B를 c로, …… 하는 식으로 앞으로 나아가 Z를 a로 바꾸어 썼다면 어떤가? 이것도 우리는 표에 의한 도출이라고 부를 것이다. 그는 이제 표를, 제86절에서의 제1의 도식에 따르는 대신 제2의 도식에 따라서 사용한다고 말할 수 있을 것이다.

이것 또한 분명히 표에 의한 또 하나의 도출 방식이며, 화살표의 도식에 따라서 단순한 규칙성 같은 것이 전혀 없이도 재생되는 것일 것이다.

하지만 그가 한 가지 바꾸어 쓰는 방식을 계속하지 않고, 어떤 단순한 규칙에 따라 그것을 변경한다고 가정해 보자. 즉 그가 일단 A를 n으로 바꾸어 썼으면, 다음의 A는 o로, 그다음의 A는 p로 바꾸어 쓴다는 식으로. 그러나 이 방식과 불규칙적인 방식의 경계는 어디에 있는가?

그러면 이제 '도출한다'는 말은, 그 뜻을 따라가면 녹아서 없어질 것처럼 여겨지므로 원래 아무런 뜻도 가지고 있지 않다—는 말이 되는 것인가?

164 제162절의 경우 '도출한다'는 말의 뜻은 우리에게 명백했었다. 그런데 우리는 그것이 도출이라는 아주 특수한 경우에 지나지 않으며, 아주 특수한 옷을 입은 표현일 뿐 우리가 도출의 본질을 인식하고 싶다면, 그것을 벗어던지지 않으면 안 된다고 스스로에게 타일렀다. 그래서 우리는 그 특별한 덮개를 벗겼으나 그때 도출 그 자체는 사라져버렸다. 진짜 아티초크라는 식물을 보기 위하여, 우리는 그 잎을 모두 따버렸다. 왜냐하면 제162절의 예는 물론 도출의 특수한 경우였지만, 도출의 본질은 그 경우 바깥쪽에 숨겨져 있었던 것이 아니라, 오히려 이 '바깥쪽'이 도출의 가족을 이루는 한 예였기 때문이다.

이와 마찬가지로 우리는 또한 '읽고 있다'는 말을 어떤 한 가족을 이루는 여러 경우에 대해 적용한다. 그리고 여러 가지 상황 속에서 여러 가지 기준을, 어떤 사람이 읽는가 여부에 대해서 사용하는 것이다.

165 하지만 읽는다는 것은—우리는 말하고 싶은데—아주 분명한 사건이다! 어떤 인쇄된 페이지를 읽어보면 그것을 알 수 있다. 거기에서는 무엇인가 특별한 일, 무엇인가 매우 특징적인 일이 벌어지고 있다. 그렇다면 내가 인쇄물을 읽을 때 어떤 일이 이루어지는가? 나는 인쇄된 낱말을 보고 그 낱말을 발음한다. 그러나 물론 그것이 모두는 아니다. 왜냐하면 내가 인쇄된 낱말을 보고 낱말을 발음할 수야 있겠지만, 그것이 읽는다는 일은 아니기 때문이다. 비록 내가 소리 내는 말이 현존하는 알파벳에 따라서 인쇄된 것으로부터 읽어내야 할 말과 일치하는 경우에도, 읽는 일이 아닐지도 모른다. 그리고 읽는다는 것이 특정한 체험이라고 당신이 말한다면, 당신이, 사람들이 공통으로 인정하는 그 어떤 알파벳의 규칙에 따라서 읽고 있는가 여부는 전혀 문제가 되지 않는다. 그러면 읽는다는 체험의 특유한 것은 어떠한 것인가? 여기서 나는 말하고 싶다. '내가 발음하는 말은 특별한 방식으로 나타난다'고. 즉 이들은 내가 그것들을 만들어냈을 때 나타날 것으로 여겨지는 것과 같게 나타나지는 않는다. 그것들은 그 자체로 나타난다. 그러나 그래도 충분하지 않다. 왜냐하면 내가 인쇄된 말을 보는 동안 말의 울림이 마음속에 떠오름에도 불구하고, 나는 그때 그 말을 읽지 않을 수 있기 때문이다. 그래서 나는 여기서 말할 수 있을 것이다. 즉 발음된 말일지라도, 예를 들어, 무엇인가가 그것을 나에게 생각나게 하는 것처럼, 나의 마음속에 떠오르는 것이 아니라고. 나는 예를 들어 '없다'는 인쇄어가 항상 나에게 '없다'는 음성을 상기시킨다고는 말하고 싶지 않다. 그렇지 않고 발음된 말을 읽을 때, 말하자면 스며든다. 그렇다. 나는 인쇄된 독일어 단어를, 그 말의 울림을 내적(內的)으로 듣는 어떤 고유의 사건이 없으면 전혀 볼 수가 없다.

'아주 명백한'[분위기]이라고 하는 표현의 문법.
사람들은 '이 얼굴은 매우 뚜렷한 표정을 하고 있다'고 말하고, 이를테면 그 것을 특징짓는 말을 찾는다.

166 나는 발음된 말이, 읽을 때 '특별한 방식으로' 나타난다고 말했다. 그러나 어떠한 방식으로 나타나는가? 그러한 일은 가공의 이야기가 아닌가? 개개의 문자를 보고, 어떠한 방식으로 문자의 음이 나오는가를 주의해서 보기로 하자. 문자 A를 읽어보기 바란다. 자, 음이 어떻게 나타났는가? 우리는 그것에 대해서 아무것도 모른다. 그렇다면 로마자 소문자 a를 써보자! 쓸 때에 손의 운동이 어떻게 나타났는가? 바로 전에 시도한 음과는 다르게 나타났는가? 나는 인쇄된 문자를 보고, 이탤릭체의 글자를 쓴 것으로, 그 이상의 것은 모른다.─그럼 ∽를 보고 그때 어떤 음이 당신의 머리에 떠오르도록 해보자. 그 음을 소리 내보자. 나의 머리에는 'U'라는 음이 떠올랐다. 그러나 나는 이 음이 나타나는 방식에 본질적인 차이가 있다고는 말할 수 없었다. 그 차이는 무엇인가 다른 상황에 있었다. 즉 나는 어떤 음을 자신의 마음속에 떠올리도록 하라고 미리 말했던 것으로, 음이 나타나기 전에 어떤 종류의 긴장 상태가 있었던 것이다. 그래서 나는 U라는 문자를 볼 때처럼 자동적으로 'U'라는 음을 낸 것은 아니다. 또 나에게 앞의 기호는 문자처럼 친근하지는 않다. 나는 그것을, 말하자면 긴장하여 그 형태에 대해 어떤 종류의 흥미를 가지고 바라보고 있었던 것으로, 그때 뒤집힌 시그마 문자를 생각한 것이다. 지금 이 기호를 규칙적으로 문자로서 사용하지 않으면 안 된다─고 상상해 보자. 그러면 당신은 그것을 보면 일정한 음, 예를 들면 '슈'라는 음을 내는 데에 익숙해진다. 잠시 후 우리가 이 기호를 보면 이 음이 자동적으로 나타나는 것 이상으로 우리는 말할 수 있을까? 즉 나는 그것을 보아도 더 이상 '이것은 어떤 종류의 문자인가'라고 자문(自問)하지 않고─또 '이 기호에 의해서 슈라는 음을 내고 싶다'고도 물론 말하지 않으며─더 나아가서 '이 기호는 어쨌든 '슈'라는 음을 생각나게 한다'고도 말하지 않는다. [이것과 기억상(記憶像)이, 어느 특별한 징표에 의해서 다른 표상상(表象像)과 구별된다는 생각을 비교해 보자.]

167 그런데 읽는다는 것은 '하나의 뚜렷한 사건'이다─라는 명제에는 무엇이 있는가? 이것은 확실히 읽을 때 항상 특정한 사건이 생겨 그것을 우리가 재인지할 수 있다. 그러나 지금 내가 인쇄된 문장을 한 번 읽고 다른 때에 그것을 모스 부호로 쓴다고 하면, 여기에 실제로 동일한 마음의 사건이 일어날까?

하지만 이에 대해서 물론 어떤 동질성(同質性)이 인쇄된 페이지를 읽는 체험 중에 존재한다. 왜냐하면 이 사건은 바로 동질(同質)의 것이기 때문에. 그리고 이 사건이 임의로 급히 쓴 문자를 보고 말을 생각해 내는 사건으로부터 구별되는 것은 손쉽게 이해할 수 있다. 왜냐하면 인쇄된 한 행을 본다는 것이 이미 매우 특징적인 일이기 때문이다. 즉 그것은 아주 특수한 영상으로, 문자는 모두가 크기와 모양이 거의 비슷하며, 수시로 다시 나타나고, 낱말은 대부분 항시적으로 되풀이되어 익숙한 얼굴처럼 우리에게는 더할 나위 없이 친근하기 때문이다. 어떤 말의 정서법(正書法)이 변경될 때 느끼는 불쾌함에 대해서 생각해 보자. [또 낱말을 쓰는 방법에 관한 의문에서 비롯된 가장 깊은 감정에 대해서도.] 물론 모든 기호 형태가 우리 마음에 깊이 새겨져 있는 것은 아니다. 예를 들어 논리대수(論理代數)의 어떤 기호는 우리 마음에 깊은 감정을 일으키는 일 없이 다른 임의의 기호로 바꾸어놓을 수 있다.

말의 시각상이 우리에게는 청각상과 비슷한 정도로만 친근하다는 것을 기억하기 바란다.

168 또 시선은 임의의 고리 모양이나 소용돌이 모양의 열(列) 위를 달리는 것과는 다른 방식으로 인쇄된 행(行) 위를 달린다. [그러나 나는 여기에서 읽는 사람의 눈의 움직임을 관찰함으로써, 확인할 수 있는 일에 대해서 말하는 것은 아니다.] 시선은 특별한 저항도 없고 걸리는 것도 없이 달려간다―고 해도 좋다. 그러나 겉도는 것은 아니다. 그리고 그때 멋대로 바꿀 수 없는 발성(發聲)이 상상 안에서 이루어진다. 내가 독일어나 그 밖의 국어를 읽을 때에는 그것이 인쇄된 것이건 손으로 쓴 것이건, 여러 가지 서체로 쓰여 있어도 그러한 사태가 생긴다. 하지만 이러한 모든 것 중에서 무엇이 읽는다는 그 자체에 본질적인 것인가? 읽는 모든 경우에 일어나는 특성의 하나가 그런 것은 아니다! [보통의 인쇄체를 읽을 때의 사건과 때로는 퍼즐의 해답과 비슷한, 전부 대문자로 인쇄되어 있는 말을 읽는 것과 비교해 보자. 얼마나 다른 사건인가!―또는 우리 문서를 오른쪽에서 왼쪽으로 읽는 것과.]

169 그러나 우리가 읽을 때 우리는 자신들의 발성이 말의 형상을 일종의 원

인으로 해서 야기되는 것처럼 느끼지 않을까? 무엇인가 문장을 읽어보자! 이어어 다음 계열을 눈으로 따라가,

&8§≠ §≠?β +% 8!§*

무엇인가 문장을 말해보자. 첫 번째 경우에는 발성이 기호를 바라봄으로써 결부되어 있었는데, 두 번째 경우에는 결합 없이 기호를 보고 있는 옆을 스쳐가는 것처럼 느껴지지 않는가?

그러나 우리가 어떤 인과관계를 느꼈다고 말하는 이유는 무엇인가? 인과관계란 우선 당장 우리가 실험을 통해서, 예를 들면 사건의 합법칙적인 병발(併發)을 관찰함으로써 확인하는 것이다. 그렇다면 대체 내가 실험을 통해서 그와 같이 확인되는 일을 느낄 수 있다는 것을 어떻게 말할 수 있는가? [우리가 인과관계를, 사건의 합법칙적 병발을 관찰하는 것만으로 확인하는 것이 아님은 분명한 사실이다.] 오히려 나는 문자야말로 자신이 이러이러하게 읽고 있다는 일의 근거가 된다고 느끼는 것이라고 말할 수 있을지도 모른다. 왜냐하면 누군가 나를 향해서 '왜 당신은 그와 같이 읽는가'라고 묻는다면—나는 거기에 있는 문자를 근거로 말할 것이기 때문이다.

그러나 내가 (지금) 말하고 생각한 이 근거를 느낀다는 것은 도대체 어떤 일인가? 나는 말하고 싶다. 즉 읽을 때 나는, 문자가 자기에게 미치는 어떤 종류의 영향을 느끼지만—그 임의의 소용돌이 모양의 계열이 자기가 말하는 것에 미치는 영향은 느끼지 않는다고. 다시 개개의 문자와 그와 같은 소용돌이 모양을 비교해 보자! 나는 또 나 자신이 'i'라는 문자를 읽을 때 문자의 영향을 느낀다고 말할까? 물론 내가 'i'를 보고 i음을 내는가, '§'를 보고 그렇게 하는가는 서로 다른 사항이다. 그 차이는, 예를 들어 문자를 보면 i음의 내적 청취가 자동적으로, 즉 나의 의지에 반하여 생겨나는 것, 그 문자를 소리 내어 읽으면 그 발성은 '§'를 보았을 때보다도 노력을 필요로 하지 않는다—는 것이다. 즉 내가 이러한 시도를 할 때에는 그렇게 되지만 내가 우연히 '§'라는 기호를 주목하여, 예를 들어 i음이 포함되어 있는 것 같은 발음을 할 때에는 물론 그렇게는 되지 않는다.

170 우리가 문자의 경우를 임의의 선과 비교하지 않았다면, 우리가 읽을 때에 문자의 영향을 느낀다는 생각에는 결코 이르지 않았을 것이다. 그리고 이 점에서 우리는 확실히 어떤 차이를 인정한다. 이 차이를 우리는 영향과 영향의 결여로 해석한다.

더욱이 우리가 이와 같은 해석을 특히 하고 싶어지는 것은 일부러 천천히 읽을 경우, 예컨대 읽을 때에 도대체 무엇이 일어나는가를 보려고 하는 경우이다. 즉 우리가 일부러 문자가 자신을 인도해 주기를 바라는 경우가 그렇다. 그런데 이 '자기를 인도해 받는다'는 것은, 자기가 문자를 잘 바라보는 것—예를 들어 무엇인가 다른 생각을 배제하는 것으로만 성립된다.

우리는 어떤 느낌을 가짐으로써, 즉 말의 영상과 자신들이 내는 음성을 결부시키는 어떤 종류의 메커니즘을 지각하는 것처럼 상상한다. 왜냐하면 내가 영향을 받는다는 체험, 인과관계의 체험, 인도된다는 체험에 대해서 이야기하고 있을 때에는, 문자를 바라본다는 것을 발성하는 것과 결부시키는 것 같은, 즉 지렛대의 운동을 느낀다는 것을 바로 이야기하고 있을 터이기 때문이다.

171 나는 어떤 말을 읽을 때의 자기 체험을 여러 가지 방식으로 적절하게 말로써 표현할 수 있었을 것이다. 그렇다면 문자로 쓰인 것이 나에게 음성을 불어넣는 것이라고 말할 수 있을 것이다. 또는 문자와 음성은 읽을 때에 어떤 통일체를 구성한다—말하자면 합금(合金)이 된다고도 말할 수 있을 것이다. [이와 비슷한 융합이, 예컨대 유명한 사람들의 얼굴과 이름의 울림 사이에 있다. 우리에게는 그 이름이 그 얼굴의 유일하게 올바른 표현이라고 여겨진다.] 내가 이 통일체를 느낀다면 나는 쓰인 말 속에서 음성을 보고 있거나 듣고 있다고 말할 수 있을지도 모른다.

그러나 지금 다시 한번 인쇄된 두서너 문장을 읽는다는 개념에 대해서 생각하지 않고 보통 하는 식으로 읽어보자. 그리고 읽고 있을 때 통일체나 영향과 같은 체험이 있었는지의 여부를 스스로에게 물어보자. 그런 체험이 무의식중에 있었다고는 말하지 말자! 또 '잘 보면' 그런 현상이 나타났을 것 같은 영상에 의해 현혹되지 않도록 하자! 어떤 대상이 멀리서 어떻게 보이는가를 기술해야 할 때 그 기술은, 대상을 좀 더 가까이에서 보았을 때 인식되는 것에 대해 말함으로써 한층 정확해지는 것은 아니다.

172 인도되는 체험에 대해서 생각해 보자! 우리가 예컨대 어떤 길로 인도될 때 이 체험은 어떻게 성립되는가? 다음과 같은 경우를 생각해 보자.

예컨대 어떤 운동장에 서서 눈을 가린 채 누군가의 손에 이끌려 때로는 왼쪽, 때로는 오른쪽으로 인도된다. 당신은 항상 상대방이 손을 끄는 방식을 예기하고, 또 예기치 않게 인도되었다고 해도 걸려 넘어지지 않도록 주의해야 한다.

또 누군가의 손에 이끌려 가고 싶지 않은 곳으로 억지로 인도되어 간다.

또는 춤출 때 파트너에 의해 인도된다. 될 수 있는 대로 수동적인 자세가 되어 상대방의 의도를 짐작하고, 사소한 움직임에도 따른다.

또는 누군가가 산책을 안내한다. 이야기하면서 간다. 상대방이 어디를 가든 자기도 같이 간다.

또는 한 갈래의 들길을 따라 그 길 가는 대로 맡긴다.

이와 같은 모든 상황은 서로 유사하다. 그러나 무엇이 이들 모든 체험에 공통적인가?

173 '하지만 인도된다는 것은 하나의 특별한 체험이다!' 이에 대한 대답은, 당신이 지금 인도되고 있다는 하나의 특별한 체험에 대해서 생각하고 있다는 것이다.

앞의 여러 예 가운데 하나에서 글자를 쓸 때 인쇄된 텍스트와 표에 의해서 인도되는 사람의 체험을 나 스스로 마음속에 그리려고 한다면, 나는 '양심적인' 참조 같은 것을 상상한다. 나는 그때 하나의 분명한 얼굴 표정을 [예를 들어 양심적인 회계 담당자의 얼굴 표정을] 가정한다. 이러한 영상에서는, 예컨대 세심하다는 것이 매우 본질적인 것이지만, 다른 영상에서는 모든 고유한 의지가 배제된다는 것이 본질적인 것이 된다. [그러나 보통의 인간이 부주의하게 행하는 일에 누군가가 세심성의 표현을 덧붙이고 있는 경우를 생각해 보자. 그 사람은 그때 세심한가? 예를 들어 종업원이 차 쟁반, 그 위에 있는 것을 모두, 겉으로는 세심한 태도를 보이면서 바닥에 떨어뜨렸다고 상상해 보자.]

이와 같이 어느 분명한 체험을 마음속에 그리면, 그것은 나에게는 인도되고 있다[또는 읽고 있다]는 체험 그 자체인 것처럼 여겨진다. 그러나 여기에서 나는 자문한다. 너는 무엇을 하고 있는가? 너는 하나하나의 기호를 바라본다, 여기에 더하여 이러이러한 표정을 짓는다, 문자를 신중하게 쓴다 [등등]—그러니까 이러한 일이 인도되고 있다는 체험인가 하고. 그래서 나는 말하고 싶다. '아니, 그렇지는 않다. 그러한 체험은 무엇인가 더 내적인 것, 더 본질적인 것이다'라고. 마치 이들 모두의 다소나마 비본질적인 사건이 어느 분명한 분위기의 옷이 입혀져 있고, 내가 그것을 잘 보려고 하자 그것이 사라져버린 것처럼.

174 당신은 주어진 직선과 평행한 어떤 직선을 '신중하게' 긋는다. 또 다음에는 그것에 각을 이루도록 신중하게 긋는다—는 것이 어떠한 일인가를 자문해 보자. 신중함을 체험한다는 것은 무엇인가? 그러면 곧 어느 일정한 표정, 어떤 몸짓이 마음속에 떠올라서, 당신은 말하고 싶어진다. '그리고 그것이야말로 바로 하나의 분명한 내적 체험이다.' [그것에 의해서 당신은 물론 그 이상의 것은 말하지 않는다.]

[그것은 의도의 본질, 의지의 본질에 대한 물음과 관계가 있다.]

175 종이 위에 생각나는 대로 밑그림을 그려보자. 그리고 그 옆에 그것을 모사하여 그것이 인도하는 대로 해보자. 나는 말하고 싶다. '분명히 나는 이제까지 인도되어 왔었다. 그러나 그때 어떠한 특징적인 일이 일어났는가? 일어난 일을 내가 말해도, 나에게는 그것이 이제는 특징적인 것이라고 여겨지지 않는다.'

하지만 다음의 것을 마음에 새겨두기 바란다. 내가 스스로를 인도하는 동안에는 모두가 매우 단순하여 나는 특별한 일을 아무것도 인지하지 않는다. 그러나 그 후 내가 그때 무엇이 일어났는가를 자문해 보면 그것이 무엇인가 기술(記述) 불가능한 일이었던 것처럼 여겨진다. 그 후에는 그 어떤 기술도 나를 만족시키지 않는다. 나에게는 내가 단지 (밑그림을) 바라보고 이런 얼굴을 하고 선을 그었다는 것이 믿어지지 않는다. 그렇다면 나는 무엇인가 다른 것을 상기하는 것일까? 그렇지 않다. 그럼에도 불구하고 나에게는 무엇인가 다른 일이 있었음에 틀림없다고 여겨진다. 특히 '인도한다'거나 '영향'이란 말을 자신에게 타이르고 있을 경우에는: '왜냐하면 그래도 나는 인도되고 있었으니까' 하고 나는 말한다. 이때 비로소 저 영기(靈氣)와 같이 잡히지 않는 영향이라는 이념이 나타난다.

176 사후에 이 체험을 생각할 때 나는 그것에 대한 본질적인 것이 '어떤 영향의 체험', 어떤 결합의 체험—여러 현상의 어떤 단순한 동시성에 대비되는—이라는 느낌이 든다. 그러나 동시에 나는 체험된 그 어떤 현상도 '영향의 체험'이라고 부르고 싶지는 않다. [여기에 의지는 현상이 아니라는 이념이 놓여 있다.] 나는 내가 '왜냐하면'을 체험했다고 말하고 싶다. 하지만 어떤 현상도 '왜냐하면의 체험' 등과 같이 부르고 싶지는 않다.

177 '나는 왜냐하면을 체험한다'라고 말하고 싶지만, 그것은 내가 그와 같은 체험을 기억하기 때문이 아니라, 내가 그런 경우에 체험한 일에 대해서 나중에 반성할 때, '왜냐하면'[또는 '영향', '원인', '연결']이라는 개념을 매개로 해서 그것들을 바라보기 때문이다. 왜냐하면 내가 글씨본의 영향 아래에서 이 선을 그었다는 것은 물론 옳은 일이기 때문이다. 그러나 이것은 단지 내가 선을 그을 때 느끼는 데 있는 것이 아니라—사정에 따라서는, 예컨대 내가 그것을 다른 선과 평행하게 긋는 데 있는 것이다. 비록 이것이 다시 인도된다는 모두에 공통되고 본질적이지는 않지만 말이다.

178 우리는 또 말한다. '당신은 내가 그것으로 인도되는 것을 본다'—하지만 그것을 보는 사람은 무엇을 보는가?
　내가 나 자신을 향해서 '그래도 나는 인도되고 있다'고 말할 때—아마도 인도를 표현하는 어떤 손짓을 한다. 마치 누군가를 이끄는 것 같은 손짓을 하고, 그러고 나서 그 움직임을 인도하는 것이 무엇에 의해 성립되는가를 묻자. 왜냐하면 당신은 여기에서는 아무도 인도하지 않으니까. 그럼에도 불구하고 당신은 손의 움직임을 '인도하는' 것이라고 부르고 싶어 한다. 그러면 그 운동과 느낌 안에는 인도한다는 것의 본질은 포함되어 있지 않았음에도 불구하고, 그것이 당신을 재촉해서 이와 같은 명칭을 사용하게 했을 것이다. 우리에게 이와 같은 표현을 강요하는 것은 바로 인도함의 한 현상 형식(現象形式)이다.

179 제151절의 경우로 되돌아가자. 분명한 것은, 수식이 B의 마음속에 떠오른다고 해서 그에게 '이제 나는 그 앞을 알고 있다'는 말을 할 권리가 있다고 우리는 말하지 않을 것이다. 만약에 수식이 마음속에 떠오르고 있다는 것—그 발언, 기재(記載)—과, 수열을 실제로 전개하는 일 사이에, 경험상 어떤 관계가 성립되지 않는다면. 그런데 그와 같은 관계는 분명히 성립된다. 그러면 사람들은 '나는 앞으로 계속해 나갈 수 있다'고 하는 명제가, '나에게는 하나의 체험이 있어서, 그것이 경험상 수열의 전개로 인도해 준다'는 것과 다름없는 말이라고 생각할 수 있을 것이다. 그러나 B는 앞으로 계속해 나갈 수 있다고 말할 때 그런 것을 뜻하는 것일까? 그때 그런 명제가 그의 정신 속에서 환기될까? 그렇지 않으면 그런 명제를 자기가 뜻하는 것의 설명으로서 줄 용의가 있는 것일까?

아니다. '나는 계속해 나아갈 수 있다'는 말이 올바르게 사용되고 있었던 것은 수식이 그의 마음속에 떠오른 경우, 즉 어떤 상태에서였다. 예컨대 그가 대수(代數)를 배우고 그와 같은 수식을 이전에 이미 이용한 일이 있는 경우 말이다. 그러나 이것은 그 언명이 우리의 언어 게임의 현장을 구성하는 전 상태를 기술하는 어떤 생략기호에 지나지 않는다—는 것이 아니다. 우리가 '이제 나는 계속해 나갈 줄 안다' '이제 나는 앞으로 계속해 나갈 수가 있다' 등등의 표현 사용법을 어떻게 배우는가, 우리가 이들 사용을 어떠한 언어 게임의 가족 안에서 배우는가—를 생각해 보자.

우리는 또 B의 마음속에서는, 그가 갑자기—예컨대 안도(安堵)의 기분으로—'이제 나는 계속해 나갈 줄 안다'고 말하는 이외의 일이 전혀 일어나지 않을 경우, 그리고 그가 이제 수식을 사용하지 않고 실제 수열의 앞을 계산해 갈 경우—를 상상할 수 있다. 그리고 이런 경우에도 우리는—어떤 상황 속에서—그는 계속해 나갈 줄 알았다고 말할 것이다.

180 이런 말들은 그렇게 사용된다. 예컨대 이 마지막 경우에 말을 '어떤 마

음 상태의 기술'이라고 부르는 것은, 매우 오해를 불러일으키기 쉬운 일일 것이다. 오히려 사람들은 이 말을 여기에서는 하나의 '시그널'이라고 부를 수 있다. 그리고 그것이 올바르게 응용되었는지 여부를, 우리는 그가 그 후에 무엇을 했는지에 의해 판정한다.

181 이를 이해하기 위해서 우리는 다음과 같은 일도 잘 생각해 봐야 한다. B가, 자기는 그 앞을 알고 있다고 말한다고 가정하자. 그런데 지금 그가 그 앞을 계속하려고 하면 걸림돌이 생겨서 그렇게 할 수 없다. 이때 우리는 그가 앞으로 계속할 수 있다고 말한 것을 부당하다고 말해야 할 것인가? 그렇지 않으면 그때는 앞으로 계속할 수 있었겠지만, 지금만 그렇게 할 수 없는 것이라고 말해야 할 것인가? 분명히 우리는 여러 가지 경우에 여러 가지 말을 할 것이다. [양쪽의 경우를 잘 생각해 보자.]

182 '맞는다' '할 수 있다' '이해한다'라는 말의 문법. 문제는 다음과 같다. (1) 사람들은 언제 실린더 Z가 공동 실린더 H에 맞는다고 하는가? Z가 H에 끼어 있는 동안만인가? (2) 사람들은 가끔, Z가 이러이러한 시간에 H에 맞지 않게 되었다고 말한다. 그와 같은 경우 이 시간에 그것이 일어난 데 대해서 사람들은 어떠한 기준을 적용하는가? (3) 어떤 물체가 그 무게를 일정한 시각에 바꾼 데 대해서 그것이 그때 저울 위에 얹혀 있지 않았다면, 사람들은 무엇을 그 기준으로 생각하는가? (4) 어제 나는 그 시를 암송하였다. 오늘은 암송하지 않는다. 어떤 경우에 '언제 나는 그것을 암송하는 것을 멈추었는가'라는 물음이 의의를 갖는가? (5) 누가 나에게 '이 분동(分銅)을 들어올릴 수 있는가'라고 묻는다. 나는 '네'라고 대답한다. 그러면 그는 '해보자!'라고 말하는데―나는 그것을 할 수 없다. 어떤 상황 아래에서 사람들은 '네'라고 대답했을 때에는 할 수 있지만, 지금만은 그것을 할 수 없다'는 변명을 타당하게 만들 수 있을까? 우리가 '맞는다' '할 수 있다' '이해한다'라는 사항에 타당케 하고 있는 기준은, 언뜻 보기에 그렇게 여겨지는 것보다도 훨씬 복잡하다. 즉 이들 말을 수반한 게임, 그것들이 수단이 되어 있는 언어 교류에서 그것들의 적용은 우리가 믿고 싶은 정도 이상으로 착잡하고, 우리 언어에서 이들 말의 역할은 우

리가 믿고 싶은 것과는 별개의 것이다.

[이러한 역할은 철학적인 패러독스를 해결하기 위해 우리가 이해해야 하는 것들이다. 그러므로 이를 위해서는 보통 하나의 정의로는 충분치 않다. 하물며 말은 '정의 불가능'이라고 하는 확인 등으로는 더더욱 충분치 않다.]

183 그럼 어떤가? 제151절의 경우 '이제야 나는 그 앞을 계속해 갈 수가 있다'는 명제는, '이제 나는 나의 마음속에 수식(數式)이 떠오른다'는 것과 같은 말을 하고 있었던가? 그렇지 않으면 무엇인가 다른 일이었던가? 우리는 뒤의 명제가 이러한 상황하에서는 앞의 명제와 같은 의의를 가진다[같은 효과가 있다]고 말할 수 있다. 그러나 또 일반적으로 이 두 명제는 같은 의의를 가지고 있지 않다고도 말할 수 있다. 우리는 또 '이제야 나는 계속해 나갈 수 있다. 즉 나는 수식을 알고 있다'라고도 말한다. 마치 '나는 갈 수 있다. 즉 나에게는 시간이 있다'라고 말하는 것처럼. 하지만 또 '나는 갈 수 있다. 즉 나는 이제 완전히 건강하다'라거나 '나는 갈 수 있다. 나의 다리 상태에 관한 한'이라고 말하여 그때 갈 수 있다는 이러한 조건을 다른 여러 조건에 대비시킨다. 그러나 여기에서 우리는 그때그때의 성질에 따라서, 즉 모든 조건[예컨대 어떤 사람이 갈 수 있다는 것의]이 하나의 전체를 이루고, 그 때문에 그 사람은 이들 모두가 충족되었을 때에는, 말하자면 갈 수밖에 없을 것이라고 여기지 않도록 해야 한다.

184 나는 어떤 멜로디를 생각해 내려고 하지만 좀처럼 머리에 떠오르지 않는다. 갑자기 나는 '아, 알았다!'라고 말하고는 그것을 노래한다. 내가 그것을 갑자기 알았을 때 어떠한 일이 일어났는가? 어찌 되었든 그 멜로디가 그 순간 나의 머리에 모두 떠올랐을 리는 없다! 당신은 아마도 말할 것이다. '그것은 그 멜로디가 마치 지금 거기에 있다고 여기는 일정한 느낌인 것이다'라고. 하지만 그것은 지금 정말로 거기에 있는가? 내가 지금 그것을 노래하기 시작하다가 막히면 어떻게 되는가? 그래도 그 순간에는 그 멜로디를 알았다고 확신할 수 있었던 것은 아니었는가? 그렇다면 그것은 바로 그 어떤 뜻에서 거기에 있었던 것이다! 그러나 어떠한 의미에서인가? 아마도 당신은 말할 것이다. 그가 그

것을, 예컨대 끝까지 노래하거나 처음부터 끝까지 마음속의 귀로 듣거나 할 때에는, 멜로디가 거기에 있는 것이다. 나는 물론 멜로디가 거기에 있다는 언명에 전적으로 다른 의의—예컨대 내가 종잇조각을 가지고 있어서 거기에 멜로디가 적혀 있다는—를 부여할 수 있음을 부정하지 않는다. 그러면 자신이 그것을 안다고 '확신'하는 것은 도대체 무엇을 말하는가? 사람들은 물론 말할 수 있다. 누군가가 확신을 가지고, 이제 자기는 그 멜로디를 안다고 말할 때, 그 멜로디는 그 순간 [그 어떤 방식으로] 전부 그 사람의 정신에 나타나고—그리고 이것이야말로 '멜로디가 모두 그 사람의 정신에 나타난다'고 하는 말의 설명인 것이다.

185 이제 제143절의 예로 돌아가자. 학생은 이제—통상적인 기준에 의해 판단하면—기수열(基數列)에 능통했다. 우리는 이제 그에게 또 하나의 다른 기수열을 쓰는 법을 가르친다. 예컨대 '+n'이라는 모양의 명령에 대해서는

  0, n, 2n, 3n,

등과 같은 모양의 수열을 적도록 한다. 그러면, '+1'이라는 명령을 주면 기수열을 얻을 수 있게 된다. 우리가 연습을 하여, 1000까지의 수 공간에서 그의 이해력을 시험했다고 하자.

지금 학생에게 1000 이상의 어떤 수열[예컨대 '+2']을 계속 쓰게 한다—그러면 그는 1000, 1004, 1008, 1012라고 쓴다.

우리는 그에게 말한다. '잘 봐, 무엇을 하고 있는 거야!'라고. 그는 우리가 이해되지 않는다. 우리는 말한다. '즉 너는 2를 더해가지 않으면 안 되었어. 잘 봐, 어디에서 이 수열을 시작한 거야!' 그는 대답한다. '네! 그래도 이것으로 좋지 않은가요? 나는 이렇게 하라는 말을 들었다고 생각했었습니다.' 또는 그가 수열을 보이면서 '하지만 나는 (이제까지) 마찬가지로 해왔던 겁니다!'라고 말했다고 가정하자. 이때 '그래도 너는 ……를 모르느냐'라고 말하고, 그에게 이전의 설명이나 예를 되풀이해도, 아무런 쓸모도 없을 것이다. 우리는 그런 경우에 어쩌면 이렇게 말할지도 모른다. 이 사람은 극히 자연스럽게 그 명령을 우리의

설명에 입각해서 마치 '1000까지는 항상 2를, 2000까지는 4를, 3000까지는 6을 —하는 식으로 더해가라'라는 명령을 우리가 이해하는 것처럼 이해하고 있는 것이다.

이 경우는 어떤 사람이 손으로 가리키는 몸짓에 반응할 때 극히 자연스럽게 손가락 방향이 아니라 손가락 끝에서 손목 방향을 바라보는 경우와 유사할 것이다.

186 '당신이 하는 말은 그렇게 되면 '+n'이라는 명령에 올바르게 따르려면 각 단계에서 새로운 통찰—직관—이 필요하게 된다.' 올바르게 따르려면 말인 가! 그렇다면 일정한 곳에서 어떤 것이 올바른 방식인지는 도대체 어떻게 결정되는가? '올바른 방법이란 명령과—생각하던 대로—일치하는 방법을 말한 다.' 그렇다면 당신은 '+2'라는 명령을 준 시점에서, 그가 1000 다음에는 1002 라고 써야 한다고 생각하고 있었다. 그때 당신은 또 그가 1866 다음에는 1868 이라고 써야 하고, 100034 다음에는 100036이라고 써야 한다는 식으로 무한 하게 많이 그런 명령을 생각하였는가? '그렇지 않다. 내가 생각하던 것은 그가 자기가 쓰는 각 숫자 뒤에 두 번째에 가까운 수를 써야 한다는 것이며, 여기서 부터 각 장면에서 그런 모든 명제가 나오는 것이다.' 그러나 바로 그것이 문제 가 되는 것으로, 어디의 어떤 장면에서 그런 명제로부터 무엇이 나온다는 것인 가? 또는—어디의 어떤 장면에서, 우리는 어떠한 것을 그런 명제와 '일치'한다 고 할 것인가? [그리고 또 (어떠한 일을) 당신이 그때 그 명제에 주었던 생각— 그것이 어떠한 일로 성립이 되고 있었던 간에—과의 일치라고 불러야 하는가.] 모든 지점에서 직관이 필요하다고 하는 것보다는, 모든 지점에서 새로운 결단 이 필요하다고 말하는 편이 더 맞을 것이다.

187 '하지만 나는 명령을 준 그때에도, 그가 1000 다음에는 1002라고 써야 한다는 것을 이미 알고 있었다!' 분명히 그렇다. 게다가 당신은 그것을 그때 생 각하고 있었다고까지 말할 수 있다. 다만, 당신은 '알고 있다'거나 '생각하고 있 다'라는 문법에 현혹되어서는 안 된다. 왜냐하면 당신은 그때 1000에서 1002로 의 이행에 대해서 생각하던 것이 아니고—가령 그 이행에 대해서는 생각하고

있었다 해도 그 이외의 여러 이행에 대해서는 생각하던 것이 아니니까. 당신이 말하는 '나는 그때 이미 ……라는 것을 알고 있었다'라고 하는 것은 '내가 그때 그는 1000 다음에 어떤 수를 써야 할 것인가—라는 물음을 받았다면 나는 '1002'라고 대답했을 것이다'를 말하는 것이다. 그리고 그것에 대해서 나는 의심하지 않았다. 그것은 예컨대 '그가 그때 물속에 떨어졌다면 나는 뒤를 좇아 뛰어들었을 것이다'라는 식의 가정이다. 그러면 당신 생각의 잘못은 어디에 있는가?

188 그래서 나는 우선 다음과 같이 말하고 싶다. 당신의 생각은, 그 명령을 생각하는 행위가 나름대로의 방법으로 그러한 모든 이행을 행하고 있었다는 것이다. 당신의 혼을 생각할 때, 즉 미리 비상(飛翔)하여 당신이 육체를 가지고 이러저러한 이행 단계에 도달하기 전에 이미 모든 이행을 수행해 버렸다는— 것이다.

따라서 당신은 '이들 이행은 내가 그것들을 문자로, 구두로, 또는 생각으로 행하기 전에 이미 이루어지고 있었다'라는 표현을 하고 싶어진 것이다. 더욱이 그것들은 따로 그 비할 데 없는 방식으로 예정되고, 예상된 것처럼 보였다— 생각하는 것만으로 현실을 예상할 수 있을 것이기 때문이다.

189 '그러나 그렇게 하면 이들의 이행은 대수식(代數式)에 의해서는 결정되어 있지 않은가?' 이 물음에는 잘못이 있다.

우리는 '이행이 ……라는 식에 의해서 결정되어 있다'라는 표현을 사용한다. 그것은 어떻게 사용되는가? 우리는 어쩌면 인간이 교육[훈련]에 의해서 $y=x^2$ 이라는 식을, 누구나 x에 같은 수를 대입하면 항상 y의 값으로서 같은 수를 산출할 수 있게 쓰도록, 배려된다는 점을 언급할 수 있을 것이다. 또는 '인간들은 누구나 '+3'이라는 명령에 대해서, 같은 단계에서는 같이 이행하도록 훈련받았다'라고 말할 수 있을 것이다. 그리고 '이들 인간에 관해서는 '+3'이라는 명령이 어떤 수에서 다음 수로의 이행을 완전히 결정한다'고 표현할 수도 있을 것이다. [이 명령을 받아도 무엇을 해야 할지 모르는 다른 인간 또는 완전한 확신은 있어도 저마다 다른 방식으로 명령에 반응하는 다른 인간과는 대조적으로.]

한편 우리는 여러 종류의 식과, 이들에 부수하는 여러 종류의 적용[여러 종류의 훈련]을 서로 대비시킬 수 있다. 그때 우리는 일정한 종류의 식[및 이들의 당연한 적용법]을 '주어진 하나의 x에 대해서 하나의 수 y를 결정하는 식'이라고 부르고, 다른 종류의 식은 '주어진 하나의 x에 대해서 수 y를 결정하지 않는 식'이라고 부른다. [$y=x^2$이 첫 번째 종류, $y{\neq}x^2$가 두 번째 종류일 것이다.] 이 때 '……라는 식은 수 y를 결정한다'라는 명제는, 식의 형식에 관한 언명이다— 그리고 이제는 '내가 적은 식이 y를 결정한다'거나 '여기에 y를 결정하는 식이 있다'라는 명제가, '식 $y=x^2$은 주어진 하나의 x에 대해서 수 y를 결정한다'와 같은 종류의 명제와 구별되어야 한다. 이때 'y를 결정하는 식이 거기에 있는가'라는 물음은 '이 종류의 식이 거기에 있는가, 그렇지 않으면 저 종류의 식인가'라는 말과 같다. 그런데 '$y=x^2$은 주어진 x에 대해서 y를 결정하는 식인가'라는 물음에 우리가 무엇을 착수해야 하는지 그대로는 명백하지가 않다. 우리는 이 물음을 학생에게 해서 그가 '결정한다'는 말의 적용을 이해하는지 여부를 시험할 수도 있을 것이다. 또는 그것은 x가 단 하나의 제곱근만 가진다는 것을 일정한 체계 안에서 증명하는 수학 문제일 수도 있다.

190 사람들은 이제 '어떻게 이 식이 생각되어지는가 하는 것, 그것은 어떠한 이행이 이루어져야 하느냐에 따라 결정된다'고 말할 수 있다. 어떻게 이 식이 생각되어지는가를 판정하는 기준은 무엇인가? 그것은 아마도 우리가 항상 사용하는 방식, 우리에게 가르쳐준 그 사용법인 것이다.

우리는, 예컨대 우리가 모르는 기호를 사용하는 사람에게 '당신이 'x!2'로 x를 생각한다면 y에 대해서 이 값을 얻고, 2x를 생각한다면 저 값을 얻는다'와 같이 말한다. 여기서 자문해 보자. 'x!2'라는 것으로 이러저러한 것을 의미하는 것을, 사람들은 어떻게 해서 행하는가?

이렇게 해서 생각하는 것이 이행을 미리 결정할 수 있다.

191 '우리는 말의 적용 전체를 순간적으로 파악할 수 있는 것처럼 보인다.' 예컨대 어떤 식으로? 사람들은 그것을—어떤 의미에서—순간적으로 파악할 수 없는가? 그렇다면 당신은 어떠한 의미에서 그것을 할 수 없는가? 그것은

바로 우리가 그것들을 훨씬 직접적인 뜻에서 '한 순간에 파악할 수' 있는 것처럼 보인다. 그러나 당신은 그것에 대한 본보기를 가지고 있는가? 아니다. 우리에게는 이러한 표현 방법밖에 주어져 있지 않다. 서로 교차하는 영상의 결과로서.

192 당신은 이 정상을 벗어난 사실의 본보기를 가지고 있지는 않으나 정상을 벗어난 표현은 사용하고 싶다. [우리들은 이것을 철학적 초연(超然)이라고 부를 수 있을 것이다.]

193 활동 방식 상징으로서의 기계(器械). 기계는—하고 나는 우선 처음에 말해두어도 좋을 테지만—그 활동 방식을 이미 자체 안에 갖추고 있는 것처럼 보인다. 이것은 무엇을 말하는가? 우리가 기계를 인지할 때 그 이외의 모든 것, 즉 기계가 행할 여러 운동은 이미 완전히 결정되어 있는 것처럼 보인다.
　우리는 이러이러한 부분이 이렇게밖에 운동할 수 없는 것처럼, 그 이외의 것은 아무것도 할 수 없는 것처럼 이야기한다. 이것은 무엇을 말하는가—그렇다면 우리는 이들이 휘거나 부서지거나, 녹는 가능성을 잊고 있는가? 그렇다. 우리는 대개의 경우 그러한 일을 전혀 생각지 않는다. 우리는 어떤 기계 내지는 어떤 기계의 영상을 일정한 활동 방식의 상징으로서 사용한다. 우리는, 예컨대 누군가에게 이런 영상을 전달하여 그가 여러 부분의 운동 상태를 그 영상에서 도출해 줄 것이라고 전제한다. [누구에게 어떤 수를 전달하는데, 그것은 1, 4, 9, 16, ……인 수열의 스물다섯 번째 수이다—라는 말과 같다.]
　'기계는 그 활동 방식을 이미 그 자체 안에 갖춘 것처럼 보인다'는 것은, 우리가 이미 결정한 기계의 장래 운동을, 이미 서랍에 들어 있는 것을 이제 막 꺼낼 상태가 된 여러 대상과 비교하고 싶다는 것이다. 그런데 우리는 어떤 기계의 실제 동작을 예언하는 것이 문제가 되었을 때에는, 그렇게 말하지 않는다. 거기에서 우리는, 일반적으로 부분적인 변형의 가능성 등을 잊지 않고 있다. 그러나 그렇게 되는 것은 도대체 어떻게 해서 기계를 어떤 운동 방식의 상징으로서 사용하는가에 대해서, 우리가 석연치 않게 생각하는 경우이다. 왜냐하면 기계는 전적으로 달리 운동할 수도 있기 때문이다.

기계 내지 그 영상은, 우리가 그 영상에서 도출하는 것을 배운 일련의 영상의 단서(端緖)이다―라고 말할 수 있을 것이다.

　그러나 기계는 또 다르게 운동할 수도 있었다는 것을 생각해 보면, 상징으로서의 기계에, 그 운동 종류가 실제 기계보다도 훨씬 결정된 모양으로 포함되어 있어야 하는 일이 있다. 그때에는 그것이 경험적으로 미리 결정된 여러 운동인 것만으로는 충분하지 않고, 이들 운동이 원래 어떤 신비로운 의미에서 이미 현존해야 하는 것처럼 보일 것이다. 그리고 그것은 그대로이다. 즉 상징으로의 기계 운동은 주어진 현실의 기계 운동과는 다른 방식으로 미리 결정되어 있다.

　194 그러면 어떤 때에 사람들은, 기계가 그 가능한 운동을, 이미 그 어떤 신비적인 방식으로 그 자체 안에 가지고 있다―고 생각하는가? 그렇다. 철학을 할 때이다. 그러나 우리를 현혹시켜, 그렇게 생각하게 하는 것은 무엇인가? 우리가 기계에 대해서 말할 때의 말하는 방법―인 것이다. 우리는 예컨대 기계가 이러이러한 운동의 가능성을 가지고 있다[소유하고 있다]고 말하고, 이렇게밖에 운동하지 못하는 이상적으로 경직된 기계에 대해서 이야기한다. 운동의 가능성, 그것은 무엇인가? 그것은 운동은 아니지만, 또 운동의 단순한 물리적인 조건―축과 축받이 사이에 틈새가 있어서, 축은 그다지 단단하게 축받이에 끼어져 있지 않다고 하는―인 것 같게도 여겨지지 않는다. 왜냐하면, 이러한 일은 경험상 운동의 조건이기는 하지만, 사람들은 사물을 달리도 생각할 수가 있기 때문이다. 운동의 가능성은 오히려 운동 그 자체의 그림자와 같은 것이다. 그러나 당신은 그와 같은 그림자를 인지하고 있는가? 그림자를 가지고 나는 운동의 영상과 같은 것으로 이해하고 있는 것이 아니다. 왜냐하면 그러한 영상은 바로 이 운동의 영상일 필요가 없기 때문이다. 그런데 이 운동의 가능성은 바로 이 운동의 가능성이지 않으면 안 된다. [얼마나 높이, 언어의 파도가 여기에 미치는지 보기 바란다.]

　이 언어의 파도는, 우리가 어떤 기계에 대해서 이야기하고 있을 때 '운동의 가능성'이라는 말을 어떻게 사용하고 있는가를 자문(自問)하는 순간에 조용해지고 만다. 그러나 그때 어디에 그러한 이상한 생각이 생기는가? 지금 나는 당신에게, 예컨대 운동의 영상을 매개로 운동의 가능성을 보인다. '그러므로 가능성이란 현실성과 유사한 어떤 것이다.' 우리는 '그것은 아직 운동을 하지 않지만, 이미 운동할 가능성을 가지고 있다'고 말한다—'그러므로 가능성이란 무엇인가 현실성에 매우 가까운 것이다.' 우리는 이러저러한 물리적 조건이 이 운동을 가능하게 하는가 여부를 의심할지도 모르지만, 그것이 이러저러한 운동의 가능성인가 여부에 대해서는 결코 논의를 하지 않는다. '그러므로 운동 가능성은 운동 그 자체에 대해서 비길 데 없는 관계에 선다. 영상의 가능성과 영상의 대상의 관계보다 밀접하다.' 왜냐하면 그것이 이러저러한 대상의 영상인가 아닌가를 의심할 수 있기 때문이다. 우리는 '그것이 이 축에 걸리는 운동의 가능성을 주는지 어떤지 경험이 가르쳐줄 것이다'라고는 말하지만, '그것이 이 운동의 가능성인지 어떤지 경험이 가르쳐줄 것이다'라고는 말하지 않는다. '그러므로 이 가능성이 바로 이 운동의 가능성이라는 것은 경험상 사실이 아니다.'

우리는 이러한 사물에 관해서 자신들 고유의 표현 양식에 주의를 기울이고 있지만, 그것을 이해하지 않고 그릇된 해석을 내린다. 우리는 철학을 할 때 문명인의 표현 양식을 듣고 잘못된 해석을 내리며 이어 자신의 해석으로부터 가장 이상한 결론을 꺼내는 야만인이나 원시인과 비슷하다.

195 '그러나 나는 내가 지금 행하는 것이 장래의 적용까지 인과적·경험적으로 결정한다고는 생각하지 않는다. 어떤 이상한 방식으로 그 적용 자체가 그 어떤 의미로 현존한다고 생각하는 것이다.' 물론 '그 어떤 의미에서' 그것은 그대로이다! 원래 당신이 하는 말이 잘못된 것은, '이상한 방법으로'라는 표현뿐이다. 그밖은 옳다. 그리고 이 명제가 이상하게 여겨지는 것은 사람들이 이 명제에 대해서 우리가 그것을 실제로 사용하는 경우의 언어 게임과는 다른, 다른 언어 게임을 머릿속에 그릴 경우만이다. [어떤 사람이 나에게 이야기해 준 바로는 어렸을 때 그 사람은, 양복 만드는 사람이 '옷을 꿰매어 만들 수 있는 일'이 이상했다고 한다—그는 한 올 한 올 단지 꿰매기만 하면 옷이 완성된다는 뜻으로 생각했던 것이다.]

196 말의 적용이 이해되지 않으면 이상한 사건의 표현으로 해석된다. [사람

이 시간을 이상한 매체로, 영혼을 이상한 존재로 생각하는 것처럼.]

197 '우리는 말의 적용 전체를 순간적으로 파악할 수 있는 것 같다'─우리는 바로 우리가 그렇게 하고 있다고 말한다. 즉 우리는 자신들이 하고 있는 일을 종종 이렇게 기술한다. 그런데 실제로 일어나는 일에는, 놀랄 만한 것, 기묘한 일은 하나도 없다. 그것이 기묘하게 되는 것은, 장래의 전개가 그 어떤 방식으로 이미 파악하는 행위 중에 현존해 있어야 하는데, 현존해서는 안 된다고 우리가 생각하게 되는 경우이다. 왜냐하면 우리가 이 말을 이해하고 있는 것에는 의심은 없으나, 다른 한편으로 그 뜻은 그 적용 안에 있다고 우리는 말하기 때문이다. 내가 지금 체스를 하고 싶은 것에는 의심이 없으나, 체스는 그 모든 규칙[등등]을 통해서 하는 게임을 말한다. 그러면 나는 이 게임을 끝마칠 때까지 자신이 게임을 따르고 있었다는 것을 모르는 것인가, 그렇지 않으면 모든 규칙은 의도하는 나의 행위 안에 포함되어 있었는가? 이때 의도한다고 하는 이 행위에서, 게임을 한다고 하는 이 행위가 귀결된다는 것을 나에게 가르치는 것은 경험인가? 그러므로 나는 내가 어떻게 해야겠다고 의도하고 있었던가에 대해서 확신을 가질 수 없는가? '체스를 한 판 두자!'라는 말의 의의와 이 게임의 규칙 전체 사이의 결합은 어디에서 이루어지는가? 그렇다. 게임의 규칙표 안에서, 체스 수업에서, 게임을 하는 매일의 실천에서.

198 '그러나 규칙은 내가 이 정세에서 무엇을 해야 하는지를 어떻게 가르쳐 줄 수 있을까? 내가 무엇을 하든 간에, 그것은 그 어떤 해석을 통해서 규칙과 합치되어 있다.' 아니, 그렇게 말할 일이 아니다. 오히려 모든 해석은 해석되는 족족 공중에 떠 있어 후자를 뒷받침하는 데에 쓸모가 없다. 해석만으로는 의미가 정해지지 않는다.
'그러면 내가 무엇을 하든 그것은 규칙에 합치되는가?' 나는 묻고 싶다. 규칙의 표현─예컨대 이정표─은 나의 행동과 어떤 관련이 있는가? 어떠한 종류의 결합이 거기에 성립되어 있는가? 아마도 나는 이 기호에 일정한 방식으로 반응하도록 훈련되어 있으므로, 이번에도 그와 같이 반응한다─는 것이리라.
그러나 그것으로는 당신은 단순히 인과적 연관을 말한 데에 지나지 않고,

우리가 지금 이정표에 따르는 것이 어떻게 해서 생겼는가를 설명했을 뿐, 기호에 따르는 것이, 애당초 무엇에 의해 성립되는가를 설명하고 있지 않다. 아니, 그렇지 않다. 내가 다시 또 암시한 것은, 사람들은 어떤 항상적인 사용, 어떤 관습, 어떤 때에 한해서 이정표에 따른다고 하는 점이다.

199 우리가 '어떤 규칙에 따른다'고 하는 것은, 단 한 사람의 생애에 단 한 번만 행할 수 있는 그런 것인가? 이것은 물론 '규칙에 따른다'라고 하는 표현의 문법에 관한 하나의 주석이다.

단 한 번, 단 한 사람이 어떤 규칙을 따랐다는 일은 있을 수 없다. 단 한 번만, 단 하나의 보고가 이루어지고, 하나의 명령이 주어지고, 또는 이해되어 있었다는 일은 있을 수 없다. 어떤 규칙에 따라 어떤 보고를 하고, 어떤 명령을 주고, 체스를 한 판 두는 것은 관습[사용, 제도]이다.

어떤 문장을 이해한다고 하는 것은 어떤 언어를 이해한다는 것이고, 어떤 언어를 이해한다는 것은 어떤 기술에 통달한다는 것이다.

200 게임을 모르는 어떤 두 사람이, 체스판 앞에 앉아 한판 승부를 하고 있고, 더욱이 모든 심적인 수반현상까지도 생긴다—는 것은 물론 생각할 수 있는 일이다. 그리고 우리가 그것을 본다면 우리는 그들이 체스를 두고 있다고 말할 것이다. 그러나 이제 어떤 게임을 생각하고 그것이 어떤 규칙에 따라 우리가 보통 게임에서 연상하지 않는 일련의 행동으로 번역되었다고 생각해 보자.—이를테면 비명을 지른다거나 발을 구른다거나. 그리고 앞의 두 사람은 우리가 잘 아는 체스의 형식으로 승부하는 대신에 비명을 지르거나 발을 구르거나 한다. 더욱이 이들 사건이 적당한 규칙에 의해서 체스의 승부로 번역될 수 있게 한다고 해보자. 우리는 그때에도 그들이 게임을 한다고 말하고 싶을까? 어떤 권리를 가지고 사람들은 그렇게 말할 수 있을까?

201 우리의 패러독스는, 어떤 규칙이 그 어떤 행동 방식도 결정할 수 없으리라는 것이었다. 왜냐하면 그 어떤 행동 방식도 그 규칙과 일치시킬 수 있기 때문이다. 그 대답은, 그 어떤 행동 방식도 규칙과 일치시킬 수만 있다면 모순

되게 할 수도 있다는 것이었다. 그러므로 여기에는 일치도 모순도 존재하지 않을 것이다.

여기에 오해가 있다고 하는 것은, 우리가 이런 사고(思考) 과정에서 해석에 이은 해석을 한다는 사실에 이미 나타나 있다. 마치 각각의 해석이, 그 배후에 있는 또 하나의 해석에 생각이 미칠 때까지 우리를 적어도 한 순간 안심하게 해주는 것처럼 말이다. 바꾸어 말하면 이것으로 우리는 (규칙의) 해석이 아니라 응용의 각 경우에 따라 우리가 '규칙에 따른다'고 부르거나, '규칙에 위배된다'고 부르는 것 안에 저절로 나타나는 것 같은, 규칙의 파악(방식)이 존재하는 것을 나타내는 것이다.

그러므로 규칙에 따르는 각 행동은 해석이다―라고 말하고 싶어진다. 그러나 규칙의 어떤 표현을 다른 표현으로 바꾸어놓은 것만 '해석'이라고 불러야 할 것이다.

202 그러므로 '규칙에 따른다'는 것은 하나의 실천이다. 그리고 규칙에 따르고 있다고 믿는 것은 규칙에 따르고 있는 것이 아니다. 따라서 사람들은 규칙에 '사적으로' 따를 수 없다. 그렇지 않으면 규칙에 따르고 있다고 믿는 것이, 규칙에 따르고 있다는 것과 같은 것이 되어버리기 때문이다.

203 언어는 여러 가지 길의 미로(迷路)이다. 한쪽에서 오면 길을 알 수 있는데 다른 한쪽에서 같은 장소로 오면 길을 알 수 없게 된다.

204 나는 예컨대 아무도 하지 않는 게임을 발명할 수 있다. 그러나 인류가 한 번도 게임을 한 일이 없는데 어떤 때 그 누가 게임을―그것은 물론 한 번도 해본 적이 없는 게임이지만―발견했다와 같은 일도 가능할 것인가?

205 '지향(志向)이라는 것, 이 심적인 사건에 관해서 정말로 불가사의한 것은 관습이나 기술의 존립이 그것을 위해 필요하지 않다는 것이다. 예컨대 두 사람이, 그렇지 않으면 게임이 이루어질 수 없는 세계에서 체스 시합을 하여, 즉 그것이 막 시작된 상태에서―그것이 방해되는 일을 생각할 수 있는 것'

그러나 체스 게임은 그 규칙에 의해서 정의되지 않는가? 그렇다면 그러한 규칙은 체스를 하려고 생각하는 사람의 정신 속에서 어떻게 현존하고 있는가?

206 규칙에 따르는 것, 그것은 명령에 따르는 것과 비슷하다. 사람들은 그렇게 하도록 훈련이 되고 명령에 일정한 방식으로 반응한다. 하지만 지금 명령이나 훈련에 대해서 어떤 사람은 이렇게 또 어떤 사람은 저렇게 반응한다면 어떨까? 그때에는 누가 옳은가?

자기에게 전혀 낯선 언어가 통용되는 미지의 나라에 당신이 연구자로서 왔다고 생각해 보자. 당신은 어떠한 상황에서 그곳 사람들이 명령을 내리고 이해하며 그것에 따르고 거역한다 말할 것인가?

지시 연관(指示聯關)의 체제야말로 인간 공통의 행동 양식이며, 그것을 매개로 해서 우리는 낯선 언어를 해석한다.

207 이 나라 사람들은 여러 인간적인 활동을 하는데, 그때 분절언어(分節言語)라고 여겨지는 것을 사용한다고 상상해 보자. 그들의 행동을 보고 있으면 이해할 수 있는데 그것은 우리에게 '논리적'인 것처럼 보인다. 그런데 우리가 그들의 언어를 배우려고 하면, 우리는 그와 같은 일이 불가능하다는 것을 알게 된다. 즉 그들의 경우 말해진 것, (그러니까) 음성과 행동 사이에 규칙 바른 연관이 성립되지 않은 것이다. 그럼에도 불구하고 이들의 음성이 쓸모없는 것은 아니다. 왜냐하면 예컨대 우리가 이 사람들 가운데 한 사람에게 재갈을 물리면, 그것이 우리의 경우와 마찬가지 효과가 있기 때문이다. 그 음성이 없으면, 그들의 행동은 혼란에 빠진다―고 나는 표현하고 싶다.

우리는 이 사람들이 언어, 즉 명령이나 보고 등을 하고 있다고 말해야 할 것인가?

우리가 '언어'라고 부르는 것이 되기에는 규칙성이 모자란다.

208 그렇다면 나는 '명령'이 무엇이고 '규칙'이 무엇인지를 '규칙성'에 의해 설명하고 있는가?―어떻게 해서 나는 다른 사람에게 '규칙적' '동형(同形)' '동

일'이라는 뜻을 설명하는가?─예컨대 프랑스어밖에 말할 줄 모르는 사람에게 나는 이 말들을 그것에 대응하는 프랑스어로 설명할 것이다. 그러나 그런 개념을 아직 가지고 있지 않은 사람에게는 그 말을 예를 통하여, 또 연습을 통하여 사용하는 방법을 가르칠 것이다.─그리고 그때 나는 그에게 자기 자신이 알고 있는 것 이상을 전달하는 것은 아니다.

그러므로 이러한 수업에서 나는 그에게 같은 색, 같은 길이, 같은 모양을 제시하여 그들에게 그것을 발견케 하고 만들어내게 하는 등등의 일을 시킬 것이다. 예컨대 나는 연속무늬 명령이 있으면, '마찬가지'로 계속하도록 그를 지도할 것이다. 또는 급수(級數)를 계속해 가는 것처럼. 그러니까 가령 ・‥ ⋯ 라고 되어 있으면 ⋯ ‥‥‥ ⋯⋯⋯ 로 계속해 가는 식으로 말이다.

내가 그것을 그에게 먼저 해 보이고 그는 나 다음에 그것을 한다. 그리고 나는 동의나 거절, 기대, 격려의 표현을 통해서 그에게 영향을 준다. 나는 그에게 맡기거나 그를 만류하거나 등등을 한다.

당신이 그런 수업의 증인이라고 생각해 보자. 거기에서는 그 어떤 말도 그 자체를 사용해서 설명되지 않고 그 어떤 논리적 순환도 일어나지 않는다고 한다.

또 '등등'이나 '등등, 무한하게 이어진다'는 표현도 이 수업에서 설명될 것이다. 그러기 위해서는 무엇보다도 몸짓이 유용할 때가 있다. '그렇게 계속해!' 또는 '등등'을 의미하는 몸짓에는 어떤 대상이나 어떤 장소를 지시하는 기능과 비교할 수 있는 기능이 있다.

쓰는 방법의 생략인 '등등'과 그렇지 않은 '등등'은 구별된다. '등등, 무한히 이어진다'는 결코 쓰는 법의 생략이 아니다. 우리가 π의 모든 자릿수를 쓸 수 없는 것은 수학자가 종종 믿는 것처럼 인간의 결함이 아니다.

제시된 여러 예로부터 이탈되지 않도록 하는 수업은 그것들을 '넘어서 가는' 수업과 구별된다.

209 '그러나 그래도 이해는 여러 모든 예보다도 더 멀리까지 미치는 것이 아닌가?' 매우 이상한 표현이지만 또한 아주 자연스러운 말이다!

하지만 그것이 모두인가? 더 깊은 설명은 없는가? 또는 설명의 이해는 더 깊은 것이어야 하지 않는가? 그렇다면 나 자신은 보다 더 깊은 이해를 가지고 있는가? 내가 설명 때에 주는 이상의 것을 가지고 있는가? 내가 이 이상의 것을 가지고 있다고 하는 느낌은 어디에서 오는가?

그것은 내가 경계가 없는 것을 모든 길이를 넘어 뻗어 있는 길이라고 해석하고 있는 것과 같은 것인가?

210 '그러나 당신은 실제로 자기 자신이 이해하는 것을 그에게 설명하고 있는가? 그에게 본질적인 것을 추측하게 하지 않는가? 당신은 그에게 예를 주지만—그는 이들 예가 향하는 곳, 즉 당신의 의도를 추측해야 한다.' 내가 나 자신에게 줄 수 있는 설명은 모두 그에게도 줄 수 있다. '그가 내가 생각하고 있는 것을 추측한다'고 하는 것은, 나의 설명에 대해서 여러 가지 해석이 그의 마음속에 떠올라 그가 그들 중의 하나라고 짐작하는 것—이리라. 그러므로 그런 경우 그는 질문을 할 수 있을 것이고 나는 그에게 대답할 수 있으며 또 대답할 것이다.

211 '당신이 어떤 식으로 그에게 연속무늬를 가르치든—그는 자기가 어떻게 하면 자주적으로 계속해 갈 수 있는가를, 어떻게 해서 알 수 있는가?'—그렇다면 나는 그것을 어떻게 아는가? 이것이 '나에게 근거가 있는가'라는 것이라면 그 대답은 근거 등이 나로부터 없어지고 말 것이다—라는 것이 된다. 그리고 그때에는 나는 근거 없이 행동할 것이다.

212 내가 두려워하는 누군가로부터 수열을 계속하라는 명령을 받으면 나는 신속하게, 완전한 확신을 가지고 행동할 것이다. 근거가 결여된 것 등은 나에게 신경 쓰이는 일이 아니다.

213 '하지만 이 수열의 첫째 항은 분명히 다른 해석을[예컨대 대수적(代數的)인 표현으로] 할 수가 있으므로 당신은 우선 그런 해석의 하나를 고른 것임에 틀림없다. 단연코 그렇지 않다! 상황에 따라서는 의심하는 것이 가능했었다. 그러나 그렇다고 해서 내가 의심을 했다거나 의심하는 일밖에 할 수 없었다는

것은 되지 않는다. [이 일에 관련해서 한 사건의 심리적 '분위기'에 대해서 할 말이 있다.]

직관만이 이 의심을 제거할 수 있었던가? 그것이 내심(內心)의 소리라면 나는 내가 그것을 어떻게 따르면 좋은지 어떻게 아는가? 그리고 그것이 나를 잘못되게 만들지 않는다는 것을 어떻게 아는가? 왜냐하면 그것이 나를 올바르게 인도할 수 있다면, 그것은 또한 나를 그릇되게도 만들 수 있기 때문이다.

[직관은 불필요한 핑계.]

214 직관(直觀)이 수열 1, 2, 3, 4, ……의 전개에 필요하면 수열 2, 2, 2, 2, ……의 전개에도 필요하다.

215 그러나 적어도 같은 것은 같지 않은가?

동일성(同一性)에 대해서는, 어떤 것이 그 자체와 동일하다는 것 안에는 잘못이 될 수 없는 본보기가 되는 모형이 있는 것처럼 보인다. 나는 말하고 싶다. '여기에서는 서로 다른 해석과 같은 것은 있을 수 없다. 그가 눈앞에 한 가지 것을 보고 있다면 그는 동일성을 보고 있는 것이다.'

그러면 두 가지 것은 존재할 때 그것들이 하나인 것처럼 같은가? 그렇다면 그 하나의 것이 나에게 제시하는 것을 어떻게 두 가지 경우에 적용해야 하는가?

216 '사물은 그 자체와 동일하다.' 무익하나 표상(表象)의 유희와 결부되어 있는 명제로서 이 정도로 훌륭한 예는 없다. 그것은 우리가 사물을 표상 안에서 그것에 고유한 모양에 끼워 넣어 그것이 잘 맞는 것을 보고 있는 것과 같다.

우리는 또 '모든 것은 그 자체에 합치되어 있다'라고도 말할 수 있을 것이다. 또는 다른 방식으로, '모든 것은 그 고유의 모양에 끼워져 있다'라고도 말할 수가 있을 것이다. 사람들은 그때 그 어떤 것을 바라보고, 그 사물을 위한 공간이 미리 준비되어 있었던 것이며, 그것이 정확하게 거기에 끼워져 있는 것이라고 상상한다.

🖤 이런 얼룩은, 그 하얀 주변에 '합쳐져 있는'가? 하지만 정확히 그렇게 보

이는 것은, 얼룩 대신에 우선 미리 구멍이 뚫려 있고, 거기에 얼룩이 끼워져 있을 경우일 것이다. '그것이 합쳐져 있다'는 표현에서는 바로 이러한 영상이 단순하게 기술되지 않는다. 이러한 상황은 단순하게 기술할 수 없는 것이다.

'모든 색의 얼룩은 그 주변에 정확하게 합쳐져 있다'는 동일성에 관한 조금 특수한 명제이다.

217 '어떻게 나는 규칙을 따를 수 있는가?' 만약 이것이 원인에 관한 물음이 아니라면, 그것은 내가 규칙에 따라 이렇게 행동했다는 데 대한 정당화의 물음이다. 내가 근거 부여에 세심한 배려를 했다면 나는 확고한 기반에 이른 것이며, 나의 쟁기 날은 뒤로 휘고 만다. 그때 나는 '나는 바로 이와 같이 행동하는 것이다'라고 말하고 싶어진다.

[우리가 설명을 요구하는 것은 그 내용 때문이 아니라 설명 형식 때문인 경우가 종종 있다는 것을 상기하기 바란다. 우리의 요구는 건축 기술적이다. 설명은 아무런 뒷받침도 없는 겉보기 주름상자의 일종인 것이다.]

218 수열의 처음은 무한히 깔린 눈에 보이지 않는 궤도의 눈에 보이는 일부분인 것이다—라는 생각이 어디에서 왔는가? 그렇다. 규칙 대신에 우리는 궤도를 생각할 수가 있다. 그리고 한없는 규칙의 응용이 무한히 긴 궤도와 대응한다.

219 '(수열의) 이행(移行)은 원래 이미 모두 이루어져 있다'는 것은, 나에게는 더 이상 선택의 여지가 없다는 것이다. 규칙은 일단 특정한 의미로 강요되면, 그 준수해야 할 여러 계통이 전 공간에 그어진다. 그러나 그런 일이 실제 일어났다고 해도, 그것이 나에게 무슨 쓸모가 있을까?

아니다. 나의 기술(記述)은 그것이 상징적으로 이해될 때에만 의의를 가졌다. 나에게는 이렇게 여겨진다—고 나는 말했어야 했다.

규칙을 따를 때, 나는 선택하지 않는다.

나는 규칙을 맹목적으로 따른다.

220 그러나 앞의 상징적인 명제는 어떠한 목적을 가지는가? 그것은 인과적인 제약과 논리적인 제약의 차이를 돋보이게 하는 데 있다.

221 나의 상징적인 표현은 원래 있는 규칙의 사용을 방법론적으로 기술하는 것이다.

222 '이 계통은 내가 어떻게 나아가야 할지를 나에게 시사한다.' 그러나 이 것은 물론 단순한 영상에 지나지 않는다. 그리고 만약에 그것이, 말하자면 무책임하게 이것저것을 시사한다고 판단되면 나는 그것을 규칙으로 간주하고 따르고 있었다고는 말하지 않을 것이다.

223 사람들은 자기가 항상 규칙의 눈짓(귓속말)에 대령하고 있어야 한다고 생각하지 않는다. 그 반대이다. 우리는 규칙이 정하고 자신들에게 말하리라고 여겨지는 것에 주의를 기울이고 있는 것은 아니다. 규칙이 우리에게 항상 같은 것을 말하고, 우리는 그것이 하는 말을 행한다.
　사람들은 자기 훈련을 하는 사람에게 '봐, 나는 항상 똑같이 하고 있어. 나는……'이라고 말할 수 있을 것이다.

224 '일치'와 '규칙'은, 서로 같은 종류로 사촌 사이와 같다. 내가 누군가에게 그 한쪽 말의 사용법을 가르칠 때, 그는 그것과 함께 또 한쪽 말의 사용법도 배운다.

225 '규칙'의 적용은 '같다'는 말의 적용과 결부되어 있다. ['명제'의 적용이 '참'인 적용과 결부되어 있는 것처럼.]

226 누군가가 2x+1이라는 수열을 쓰면서 1, 3, 5, 7, ……하는 수열을 따른다고 가정해 보자.[2] 그리고 그는 자문한다. '나는 줄곧 같은 일을 하고 있는가?

---

[2] 직접 쓴 원고에서는 '누군가가 x^2+1이라는 수열을 쓰면서 1, 3, 5, 7, ……이란 수열을 따른다고……' 라고 되어 있다.

그렇지 않으면 그때마다 무엇인가 다른 일을 하고 있는가?'

날마다 '내일 자네를 방문하겠다'라고 약속하는 사람은—매일 같은 말을 하고 있는가, 그렇지 않으면 매일 무엇인가 다른 말을 하고 있는가?

227 '그가 그때마다 무엇인가 다른 일을 했다면, 우리는 그가 어떤 규칙에 따르고 있다고 말할 수 없을 것이다'라고 말하는 데에 의의(意義)가 있을까? 아무런 의의도 없다.

228 '우리에게 하나의 수열은 하나의 모습을 갖는다!' 좋다. 그러나 어떤 모습인가? 여하간 대수적인 모습이나 그 전개의 일부 모습 같은, 그렇지 않으면 그 밖에 또 무엇이 있는가? '하지만 그 (한 모습) 안에는 모든 것이 포함되어 있다!' 그러나 그것은 수열 일부에 대한 확인도, 우리가 그 안에서 보고 파악한 것에 대한 확인도 아니다. 그것은 우리가 규칙이라고 하는 것에만 주목하고 행위하며, 그 이상의 안내를 구하지는 않는다는 사실의 표현이다.

229 나는 수열의 일부분 안에 아주 정교한 하나의 소묘(素描)를 지각하고, 무한에 도달하기 위해 아직도 '등등'을 필요로 하는 데에 지나지 않는 어떤 특징적인 필적을 지각한다고 믿는다.

230 '이 계통은 내가 어떻게 나아가야 할지를 나에게 시사한다'라는 것은, 이 계통이야말로 자기가 어떻게 나아가야 할지를 정하는 나의 최종 심판이라는 것을 바꾸어서 말한 것일 뿐이다.

231 '하지만 당신은 ……을 보고 있다!' 이것이 바로 규칙에 의해 강요받는 사람의 특유한 표현이다.

232 어떤 규칙은 내가 어떻게 그것에 따라야 할 것인지를 시사한다—고 가정해 보자. 즉 내가 그 계통을 눈으로 더듬어 가면 내부의 목소리가 나를 향해서 '이렇게 앞으로 나아가라!'고 말해준다. 일종의 영감에 따르는 이런 방법

과, 하나의 규칙에 따르는 방식의 차이는 무엇인가? 왜냐하면 이 두 가지는 같은 것이 아니기 때문이다. 영감의 경우 나는 지시를 기다린다. 나는 다른 사람에게 그 계통에 따르는 자신의 '기술'을 교시(敎示)할 수 없다. 내가 그 사람에게 어떤 종류의 청취력, 감수성을 가르친 것이 아니라면. 그런데 그 경우 그에게 나와 마찬가지로 그 계통을 따르라고 요구하는 일 같은 것은 물론 할 수 없다.

이들은 영감에 따르거나 규칙에 따르거나 해서 행동한 나의 경험은 아니다. 문법상의 주석이다.

233 사람들은 또한 그런 교시를 일종의 산술(算術)에서도 상상할 수 있을 것이다. 그때 아이들은 각자 자기 방식대로 계산할 수 있다. 다만 내부의 소리에 귀를 기울여, 그것에 따르는 한 이런 계산은 작곡과 같을 것이다.

234 그러나 우리는 또 평소에 하는 것처럼[모두 동의하는 등] 계산하면서, 그 각 단계에서 마력(魔力)에 끌리기라도 한 것처럼 규칙에 인도된다는 느낌을 가지고, 자기들이 일치한다는 사실에 놀란다—는 방식으로 계산을 할 수는 없을까? [신에게 그런 일치를 감사하면서.]

235 이로부터 단지 우리가 일상생활 안에서 '규칙에 따른다'는 사물의 겉모습에 속하는 것이 보일 뿐이다.

236 올바른 결과에는 도달하지만 어째서 그러한지 말할 수 없는 예술가는 단순한 계산가(計算家)이다. 그들은 계산을 하고 있지 않다—고 말해야 할 것인가? [일족(一族)을 이루는 여러 가지 경우.]

237 어떤 사람이 다음과 같은 방법으로 규칙으로 되어 있는 어떤 선을 따른다고 생각해 보자. 그는 컴퍼스를 가지고 있어서, 그 한쪽 끝은 규칙인 선을 따라 움직인다. 그러면 또 한쪽 끝이 선을 그리는데, 그 선이 규칙에 따르는 것이 된다. 이렇게 규칙을 따르면서 그는 컴퍼스의 벌림을 매우 정밀하다고 여겨

지는 방식으로 바꾸어 가는데, 그때 항상 규칙에 주의해서 마치 그것이 자기의 행위를 결정하는 것처럼 한다. 그런데 그를 보고 있는 우리에게는 그와 같은 컴퍼스의 개폐(開閉)에 그 어떤 종류의 규칙성도 보이지 않는다. 우리는 선을 따르는 그의 방식을 그로부터 배울 수는 없다. 그래서 우리는 아마도 실제로 '이 본이 그에게 어떻게 나아가면 좋은가를 시사하고 있는 것 같다. 하지만 그것은 규칙이 아닌 것이다'라고 말할 것이다.

238 규칙이 그 모든 귀결문(歸結文)을 산출(産出)한 것처럼 보이게 하려면 그 규칙은 나에게 자명(自明)한 것이어야 한다. 이 색을 '청색'이라고 부르는 것이 나에게 그러하듯 그렇게 자명해야 한다. [이것이 나에게 '자명하다'는 기준.]

239 '빨강'이라는 음성을 들을 때 그는 자기가 어떤 색을 고르면 좋은가를 어떻게 알까? 아주 간단하다. 그 말을 들을 때 자기 마음속에 떠오르는 영상의 색을 취하면 된다. 그러나 어떤 색이 '자기 마음속에 떠오른 영상'의 색인지를 그는 어떻게 알까? 그 때문에 다시 별도의 기준이 필요한가? [……라는 말을 들을 때 자기 마음속에 떠오른 색을 고르는 사건은 확실히 존재한다.]
  "'빨강'은 '빨강'이라는 말을 들을 때 내 마음속에 떠오르는 색을 의미한다"— 이것은 하나의 정의이다. 말에 의한 표기의 본질을 설명하는 것이 아니다.

240 규칙에 따라서 생겼는지 그렇지 않은지에 대해서는 그 어떤 논쟁도 일어나지 않는다[예컨대 수학자 사이에서는]. 그것에 대해서 예컨대 폭력 사태가 벌어지는 일은 없다. 그것은 우리의 언어가 작용하는 [예컨대 어떤 기술(記述) 등을 행하는] 발판의 일부가 된다.

241 '그러니까 당신은 무엇이 옳고 그른지를, 인간의 일치가 결정한다는 것인가?' 사람이 말하는 것은 옳거나 그릇된 것이다. 그리고 언어에서 인간은 일치한다. 그것은 의견의 일치가 아니라 생활 양식의 일치이다.

242 언어에 의한 의사소통을 위해서는 여러 정의의 일치뿐 아니라 [매우 이

상하게 들릴지도 모르지만] 여러 판단의 일치도 필요하다. 이것은 논리를 파기하는 것처럼 보이지만 논리를 파기하는 것이 아니다. 측정 방법을 기술하는 것과, 측정 결과를 보고 이야기하는 것은 별개의 일이다. 그런데 우리가 '측정'이라고 이름 지은 것은 측정 결과의 어떤 항상성(恒常性)에 의해서도 결정된다.

243 어떤 사람은 스스로 용기를 북돋아 자기 자신에게 명령하고, 복종하고, 비난하고, 처벌하고, 물음을 제기하고 거기에 대답할 수 있다. 그러므로 사람들은 또한 혼잣말만 하는 사람들을 상상할 수 있을 것이다. 그런 사람들의 여러 활동에 혼잣말을 덧붙이는 사람들—그런 사람들을 관찰하고 그들이 이야기하는 데에 귀 기울이는 연구자는, 그 언어를 우리의 언어로 잘 번역할 수 있을지도 모른다. [그는 그것으로 이들의 행동을 올바르게 예언할 수 있는 입장에 놓일 것이다. 왜냐하면 그는 그 사람들이 의도하고 결의하는 것도 듣게 되므로.]

그러나 누군가가 자기의 내적인 체험—자기의 느낌, 기분 등—을 자기만의 용도를 위해 적거나 입 밖으로 내거나 할 수 있는 언어를 생각할 수 있을까? 그런데 우리는 우리가 쓰는 일상 언어로는 그렇게 할 수 없는가? 그러나 내가 생각하는 것은 그런 것이 아니다. 그런 언어에 포함되는 말은 그것을 이야기하는 사람만이 알 수 있는 것, 즉 직접적이고 사적인 그 사람의 감각을 가리킬 것이다. 그러므로 다른 사람은 이 언어를 이해할 수 없다.

244 말은 어떻게 감각을 나타내는가?—여기에는 아무런 문제도 없는 것처럼 보인다. 우리는 매일같이 감각에 대해서 이야기하고 그것들을 이름 짓는 것은 아닐까? 그러나 어떻게 그 이름과 그 대상물의 결합이 만들어지는가? 이 물음은 '어떻게 한 인간이 감각이라는 이름의 뜻을 배우는가'라는 물음과 같다. 예컨대 '아픔'이라는 말의 의미를 보자. 말이 근원적이고 자연스러운 감각의 표현에 결부되어 그 대신이 되었다는 것, 이것은 하나의 가능성이다. 아이가 상처를 입고 운다. 그러면 어른들이 그 아이에게 말을 걸어 감탄사를 가르치고 후에 문장을 가르친다. 그들은 그 아이에게 아픔에 대한 새로운 동작을 가르치는 것이다.

'그러면 당신은 '아픔'이라는 말이 원래 우는 소리를 말한다는 것인가?' 그 반대이다. 아픔이라는 말의 표현은 울음소리에 대체된 것이지 그것을 기술하는 것이 아니다.

245 그렇다면 어떻게 우리는 그 이상 언어를 가지고 아픔의 표현과 아픔 사이에 파고드는 것을 바랄 수 있는가?

246 그런데 나의 감각은 어느 정도까지 사적(私的)인가? 내가 알 수 있는 것은 자신이 실제로 아픔을 느끼는지 어떤지 하는 것이지, 남은 그것을 추측할 수 있을 뿐이다. 이것은 어떤 방식으로는 허위이며 또 어떤 방식으로는 난센스이다. 우리가 안다는 '말'을 그것이 정확하게 사용될 수 있는 것처럼 사용할 때[그리고 어떻게 사용해야 하는가!], 남은 매우 빈번하게 언제 내가 아픔을 느끼는지를 알아버린다. 맞는 말이다. 하지만 나 자신이 아는 것과 동일한 확실성을 가지고 아는 것이 아니다! '나에 대해서 사람들은 일반적으로 내가 나 자신의 아픔을 느낀다는 것을 알고 있'라는 식으로 말할 수 없다[농담을 하는 경우 외에는]. 그러면 이것은—내가 아픔을 느낀다는 것 외에—도대체 무엇을 의미하면 좋을까?

우리는 다른 사람들이 나의 감각을, 나의 행동을 통해서만 배운다고 말할 수 없다. 왜냐하면 사람들은 나에 대해서 내가 나의 감각을 배웠다고 말할 수 없기 때문이다. 나는 그것을 느낀다.

내가 아픔을 느끼는지 어떤지에 대해서 다른 사람이 의심을 품는다고 말하는 것에는 뜻이 있다. 그것은 옳다. 그러나 그것을 나 자신에 대해서 말하는 것(에 의의가 있다고 말하는 것)은 옳지 않다.

247 '당신이 그런 의도를 가졌는지 여부를 알 수 있는 것은 당신뿐이다.' 사람이 어떤 누군가에게 의도라는 말의 의미를 설명할 때 이렇게 말할 수 있을 것이다. 즉 그때 그것은 우리가 그 말을 그렇게 사용한다는 것을 의미한다.

[그리고 '안다'는 말은, 여기에서 (그 지식의) 불확실성을 표현하는 것이 아무런 뜻도 없게 됨을 의미한다.]

248 '감각은 사적이다'라는 명제는 '사람은 인내(忍耐)를 혼자서 한다'라는 명제와 비교될 수 있다.

249 '젖먹이의 미소는 거짓이 아니다'라는 가정은 어쩌면 성급한 일일까? 어떤 경험에 입각해서 우리는 그렇게 가정하는가?

[거짓말을 한다는 것은 하나의 언어 게임으로, 다른 모든 언어 게임과 마찬가지로 배울 필요가 있다.]

250 왜 개는 아픈 척할 수 없는가? 개는 너무 정직한가? 우리는 개에게 아픈 척하도록 가르칠 수 있을까? 아마 우리는 특정한 상황에서는 아픔을 느끼지 않는데도 아픈 것처럼 우는 소리를 내도록 가르칠 수는 있을 것이다. 그러나 정말로 그렇게 보이게 하려면 이 행동에는 아직도 여전히 정당한 환경(의 조건)이 결여되어 있다.

251 우리가 '나는 그 반대되는 것을 상상할 수 없다'거나 '그것이 틀렸다면 그것은 무엇일까'라고 말할 때, 이것은 무슨 뜻인가? 예컨대 나의 상상은 사적(私的)이라거나, 자기가 아픔을 느끼는 것은 나 자신만이 알 수 있다거나, 그러한 것을 (나 이외의) 누군가가 말했을 때, '나는 그 반대를 상상할 수 없다'라는 것은, 여기에서는 물론 나의 상상력이 모자라다—는 것은 아니다. 우리는 이러한 말을 사용해서 형식상으로는 경험명제처럼 보이면서 실은 문법명제인 것에 저항하고 있다.

그러나 나는 왜 '나는 반대를 상상할 수 없다'고 말하는가? 왜 '나는 당신이 말하는 것을 상상할 수 없다'고 말하지 않는가?

예를 들면, '어느 막대에나 길이가 있다.' 이것은 우리가 어떤 것[또는 이것]을 '막대의 길이'라고 부르지만—그 어떤 것도 '구(球)의 길이'라고는 부르지 않는다. 그렇게 되면, 나는 '어느 막대에도 길이가 있다'는 것을 상상할 수 있는가? 아니다. 나는 바로 한 개의 막대를 상상하는 것으로, 그것이 모든 것이다. 다만 이 명제에 결부된 이런 영상은, '이 책상은 저기 있는 책상과 같은 길이이다'라는 명제에 결부된 영상과는 전혀 별개의 역할을 한다. 왜냐하면 후자의 경우 나는 그 반대의 영상을 갖는다는 것[그것이 상상상(想像上)의 영상일 필요는 없다]이 어떤 것인지 이해하기 때문이다.

그런데 문법상의 명제에 대한 영상은, 예컨대 '막대의 길이'라고 사람들이 부르는 것을 보여줄 수밖에 없었다. 그러면 그와 반대의 영상은 어떤 것이어야 하는가?

[선천적 명제의 부정에 관한 고찰.]

252 '이 물체는 연장되어 있다'는 명제에 대해서, 우리는 '난센스'라고 대답할 수가 있을 것이다. 그러나 '물론!'이라고 대답하고 싶어진다. 왜 그런가?

253 '다른 사람은 나의 아픔을 느낄 수 없다.'—그 어느 쪽이 나의 아픔인가? 여기에서는 무엇이 동일성의 기준으로 여겨지는가? 물리적인 대상인 경우 '두 가지 것이 엄밀하게 같다'고 말하는 것을 가능하게 하는 것이 무엇인가를 고찰해 보자. 예를 들어, '이 의자는 당신이 어제 여기에서 본 것과 같은 것은 아니지만 엄밀하게는 같은 것이다'라고 말할 경우.

나의 아픔이 그의 아픔과 같다고 말할 때 그러는 한 우리 두 사람이 같은 아픔을 느낄 수도 있다. [또 두 사람이 같은 장소—동질하다는 것뿐만 아니라—에 아픔을 느끼는 것도 생각할 수 있을 것이다. 예컨대 샴쌍둥이의 경우가 그럴 것이다.]

이 문제에 대해서 논의하고 있을 때 나는 어떤 사람이 가슴을 치고 '하지만 다른 사람은 이 아픔을 느낄 수 없다!'고 말하는 것을 본 일이 있다. 이에 대한 대답은, '이'라는 말을 강조해서 발음을 해봤자 동일성의 기준을 정의한 것이 되지는 않는다는 것이다. 오히려 그런 강조는 그런 기준이 잘 알려져 있는데, 그것을 회상해 주지 않으면 안 될 경우가 마치 있는 것처럼 보이게 하는 데에 지나지 않는다.

254 '같다'는 말을 [예를 들어] '동일'하다는 말로 바꾸어놓는 것도 철학에서 전형적으로 하는 방식이다. 마치 우리가 의미의 음영(陰影)에 대해서 이야기하고 문제가 되는 것은, 우리의 말에 의해서 올바른 느낌을 알아맞히는 일뿐

인 것처럼. 그러나 이것이 철학을 할 때 문제가 되는 것은, 일정한 표현 양식을 사용하려는 유혹을 심리적으로 정확하게 묘사하는 일이 우리의 과제가 되는 경우뿐이다. 그런 경우 우리가 '말하고 싶어지는' 일은 물론 철학은 아니다. 그것은 철학의 원료이다. 그러므로 수학자가 예컨대 수학적 여러 사실의 객관성이나 실재성에 대해서 말하고 싶어지는 일은 수학의 철학이 아니라 철학이 다루어야 하는 일인 것이다.

255 철학자는 병을 다루는 것처럼 물음을 다룬다.

256 그런데 나의 내적 체험을 기술(記述)하고 나만이 이해할 수 있는 언어에 대해서는 어떤가? 어떻게 해서 나는 자신의 여러 감각을 말로써 표현하는가? 평소에 하는 것처럼 하는 것인가? 그렇다면 나의 감각어는 나의 자연스러운 감각 표출과 결부되어 있는가? 그 경우 나의 언어는 '사적(私的)'인 것이 아니다. 다른 사람도 나와 마찬가지로 그것을 이해할 수 있을 것이다. 그러나 만약 나에게 감각의 자연스러운 표출 없이 감각만 있다면 어떤가? 나는 단순히 이름과 감각을 결부시켜 이들 이름을 기술하는 데에 사용한다.

257 '인간이 자기들의 아픔을 표출하지 않는다[앓는 소리도 내지 않고 얼굴도 찡그리지 않는 등]고 한다면 어떻게 될까? 그때에는 아이들에게 '치통(齒痛)'과 같은 말의 사용을 가르칠 수 없을 것이다.' 그렇다면 그 아이가 천재여서 스스로 감각의 이름을 생각해 낸다고 가정하자. 그러나 물론 그때에는 그러한 말로 자신을 (상대방에게) 이해시킬 수 없을 것이다. 그러므로 그는 그 이름은 이해하고 있지만 그 뜻은 누구에게도 설명할 수 없다는 말인가? 그렇다면 그가 '자기의 아픔에 이름을 붙였다'는 것은 무엇을 말하는가? 어떻게 그는 아픔에 이름을 붙이는 일을 했는가? 그리고 그가 무슨 일을 했든 간에 그것은 어떠한 목적을 가지는가? '그는 감각에 이름을 준 것이다'라고 말하는 사람이 있다면 그 사람은 단순한 명명(命名)이 뜻을 가지려면 언어에 이미 많은 일이 준비되어 있어야 한다──는 것을 잊고 있다. 그리고 우리가 어떤 사람이 아픔에 이름을 부여한다고 이야기할 때, 이때 '아픔'이라는 말의 문법이이야말로 준비

되어 있었던 것이다. 그것은 이 새로운 말이 배치될 장소를 지시한다.

258 다음과 같은 경우를 상상해 보자. 나는 어떤 종류의 감각이 되풀이해서 일어나는 것에 대해 일기를 적으려고 한다. 이를 위해 나는 그 감각을 'E'라는 기호에 결부시켜 내가 그 감각을 가진 날에는 반드시 이 기호를 달력에 적어 넣는다. 내가 우선 말하고 싶은 것은 이 기호의 정의를 말할 수 없다는 것이다. 그럼에도 불구하고 나는 나 자신에게 그것을 일종의 직시적(直示的) 정의로 부여할 수 있다! 어떻게? 나는 그 감각을 가리킬 수 있는가?—보통의 뜻으로는 할 수 없다. 그러나 나는 그 기호를 말로 하거나 쓰거나 해서 나의 주의를 그 감각에 집중한다—그렇게 해서 말하자면 그것을 마음속에서 가리킨다—. 하지만 무엇 때문에 그런 의식(儀式)을 취하는가? 왜냐하면 그런 일은 의식이라고밖에 생각할 수 없기 때문이다! 하지만 정의(定義)는 기호의 의미를 확정하는 데에 쓸모가 있다. 그런데 그런 일은 바로 주의력의 집중에 의해서 이루어진다. 왜냐하면 그렇게 함으로써 나는 기호와 감각의 결합을 나에게 각인시키기(내 기억에 새기기) 때문이다. 그러나 '나에게 각인시킨다'는 것은 이런 일을 거치고 나면 내가 장차 그 결합을 올바르게 생각해 낸다는 것이다. 하지만 이 경우 나에게는 그 정당성에 대한 기준 같은 것이 없다. 그래서 사람들은 나의 입장에서 항상 옳다고 여겨지는 것이 바로 옳은 것이라고 말할지도 모른다. 그리고 이것은 여기에서는 '올바르다'는 것에 대해서 이야기할 수 없다는 것이다.

259 사적(私的) 언어의 규칙이란 규칙에 대한 인상인가? 인상을 재는 저울은 저울에 대한 인상이 아니다.

260 '그런데 나는 이것도 되풀이해서 일어난 감각 E라고 믿는다.'—당신은 아마도 그렇게 믿는다고 믿는다.
그러면 이 기호를 달력에 기입한 사람은 전혀 아무것도 적지 않은 것인가? 누군가가 기호를—예컨대 달력에—기입하면 그는 무엇인가를 적은 것이 된다는 것은 당연하다고 생각하지 말기 바란다. 적어둔다는 것은 분명히 그 어떤 기능이 있지만 기호 'E'에는 아직까지 아무런 기능도 없기 때문이다.

[사람들은 자기 자신을 향해서 말을 걸 수 있다. 아무도 상대하지 않는데 말을 하는 사람은 모두 자기 자신에게 말하고 있는 것인가?]

261 우리가 'E'를 어떤 감각의 기호라고 부르는 데에는 어떤 근거가 있는가? 즉 '감각'은 우리에게 공통된 언어에 포함된 말이지 나에게만 이해되는 언어가 아니다. 그러므로 이 말의 사용은 모든 사람이 이해할 수 있는 정당화를 필요로 한다. 또 그것이 감각일 필요가 없을 것이라거나, 그가 'E'라고 쓸 때에는 무엇인가를 느끼고 있다고 말했다고 해서 아무런 쓸모도 없을 것이다. 더욱이 그 이상의 것을 우리는 아무도 말할 수 없을 것이다. 그런데 '느끼고 있다'거나 '무엇인가를'과 같은 말도 또한 공통된 언어에 속하고 있다. 따라서 사람들은 철학을 할 때 마침내는 아직 불분명한 음성만을 내고 싶어 하는 단계에 도달한다. 그러나 그와 같은 음성은 일정한 언어 게임 안에서만 하나의 표현이 되어 있는 것이다. 이제 그 언어 게임이 기술되어야 한다.

262 사적인 말을 설명한 사람은, 이제 그 말을 이러이러한 방법으로 사용할 것을 마음속으로 계획하고 있음에 틀림없다고 말할 수 있을 것이다. 그러나 그 사람은 그렇게 할 것을 어떻게 계획하는가? 나는 그가 그 응용 기술을 발견한다고 가정해야 할 것인가? 그렇지 않으면 그가 그런 기술을 이미 완성된 것으로서 미리 발견하고 있었다고 가정해야 할 것인가?

263 '하지만 나는 [마음속으로] 장차 이것을 '아픔'이라고 부를 계획을 세울 수 있다.' '그러나 당신은 분명히 그렇게 할 계획을 세웠는가? 그러기 위해서는 자기 느낌에 주의를 집중하는 것으로 충분했다는 확신이 있는가?'—이상한 질문—

264 '일단 그 말이 무엇을 표기하는가를 알면 당신은 그것을 이해하고 그 응용을 알고 있다(는 것이 된다).'

265 우리의 상상 속에서만 존재하는 것 같은 표, 예컨대 사전과 같은 것을 생각해 보자. 사서를 매개로 하여 사람들은 어떤 말 X를 다른 말 Y에 의해서 번역하는 것을 정당화할 수 있다. 그러나 그와 같은 표가 사상 속에서만 참조될 경우, 그것을 우리는 정당화라고 불러야 할 것인가? '그렇다, 그것은 그때 바로 주관적인 정당화인 것이다.' 하지만 정당화라는 것은, 사람들이 무엇인가 독립된 곳에 호소함으로써 성립되는 것이다. '그러나 나는 어떤 기억에 대해서는 다른 기억에 호소할 수도 있다. [예컨대] 열차의 발차 시각을 올바르게 기억했는지 어떤지 나는 알 수가 없으므로, 그것을 조사해 보기 위해 열차 시각표의 페이지 영상을 자기 기억 안에 생각해 낸다. 이 경우도 같은 일이 아닌가.' 그렇지 않다. 왜냐하면 그런 사건이 실제로 올바른 기억을 환기시키는 것이 되어야 하기 때문이다. 만약에 상상된 시각표의 영상이 그 자체가 옳다는 것을 증명할 수 없다면 어떻게 최초의 기억이 옳다는 것을 확인할 수 있겠는가? [그것은 오늘의 아침 신문이 진실을 보도한다는 것을 확인하기 위하여 그것을 여러 부 사들이는 것과 같다.]

상상 속에서 표를 참조하는 것은, 상상 속에서 이루어진 실험 결과를 상상하는 것이 실험 결과가 아닌 것과 마찬가지로, 표를 참조하는 것이 아니다.

266 나는 (지금) 몇 시인지 알기 위해 시계를 볼 수 있다. 그러나 또 몇 시인지 추측하기 위하여 시계의 문자판을 볼 수도 있다. 또는 그 목적을 위하여 시계의 바늘을 이동시켜 자기가 옳다고 여기는 위치까지 움직일 수도 있다. 이렇게 시계의 영상이 때를 결정하는 데에 유효한 방식은 하나로 한정된 것이 아니다. [상상 속에서 시계를 바라보는 것.]

267 자기 상상 속에서 만들어진 교량(橋梁)의 치수 설계를, 내가 우선 상상 속에서 교량 재료의 강도 시험을 행함으로써 정당화하려 했다—고 가정한다. 이것은 물론 교량의 치수 설계의 정당화라고 불리는 것에 대한 상상일 것이다. 그러나 우리는 그것을 어떤 치수 설계에 대한 상상의 정당화라고 부를 수 있을까?

268 왜 나의 오른손은 왼손에게 돈을 증여할 수 없는가? 나의 오른손이 돈을 왼손에 건넬 수는 있다. 나의 오른손은 증여증(贈與證)을 쓰고 왼손은 수령증을 쓸 수 있다. 그러나 그 이상의 실제적인 여러 결과는, 증여에서 생긴 것들이 아닐 것이다. 왼손이 오른손으로부터 돈을 빼앗거나 했을 때 사람들은 '그런데 그 이상 무어라는 말이냐?' 하고 물을 것이다. 이와 마찬가지 일은, 누군가가 자기 자신에게 사적인 말의 설명을 했을 때, 즉 그 사람이 어떤 말을 자신에게 말하여 자기의 주의를 어떤 감각으로 돌렸을 때에도 물을 수 있을 것이다.

269 어떤 사람이 어떤 말을 이해하지 못하는 것, 즉 그 말이 그 사람에게 아무것도 말해주지 않고, 그 사람이 그 말을 들어도 어떻게 하면 좋을지 모르는 일에 대해서는, (그 사람의) 행동이라는 어떤 종류의 기준이 있다는 것을 상기하자. 또 그가 그 말을 '이해한다고 믿고' 있고, 어떤 뜻을 그 말에 결부시키고는 있지만, 그것이 옳은 뜻이 아니라는 일에 대한 기준도 있다. 그리고 마지막으로 그가 그 말을 올바르게 이해한다고 하는 일에 대한 기준이 있다. 후자의 경우 사람들은 주관적인 이해에 대해서 이야기할 수 있을 것이다. 그리고 다른 사람은 아무도 이해하지 못하지만 나는 '이해하는 것처럼 보이는' 음성을 사람들은 '사적 언어'라고 부를 수 있을 것이다.

270 그런데 자기 일기장에 'E'라는 기호를 기입하는 것의 적용을 생각해 보기로 하자. 나는 다음과 같은 경험을 한다. 즉 나에게 특수한 감각이 있을 때에는 혈압계가 항상 혈압이 상승하고 있음을 나타낸다. 그러면 나는 계기의 도움 없이도 내 혈압의 상승을 분명히 말할 수 있게 된다. 이것은 유용한 결과이다. 그리고 내가 그 감각을 올바르게 재확인했는지의 여부는 여기에서는 어떻든 상관없는 것처럼 보인다. 내가 그 감각의 동일성을 확인할 때 끊임없이 잘못을 저지른다고 가정해도 아무런 상관이 없다. 그리고 이것은 그러한 잘못을 가정한다는 것이 단순한 겉치레에 지나지 않았다는 것을 이미 나타낸다. [우리는, 말하자면 기계의 어떤 부분을 조정할 수 있다고 여겨지는 단추를 돌려보았지만, 그것은 기계의 메커니즘과는 전혀 결부되지 않은 단순한 장식품

이었다.]

그러면 이 경우 우리가 'E'를 어떤 감각의 표시라고 부르는 데에는 어떠한 근거가 있는가? 아마도 이 기호가 이 언어 게임에서 적용되는 방식일 것이다. 그렇다면 왜 하나의 '정해진 감각'이고, 즉 같은 감각인가? 아니 우리는 그때마다 'E'라고 쓴다—고 가정하기 때문이다.

271 "'아픔'이라는 말이 무엇을 의미하는지 기억에 담아둘 수 없고—따라서 항상 무엇인가 다른 것을 그렇게 부르고 있지만—그럼에도 불구하고 이 말을 아픔의 일반적인 징후나 여러 전제와 일치하도록 사용하는 사람을 생각해보자!' 즉 그는 그것을(이 말을) 우리 모두와 마찬가지로 사용하고 있다. 여기서 나는 이렇게 말하고 싶다. 사람은 돌릴 수는 있지만 그것과 함께 다른 것이 움직이지 않는 바퀴는 기계의 일부가 아니라고 말이다.

272 사적인 체험에서 본질적인 것은 원래 각자가 자기 고유의 표본을 가지는 것이 아니라, 다른 사람도 이것을 가지고 있는지 아니면 무엇인가 다른 것을 가지고 있는지 아무도 모른다는 것이다. 그러므로 일부 사람들에게는 어떤 빨강의 감각이 있고, 다른 일부 사람에게는 다른 빨강의 감각이 있다는 가정이—검증 불가능하지만—가능할 것이다.

273 그렇다면 '붉다(赤)'는 말은 어떤가? 나는 이 말이 무엇인가 '우리 모두와 마주 서고 있는 것'을 표기하고 각자가 모두 본래 이 말 외에 자기의 고유한 빨강을 표기하기 위한, 또 하나의 다른 말을 가지고 있을 것이라고 말해야 하는가? 아니면 '붉다'는 말은 우리가 공통으로 인지하는 것을 표기하고, 게다가 각자에게 무엇인가 그 사람만이 인지하는 것을 표기한다는 것인가? [또는 그것은 무엇인가 그 사람만이 인지하는 것을 가리키는가—라고 말하는 편이 좋을지도 모른다.]

274 물론 이 말이 사적(私的)인 것을 '표기한다'고 말하는 대신에 그것을 '가리킨다'고 해보았자 '붉다'(라고 하는 말)의 기능을 우리가 파악하는 데에는 전

혀 쓸모가 없다. 그러나 그것은 철학할 때에는 특정한 체험을 나타내는 데에 심리적으로 한층 적절한 표현이 된다. 그것은 마치 내가 그 말을 할 때 나는 그 말이 무엇을 의미하는지 이미 알고 있다―는 것을, 말하자면 자기 자신에게 들려주기 위해 자기에게 고유한 감각에 곁눈질을 주는 일과 같은 것이다.

275 푸른 하늘을 바라보고 자기 자신을 향하여 '이 얼마나 아름다운 하늘인가!' 하고 말해보자. 당신이 그것을 자기도 모르게―철학적인 의도 없이―할 때 이 색채 현상이 자기만의 것이라는 생각은 머리에 떠오르지 않는다. 그리고 당신은 이 외침을 다른 사람에게 들리게 하는 데에 주저하지 않는다. 또 당신이 이러한 말로 무엇인가를 가리킨다면 그것은 하늘이다. 내가 말하고 싶은 것은 사람들이 '사적 언어'에 대해서 생각할 때 '감각을 명명(命名)한다'는 일에 따라다니기 마련인 자기 자신의 내부를 지시하고 있다는 느낌을 당신은 가지고 있지 않다는 것이다. 당신은 또 자기가 본래 손으로 그 색을 지시하는 것이 아니라, 주의(를 집중시키는 일)만으로 그것을 지시해야 한다―는 일도 생각하지 않는다. ['주의에 의해서 무엇인가를 지시한다'는 것이 어떤 일인지 생각해 보자.]

276 '하지만 우리는 어떤 색을 바라보고 그 색채 감각을 명명하고 있을 때 적어도 무엇인가 분명한 것을 생각하는 것은 아닐까?' 그렇지만 이것은 바로 우리가 색채의 인상을 박피(薄皮)라도 하는 것처럼 보고 있는 대상으로부터 벗겨내는 것과 같다. [이것이 우리의 의심을 불러일으킬 것이다.]

277 그러나 사람들이 어떤 때에는 하나의 말로 모든 사람에게 알려진 색을 생각하고―어떤 때에는 내가 지금 품고 있는 '시각 인상'을 생각하고 있다―믿어버리고 싶은 (유혹을 느끼는) 것은 어떻게 해서 일반적으로 가능한가? 또 그때 어떻게 단 하나의 유혹이 성립될 수 있는가? 나는 이들 (두 가지) 경우 색에 같은 종류의 주의를 돌리는 것이 아니다. 내가 나의 독자적인[이라고 말하고 싶지만] 색채 인상을 생각하고 있을 때에는 그 색채 안에―하나의 색을 (아무리 보아도) '싫증이 나지 않는' 것처럼―자기 자신을 침잠(沈潛)시킨다. 그러므

로 이런 체험을 만들어내는 것이 한층 용이해지는 것은, 사람들이 무엇인가 밝은 색을 보고 있거나, 우리에게 인상을 남기는 것 같은 색채 구성을 보는 것과 같은 경우이다.

278 '나는 녹색이 나에게 어떻게 보이는지 알고 있다'—이 말투에는 뜻이 있다! 분명히. 그런데 당신은 이 문장의 어떠한 적용을 생각하는가?

279 누군가가 '그래도 나는 나의 키가 어느 정도인가를 알고 있다!'고 말하면서, 그 표시로 손을 머리 위에 얹는 것을 상상해 보자!

280 어떤 사람이 그림을 그려, 예컨대 자신이 극장에서 본 어떤 장면을 회상하는지 나타내려고 한다. 그래서 나는 말한다. '이 그림에는 이중(二重)의 기능이 있다. 이것은 그림이나 말이 바로 무엇인가를 전하는 것처럼, 무엇인가를 남에게 전하고 있는데—그러나 전달하려는 사람에게는, 보다 더 다른 종류의 서술[또는 전달?]이다. 그 사람에게 이 그림은 자기 표상(表象)의 영상이지만, 다른 사람에게는 그와 같은 것일 수 없다. 그 사람에게 이 그림의 사적인 인상은 자기가 회상하는 것을 이야기하는 것이다. 그런 일을 그 그림이 다른 사람에 대해서 이야기하는 일은 있을 수 없다'—그러면 무슨 권리가 있어서, 나는 이 제2의 경우에 서술이나 전달에 대해서 말하고 있는가? 만약에 이러한 말이 제1의 경우에 올바르게 응용되어 있었다면.

281 '그러나 당신이 말하는 것은, 예컨대 아프다는 동작 없이는 아픔 같은 건 존재하지 않는 것이 되어버리지 않을까?' 그것은 다음과 같이 된다. 사람들은 살아 있는 인간과, 살아 있는 인간과 유사한 [유사한 행동을 하는] 것에 대해서만 그것에 감각이 있다거나 그것은 보고 있다거나 맹인이라거나 듣고 있다거나 농인이라거나 의식하고 있다거나 의식이 없다고 말할 수 있는 것이라고.

282 '하지만 동화 속에서는 냄비조차도 보거나 들을 수 있다!' [분명히. 그리고 그것은 말을 할 수도 있다.]

'하지만 동화는 현실이 아닐 뿐 난센스를 이야기하는 것은 아니다.' 그러나 그 정도로 간단하지만은 않다. 냄비가 말을 한다고 하는 것은 허위인가 아니면 난센스인가? 어떤 상황에서 우리는 냄비가 말을 하고 있다 등과 같이 말하는가에 대해서, 명확한 영상이 되어 있는가? [난센스한 시(詩)조차도, 예컨대 아이들의 웅얼거림처럼 무의미한 것은 아니다.]

우리는 생명이 없는 것에 대해서 그것이 아파한다고 말한다. 예컨대 인형과 놀고 있을 때가 그렇다. 그러나 이런 아픔의 개념 적용은 이의적(二義的)이다. 사람들이 생명이 없는 것에 대해서만 그것이 아파한다고 말하고, 인형만을 안쓰럽게 생각하는 경우를 상상해 보자! [아이들이 기차놀이를 하고 있을 때, 그들의 놀이는 기차에 관한 그들의 지식과 관계된다. 그러나 철도를 모르는 민족의 아이들이 이 게임을 다른 사람들로부터 받아들여 자신들이 무언가를 모방하고 있다는 사실을 깨닫지 못한 채 놀 수도 있을 것이다. 이 게임은 그들에게 우리와 같은 의의를 가지고 있다고 말할 수 없을 것이다.]

283 비록 생각일 뿐이지만 사물이나 대상이 무엇인가를 느낄 수 있다─는 생각은 어디에서 생기는가?

내(가 받은) 교육이 내 안에 있는 느낌에 주의를 기울이도록 함으로써 그런 생각으로 이끌었고, 이제 나는 그 생각을 나의 밖에 있는 어떤 여러 대상으로 옮기는 것인가? 나는 다른 사람의 말의 사용에 저촉하는 일 없이 스스로 '아픔'이라고 부를 수 있는 어떤 것이, 여기에 [내 안에] 무언가가 존재한다는 것을 인식하는 걸까? 나는 돌이나 식물에 내 생각을 옮기는 일은 하지 않는다.

나는 내가 무서운 아픔을 느끼고 그것이 지속되는 동안에 돌이 되어버린다─고 생각할 수 없을까? 만약에 내가 눈을 감는다면 나는 내가 돌이 되지 않는지 여부를 어떻게 알 것인가? 그리고 지금 그런 일이 일어났다면 그 돌은 어느 정도 아픔을 느끼게 될까? 어느 정도 사람들은 그런 일을 돌에 대해서 언명할 수 있게 될 것인가? 즉 이러한 경우 왜 아픔에는 일반적으로 그것을 짊어지는 사람이 없으면 안 되는가?!

그리고 사람들은 돌이 마음을 가지고 있고 아픔을 느낀다─고 말할 수 있을까? 마음과 아픔이 (도대체) 돌과 무슨 관련이 있는가?

사람들은 그것이 인간처럼 행동하는 것에 대해서만 아픔을 느낀다고 말할 수 있다.

왜냐하면 사람들은 신체에 대해서 또는 만약 그렇게 말하고 싶다면 신체를 가지고 있는 영혼에 대해서 그렇게 말해야 하기 때문이다. 그런데 어떻게 신체는 마음을 가질 수 있는가?

284 돌을 바라보며 그것이 감각을 가진다고 생각해 보자! 사람들은 자문한다. 도대체 사람은 어떻게 물체에 감각을 귀속시키는 것에 생각이 미쳤을까? 마찬가지로 수(數)에 감각을 귀속시킬 수도 있을 것이다. 그렇다면 버둥거리는 파리를 보자. 그러면 그런 곤란은 이제 사라지고 그때까지 모든 것이, 말하자면 매끈했던 이 자리에서 비로소 고통이라는 것의 단서를 잡은 것처럼 보인다.

이렇게 해서 또 우리에게는 시체도 고통과는 전혀 인연이 없는 것처럼 보인다. 살아 있는 것에 대한 우리의 태도는 죽은 것에 대한 태도와는 다르다. 우리의 반응은 모두 다르다. 만약에 누군가가 '그것은, 살아 있는 것은 이러이러하게 운동하고 죽은 것은 그렇게 하지 않는 탓이라고 단순히는 말할 수 없다'고 말한다면—나는 그 사람에게 말하고 싶다. 여기에서야말로 '양에서 질로' 이행하는 한 예가 제시되어 있다고.

285 얼굴 표정의 인지(認知)에 대해서 생각해 보자. 또는 얼굴 표정의 기술(記述)에 대해서 생각해 보자. 이것은 사람이 얼굴의 도량(度量)을 말함으로써 성립되는 것은 아니다! 또 어떻게 사람들이 자기 자신의 얼굴을 거울도 보지 않고, 다른 사람의 얼굴을 흉내 낼 수 있는지 생각해 보자.

286 그러나 어떤 신체에 대해 그것이 아픔을 느낀다—고 말하는 것은 우습게 보이지 않는가? 하지만 사람들은 왜 그것에서 우습게 보인다고 느끼는가? 나의 어떤 손이 아픔을 느끼는 것이 아니라, 내가 자신의 손에 아픔을 느낀다는 것인가?

'아픔을 느끼는 것은 신체인가'라는 것은 어떠한 종류의 논쟁 문제인가? 어떻게 하면 그것은 결정될 수 있는가? 어떻게 하면 아픔을 느끼는 것은 신체가 아니라는 것이 승인되는가? 아마도 이러한 것이리라. 누군가가 손에 아픔을 느낄 때 그렇게 말하는 것은 손이 아니다[그렇게 써 보이는 것은 손이라고 해도]. 사람들은 그 손을 위로하지 않고 아파하는 사람을 위로한다. 사람들은 그의 눈을 본다.

287 어떻게 나는 그런 인간에 대한 동정으로 채워지는가? 그 동정이 어떠한 대상을 향해 있는가는 어떻게 나타나는가? [그 동정은 다른 사람이 아픔을 느낀다는 확신의 한 형태다—라고 말할 수 있다.]

288 나는 돌이 된 것처럼 경직되고 나의 아픔은 계속된다. 그때 만일 내가 잘못되어서 더 이상 아픔이 없다면! 그러나 나는 거기에서 잘못을 저지를 수 없다. 내가 아픔을 느끼는지 여부를 의심하는 것에는 아무런 의미도 없다! 즉 만약에 누군가가 '내가 느끼는 것이 아픔인지 아니면 무엇인가 다른 것인지 나는 모른다'고 말한다면, 우리는 아마도 그 사람이 '아픔'이라는 자기 나라 말이 의미하는 것을 모른다고 생각하여 그것을 그에게 설명할 것이다. 하지만 어떻게? 아마도 몸짓으로. 또는 그를 바늘로 찔러서 '알았나? 이것이 아픔이라는 것이다'라고 말해줌으로써. 그는 이러한 말의 설명을 다른 말의 설명과 마찬가지로 올바르게 이해하든지 잘못 이해하든지 아니면 전혀 이해하지 못하든지 할 것이다. 그리고 언제나 그러한 것처럼 그 어느 것인지는 그 말을 사용할 때 드러날 것이다.

가령 지금 그가 '아, '아픔'이 무엇인지 알았다. 하지만 내가 지금 여기에 느끼는 이것이 아픔인지 아닌지 그것은 모르겠다'고 말했다면, 우리는 다만 고개를 흔들 뿐 그의 말은 이상한 반응이라고밖에 생각되지 않아 그다음 어떻게 해야 좋을지 모를 것이다. [그것은, 예컨대 누군가가 진지하게 '나는 분명히 기억하고 있는데 내가 태어나기 조금 전, 나는 ……이라고 믿었다'고 말하는 것을 듣는 것과 같다.]

이런 의심의 표현은 언어 게임에 속하지 않는다. 그러나 지금 감각의 표현, 즉 인간적인 행동이 추방되었다면 나로서는 다시 의심해도 좋을 것처럼 여겨진다. 내가 여기에서 사람은 감각을 그것이 실제로 그러한 것과는 다른 그 무엇으로 받아들일 수 있다—고 말하고 싶은 유혹을 느끼는 것은, 다음과 같은 일에서 생긴다. 즉 만약에 정상적인 언어 게임이 감각의 표현에 의해서 폐기된다면 나는 이제야말로 감각의 동일성에 관한 기준을 필요로 하며 그때에는 오류의 가능성도 또한 생길 것이라는 점이다.

289 '내가 '나는 아픔을 느낀다'고 말할 때에는 어쨌든 나 자신 앞에서는 정당화되고 있는 것이다.' 무슨 뜻인가? '내가 '아픔'이라고 부르는 것을 다른 사람이 알 수 있다면 그는 내가 이 말을 올바르게 적용하고 있다는 것을 용인할 것이다'라는 말인가?
어떤 말을 정당화하지 않고 사용한다는 것이 그것을 부당하게 사용한다는 것은 아니다.

290 내가 나의 감각을 (그것과) 동일한지 확인하는 것은 물론 (그 어떤) 기준에 의해서가 아니라 같은 표현을 사용하는 것에 의해서이다. 그러나 그것으로 언어 게임이 끝나는 것은 아니다. 오히려 그것과 함께 시작된다.
하지만 그것은—내가 기술하는—감각과 함께 시작되는 것이 아닌가? '기술한다'는 말이 여기에서는 아마도 우리를 속이고 있다. 나는 '자기 마음의 상태를 기술한다'거나 '자기 방을 기술한다'고 말한다. 사람은 언어 게임의 다양성을 기억 속에 환기시켜야 한다.

291 우리가 '기술(記述)'이라고 말하는 것은 특수한 적용을 위한 도구이다. 그때 기계의 스위치, 절단면(切斷面), 기술자 곁에 있는 척도(尺度)가 적힌 입체도를 생각해 보자. 사람들이 여러 사실을 말(에 의한) 영상으로서의 기술로 생각한다면 거기에는 오해받기 쉬운 부분이 있다. 사람들은 아마도 벽에 걸려 있는 것과 같은 그림만 생각할 것이기 때문이다. 그것이 단적으로 사물이 어떻게 보이고 어떠한 상태인지 그려내는 것처럼 보인다. [이런 그림은 말하자면 노는 것이다.]

292 자기의 말은 사실로부터 읽어낸 것이다. 사실을 규칙에 따라서 말로 베낀 것이라고 항상 믿지는 말아라! 왜냐하면 당신은 특수한 경우의 규칙 응용을 그 누구로부터도 배우지 않고 꼭 해야 하기 때문이다.

293 나는 나의 고유한 경우에 대해서만 '아픔'이라는 말이 무엇을 의미하는지 안다고 나 자신에게 말한다면—나는 이것을 다른 사람들에 대해서도 그렇게 말해야 되지 않을까? 그렇다면 어떻게 해서 나는 하나의 경우를 그런 무책임한 방식으로 일반화할 수 있는가?

그런데 사람들은 모두 자기 자신에 대해서만 아픔이 무엇인지 안다고 나에게 말한다! 각자가 상자를 하나 가지고 있고 그 속에는 우리가 '딱정벌레'라고 부르는 것이 들어 있다—고 가정하자. 아무도 남의 상자를 들여다볼 수 없고 각자 자기의 딱정벌레를 봄으로써만 그것이 무엇이라는 것을 알게 된다고 말한다. 이때 각자가 자기 상자 안에 (각기) 다른 것을 가지고 있을 수 있다. 사람들은 그런 것이 끊임없이 변화한다고 상상까지도 할 수 있을 것이다. 그런데 지금 이 사람들의 '딱정벌레'라는 말에 하나의 사용이 있다면? 그때 그 사용은 한 가지 것에 대한 표기의 사용이 아닐 것이다. 상자 안의 그것은 일반적으로 언어 게임에 속하지 않고 또 어떤 그 무엇도 아니다. 왜냐하면 그 상자가 비어 있는 경우도 있을 수 있기 때문이다. 아니 상자 안의 그것을 통과해서 '단축시킬' 수 있다. 그러면 그것이 무엇이 되었든 간에 그것은 사라지고 만다.

즉 사람들이 감각의 표현 문법을 '대상과 (그) 표기'라는 견본에 따라 구성한다면 문제의 대상은 관계없는 것으로서 고찰에서 탈락된다.

294 그는 자기가 기술하는 모든 사적인 영상을 눈앞에서 보는 것이다—라고 당신이 말한다면 당신은 항상 그가 눈앞에서 보는 것에 대해서 어떤 가정을 설정하고 있었던 것이다. 그리고 이것은 당신이 그것을 보다 더 자세하게 기술할 수 있거나 또 (실제로) 기술하고 있었다는 것을 말한다. 그가 눈앞에서 보는 것이 어떤 종류인가에 대해서 당신이 전혀 아무것도 예감하지 못한다는 것을 인정한다면, 그럼에도 불구하고 그가 무엇인가를 눈앞에서 보고 있다고 어떻게 당신은 말하고 싶어지는가? 그것은 마치 내가 누군가를 향해서 '그는 무

엇인가를 가지고 있다. 그러나 그것이 돈인지 부채(負債)인지, 아니면 텅 빈 금고인지는 모르겠다'고 말하는 것과 같은 것이 아닐까?

295 게다가 '나는 나 자신의 경우만 ……라는 것을 안다'는 것은, 일반적으로 어떠한 종류의 명제이어야 하는가? 경험명제인가? 아니다. 문법명제인가?

그러므로 나는 상상한다. 모든 사람은 누구나 자기의 고유한 아픔에 대해서만 아픔이 어떤 것인지 안다고 말하고 그것은 바로 자기 자신에게 말하는 것이다. 사람들이 실제로 그렇게 말하거나 그렇게 말하고 있을 뿐이라는 것이 아니다. 만약에 모두가 그렇게 말했다고 한다면 그것은 일종의 외침이었을 것이다. 그리고 비록 그것이 보고로서는 아무것도 말하지 않아도 그것은 또한 하나의 영상이다. 그렇다면 왜 우리는 그런 영상을 마음속에 환기시키면 안 되는가? 말 대신에 그림으로 그린 우화적인 영상을 생각해 보라.

철학하면서 자기 자신의 내부를 들여다보면 우리는 때때로 그런 영상을 직접 보게 된다. 문자 그대로 우리 문법의 영상적인 서술을. 사실이 아니라 말하자면 예증된 말투를.

296 '맞다. 그러나 나의 아픔의 외침에 따른 그 무엇이 거기에 있다! 바로 그 때문에 나는 외치는 것이다. 더욱이 그 무엇인가는 중요한 것이고—무서운 것이다.' 도대체 우리는 누구에게 그런 것을 전달하는가? 또 어떤 상황에서?

297 물론 물이 냄비 안에서 끓을 때 증기가 냄비에서 솟아오르고 증기의 영상도 냄비의 영상에서 올라온다. 그러나 냄비의 영상 중에서도 무엇인가가 끓을 것이다—라고 말하고 싶은 사람들이 있다면 어떤가?

298 우리가 자기 자신에 대해서 감각을 가리키면서 '중요한 것은 이것이다'라고 그렇게 즐겨 말하고 싶은 것은, 보고(報告)도 아니고 아무것도 아닌 어떤 것을 말하는 우리의 경향이 얼마나 심한지 이미 보여주고 있다.

299 우리가 철학적인 사상에 몸을 맡길 때—이러이러한 것을 말하지 않고서

는 가만히 있을 수 없고, 그렇게 말하는 경향에 저항할 수 없다는 것이 우리가 어떤 가설을 강요당하거나 어떤 사태를 직접 꿰뚫어보거나 안다는 것은 아니다.

300 '그는 아픔을 느낀다'는 말을 동반한 언어 게임에는 동작의 영상뿐 아니라 아픔의 영상도 포함되어 있다고 사람들은 말하고 싶어 한다. 또는 행동의 범형(範型)뿐 아니라 아픔의 범형 또한 포함되어 있다고도. '아픔의 영상'이 '아픔'이라는 말과 함께 언어 게임 안으로 들어온다'는 것은 오해이다. 아픔의 표상(表象)은 영상이 아니고 이 표상은 또한 언어 게임에서 우리가 영상이라 부를 것이라고 여겨지는 그 어떤 것에 의해서도 대체할 수 없다. 분명히 아픔의 표상은 어떤 의미에서 언어 게임 안으로 들어온다. 다만 영상으로서는 아니다.

301 표상은 영상이 아니지만 영상은 표상에 대응할 수 있다.

302 사람들이 다른 사람의 아픔을 자기 자신을 본보기로 해서 표상해야 된다면 그것은 그리 쉬운 일이 아니다. 왜냐하면 나는 내가 느끼는 아픔에 따라서 그 아픔을 표상해야 하지만 그 아픔을 (지금) 느끼지는 않기 때문이다. 즉 내가 그 표상에서 아픔을 느끼는 어떤 장소에서 다른 장소로 이행하기만 하면 되는 것이 아니다. 마치 손의 아픔에서 팔의 아픔으로—하는 식으로. 왜냐하면 나는 내가 그 사람 신체의 어떤 위치에 아픔을 느끼는지 표상할 수 있을 리 없기 때문이다. [그것도 또한 가능하기는 하겠지만.]

아프다는 동작은 아픈 위치를 가리킬 수 있다. 그러나 아픔을 당한 사람이야말로 아픔을 표출하는 당사자이다.

303 '다른 사람이 아픔을 느끼는 것은 단지 믿을 수 있을 뿐이지만 자신이 아픔을 느끼면 나는 그것을 아는 것이다.' 맞는 말이다. 사람들은 '그가 아픔을 느낀다'고 말하는 대신에 '그가 아픔을 느낀다고 나는 믿는다'고 말할 결심을 할 수 있다. 그러나 그것뿐이다. 여기에서 설명하는 것처럼 심적인 사건에 대한 언명처럼 보이는 것은, 실은 어떤 이야기 방식을 우리가 철학을 하는 동안에는 한층 적절하다고 여겨지는 이야기 방식으로 바꾸어놓은 것이다.

한번—실제로—다른 사람의 불안, 아픔을 의심해 보도록 시도해 보라!

304 '하지만 당신은 아픔을 동반한 아픔의 동작과 아픔이 없는 아픔의 동작 사이에 차이가 있다는 점을 인정할 것이다.' 인정한다고? 이처럼 큰 차이가 어디에 있단 말인가! '그래도 당신은 항상 되풀이해서 감각 그 자체는 아무것도 아니다라는 결론에 도달하고 있다.' 아니, 그렇지 않다. 감각은 그 무엇인가는 아니지만, 아무것도 아닌 것은 아니다! 결론은 아무것도 아닌 것이 아무것도 언명할 수 없는 그 무엇인가와 동일한 작용을 할 것이다—라는 데에 있다. 우리는 여기에서 우리에게 (집요하게) 다가오려고 하는 문법을 물리친 것에 불과하다.

이 패러독스가 소멸하는 것은 언어가 항상 일정한 방식으로만 기능하고 항상 사상—그것이 집, 아픔, 선악(善惡), 그 밖에 그 어떤 것에 대한 사상이건—을 전달한다는 같은 목적에 봉사하는 것이라는 생각과 우리가 근본적으로 결별할 때뿐이다.

305 '하지만 당신은 가령 사물을 회상할 때, 무엇인가 내적인 사건이 일어난다는 것을 부정할 수 없을 것이다.' 우리가 무엇인가를 부정하려는 것 같은 인상은 도대체 왜 생기는가? '하지만 그때 무엇인가 내적인 사건이 일어난다'고 말할 때—사람들은 더 나아가 '당신은 어쨌든 그것을 알고 있다'고 계속해서 말하려고 한다. 그리고 어쨌든 사람들이 '상기한다'라는 말로써 생각하는 것은 이런 내적인 사건이다. 우리가 무엇인가를 부정하려는 것처럼 보이는 인상은, 우리가 '내적인 사건'의 영상에 자신을 직면시키고 있다는 데에서 유래한다. 우리가 부정하는 것은 내적인 사건에 관한 영상이 '상기한다'는 말의 적용에 관해서 우리에게 올바른 생각을 제공해 준다는 것이다. 그래서 우리는 말한다. 그런 영상은 여러 갈래로 갈라진 그 결과와 함께 우리가 이 말의 적용을 있는 그대로 보지 못하게 방해한다고.

306 그렇다면 왜 나는 무엇인가 정신적인 사건이 거기에서 일어나는 것을 부정해야 하는가?! '지금 내 안에서 ……을 상기한다는 정신적 사건이 일어났

다'는 것은, 단지 '지금 나는 ……을 회상하였다'는 것 외에는 아무것도 아니다. 정신적인 사건을 부정한다는 것은, 기억을 부정하는 것, 누군가 어떤 사람이 무엇인가를 상기하는 일조차도 부정하는 것이 될 것이다.

307 '그럼 당신은 가면을 쓴 행동주의자가 아닌가? 당신은 기본적으로 인간의 행동 이외에는 모두 허구(虛構)라고 말하는 것이 아닌?' 내가 허구에 대해서 이야기하고 있다고 해도 그것은 문법상의 허구에 대한 것이다.

308 도대체 어떻게 그것이 사건이나 상태나 행동주의 같은 철학적인 문제가 되는가? 그 첫걸음은 전혀 눈에 띄지 않는다. 우리는 사건이나 상태에 대해서 이야기하고 이들 본성(本性)을 미결정인 채로 둔다! 아마도 언젠가는 그것에 대해서 더 알게 될 것이다─라고 우리는 생각한다. 그런데 바로 그것에 의해서 우리는 특정한 고찰 방법에 묶여버렸다. 왜냐하면 하나의 사건을 좀 더 잘 안다는 것이 무엇인지에 대해 우리가 특정한 생각을 갖기 때문이다. [마술사의 곡예에서 결정적인 조치가 취해지고, 바로 그것이 우리에게는 죄가 없는 것처럼 보였다.] 그리고 이제 우리의 사상을 이해 가능하게 했던 비교가 와해된다. 그러므로 우리는 아직 탐구되지 않은 매개물 속의 아직 이해되지 않은 과정을 부정해야 한다. 따라서 우리가 정신적인 사건을 부정한 것처럼 보인다. 하지만 물론 우리는 그것을 부정하고 싶지는 않다!

309 철학에서 당신의 목적은 무엇인가? 파리에게 파리를 잡는 항아리로부터의 출구를 가르쳐주는 것.

310 내가 누군가에게, 나 자신은 아픔을 느낀다─고 말한다. 그러면 나를 대하는 그 사람의 태도는 그것을 믿는 것이기도 하고 믿지 않는 것이기도 하고, 반신반의가 될 것이다.
그가 '그것은 그다지 불쾌한 일은 아닐 것이다'라고 말한다─고 가정해 보자. 이것은 아픔의 표출 배후에 있는 무엇인가를 그가 믿는다는 증거가 아닌가? 그의 태도는 그의 태도의 증거이다. '나는 아픔을 느끼고 있다'고 하는 문장만을 생각하는 것이 아니라 '그것은 그다지 불쾌한 일은 아닐 것이다'라는 대답이 자연스러운 음성이나 몸짓으로 대체되어 있다고 생각해 보라!

311 '어디에 이만큼 큰 차이가 있을 수 있겠는가!' 아픔의 경우 나는 내가 그 차이를 사적으로 제시할 수 있다고 믿는다. 그러나 빠진 치아와 빠지지 않은 치아의 차이는 누구에게나 제시할 수 있다. 그런데 사적으로 제시하려면 자기에게 아픔을 야기시킬 필요 같은 건 전혀 없다. 아픔을 상상해 보는―예컨대 약간 얼굴을 찌푸리거나 해서―것만으로 충분하다. 당신은 자기 자신이 이렇게 해서 자신에게 제시하는 것이야말로 아픔이며, 예컨대 얼굴의 표정이 아니라는 것을 아는가? 또한 어떻게 당신은 자기 자신에게 그것을 제시하기 전에 자신에게 무엇을 제시하면 좋은가를 아는가? 이런 사적으로 제시하는 것 등은 하나의 환상(幻想)에 지나지 않는다.

312 하지만 치아의 경우와 아픔의 경우는 다시 비슷해지지 않는가? 왜냐하면 한쪽의 시각(視覺)에 다른 쪽의 통각(痛覺)이 대응하기 때문이다. 나는 그 시각을 통각과 같을 정도로 잘, 또는 같을 정도로 약간, 자기 자신에게 제시할 수 있다.

다음과 같은 경우를 생각해 보자. 우리 주위에 있는 물건[돌, 식물 등등]의 표면에는 만지면 우리의 피부에 아픔을 일으킬 것 같은 반점(斑點)이나 구역(區域)이 있다. [예컨대 이들 표면의 화학적 성질에 의해서. 그러나 우리가 그것을 알고 있을 필요는 없다.] 이때 우리는 오늘 일정한 식물의 빨간 반점이 있는 잎에 대해서 말하고 있는 것처럼 반점이 있는 아픈 잎에 대해서 말할 것이다. 생각건대 이런 반점이나 이들 형태를 지각한다는 것은 우리에게 유익한 일이며, (그 결과) 우리는 그것들로부터 사물의 중요한 여러 특성에 대해서 결론을 끌어낼 수 있다.

313 나는 빨강을 제시하는 것처럼, 또 곧거나 굽은 나무나 돌을 제시하는 것처럼, 아픔을 제시할 수 있다. 우리는 이것을 바로 '제시한다'고 부른다.

314 만약에 내가 감각의 철학적 문제에 대한 의문을 씻기 위해 자기가 현재 겪고 있는 두통의 상태를 고찰하고 싶어진다면 그것은 어떤 근본적인 오해를 나타낸다.

315 아픔을 한 번도 느낀 일이 없는 사람이 '아픔'이라는 말을 이해할 수 있을까? 이것이 그러한지의 여부는 경험이 나에게 가르쳐줄 것인가? 그리고 만약에 우리가 '사람은 자기가 한 차례 느끼지 않으면 아픔을 상상할 수 없다'고 말하려고 한다면—무엇에 의해서 우리는 그것을 아는가? 그것이 참인지를 어떻게 결정할 수 있는가?

316 '생각한다'는 말의 의미를 분명히 하기 위해 우리는 생각을 할 때 자기 자신을 바라본다. 우리가 거기에서 관찰하는 것은 이 말이 의미하는 것이다! 그러나 이 개념은 바로 그렇게 사용되지 않는다. [그것은 내가 체스 게임을 모르는데 어떤 체스 게임에서의 마지막 한 수를 충분히 관찰함으로써 '장군'이라는 말이 무엇을 의미하는지 찾아내려는 것과 비슷할 것이다.]

317 오해를 초래하기 쉬운 대조(對照). 비명은 아픔의 표현—명제는 사상의 표현!
마치 누군가에게 다른 사람이 어떤 기분으로 있는지 알리는 일이 명제의 목적인 것처럼. 하지만 사고의 환경을 갖추는 경우에만 그러한 것이지 위(胃) 안에서는 그렇지 않다.

318 우리가 생각하면서 이야기를 하거나 또는 글을 쓸 때—우리는 평소에 그렇게 하고 있다고 나는 생각하는데—일반적으로 우리는 이야기하는 것보다 빨리 생각한다—와 같이는 말하지 않을 것이다. 사상은 이 경우 표현으로부터 해방되지 않은 것처럼 보인다. 그러나 한편 사람들은 사상의 속도에 대해서도 이야기한다. 어떤 사상이 어떻게 번개처럼 머리에 떠오르는가, 문제가 어떻게 한 순간에 명백해지는가 등등. 거기에서는 번개 같은 사고 때에도, 사상이 결여되지 않은 이야기를 할 때와 같은 일이 일어나는가? (그것이) 단지 극도로 가

속되어 있을 뿐인가—라고 묻는 것이 당연한 일이 된다. 그러므로 처음의 경우에는 시계 장치가, 즉 일거에 돌아가버리는 데에 대하여 제2의 경우에는 말에 가로막혀 한 걸음씩 나아간다고.

319 어떤 사상을 두서너 개의 단어나 선으로 적을 수 있는 것과 같은 뜻으로 나는 번개같이 그것을 완전히 내 눈앞에서 보고 또 이해할 수 있다.
무엇이 그 기록을 그 사상의 총괄이 되게 하는가?

320 번개처럼 나타난 사상은 대수식(代數式)이 내가 전개해 가는 수열에 관계하는 것처럼, 음성(音聲)이 된 상상에 관계한다.
예컨대 나에게 대수식이 하나 주어진다면 나는 1, 2, 3에서 10까지의 항(項)에 대한 그 값을 계산할 수 있다는 확신이 있다. 사람들은 이런 확신을 '충분히 근거가 있다'고 말할 것이다. 왜냐하면 나는 그런 함수(函數)를 계산하는 것을 이미 배웠기 때문이다. 그 밖의 경우에는 확신에 근거가 없을 테지만—그럼에도 불구하고 그 성공에 의해 정당화될 것이다.

321 '어떤 사람이 갑자기 이해할 때 무슨 일이 일어나는가?' 이 물음은 그 설정 방법이 좋지 않다. 이것이 '갑자기 이해한다'라는 표현의 뜻을 묻는 것이라면 그 대답은 우리가 그렇게 부르는 사건을 직시하는 것으로는 주어지지 않는다. 이 물음은 누군가가 갑자기 이해한다는 징후가 무엇인가, 갑자기 이해한다고 하는 것에 특유한 심적인 수반현상이 어떠한 것인가와 같은 것을 의미할 것이다.
[어떤 사람이, 예컨대 자기 얼굴 표정의 움직임을 느낀다거나, 기분의 움직임에 특유한 호흡의 변화를 느낀다는 것을 가정하는 근거는 없다. 만약에 그가 그것들을 느끼고 있다면, 그의 주의는 곧 이와 같은 일들로 향할 것이다.] [마음가짐.]

322 이 표현의 의미에 대한 물음의 대답이, 이러한 기술에 의해 주어지지 않는다는 것은, 더 나아가 이해한다는 것이 특수하고 정의될 수 없는 체험이

라는 (그릇된) 결론을 도출하도록 한다. 그러나 사람들은 우리가 관심을 가져야 하는 것이 어떻게 이들 체험을 비교하는가, 무엇을 이들 사건의 동일성 기준으로 확립하는가 하는 물음이라는 것을 잊고 있다.

323 '이제야 나는 그 앞을 알겠다!'는 것은 하나의 외침으로, 그것은 어떤 자연 음성, 어떤 기쁨의 경련에 대응한다. 물론 나의 감각으로부터는 앞으로 나가려고 할 때 내가 망설이거나 하지 않는다는 등과 같은 결론은 나오지 않는다. 여기에는 '내가 그 앞을 안다고 말했을 때 그것은 그대로였다'고 내가 말할 것이라는 사태가 존재한다. 그런 일을 사람들은, 예컨대 무엇인가 예상하지 않았던 장애가 나타나면 말할 것이다. 그러나 이 예상하지 못했던 일이 단지 내가 망설였던 것이 되어서는 안 된다.

누군가가 항상 되풀이해서 겉치레의 광명을 얻고서 '이제 나는 그것을 얻었다!'고 외치는데, 그것을 행위에 의해 정당화할 수 없다는 것도 생각할 수 있을 것이다. 자기의 마음속에 떠오른 그 영상의 의미를, 한 순간에 다시 망각해 버리는 것처럼 여겨지는 일도 있을 수 있다.

324 여기에서는 귀납이 문제가 되는 것으로, 내가 수열 앞으로 계속해서 갈 수 있다는 데에 확신을 가지는 것은, 내가 이 책을 놓으면 땅에 떨어진다는 데에 확신을 가지는 것과 마찬가지 일로, 내가 갑자기 분명한 원인도 없이 수열의 전개에 어리둥절해도 놀라지 않는 것은, 그 책이 떨어지는 대신에 공중에 떠 있어도 놀라지 않는 것과 마찬가지이다—라고 말한다는 것은 옳은 일일까? 이에 대해서 나는, 우리는 바로 이런 확신에 대해서도 아무런 근거도 필요로 하지 않는다고 대답하고 싶다. 무엇이 이 확신을 그 성과 이상으로 정당화할 수 있을 것인가?

325 '나는 이러한 체험을 하였다—예컨대 이 식을 보았다—다음에는 그 앞을 계속해 갈 수 있을 것이라는 확신은 단적으로 귀납에 입각한다.' 이것은 무슨 뜻인가? '그 불은 나를 태울 거라는 확신은 귀납에 입각하고 있다.' 이것은 '내가 항상 불로 화상을 입어왔으므로 그런 일이 이번에도 일어날 것이다'

라고 스스로 결론을 짓는 일인가? 또는 이전의 경험은 내 확신의 원인이지 그 근거는 되지 못하는가? 이전의 경험은 확신의 원인인가? 이것은 우리가 확신(확실성)이라는 현상을 고찰하고 있는 가설의 체계, 자연법칙의 체계 문제이다.

자신(自信)은 정당화되는가? 사람들이 무엇을 정당화로 보는가는—그들이 어떻게 생각하고 살아가는가를 나타낸다.

326 우리는 이것을 기대하고 이것으로 놀란다. 그러나 그 근거의 쇠사슬은 끝이 있다.

327 '사람은 이야기를 하지 않고 생각할 수 있는가?' 그리고 생각한다는 것은 어떤 것을 말하는가? 그래서 당신은 생각하지 않는가? 거기에서 일어나는 것을 스스로 관찰하고 볼 수 없는가? 그것은 간단한 일일 것이다. 당신은 천문 현상을 기다리는 것처럼 그것을 기다리고, 그리고 나서 무엇인가 급히 서둘러 자기 관찰을 할 필요는 없다.

328 그런데 어떤 일을 사람들은 아직도 '생각한다'고 말하는가? 무엇 때문에 사람들은 이 말을 이용하는 것을 배웠는가? 나는 내가 생각했다고 말할 때—나는 항상 올바른가? 거기에는 어떠한 종류의 잘못이 있는가? '내가 거기에서 행한 일은 정말로 생각하는 일이었던가? 나는 잘못된 것은 아닌가?' 하고 사람들이 물을 만한 상황이 존재하는가? 누군가가 어떤 사고 과정 도중에 측량을 하는 경우 그가 측량 때까지 자신에게 말을 걸지 않는다면 사고(思考)를 중단하는 것이 되는가?

329 내가 언어로 생각하고 있을 때 언어적 표현과 함께 더 나아가서 '뜻'이 나의 마음속에 떠오르는 것은 아니다. 오히려 언어 그 자체가 사고의 수단이다.

330 사고(思考)는 이야기하는 것의 한 종류인가? 사람들은 그것이 사고하면서 하는 말과 사고 없이 하는 말을 구별해 준다—라고 말하고 싶어 한다.

그러면 그것은 이야기하는 일에 부수되는 것처럼 보인다. 어쩌면 또 무엇인가 다른 일도 부수될 수 있고 또는 그 자체로 흘러갈 수 있는 사건일 수 있다.

'이 붓은 분명히 끝이 무뎌져 있다. 하지만 쓸 수 있어'라는 한 행을 말해보자. 한 번은 생각하고, 그다음은 생각하지 않고, 그리고 말을 빼고 그 사상만을 생각해 보자. 나는 어떤 행위의 과정에서 나의 붓 끝을 살펴보고 얼굴을 찌푸리고 이어 체념하는 몸짓을 하면서 계속 쓸 수 있을 것이다. 나는 또 그 어떤 측량에 몰두하고 있는데 누군가 나를 바라보는 사람이, 이 남자는—말도 없이—두 개의 크기가 제3의 크기와 같으면 그것들은 서로 같다고 생각했다는 식으로 행동할 수도 있을 것이다. 그러나 여기에서 사고(思考)를 이루는 것은 만약에 말이 사고 없이는 내뱉어서는 안 된다고 한다면, 말을 꼭 수반하지 않으면 안 되는 그 어떤 사건은 아니다.

331 소리를 내지 않고서는 생각을 할 수 없는 사람을 상상해 보자! [소리를 내지 않고서는 읽을 수 없는 사람이 있는 것처럼.]

332 우리는 분명히 가끔 심적인 사건이 명제에 수반되는 일을 '사고'라고 부른다. 그러나 그런 수반물을 '사상'이라고는 부르지 않는다. 어떤 명제를 말하고 그것을 생각해 보자. 그것을 이해하면서 말해보자! 그리고 지금 그것을 말하지 않고 당신이 이해하면서 말했을 때에 그것에 수반시킨 것만을 해보자! [표정을 내고 이 노래를 불러보자! 그리고 이제는 그것을 노래하지 않고 그 표정을 천천히 되풀이해 보자! 사람들은 또 여기에서도 무엇인가를 되풀이할 수 있을 것이다. 예컨대 몸을 흔들고 천천히 또는 빨리 호흡하는 등.]

333 '그런 일은 그것에 대해서 확신을 가진 사람만이 말할 수 있는 것이다.' 그가 그렇게 말할 때 그 확신이 어떻게 그를 돕는가? 그때 그것은 발성된 표현과 함께 거기에 있는가? [그렇지 않으면 그것은 낮은음이 높은음으로 덮이는 것처럼, 그 표현에 의해 덮이는 것으로 사람이 그것을 소리 높여 표현할 때에는, 말하자면 들리지 않게 되는가?] 만약에 누군가가 '어떤 멜로디를 기억을 더듬어 노래할 수 있기 위해서는, 사람들은 그것을 마음속으로 듣고 그것을

따라 노래하지 않으면 안 된다'고 말했다고 하면 어떤가?

334 '그렇다면 당신은 사실은 ……라고 말하고 싶었던 것이다.'―이런 말투로 우리는 사람들을 한 표현 형식에서 다른 표현 형식으로 이끌어간다. 사람들은 자기가 정말로 '말하고 싶었던' 일, 자기가 '생각하고 있었던' 일이 우리가 그것을 말해주기 전에 이미 자신의 정신 속에 현존하고 있었다는 영상을 사용하고 싶어진다. 하나의 표현을 파기하고 그 대신에 다른 표현을 취하는 방향으로 우리를 움직이게 하는 것은 다양한 종류일 수 있다. 이것을 이해하려면 수학 문제의 해결이, 이들 문제 제기의 계기나 근원에 대해서 가지는 관계를 고찰하는 것이 유익하다. 누군가가 3등분하려고 시도하고 있을 때의 '자와 컴퍼스에 의한 각의 3등분 개념'과 다른 한편에서는 그와 같은 일이 존재하는 않는다는 것이 증명되었을 때의 '자와 컴퍼스에 의한 각의 3등분' 같은 개념.

335 우리가―가령 편지를 쓸 때―자기 사상의 올바른 표현을 발견하려고 애쓸 때 무슨 일이 일어나는가? 이런 말투는 해당 사건을 하나의 번역 내지 기술 사건과 비교하고 있다. 즉 사상이 거기에 있고 [아마도 이미 사전에] 우리는 여전히 그 표현을 구하고 있는 데에 지나지 않는다고. 이런 영상은 여러 가지 경우에 다소나마 해당된다. 그러나 무엇이 여기에서 모두 일어날 수 없는가? 내가 어떤 기분에 몸을 맡기면 표현이 나타난다. 또는 내가 기술하려고 애쓴 영상이 마음속에 떠오른다. 또는 어떤 영어 표현을 생각해 내어, 그것에 대응하는 독일어의 표현을 생각해 내려고 한다. 또는 어떤 몸짓을 하여 '이 몸짓에 대응하는 것은 어떤 말인가?' 하고 자문한다 등.

사람들이 지금 '당신은 표현을 하기 전에 사상을 가지는가'라고 물었다면―거기에서 무엇이라고 대답해야 할 것인가? 또 '표현 이전에 있었던 사상은 무엇으로 성립되어 있었던가'라는 물음에 대해서는 어떤가?

336 여기에 제시되어 있는 하나의 사태는, 우리가 독일어나 라틴어 같은 이상한 어순에 의해 명제를 있는 그대로 단순하게 생각할 수 없다고 누군가가 상상하는 것과 같은 경우이다. 사람들은 명제를 우선으로 생각해야 한다. 그

러고 나서 말을 그 이상한 순서로 나열해야 한다고. [어느 프랑스 정치가는 이전에 프랑스어에서는 사람들이 생각하는 순서대로 말이 나열되어 있다는 것이 프랑스어의 특징이라고 쓴 적이 있다.]

337 그러나 나는 명제의 전 형태를, 예컨대 그 말이나 글의 첫머리에서 이미 의도하지 않았는가? 그렇다면 그것이 발음되기 전에 어쨌든 이미 나의 정신 속에 있었다! 그것이 나의 정신 속에 있었다 해도 일반적으로 다른 어순이 되어 있지 않았다. 하지만 우리는 여기에서도 다시 '의도하는 일'에 대해서, 즉 이 말의 사용에 대해서 오해를 받기 쉬운 영상을 만들고 있다. 의도는 상황 안에, 인간의 관습과 제도 안에 파묻혀 있다. 체스 게임의 기술이 존재하지 않았더라면, 나는 체스의 시합을 의도할 수 없었을 것이다. 내가 명제 형식을 미리 의도하는 한, 그것은 내가 독일어를 말할 수 있음으로써 가능하게 된 것이다.

338 결국에는 사람들이 말하는 것을 배웠을 때에만 무엇인가를 말할 수 있다. 그러므로 무엇인가를 말하고 싶은 사람은 이를 위해 어떤 언어에 통달하는 일을 배워야 한다. 하지만 그가 말을 하고 싶을 때 꼭 말을 해야 하는 것은 아니다. 춤을 추고 싶을 때에도 춤을 추지 않는 (경우가 있는) 것처럼.
　그리고 사람이 이러한 일에 대해서 시간이 지난 후 생각할 때 정신은 춤이나 이야기 등의 상상을 파악하려고 한다.

339 생각은, 말하는 것에 생명이나 의의를 부여하거나 또 악마가 슐레밀[3]의 그림자를 땅에서 들어올리거나, 다른 사람이 말하는 것으로부터 해방시킬 수 있거나 하는 것 같은 비신체적인 사건이 아니다. 그러나 어떻게 '비신체적인 사건이 아닌가?' 나는 비신체적인 사건을 알고 있지만 생각은 그중 하나가 아닌가? 아니다. '비신체적인 사건'이라는 말은 '생각한다'는 말의 뜻을 원초적인 방식으로 해명하고 싶어서 내가 당혹한 나머지 채용한 것이다.
　그러나 사람들은 '생각한다'는 말의 문법을, 예컨대 '먹는다'는 말의 문법과

---

3) 프랑스 태생의 독일 작가 샤미소(Adelbert von Chamisso)의 동화 《페터 슐레밀의 이상한 이야기》에서 자기 그림자를 판 주인공.

구별하고 싶을 때 '생각한다는 것은 비신체적인 사건이다'라고 말할 수 있을 것이다. 다만 그것만으로는 (쌍방의) 의미의 차이가 너무나도 경미(輕微)한 것처럼 여겨진다. [그것은, 수의 기호는 현실적인 대상이지만 수는 비현실적인 대상이라고 말하는 경우와 비슷하다.] 부적절한 표현 방법은 혼란 상태에 머무르기 위한 확실한 수단이다. 그것은 즉 그 상태에서 빠져나올 길을 막아버린다.

340 어떤 말이 어떻게 기능하는가는 우리가 추측할 수 없다. 사람들은 그 응용 예를 보고 거기에서 배워야 한다.

그러나 어려운 것은 그런 학습에 맞서오는 선입견을 제거하는 일이다. 그것은 결코 어딘가 모자라는 선입견이 아니다.

341 사고(思考)가 결여된 이야기와 사고가 결여되지 않은 이야기는, 어떤 음악 작품의 사고가 결여된 연주와 사고가 결여되지 않은 연주에 대비된다.

342 윌리엄 제임스[4)]는, 이야기를 수반하지 않는 사고가 가능하다는 것을 나타내려고 청각 장애인인 발라드 씨의 추억을 인용하고 있다. 그는 자기가 유년기에 아직 말을 할 수 없었던 무렵, 신과 세계에 대해서 사색을 했다고 적고 있다. 이것은 도대체 어떻게 된 일일까! 발라드 씨는 '그것은 저 아름다운 마차 여행 때, 내가 쓰기의 기초를 배우기 시작한 약 2, 3년 전의 일입니다. 나는 어떻게 해서 세계가 존재하게 되었는가를 자문하기 시작하였습니다'라고 적고 있다. 이것이 당신의 말 없는 사상을 올바르게 번역한 것이 분명합니까—하고 사람들은 물어보고 싶다. 그러나 왜 그런 물음이—아니면 도저히 존재한다고 여겨지지 않는 물음이—여기에서 머리를 쳐드는가? 나는, 그의 기억이 그를 기만한다고 말하고 싶은 것인가? 나는 내가 그렇게 말할 것인지 여부를 알지도 못한다. 이런 추억은 이상한 기억 현상인 것으로—이 이야기 주인공의 과거에 대해서 어떠한 결론을 그 추억에서 도출할 수 있는지 나는 모른다!

---

4) William James(1842~1910). 미국의 철학자·심리학자. '의식의 흐름'이라는 용어를 처음 사용함.

343 내가 나의 추억을 표현하는 말은 나의 추억의 반응이다.

344 인간이 귀에 들리는 말을 전혀 말하지 않고 내부에서, 상상 안에서, 자기 자신을 향해 이야기하고 있다는 것을 생각할 수 있을까?
'사람이 항상 자기 내부에서만 자기 자신을 향해 이야기를 하고 있다고 해도, 결국은 그들이 지금도 가끔 하는 것과 같은 일을 지속적으로 하는 데에 지나지 않는다.' 그러므로 이런 상상을 하는 것은 아주 쉬운 일이다. 사람은 단지 약간의 것에서 모든 것으로의 손쉬운 이행을 할 필요가 있을 뿐이다. [마찬가지로 '무한히 긴 가로수는 단지 끝이 없는 가로수에 지나지 않는다.'] 누군가가 자기 자신을 향하여 이야기하는 일에 대한 우리의 기준은 그가 우리에 대해서 무엇인가 말하는 것과 그 밖의 그의 행동이며, 우리는 일반적인 뜻으로 이야기할 수 있는 사람에 대해서만 그는 자기 자신을 향해 이야기를 한다고 말한다. 우리는 앵무새나 축음기에 대해서는 그렇게 말하지 않는다.

345 '가끔 일어나는 일은 언제나 일어날 수 있다.' 이것은 어떠한 종류의 명제일까? 이것은 'F(a)'에 뜻이 있다면 '(x).F(x)'에도 뜻이 있다는 명제와 비슷하다.
'누군가가 어떤 게임에서 나쁜 수를 두는 일이 일어날 수 있으면 모든 인간이 모든 게임에서 나쁜 수 이외에 아무런 수도 두지 않는 일도 있을 수 있다.' 그러므로 우리는 여기에서 자기 표현의 윤리를 오해하여 자기 말의 관용을 부당하게 서술하려는 유혹을 받는다.
명령은 이따금 준수되지 않는다. 그러나 만약에 명령이 결코 준수되지 않는다면 어떠한 겉모습이 될까? '명령'이라는 개념이 그 목적을 잃고 말 것이다.

346 그러나 신이 앵무새에게 갑자기 오성(悟性)을 주고, 그리하여 앵무새가 자기 자신에게 이야기를 하고 있다는 것을 상상할 수 없을까? 그렇지만 여기에서 중요한 것은 내가 이런 상상을 위하여 어느 신에 대한 상상을 원용(援用)했다는 것이다.

347 '하지만 나는 나 자신에 대해서는 '자기 자신을 향하여 이야기한다'는

것이 어떤 것인지 안다. 소리 높여 이야기하는 기관을 빼앗긴다고 해도 나는 그래도 내 안에서 혼자 이야기를 할 수 있을 것이다.'

나 자신에 대해서만 그렇다는 것을 알고 있다면, 그것 때문에 나는 내가 그렇게 부르는가만 알고 있고 다른 사람이 그렇게 부르는가는 모른다.

348 '이들 청각 장애인들은 모두 몸짓언어밖에 배우지 않았지만 그래도 자기 자신에게는 마음속에서 음성언어를 이야기하고 있다.'—그렇다면 당신은 이것을 이해하지 못하는가? 도대체 어떻게 나는 내가 그것을 이해한다는 것을 아는가?! 나는 이 보고(報告)[그것이 하나의 보고라면]와 함께 무엇을 시작할 수 있는가? 이해한다는 것의 전 관념이 여기에서는 수상한 냄새를 풍긴다. 자기가 그것을 이해하고 있다거나 이해하고 있지 않다고 말해야 하는지 여부를 나는 모른다. 나는 대답하고 싶다. '그것은 독일어 문장으로 언뜻 보기에 매우 가지런하다.—즉 사람들이 그것과 함께 무엇인가 하고 싶다고 생각할 때까지는. 이 문장은 다른 문장과 어떤 연관을 가지고 있고, 그 연관이야말로 이 문장이 무엇을 우리에게 전하는지 모르게 한다—고 말하기 곤란하게 만든다. 철학을 해서 무감각해지지 않은 사람이라면 누구나 여기에서는 무엇인가 개운치 않다는 것을 알아차린다.'

349 '하지만 이러한 가정(假定)에는 확실히 성실하지 않은 데가 있다!' 그대로이다. 이러한 말이나 영상(映像)에는 보통의 상황에서 우리가 잘 아는 응용(例)이 있다. 그런데 그 응용이 탈락하는 경우를 가정할 때 우리는 말하자면 비로소 그 말이나 영상의 불모(不毛)를 의식하게 된다.

350 '그러나 어떤 사람이 아픔을 느끼는 것을 내가 가정하고 있다고 해도 나는 단지 그 사람이 내가 자주 느껴온 것처럼 느낀다고 가정하는 데에 지나지 않는다.' 이렇게 말했다고 해서 우리가 앞으로 더 나아갈 수 있는 것은 아니다. 그것은 마치 내가 '하지만 당신은 '여기는 5시이다'가 어떠한 말이라는 것을 안다. 그렇다면 당신은 또 '태양에서는 5시이다'라는 것이 어떠한 뜻이라는 것도 안다. 그것은 바로 여기가 5시라면 거기도 여기와 마찬가지 시각이다'라고

말하는 것과 같다. 동등성을 매개로 한 이 설명은 여기에서는 기능하지 않는다. 왜냐하면 여기서의 5시가 거기서의 5시와 '같은 시각'이라고 말할 수 있다는 정도는 나도 알고 있지만, 어떤 경우에 여기와 저기의 시각 동등성을 이야기해야 할 것인지 우리는 모르기 때문이다.

마찬가지로 그가 아픔을 느낀다는 가정은 바로 나(내가 느끼는 것)와 같은 것을 그도 느낀다는 가정이다—라고 말해보았자 그것은 설명이 되지 않는다. 왜냐하면 문법의 이 부분이 나에게는 아주 분명하기 때문이다. 즉 난로가 나와 동일한 체험을 하고 있다는 등으로 사람들이 말하는 것은 난로가 아픔을 느끼고 또한 나도 느낀다고 사람들이 말할 때에 한한다.

351 그래도 우리는 항상 말하고 싶어 한다. '아픔의 느낌은 아픔의 느낌이다—그에게 그것이 있다고 해도, 나에게 그것이 있다고 해도, 또 그에게 그 하나가 있는지 여부를 어떻게 내가 보고 듣던 간에'—이것에는 나도 동의한다고 말할 수 있다. 그리고 만약에 당신이 나를 향해서 '그럼 당신은 내가 난로가 아픔을 느낀다고 말할 때 내가 뜻하는 것을 모르는가' 하고 묻는다면—나는 대답할 수 있다. 그러한 말에 의해서 나는 모든 종류의 상상으로 인도될 테지만, 그 앞까지 그 효용이 미치는 것은 아니다. 또 나는 '태양에서는 마침 오후 5시였다'는 말을 들어도 무엇인가를 상상할 수 있다. 즉 5를 가리키는 추시계와 같은 것을. 그러나 더 좋은 것은 '상(上)'과 '하(下)'를 지구에 적용시킨 응용예일 것이다. 이 경우 우리는 모두 '상'과 '하'가 무엇을 의미하는가에 대해서 아주 명백한 상상을 가진다. 나는 어쨌든 내가 위에 있다는 것을 안다. 지구는 내 아래에 있다! [이 예를 웃지 말기 바란다. 우리는 이미 학교에서 그렇게 말하는 것이 우습다는 교육을 받았다. 그러나 문제를 푸는 것보다는 덮어버리는 편이 훨씬 쉬운 것이다.] 그리고 이 경우 '상'과 '하'가 평소의 방식으로는 사용될 수 없다는 것은 어떤 숙고(熟考)를 통해야만 우리에게 보여진다. [우리는 가령 우리가 딛고 있는 땅 '아래'에 있는, 지구 반대쪽 사람들에 대하여 이야기할 수는 있지만, 그 사람들이 우리에 대해서 같은 표현을 적용해도 그것을 정당하다고 인정해야 한다.]

352 여기에서는 이제 우리의 사고(思考)가 우리에게 이상한 장난을 하는 사태가 생긴다. 즉 우리는 배중률(排中律)을 인용하여 '그의 마음속에 그런 영상이 떠오르거나 그렇지 않거나의 어느 쪽이며, 제3의 경우는 존재하지 않는다!'고 말하고 싶어 한다. 이 이상한 논의를 우리는 철학 이외의 영역에서 만난다. 'π의 무한한 (소수의) 전개 중에서 '7777'이라는 배열이 언제 나타나든가 나타나지 않든가(둘 중 하나)이며—제3의 경우는 존재하지 않는다.' 즉 신은 그것을 알지만 우리는 그것을 모른다. 그러나 이것은 무엇을 의미하는가? 우리는 하나의 영상을 사용한다. 눈에 보이는 어떤 수열의 영상을 어떤 사람은 전망하고 어떤 사람은 전망하지 않는다. 배중명제(排中命題)는 거기에서 이렇게 보이든가 그렇게 보이든가 둘 중 하나여야 한다고 말한다. 그러므로 그것은 원래—그리고 바로 자명한 일이지만—전혀 아무 일도 말하지 않고 오히려 우리에게 하나의 영상을 준다. 그리고 문제는 이제 현실이 그 영상과 일치하는지 여부여야한다. 그때 이 영상은 우리가 무엇을 하고 어떻게 추구해야 되는가를 결정하는 것처럼 보이지만—그렇게 하는 것은 아니다. 왜냐하면 우리는 바로 그것을 어떻게 응용하면 좋은지 모르기 때문이다. 우리가 여기에서 '제3의 경우는 존재하지 않는다'거나 '제3의 경우는 존재할 리 없다!'고 말하려고 한다면—그것은 자기들이 이 영상으로부터 눈을 돌릴 수 없다는 사실에 표현되어 있다. 이 영상은, 우리가 실정(實情)은 그렇지 않다고 느끼는 동안에도 그 자체 안에 이미 문제와 그 해결이 가로놓여 있어야 되는 것과 같은 외관(外觀)을 나타낸다.

마찬가지로 어떤 사람이 '그에게 이 감각이 있거나 없거나 둘 중 하나이다!'라고 말할 때—우리의 마음속에는 우선 무엇보다도 그 언명(言明)의 뜻을 이미 틀림없이 결정하는 것처럼 보이는 영상이 떠오른다. '당신은 이제 무엇이 문제인지를 안다'—고 사람들은 말하고 싶다. 그러나 바로 이것이야말로 그 사람이 아직 모르는 일이다.

353 어떤 명제의 검증 종류와 가능성을 묻는 것은 '당신은 그것을 어떻게 생각하는가'라고 묻는 어떤 특수한 형태일 뿐이다. 이에 대답하는 것은 명제의 문법에 대한 기여가 된다.

354 문법상 기준과 징후 사이의 흔들림은 일반적으로 징후밖에 존재하지 않는 것 같은 가상(假象)이 생긴다. 우리는, 예컨대 '경험은 기압계가 내려가면 비가 온다는 것을 가르쳐주고, 또한 우리가 일정한 습기나 한기(寒氣)를 느끼거나 이러이러한 시각 인상(視覺印象)을 가질 때 비가 온다는 것도 가르쳐준다'고 말한다. 이에 대한 논의로서 사람들은 그때 이러한 감각 인상이 우리를 속이는 일이 있다고 말한다. 그런데 사람들은 그때 이들 인상이 바로 우리를 속여서 비가 온다는 것을 정말로 여기게 하는 사실이 정의(定義)에 입각하는 것임을 고려하지 않는다.

355 문제가 되는 것은, 우리의 감각 인상이 우리를 속일 수 있다는 것이 아니라 우리가 감각 인상 언어를 이해한다는 것이다. [그리고 이 언어는 다른 언어와 마찬가지로 협정에 입각하고 있다.]

356 사람들은 '비는 오거나 오지 않는다──어떻게 이 지식을 내가 얻었는지 어떻게 아는가와는 별개의 일이다'라고 말하고 싶어 한다. 그렇다면 우리는 '비가 오는 것에 대한 지식'을, 무엇이라고 부르는가 하는 물음을 제기할 것이다. [또는 나는 이 지식에 대해서도 지식만 가지고 있는가 하고.] 그러면 그런 '지식'을, 그 무엇인가에 대한 지식으로서 특징짓는 것은 무엇인가? 여기에서는 우리의 표현 형식이 우리를 현혹시키고 있지 않은가? '나의 눈이 나에게 저기에 의자가 있다는 지식을 준다'는 것은 바로 오해를 초래하기 쉬운 비유가 아닌가?

357 개는 어쩌면 자기 자신에게 말을 걸지도 모른다──고 우리는 말하지 않는다. 이는 우리가 개의 영혼을 그 정도로 정밀하게 알기 때문인가? 여기에서 사람들은 '생물의 동작을 보면 그 영혼도 보인다'고 말할지도 모른다. 그러나 나는 나 자신에 대해서도 내가 이렇게 행동하니까 나는 나 자신에게 말을 거는 것이라고 말하는가? 나는 내 행동의 관찰에 입각해서 그렇게 말하지 않는다. 하지만 그것에 의의가 있는 것은 내가 이렇게 행동하기 때문일 뿐이다. 그러면 거기에는 내가 그렇게 생각한다는 이유에서 오는 의의는 없는가?

358 그러나 명제에 의의(意義)를 부여하는 것은 우리의 생각이 아닌가? [물론 그 일부에는 사람이 의의 없는 언어 계열을 생각할 수 없다는 것이 포함되어 있다.] 그리고 생각한다는 것은 마음의 영역 안에 있는 그 무엇인가이다. 그러나 그것은 또한 무엇인가 사적(私的)인 어떤 것이기도 하다! 그것은 파악할 수 없는 그 무엇으로 의식 그 자체만 비교할 수 있다.

어떻게 사람들은 그런 것을 터무니없는 일이라고 여길 수 있는가! 그것은 말하자면 우리 언어의 꿈이다.

359 기계는 생각할 수 있을까? 아픔을 느낄 수 있을까? 그렇다면 인간의 신체는 그런 기계라고 말할 수 있을까? 어쨌든 인간의 신체는 그런 기계가 되는 최대한도까지 접근해 있다.

360 하지만 기계는 생각할 수 없다! 이것은 경험명제인가? 아니다. 우리는 오직 인간 그리고 인간과 비슷한 것에 대해서만 그것은 생각한다고 말한다. 우리는 인형에 대해서도 또 분명히 정령(精靈)에 대해서도 그렇게 말한다. '생각하다'라는 말을 도구로 간주하라!

361 의자는 자기 자신 속에서 ……라고 생각한다. 어디에서 그렇게 생각하는가? 그 일부에서인가? 또는 그 몸체 밖에서인가? 주위의 공기에서인가? 그렇지 않으면 그 어디에서도 아닌가? 그러나 그렇다면 이 의자의 내적인 말과 그 곁에 서 있는 다른 의자의 내적인 말의 차이는 무엇인가—의 경우에는 어떠한가? 어디에서 인간은 자기 자신에게 말을 거는가? 이 물음이 무의미하게 보이고, 바로 이 인간이 자기 자신에게 이야기를 거는 장소 규정 이외에, 어떠한 장소 규정도 필요치 않다고 하는 것이 어떻게 생기는가? 한편 어디에서 의자는 자기 자신과 이야기를 하는가 하는 물음은 대답을 요구하는 것처럼 보인다. 그 근거는 어떻게 의자가 이 경우 인간과 닮아야 하는가, 예컨대 그 머리는 등 위쪽 끝에 있는가 등을 우리는 알고 싶어 한다—는 것이다.

사람들이 내부에서 자기 자신에게 말을 건다면 그것은 무엇을 말하는가? 거기에서 무엇이 일어나는가? 나는 그것을 어떻게 설명하면 좋은가? 그렇다.

당신이 누군가에게 '자기 자신에게 말을 걸다'는 표현의 뜻을 가르쳐주는 것처럼밖에 설명할 수 없다. 그리고 어렸을 때 우리는 바로 그 뜻을 배운다. 다만 그 뜻을 우리에게 가르쳐주는 사람이 '거기에서 일어나는 일'을 우리에게 말해주리라는 것 등은 아무도 말하지 않을 것이다.

362 오히려 우리에게는 이 경우 그 교사가 학생에게 그 뜻을—직접 말하지 않고도—전하는 것처럼 보인다. 그러나 학생 쪽은 마지막에는 자기 자신에게 올바른 직시적 설명을 줄 수 있게 된다. 여기에 우리의 착각이 있다.

363 '내가 무엇인가를 상상하면, 역시 무엇인가가 분명히 일어난다!' 그렇다. 무엇인가가 일어나고 있다. 그러나 나는 무엇 때문에 떠들어대는가? 아마도 일어나는 일을 전달하기 위해서일 것이다. 하지만 그렇다면 사람들은 어떻게 무엇을 전달하는가? 어떤 때 사람들은 무엇인가가 전달된다고 말하는가? 전달이라는 언어 게임은 무엇인가?

나는 다음처럼 말하고 싶다. 당신은 사람이 누군가에게 무엇인가를 전달할 수 있다는 것을 너무나도 자명한 일로 간주한다. 즉 우리는 너무나도 이야기에 의한 전달과 회화에 의한 전달에 익숙해져 있기 때문에 전달의 모든 안목(眼目)이, 내 말의 뜻—무엇인가 심적인 것—을 다른 사람이 파악하고, 말하자면 그것을 자기 정신에 있는 것처럼 우리에게는 여겨진다. 그때 그가 그것으로써 다시 무엇인가를 하기 시작한다고 해도, 그것은 이미 언어의 직접목적의 일부는 아니라고 말하고 싶다.

사람들은 '전달의 결과, 그는 내가 아픔을 느끼고 있다는 것을 알게 된다. 전달이 이러한 정신 현상을 일으킨다. 그 밖의 일은 모두 전달에 대해서는 비본질적인 일이다'라고 말하고 싶어 한다. 안다고 하는 이 이상한 현상은 무엇인가? 이에 대해서 사람들은 시간을 들인다. 심적인 사건이라는 것은 그야말로 이상한 것이다. [그것은 사람들이 '시계는 우리에게 시간을 제시해 준다. 시간이라는 것이 무엇인가 하는 것은 아직 결말이 나 있지 않다. 그리고 무엇 때문에 사람들은 시간을 읽는가? 그것은 여기에서 어울리는 문제가 아니다'라고 말하고 있는 것과 같은 일이다.]

364 누군가가 머릿속에서 계산을 한다. 그 결과를 그는, 예컨대 교량(橋梁)이나 기계 등의 제작에 적용한다. 그는 원래 계산에 의해 그 수치를 얻은 것이 아니라고 당신은 말하고 싶은가? 그 수가, 말하자면 일종의 꿈과 같이 그의 품 안에 굴러온 것이라고. 하지만 거기에서는 계산이 이루어져야 했고 또 이루어졌다. 왜냐하면 그는 자기가 계산한 사실과 방법을 알기 때문이며, 그 결과의 정당성은 계산을 하지 않으면 설명할 수 없을 것이기 때문이다. 그러나 만약에 내가 '그에게는 자신이 계산을 한 것처럼 여겨지고 있다. 게다가 왜 계산이 옳다는 것을 설명해야 하는가? 그가 한마디도 하지 않고 기호도 쓰지 않으며 계산을 할 수가 있었다는 것은, 충분히 이해할 수 있는 일이 아닌가?' 하고 말했다면 어떤가?

어떤 의미에서 표상(表象) 안에서 계산을 한다는 것은 종이 위에서 계산하는 것보다도 비현실적인가? 그것은 현실적인—두뇌 계산이다. 그것은 종이 위에서의 계산과 비슷한가? 그것이 비슷하다고 할 수 있는지 어떤지 나는 모른다. 검은 줄이 그어져 있는 한 조각의 흰 종이가, 인간의 몸과 비슷한가?

365 아델하이트와 주교(主敎)가 체스를 하는가? 물론이다. 그들은 단지 체스를 두는 시늉을 하고 있는 것이 아니다—연극 중에서는 일어날 수 있는 일일지 모르지만. 그러나 이 시합에는 가령 시작이 없는 것이다! 어림없는 소리. 그것이 없으면 체스의 시합 같은 건 아닌 것이다.

366 머릿속에서 계산을 한다는 것은 종이 위에서 계산을 하는 것보다도 비현실적인가? 사람들은 아마도 그렇게 말하고 싶어 하지만, 또 그 반대의 의견에 이끌려 종이나 잉크 같은 것은, 우리의 감각 여건으로부터 만들어진 논리적 구성물에 지나지 않는다—고 스스로 타이르는 경우도 있다.

'나는 머릿속에서 ……라는 곱셈을 하였다'—이런 말을 나는 믿지 않는가? 그런데, 그것은 실제로 곱셈이었는가? 그것은 단지 '하나'의 곱셈이었던 것이 아니라 이—머릿속의—곱셈이었던 것이다. 이것이야말로, 내가 잘못을 저지른 점이다. 왜냐하면 나는 이제 그것이 종이 위의 곱셈에 대응하는, 그 어떤 정신적인 사건이었다고 말하고 싶어지기 때문이다. 그 결과 '정신 안의 이 사건은 종이 위에서의 이 사건에 대응한다'고 말하는 데에 의의가 있는 것이 되어버린다. 그리고 그때에는 어떤 사상(寫像)의 방법에 대해 이야기하고 그것에 의해서 기호의 상상이 기호 그 자체를 표출하는 것이라고 말하는 데에 의의가 있는 것이 되어버리고 만다.

367 표상상(表象像)이란 누군가가 자기의 상상을 기술할 때 기술되는 영상을 말한다.

368 나는 누군가에게 방을 기술해 보이고, 그러고 나서 그 사람이 나의 기술을 이해했다는 표시로 그 기술을 바탕으로 한 인상파적인 화상(畵像)을 그려보게 한다. 그러면 그는 나의 기술에서는 녹색이라고 말한 의자를 어두운 적색으로 그리고 내가 '노랑'이라고 말한 곳을 푸르게 그린다. 그것은 그가 이 방에서 받은 인상인 것이다. 그래서 나는 말한다. '전적으로 옳다. 이것은 그렇게 보이는 것이다'라고.

369 사람들은, '누군가가 머릿속에서 계산하고 있을 때에는 그것이 어떻게 되어 있는가—무슨 일이 거기에서 일어나고 있는가' 하고 묻고 싶어진다. 그리고 특별한 경우에는 그 대답이 '나는 우선 17과 18을 더하고 거기에서 39를 뺀다……'는 것일 수 있다. 그러나 이것은 우리의 물음에 대한 대답이 아니다. 머릿속에서 계산한다고 일컬어지고 있는 일은 그와 같은 방식으로는 설명되지 않는다.

370 사람이 무엇인가를 상상하고 있을 때, 상상이란 무엇인가, 무엇이 거기에서 일어나고 있는가 하고 물어서는 안 되고, '상상'이라고 하는 말이 어떻게 사용되는가를 묻지 않으면 안 되는 것이다. 그러나 그것은 내가 언어에 대해서만 말하고 싶어 한다는 것은 아니다. 왜냐하면 나의 물음 중에서 '상상'이라고 하는 말이 화제가 되어 있는 한, 그 물음은 또한 상상의 본질을 묻는 물음 안에서도 화제가 되어 있기 때문이다. 그리고 내가 말하고 있는 것은 단지 이 물음은 그 어떤 지시에 의해서는—상상하고 있는 사람에게도 또 다른 사람에게

도—해명되지 않고 또 그 어떤 사건의 기술에 의해서도 해명되지 않는다는 것이다. 첫 번째 물음은 말의 설명도 구하고 있지만, 그것은 우리의 기대를 그릇된 종류의 해답으로 돌리고 만다.

371 본질은 문법 안에서 말로 나타내고 있다.

372 '어떤 본성의 필연성에 대해서 언어 안에서 상관하고 있는 유일한 것은 자의적인 규칙이다. 이러한 규칙이야말로 사람들이 그 본성의 필연성으로부터 명제 안으로 추출해 오는 유일한 것이다.' 이것을 고찰해 보기 바란다.

373 어떤 것이 어떤 종류의 대상인가는 문법이 말한다. [문법으로서의 신학.]

374 이 경우의 커다란 곤란은 사물을 마치 사람들이 무엇인가를 (서술)할 수 없는 것처럼은 서술하지 않는다는 것이다. 마치 거기에 분명히 기술을 끌어낼 수 있는 대상이 있음에도 불구하고 나는 그것을 누군가에게 제시할 수가 없는 것처럼 말이다. 그리고 내가 제안할 수 있는 최상의 일은 물론 그와 같은 영상을 사용하는 유혹에 거스르지 않는 것이다. 그러나 그때에는 그와 같은 영상의 응용이 어떻게 보이는가를 탐구해야 한다는 것이다.

375 조용히 혼잣말로 읽어주는 것을 사람들은 어떻게 다른 사람에게 가르쳐주고 있는가? 그 사람이 그렇게 할 수 있는 것을 사람들은 어떻게 아는가? 사람들이 그에게 요구하는 것을 자기가 행하고 있다는 것을 그 자신은 어떻게 해서 아는가?

376 내가 마음속으로 ABC를 말하고 있을 때 그것을 자신에게 조용히 속삭이는 다른 사람과 같은 일을 나도 하고 있다는 것을 판정하는 기준은 무엇인가? 나의 후두(喉頭)와 그의 후두에서 그때 같은 일이 일어났다는 것을 발견할 수 있을지도 모른다. [마찬가지로 우리 두 사람이 같은 일을 생각하거나 같은 것을 원하거나 할 때에도.] 그러나 그것으로는 우리가 '이러이러한 것을

조용히 혼잣말로 속삭인다'고 하는 말의 적용을, 후두나 뇌수(腦髓) 안의 어떤 사건을 가리킴으로써 배웠는가? a라는 소리에 대한 나의 상상과 그의 상상에 서로 다른 생리적 사건이 대응하고 있다는 것도 충분히 가능하지 않은가? 문제는 사람들이 여러 상상을 어떻게 비교하고 있는가 하는 것이다.

377 어떤 논리학자는 아마도 이렇게 생각할 것이다. 같은 것은 같은 것이다—그 동질성을 어떻게 확신하고 있는가는 심리학적인 문제라고. [높이는 높이다—사람이 그것을 때로는 보고 때로는 듣는 것은 심리학에 속한다.]

두 상상이 같다는 기준은 무엇인가? 어떤 상상이 붉다는 기준은 무엇인가? 다른 사람이 그것을 가지고 있는 경우 나에게 그 기준은 그가 무엇을 말하고 행하고 있느냐 하는 것이다. 내가 그것을 가지고 있는 경우 나에게 그 기준은 아무것도 아니다. 그리고 '붉다'에 해당되는 것은 '같다'에도 해당된다.

378 '자기의 상상 두 개가 같다고 판단하기 전에 나는 그것들을 같은 것으로서 인식하고 있지 않으면 안 된다.' 그러나 그런 인식이 생기고 있다면 그때 나는 '같다'는 말이 자신의 인식을 기술하고 있다는 것을 어떻게 해서 알까? 오직 내가 이 인식을 다른 방식으로 표현하고 동시에 '같다'가 여기에서는 올바른 말이라고 하는 것을 다른 사람이 나에게 가르칠 수 있는 경우뿐이다.

왜냐하면 만약에 내가 어떤 말을 사용하는 데에 대한 정당성을 필요로 하고 있다면, 그것은 다른 사람에 대한 정당성이기도 하지 않으면 안 되기 때문이다.

379 나는 그것을 우선 이것으로서 인식한다. 그리고 나서 나는 이것은 어떻게 불리고 있는가를 회상한다. 어떠한 경우에 사람들은 정당한 권리를 가지고 이와 같이 말할 수 있는가를 생각해 보라.

380 어떻게 해서 나는 이것을 빨갛다고 인식하는가? '나는 그것이 이것이라는 것을 보고, 그리고 이것이 그와 같이 불리고 있다는 것을 아는 것이다.' 이것이란? 무엇인가? 어떠한 종류의 대답이 이 물음에 대해서 의의를 갖는가?

[당신은 항상 되풀이해서 내면의 직시적 설명 쪽을 향해서 가버린다.]

볼 수 있는 것으로부터 말에 이르는 사적(私的)인 이행에 대해서 나는 그 어떤 규칙도 응용할 수 없을 것이다. 여기에는 여러 규칙이 실제로 공중에 떠 있다. 거기에서는 이들 응용의 제도가 결여되어 있기 때문에.

381 어떻게 해서 나는 이 색이 빨갛다는 것을 인식하는가? 한 가지 대답(방법)은 '나는 독일어를 배웠습니다'라는 것이리라.

382 내가 이 말에 의해서 이러한 상상을 얻는다는 것을 나는 어떻게 정당화할 수 있는가?

누군가가 나에게 청색 상상을 제시하고 이것이야말로 청색의 상상이라고 말했을까?

'이 상상'이라는 말은 무엇을 의미하고 있는가? 어떻게 해서 사람들은 하나의 상상을 가리키는가? 어떻게 해서 사람들은 같은 상상을 두 번 가리키는가?

383 우리가 분석하는 것은 형상[예컨대 사고]이 아니라 개념[예컨대 사고라는 개념]이며 따라서 말의 응용이다. 그래서 마치 우리가 하고 있는 일이 유명론(唯名論)인 것처럼 보일 수 있다. 유명론자들은 모든 말을 이름으로 이해하고 그러기 때문에 이들 적용을 실제로는 기술하지 않으며, 말하자면 그와 같은 기술에 대한 종이 위의 지시밖에 주지 않는 착오를 범하고 있다.

384 '아픔'이라고 하는 개념을 당신은 언어와 함께 배운 것이다.

385 누군가가, 한 번도 문자 또는 구두에 의해서 계산하지 않고, 머릿속에서(만) 계산하는 것을 배웠다는 것을 생각할 수 있을까 자문(自問)해 보기 바란다. '그것을 배운다'고 하는 것은 그것을 할 수 있도록 된다는 것을 뜻할 것이다. 그리고 누군가에게 그것을 할 수 있다는 것의 기준으로서 무엇이 타당할 것인가 하는 물음만을 물어보게 된다. 그러나 어떤 민족에게는 머릿속의

계산만이 알려져 있고 다른 계산은 알려져 있지 않다고 하는 것도 가능한가? 여기에서 사람들은 '그것이 어떠한 겉모습을 보이게 될 것인가' 하고 스스로 물어보지 않으면 안 된다. 그러므로 사람들은 그것을 하나의 극단적인 경우로서 그려내지 않으면 안 될 것이다. 그리고 그 경우 우리가 거기에서도 여전히 '머릿속 계산'이라는 개념을 응용하고 싶다고 생각하는지—그렇지 않으면 그와 같은 상황 속에서는 그 목적을 상실하는지 묻게 될 것이다. 왜냐하면 이제 현상들은 다른 범례(範例) 쪽으로 끌려가고 있기 때문이다.

386 '하지만 어째서 당신은 그토록 자기 자신을 믿지 않는가? 아무튼 당신은 평소에 '계산한다'는 것이 어떠한 것인지를 알고 있다. 따라서 당신이 상상 속에서 계산했다고 말한다면 그것은 정말 그럴 것이다. 계산을 하지 않았다면 당신은 그렇게 말하지 않았을 것이다. 마찬가지로 만약에 상상 속에서 당신이 무엇인가 빨간 것을 보았다고 말한다면 그것은 바로 빨간색일 것이다. 당신은 항상 '빨강'이라고 하는 것이 어떠한 것인지를 알고 있다. 더 나아가 당신은 항상 다른 사람과의 일치를 기대하고 있는 것은 아니다. 왜냐하면 당신은 자주 다른 그 어떤 사람도 보지 않은 것을 보았다고 보고하기 때문에.' 그러나 물론 나는 나 자신을 신뢰하고 있다—나는 전혀 주저하지 않고, 나 자신이 이것을 머릿속에서 계산했으며 이 색을 상상했다고 말한다. 곤란한 점은 내가 실제로 무엇인가 빨간 것을 상상했는가의 여부를 자신이 의심하고 있다는 것(에 있는 것)이 아니다. 어떤 색을 자기가 상상했는가, 우리가 이토록 대수롭지 않게 지시 또는 기술할 수 있다는 것, 상상을 실재로 베끼는 것이 우리에게 아무런 곤란도 가져오지 않는다는 것이다. 그렇다면 그것들은 혼동할 정도로 매우 비슷한가? 하지만 나는 스케치에 의해 어떤 사람을 곧 인지할 수도 있다. 그러나 대체 나는 '이 색의 올바른 상상이 어떻게 보이는가'라거나 '그 상상은 어떠한 성질의 것인가'라고 물을 수가 있는가? 나는 그것을 배울 수가 있는가?

[나는 그의 증언을 받아들일 수가 없다. 그것은 증언이 아니기 때문이다. 그것은 그가 말하고 싶어 하는 것을 나에게 알리고 있는 데에 지나지 않는다.]

387 그 심오한 겉모습은 쉽사리 흘러내리고 만다.

388 '나는 분명히 여기에서 어떤 보라색도 보고 있지 않지만, 당신이 나에게 물감 상자를 준다면 나는 그것을 보여줄 수가 있다.' ……이라면 그것을 보여줄 수가 있다고 하는 것, 따라서 그것을 본다면 인지(認知)할 수가 있다는 것을 사람들은 어떻게 알 수가 있는가?

어떻게 해서 나는 나의 상상으로부터 그 색이 실제로 어떻게 보이는가를 아는가?

어떻게 해서 나는 내가 어떤 일을 할 수 있으리라는 것을, 즉 자기가 현재 처해 있는 상황이 그것을 할 수 있는 상황이라는 것을 알 수 있는가?

389 '상상은 그 어떤 영상보다도 그 대상과 닮아 있지 않으면 안 된다. 왜냐하면 내가 영상을 그것이 그려내야 할 대상과 아무리 비슷하게 만든다 해도, 그 영상은 항상 무엇인가 다른 것의 영상일 수도 있기 때문이다. 그러나 상상은 그것이 이것의 상상이지 다른 그 어떤 상상도 아니라는 것을 포함하고 있다.' 사람들은 이와 같이 해서 상상을 영상을 넘어서는 것으로 보게 될지도 모른다.

390 사람들은 돌이 의식을 가지고 있다고 상상할 수 있을까? 그리고 비록 누군가가 그것을 할 수 있다고 해도—그것은 어째서 그와 같은 상상벽(想像癖)이 우리에게는 전혀 관심이 없다는 것을 증명할 뿐인가?

391 나는 아마도 또 [쉬운 일은 아니라 해도] 길거리에서 보는 사람들이 각기 무서운 아픔을 느끼고는 있지만 그것을 교묘하게 감추고 있다고도 상상할 수가 있다. 그리고 중요한 것은, 내가 거기에 숨은 교묘한 비밀을 상상하지 않으면 안 된다는 점이다. 그러기 때문에 내가 단순히 '그의 마음은 아픔을 느끼고 있지만 그것은 그의 육체에 어떠한 관계가 있는가!', 또는 '그것은 결국 육체에 나타낼 필요가 없다!'와 같은 말을 자신에게는 하지 않는다는 것이다. 그래서 내가 지금 위와 같은 일을 상상하고 있다고 하면—나는 무엇을 하는가, 나 자신에게 뭐라고 말하는가, 나는 사람들을 어떻게 바라보는가? 나는 아마도 누군가를 바라보고 '사람이 그와 같은 아픔을 느끼고 있을 때에 웃는 것은 어

려운 일임에 틀림없다'와 같은 일을 많이 생각한다. 나는 말하자면 한 가지 역할을 다하는 것으로 남이 아픔을 느끼고 있는 것처럼 행동하는 것이다. 내가 그렇게 하고 있으면 사람들은 내가 ……을 상상하고 있다고 말한다.

392 '그가 아픔을 느끼고 있다고 내가 상상하고 있을 때에는, 실은 ……한 일이 내 안에서 일어나고 있는 데에 지나지 않는다.' 그러면 다른 사람이 말한다. '나도 그것을 상상할 수 있지만, 그때 ……라고는 생각하고 있지 않다고 생각한다'고. ['나는 말을 하지 않고도 생각할 수가 있다고 믿는다.'] 이것은 아무런 쓸모도 없다. 자연과학적인 분석과 문법상의 분석 사이에 아름답게 빛나고 있는 것이다.

393 '웃고 있는 사람이 실제로는 아픔을 느끼고 있다고 상상할 때에는, 나는 아픈 행동 같은 것을 상상하고 있지 않다. 왜냐하면 나는 바로 그 반대의 것을 보고 있기 때문이다. 그렇다면 나는 무엇을 상상하고 있을까?' 나는 그것을 이미 말하였다. 나는 이를 위해 반드시 내가 아픔을 느끼고 있다는 것을 상상하고 있는 것은 아니다. '그러나 이것을 상상한다는 것은 어떻게 해서 일어나는가?' 우리가 '나는 그가 아픔을 느끼고 있다고 상상할 수 있다'거나 '나는 그가 고통을 갖고 있다고 상상한다'거나, '그가 고통을 갖고 있다고 상상하라!'와 같은 말을, 도대체 [철학 이외의] 어디에서 사용하는가?
　사람들은, 예를 들어 연극의 어떤 역할을 하지 않으면 안 되는 상대방에게 '당신은 여기에서는 이 사람이 아픔을 느끼고 있으면서도 그것을 감추고 있다고 상상해야만 된다'고 말한다. 그리고 우리는 그 사람에게 그 어떤 지시도 주지 않고, 그 사람이 본래 어떻게 해야 하는가에 대해서도 말해주지 않는다. 그러기 때문에 그 분석 또한 사태에 맞지 않는다. 우리는 이제 이러한 상황을 상상하고 있는 배우를 주목한다.

394 어떠한 종류의 상태하에서 우리는 상대방에게 '당신이 이것을 상상하였을 때 당신 안에서 실제로 무슨 일이 일어나고 있는가'라고 묻게 될까? 그리고 우리는 거기에서 어떠한 종류의 대답을 기대하고 있는가?

395 상상이 가능하다는 것이 우리의 탐구에서 어떠한 역할을 하는가에 대해서는 불분명한 점이 있다. 즉, 그것이 어느 정도 명제의 의의를 보증해 주는가에 관해서는.

396 사람들이 명제에 의해서 무엇인가를 상상하는 것은 명제에 따라서 스케치를 하는 것과 마찬가지로 명제의 이해에 대해 조금도 본질적이지 않다.

397 '상상 가능하다는 것' 대신에 여기에서 우리들은 묘사의 일정한 수단에 의해서 묘사가 가능하다고 말할 수가 있다. 그리고 그와 같은 묘사로부터는 물론, 안전한 길이 그 이상의 적용으로 통하고 있는 경우가 있을 수 있다. 한편 영상이 우리에게 파고들어도 전혀 쓸모가 없는 일이 있을 수 있다.

398 '하지만 무엇인가를 상상하거나 또는 실제로 대상을 보고 있을 때, 나는 이웃이 느끼고 있지 않은 무엇인가를 느끼고 있다.' 당신이 하는 말은 이해할 수가 있다. 당신은 자기 주위를 둘러보고, '나만이 이것을 느끼고 있다'고 말하고 싶은 것이다. 이러한 말은 무엇을 위해서인가? 그것은 아무런 쓸모도 가지지 못하고 있다. 그래서 사람들은 또 이렇게도 말할 수 있지 않을까? '여기에서는 '보는 것'도—그러기 때문에 또 '느낌'을 갖는 것도—그리고 주체도—그러기 때문에 또 자아도, 화제가 되어 있지 않은 것이다'라고. 나는 이렇게 물을 수 있지 않을까? 당신이 그것에 대해서 이야기하고 있는 것, 자기밖에 가지고 있지 않다고 말하고 있는 것—그렇다면 이것을 당신은 어느 범위로 가지고 있는가 하고. 당신은 그것을 소유하고 있는가? 당신은 그것을 볼 수조차 없는 것이다. 그렇다, 그것에 대해 당신은 그 누구도 그것을 가지고 있지 않다고 말해야 하는 것이 아닌가? 실제로 분명한 것은, 남이 무엇인가를 가지고 있다는 것을 당신이 논리적으로 배제하는 것이라면, 당신이 그것을 가지고 있다고 말하는 것도 또한 그 의의를 상실하는 것이다.

그렇다고 하면, 당신이 그것에 대해서 말하고 있는 것이란 무엇인가? 나는 당신이 무엇을 생각하고 있는지 속으로 알고 있다고 말하였다. 그러나 그 뜻은 이 대상을 파악하거나 보거나 하는 것을 사람들이 어떻게 생각하고 있는가,

그 대상을 눈짓이나 몸동작에 의해서 표기하는 것을 사람들이 어떻게 생각하고 있는가를 나는 알고 있다는 것이다. 이 경우 사람들이 어떤 방식으로 앞을 바라보고 주위를 보는지—그 밖의 일을 하는지를 나는 알고 있다. 생각건대 당신은 [예를 들어 방 안에 앉아 있을 때] '시각상의 방'에 대해서 이야기를 하고 있다고 말할 수가 있을 것이다. 그 어떤 소유자도 없다는 것은 '시각상의 방'을 말한다. 나는 그것을 소유할 수도 없고 그 안을 걸어 다니거나 그것을 바라보거나 그것을 가리킬 수도 없다. 그것은 다른 그 누구에게도 소속할 수 없는 한 나에게도 소속하지 않는다. 바꾸어 말하자면 내가 정말 그것에다 내가 앉아 있는 물질적인 방에 대한 것과 마찬가지로, 그것에 대해서도 같은 표현 형식을 적용하고 싶다고 생각하고 있는 한 그것은 나에게 소속되어 있지 않은 것이다. 이 전자(前者)의 기술은 소유자에 대해서 언급할 필요가 없고, 또 분명히 소유자가 있을 필요도 없다. 그러나 그때에는 이 시각상의 방에는 소유자 같은 건 있을 수가 없는 것이다. '왜냐하면 그것은 자신의 외부에도 내부에도 주인 같은 건 있지 않기 때문이다'—라고 사람들은 말할 수가 있을 것이다.

한 폭의 풍경화, 상상의 풍경과 그 안에 들어 있는 집 한 채를 생각하라. 누군가가 '이 집은 누구의 것인가' 하고 물었다고 하자.—이에 대한 대답은 '그 앞에 앉아 있는 농부의 것이다'라고 할 수가 있을 것이다. 그러나 그 경우 이 농부는 자기 집에, 이를테면 발을 들여놓을 수가 없다.

399 사람들은 또 이렇게 말할 수도 있을 것이다. 시각상의 방 소유자는 어쨌든 그 당사자와 본질을 같게 하고 있음에 틀림없다. 그러나 당사자는 그와 같은 방 안에서는 찾아볼 수 없고 또 그 외부에 존재하는 것도 아니다.

400 말하자면 '시각상의 방'을 발견한 것으로 여겨진 사람들—그 사람이 발견한 것은, 새로운 화법이며 새로운 비교였다. 더 나아가서는 새로운 감각이었다고 말할 수도 있을 것이다.

401 당신은 이 새로운 파악을 새로운 대상을 보는 것이라고 이해한다. 당신은 자기가 행한 문법상의 운동을 자기가 관찰하고 있는 유사물리적(類似物理

的)인 형상이라고 이해한다. [예를 들어 '감각 여건(感覺與件)은 우주의 구축 재료인가'라는 물음에 대해서 생각해 보자.]

그러나 당신이 '문법상의' 운동을 했다—고 하는 나의 표현은 이론(異論)이 없는 것이 아니다. 당신은 무엇보다도 먼저 새로운 파악(방법)을 찾아낸 것이다. 마치 새로운 화법(畵法), 또는 새로운 운율(韻律), 또는 새로운 노래의 종류를 찾아내기라도 한 것처럼.

402 '나는 '내가 지금 이러이러한 상상을 가지고 있다'고 말하지만, '나는 가지고 있다'고 하는 말은 다른 사람을 위한 기호(記號)에 지나지 않는다. 상상의 세계는 완전히 상상의 기술 안에 서술되어 있다.' 당신이 말하고 싶은 것은, '나는 가지고 있다'는 '자, 주목!'과 같다는 것이다. 당신은 그것이 본래 다른 방식으로 표현되었어야 했다고 생각하는 경향이 있다. 예를 들어 단순하게 손으로 신호하고 나서 기술하는 것에 의해서. 이 경우처럼 사람들이 우리의 일상 언어[그것은 어쨌든 스스로의 책무를 다하고 있다]의 여러 표현에 합의하고 있지 않을 경우에는, 어떤 영상이 우리 머릿속에 깃들어 그것이 일상적인 표현 방식의 영상과 충돌한다. 다른 한편으로 우리는 자신들의 표현 방식이 여러 사실을 있는 그대로 기술하고 있지 않다고 말하고 싶은 유혹을 받는다. 마치 [이를테면] '그는 아픔을 느끼고 있다'고 하는 명제는, 이 사람이 아픔을 느끼고 있지 않다는 것에 의하는 것보다는 더욱 다른 방식으로 허위가 될 수 있는 것처럼. 마치 이 표현 형식은, 명제가 간신히 무엇인가 옳은 일을 주장하고 있을 경우에도 거짓된 일을 말하고 있는 것처럼.

왜냐하면 관념론자, 유아론자(唯我論者), 실재론자 간의 논쟁은 바로 그와 같이 보이기 때문이다. 그 일파는 마치 어떤 주장을 공격하고 있는 것처럼 통상적인 표현 형식을 공격한다. 다른 사람은 이성 있는 사람이면 누구나가 인정하는 여러 사실을, 마치 확인하고 있는 것처럼 통상적인 표현 형식을 옹호한다.

403 내가 이제까지 '나의 아픔'이라고 부르고, 다른 사람이 '나의 아픔'이라고 일컬어왔던 것만을 위하여 '아픔'이라고 하는 말을 요청했다고 해도, 어떤 표기법까지 미리 준비되어 있고, 그 속에서 '아픔'이라고 하는 말의 탈락이 다

른 결부에 의해서 어떻게든 보충되어 있는 한, 다른 사람에 대해서 그 어떤 부당한 일도 저지른 것이 되지 않을 것이다. 그래도 다른 사람은 그때 동정을 받거나, 의사의 치료를 받거나 한다. 물론 '그러나 다른 사람은 당신이 느끼고 있는 것과 정확하게 같은 것을 느끼고 있는 것이다!'라고 말하는 것도 이와 같은 표현 방식에 대한 반론은 되지 않을 것이다.

하지만 이때 이와 같은 새로운 종류의 서술로부터 나는 무엇을 얻었는가? 아무것도 없다. 그러나 유아론자는 자기의 견해를 변호하고 있을 때에는 실제적인 이익을 아무것도 바라고 있지 않다!

404 '내가 '나는 아픔을 느끼고 있다'고 말할 때 그 아픔을 느끼고 있는 어떤 인물을 가리키지 않는 것은, 어떤 뜻에서는 내가 그것을 느끼고 있는 것이 누구인지 전혀 모르기 때문이다.' 그리고 이것은 정당화될 수 있다. 왜냐하면 무엇보다도 먼저 나는 이러이러한 사람이 아픔을 느끼고 있다고는 말하지 않고, '나는 아픔을 느끼고 있다(가지고 있다)'고 말했기 때문이다. 이로써 나는 그 어떤 인물도 지명하고 있지 않다. 마치 내가 아픔을 신음함으로써 어떤 인물을 지명하고 있지 않은 것과 마찬가지로. 비록 다른 사람이 그 신음(소리)으로부터 누가 아픔을 느끼고 있는가를 추측한다고 해도.

그렇다면 누군가의 아픔을 느끼고 있는가를 안다는 것은 어떤 일인가? 예를 들어 그것은 이 방 안에 있는 어떤 사람이 아픔을 느끼고 있는가를 안다고 하는 것이다. 그러기 때문에 저기에 앉아 있는 사람인가, 그렇지 않으면 이쪽 구석에 앉아 있는 사람인가, 저쪽에 있는 금발에 키가 큰 사람인가 등을 안다는 것을 말한다. 나는 도대체 무슨 말을 하고 싶은 것인가? 인물의 '동일성'에 대해서는 매우 다양한 기준이 존재한다는 것이다.

그렇다면 '내가' 아픔을 느끼고 있다—고 내가 말하는 것을 규정하고 있는 것은 그중 어느 것인가? 그 어느 것도 아니다.

405 '어쨌든 당신이 '내가 아픔을 느끼고 있다'고 말할 때에는 다른 사람의 주의를 특정한 사람으로 돌리려고 하고 있는 것이다.' 그 대답은 그렇지가 않다. 나는 다른 사람의 주의를 나에게 돌리려고 하고 있는 것이다—일 것이다.

406 '하지만 당신은 '나는 ……을 느끼고 있다'는 말에 의해서, 당신과 다른 사람을 구별하고 싶어 한다.' 이것은 모든 경우에 할 수 있는 말인가? 내가 단순히 신음하고 있는 경우에도? 또 가령 내가 나와 다른 사람을 '구별하고 싶어 하고' 있다고 해도─나는 그것에 의해 비트겐슈타인이라는 인물과 아무개라는 인물을 구별하고 싶어 하는가?

407 누군가가 신음하고 있다. '누군가가 아파하고 있다─나는 그가 누구인지 모른다!' 이것을 듣고 사람들이 그 누군가 신음하는 사람을 돕기 위해 급히 간다─는 것도 생각할 수가 있을 것이다.

408 '하지만 당신은 자신이 아픔을 느끼고 있는지 다른 사람이 그러한 것인지 의심하지는 않는다!' '내가 아픔을 느끼고 있는가, 그렇지 않으면 다른 사람이 그러한가를 나는 모른다'고 하는 명제는 하나의 논리곱으로, 그 요소의 하나는 '내가 아픔을 느끼고 있는지 어떤지 나는 모른다'는 것이다. 그리고 이것은 뜻이 있는 명제가 아니다.

409 몇 사람이 어떤 원진(圓陣) 안에 서 있고, 그 속에 나도 있다고 생각하자. 우리 중의 누군가 한 사람, 어떤 때에는 이 사람이고 어떤 때에는 저 사람이 발전기의 전극에 연결되지만, 우리는 그것을 볼 수가 없다. 나는 다른 사람의 얼굴을 관찰하여, 우리 중의 누군가가 지금 바로 감전되려고 하는가를 알려고 노력한다. 어떤 때 나는 말한다. '이제 나는 누가 감전되려 하고 있는가를 알고 있다. 즉 내가 그 사람이다'라고. 이런 뜻에서는 나는 또 '이제 나는 누군가가 전격(電擊)을 느끼고 있는지 알고 있다. 즉 그 사람은 나이다'라고 말할 수도 있을 것이다. 이것은 무엇인가 기이한 표현 방식일지도 모른다. 그러나 여기에서 다른 사람이 감전되는 그때에도 내가 전격을 느낄 수가 있다고 가정하면, 그때에는 '이제 나는 누가 ……인지를 알고 있다'고 하는 표현 방식은 전적으로 부적절한 것이 된다. 그것은 이 게임의 일부가 아닌 것이다.

410 '나'는 어떠한 인물도 지명하지 않고, '여기'는 어떠한 장소도 지정하지

않고, '이것'은 어떠한 이름도 지명하지 않는다. 그러나 그것들은 이름과 연관되어 있다. 이름은 이들을 통해서 분명해진다. 물리학이, 이와 같은 말들을 사용하지 않음으로써 특징지어진다는 것도 사실이다.

411 다음 물음이 어떻게 응용되어 어떻게 결정되는가를 고찰해 보자.
(1) '이 책은 나의 책인가?'
(2) '이 다리는 나의 다리인가?'
(3) '이 몸은 나의 몸인가?'
(4) '이 감각은 나의 감각인가?'
이들 각 물음에는 실제적인 [비철학적인] 응용이 있다.
(2)에 대해서는, 나의 다리가 감각을 상실해 있거나 마비되어 있는 경우를 생각한다. 어떤 상황들 속에서는 내가 이 다리에 아픔을 느끼고 있는가의 여부가 확인됨으로써 이 물음을 해결할 수가 있을 것이다.
(3)에 대해서는, 여기에서 사람들은 거울 속의 영상을 가리킬 수가 있을 것이다. 그러나 어떤 상황들 속에서는 사람들은 어떤 몸을 만지고 이 물음을 던질 수가 있을 것이다. 또 다른 상황들 속에서는, 이 물음은 '나의 몸이 이렇게 보이고 있는가'라는 것과 같은 것을 의미하고 있다.
(4)에 대해서는, 도대체 이 감각이란 어느 감각인가? 즉 여기에서 사람들은 이 지시대명사를 어떻게 적용하고 있는가? 어쨌든 예를 들어 첫 번째 예의 경우와는 다른 방식에 의해서이다! 여기에서 다시 혼란이 일어나는 것은, 사람들이 어떤 감각에다 자기의 주의를 돌림으로써 그 감각을 지시하고 있다고 (잘못) 상상해 버리기 때문이다.

412 의식과 두뇌 사이의 틈에 다리를 놓지 못한다는 느낌. 이 느낌이 일상생활의 여러 고찰 안으로 들어오지 않는 일이 어떻게 해서 일어나는가? 이 이종성(異種性)이라는 관념은 가벼운 현기증과 결부되어 있고—이것은 우리가 논리의 곡예를 연출할 때 나타난다. [동일한 현기증은 집합론의 어떤 정리의 경우에도 우리를 사로잡는다.] 우리의 경우 이 느낌은 언제 나타나는가? 그것은 내가 예를 들어, 나의 주의(注意)를 어떤 방식으로 자기의 의식으로 향하게

하고, 그와 동시에 깜짝 놀라면서 이거야말로 두뇌 안의 사건에 의해 생긴 것에 틀림없다!고—말하자면 자기 이마에 손을 대면서—자신에게 타이를 때이다. 그러나 '자기의 주의를 자기의 의식으로 돌린다'고 하는 것은 무엇을 뜻할 수 있는가? 어쨌든 이와 같은 일보다 더 기묘한 일은 없다! 내가 이렇게 이름을 붙인 것은[왜냐하면 이러한 말은 일상생활 안에서는 사용되지 않으므로], 본다고 하는 하나의 행위를 말하는 것이었다. 나는 물끄러미 나의 앞을 보았다—그러나 무엇인가 특정한 점이나 대상을 보고 있었던 것은 아니다. 나의 눈은 크게 벌어져 있었고, 나의 눈썹에는 주름이 지어져 있지 않았다[특정한 대상이 나의 관심을 끌 때에는 대개 그러한 것처럼]. 그와 같은 관심은 (이 경우의) 본다고 하는 일에 선행되어 있지 않았다. 나의 눈동자는 '텅 비어' 있었고, 어쩌면 하늘의 밝기에 감탄하여 그 빛을 들이마시고 있는 인간의 눈동자와 비슷했다.

그런데 내가 역설이라고 발언한 명제[이것이야말로 두뇌 안의 사건에 의해 생긴 것이다!]에는 역설 같은 건 전혀 없다는 점을 고려하라. 나는 이 명제를, 내가 보고 있는 밝기의 효과가 뇌의 일정 부분의 흥분에 의해서 생겼다는 것을 제시하는 것을 목적으로 하는, 어떤 실험이 한창일 때 발언할 수도 있었을 것이다. 그러나 나는 이 명제를, 일상적이고 비역설적인 뜻을 가지고 있는 환경에서는 발언하지 않았다. 그리고 나의 주의는 실험에 어울릴 만한 것이 아니었던 것이다. [(만약에 그렇다면) 나의 눈동자는 '텅 빈' 것이 아니라 '활기찬' 것이었을 것이다.]

413 여기에 자기관찰(自己觀察)의 한 예가 있게 되는 셈인데, 윌리엄 제임스가 '자아'는 주로 '머릿속에 있고, 머리와 목 사이에 있는 특이한 운동'으로 이루어져 있다고 한 생각을 끌어내온 자기관찰과 닮지 않은 것은 아니다. 그리고 제임스의 자기관찰이 보인 것은 '자아'라고 하는 말[그것이 '인물' '인간' '그 자신' '나 자신'과 같은 것과 비슷한 무엇인가를 뜻하고 있는 한]의 뜻도 그와 같은 존재의 분석도 아니고 '자아'라는 말을 스스로에게 말하면서 그 의미를 분석하고자 한 철학자의 주의 상태였던 것이다. [그리고 이것으로부터 많은 것을 배울 수가 있었을 것이다.]

414 당신은 자신이 어찌 되었든 틀림없이 직물을 짜고 있다고 생각한다. 왜냐하면 당신은 한 대의—빈 틀이지만—직조기(織造機) 앞에 앉아서 옷감 짜는 운동을 하고 있으니까.

415 우리가 제공하고 있는 것은 원래 인간의 자연사(自然史)에 대한 여러 고찰이다. 그러나 호기심을 자극하는 기여(寄與)가 아니라, 그 누구도 의심하지 않았던 일의 확인이며, 항상 우리 눈앞에 있기 때문에 주의를 하지 않았던 일의 확인인 것이다.

416 '인간은 모두 한결같이 자기들이 보고 듣고 느낀다고 말한다[많은 사람이 맹인이고 많은 사람이 농인이라 해도]. 그러기 때문에 인간은 자신이 의식을 가지고 있다고 자신에 대해서 증언한다.' 하지만 얼마나 기묘한 일인가! '나는 의식을 가지고 있다'고 말할 때 나는 도대체 누구에 대해서 전달을 하고 있는가? 자기에 대해서 그와 같이 말하는 목적은 무엇이며 다른 사람은 어떻게 해서 나를 이해할 수가 있는가? 그런데 '나는 보고 있다' '나는 듣고 있다' '나에게는 의식이 있다'고 하는 명제에는 실제로 각각의 관용(慣用)이 있다. 의사에게 나는 '지금 나는 다시 이쪽 귀로 듣고 있다'고 말하고, 내가 실신(失神)하고 있다고 생각하는 사람에게는 '나에게는 다시 의식이 돌아와 있다'고 등등 말한다.

417 그러면 나는 나 자신을 관찰하여 내가 보거나 의식하고 있는 것을 지각하는가? 그런데 도대체 무엇 때문에 관찰에 대해서 이야기하는가! 왜 단순히 '나는 나에게 의식이 있다는 것을 지각한다'고 말하지 않는가? 그러나 '나는 지각한다'는 말이 여기에서는 내가 자신의 의식에 주의하고 있다는 것을 나타내고 있지 않은가? 하지만 보통은 그렇지 않다. 만약에 그렇게 되어 있다면 '나는 ……라는 것을 지각한다'라고 하는 명제는, 나에게 의식이 있다고 말하는 것이 아니라 나의 주의가 이러이러한 것으로 향하고 있다고 말하는 것이 된다.

그러나 그렇다면 그것은 내가 '나에게 다시 의식이 돌아와 있다'고 말하는 계기를 줄 수 있는 일정한 경험이 아닌가? 어떠한 경험인가? 어떠한 상황에서 우리는 그렇게 말하는가?

418 나에게 의식이 있다고 하는 것은 경험적 사실인가?

하지만 우리들은 인간에 대해서는 거기에 의식이 있다고 말하면서 왜 나무나 돌에 대해서는 의식이 없다고 말하지 않는가? 그것이 그렇지 않다고 한다면 어떻게 될까? 사람들은 모두 의식이 없는 것이 될까? 그렇지 않다. 이 말의 통상적인 의미로는 그렇지가 않다. 그러나 나에게는 예를 들어 의식이 없었을지도 모른다—현재 내가 실제로 가지고 있는 것과 같은 의식이.

419 어떠한 상황에서 우리는 어떤 부족에 추장(酋長)이 있다—고 말하는가? 하지만, 추장에게는 어쨌든 의식이 없어서는 안 된다. 그는 어쨌든 의식이 없는 상태로 있어서는 안 된다.

420 그러나 나는 내 주위에 있는 인간이 자동 기계이며, 비록 그 행동 방식이 항상 같다고 해도 의식은 가지고 있지 않다고 생각할 수는 없을까? 만약에 내가 지금—혼자 자신의 방에서—그와 같이 상상하고 있다면 나는 사람들이 경직된 눈초리로 [황홀 상태에 있는 것처럼] 자신들의 일에 종사하고 있는 것을 보는 것인데—이 생각은 아마도 약간 으스스한 것이다. 그러나 한 번이라도 예를 들어, 길거리에서의 보통의 교제 가운데서 이 생각을 고집하려고 시도해 보라! '저기에 있는 아이들은 단지 자동 기계에 지나지 않는 것으로, 그들의 생생한 모습은 모두 기계적인 것에 지나지 않는다'고 자신에게 말해보라. 그러면 이러한 말이 당신에게는 전혀 아무것도 말하고 있지 않는 것이 되거나, 또는 당신 자신 안에 일종의 으스스한 감정 내지는 그와 비슷한 것이 생기게 될 것이다.

살아 있는 인간을 자동 기계로 본다는 것은 그 어떤 형상을 다른 형상의 극한 상태 내지는 변종으로 본다는 것, 예를 들어 창문의 십자 격자를 갈고리 십자로 보는 것과 유사하다.

421 우리가 하나의 보고 안에서 신체 상태와 의식 상태를 잡다하게 서로 혼동시키고 있다는 것은 우리에게 역설인 것처럼 보인다. '그는 심한 고통에 괴로워하며 불안하게 몸을 뒤척이고 있었다.' 이것은 매우 흔한 일이다. 그렇다면 왜 이것이 우리에게 역설적으로 보이는가? 그것은 우리가 이 문장은 유형적인 것과 무형적인 것을 다루고 있다고 말하고 싶어 하기 때문이다. 그러나 만약에 내가 '이 세 개의 지주가 건물에 안정을 부여하고 있다'고 말하려 한다면 당신은 무슨 일을 발견하는가? 삼(三)과 안전은 서로 관계를 가질 수 있는 것들인가? 문장을 도구로 보고 그 의의와 적용을 보라!

422 인간의 내부에 있는 영혼을 믿고 있을 때 나는 무엇을 믿고 있는가? 이 물질이 탄소원자의 고리를 두 개 포함하고 있다고 믿을 때 나는 무엇을 믿고 있는가? 쌍방의 경우 어떤 영상이 전경(前景)에 있지만 그 의의는 배경 저 멀리에 물러나 있다. 즉 이 영상의 응용은 쉽사리 전망할 수 없다.

423 분명히 당신 내부에서 이와 같은 모든 일들이 일어나고 있다. 그리고 이제 나는 우리가 사용하고 있는 표현을 이해해 보려 한다. 영상이 거기에 있다. 그리고 그 특별한 경우에 있어서의 타당성에 대해서, 나는 이론(異論)을 말하지 않는다. 다만 지금은 그 영상의 응용을 이해하겠다.

424 영상이 거기에 있다. 그리고 나는 그 정당성에 의의를 말하지 않는다. 그러나 그 응용은 무엇인가? 맹목(盲目)을 맹인의 혼 또는 머릿속의 암흑이라고 보는 영상에 대해서 생각하라.

425 요컨대 우리는 무수한 경우에 영상을 찾아내려고 애쓰고, 일단 그것을 찾아내면 그 응용은 말하자면 저절로 이루어지게 되는데, 우리는 이미 거기에서 점차 우리에게 집요하게 다가오는 영상을 가지고 있는 것이 된다. 그러나 그 것은 우리를 곤란으로부터 구해주지 못하고 곤란이 거기에서 바야흐로 시작되는 것이다.

우리가 예를 들어, '이 장치가 이 용기에 장전(裝塡)되는 것을 나는 어떻게 상상하면 좋은가' 하고 묻는다면—축척(縮尺)의 소묘(素描)라는 것이 그 대답으로서 유용할 것이다. 사람들은 그때 나에게 '알았나? 이것은 이런 식으로 장전되는 거야' 또는, '왜 당신은 의심을 하는가? 당신이 여기에서 보는 것처럼 그것은 저기에서도 그렇게 되어 있는 것이다'라고 말할 수가 있다. 물론 이 후자(의 말투)는, 그 이상의 것을 아무것도 명백히 하지 않고 주어진 영상을 이제 응용해 보도록 나를 독촉하고 있는 데에 지나지 않는다.

426 어떤 영상이 환기되어, 그것이 일의적(一義的)으로 의의(意義)를 규정하고 있는 것처럼 보인다. 실제의 적용은 그 영상이 우리에게 그려 보이는 적용에 비해 무엇인가 더러워진 것처럼 보인다. 거기에서는 다시 집합론 안에서 일어난 것과 같은 일이 일어나고 있다. 즉 표현 방식이 신을 위해 재단(裁斷)되어 있는 것처럼 보이고, 그 신은 우리가 알 수 없는 것을 알고, 무한수열 전체를 보고, 인간의 의식 안을 꿰뚫어보고 있는 것이다. 우리에게는 물론 이러한 표현 형식은 말하자면 제복(祭服)이어서 우리는 그것을 분명히 몸에 입기는 한다. 그러나 그것에 의해서 많은 것을 행할 수는 없다. 왜냐하면 우리에게는 이러한 옷차림에 의의와 목적을 줄 수 있는 참다운 힘이 결여되어 있기 때문이다.

표현을 실제로 적용할 때, 우리는 말하자면 길을 돌아 옆 골목을 빠져나간다. 그 사이 우리는 곧장 넓은 길을 눈앞에 보고 있지만 그 거리가 영구히 폐쇄되어 있기 때문에 물론 그것을 이용할 수가 없다.

427 '내가 그에게 말을 걸고 있는 동안 그의 두뇌의 배후에서 무슨 일이 일어나고 있는지 나는 몰랐다.' 그때 사람들은 두뇌의 사건에 대해서 생각하고 있는 것이 아니라, 사고(思考)의 사건에 대해서 생각하고 있는 것이다. 영상은 진지하게 받아들여야 하는 것이다. 우리는 실제로 이 뇌의 배후를 바라보고 싶어 한다. 그럼에도 불구하고 우리가 생각하고 있는 일은, 자기들이 평소에 말로 생각하고 있는 것에 지나지 않는다. 즉 우리는 그가 무엇을 생각하고 있는가를 알고 싶어 한다. 나는 말하고 싶다. 우리에게는 생생한 영상과—그 영상에 모순되고 있는 것처럼 보이면서도 심적인 것을 표현하고 있는 그 관용이 있다고.

428 '사상, 이 기묘한 것'—그러나 그것은 우리가 사고를 하고 있을 때에는 기묘하다고 여겨지지 않는다. 사상은 우리가 사고를 하고 있는 동안에는 비밀에 가득 차 있다고는 여겨지지 않으나 우리가 말하자면, 회고적으로 '그것은 어떻게 해서 가능했는가'라고 말할 때에만 비밀에 차 있는 것처럼 여겨진다. 사상이 이 대상을 다루는 것은 어떻게 가능했는가? 우리에게는 우리가 사상에 의해서 실재를 파악한 것처럼 여겨진다.

429 사상과 현실의 일치 내지 조화는, 우리가 잘못해서 어떤 것이 빨갛다고 말할 때에도 그것이 어쨌든 빨갛지 않다는 것 안에 있다. 그리고 내가 누군가에게 '이것은 빨갛지 않다'고 하는 문장에 포함되어 있는 '빨강'이라는 말을 설명하려고 할 때에는, 나는 이를 위해 무엇인가 빨간 것을 가리키는 것이다.

430 '이 물건에 자를 대보아라. 그것은 이 물체의 길이가 이러이러하다고 말하지 않고 있다. 오히려 그것은 그 자체로는—말하자면—죽어 있어서 사상이 다하는 일을 아무것도 다하고 있지 않다'—이것은 마치 우리가 살아 있는 인간에게 본질적인 것은 외면적인 형태라고 생각하여, 나무토막을 그 형태로 만들어보았으나 살아 있는 것과는 하나도 닮지 않은 이 몽둥이를 얼굴을 붉히고 바라보고 있는 것과 같은 것이다.

431 '명령과 그 수행 사이에는 간극이 있다. 그것은 이해로 메워지지 않으면 안 된다.'
'이해함으로써 비로소 그것은 우리가 이것을 행하지 않으면 안 된다고 하는 뜻이 된다. 명령—그것은 바로 단순한 음성, 잉크 자국에 지나지 않는다.'

432 어느 기호든 그것만으로는 죽은 것처럼 보인다. 무엇이 그것에 생명을 주는가?—관용(慣用) 안에서 그것은 살게 된다. 그 속에서 그것은 살아 있는 숨결을 들이마시는가?—그렇지 않으면 관용이 그 숨결인가?

433 우리가 명령을 내릴 때 그 명령이 바라고 있는 최후의 것은 표현되지

않은 채로 있어야 한다. 왜냐하면 명령과 그 준수 사이에는 여전히 간극이 남아 있기 때문이다. 예를 들어 나는 누군가가 일정한 운동을 하는 것, 가령 팔을 올리는 것을 바란다. 그것을 완전히 분명히 하기 위해서 나는 그에게 그 운동을 해 보인다. 이 영상은 그가 이 운동을 하지 않으면 안 된다는 것을 어떻게 아는가—하고 물을 때까지는 이의적(二義的)이 아닌 것처럼 보인다. 도대체 그는 어떻게 해서 내가 주는 기호를, 그것이 무엇이 되었든 간에 자기가 어떻게 사용해야 하는가를 알게 되는가? 거기에서 나는 남을 가리키거나 격려의 몸짓을 하여 그 명령을 그 이상의 기호에 의해서 보충하려고 노력할 것이다. 거기에서는 명령이 말을 더듬기 시작한 것처럼 보인다.

마치 기호가 불확실한 수단에 의해서 우리 안에 이해를 환기시키려고 노력하고 있는 것처럼. 그러나 지금 우리가 그것을 이해하고 있다고 하면, 우리는 어떠한 기호에 의해서 그렇게 하고 있는가?

434 몸짓은 모범을 보이려고 시도한다—고 사람들은 말하고 싶어 한다—하지만 그와 같은 일은 할 수 없는 것이다.

435 사람들이 '문장은 서술하는 일을 어떻게 해서 행하고 있는가' 하고 묻는다면, 그 대답은 '그것도 모르느냐? 어쨌든 문장을 이용하고 있을 때 당신은 그것을 보고 있는 것이다'라고 할 수 있을 것이다. 숨겨진 것은 아무것도 없는 것이다.

문장은 그것을 어떻게 해서 행하고 있는가? 그런 일을 모르는가? 숨겨진 일은 아무것도 없다.

그러나 '문장이 그것을 어떻게 하고 있는가'를 당신은 알고 있다. 숨겨진 것 같은 일은 아무것도 없다'라고 하는 대답에 대해서는, 누구나 '맞다. 그러나 그것은 모두 매우 빨리 흘러가버리므로 나는 그것이, 말하자면 좀 더 널리 따로따로 표시되어 있는 것을 보고 싶다'고 대답하고 싶어진다.

436 재빨리 파악하는 일이 곤란한 현상, 재빨리 빠져나가는 현재의 경험, 또는 그와 유사한 것이야말로 우리가 기술을 해야 할 것들이다—라는 것 안

에 과제의 어려움이 있는 것이라고 사람들이 믿어버리는 장소, 철학의 오솔길, 거기에 들어간다는 것은 여기에서는 손쉬운 일이다. 거기에서는 통상의 언어가 우리에게 너무나 거칠게 보여, 마치 우리가 상대해야 하는 것이 평소에 말하고 있는 현상이 아니라, '쉽사리 사라져버리는 현상, 그 출현과 소멸에 의해서 앞의 것에 가까운 현상을 낳아가는 현상'인 것처럼 보이고 만다.

[아우구스티누스는 말하고 있다. 그것들은 가장 명백하고 친근한 것이지만 이 동일한 것이 다른 쪽에서는 너무나도 감추어져 있어 그 발견이 신기한 일이 되는 것입니다.]

437 소원은 스스로를 충족하는 것, 충족해야 할 것이라는 점을 이미 알고 있는 것처럼 보이고 명제 내지 사상은 스스로를 참되게 하는 것을, 비록 그와 같은 것이 전혀 거기에 존재하지 않는다 해도 이미 알고 있는 것처럼 보인다! 아직 거기에 존재하지 않은 것을 이와 같이 결정한다는 것은 무엇인가? 이와 같은 전제적인 요구란(무엇에서 유래하는가)? [논리적인 요구의 완고함.]

438 '계획은 계획으로서 무엇인가 충족되지 않는 것이다.' [소원, 기대, 추측 등과 같이.]

그래서 나는 생각한다. 기대가 충족되지 않고 있다는 것은 그것은 무엇인가에 대한 기대이기 때문이고, 신념이나 의견이 충족되지 못한 것으로 있다는 것은 현실적인 어떤 것이다. 생각한다는 사건 밖에 있는 무엇인가가 일어나고 있다고 하는 의견이기 때문에 충족돼 있지 않다는 것이다.

439 대체 어떤 점에서 사람들은 소원, 기대, 신념 등이 '충족되지 않고 있다'고 말할 수 있는가? 불충족(不充足)이라고 하는 것에 대한 우리의 원상(原像)은 어떠한 것인가? 그것은 공동(空洞)인가? 또 사람은 그와 같은 것에 대해서 이것은 충족되어 있지 않다고 말할 것인가? 그것은 또 은유(隱喩)는 아닐까? 우리가 불충족이라고 부르는 것은 어떤 느낌이 아닐까? 이를테면 공복(空腹)과 같은.

우리는 일정한 표현 체계 안에서는, 어떤 대상을 '충족하고 있다'거나 '충족하고 있지 않다'와 같은 말로 기술할 수가 있다. 만약에 우리가 텅 빈 실린더를 '불충족 실린더'라고 부르고 그것을 보충하는 충전(充塡) 실린더를 '그 충족'이라고 부르기로 결정하고 있다면.

440 '나는 사과가 먹고 싶다'고 말한다는 것은, 사과가 나의 불충족감을 가라앉혀 줄 것이다—라고 내가 믿고 있는 것이 아니다. 이 (뒤의) 명제는 소원의 표출이 아니라 불충족의 표출인 것이다.

441 우리는 본성상 일정한 훈련과 교육에 의해서, 일정한 상태하에서는 저절로 소원 표출을 하도록 조정되어 있다. [즉 그와 같은 '상태'가 소원이 아니다.] 자기의 소원이 충족되기에 앞서 자기가 무엇을 소원하는가를 알고 있는가의 여부를 묻는다는 것은, 이 게임 안에서는 전혀 일어날 수 없는 일이다. 그리고 어떤 사건이 나의 소원을 침묵시킨다고 하는 것은 그 사건이 해당 소원을 채운다는 것을 의미하지 않는다. 아마도 나는 나의 소원이 충족되었다고 해도 만족하지 않았을 것이다.
한편 또 '원한다'고 하는 말은 다음과 같이도 사용된다. '나는 나 스스로도 내가 무엇을 원하고 있는지 모른다.' ['왜냐하면 여러 가지 소원은 그 자체가 소원한 것을 우리로부터 감추고 있기 때문이다.']
'내가 무엇을 잡으려 하고 있는가, 나는 그것을 손에 넣기 전에 알고 있는가' 하고 사람들이 묻는다면 어떤가? 만약에 내가 이야기하는 것을 배웠다면 나는 그것을 알고 있다.

442 나는 어떤 사람이 총을 겨누고 있는 것을 보고, '나는 총소리를 기대하고 있다'고 말한다. 총소리가 들린다. 그것은 당신이 기대하고 있던 일인 것이다. 그러면 이 총성은 그 어떤 방식으로 이미 당신의 기대 속에 있었는가? 그렇지 않으면, 당신의 기대는 다른 점에서만 이 사건과 일치하는가? 이 소음은 당신의 기대 안에는 포함되어 있지 않고 기대가 충족되었을 때에는, 단순한 우발적인 사건으로서 부속된 것인가? 하지만 그렇지가 않다. 소음이 일어나지 않았더라면 나의 기대는 채워지지 않았을 것이다. 소음이 기대를 채운 것이지,

그것은 내가 기대하고 있던 한 사람의 손님에 두 번째 손님이 더해지는 것처럼 (기대의) 충족에 부가된 것은 아니다. 이 사건에서 기대 안에도 있지 않았던 것은 우연적인 것, 운명의 첨가였던가? 그렇다면 그때 무엇이 첨가물이 아니었던가? 이 발포 중의 무엇인가 어떤 일이 나의 기대 안에서 이미 일어나 있었던가? 그리고 도대체 무엇이 첨가물이었던가? 생각건대 나는 발포의 모든 것을 기대하고 있었던 것은 아닌가?

'총성은 나의 기대만큼 크지 않았다.' '그러면 당신의 기대 속에서는 더 큰 총성이 울리고 있었던가?'

443 '아무튼 당신이 상상하고 있는 빨강은 확실히 당신의 눈앞에 보고 있는 빨강과 같은 것이 아니다[같은 사물이 아니다]. 그렇다면 어떻게 해서 당신은 그것이 자기가 상상하고 있었던 것이라고 말할 수 있는가?' 하지만 그것은 '여기에 빨간 얼룩이 있다' '여기에 빨간 얼룩은 없다'라고 하는 명제들에서도 유사한 사태가 아닌가? 양쪽에 '빨강'이라는 말이 나타난다. 그러기 때문에 이 말은 빨간 것이 현존(現存)을 가리키고 있을 리가 없다.

444 사람들은 아마도 '나는 그가 온다는 것을 기대하고 있다'고 하는 문장 안의 '그가 온다'는 말을, '그가 온다'고 하는 주장과는 다른 뜻으로 사용하고 있다는 느낌을 가질 것이다. 그러나 만약에 그렇다고 한다면 나는 나의 기대가 충족되어 버린 데에 대해서 어떻게 말할 수 있을까? 만약에 내가 '그'와 '오고 있다'는 두 가지 말을, 예를 들어 직시적인 설명에 의해서 설명하려 하고 있다면 이들 말의 동일한 설명이 양쪽의 문장에 타당할 것이다.

그런데 지금 사람들은 그가 온다면 어떻게 보이는가 하고 물을 수가 있을 것이다. 문이 열리고 누군가가 들어온다 등. 내가 그가 오고 있다는 것을 기대하면 어떻게 보이는가? 나는 방 안 여기저기 오가며 때때로 시계를 본다 등. 그러나 이 한쪽 사건은 다른 쪽 사건과 조금도 비슷하지 않다! 그렇다면 어떻게 사람들은 같은 말을 각각의 기술에 사용할 수가 있는가? 하지만 나는 아마도 여기저기 오가며 '나는 그가 안으로 들어오는 것을 기대하고 있는 것이다'고 말할 것이다. 그러면 어떤 유사(類似)가 나타난다. 그러나 어떠한 종류의 유사인가?!

445 언어 안에서는 기대와 충족이 서로 접촉하고 있다.

446 '어떤 사건은 그것이 일어날 때와 일어나지 않을 때 서로 다르게 보인다'고 하는 것은 우스운 이야기일 것이다. 또 '빨간 얼룩은 그것이 거기에 있을 때와 그것이 없을 때는 다르게 보인다—그러나 언어는 이 차이를 도외시해 버리고 만다. 왜냐하면 언어는 빨간 얼룩에 대해서 그것이 거기에 있는가 없는가의 여부를 말하는 것이므로'라고 말하는 것도 우스운 이야기일 것이다.

447 이 느낌은 마치 부정명제(否定命題)가 어떤 명제를 부정하기 위해서는 우선 그것을 어떤 의미에서 참으로 하지 않으면 안 된다고 느끼는 것과 같다.
[부정명제의 주장은, 부정되는 명제를 포함하고 있지만 그 주장을 포함하고 있지는 않다.]

448 '내가, 나는 어젯밤 꿈을 꾸지 않았다고 말할 때, 나는 그 꿈을 어디에서 구하면 좋은지를 알아야 한다. 즉 '나는 꿈을 꾸었다'고 하는 문장은 현실 상황에 응용되었을 때 거짓일는지도 모르지만 난센스여서는 안 된다.' 그러니까 이것은 당신이 어쨌든 무엇인가를 감지했다는 것, 말하자면 꿈이 일어났을 것으로 여겨지는 장소를 당신에게 의식하게 하는 꿈의 암시를 감지했다는 것을 말하는 것인가?
또는 내가 '나는 팔에 아무런 아픔이 없다'고 말할 때, 이것은 아픔이 생겼을 것으로 여겨지는 장소를 암시하는 통감(痛感)의 그림자를 내가 느끼고 있다는 말인가?
현재 아픔이 없는 상태가 어느 정도 아픔의 가능성을 포함하고 있는가?
누군가가 '이 '아픔'이라고 하는 말이 뜻을 갖기 위해서는 아픔이 나타났을 때에 사람들이 아픔을 그와 같은 것으로서 인지하는 일이 꼭 필요하다'고 말한다면—'그와 같은 일은 사람들이 아픔이 없다는 것을 인지하는 것과 마찬가지로 필요치 않다'고 대답할 수가 있다.

449 '그러나 내가 아픔을 느낀다면 그걸 모를 수가 있는가?' 사람들은 문

장을 사용한다는 것이 말 하나하나로 무엇인가를 상상하는 데 있다는 생각에서 떠나지 못하고 있다.

사람들은 자기가 말로써 계산하고 조작하여, 그것을 때와 함께 이러저러한 영상 안으로 반입하고 있다고는 생각하지 않는다. 그것은 마치 누군가가 나에게 인도해야 할 암소를 예를 들어 문장으로 지정할 경우, 그 지정이 의의를 잃지 않기 위해서는 항상 암소의 상상을 동반하고 있지 않으면 안 된다고 믿고 있는 것과 마찬가지이다.

450 누군가가 어떻게 보이는가를 안다는 것, 그것을 상상할 수 있다는 것—다른 한편으로 또 그것을 모방할 수 있다는 것. 그것을 모방하기 위해서는 상상을 하고 있지 않으면 안 되는가? 그리고 그것을 모방한다는 것은 그것을 상상하는 것과 마찬가지로 확고한 일이 아닌가?

451 내가 누군가에게 '여기에 빨간 원을 상상해 보라!'고 하는 명령을 내리고—그러고 나서 동시에 명령을 이해한다고 하는 것은, 그것이 수행되었을 때 어떻게 되는가를 아는 일이며—어쩌면……(일 때) 그것이 어떻게 되는가를 상상할 수 있음을 뜻한다고 말한다면 어떤가?

452 나는 이렇게 말하고자 한다. '누군가가 기대(期待)라고 하는 정신적인 사건을 볼 수가 있다고 한다면, 그 사람은 무엇이 기대되는지를 틀림없이 볼 것이다'라고. 그러나 또 기대의 표현을 보고 있는 사람은 무엇이 기대되고 있는가도 본다. 그러면 사람들은 어떻게 해서 그 무엇인가를 다른 방식, 다른 뜻으로 볼 수가 있을까?

453 나의 기대를 지각하고 있는 사람은, 무엇이 기대되고 있는가를 직접 지각하고 있지 않으면 안 된다. 지각된 사건에서 그것을 추론(推論)하는 것이 아니다! 그러나 누군가가 기대를 지각하고 있다고 하는 것에는 아무런 의미도 없다. 그가 기대의 표현을 지각하고 있다는 것이 아니라고 한다면. 기대를 하고 있는 사람에 대해서 그는 기대를 하고 있다—고 말하는 대신에, 그는 기대를 지각하

고 있다고 말한다는 것은 표현을 터무니없이 왜곡하는 것이 될 것이다.

454 '모든 것은 이미 ……속에 있다.' 화살표 ⟫⟫⟶ 가 어떻게 해서 가리키게 되는가? 이것은 그 자체 외에 이미 무엇인가를 자신 안에 짊어지고 있는 것처럼 보이지 않는가? '그것은 죽은 선(線)이 아니다. 단지 심적인 것, 즉 의미만이 이것을 할 수 있는 것이다.' 이것은 진리이기도 하고 허위이기도 하다. 화살표가 가리키는 것은 살아 있는 존재자가 이것에 대해서 행하는 응용 안에 한정되어 있을 뿐이다.
이와 같은 지시는 영혼만이 수행할 수 있는 어떤 마술이 아니다.

455 '우리가 사물을 생각하고 있을 때, 거기에 있는 것은 [어떠한 종류건] 죽은 영상이 아니라 우리가 누군가를 향하여 가는 것과 같은 것이다'라고 우리는 말하고자 한다. 우리는 그 생각하는 것을 향하여 간다.

456 '사람이 사물을 생각할 때에는 그 사람 자신이 생각하는 것이다.' 이와 같이 사람들은 자기 자신이 움직인다. 사람들은 스스로 앞으로 돌진하고 그 때문에 그 전진을 동시에 관찰할 수가 없다. 도저히 할 수가 없다.

457 그렇다. 사물을 생각한다고 하는 것은 누군가를 향해서 가는 일과 같은 것이다.

458 '명령은 그 준수를 명하고 있다.' 그러면 명령은 그 준수를 그것이 거기에 나타나기 전에 이미 알고 있는가? 그러나 이것은 문법적인 명제였기 때문에 그것이 말하고 있는 것은 어떤 명령이 '이것저것을 하라!'라는 것이라면, 사람들은 '이러이러한 것을 한다'는 것을 명령의 준수라고 부른다는 것이다.

459 우리는 '명령은 이것을 명하고 있다—'고 말하고 그것을 행한다. 그러나 또 '명령은 이것을 명한다. 나는 ……해야 한다'고도 말한다. 우리는 명령을 어떤 때에는 명제로, 어떤 때에는 지시로, 어떤 때에는 행위로 번역한다.

460 어떤 행위의 정당성을 명령의 준수로 간주하고 다음과 같이 말할 수 있을까? '당신은 '노란 꽃을 가지고 오라'고 말했다. 그 결과 여기에 있는 이 꽃이 나에게 만족감을 주었다. 그 때문에 나는 그것을 가지고 온 것이다'라고. 사람들은 거기에서 이렇게 대답해야 하지 않을까? '하지만 나는 나의 말이 원인이 되어, 당신에게 그와 같은 느낌을 주는 꽃을 가져오도록 당신에게 말할 의도는 없었다'고.

461 명령은 어느 정도 그 수행을 예견하는가? 후에 수행되는 이것을, 지금 명령하는 것으로 예견하고 있을까? 그러나 그것은 '후에 수행되든가, 또는 아직 수행되지 않은 것'이지 않으면 안 될 것이다. 그리고 명령은 아무것도 말하고 있지 않은 것이다.

'그러나 비록 나의 소원이 생길 것이라고 여겨지는 사태를 결정하지 않는다 해도, 그것은 말하자면 한 가지 사실의 주제를 즉 그 사실이 나의 소원을 채우는가의 여부를 결정한다.' 우리가 놀라는 것은—말하자면—어떤 사람이 미래를 알고 있다는 것이 아니라, 그 사람이 애당초 예언을 할 수 있다는 [옳든 그르든 간에] 것이다.

마치 단순한 예언이 옳건 그르건 상관없이 이미 미래의 그림자를 선취(先取)하고 있는 것 같지만, 다른 한편으로 그것은 미래에 대해서 아무것도 모르고 무엇인가를 알 수 있는 처지도 아닌 것이다.

462 나는 그가 거기에 없을 때 그를 찾을 수가 있지만 그가 거기에 없을 때 그를 교수형에 처할 수는 없다.

사람들은 이렇게 말하고 싶어질지도 모른다. '하지만 내가 그를 찾고 있을 때에는 그는 좌우간 어디엔가 있어야 한다'고. 그때에는 내가 그를 만나지 않는다 해도, 또는 그가 전혀 존재하지 않는다 해도, 그가 어디엔가 있어야 한다.

463 '당신은 그를 찾고 있었던가? 그가 거기에 있는지의 여부를 당신은 알 수가 없었을 텐데!' 그러나 이 문제는 실제로 수학의 탐구 때에 생기게 된다. 사람들은 예를 들어 어떻게 해서 각의 3등분을 구하는 것이 가능했었는가 하

는 물음을 세울 수가 있는 것이다.

464 내가 가르치고 싶은 것은 명백히 드러나지 않는 난센스에서 명백히 드러난 난센스로 옮아가는 것이다.

465 '기대라고 하는 것은 어떤 일이 일어나도 그것과 일치하든가 일치하지 않든가 그 어느 쪽이어야 한다―는 식으로 이루어지고 있다.'
그래서 이제 누군가, 사실은 기대에 의해서 예와 아니오로 결정되어 있는가, 아니면 그렇게 되어 있지 않은가―즉 어떠한 뜻에서 기대가 어떤 사건―어떤 사건이 발생하든 간에―에 의한 응답이 (이미) 결정되어 있는가 하고 묻는다면, 사람들은 이렇게 대답하지 않으면 안 된다. '맞다. 기대의 표현이 결정되어 있지 않거나, 그 표현이 예를 들어 여러 가지 가능성의 선언(選言)을 포함하고 있지 않는다면' 하고.

466 무엇 때문에 사람은 생각하는가? 무엇 때문에 그것은 유용한가? 무엇 때문에 사람은 증기관(蒸氣罐)을 계산하고 그 벽의 강도를 우연에 맡기지 않는가? 어쨌든 그와 같이 해서 계산된 작은 기관(汽罐)이 그다지 폭발하지 않는 것은 경험적 사실이다! 그러나 인간은 이전에 화상을 입힌 불 속으로 손을 들이미는 정도라면 무엇이라도 할 것이라고 여겨지는 것처럼, 기관의 계산을 하지 않을 정도라면 오히려 무엇이든지 할 것이다. 그러나 우리는 원인에 관심이 있는 것이 아니므로―우리는 이렇게 말할 것이다. 인간은 실제로 생각하고 있는 것이다, 인간은 증기관을 건조할 때에는 예를 들어 이와 같은 방식으로 해야 한다고. 그렇다면 그와 같이 해서 생겨난 기관은 폭발 같은 건 하지 않는가? 어림없는 소리이다.

467 그러면 사람들이 생각하는 것은, 생각하는 것의 실효가 입증되었기 때문인가? 생각하는 일에 이익이 있다고 생각하기 때문인가? [인간이 자녀를 교육하는 것은 생각하는 데에 실효(實效)가 있기 때문인가?]

468 왜 인간은 생각하는가를 어떻게 해서 밝히면 좋을까?

469 그럼에도 불구하고 생각하는 것에 실효가 있었다고 사람들은 말할 수가 있다. 벽(壁)의 강도(强度)라는 것이 더 이상 느낌에 따라 결정될 수 없고, 이러이러한 방법으로 계산되게 된 이래, 이전보다도 현재 쪽이 기관의 폭발이 적다고. 또는 한 사람의 기사(技師)의 계산을 각각 두 번째 기사로 하여금 검사하게 한 이래 그것이 적어졌다고.

470 따라서 인간은 생각하는 것의 실효가 입증되었기 때문에 가끔 생각하는 것이다.

471 '왜'라는 물음을 삼갈 때 우리는 종종 중요한 여러 사실을 알아차리게 된다. 그때 그것들은 우리의 탐구 안에서 하나의 해답으로 통하는 것이다.

472 사건의 동형성(同型性)에 대한 신념의 본성은, 우리가 기대된 사물에 두려움을 느끼고 있는 경우에 아마도 가장 명백하게 된다. 그 어떤 것도 나를 움직여서 손을 불길 속으로 넣게 할 수는 없을 것이다. 비록 내가 단지 지나간 날에 화상을 입은 데에 지나지 않았다 해도.

473 불이 나에게 화상을 입힐 것이라고 하는 신념은, 그것이 나에게 화상을 입힐 것이라고 하는 두려움과 같은 종류의 것이다.

474 내가 손을 넣으면 화상을 입을 것이다―이것은 확실하다.
즉, 확실성이 의미하고 있는 것을 우리는 여기에서 보고 있는 것이다. ['확실'이라고 하는 말이 의미하고 있는 것뿐만 아니라 확실성에 대한 중용한 일도.]

475 어떤 가정(假定)의 근거에 대해 물음을 받으면 사람들은 그 근거를 생각해 내려고 한다. 이 경우에 일어나는 일은, 어떤 사건의 원인이 무엇이었을까 하고 생각에 잠겼을 때 일어나는 일과 동일한 것인가?

476 두려움의 대상과 두려움의 원인은 구별되어야 한다.

따라서 우리에게 두려움이나 황홀을 일으키는 외모[두려움, 황홀의 대상]는, 그것만으로는 이것들의 원인이 아니라 그것들이 향한 것이다—라고 사람들은 말할 수가 있을 것이다.

477 '왜 당신은 뜨거운 아궁이의 철판에서 화상을 입을 것이라고 생각하는 가—당신은 이 신념에 대한 근거가 있는가? 또 근거가 필요한가?

478 자기의 손가락이 책상에 닿으면 저항을 느낄 것이다—라는 것을 가정할 수 있는가? 어떠한 종류의 근거가 있는가? 이 연필, 고통을 일으키지 않고서는 나의 손에 꽂히지 않을 것이라고 믿기 위해 어떠한 종류의 근거가 필요한가?—내가 이렇게 물으면 수백 가지 근거가 후보에 오르는데, 이들은 서로 상대방으로 하여금 발언하게 하려고는 하지 않는다. '어쨌든 나는 그것을 셀 수 없을 정도로 경험해 왔고, 또 마찬가지 정도로 자주 이와 비슷한 경험을 들어온 것이다. 만약에 그것이 그대로가 아니었다면, ……이 될 것이다, 등'이라고.

479 '어떠한 근거에서 당신은 그것을 믿는가'라고 하는 물음은, '어떠한 근거에서 당신은 그것을 지금 도출하고 있는가[그것을 지금 도출하였는가]'라는 것을 의미할 수 있을 것이다. 그러나 또 '이 가정에 대해서 당신은 나에게 후에 어떤 근거들을 제시할 수가 있는가'라고 하는 것도.

480 그러기 때문에 사람들은 어떤 의견에 대한 '근거'라는 점에서, 실제로는 누군가가 그 의견에 도달하기에 앞서서 스스로 예고해 두었던 것만을 양해할 수가 있을 것이다. (예를 들어) 그 사람이 실제로 행한 계산이다. 그러나 왜 이전의 경험이 후에 이러이러한 일이 생길 것이라고 하는 가정의 근거가 될 수 있는가—하고 지금 물었다고 한다면—그 대답은 이러한 가정에 대한 근거에 대해서, 우리는 도대체 어떠한 일반 개념을 가지고 있는가 하는 것이다. 과거에 관한 이런 종류의 진술을 우리는 바로 장차 그것이 일어날 것이라고 하는 가정의 근거라고 부르는 것이다. 그리고 우리가 그와 같은 게임을 하고 있는 것

을 미심쩍게 생각하는 사람이 있을 때에는, 나는 어떤 과거의 경험의 효과를 [화상을 입은 아이는 불을 무서워한다는 것을] 예로 드는 것이다.

481 과거에 관한 진술에 따라서는 장차 무엇인가가 일어나는 일에 확신을 가질 수가 없다―고 말하는 사람을 나는 이해하지 못할 것이다. 사람들은 그와 같은 사람들에게 이와 같이 물을 수가 있을 것이다. 도대체 당신은 어떠한 것을 듣고 싶은가, 도대체 당신은 어떠한 일을 '확신'이라고 부르는가, 어떠한 종류의 확신을 당신은 기대하고 있는가―만약에 이것이 근거가 아니라면 도대체 어떠한 것이 근거인가, 라고. 그것이 근거가 아니라고 말한다면 우리의 가정에는 실제로 근거가 있다고 우리가 정당하게 말할 수 있는 경우가 어떠한 것이어야 하는가를 당신은 말할 수 있어야 한다.

주의하라. 근거란 여기에서는 믿고 있는 일이 그것으로부터 논리적으로 도출되어 나올 수 있는 명제는 아닌 것이다.

단, 믿기 위해서는 알기 위해 필요한 것보다도 적은 것밖에 필요하지 않다고 말할 수는 없다. 왜냐하면 여기에서 문제가 되어 있는 것은 논리적인 추론으로 접근하는 일이 아니기 때문이다.

482 '이 근거는 좋다, 왜냐하면 사건의 발생을 확실하게 하기 때문에'라고 하는 표현 방식에 의해서 우리는 현혹되고 만다. 여기에서는 우리가 근거에 대해서 그것을 근거로 하여 정당화하고 있는 것 이상의 무엇인가를 언명한 것 같으면서도, 다른 한편으로는 이 근거가 (사건의) 발생을 확실하게 하는 명제에 따라서는 이 근거가 좋은 근거의 일정한 척도에 상응하고 있는 것 외에 아무것도 없다. 그런데 척도는 근거가 부여되고 있지 않은 것이다!

483 좋은 근거란 그와 같이 보이는 근거를 말한다.

484 '그것이 좋은 근거인 것은 오로지 그 사건의 발생을 실제로 분명한 것으로 만들기 때문이다'라고 사람들은 말하고 싶어 한다. 바꾸어 말하자면 그것이 실제로 사건에 영향을 주기 때문에, 그러니까 말하자면 경험적으로 영향

을 주기 때문에, 라고.

485 경험에 의한 정당화는 끝이 있다. 만일 끝이 없으면 정당화가 아닐 것이다.

486 저기에 의자가 있다고 하는 것은 내가 느끼고 있는 감각 인상으로부터 나오는가? 명제가 도대체 어떻게 해서 감각 인상으로부터 도출되는가? 그렇다면 그것은 감각 인상을 기술하고 있는 명제로부터 도출되는가? 아니다. 그러나 나는 그 인상으로부터, 감각소여(感覺所與)로부터 의자가 거기에 있다고 추론하는 것이 아닌가? 나는 추론 같은 건 하지 않고 있다! 하지만 때로는 한다. 나는 예를 들어 사진을 보고, '따라서 거기에는 의자가 있었음에 틀림없다'라거나, 또 '거기에 보이고 있는 것으로부터 나는 의자가 거기에 있다고 추론한다'라고 말한다. 이것은 추론이지만 논리학의 추론이 아니다. 추론이란 주장에 대한 이행이므로, 따라서 또 주장에 대응하고 있는 행동에의 이행이기도 하다. '내가 결론을 끌어내는' 것은, 언어상으로서뿐만 아니라 행위상으로도 그러한 것이다.

내가 이들 결론을 끌어내는 것은 정당한 일이었는가? 어떠한 것을 사람들은 여기에서 정당한 것이라고 부르는가? '정당'이라고 하는 말이 어떻게 사용되고 있는가? 언어 게임을 기술해 보라! 그것들로부터 정당해야 한다는 중요성 또한 알게 될 것이다.

487 '나는 방에서 나간다. 당신이 그렇게 하라고 명령하니까.'
'나는 방을 나가지만, 당신이 그것을 명령하기 때문이 아니다.'
이 명제는 나의 행위와 그의 명령과의 관련을 기술하고 있는가, 또는 이것은 그와 같은 관련을 만들어내고 있는가?
'이것 때문에 그것을 한다거나, 이것을 위해 그것을 하는 것이 아님을 당신은 무엇으로 아는가' 하고 사람들은 물을 수가 있다. 그리고 그 대답은 설마 '나는 그렇게 느낀다'인가?

488 그것이 그렇게 되어 있는지 어떤지, 나는 어떻게 해서 판단하는가? 정황증거(情況證據)에 의해서인가?

489 어떠한 기회에 어떠한 목적을 위해서 우리는 그렇게 말하는가를 자문해 보라.
어떠한 행위 방식이 이들 말에 수반하는가? [인사에 대해서 생각하라!] 어떠한 장면에서 그것들이 사용되는가? 또 무엇 때문에?

490 이 사고 과정이 나를 이 행위로 이끌었는가를 나는 어떻게 아는가? 그러나 이것은 특정한 영상인 것으로 예를 들어 실험적인 탐구에서는 계산을 통해서 그 이외의 실험으로 인도된다. 그것은 그와 같이 보인다―그리고 이제 나는 한 예를 기술할 수가 있을 것이다.

491 '언어 없이 우리는 서로 의사소통을 할 수가 없을 것이다'라고 말하는 것이 아니라―분명히 언어 없이 우리는 다른 사람에게 이러이러한 방식으로 영향을 미칠 수가 없다고 하는 것. 도로나 기계를 만들 수가 없다고 하는 것. 그리고 또 말하는 것이나 쓰는 일 없이 인간은 의사소통을 할 수 없을 것이라고 하는 것.

492 한 언어를 발명한다고 하는 것은 자연법칙에 입각해서 [또는 자연법칙과 일치하도록] 일정한 목적을 위한 장치를 발명한다는 것―이라고 말할 수가 있을 것이다. 그러나 그것은 또한 우리가 하나의 게임의 발명에 대해서 이야기할 때에 유비(類比)되는 것 같은 다른 의미를 가지고 있다.
여기에서 나는 '언어'라는 말의 문법에 대해서 무엇인가를 발언하고 있는 것이며, 그때 그 문법을 '발명한다'고 하는 말의 문법과 결부시키고 있는 것이다.

493 '수탉은 암탉을 울음소리로 유인한다'고 사람들은 말한다―그러나 그 밑바닥에는 이미 우리의 언어와의 비교가 가로놓여 있지 않은가? 그 어떤 물리적인 작용에 의해서 울음소리가 암탉으로 하여금 운동을 하게 하는 것이라

고 상상해 보면 그 모습은 완전히 바뀌지 않을까?

　그러나 '나에게로 오라!'고 하는 말이 어떠한 방식으로 그 말을 들은 사람에게 작용하는가가 제시되고, 그 결과 최종적으로는 어떤 조건하에서 그 사람의 다리 근육의 신경에 자극이 전달되어…… 등등이었다고 한다면, 앞의 문장은 그것으로 우리 문장의 성격을 잃게 될까?

　494 나는 말하고 싶다. 우리의 통상적인 말, 우리가 낱말 언어로서 준비하는 것은 무엇보다도 먼저 우리가 '언어'라고 부르고 있는 것이며, 이어 그것과의 비교, 또는 언어와의 비교에 따라서 별개의 것이 되는 것이라고.

　495 어떤 사람[또는 동물]이 어떤 기호에 대해서는 내가 바라는 대로 반응하고, 다른 기호에 대해서는 그렇게 하지 않는다는 것을 분명히 나는 경험에 의해서 확인할 수가 있다. 예를 들어 어떤 사람은 '→'라는 기호에 대해서는 오른쪽으로, '←'라는 기호에 대해서는 왼쪽으로 나아가지만, '○─┤'라는 기호에 대해서는 '←'와 같은 기호처럼은 반응하지 않는다는 것을 확인할 수 있다.

　그렇다, 나는 그 어떤 사태도 공상할 필요가 없는 것으로, 독일어밖에 배우지 않은 사람은 독일어에 의해서밖에 통제할 수 없다고 하는 현실의 경우만을 고찰하고 있으면 되는 것이다. [왜냐하면 독일어의 학습이라고 하는 것을, 나는 이제 어떤 종류의 영향에 대한 메커니즘의 조정이라고 생각하고 있기 때문이며, 또 다른 사람이 언어를 배웠는지 어떤지 또는 어쩌면 타고나면서 독일어 문장에 대해서 독일어를 배운 보통 사람처럼 반응하도록 만들어져 있는지 어떤지 등과 같은 일은, 우리에게는 어떻게 되든 상관없는 일일 수 있기 때문이다.]

　496 언어가 그 목적을 다하여 이러이러한 방식으로 인간에게 작용을 하기 위해서는, 어떻게 만들어져 있지 않으면 안 되는가에 대해서 문법은 아무 말도 하지 않는다. 문법은 기호의 관용을 기술할 뿐 그 어떤 방식으로도 이것을 설명하지 않는다.

497 사람들은 문법의 여러 규칙을 '자의적(恣意的)'이라고 부를 수가 있다. 만약 그것에 의해서 문법의 목적은 바로 언어의 목적이라고 일컬어지고 있는 것이라고 한다면.

만약에 누군가가 '우리의 언어에 이 문법이 없었다고 한다면, 이와 같은 사실을 표현할 수가 없었을 것이다'라고 말하려고 한다면─사람들은 이 경우의 '할 수 있다'고 하는 말이 무엇을 의미하는가를 물을 것이다.

498 '나에게 설탕을 가져다줘!' 또는 '나에게 우유를 가져다줘!'와 같은 명령에는 뜻이 있지만, '나에게 설탕을 우유'와 같은 조합에는 뜻이 없다고 내가 말해도, 이러한 낱말 결합의 발언이 그 어떤 효과도 발휘하지 않는다는 것을 말하는 것은 아니다. 그리고 지금 그것이 효과를 발휘하여 다른 사람이 나를 물끄러미 바라보고 입을 멍하니 벌린다 해도, 나는 이것을 '나를 물끄러미 바라보아라' 등의 명령이라고는 말하지 않는다. 비록 내가 바로 이러한 효과를 낳게 하려 했다 해도.

499 '이러한 낱말의 결합에는 아무런 뜻이 없다'고 말하는 것은, 그것을 언어의 범위에서 몰아내어 그렇게 함으로써 언어의 영역을 한정하는 일이다. 그러나 사람이 어떤 경계선을 그을 때, 여기에는 여러 가지 종류의 근거가 있을 수 있다. 내가 어떤 장소를 울타리나 선, 기타의 방법으로 둘러쌀 때, 거기에는 누구는 들어오게 하고 누구는 들어오면 안 된다는 목적이 있을 수 있다. 그러나 그것은 또 어떤 게임의 일부일 수가 있는 것으로 그 경계가 이를테면 경기자가 뛰어넘어야 하는 것일 수도 있다. 또, 한 사람의 소유(所有)가 어디에서 끝나고, 다른 인간의 소유가 어디에서 시작되는가를 나타내는 경우도 있다, 등. 그러므로 내가 경계선을 긋는다 해도 그것에 의해서 내가 무엇 때문에 그렇게 하는가, 아직 말하게 되지는 않는다.

500 어떤 명제는 의의가 없다─는 말을 들어도, 말하자면 그 의의가 무의의한 것은 아니다. 오히려 어떤 말의 경합이 언어로부터 차단되어 있으며 교신으로부터 제외되어 있는 것이다.

501 '언어의 목적은 사상을 표현하는 일이다'—라고 한다면, 분명히 사상을 표현하는 일이 각 명제의 목적이다. 그러면 예를 들어 '비가 오고 있다'고 하는 명제는 어떠한 사상을 표현하고 있는가?

502 의의(意義)에 대한 물음. 비교하라.
'이 문장에는 의의가 있다.'—'어떠한 의의?'
'이 낱말열은 문장이다.'—'어떠한 문장?'

503 누군가에게 명령을 줄 때 나로서는 그 사람에게 기호를 주는 것만으로 충분하다. 그리고 나는 그것이 단순한 말에 지나지 않고, 나는 그 말의 배후로 들어가지 않으면 안 된다고는 결코 말하지 않을 것이다. 마찬가지로 내가 누군가에게 무엇인가를 물었다고 하고 그 사람이 어떤 답을 [즉, 기호를] 나에게 준다면 나는 그것으로 만족하며—그것이야말로 내가 기대하고 있던 것이며—그것이 단순한 대답에 지나지 않는다는 등으로 항의하지 않을 것이다.

504 그러나 만약에 사람들이 '그가 무엇을 뜻하는지 내가 어떻게 해서 알 수 있을까, 나는 그의 기호만을 보고 있는 것이다'라고 말한다면 나는 이렇게 말할 것이다. '그가 자신이 무엇을 뜻하는지 어떻게 해서 아는가, 그도 역시 기호만을 보고 있는 것이다'라고.

505 나는 명령에 따라 행동할 수 있기 전에 이해하고 있지 않으면 안 되는가? 분명히! 그렇지 않으면 당신은 자기가 무엇을 하면 좋을지 모를 것이다. 그러나 안다는 것에서 행하는 일로 다시 비약이 있다!

506 '우향우!'라는 명령을 듣고 왼쪽으로 방향을 바꾸었다가 머리를 싸매고 '아 참, 우향우지'라고 말하고 우향우를 하는 멍한 사나이—이 사나이의 머릿속에는 무엇이 떠올랐을까? 하나의 해석인가?

507 '나는 그렇게 말하고 있는 것만이 아니다. 그것으로 또 무엇인가를 뜻

하고 있는 것이다.'—우리가 말을 의미하고 있는 [단지 말하고 있을 뿐이 아닌] 경우에, 우리의 내부에서 무엇이 일어나고 있는가를 사람들이 곰곰이 생각하고 있을 때, 우리에게는 무엇인가가 그 말과 연결되어 있는 것으로, 그렇지 않으면 그 말이 공전(空轉)하고 있는 것이라고 여겨지고 만다. 말하자면 그 말이 우리에게 파고드는 것처럼.

508 내가 '날씨가 좋다'고 하는 하나의 문장을 말한다. 그런데 말은 자의적인 기호이다—그러기 때문에 그 대신에 'abc'로 바꾸어놓아 보자. 그러나 지금 내가 이것을 볼 때 이것과 위의 뜻을 대수롭지 않게 결합할 수 있는 것은 아니다. 나는 '날씨' 대신에 'a', '가' 대신에 'b' 등으로 말하는 데에 익숙해 있지 않다고 말할 수가 있다. 그러나 이것으로 내가 뜻하고 있는 것은 내가 'a'에 의해서 바로 '날씨'라는 말을 연상하는 데에 익숙하지 않은 것이 아니라 'a'를 '날씨' 대신에 사용하는—그러기 때문에 '날씨'의 뜻으로 사용하는—데에 익숙하지 않다는 것이다. [나는 이와 같은 언어에 통달하고 있지 않은 것이다.]

[나는 온도를 화씨로 재는 데에 익숙해 있지 않다. 따라서 그와 같은 온도 표현은 나에게 아무것도 '말해'주지 않는다.]

509 우리가 누군가에게 '어떤 점에서 이 말이 당신이 보고 있는 것의 기호가 되어 있는가'라고 묻고—그가 '나는 그것을 이와 같은 말로 의미하고 있는 것이다'라고 대답했다면 어떤가? [그는 예를 들어 어떤 풍경을 보고 있었다.] 왜 '나는 그것을 ⋯⋯의 뜻으로 보고 있다'라는 이 대답은 전혀 아무런 대답도 되지 않은가?

눈앞에 보고 있는 것을 사람들은 어떻게 말로 의미를 나타내는가? 내가 'abc'라고 말하고 그것으로 '날씨가 좋다'는 것을 의미하고 있다고 생각해 보라. 즉 나는 이들 기호를 발성할 때 줄곧 '날씨'라는 뜻으로 'a'를, '가'의 뜻으로 'b'를—하는 식으로 사용해 온 사람만이 정상적인 경우에 가지게 되는 체험을 하는 것이다. 이때 'abc'는 날씨가 좋다고 말하고 있는가?

내가 이 체험을 하고 있다는 기준은 어떠한 것이어야 하는가?

510 다음과 같은 일을 시도해 보라. '여기는 춥다'고 말하고 '여기는 따뜻하다'고 생각하라. 당신은 그와 같은 일을 할 수가 있는가? 그렇다면 그때 당신은 무엇을 하고 있는가? 그리고 그것을 하는 데에 단 한 가지 방법밖에 없는가?

511 '어떤 진술에는 의의가 없다는 것을 발견한다'라는 말은 도대체 어떠한 뜻일까? 그리고 '그것으로 내가 무엇인가를 뜻하고 있다면 어쨌든 거기에는 뜻이 있어야 한다'라고 하는 것은 무슨 말인가? 그것에 의해서 내가 무엇인가를 뜻하고 있다면? 그것으로 무엇을 의미하고 있다면? 뜻이 있는 명제란 사람들이 그것을 표현할 뿐만 아니라 생각할 수도 있다는 것이다—라고 사람들은 말하고자 한다.

512 '낱말 언어는 난센스한 말의 편성을 허용하지만, 표상 언어(表象言語)는 난센스한 표상을 허용하지 않는다'고 말할 수 있는 것처럼 보인다. 그렇다면 도안 언어(圖案言語)도 난센스한 도안을 허용하지 않는가? 물체가 그것에 의해서 모양을 갖추도록 되어 있는 도안들이 있었다고 생각하자. 그때 몇 가지 도안에는 의의가 있고 몇 가지 것에는 없다.—내가 난센스한 말의 편성을 상상한다고 하면 어떤가?

513 다음과 같은 표현 형식을 고찰하라. '나의 책에는 $x^3+2x-3=0$이라는 방정식의 한 해답의 값과 같은 만큼의 페이지가 있다.' 또는 '나의 친구의 수는 n인이며 $n^2+2n+2=0$이다.' 이 명제에 의의(意義)가 있는가? 그것은 직접 인정되지 않는다. 사람들은 이 예에서, 어떤 것이 우리가 이해하고 있는 명제처럼 보이면서도 여전히 의의가 생기지 않는다고—하는 일이 어떻게 일어나는가를 본다.
　　[이것은 '이해한다' 및 '의미한다'라는 개념에 광명을 던진다.]

514 어떤 철학자는 말한다. 자기는 '내가 여기에 있다'고 하는 명제를 이해하며, 그것에 의해서 무엇인가를 생각하고 무엇인가를 고찰한다—비록 이 명제가 어떻게 어떠한 상황에 처해서 적용되는가를 자기가 전혀 생각해 내지 못

한다—고 하더라도. 그러면 만약에 내가 '장미는 어둠 속에서도 빨갛다'고 말하면, 당신은 이 장미를 어둠 속에서 바로 눈앞에 보는 것이다.

515 어둠 속에 있는 장미에 대한 두 가지 영상. 그 하나는 새까맣다. 장미가 보이지 않으니까. 한편 아주 상세하게 그려져 있고 어둠에 둘러싸여 있다. 이들의 한쪽은 옳고 다른 한쪽은 잘못되어 있는가? 우리는 어둠 속의 흰 장미, 어둠 속의 빨간 장미에 대해서 이야기하지 않는가? 그럼에도 불구하고 우리는 양자는 어둠 속에서는 구별할 수 없다고 말하지 않는가?

516 '7777이라고 하는 수 계열이 π의 전개 중에 생기는가'라는 물음이 무엇을 의미하는가를 우리가 이해하고 있는 것은 분명해 보인다. 이것은 독일어 문장이며 사람들은 415(인 수 계열)가 π의 전개 중에 생긴다고 하는 것, 또는 이와 유사한 일이 어떤 것인가를 제시할 수가 있다. 그러면 이와 같은 설명이 미치는 한 사람들은 위의 물음을 이해하고 있다고 말할 수 있다.

517 어떤 물음을 이해하고 있다는 점에서 우리가 잘못을 저지르는 일은 있을 수 없는가—하는 문제가 생긴다.
왜냐하면 많은 수학적 증명은 자기들이 상상할 수 있다고 믿고 있는 것을, 우리는 상상할 수가 없다고까지 말하게 되기 때문이다. [예를 들어 칠각형의 구성.] 그것은 우리에게는 상상 가능한 것의 영역이라고 여겨진 것을 우리로 하여금 재점검하게 한다.

518 소크라테스가 테아이테토스에게 말한다. '그런데 무릇 사고를 하는 자는 무엇인가를 상상하고 있는 것이 아닌가?' 테아이테토스 : '그것은 그렇지 않으면 안 됩니다.' 소크라테스 : '그리고 무엇인가를 생각하는 사람은 무엇인가 실제로 있는 것을 생각하고 있는 것이 아닌가?' 테아이테토스 : '그렇게 보입니다.'
그러면 그림을 그리고 있는 사람은 무엇인가를 그리고 있는 것이 아닌가— 그리고 무엇인가를 그리고 있는 사람은 무엇인가 실제로 있는 것을 그리고 있는 것이 아닌가? 그대로이지만 무엇이 그려지고 있는 대상인가? [예를 들어] 인물의 영상인가? 그렇지 않으면 그 영상을 그려내고 있는 인물인가?

519 사람들은 말하고 싶어 한다. 명령이란 그것에 입각해서 수행된 행위의 영상이라고. 그러나 또 그것에 입각해서 수행되어야 할 행위의 영상이라고도.

520 '사람들이 명제를 가능한 사태의 영상이라고 파악하여 명제는 사태의 가능성을 제시하고 있다고 말한다면, 명제가 할 수 있는 일은 기껏해야 그려진 화상(畫像), 조각상, 또는 영화가 하고 있는 것과 같은 일이다. 따라서 명제는 실정(實情)이 아닌 것을 제시할 수가 없다. 그러면 [논리적으로] 가능하다고 일컬어지는 것과 그렇지 않은 것—즉, 바로 문법이 허용하는 것—은 전적으로 우리의 문법에 의존하고 있는가?' 하지만 그것은 자의적인 일이다! 그것은 자의적인 일인가? 개개의 명제와 같은 영상에 의해서 우리가 어떻게 하면 좋은가를 아는 것도 아니고, 기술 하나하나가 우리 생활 안에 적용되는 것도 아니다. 그리고 만약에 우리가 철학 속에서 무엇인가 전혀 무익한 것을 명제 안에 포함하고 싶어진다면, 그것은 우리가 명제문(命題文)의 응용을 얼마쯤이라도 생각하지 않았기 때문이다.

521 '논리적으로 가능'하다는 것과 '화학적으로 가능'하다는 것을 비교하라. 사람들은 아마도 올바른 원자가(原子價)를 가진 구조식[예를 들어 H—O—O—O—H]이 존재하는 것과 같은 결합을, 화학적으로 가능하다고 할 수가 있을 것이다. 물론 이와 같은 경합이 존재할 필요는 없다. 그러나 또 HO라고 하는 식에는, 현실 안에서는 그 어떤 결합도 대응할 수 있는 까닭이 없는 것이다.

522 우리가 명제를 영상과 비교할 때에는 초상[역사적 재현]과 비교하는가, 그렇지 않으면 풍속화(風俗畫)와 비교하는가를 고려하지 않으면 안 된다. 그리고 양쪽의 비교에 의의가 있다.
내가 어떤 풍속화를 보고 있을 때, 비록 자신이 거기에서 보고 있는 인물이 실제로 있다거나, 실재 인물이 이 상황 안에서 존재하고 있다는 것을 한 순간도 믿지[상상하지] 않는다고 해도, 그것은 나에게 무엇인가를 '말해주고 있다.' 그렇다면 내가 '도대체 그것은 나에게 무엇을 말하고 있는가'라고 물었다면 어떤가?

523 '이 영상은 나에게 그 자체를 말해주고 있다'—고 나는 말하고 싶다. 즉, 그것이 나에게 무엇인가를 말해주고 있다는 것은 그 고유의 구조, 그 형태나 색채 안에 그것이 성립되어 있다는 것이다. [사람들이 '이 음악의 테마는 나에게 그 자체를 말해주고 있다'고 말할 때 그것은 무슨 뜻인가?]

524 화상(畫像)이나 꿈 이야기가 우리에게 기쁨을 주고 우리의 마음을 빼앗는 것을 자명한 일이라고 생각하지 말고 주목할 일이라고 생각하라.
[그것을 자명한 일이라고 생각하지 마라'—이것은 당신을 불안하게 하는 다른 사물에 놀라는 것처럼 그것에 놀라는 것이다. 그때 문제가 되는 일은 당신이 그 사실을 다른 사실처럼 받아들임으로써 소멸할 것이다.]
[공공연한 난센스에서 공공연하지 않은 난센스로 옮아간다는 것.]

525 '그는 그렇게 말하고 나서 어제처럼 그녀 곁을 떠났다.' 나는 이 문장을 이해하고 있는가? 나는 이것을 하나의 보고 경과에서 들을 때, 그렇게 하는 것과 마찬가지로 이해하고 있는가? 이 문장이 거기에서 고립되어 있다면, 나는 그것이 무엇을 다루고 있는가를 모른다고 말할 것이다. 하지만 나는 사람들이 이 문장을 어떻게 사용할 수 있는가는 알고 있을 것이다. 나는 스스로 이 문장의 맥락을 발명할 수가 있을 것이다. [잘 알려진 다수의 오솔길이, 이들 말로부터 모든 방향으로 통하고 있다.]

526 한 폭의 그림, 한 장의 소묘를 이해한다는 것은 무엇을 뜻하는가? 여기에도 또한 이해와 몰이해가 존재한다. 그리고 여기에서도 또 이러한 표현이 여러 가지 것을 의미할 수 있다. 그림은 조용한 생활(정물)과 같은 것이지만 나는 그 일부분은 이해하지 못한다. 즉, 거기에서 물체를 볼 수 없고 그림 위의 색채 무늬밖에 보고 있지 않다. 또 나는 모든 것을 입체적으로 보고 있지만 내

가 모르는 대상이 있다[이들은 기구(器具)처럼 보이지만 나는 이들의 용법을 모르는 것이다]. 그러나 아마도 나는 이들 대상을 알고 있지만 다른 뜻에서— 이들의 배치를 이해하고 있지 않은 것이다.

527 언어의 명제를 이해한다고 하는 것은 사람이 생각하는 이상으로 음악에서의 테마의 이해와 비슷하다. 그러나 내가 말하고 싶은 것은 언어상의 문장을 이해한다는 것이, 사람들이 생각하는 이상으로 음악의 테마라고 보통 일컬어지고 있는 것에 근접하고 있다는 점이다. 왜 강약이나 박자가 바로 이 악보 안에서 변동해야 하는가? 사람들은 '이들 모든 것이 어떠한 일인지 나는 알고 있으니까' 하고 말하고자 한다. 그러나 그것은 무슨 말인가? 나는 그것을 어떻게 말해야 좋을지 알지 못할 것이다. '설명'을 위해 나는 그것과 같은 리듬[즉 같은 악보]을 가진 무엇인가와 비교할 수 있을 것이다. [사람들은 말한다. '그것도 몰라? 그것은 어떤 결론이 도출되어 있는 것과 같은 것이다'라고. 또는 '그것은 말하자면 삽입구인 것이다' 등. 사람들은 이와 같은 비교에 어떻게 근거를 부여하는가? 매우 다양한 근거 부여가 존재하는 것이다.]

528 사람들은 어떤 언어와 전혀 비슷하지도 않은 무엇인가를 소유하고 있는 인간을 생각할 수가 있을 것이다. 어휘나 문법이 없는 음성 몸짓 등. [신들린 사람의 방언.']

529 '그러나 그 경우 그 음성의 의미란 무엇일까?' 그것은 음악의 경우에는 무엇인가? 이와 같은 소리의 몸짓 언어가 음악과 비교되지 않으면 안 된다— 와 같이 말하고 싶은 생각은 나에게는 조금도 없지만.

530 또 적용함에 있어서 말의 '혼'이 그 어떤 역할도 다하지 않는 언어도 있을 것이다. 그중에는 예를 들어 어떤 말을 임의로 생각해 낸 새로운 말로 대체하는 등 우리가 전혀 개의치 않는 것과 같은 언어가.

531 우리가 명제의 이해에 대해서 이야기하는 것은 그것이 같은 것을 말하

고 있는 다른 명제로 대체할 수 있다는 뜻에서이지만, 또 그것이 다른 어떠한 명제로도 대체할 수 없는 뜻에 있어서이기도 하다. [어떤 음악의 테마가 다른 테마로 대체될 수 없는 것과 마찬가지로.]

어떤 경우 명제의 사상은 서로 다른 명제에 공통된 것이지만, 그 밖의 경우에는 그 말만이 그 배치 안에서 표현하고 있는 그 무엇인가이다. [시의 이해.]

532 그러면 '이해한다'는 것에는 여기에서 두 가지 서로 다른 뜻이 있는가? 나는 오히려 '이해한다'고 하는 일의 이러한 관용의 종류야말로, 그 뜻을 형성하고 이해하는 일에 대한 나의 개념을 형성하고 있는 것이다—라고 말하고 싶다.

왜냐하면 나는 '이해한다'를 이들 모두에 응용하고 싶으니까.

533 그러나 위의 두 번째 경우 어떻게 해서 사람들은 표현을 설명하고 이해를 전달할 수 있는가? 어떻게 해서 사람들은 누군가를 어떤 시(詩)의 이해, 어떤 테마의 이해로 이끌어가는가를 자문(自問)해 보라. 이에 대한 해답이야말로 어떻게 해서 사람들이 의의(意義)를 설명하고 있는가를 나타내는 것이다.

534 어떤 말을 이러한 뜻으로 듣는다는 것. 그와 같은 일이 있다고 하는 것은 얼마나 기묘한 일인가!

이렇게 구분되고 이렇게 강조되고 이렇게 청취되어, 문장은 이들의 명제·영상·행위로 이행하는 단서가 된다.

[다수의 잘 알려진 오솔길이 이들 말로부터 모든 방향으로 통하고 있다.]

535 우리가 교회 선율의 음조의 결말을 결말로서 느끼는 것을 배우고 있을 때에는 무슨 일이 일어나고 있는가?

536 나는 말한다. '이 얼굴[그것은 겁이 많은 인상을 준다]을 나는 대담한 얼굴이라고 생각할 수가 있다'고. 이것으로 우리는 그와 같은 얼굴을 가진 누군가가, 예를 들어 남의 목숨을 구할 수가 있다는 것을 내가 상상할 수 있다

─고 말하고 있는 것은 아니다[그와 같은 일은 물론 어떠한 얼굴에 대해서도 상상할 수가 있다]. 나는 오히려 그 얼굴 자체의 한 생김새에 대해 이야기하고 있는 것이다. 또 내가 말하고 싶은 것은, 이 사람이 자기의 얼굴을 대담한 것으로 바꿀 수가 있다고 내가 상상할 수 있다고 하는 것도 아니다. 내가 뜻하는 바는 아마 그것이 전적으로 정해진 방식으로 그와 같은 것으로 옮아갈 수 있다는 것이다. 어떤 얼굴의 표정을 전환한다는 것은 음악에 있어서의 화음의 전환과 비교된다. 만약에 우리가 그것을 어떤 때에는 이러이러한 음조에의 전환으로 느끼고, 어떤 때에는 이러이러한 음조에의 전환이라고 느낄 수가 있다면.

537 사람들은 '나는 이 얼굴에서 겁쟁이를 읽을 수 있다'고 말할 수가 있지만, 어쨌든 그 얼굴과 겁이 단순히 연상되어 외면적으로 결부되어 있을 뿐이라고는 여겨지지 않는다. 두려움은 그 얼굴 생김새 안에 살아 있는 것이다. 그 생김새가 조금이라도 변화하면 우리는 그에 대응하는 두려움의 변화에 대해서 이야기할 수가 있다. '당신은 이 얼굴을 대담함의 표현으로서도 생각할 수가 있는가'라는 물음을 받아도─우리는 말하자면 어떻게 해서 대담성을 이 얼굴 안에 담으면 좋을지 모를 것이다. 그때 나는 아마도 '이 얼굴이 대담한 얼굴이라면 그것이 무슨 뜻인지 나는 모른다'고 말할 것이다. 그러나 이와 같은 물음의 해결은 어떻게 될까? 사람들은 아마도 말할 것이다. '그렇다. 이제 나는 그것을 이해한다. 그 얼굴은 말하자면 외계(外界)에 대해서 관계가 없는 것이다'라고. 그러면 우리는 대담성을 이해한 것이 된다. 이제 대담성이 다시 그 얼굴에 적합하다고 말할 수가 있을지도 모른다. 그러나 무엇이 여기에서 무엇에 적합하고 있는가?

538 이와 유사한 경우가 있는데[어쩌면 그렇게 보이지 않을지도 모르지만] 예를 들어 프랑스어에서는 술어가 되어 있는 형용사의 성(性)이 주어의 성에 일치하는 것을 의아스럽게 여겨, 그것은 '이 사람은 좋은 사람이다'라는 뜻이라고 우리가 자기 자신에게 설명하는 경우이다.

539 내가 보고 있는 그림은 미소를 띤 얼굴이다. 그 미소를 어떤 때에는 호의가 있는 것으로 파악하고 어떤 때에는 악의에 찬 것이라고 파악할 때 나는 무슨 일을 하고 있는가? 나는 그것을 자주 호의 내지 악의에 찬 공간적 시간적 환경 안에서 상상하고 있는 것이 아닐까? 그러면 나는 이 화상에 더하여 미소를 띠고 있는 이 사람이 놀고 있는 아이를 내려다보고 웃고 있다거나, 그 반대로 적의 슬픔을 내려다보고 웃고 있다고 상상하고 있는지도 모른다.

이 점에 대해서는, 내가 겉보기에 바람직한 상황을 그 이상의 환경에 의해서 달리 해석할 수도 있다고 하는 사실에 의해서 아무런 변화도 생기지 않는다. 특별한 사정이 나의 해석을 전환하지 않는다면 나는 어떤 종류의 미소를 호의 있는 것으로 파악하고, '호의 있는'이라고 부르며, 그에 따라 반응할 것이다.

[개연성, 빈도.]

540 '이윽고 비가 그칠 것이라고 하는 것 등을―언어라고 하는 제도와 그 환경이 없었다면―나로서는 생각할 수 있을 리가 없다는 것은 독특하지 않은가?'―당신은 그러한 환경 없이 이와 같은 말들을 자기에게 말하고, 또한 그것을 뜻하는 일 등을 할 수 있을 리가 없다고―하는 것이 기묘한 일이라고 말하고 싶은가?

누군가가 하늘을 가리키면서 일종의 뜻 모를 말을 하고 있다고 가정하자. 그것이 어떤 뜻인가를 우리가 묻자 그는 '다행스럽게도, 이윽고 비가 그칠 것이다'라는 뜻이라고 말한다. 게다가 그는 하나하나의 말이 무엇을 의미하는가도 우리에게 설명한다. 나는 이렇게 가정한다. 그는 말하자면 갑자기 정신이 들어, 그 문장은 전적으로 난센스였는데 그것을 입 밖으로 냈을 때 자기에게는 그것이 잘 알고 있는 언어의 문장으로서 나타난 것이라고 말한 것이다―라고. [그뿐만 아니라, 잘 알려진 인용문처럼(나타났다고 말했다고).] 그렇다면 나는 어떻게 말하면 좋은가? 그는 이 문장을 말했을 때, 그것을 이해하고 있지 않았던가? 이 문장은 그 뜻 전체를 자신 안에 간직하고 있지 않았던가?

541 그러나 그 이해와 의미는 어디에 있었던가? 아직 비는 내리고 있었지만 이미 소강 상태가 되었을 때, 그는 하늘을 가리키면서 일련의 희희낙락한 소리

를 내고 있었다. 그 후 그는 자기 말을 독일어에 결부시켰던 것이다.

542 '그러나 그가 한 말은 그 자신에게는 자기가 잘 알고 있는 언어로 느껴졌던 것이다.'—맞는 말이다. 그것에 대한 기준은 그가 후에 그렇게 말을 했다고 한다. 따라서 이제 '우리가 잘 알고 있는 언어의 단어는 그야말로 완전히 결정된 방식으로 감지된다'와 같이 말해서는 안 된다. [무엇이 그와 같은 느낌의 표현인가?]

543 외침, 웃음에는 충분히 의미가 있다고 나는 말할 수가 없는가?
이것은 거기에서 많은 것을 읽어낼 수가 있다는 말이다.

544 '그가 와주기만 한다면!'이라는 갈망이 나의 입에서 나올 때, 그 감정이 이 말에 '의미'를 부여한다. 그렇다고 그것은 개개의 낱말에 각기 뜻이 부여되는가?
사람들은 여기에서 '감정이 말에 진실을 부여한다'고 말할 수도 있을 것이다. 그리고 거기에서 당신은 여러 개념이 여기서 어떻게 서로 융합하고 있는가를 보는 것이다. [이것은, 수학의 명제의 의의(意義)란 무엇인가라는 물음을 상기시킨다.]

545 그러나 사람들이 '나는 그가 오는 것을 바란다'라고 할 때에는—감정이 '바란다'는 말에 그 뜻을 부여하지 않는가? [그리고 '나는 이미 그가 오는 것을 바라고 있지 않다'고 하는 문장의 경우는 어떠한가?] 감정은 '바란다'는 말에 아마도 특별한 어감을 줄 것이다. 즉, 그것은 자기의 표현을 어감에 깃들게 하는 것이다. 만약에 감정이 말에 뜻을 부여한다면 '뜻'이라고 하는 것은, 여기에서는 문제가 되어 있는 것을 말하는 것이다. 그런데 왜 감정이 문제가 되어 있는가?
희망은 감정인가? [표지(標識).]

546 그래서 나는 말하고 싶다. '그가 오면 좋을 텐데!'라는 말은 나의 소원

을 담고 있다고. 게다가 말은 쥐어짜서 나오는 경우가 있다, 고함 소리처럼. 말은 입 밖으로 내는 것이 어려울 때가 있다. 예를 들어, 사람들이 그것과 함께 무엇인가를 단념하거나 약점을 고백하는 것 같은 말. [말은 행위이기도 하다.]

547 '정신의 활동'을 부정하는 것. 어떤 일을 부정하고 자기가 무엇을 하고 있는지 관찰해 보라! 당신은 예를 들면 마음속으로 머리를 흔들고 있는가? 만약에 그렇다면 그 사건은, 이를테면 문장 안으로 부정기호를 써넣는 사건보다도 우리의 관심을 끌 만한 일인가? 당신은 바야흐로 부정의 본질을 인지하고 있는가?

548 무엇인가가 일어나기를 바라는 일―그리고 그와 동일한 그 무엇이 일어나지 않기를 원하는 일. 이 두 가지 사건의 차이는 무엇인가?

그 무엇인가를 화상(畵像)으로 그려내려고 할 때, 사람들은 사건의 화상으로 여러 가지 일을 하게 될 것이다. 그것을 선으로 지우기도 하고 그것을 둘러싸기도 하는 등. 그러나 우리에게는 그러한 일이 조잡한 표현 방법인 것처럼 여겨진다. 낱말 언어 안에서는 실제로 우리는 '……이 아니다'라는 기호를 적용한다. 이것은 졸렬한 편법과 같은 것이다. 사람들은 사고(思考)를 하고 있을 때에는 그것이 이미 다른 방식으로 일어나고 있다고 생각한다.

549 '어떻게 '……이 아니다'라고 하는 말은 부정할 수가 있는가?!' '이런 '……이 아니다'라는 기호가 시사하고 있는 것은, 당신이 그것에 선행하는 것을 부정적으로 파악해야 한다는 것이다.' 사람들은 이렇게 말하고 싶어 한다. 부정기호(否定記號)는 무엇인가―어쩌면 매우 복잡한 그 무엇인가―를 행하는 계기라고. 마치 부정기호가 우리를 그 무엇인가로 유인하는 것처럼. 그러나 무엇으로 유인하는가? 그것은 언급되어 있지 않다. 그것은 단지 암시하기만 하면 좋은 것처럼, 우리가 그것을 이미 알고 있는 것처럼. 우리는 그 일을 이미 알고 있으니까, 설명 같은 건 필요 없다고 말하려고 하는 것처럼.

550 부정이란 배제하고 거절하는 몸짓이다―라고 사람들은 말할 수가 있

을 것이다. 그러나 그와 같은 몸짓을 우리는 매우 다른 경우에 적용하고 있는 것이다!

551 '철은 섭씨 100도에서 녹지 않는다'라고 하는 것과, '2 곱하기 2는 5가 아니다'라고 하는 것은 같은 부정일까? 이것은 내부 성찰에 의해 결정되어야 하는 일인가? 즉, 자신들이 쌍방의 명제로 무엇을 생각하고 있는가를 알아내려고 노력함으로써.

(a) '삼중부정이 다시 어떤 부정이 된다고 하는 것은, 내가 지금 사용하고 있는 그 하나의 부정 안에 이미 포함되어 있어야만 한다.' ['의미한다'는 것의 신화를 꾸며내려고 하는 유혹.]
그것은 부정의 본성으로 보아, 이중부정이 긍정이라고 하는 귀결이 생길 것처럼 여겨진다. [그리고 여기에는 뭔가 올바른 부분이 있다. 어떠한? 우리의 본성은 이 쌍방에 관계하고 있다.]
(b) '……이 아니다'라는 말에 관해서, 이들 규칙은 옳은지 여부[즉, 어느 쪽이 그 뜻에 합당한가]에 대해서는 논의 같은 건 있을 수가 없다. 왜냐하면 이 말은 이들 규칙이 없으면 아직 아무 의미 없기 때문이다. 그리고 우리가 규칙을 바꾸면, 그것에는 다른 뜻이 있다[또는 뜻이 없다]가 되어, 우리는 그때, 전적으로 이 말을 바꿀 수도 있는 것이다.

552 만일 내가 '이 막대는 1m의 길이가 있다'거나 '여기에 병사가 1명 서 있다'와 같은 문장을 쓸 때, 우리가 '1'로써 다른 것을 생각하고 있고 '1'에는 다른 뜻이 있다고 하는 것이 우리에게 분명한가—라고 내가 물었다면 어떤가? 그와 같은 일은 전혀 분명하지가 않다. 예를 들어, '1m마다 병사가 1명 서 있다, 따라서 2m마다 병사가 2명 서 있다'와 같은 문장을 말해보라. '당신은 양쪽의 1로 동일한 것을 생각하고 있는가'라는 물음을 받으면, 사람들은 아마도, '물론 나는 동일한 것, 즉 1을 생각하고 있다!'고 대답할 것이다. [그때 손가락을 하나 높이 들거나 해서.]

553 그런데 '1'이 어떤 때는 도량수(度量數)를 나타내고 다른 때에는 집합수를 나타내고 있다면, 그것은 다른 뜻을 가지는가? 이와 같이 물으면 사람들은 그것을 긍정할 것이다.

554 좀 더 '원초적'인 논리를 가진 사람들은 쉽사리 생각할 수가 있다. 거기에서는 우리의 부정에 대응하는 것이 특정한 문장, 예를 들어 아직 부정을 포함하지 않는 문장을 위해서만 존재하고 있다. 사람들은 '그는 집 안으로 들어간다'고 하는 문장을 부정할 수는 있겠지만, 그 부정문의 부정은 뜻이 없거나 또는 부정의 되풀이로밖에 여겨지지 않을 것이다. 우리 것과는 다른 부정 표현의 수단에 대해 생각하라. 예를 들어 문장의 음(音)의 높이에 의한 것과 같은. 거기에서는 이중부정이 어떠한 겉모습을 나타낼까?

555 이 사람들에게는 부정이 우리에게 대하는 것과 같은 뜻을 가지느냐 하는 물음은, 수열이 5로 끝나버리는 사람들에게 '5'라고 하는 숫자가 우리에게 대하는 것과 같은 것을 의미하고 있는가—하는 물음과 비슷하다고 할 수 있을 것이다.

556 부정을 나타내는 두 개의 다른 말이 있는 언어를 생각해 보라. 그 하나는 'X'이고, 또 하나는 'Y'이다. 'X'를 중복시키면 긍정이 되지만 'Y'를 중복시키면 부정이 강화된다. 그 밖의 점에서 두 가지 말은 모두 동일하게 사용된다. 그렇다면 'X'와 'Y'에는 이들이 되풀이되지 않고 문장 안에 나타날 때에는 동일한 뜻이 있는가? 이에 대해서 사람들은 여러 가지로 대답할 수가 있을 것이다.

(a) 두 가지 말에는 서로 다른 관용이 있다. 그러기 때문에 다른 뜻이 있다. 그러나 이들이 반복 없이 나타나고 그 밖에는 동일하게 쓰인 문장에는 같은 뜻이 있다.

(b) 두 가지 말에는 중요하지도 않은 관습의 문제인 이 하나의 차이를 제외하고는 언어 게임 안에서의 동일한 기능이 있다. 두 말의 관용은 같은 행위, 몸짓, 영상 등에 의해서 같은 방식으로 가르쳐진다. 그 관용 방식의 구별은 무엇인가 부차적인 것, 언어의 변덕스러운 성격의 하나로서 낱말의 설명에 첨가되

는 것이다. 그 때문에 우리는 'X'와 'Y'가 같은 뜻이 있다고 말할 것이다.

(c) 이 두 가지 부정에 우리는 서로 다른 상상을 결부시킨다. 'X'는 말하자면 의의를 180도로 전환한다. 그리고 이를 위해 그와 같은 두 가지 부정이 뜻을 그 애초의 위치로 되돌린다. 'Y'는 머리를 흔드는 것과 같은 것이다. 한 번 머리를 흔드는 일이 다음에 머리를 흔드는 일로 철회되지 않는 것처럼, 'Y'도 또한 두 번째 'Y'에 의해 철회되지 않는다. 그러기 때문에 쌍방의 부정을 동반한 문장들이 실제상과 같이 되어버린다 해도 'X'와 'Y'는 여전히 서로 다른 생각을 표현하고 있는 것이다.

557 내가 이중부정을 말했을 때 그것을 부정의 강조라고 생각하고, 긍정으로는 생각하고 있지 않았다는 것은 어떠한 일 안에서 성립되어 있었던 것일까? '그것은 ……인 것 안에 성립되어 있었다'와 같은 대답은 존재하지 않는다. '이 중복은 강조라고 여겨지고 있었다'고 말하는 대신에, 나는 어떤 상황하에서는 그것을 강조라고 선언할 수가 있다. '부정의 중복은 부정의 철회라고 여겨지고 있었다'고 말하는 대신에 나는 예를 들어 괄호로 묶을 수가 있다. '맞는 말이다. 이들 괄호 그 자체가 여전히 여러 가지 역할을 다할 수 있는 것이다'—그리하여 당신은 바로 자신의 이해를 다시 말로써 설명한 것이다. 괄호가 뜻하고 있는 것은 그것을 응용하는 기술 안에 있다. 문제는 이러하다. '나는 ……라고 생각하고 있었다'고 말하는 것이 의의를 가지는 것은 어떠한 상황일까? 그리고 '그는 ……라고 생각하고 있었다'고 내가 말하는 것을 정당화하는 것은 어떤 상황인가 하는 것이다.

558 '이 장미는 빨갛다'라고 하는 문장 안의 '이다'에는, '2 곱하기 2는 4이다'의 '이다'에서와 다른 의미가 있다는 말은 무슨 뜻인가? 사람들이 그것은 이들 두 가지 말에 서로 다른 규칙이 타당하다는 말이다—라고 대답한다면, 우리는 여기에 단 하나의 말밖에 가지고 있지 않다고 말할 것이다. 그리고 내가 문법적인 규칙에만 주의를 기울이고 있을 때에는, 이들 규칙이야말로 바로 두 가지 맥락에 있어서 '이다'라는 말의 적용을 허용하고 있는 것이다. 그러나 '이다'는 말이 이들 문장 안에서 서로 다른 뜻을 갖는 규칙, 두 번째 문장 안의 '이

다'라는 말을 동등기호로 대체하는 것을 허용하면서 그와 같은 대체를 첫 번째 문장에서는 금지하는 규칙이다.

559 사람들은 이 문장에 있어서의 낱말의 기능에 대해서 이야기하고 싶어 한다. 마치 문장이 어떤 메커니즘이고 그 안에서 말이 일정한 기능을 가지고 있는 것처럼. 그러나 그와 같은 기능은 무엇으로 성립되어 있는가? 그것은 어떻게 해서 백일하(白日下)에 나타나는가? 왜냐하면 숨겨진 것은 아무것도 없기 때문이며, 우리는 문장의 모든 것을 보고 있기 때문이다! 그 기능은 계산(언어 조작)의 경과 중에서 제시되어야만 한다. [의미체.]

560 '말의 의미란 의미의 설명이 설명하는 것이다.' 즉 '의미'라고 하는 말의 관용을 이해하고 싶으면, 사람들이 '의미의 설명'이라고 부르고 있는 것을 조사해 보라—고 하는 것.

561 그런데 내가 '있다'고 하는 말이 두 가지 다른 뜻으로 [계사(繫辭)로서, 또 동등기호로서] 사용된다고 말하면서, 그 뜻은 그 관용이다, 즉 계사 및 동등기호로서의 그 관용이라고 말하고 싶어 하지 않는 것은 기묘한 일이 아닌가?
사람들은 이렇게 말하고 싶어 한다. 이들 두 종류의 관용은 하나의 의미를 주지 않으며, 같은 말에 의한 동군연합(同君聯合) 등은 비본질적인 우연이라고.

562 그러나 어느 것이 본질적이고 어느 것이 비본질적인 표기법의 우연적 특성인가를 내가 어떻게 결정할 수 있는가? 원래 표기법의 배후에 실재가 있고 표기의 문법이 그것에 순응되어지고 있는가?
이와 비슷한 경우를 게임으로 생각해 보자. 체커(checker)에서 왕은 두 개의 말을 겹침으로써 표시된다. 사람들은 왕이 두 개의 말로 구성된다는 것 등은 이 게임에서는 비본질적인 것이라고 말하는 경우가 없을까?

563 체스에서 쓰이는 말의 뜻이란 게임 안에서 그것이 다하는 역할이다—라고 말해두자. 지금 체스의 승부를 시작하기 전에 경기자 중의 한 사람이 누

가 흰 돌을 가질 것인가의 결정이 매번 추첨을 통해 결정된다고 하자. 이를 위해 한 사람이 주먹을 쥔 양손에 말을 가지고 있고 다른 한 사람이 하늘에 운을 맡기고 그 손의 하나를 고른다. 이때 사람들은 말이 이와 같이 추첨에 사용된다고 하는 것을 체스 승부에서의 말의 역할이라고 생각할까?

564 그러기 때문에 나는 게임에서도 본질적인 규칙과 비본질적인 규칙을 구별하는 것을 마다하지 않는다. 게임에는 규칙뿐만 아니라 노리는 것도 있는 것이라고 사람들은 말하고 싶어진다.

565 같은 말은 무엇을 위한 것인가? 우리는 (논리) 계산 안에서는 그와 같은 동등성(同等性)을 사용하지 않고 있다―왜 두 가지 목적을 위해 같은 말이 사용될까? 그러나 '동등성을 사용한다'고 하는 것은 무엇을 말하는가? 우리가 정말로 같은 말을 사용하고 있다면 그것은 하나의 관용이 아닌가?

566 여기에서는 이제―만약에 동등성이 우연적, 비본질적이 아니라고 한다면―같은 말, 같은 체스 말의 관용에 하나의 목적이 있는 것처럼 보인다. 그리고 그 목적은 사람들이 그 말을 재인식할 수 있고, 어떻게 게임을 하면 좋은가를 알 수가 있다―는 것처럼 보인다. 거기에서는 물리적인 가능성이 화제가 되어 있는가, 그렇지 않으면 논리적인 가능성이 화제가 되어 있는가? 후자의 경우라면 바로 체스 말의 동등성은 게임의 일부에 속한다.

567 하지만 게임은 규칙에 의해서 규정되어 있어야만 한다! 그러기 때문에 체스의 승부에 앞서서 왕이 추첨에 사용되어야 한다고 게임의 규칙이 지시하고 있다면 그것은 본질적으로 게임의 일부이다. 이에 대해서 사람들은 어떠한 이의(異議)를 제기할 수 있을까? 이와 같은 지시가 노리는 것을 모른다고 하는 것. 예를 들어 각 말을 움직이기 전에 그것을 세 번 회전시켜야만 하는 규칙이 노리는 것을 모를 때처럼. 이러한 규칙을 보드게임에서 발견했다고 하면, 우리는 놀라서 그 규칙의 목적에 대해서 억측을 할 것이다. ['이 지시는 사람들이 잘 생각하지도 않고 말을 움직이는 것을 방해하기 위한 것일까?']

568 내가 게임의 성격을 올바르게 이해하고 있다고 해도 그것은 본질적으로 그 성격의 일부가 아니다—라고 나는 말할 수가 있을 것이다.

569 언어는 하나의 도구이다. 언어의 여러 개념은 도구들이다. 그러면 사람들은 어떤 개념을 우리가 적용하고 있는가는 큰 차이가 될 수 없다—고 하는 식으로 생각한다. 사람들이 최종적으로 피트나 인치로 물리학을 할 수가 있는 것처럼 m나 cm로도 할 수 있듯이, 그 차이는 단지 편의상의 도구에 지나지 않는다. 그러나 만약에 어떤 계측 체계에서의 계산이 우리가 사용할 수 있는 것보다도 더 많은 시간이나 노력을 요구하는 것이라면 이것도 또한 진리가 아니다.

570 여러 개념은 우리를 탐구로 인도한다. 그것들은 우리 관심의 표현이며 우리 관심을 지배한다.

571 오해를 초래하기 쉬운 비교. 물리학이 물건의 영역에서의 일들을 다루는 것처럼 심리학은 마음의 영역에서의 일을 다룬다(고 하는 비교).
보는 것, 듣는 것, 생각하는 것, 느끼는 것, 의도하는 것은 육체의 운동, 전기적(電氣的)인 현상 등이 물리학의 대상인 것과 마찬가지 뜻으로 심리학의 대상이 되는 것이 아니다. 물리학자가 이들 형상을 보고 듣고 이들에 대하여 고찰하여, 그것들을 우리에게 보고하는 데에 대하여 심리학은 그 주체의 외적 표출[행동]을 관찰하고 있다는 사실에 의해 알려진다.

572 기대(期待)는 문법론적으로는 하나의 상태이다. 어떤 것을 바라고, 어떤 것을 알고, 어떤 것을 할 수가 있다는 의견을 가지고 있는 것 같은. 그러나 이와 같은 상태의 문법을 이해하기 위해서는 사람들은 '누군가가 이 상태에 있다고 하는 기준으로서 무엇이 타당한가' 하고 묻지 않으면 안 된다. [단단하다는 상태, 무겁다고 하는 상태, 적합하다는 상태.]

573 어떤 견해를 가지고 있다고 하는 것은 하나의 상태이다. 어떤 상태인

가? 마음의 상태인가? 정신의 상태인가? 그렇다면 사람들은 무엇에 대해서 그것이 견해를 가지고 있다고 말하는가? 예를 들어 아무개 씨에 대해서인가? 이것이 옳은 대답인 것이다.

사람들은 이 물음에 대한 대답으로부터 그 어떤 개시(開示)도 기대해서는 안 된다. 더욱 깊이 다가오는 물음은, 특수한 경우에 우리는 무엇을 누군가가 이러이러한 의견을 가지고 있다는 것에 대한 기준으로 간주하는가 하는 것이다. 어떤 때에 우리는 그가 그때 이러한 의견을 가지게 되었다고 말하는가? 어떤 때에 그는 자기의 의견을 바꾸었다고, 등등. 이와 같은 물음에 대한 대답을 우리에게 제공해 주는 영상이야말로, 무엇이 여기에서 문법적 상태로서 다루어지는가를 나타낸다.

574 명제, 다른 뜻에 있어서의 사상은 신념, 희망, 기대 등의 '표현'일 수가 있다. 그러나 신념은 사고(思考)가 아니다. [하나의 문법적 고찰.] 신념, 기대, 희망과 같은 개념은 사고라고 하는 개념에 대한 것만큼 서로에 대해서 덜 이질적(異質的)이다.

575 내가 이 의자에 앉았을 때, 나는 물론 이것이 나를 지탱해 줄 것이라고 믿고 있었다. 나는 이것이 산산이 부서질지도 모른다고는 전혀 생각하지 않았다.

그러나 '그가 행한 일에 전적으로 구애되지 않고, 나는 ……라는 신념을 고수하였다'(고 말할 때) 여기에는 사고가 있고, 아마도 되풀이해서 일정한 태도가 취해지고 있는 것이다.

576 나는 불타고 있는 도화선을 바라보고 최고로 긴장하여 연소의 진행을 좇아 그것이 폭발물에 접근하는 것을 본다. 나는 아마도 전혀 아무것도 생각하지 않고, 많은 단편적인 사상도 품고 있지 않다. 이것은 확실히 기대한다고 하는 것의 한 예이다.

577 '나는 그를 기다리고 있다'고 우리가 말하는 것은 그가 오는 것을 우리

가 믿고는 있어도, 그가 오는 것에 우리가 마음을 빼앗기지는 않고 있을 때이다. ['나는 그를 기다리고 있다'고 하는 것은, 여기에서는 '그가 오지 않았다고 하면 나는 놀랄 것이다'라고 하는 것이며—이것을 사람들은 어떤 마음의 상태의 기술(記述)이라고는 말하지 않을 것이다.] 그러나 우리는 또한, 나는 그를 애타게 기다리고 있다는 것을 뜻해야 할 경우에도 '나는 그를 기다리고 있다'고 말한다. 이와 같은 경우에 시종일관해서 서로 다른 동사를 사용할 수 있는 언어를 우리는 생각할 수가 있을 것이다. 마찬가지로 우리가 '믿는다', '바란다' 등에 대해서 이야기하는 곳에서는 하나 이상의 동사(를 사용하는 언어)를. 이와 같은 언어의 여러 개념은 우리 언어의 여러 개념보다도 심리의 이해에 대해 아마도 한층 적절한 것이 될 것이다.

578 골드바흐[5]의 명제를 믿는다는 것은 어떠한 일인가를 자문해 보라. 이러한 신념은 무엇에 의해 성립되어 있는가? 우리가 그것을 말하고, 듣고, 또는 생각할 때의 확신하는 느낌에 의해서인가? [여기에는 우리는 관심이 없다.] 그러면 그 느낌의 특징은 어떠한 것인가? 그 느낌이 어느 정도 명제 그 자체에 의해 환기된 것인가? 나는 알지도 못한다.

나는 신념이 사상의 색조(色調)라고 말해야 할 것인가? 어디에서 이와 같은 생각이 나왔을까? 그렇다, 의심의 상태가 존재하는 것처럼 신념의 상태도 존재한다.

나는 묻고 싶다, 신념이 어떻게 해서 이 명제에 파고드는가 하고. 이 신념이 어떠한 귀결을 가져와서 우리를 어디로 데리고 가는가를 살펴보자. '그것은 나를 이 명제의 증명을 탐색하도록 데리고 가는 것이다.' 좋다, 그러면 더 나아가서 당신의 탐색이 원래 무엇으로 성립되어 있는가를 조사해 보자! 그때 우리는 명제에 대한 신념이란 어떠한 것인가를 알게 될 것이다.

579 신뢰의 느낌. 그것은 어떠한 행동 안에서 표출되는가?

---

5) Christian Goldbach(1690~1764). 프로이센의 수학자. '골드바흐의 추측'(2보다 큰 모든 짝수는 두 소수의 합으로 나타낼 수 있다)으로 유명함.

580 '내적인 일'은 외적 기준을 필요로 한다.

581 어떤 기대는 어떤 상황 안에 깊이 파묻혀 있다. 폭발의 기대는 예를 들어 폭발이 기대될 수 있는 상황에서 나온다.

582 어떤 사람이 '나는 이제나저제나 폭발을 기대하고 있다'고 말하는 대신에, '지금 당장 쾅! 하고 터진다'고 속삭였다고 하면, 그 사람의 말은 그 어떤 감각을 기술하고 있는 것도 아니다. 말과 그 어조는 그의 감각의 표출일 수도 있지만.

583 '그러나 당신은 마치, 내가 사실은 지금 기대하고 있거나 바라고 있지 않은 것처럼 말하고 있다—고 말한다. 그것은 내가 바라고 있다고 믿고 있기 때문이다. 마치 지금 일어나고 있는 일에 깊은 뜻 같은 건 없는 것처럼.' '지금 일어나고 있는 일에 의미가 있다'거나 '깊은 의미가 있다'거나 하는 것은 어떻게 되는 일인가? 깊은 감각이란 무엇인가? 어떤 사람은 1초 동안 충심으로부터의 사랑이나 희망을 감각할 수 있을까? 이 1초에 무엇이 선행되고 또 후행되더라도. 지금 일어나고 있는 일에 의미가 있는 것은—이와 같은 상황에 있어서이다. 상황이 그것에 중요성을 부여하는 것이다. 그리고 '바란다'라고 하는 말은 인간 생활의 한 현상을 가리키고 있는 것이다. [미소를 띠고 있는 입이 미소를 띠고 있는 것은 인간의 얼굴의 경우뿐이다.]

584 내가 지금 내 방에 앉아 있고, 아무개가 와서 나에게 돈을 가지고 와주기를 바라고, 또 이 상태에서 1분이 분리되어 이 상태의 맥락으로부터 떨어진다고 하면, 그 안에서 일어나고 있는 일은 그때 바라고 있는 것이 아니게 될까? 예를 들어 당신이 이 시간대 안에서 하는 말에 대해서 생각해 보라. 그것은 이제는 이 언어에 속하고 있지 않다. 그리고 금전이라고 하는 제도도 다른 상황 안에서는 존재하지 않는 것이다.
　왕의 대관식은 장엄함과 위험의 파노라마이다. 이 경과 중의 1분간을 그 상황에서 분리시켜 보라. 즉위(卽位)의 외투를 입은 왕의 머리에 왕관이 얹힌다.

그러나 다른 상황에서는 금은 가장 값싼 금속이며 그 빛남은 비천한 것으로 여겨진다. 외투의 천은 거기에서는 값싸게 생산된다. 왕관은 보기 흉하지 않은 모자의 패러디이다, 등.

585 어떤 사람이 '나는 그가 오는 것을 바라고 있다'고 말할 때―이것은 그 사람 마음의 상태에 관한 보고인가, 그렇지 않으면 그 사람의 희망의 표출인가? 나는 예를 들어, 자기 자신에게 그렇게 말할 수가 있다. 하지만 나는 자신에게는 보고하지 않는다. 그것은 한숨일 수도 있으나 한숨일 필요는 없다. 내가 누군가에게 '나는 오늘 일에 집중할 수가 없다. 언제나 그가 오는 것을 생각하고 있다'라고 말한다면―사람들은 이것을 내 마음 상태의 기술이라고 말할 것이다.

586 '나는 그가 온다고 들었다. 나는 온종일 그를 기다리고 있다.' 이것은 내가 그날을 어떻게 보냈는가에 대한 보고이다. 나는 어떤 회화에서 일정한 일이 기대될 수 있다는 결론에 도달하여, 그 귀결을 '그러기 때문에 나는 지금 그가 오는 것을 기대해야만 된다'고 하는 말로 꺼낸다. 사람들은 이것을 이러한 기대의 최초의 사상, 최초의 동작이라고 부를 수가 있다. '나는 그를 애타게 기다리고 있는 것이다!'라고 하는 외침을 사람들은 기대의 동작이라고 부를 수가 있다. 그러나 나는 이 동일한 말을 어떤 자기관찰의 결과로서 말할 수가 있고, 그때 그것은 '그러기 때문에 모든 것이 일어난 후에 나는 그것에도 불구하고 동경심을 가지고 그를 기다리고 있는 것이다'라고 말한 것처럼 될 것이다. 문제는 어떻게 해서 그것이 이러한 말이 되었는가 하는 점이다.

587 '내가 그것을 믿고 있다는 것을 당신은 무엇으로 아는가'라고 묻는 것에 의미가 있는가―그리고 그 대답은 '나는 그것을 자기관찰로 안다'는 뜻인가?

몇 가지 경우에는 그와 같이 말할 수가 있겠지만 대개의 경우에는 그렇지가 않다.

'나는 그녀를 실제로 사랑하고 있는가, 나는 나 자신을 속이고 있을 뿐이 아닌가' 하고 묻는 것에는 뜻이 있고, 그 자기관찰의 경과는 기억들을 환기시키는 일이다. 가능한 여러 상황의 상상이나, ……일 때에 사람이 품을 것이라고 하는 느낌의 상상을 환기시키는 일이다.

588 '나는 나의 결심을 바꾸어 내일 여행을 떠나기로 한다.' [이것을 사람들은 기분 상태의 기술이라고 부를 수가 있다.]—'당신이 말하는 이유로는 이해가 가지 않는다. 나는 이전이나 지금이나 내일 여행을 떠날 작정으로 있는 것이다.' 여기에서, 사람들은 의도를 느꼈다고 말하고 싶은 유혹을 느낄 것이다. 그 느낌은 어떤 종류의 단호함, 변경할 수 없는 결의의 느낌이다. [그러나 여기에는 또한 많은 서로 다른 특색 있는 느낌이나 태도가 존재하고 있다.] 사람들은 나에게 '어느 정도 여기에서 머무르고 있는가'라고 묻는다. 나는 '내일 떠납니다. 나의 휴가는 끝났습니다'라고 대답한다. 그러나 이에 대해서 나는 어떤 다툼 끝에 '좋아, 그렇다면 나는 내일 여행을 떠난다!'고 말한다. 나는 결심을 하는 것이다.

589 '나는 마음속에서 그렇게 하기로 정했다.' 그리고 사람들은 이때 자기 가슴을 가리키는 것을 마다하지 않는다. 이러한 말투는 심리적으로 진지하게 받아들이지 않으면 안 된다. 이것이 '신념이란 마음의 어떤 상태이다'라고 밝히는 것보다도 진지하게 받아들여서는 안 되었던 이유는 무엇인가? [루터[6]가 말하길, '신앙은 왼쪽 젖꼭지 안쪽에 있다.']

590 누군가가 '남이 하는 말을 진지하게 생각한다'라고 하는 표현의 뜻을 가슴을 가리킴으로써 이해하는 것을 배울 수 있을 것이다. 그러나 그때에 사람들은 '그가 그렇게 하는 것을 배웠다는 것이 어떤 식으로 나타나는가'라고 묻지 않으면 안 된다.

591 어떤 의도를 가지고 있는 사람은, 어떤 경향을 체험하고 있다—고 나는 말해야 하는가? 즉, 특정한 경향 체험이 존재한다고? 다음과 같은 경우를

---

6) Martin Luther(1483~1546). 독일의 종교개혁자·신학교수. 신교의 한 파를 창설함.

상기해 보자. 사람들이 논의에서 급히 어떤 소견이나 어떤 이론을 말하려고 할 때, 입을 열고 숨을 들이마신 후 멈추는 일이 자주 일어난다. 그때 그 사람이 이론(異論)을 중지하기로 결정하면 숨을 내쉰다. 이와 같은 일의 체험은 분명히 이야기를 하려고 하는 어떤 경향의 체험이다. 나를 관찰하고 있는 사람은 이 상황 안에서 내가 무엇인가를 말하려다가 생각을 고쳐먹은 것을 인지할 것이다. 다른 상황에서라면 그가 나의 행동을 그와 같게는 해석하지 않을 것이다. 그것이 주어진 상황 안에서 제아무리 이야기하려는 특징을 나타내는 것이라 해도. 그러면 이 동일한 체험이 전혀 다른 상황 안에서는—그것이 어떤 경향과는 아무런 관련도 가지지 않는 상황 안에서는—나타날 리가 없다고 가정한다는 건 그 어떤 이유가 있는가?

592 '그러나 당신이 '나는 여행을 떠날 의도가 있다'고 말할 때에는, 여하간 그렇게 할 작정인 것이다! 여기에서도 그것은 바로 이 문장에 생명을 부여하는 정신적인 생각인 것이다. 당신이 예를 들어, 다른 사람이 이야기하는 방법을 우롱하기 위하여 그 사람의 흉내를 내어 이 문장을 말할 뿐이라면, 당신은 이것을 그와 같은 생각을 빼고 이야기하고 있는 것이다.' 우리가 철학을 하고 있을 때 가끔 이와 같이 보일 때가 있다. 하지만 우리는 여러 가지 상황이나 회화에서 위의 문장이 이들 안에서 어떻게 말해지는지 실제로 생각해 보기로 하자! '나는 항상 어떤 정신적인 기조(基調)를 발견한다. 아마도 항상 같지는 않은.' 그러면 당신이 그 문장을 남의 흉내를 내어 말했을 때 거기에는 그 어떤 기조도 존재하지 않았던가? 그리고 그때 이 '기조'를 어떻게 해서 나머지 이야기 체험에서 분리하는가?

593 철학적 질병의 주된 원인은 편식이다. 사람들은 자기의 사고를 단 한 종류의 여러 가지 예로 양성하고 있다.

594 '하지만 말이란, 그것이 의미 있게 말해진다면 표면뿐만 아니라 깊이의 차원도 있다!' 어쨌든 말이 뜻있게 말해질 때에는 단지 발음될 뿐일 때와 다른 일이 바야흐로 일어나는 것이다. 어떻게 내가 그것을 표현하는가, 그것은 문제

가 아니다. 내가 최초의 경우에는 말에 깊이가 있다고 말하든, 그때 무엇인가가 내 안에서 나의 내부에서 일어나고 있다고 말하든, 또는 말에는 분위기가 있다고 말하든—귀결되는 점은 항상 같다.

'우리가 모두 지금 이 점에서 일치하고 있다면 그것은 그런 점에서 진리가 되지 않을까?'

[나는 다른 사람의 증언을 용인할 수 없다. 그것은 증언이 아니기 때문이다. 그것은 그가 말하고 싶은 것을 나에게 알리고 있는 데에 지나지 않는다.]

595 문장을 이 맥락으로 말한다는 것은 우리에게 자연스러운 일이며, 그것을 단독으로 말한다는 것은 부자연스러운 일이다. 말한다는 것이, 우리에게 자연스러운 일이 되는 모든 문장의 진술에 수반되어 있는 일정한 느낌이 존재한다고 우리는 말해야 하는가?

596 '잘 알고 있다'거나 '자연스럽다'는 느낌. 잘 모른다거나 부자연스럽다는 느낌을 찾아내는 편이 손쉽다. 또는 여러 느낌을. 왜냐하면 우리에게 친숙하지 않은 일 모두가 우리에게 친숙하다는 인상을 주는 것이 아니기 때문이다. 그리고 이 경우 사람들은 우리가 어떠한 일을 '잘 알려지지 않고 있다'고 말하고 있는지 잘 생각해 보지 않으면 안 된다. 길가에서 보는 자갈을 자갈로서는 인지하지만 항상 거기에 놓여 있는 돌로서는 인지하지 않을 것이다. 한 사람의 인간을 인간으로서는 인지하지만 잘 알고 있는 사람으로서는 인지하지 않을 것이다. 익숙해서 친하다는 느낌이 존재한다. 그 감정들은 때때로 어떤 시선이기도 하고 '이 그리운 방!'이라는 말이 되기도 한다[거기에서 나는 오랫동안 살고 있었고, 지금도 전혀 변하지 않은 것을 재발견하고 있다]. 마찬가지로 친숙함이 없다는 느낌이 존재한다. 나는 갑자기 멈춰 서서 그 대상이나 인물을 음미하는 것처럼, 또는 의심스럽게 바라보고 '이것은 나에게 전혀 친숙함이 없는 것이다'라고 말한다. 그러나 그와 같은 친숙함이 지금 존재하지 않는다고 해서, 우리가 잘 알고 있고 친숙함이 없다고는 여겨지지 않는 대상이 모두 친숙함을 우리에게 자아내게 한다고는 말할 수가 없다. 우리는 말하자면 어떤 때 낯선 느낌이 차지하던 장소가, 어떻게든 그 어떤 방식으로든 채워져야만 한다고 생

각한다. 그와 같은 분위기를 위한 장소가 존재하고 있어서, 만약에 그 분위기의 하나가 그 장소를 채우고 있는 것이 아니라면, 그때에는 다른 분위기가 그렇게 하고 있는 것이다, 라고.

597 영어를 잘하는 독일인이 우선 독일어 표현을 만들고 나서 그것을 영어로 번역하는 것은 아니라 해도, 그 말 속에 독일식 말투가 섞여드는 것처럼, 즉 그 사람이 '무의식적으로' 영어를 독일어에서 번역하고 있는 것처럼 말하고 있는 것과 마찬가지로, 우리는 자주 자신들의 사고에는 어떤 사고 형식이 바닥에 가로놓여 있고, 자기들이 어떤 원초적인 사고 양식에서 자기의 사고 양식으로 번역을 하고 있는 것처럼 생각해 버린다.

598 우리는 철학을 하고 있을 때, 그 어떤 느낌도 없는 곳에서 느낌을 실체화하고 싶어 한다. 이들 느낌은 우리 사고를 설명하는 데에 유용하다.
'여기에서는 우리 사고의 설명이 어떤 느낌을 요구하고 있는 것이다!' 마치 우리의 확신이 이와 같은 요구에 입각해서 그 뒤에 나오는 것처럼.

599 철학 안에서는 결론이 나오지 않는다. '어쨌든 사정은 이러이러해야 한다'라고 하는 것은 철학의 명제가 아니다. 철학은 모두가 인정하고 있는 것을 확인하는 데에 지나지 않는다.

600 우리에게 기이한 느낌을 주지 않는 것은 모두 눈에 띄지 않는다는 인상을 주는가? 평범한 것은 항상 우리에게 평범하다는 인상을 주는가?

601 이 책상에 대해서 이야기하고 있을 때—나는 이 대상이 '책상'이라고 불린다는 것을 상기하고 있는가?

602 사람들이 나에게 '오늘 아침 당신 방에 들어왔을 때 당신은 책상을 재확인했는가' 하고 묻는다면—나는 틀림없이 '분명히!'라고 말할 것이다. 그럼에도 불구하고 거기에서 재인식이 이루어졌다고 말한다는 것은 오해를 가져오

기 쉬운 일일 것이다. 그 책상은 나에게 물론 기이한 것이 아니었던 것으로, 나는 그것을 보아도 다른 사람이 거기에 서 있거나 이상한 대상이 있었을 때처럼 깜짝 놀라지 않았던 것이다.

603 내가 내 방으로, 이 오래전부터 익숙한 환경으로 들어갈 때에는 그때마다 자신이 보고 있고 몇 번이고 보아온 것 모두의 재인식이 이루어지고 있는 것이다—와 같은 말을 아무도 말하지 않을 것이다.

604 사람들이 '재인식'이라고 부르고 있는 일에 대해서, 우리는 마치 재인식한다는 것이 항상 두 가지 인상을 서로 비교함으로써 성립되어 있는 것 같은 그릇된 영상을 쉽사리 가지게 된다. 그것은 마치 내가 어떤 대상의 영상을 안고 있고, 그 후에 하나의 대상을 그 영상이 그려내고 있는 대상으로서 인지하는 일과 같은 것이다. 우리의 기억은 이전에 본 것의 영상을 보존하거나, 또는 우리가 [파이프를 통해서 보는 것처럼] 과거를 넘겨다보는 것을 허용함으로써, 그와 같은 비교를 중개(仲介)하고 있는 것처럼 보이는 것이다.

605 그리고 이것은 내가 그 대상을 그쪽에 놓인 어떤 영상과 비교한다고 하기보다는, 오히려 대상이 영상과 합치하고 있는 것이다. 그렇다고 하면 나는 단 한 가지 것을 보고 있는 것이지 두 개의 것을 보고 있는 것은 아니다.

606 우리는 '그의 목소리의 표현은 진짜였다'고 말한다. 그것이 진짜가 아니었다면, 우리는 즉 그 배후에 또 하나 다른 표현이 있다고 생각한다. 그는 밖으로 향해서는 이와 같은 모습을 보이고 있으나, 내면에서는 또 하나 다른 모습을 나타내고 있는 것이다(라고). 그러나 이것은 그의 표현이 진짜일 때 그가 두 가지의 동일한 모습을 나타내고 있는 것은 아니다.
[전적으로 분명한 표현.]

607 어떻게 해서 사람들은 지금 몇 시라는 것을 추정하는가? 그러나 내가 생각하고 있는 것은 외적인 근거, 태양의 위치, 방의 밝기 등등에 의한 것—

이 아니다. 사람들은 예를 들어 '몇 시일까' 하고 자문하고, 한 순간 멈추어 서서 아마도 시계 문자판을 상상하고, 그리고 나서 어떤 시간을 알린다. 또는 여러 가지 가능성을 고려해서 우선 어떤 시각을 생각하고, 그리고 나서 다른 시각을 생각하여 마지막으로 하나의 시각에서 멈춘다. 이와 같이, 또는 이와 비슷한 방식으로 일이 진행된다. 그러나 그러한 착상(着想)은 확신의 느낌을 수반하고 있지 않은가? 그리고 그것은 착상이 이제 마음속에 있는 시계와 일치하고 있다는 것이 아닌가? 아니다, 그렇지가 않다. 나는 시각을 시계로부터 읽지 않는다. 확신의 느낌은 내가 의심의 감각 없이 평온하게 안심하여 시간을 알릴 때에 한해서 나타나는 것이다. 그러나 그와 같이 시간을 알릴 때에는, 무엇인가가 마음에 와닿지 않는가? 내가 알 바는 아니다, 만약에 당신이 숙고의 정지, 어떤 시각에 멈추는 것을 그와 같이 부르는 것이 아니라면. 또한 나는 여기에서 '확신의 느낌'에 대해서 이야기하지 않고, 나는 잠시 생각하고 나서 5시 15분이라고 결정했다고 말했으면 좋았던 것이다. 그러나 나는 무엇으로 그렇게 결정했는가? 나는 아마도 '다만 느낌에 의해서'라고 말했을 테지만, 그것은 내가 그 느낌을 생각난 대로 일임했다는 것밖에 되지 않는다. 하지만 당신은 적어도 시각을 추정하기 위해 일정한 상태에 몸을 옮겨야 된다. 그렇게 하면 당신은 어쨌든 어떤 시각 진술의 상상을 모두 올바른 시각의 고지(告知)라고는 생각하지 않을 것이다! 이미 말한 바와 같이, 나는 '몇 시일까' 하고 자문하였다. 즉 나는 이 물음을, 이를테면 어떤 이야기 속에서 읽은 것이 아니라, 또 이것을 다른 사람의 발언으로서 인용한 것도 아니고, 또는 이들 말의 발음을 연습한 것도 아니다, 등등. 이러한 상황하에서 나는 위와 같은 말을 한 것이 아니다. 그렇다면 어떠한 상황하에서인가? 나는 나의 아침밥에 대해서 생각했고 오늘은 그것이 늦어질까 하고 생각한 것이다. 상황은 이와 같은 종류의 것이었다. 그러나 그렇다면 당신은 자신이 어쨌든 파악 불가능하다고 해도 시각의 추정에 특유한 어떤 하나의 상태, 말하자면 그것에 특유한 분위기 안에 있었다는 것을 실제로 파악하지 못하고 있는가? 맞다. 특징적인 것은, 내가 '몇 시일까' 하고 자문했다는 것이었다. 이 문장에 일정한 분위기가 있다고 한다면 어떻게 해서 나는 그것을 이 문장 그 자체로부터 분리할 수 있는가? 사람들이 이 문장을 다른 방식으로도—인용으로서, 장난으로, 화법의 연습 등등으로—

말할 수가 있는 사실에 나의 생각이 미치지 못했다고 한다면, 이 문장에 그러한 분위기가 있다고 하는 것 등은 전혀 나의 머릿속에 떠오르지 않았을 것이다. 그러기 때문에 나는, 내가 그 말을 여하간 어떻게 해서든 특별한 방식으로 생각했음에 틀림없을 것이다. 즉, 이들 다른 경우와는 다른 방식으로 생각했음에 틀림없다고 갑자기 말하고 싶어졌고 갑자기 그와 같은 생각이 든 것이다. 그 특별한 분위기의 영상이 집요하게 나에게 다가왔기 때문에, 나는 그 분위기를 문자 그대로 눈앞에 보고 있는 것이다—즉, 자신의 기억에 따라서 실제로 있었던 것에 주의를 하고 있지 않은 동안은.

그리고 확신하고 있다는 느낌에 대해서는 나는 기회가 있을 때마다 '나는 지금 ……시라고 확신하고 있다'고 자신에게 타이르고, 더욱이 다소 확신이 있는 억양을 붙여서 그렇게 말한다. 그와 같은 확신의 근거를 당신이 물어도 나에게는 아무런 근거가 없다.

나는 그것을 마음속의 시계로부터 읽어낸다고 내가 말한다면—그것은 하나의 영상으로, 그것에 대응하고 있는 것은 내가 그와 같은 시각의 진술을 행한 것에 지나지 않는다. 그리고 그 영상의 목적은 이 경우를 다른 경우에 동화하는 일이다. 나는 그 두 가지 다른 경우를 용인하는 데에 저항하는 것이다.

608 가장 중요한 것은 시간을 추정할 때 그 정신적인 상태를 파악할 수 없다는 생각이다. 왜 그것을 파악할 수 없는가? 그것은 우리가 자신들의 상태에 대해서는 파악이 가능한 사물을, 자신들이 요청하고 있는 특수한 상태로 간주하는 것을 거부하기 때문이 아닌가?

609 어떤 분위기를 기술한다고 하는 것은 특수한 목적을 위해 특수하게 언어를 응용한다는 것이다.

[이해한다'는 것을 분위기와 마음의 동작으로 해석할 것. 사람들은 모든 것에 분위기를 덧붙여 구성할 수가 있다. '형용할 수 없는 성격.']

610 커피의 향기를 기술해 보라! 왜 그것이 잘 되지 않는가? 우리에게 말이 없는가? 그렇다면 무엇 때문에 우리에게 말이 없는가? 그러나 어쨌든 그와 같

은 기술이 가능해야 한다는 생각이 어디에서 나오는가? 당신에게 그와 같은 기술이 이전에 결여된 적이 있는가? 당신은 커피 향기를 기술하려고 시도해 보았는데 성공하지 못했는가?

[나는 말하고 싶다, '이들 음(音)은 무엇인가 장엄한 것을 말하고 있지만 나는 그것이 무엇인지를 모른다'고. 이들 음은 힘찬 동작을 하고 있지만 나는 그쪽에 설명이 될 만한 것을 제출할 수가 없다. 깊고 진지한 수긍. 제임스가 말하길, '우리에게는 말이 없다.' 그렇다면 왜 우리는 말을 도입하지 않는가? 우리가 그렇게 할 수 있으려면 어떤 것이 성립되어야 하는가?]

611 '의욕 또한 하나의 경험이다'라고 사람들은 말하고 싶어 한다['의지'도 또한 단순한 '상상'이라고]. 그것은 일어날 때 일어나는 것으로, 내가 그것을 일어나게 할 수는 없다.

야기시킬 수가 없다? 무엇처럼? 그렇다면 나는 무엇을 야기시킬 수가 있는가? 내가 의지를 이야기할 때, 나는 원하는 것을 무엇과 비교하고 있는가?

612 예를 들어, 나는 내 팔의 운동에 대해서 그것이 일어날 때 일어난다고는 말하지 않을 것이다. 그리고 무엇인가가 단순히 일어나고 있는 것이 아니라, 우리가 그것을 일어나게 하고 있다고 뜻있게 말할 수 있는 영역이다. '나는 내 팔이 자연히 올라가는 것을 기다릴 필요가 없다. 나는 팔을 올릴 수가 있다'라고. 그리고 여기에서 나는 나의 팔 운동을 예를 들면, 내 심장의 격렬한 고동이 가라앉는다는 것에 대치하고 있는 것이다.

613 원래 내가 무엇인가를 야기시킬 수가 있다[예를 들어 과식으로 위통(胃痛)을]고 하는 뜻으로 말한다면, 나는 의욕(意欲)도 야기시킬 수가 있다. 그런 뜻에서 나는 물속으로 뛰어듦으로써 헤엄치는 의욕을 일으킨다. 내가 말하고 싶었던 것은 분명히 자신이 의욕을 의욕할 수가 없다고 하는 것, 즉 의욕의 의욕에 대해서 이야기하는 데에 의의가 없다고 하는 것이다. '의욕'이라고 하는 것은 어떤 행위의 명칭이 아니고 따라서 자의적인 행위의 명칭도 아니다. 그리고 나의 잘못된 표현은, 사람들이 의욕을 직접적이고 비인과적(非因果的)인 야

기(惹起)라고 생각하고 싶어 하는 사실에서 생겨난 것이다. 그런데 이 생각에는 오해를 초래하기 쉬운 비유가 바닥에 가로놓여 있다. 인과적인 결합이 기계의 두 가지 부분을 결합하는 하나의 메커니즘에 의해서 만들어진 것처럼 보이는 것이다. 그 메커니즘이 교란되면 이 결합이 생략되는 일이 있다고. [사람들은 메커니즘이 당연한 것처럼 노출시키고 있는 교란에 대해서만 생각한다. 예를 들어 톱니바퀴가 갑자기 물러지거나 서로 관통하거나 하는 일에 대해서는 생각하지 않는다.]

614 자기 팔을 '자의적으로' 움직일 때, 나는 그 운동을 일으키기 위해서 아무런 중개 수단을 사용하지 않는다. 나의 소원 또한 그와 같은 중개 수단이 아니다.

615 '의욕은, 그것이 일종의 소원이 아니라고 한다면 행위 그 자체이어야 한다. 그것은 행위 앞에서 가로막고 서 있어서는 안 된다.' 그것이 행위라면, 그것은 그 말의 통상적인 의미에서 그러한 것이며, 따라서 이야기하는 것, 쓰는 것, 가는 것, 무엇인가를 들어올리는 것, 무엇인가를 상상하는 일이다. 그런데 또 말하는 것, 쓰는 것, 무엇인가를 들어올리는 것, 무엇인가를 상상하는 것 등등을—뜻하고, 시도하고, 노력하는 일이기도 하다.

616 자기 팔을 들어올릴 때, 나는 그것이 들어올려지면 좋겠다고 바라는 것이 아니다. 자의적인 행위는 이와 같은 소원을 차단하고 있다. 사람들은 물론 '나는 이 원을 정확하게 그리고 싶다고 생각한다'고 말할 수가 있다. 그리고 그것에 의해서 손이 이러이러하게 움직여주면 좋겠다는 소원을 표현하고 있는 것이다.

617 자기 손가락을 특수한 방식으로 짜 맞출 때 명령하는 사람이 단지 손가락을 가리킬 뿐이라면—손가락을 단지 우리 눈에 제시할 뿐이라면, 우리는 때때로 그 명령에 입각해서 특정한 손가락을 움직일 수 없다. 이에 대해서 명령자가 손가락에 직접 접촉해 주면 우리는 그것을 움직일 수가 있다. 사람들은

이 경험을 다음과 같이 기술하고 싶어진다. 즉, 우리는 손가락을 움직이는 것을 바랄 수가 없다고. 이 경우는 예를 들어, 누군가가 손가락으로 꽉 잡고 있기 때문에 우리는 손가락을 움직일 수가 없다는 경우와 아주 다르다. 그러면 사람들은 이 최초의 경우를 다음과 같이 기술하고 싶어 할 것이다. 즉, 손가락에 대줄 때까지는 의지에 대해서 그 어떤 단서도 찾을 수가 없다. 사람이 손가락을 느낄 때 비로소 의지는 손가락이 어디를 잡으면 좋은가를 알 수가 있는 것이라고. 그러나 이 표현 방식은 오해를 초래하기 쉽다. 사람들은 이렇게 말하고 싶어 한다. '느낌이 장소를 표기하고 있지 않다고 하면, 자신이 의지를 가지고 어디를 잡으면 좋은가를 나는 도대체 어떻게 해서 알아야 하는가' 하고. 그러나 그렇다면 느낌이 거기에 있을 때, 내가 의지를 어디로 돌리면 좋은가를 사람들은 어떻게 알 수가 있는가?

이 경우 우리가 손가락에 닿아 있다는 것을 느낄 때까지는, 말하자면 손가락이 마비되어 있다는 것, 이것은 경험이 보여주고 있다. 그러나 이것은 선천적으로는 알아차리지 못했던 일인 것이다.

618 의욕을 지닌 주체를, 사람들은 여기에서 무엇인가 질량(質量)이 없는 것[관성이 없는 것], 그 자체 안에 극복해야 할 그 어떤 관성 저항도 가지지 않는 원동기로서 상상한다. 그러기 때문에 그것은 단순히 움직이게 하는 것이지 움직여지는 것이 아니다. 즉 '나는 의지를 가지고 있지만, 내 몸이 따라와주지를 않는다'고 말할 수는 있다—그러나 '나의 의지가 나를 따라와주지 않는다'고는 말할 수 없는 것이다[아우구스티누스].

그러나 나에게 있어 의욕하는 일이 잘 되어가지 않는다는 일 같은 건 있을 수 없다는 뜻으로는 내가 의욕하는 것을 시도할 수도 없다.

619 그리고 사람들은 '나는 의욕하는 것을 결코 시도할 수가 없는 한에서만 항상 의욕할 수가 있다'고 말할 수가 있을 것이다.

620 행한다고 하는 것은 그 자체에 아무런 부피도 없는 것처럼 보인다. 그것은 연장(延長) 없는 한 점처럼, 바늘 끝인 것처럼 보인다. 이 뾰족한 끝이 본

래 동작의 주인처럼 보인다. 그리고 현상 안의 생기(生起)가 이러한 행동의 귀결에 지나지 않는 것처럼 보인다. '내가 행한다'고 하는 것이, 어떠한 경험으로부터도 분리된 일정한 뜻을 가지고 있는 것처럼 보인다.

621 그러나 우리는 한 가지 일을 잊지 않기로 하자. 즉, '내가 나의 팔을 올릴' 때에는 나의 팔이 올라간다는 것. 그리고 일어나게 되는 문제는 내가 나의 팔을 올린다는 사실에서 나의 팔이 올라간다는 사실을 없앨 때, 뒤에 남는 것은 무엇인가라고 하는 것.

[바야흐로 운동감 같은 감각이 나의 의욕인가?]

622 자신의 팔을 들 때, 나는 대개의 경우 팔을 올리려고 시도하고 있지는 않다.

623 '나는 꼭 이 집에 도달하고 싶다.' 그러나 그 어떤 곤란도 거기에 없다면 ―나는 거기에서 어떻게든 이 집에 도달하려고 노력할 수가 있는가?

624 실험실에서 예를 들어, 전류의 영향하에서 어떤 사람이 눈을 감고, '나는 팔을 상하로 움직이고 있다'고 말한다―비록 그 팔이 움직이고 있지 않다고 해도. '그렇다면 그에게는 그 운동의 특수한 느낌이 있는 것이다'라고 우리는 말한다. 눈을 감고 자신의 팔을 이리저리 움직여보라. 그리고 그렇게 하고 있는 동안에도 팔은 가만히 있고 자신이 근육이나 관절에 어떤 종류의 기묘한 감각을 가지고 있는 데에 지나지 않는 것이다―라고 스스로 여기도록 해보라!

625 '자기가 자기의 팔을 올렸다는 것을 당신은 어떻게 해서 아는가?' '나는 그렇게 느끼는 것이다.' 그러면 당신이 재인식하고 있는 것은 감각인가? 그리고 당신은 자기가 그것을 올바르게 재인식하고 있다는 것에 확신이 있는가? 당신은 자신의 팔을 올렸다고 확신하고 있다. 이것이야말로 재인식의 기준이자 척도가 아닌가?

626 '막대를 가지고 이 대상을 더듬어 찾았을 때, 나는 막대 끝에 감각을 느끼는 것이지 막대를 쥐고 있는 손에 느끼는 것이 아니다.' 누군가가 '나는 여기 손이 아니라 손목에 아픔을 느끼고 있다'고 말하면 그 결과는 의사가 손목을 진찰하게 된다. 그러나 내가 이 대상이 단단하다는 것을 막대 끝에 느낀다고 말하건 손에 느낀다고 말하건, 거기에는 어떤 차이가 있는가? 내가 말하고 있는 것은 '그것은 내가 신경의 말단을 막대 끝에 가지고 있는 것과 같은 것이다'라는 뜻인가? 어느 정도 그러한가? 그러나 나는 어쨌든 '나는 그 딱딱함을 막대 끝에 느끼고 있다'고 말하고 싶은 생각이 드는 것이다. 그리고 이에 따라 나는 (막대로) 더듬어 찾을 때, 자신의 손이 아니라 막대 끝에 주의를 기울이고 있다. 자신이 느끼고 있는 것을 '나는 저기에 무엇인가 단단한 것, 둥근 것을 느낀다'는 말로 기술하고—'나는 엄지손가락, 가운뎃손가락, 집게손가락의 끝에 압박을 느낀다'와 같은 말로써는 기술하지 않는다. 예를 들어, 누군가가 나에게 '당신은 탐침(探針)을 가지고 있는 손가락 끝에 대해서 무엇을 느끼고 있는가'라고 물으면, 나는 그 사람에게 '나는 모른다—나는 저기에 무엇인가 단단한 것, 둥근 것을 느끼고 있다'고 대답할 수가 있을 것이다.

627 다음과 같은 자의적(恣意的) 행위의 기술을 고찰해 보자. '나는 5시에 종을 울리려고 결심한다. 그리고 5시를 쳤을 때, 나의 팔이 이와 같은 운동을 한다.' 이것이 올바른 기술이고, '……그리고 5시를 쳤을 때 나는 내 팔을 든다'는 올바른 기술이 아닌가? 처음 기술을 사람들은 다음과 같이 보충하고 싶어 한다. '보라! 5시를 쳤을 때 나의 팔은 올라간다'고. 그리고 이 '보라'라고 하는 것이, 바로 여기에서 탈락되어 있는 것이다. 내가 팔을 올렸을 때 '보라, 나의 팔이 올라간다!'라고는 말하지 않는다.

628 그러기 때문에 사람들은 이렇게 말할 수 있을 것이다. 자의적인 운동은 놀라움의 부재(不在)에 의해서 특징지어져 있다고. 그리고 이제 나는 사람들이 '하지만 왜 사람들은 여기에서 놀라지 않는가'라고 묻는 것을 바라지 않는다.

629 미래에 대한 예측의 가능성에 대해 이야기하고 있을 때, 사람들은 항상 자의적인 운동의 예언이라고 하는 사실을 잊고 있다.

630 두 개의 언어 게임을 고찰해 보자.

(a) 어떤 사람이 다른 사람에게 일정한 팔의 운동을 하도록, 또는 신체의 자세를 취하도록 명령을 내린다[체조 교사와 학생]. 그리고 이 언어 게임의 한 변형은 이러하다. 학생이 자신에게 명령을 내리고 나서 그것을 수행한다—고 하는 것.

(b) 누군가가 어떤 종류의 규칙적인 일—예를 들어 서로 다른 금속의 산(酸)에 대한 반응—을 관찰하여, 그것에 이어 일정한 경우에 생길 것이라고 여겨지는 여러 반응에 대해 예언을 한다.

이들 두 언어 게임 사이에는 분명한 유사점이 있으나 또 근본적인 차이도 있다. 이 쌍방에서 사람들은 표현된 말을 '예측'이라고 부를 수가 있을 것이다. 그러나 첫 번째 수법으로 통하는 훈련과, 두 번째 수법을 위한 훈련을 비교해 보라!

631 '나는 지금 가루약을 두 가지 복용할 것이다. 그 후 반 시간이 지나면 나는 구토를 할 것이다.' 첫 번째 경우에는 자기가 동작의 주체이고, 두 번째 경우에 자기는 단순한 관찰자이다—라고 내가 말한다면 그것은 아무런 설명도 하지 않을 것이다. 또는 첫 번째 경우에는 자기가 인과적인 연관을 안쪽에서 보고 있고, 두 번째 경우에는 바깥쪽에서 보고 있다고 말해도. 또 이와 비슷한 일을 많이 말해도.

또 첫 번째 종류의 예언은 두 번째 종류의 예언과 마찬가지로 확실한 것이 아니다—라고 하는 것도 사물의 핵심을 언급하지 않고 있다.

자신의 행동에 대한 관찰을 근거로 해서 나는 지금 내가 가루약을 두 가지 복용할 것이라고 말한 것이 아니다. 이 명제의 여러 전제 조건은 다른 것이었다. 나는 이 명제를 도출하는 여러 사상, 행위 등을 생각하고 있는 것이다. 그리고 '당신 발언의 본질적인 유일한 전제는 바로 당신의 결의였다'고 말하는 것도 오해를 초래하기 쉬운 일에 지나지 않는다.

632 '나는 가루약을 복용할 것이다'라고 하는 의지 표출의 경우 그 예측이 원인이고—그리고 그 성취가 결과라고 나는 말하고 싶지 않다. [그와 같은 것은 아마도 생리학적인 탐구가 판정해 줄 것이다.] 그러나 이것만은 진실이다. 우리는 자주 결의의 표출에서 인간의 행위를 예언할 수가 있다고 하는 것. 하나의 중요한 언어 게임.

633 '당신은 조금 전에 (이야기를) 중단당했다. 자기가 하고 싶은 이야기를 아직도 알고 있나?' 지금 그것을 알고 말하려고 한다면—이것은 내가 그것을 이미 전에 생각하고 있었으면서도 단지 말을 하지 않았을 뿐인가? 아니다. 내가 중단된 문장을 계속해 갈 때의 확신을, 사상이 그때 이미 완성되어 있었던 일의 기준이라고 당신이 이해하지 않는다면 말이다. 그러나 물론 이 상황과 나의 사상 안에는, 그 문장을 계속하게 해주는 모든 가능한 일들이 이미 가로놓여 있었던 것이다.

634 내가 중단된 문장을 계속해 가면서 나는 그때 이것을 이와 같이 계속하려고 생각했었다고 말한다면, 그것은 내가 하나의 사고 과정을 짧은 메모에 따라 마무리해 가는 경우와 비슷하다.

그렇다면 나는 이 메모를 해석하고 있지 않은가? 그 상태하에서는 오직 한 가지 계속하는 방식만이 가능했던가? 물론 그렇지 않다. 하지만 나는 이들 여러 해석 중에서 선택한 것이 아니다. 나는 내가 이렇게 말하고 싶다고 생각하고 있던 것을 생각해 낸 것이다.

635 '나는 ……라고 말하고 싶었다.' 당신은 여러 가지 세목(細目)을 생각해 낸다. 그러나 그것들은 어느 것이나 이 의도를 나타내지 않는다. 그것은 마치 어떤 장면의 영상은 만들어졌으나 그 영상으로부터는 약간의 단편적인 세목 밖에 보이지 않는 것들이다. 여기에는 하나의 손, 저기에는 얼굴의 일부분 또는 모자—나머지 부분은 어둡다. 그런데 이제 나는 이 전체의 영상이 무엇을 그려내고 있는지 매우 확실하게 알고 있는 것처럼 여겨진다. 그 암흑을 읽을 수가 있는 것처럼.

636 이들 '세목'은 내가 마찬가지로 생각해 낼 수 있는 다른 상태가 무관하다는 뜻으로는 무관하지가 않다. 그러나 내가 '나는 자주 ……라고 말하고 싶었다'고 보고하고 있는 상대는 그것에 의해서 이들 세목을 알 리가 없고 그것들을 헤아릴 필요도 없다. 그는 예를 들어, 내가 이야기하기 위해서 이미 입을 열고 있었다는 것 등을 알 필요가 없다. 그러나 그는 사건을 그와 같이 '마음 속에서 그려낼' 수가 있다. [그리고 이 능력은 내 보고를 이해하는 일부가 되어 있다.]

637 '나는 내가 말하고 싶었던 것을 정확하게 알고 있다!' 하지만 나는 그것이 무엇인가를 말하지는 않았다. 하지만 나는 그것을 그때 발생했으며 (현재) 자기의 기억 속에 있는 무엇인가 특별한 사건에서 판독하는 것은 아니다.

또 나는 그때의 상황과 그 선행 사건을 해석하고 있는 것도 아니다. 왜냐하면 나는 이들을 잘 알고 있는 것도 아니고 판단을 내리고 있는 것도 아니기 때문이다.

638 그럼에도 불구하고 그때 내가 '한 순간 나는 그를 속이려고 하였다'고 말하고, 거기에 하나의 해석을 찾고 싶은 일이 어떻게 해서 일어나는가?

'한 순간 그를 속이려고 생각했던 일에 어째서 당신은 확신을 가질 수가 있는가? 당신의 행위와 사고가 너무 유치했던 것이 아닌가?'

도대체 증거가 너무 부족하다는 것은 있을 수 없는가? 있다. 사람이 증거를 추구해 가면 그것이 이상하리만큼 부족한 것처럼 보인다. 그러나 그렇게 되는 것은 사람이 이 증거의 역사를 고려하지 않기 때문이 아닌가? 만약에 내가 한 순간 다른 사람에 대해서 불쾌를 가장할 의도를 가졌었다고 한다면 이를 위해 하나의 선행 사건이 필요했다.

'한 순간……'이라고 말하고 있는 사람은 실제로 한 순간의 일만을 기술하고 있는가?

그러나 전체 역사도 또한 내가 '한 순간……'이라고 말할 때의 근거가 될 만한 증거는 아니었다.

639 의견이라고 하는 것은 저절로 전개한다—고 사람들은 말하고 싶어 한다. 그러나 여기에도 착오가 있다.

640 '이 사상은, 내가 이전에 품고 있었던 여러 사상과 결부되어 있다.' 어떻게 결부되는가? 결부되어 있다는 느낌에 의해서인가? 그러나, 어떻게 해서 느낌이 상상을 실제로 결부시킬 수가 있는가? '느낌'이라고 하는 말은 여기에서는 매우 오해를 초래하기가 쉽다. 하지만 때로는 확신을 가지고 '이 사상에는 그 이전의 상상과 연계(連繫)가 있다'고 말하는 것이 가능하다. 그럼에도 불구하고 사람들은 그 연계를 제시할 수가 없다. 그것은 아마도 후에 잘 되어갈 것이다.

641 '만일 내가 '나는 지금 그를 속이고 싶다'는 말을 했더라면 나는 그 말보다 확실하게 의도를 품은 것은 아니다.' 그러나 당신이 그 말을 했다면 당신은 아주 진지하게 그렇게 생각하고 있었겠는가? [그러기 때문에 의도의 가장 명백한 표명만으로는 의도(가 있다는 것)의 충분한 증거가 되지 않는 것이다.]

642 '그 순간 나는 그를 미워했다'—무엇이 거기에서 일어났는가? 그것은 사상, 감정 및 행위 안에서 성립한 것이 아닌가? 그리고 지금 그 순간을 회상했다고 하면, 나는 특정한 찡그린 얼굴을 만들고 어떤 종류의 사건에 대해서 생각하고 특정한 방식으로 숨을 쉬고 자기 안에 있는 어떤 종류의 감정을 일으킬 것이다. 나는 어떤 회화를, 이 미움이 불타오르기에 이른 어떤 장면 전체를 생각해 낼 수가 있을 것이다. 그리고 이 장면을 실제의 사건에 대한 감정에 가까운 감정을 가지고 연출할 수가 있을 것이다. 그때 내가 비슷한 일을 실제로 보고 들어왔다는 것은 당연히 나에게 도움이 될 것이다.

643 내가 지금 이 사건을 부끄럽게 여기고 있다고 하면 나는 그 전체 즉 그 말, 독이 있는 말 등등을 부끄럽게 생각하고 있는 것이다.

644 '나는 내가 그때 한 일을 부끄럽게 생각하고 있는 것이 아니라 자신

이 품었던 의도를 부끄럽게 생각하고 있는 것이다.' 그러나 그 의도는 내가 한 일 안에도 있었던 것이 아닌가? 무엇이 수치를 정당화하는가? 사건의 전 역사이다.

645 '한 순간 나는 ……하려고 하였다.' 즉 나는 일정한 느낌, 육체적인 체험을 가졌던 것으로 그것을 회상하고 있는 것이다. 그렇다면 정말로 정확하게 회상해 보라! 거기에서는 의욕이라고 하는 '내적 체험'이 다시 소실되어 가는 것처럼 보인다. 그 대신에 사람들은 사상, 감정, 운동, 또는 이전의 여러 상황과의 연계를 회상하는 것이다.

그것은 마치 현미경의 초점을 바꾼 것과 같은 것으로 사람들은 초점이 맞아 있던 것을 그 전에 보고 있지 않았던 것이다.

646 '하지만 이것은 당신이 현미경의 초점을 잘못 맞추었다는 것을 나타내고 있는 데에 지나지 않는다. 당신은 표본의 일정한 층(層)을 관찰해야 했는데 지금은 다른 층을 보고 있다.'

이 말에는 옳은 점이 있다. 그러나 내가 [렌즈를 일정하게 조절해서] 하나의 감각을 회상했다고 가정해 보라. 어떻게 나는 이것이야말로 나의 '의도'라고 부르고 있는 것이다—라고 말할 수 있는가? [예를 들어] 일정한 근질거림이 나의 어느 의도에도 따라붙어 있었을지도 모르는 것이다.

647 의도의 자연스러운 표현이라고 하는 것은 어떠한 것인가? 참새에게 살금살금 다가갈 때의 고양이를 관찰해 보라. 또는 도망치려 할 때의 짐승을.

[감각에 관한 여러 명제와의 결합.]

648 '나는 지금 나의 말을 기억하고 있지는 않지만 나의 의도는 정확하게 기억하고 있다. 나는 그 의도를 나의 말로 진정시키려고 생각했던 것이다.' 나의 기억은 나에게 무엇을 제시하고 있는가, 그것은 나의 마음에 무엇을 가져오는가? 나에게 이들 말을 생각나게 해주는 일 외에, 어쩌면 상황을 더 정확하게 그려내주는 약간 다른 말을 생각나게 해주는 것 외에, 그것이 아무것도 해주

지 않았다고 한다면! [나는 이미 내 말은 기억하고 있지 않지만, 내 말의 정신은 잘 기억하고 있다.]

649 '그렇다면 언어를 배운 일이 없는 사람에게는 어떤 종류의 기억을 가질 수 없는가?' 물론. 그 사람에게는 언어상의 기억, 언어상의 소원이나 배려 등이 있을 수 없다. 그리고 언어 속의 기억 등은 바로 본래적인 여러 체험의 단순히 닳아빠진 서술인 것은 아니다. 그렇다면 언어적인 것은 체험이 아니란 말인가?

650 우리는 개가 주인으로부터 매 맞을 것을 두려워하고 있다고 말하지만, 주인에게 내일 매 맞는 것을 두려워하고 있다고는 말하지 않는다. 왜 안 될까?

651 '나는 내가 그때 좀 더 오래 머물러 있고 싶었던 일을 회상한다.' 이와 같은 소원의 어떤 영상이 나의 마음속에 나타나 있는가? 전혀. 내가 기억 속에서 눈앞에 보고 있는 것은 나의 느낌에 대한 추론을 허용하지 않는다. 그럼에도 불구하고 나는 아주 뚜렷하게 그와 같은 느낌이 거기에 있었다는 것을 기억하고 있다.

652 '그는 적의(敵意) 어린 눈초리로 그를 물끄러미 바라보고……라고 말했다.' 소설의 독자는 이것을 이해한다. 그는 자기 마음속에 의심을 가지지 않는다. 그래서 당신은 이렇게 말한다. '좋아, 그는 자신이 뜻을 보충하고 있고 뜻을 추측하고 있는 것이다'라고. 일반적으로는 그렇지가 않다. 일반적으로는 그는 아무것도 보충하고 있지 않고, 아무것도 추측하고 있지 않다. 그러나 적의가 있는 눈초리나 그가 했던 말이 나중에 위장이라고 판명되거나, 그것들이 위장인가 아닌가의 여부에 대한 의심을 독자가 갖게 되어 그 때문에 실제로 어떤 가능한 해석을 추정하는 일도 가능하다. 그러나 그때 그는 무엇보다도 먼저 하나의 맥락을 추정한다. 그는 예를 들어, 여기에서 이렇게 적의를 안고 있는 두 사람도 실제로는 친구이다―라는 것 등등을 자기에게 타이르는 것이다.
['이 명제를 이해하고 싶으면 당신은 그 심적인 의미와 마음의 상태를 덧붙

여서 생각해야만 한다.]

653 다음과 같은 경우를 생각해 보라. 내가 어떤 사람에게, 나는 미리 작성한 계획에 따라서 어떤 길을 갔다고 말한다. 그리고 나는 그 사람에게 그 계획을 보이는데, 그것은 한 장의 종이에 쓰인 선의 흔적으로 이루어져 있다. 그러나 나는 이 선들이 어느 정도 나의 산보(散步)의 계획도(計劃圖)인지 설명할 수 없고, 그 계획도를 어떻게 해석하면 좋을지 다른 사람에게 규칙을 말할 수가 없다. 하지만 나는 확실히 도표 읽기에 특유한 모든 징후를 제시하면서 그 도안에 따른 것이다. 나는 그와 같은 도안을 '사적인' 계획도라고 부를 수도 있을 것이고, 또 내가 기술한 현상을 '사적인 계획에 따른 일'이라고 부를 수가 있을 것이다. [그러나 이 표현은 물론 매우 손쉽게 오해를 받을 수 있다.]

그러면 내가 '나는 그때 이러이러하게 행동하고 싶다고 생각했던 일을, 계획도 같은 것이 거기에 없는데도 계획도로부터 읽어내는 것처럼 읽어내고 있는 것이다'라고 말할 수가 있을까? 이것이 뜻하고 있는 것은 내가 '그와 같이 행위하고자 하는 의도를, 내가 회상하고 있는 어떤 종류의 심적 상태 안에서 읽고 있다'고 이제 말하고 싶어지고 있다─는 것, 바로 그것이다.

654 우리의 착오는 사실을 '원현상(原現象)'으로 보아야 할 곳에서 설명을 구하고 있다는 것이다. 즉, 이러한 언어 게임이 이루어지고 있다고 말해야 할 곳에서.

655 언어 게임을 우리의 체험으로 설명하는 것이 중요한 게 아니라 언어 게임을 확인하는 것이 중요하다.

656 무엇 때문에 나는 다른 사람에게, 나는 이전에 이러이러한 소원을 품고 있었다고 말하는가? 언어 게임을 일차원적인 것으로 보라! 그리고 느낌 등을 언어 게임의 하나의 고찰 방식, 하나의 해석을 보고 있는 것처럼 보라!

사람들은 이렇게 물을 수가 있을 것이다. 사람들은 이제까지 어떻게 해서, 우리가 '과거 소원의 보고(報告)'나 과거 의도의 보고라고 부르고 있는 것과 같은 언어상의 표출을 하게 되었는가 하고.

657 이 표출이 항상 '나는 마음속에서 '좀 더 오래 거기에 있을 수만 있다면!' 하고 말하였다'는 형식을 취한다고 생각해 보자. 이와 같은 보고의 목적은, 다른 사람에게 나의 반응을 가르치는 것이기도 할 것이다. ['meinen(생각하다, 마음먹다)'과 'vouloir dire(말하고 싶다)'의 문법을 비교하라.]

658 우리가 어떤 사람의 의도를 항상 '그는 말하자면 자기 자신을 향해서 '나는 ……하고 싶다'고 말하였다'고 말함으로써 표현했다고 생각하라.—이것 이야말로 영상(映像)이다. 그리고 이때 내가 알고 싶은 것은 사람들이 '무엇인 가를 자기 자신을 향해서 말한다'고 하는 표현을 어떻게 사용하고 있는가 하는 것이다. 왜냐하면 이 표현은 무엇인가를 자기 자신을 향해서 말하는 것을 의미하고 있지 않기 때문이다.

659 왜 나는 그에게, 내가 한 일 외에 또 지향(志向)도 전달하고 싶을까? 그 지향도 그때 생기고 있던 그 무엇이었기 때문이 아니다. 그때 일어난 것을 넘어 선 나에 관한 그 무엇인가를 그에게 전달하고 싶기 때문이다.
내가 하고 싶었던 일을 말할 때 나는 그에게 나의 내부를 열어 보이고 있다. 그러나 어떤 자기관찰에 입각해서가 아니라 어떤 반응[사람들은 그것을 지향이라고 부를 수가 있을 것이다]을 통해서이다.

660 '그때 나는 ……라고 말하고 싶었다'라고 하는 표현의 문법은 '그때 나는 계속해 갈 수가 있었는데'라고 하는 표현의 문법과 비슷하다.
앞의 경우 그 기억은 의도에 관한 것이고 나중의 경우에는 이해에 관한 것이다.

661 나는 그를 생각했던 것을 기억한다. 나는 어떤 사건이나 상태를 기억하고 있는가? 그것이 언제 시작되었는가? 어떠한 경과를 거쳤는가? 등등.

662 약간의 차이밖에 없는 어떤 상황에서, 그는 말없이 손가락으로 신호를 하는 대신에 누군가에게 'N에게 내가 있는 곳으로 와달라고 말해주게' 하고 말했다고 해보자. 그러면 사람들은 'N이 내가 있는 곳으로 오는 것을 나는 바랐다'고 하는 말이 그때의 나의 마음 상태를 기술하고 있다고 말할 수는 있지만 그것을 또 되풀이해서 말하지 않는 것이기도 하다.

663 '나는 그에 대한 일을 생각하였다'고 말할 때 나의 머릿속에는, 내가 그를 어떻게 바라보았는가 하는 일 등에 대한 어떤 영상이 어쩌면 떠올라 있는지도 모른다. 그러나 그 영상은 어떤 사건에 대한 삽화와 같은 것에 지나지 않는다. 그것만으로는 대개의 경우 아무것도 해명되지 않을 것이다. 그 사건을 인지하고 나서 비로소 사람들은 영상이 무엇에 관련되어 있어야 했던가를 알게 되는 것이다.

664 사람들은 어떤 말의 관용에서 '표층 문법'을 '심층 문법'으로부터 구별할 수가 있을 것이다. 어떤 말의 관용에서 우리에게 직접 새겨지는 것은 문장 구성에 있어서의 말의 적용 방식이며, 사람들이 귀로 파악할 수 있는―이라고 말할 수 있을 테지만―말의 관용 부분인 것이다. 그래서 지금 예를 들어 '생각한다(의미한다)'고 하는 말의 심층 문법을, 표층 문법이 우리에게 추측하게 할 것이라고 여겨지는 일과 비교해 보라. 명백히 알기가 어렵더라도 이상하게 생각할 필요는 없다.

665 누군가가 고통에 찬 얼굴을 하면서 뺨을 가리키며 '아브라카다브라!'라고 말하고 있다고 생각해 보자. 우리는 '당신은 무슨 말을 하고 있느냐'고 묻는다. 그러면 그는 '이가 아프다는 것을 말하고 있다'고 대답한다. 당신은 이내 이렇게 생각한다. 도대체 어떻게 해서 이와 같은 말로 '치통'을 의미할 수가 있는가 하고. 또는 이와 같은 말로 치통을 의미한다는 것은 도대체 어떤 일을 말하고 있었는가 하고. 그럼에도 불구하고 당신은, 다른 맥락에서는 이러이러한 것을 의미한다고 하는 정신 활동이야말로, 바로 언어의 관용에 있어 가장 중요한 것이다―라고 주장했을 것이다.

하지만 어떻게 해서—나는 애당초 '아브라카다브라'가 치통을 의미하고 있다고 말할 수 없는가? 물론(말할 수 있다). 그러나 그것은 하나의 정의이지 그 말을 할 때 나의 내부에서 일어난 것을 기술한 것은 아니다.

666 당신이 아픔을 느끼고 있고 그것과 병행해서 피아노 소리를 동시에 듣고 있다—고 생각해 보자. 당신은 '이제 곧 끝날 것이다'라고 말한다. 하지만 당신이 아픔을 의미하는가, 그렇지 않으면 피아노 소리를 의미하는가, 하는 것은 분명히 하나의 구별이다! 물론. 그러나 이 구별은 어디에서 성립되어 있는가? 나는 승인한다. 대개의 경우 의미하고 있다는 것에는, 주의의 방향이 대응하고 있으리라는 것, 어떤 시선(視線), 몸짓, 또는 '내면으로 눈을 돌린다'고 말할 수가 있는 '눈을 감는 것'이 또한 가끔 그것에 대응할 것이다.

667 어떤 사람이 치통을 흉내 내고 나서 '곧 가라앉을 것이다'라고 말했다고 생각해 보자. 그가 뜻하고 있는 것은 아픔이라고 말할 수 없는가? 그럼에도 불구하고 그는 자기의 주의를 아픔에 집중하고 있지 않다. 그리고 마침내 내가 마지막으로 '아픔은 이제 그쳤다'라고 말한다면 어떻게 될까?

668 그러나 사람들은 다음과 같이 거짓말을 할 수 있지 않을까? 즉, '그것은 이제 곧 그칠 것이다'라고 말해서 아픔을 뜻한다. 하지만 '당신은 무엇을 의미했는가'라는 물음에 대해서는 '옆방의 소음'이라고 대답한다. 이런 종류의 경우 사람들은 예를 들어 '나는 ……라고 대답하고 싶었으나 잘 생각해 보고 ……라고 대답한 것이다'라고 말한다.

669 사람들은 이야기를 할 때 어떤 대상을 가리키면서 그것을 예로 인용할 수가 있다. 지시(指示)는 여기에서 언어 게임의 일부이다. 그리고 이제 우리에게는, 사람들이 이야기를 할 때에는 자기의 주의를 어떤 감각으로 향하게 함으로써, 그 감각에 대해서 이야기를 하고 있는 것처럼 보인다. 그러나 비교는 어디에 있는가? 그것은 분명히 사람들이 바라보거나 청취함으로써 무엇인가를 가리킬 수가 있다고 하는 사실 안에 있다.

그러나 사람이 이야기하고 있는 대상을 가리킨다고 하는 것은 바로 그 언어 게임이나 사상에 대하여 전적으로 비본질적인 일일 수도 있다.

670 당신이 누군가에게 전화를 해서 '이 책상은 키가 너무 높다'고 말하고, 그때 손가락으로 책상을 가리킨다고 생각하자. 그 지시는 여기에서 어떠한 역할을 다하고 있는가? 내가 그것을 가리킴으로써 관계가 있는 책상을 뜻하고 있다고 말할 수 있는가? 이 지시는 무엇을 위한 것인가? 그리고 그러한 말은 무엇 때문이며 다른 그 무엇이 거기에 수반하고 있는가?

671 게다가 청취라고 하는 정신 활동에 의해서 나는 도대체 무엇을 가리키고 있는가? 나의 귀에 들리는 소리나 내가 아무것도 듣고 있지 않을 때의 정적(靜寂)인가?

청취한다는 것은 말하자면 청각 인상을 구하고 있는 것이며, 그러기 때문에 그 인상을 가리킬 수가 없고 단지 인상을 구하고 있는 장소를 가리킬 수가 있을 뿐이다.

672 수용적(受容的)인 태도가 그 어떤 일의 '직시(直示)'라고 불린다고 한다면, 그때 우리가 그 태도를 통해서 받는 감각을 직시하고 있는 것이 아니다.

673 정신적인 태도가 말을 '동반'하는 것은 어떤 몸짓이 말을 동반하는 것과 같은 뜻이 아니다. [누군가가 혼자 여행을 하면서 자신의 소원이 동반되는 것과 비슷하고, 또 어떤 공간이 텅 비어 있으면서 빛이 통과하는 일과 비슷하다.]

674 사람들은 예를 들어 '사실 나는 지금 나의 아픔을 의미하는 것이 아니다. 나는 아픔에는 충분한 주의를 기울이지 않았다'고 말하는가? 나는 '도대체 나는 지금 이 말로 무엇을 뜻하고 있었는가? 나의 주의는 나의 아픔과 소음으로 분리되고 있었다—'는 식으로 자문하는가?

675 '당신이 ……라는 말을 했을 때 당신 내부에서 무슨 일이 일어나고 있었는지 나에게 말해줘'—이에 대한 대답은 '나는 ……을 의미하고 있었다'는 것이 아니다.

676 '나는 이 말로써 이것을 의미했다'고 하는 것은, 마음의 어떤 흥분 상태의 보고와는 다른 방식으로 사용되는 하나의 보고이다.

677 한편 '당신이 아까 저주했을 때 정말로 그것을 의미했는가?' 이것은 예를 들면 '그때 당신은 정말로 화가 났었는가'라고 묻는 것과 마찬가지이다. 그리고 그에 대한 대답은 어떤 자기관찰에 입각해서 줄 수가 있고, 때때로 '나는 정말로 그렇게 생각한 것이 아니다' 또는 '나는 농담 삼아 그렇게 말한 것이다'와 같은 정도가 된다. 여기에는 정도의 차이가 존재한다.
그리고 사람들은 물론 '나는 그 말에 의해 그에 대한 일을 어느 정도는 생각했다'라고도 말한다.

678 이와 같은 생각[아픔, 피아노 조율]은 무엇으로 성립되는가? 그 어떤 대답도 나오지 않는다—왜냐하면 언뜻 보아 우리에게 나타나는 해답이 쓸모가 없기 때문이다. '하지만 그때 나는 그 하나를 의미한 것이지, 또 다른 쪽은 아니다'—맞다. 다만 당신은 그 누구도 항변할 수 없었던 명제를, 단지 강조해서 되풀이한 데에 지나지 않는다.

679 '그러나 당신은 자기가 그것을 뜻하고 있었던 것을 의심할 수 있는가?' 아니다. 하지만 나는 그것을 알고 있다고 확신을 가질 수도 없다.

680 당신이 나에게 당신은 저주했으며 그와 동시에 N의 일을 생각하고 있었다고 나에게 말해도, 당신이 그때 그의 그림을 바라보고 있었다든가, 그를 상상하고 있었다든가, 그의 이름을 말하고 있었다든가 하는 것은 나에게는 아무래도 좋을 일이 될 것이다. 나의 관심을 끄는 그 사실로부터의 여러 귀결은 그러한 일과는 전혀 관계가 없는 것이다. 그러나 다른 한편으로 저주라고

하는 것은 사람들이 그 인간을 분명하게 상상하거나, 그 이름을 소리 높여 말할 때에만 효과가 있는 것이다—라고 누군가가 나에게 설명할 수 있을 것이다. 하지만 사람들은 '저주하고 있는 사람이 그 희생자를 어떻게 의미하고 있는가가 문제이다'라고 말하지는 않을 것이다.

681 사람들은 물론 '당신은 그를 저주했다는 것, 그와의 결부가 만들어졌다는 것에 확신이 있는가'와 같이 묻지 않는다.

그러면 그와 같은 결부는, 사람들이 그렇게도 확신을 가질 수 있을 정도로 매우 손쉽게 만들어낼 수 있는 것인가?! 결부가 빗나가지 않는다고 알 수 있을 정도로. 그런데 내가 어떤 사람에게 편지를 쓰려고 하다가 실제로는 다른 사람에게 쓰는 일이 나에게 일어날 수 있는가? 그렇다고 한다면 그것은 어떻게 일어날 수 있는가?

682 '당신은 '그것이 곧 끝날 것이다'라고 말하였다. 당신은 소음에 대해서 생각했는가, 그렇지 않으면 자신의 아픔인가?' 만약에 그가 지금 '나는 피아노 소리에 대해서 생각한 것이다'라고 대답한다면—그는 그와 같은 결부가 성립되어 있었다는 것을 확언하고 있는가, 그렇지 않으면 그 결부를 이와 같은 말로 내세우고 있는가? 나로서는 그 쌍방을 말할 수 없는가? 만약에 그가 한 말이 정말이라면 거기에서는 그 결부가 성립되어 있지 않았던가—그렇다고 한다면 그는, 그럼에도 불구하고 성립되어 있지 않았던 하나의 결부를 내세우고 있는 게 아닌가?

683 내가 어떤 사람의 머리를 그린다. 당신이 '이것은 누구를 나타내고 있는가'라고 묻는다. 나 : 'N을 나타내려 하고 있다.' 당신 : '하지만 그것은 그와 닮은 것처럼 보이지 않는다. 오히려 M을 닮은 것처럼 보인다.' 내가 그것은 N을 나타낸다고 말했을 때, 나는 어떤 연관을 만들어냈는가, 그렇지 않으면 어떤 연관에 대해서 보고했는가? 도대체 어떠한 연관이 성립되어 있었던가?

684 나의 말이 성립되어 있는 어떤 연관을 기술하기 위해서는 무엇인가 말

해야만 하는가? 그렇다, 그것은 그 언어에 의해서 처음에는 현상 속으로 나타나지 않았던 여러 가지 것을 예로 든다. 예를 들어, 그때 물음을 받았다면 나는 일정한 대답을 했을걸—하고 말한다. 그리고 비록 이것이 단순한 조건(문)이라 해도, 그것은 여전히 과거에 대해서 무슨 일인가를 말하고 있다.

685 'A를 찾아라'고 하는 것은 'B를 찾아라'라고 하는 것이 아니다. 그러나 나는 이 쌍방의 명령에 따르면서 정확하게 같은 일을 할지도 모른다.

그때 무엇인가 다른 일이 일어나야만 한다—고 말하는 것은, '오늘은 나의 생일입니다'라는 명제와 '4월 26일은 나의 생일입니다'라는 명제가 각기 뜻이 같지 않기 때문에, 서로 다른 날을 가리키고 있는 것이라고 사람들이 말하는 것과 비슷하다.

686 '물론 나는 B를 염두에 두었기 때문에 A에 대해서는 전혀 생각하지 않고 있었다!'

'나는 ……때문에, B가 내가 있는 곳까지 와주었으면 하고 생각했던 것이다.' 이들은 모두 보다 더 큰 맥락을 가리키고 있다.

687 '나는 그를 염두에 두고 있었다'고 말하는 대신에, 물론 때로는 '나는 그의 일을 생각하였다'고 말할 수가 있고, 때로는 '그렇다, 우리는 그에 대해서 이야기를 하고 있었던 것이다'라고 말할 수도 있다. 따라서 '그에 대해서 이야기하고 있다'고 하는 것이 무엇으로 성립되어 있는가를 자문해 보라!

688 상황에 따라서 사람들은 '나는 이야기를 하고 있었을 때, 그것을 당신에게 말하고 있다고 느꼈다'고 말할 수가 있다. 그러나 내가 원래 당신과 이야기를 하고 있었다면 그렇게는 말하지 않을 것이다.

689 '나는 N의 일을 생각한다.' '나는 N에 대해서 이야기한다.'

어떻게 나는 그에 대해서 이야기를 하는가? 나는 예를 들어 '오늘 N을 방문해야만 한다'고 말한다. 하지만 이것으로는 충분하지가 않다! 'N'으로 나는, 이 이름을 가진 여러 인물을 의미할 수가 있을 것이다. '그러므로 나의 이야기와 N과의 사이에 또 하나 다른 결부가 성립되어야 한다. 그렇지 않으면 내가 그를 의미하지 않는 것이 될 것이기 때문이다.'

확실히 그러한 결부가 성립되어 있다. 다만 당신이 상상하고 있는 방식, 즉 어떤 정신의 메커니즘에 의해서가 아니다.

[사람들은 '그를 뜻한다'를 '그를 가리킨다'와 비교한다.]

690 내가 한번은 겉으로는 순진한 소견을 말하고 누군가에게 남몰래 곁눈질을 하면서 그것을 이야기하지만, 다른 때에는 눈을 깔고 그 자리에 있는 어떤 이의 이름을 대면서 이야기한다—고 하면 어떤가?—그 사람의 이름을 사용할 때 나는 실제로 오직 그 사람의 일을 생각하고 있는가?

691 내가 N의 얼굴을 기억에 따라서 그려내면 아무튼 나는 그 그림으로 그를 뜻하고 있다고 말할 수가 있다. 그러나 그 소묘가 이루어지는 동안에 [또는 그 전후에] 일어나는 어떤 사건에 대해서 나는 바로 그것을 뜻하고 있다고 말할 수가 있을까?

왜냐하면 사람들은, 그가 그 사람을 뜻하고 있었을 때에는 그 사람을 겨냥하고 있었다고 자연히 말하고 싶어지기 때문이다. 그러나 누군가가 다른 사람의 얼굴을 기억 속에 환기하고 있을 때 그는 그것을 어떻게 하고 있는가?

즉 그는 어떻게 그 사람을 기억 속으로 환기하고 있는가?

어떻게 그는 그 사람을 회상하는가?

692 '당신에게 이 규칙을 주었을 때, 나는 당신이 이 경우에는 ……해야 한다는 것을 의미한 것이다'라고 누군가가 말하려고 한다면 그것은 옳은 일인가? 규칙을 주었을 때 그 사람이 이 경우의 일을 전혀 생각하지 않았다고 해도? 물론 그것은 옳다. '그것을 뜻한다'는 것이 바로 그것을 생각한다는 것은 아니다. 그러나 문제는, 이제 어떤 사람이 이것을 뜻했는지의 여부를 우리는 어떻게 판단해야 하는가—라는 것이다. 예를 들어, 그 사람이 산술과 특정한 기술에 통달하여 어떤 수열의 전개에 관해 누군가에게 가르쳤다는 것이 그것을

위한 하나의 기준이 된다.

693 '누군가에게 ……인 수열의 구조를 가르치고 있을 때, 나는 그가 제100 항목에 ……라고 써야 할 것을 의미하고 있다.' 매우 옳다. 당신은 그것을 의미하고 있는 것이다. 그리고 분명히, 그것만을 반드시 생각하고 있지 않다고 해도. 이것은 '의미한다'고 하는 동사의 문법이 '생각한다'고 하는 동사의 문법과 어느 정도 다른가를 당신에게 보여주고 있다. 그리고 의미한다는 것을 하나의 정신 활동이라고 부르는 것보다 더 잘못된 것은 없다. 즉 사람들이 혼란을 낳는 것을 노리고 있는 것이 아니라면. [사람들은 버터의 값이 오를 때 버터의 활동에 대해서도 이야기할 수가 있을 것이다. 그리고 그것에 의해서 어떠한 문제도 생기지 않는다면 그 일에 해는 없는 것이다.]

제2부

i

  사람들은 어떤 동물이 화를 내고 두려워하고 슬퍼하고 기뻐하고 놀라고 있는 것을 상상할 수가 있다. 그러나 희망하는 것(을 상상한다는 것)은? 그렇다면 왜 할 수 없는가?

  개는 자기 주인이 문간에 있다고 믿고 있다. 그러나 개는 자기 주인이 모레 온다고 믿을 수도 있는가? 그렇다면 개는 무엇을 할 수가 없는가? 나는 이것을 도대체 어떻게 할 것인가? 나는 이에 대해 어떻게 대답해야 하는가?

  이야기를 할 수 있는 사람만이 바랄 수가 있는가? 한 언어의 적용에 통하고 있는 사람만이. 즉, 바란다는 현상은 이 착잡한 생활 양식의 변용인 것이다. [어떤 개념이 인간의 필적(筆跡)의 특징을 맞힌다고 한다면, 글자를 쓰지 않는 존재자에 대해서는 적용되지 않는다.]

  '비애(悲哀)'(라고 하는 말)는, 인생살이 중에서 여러 가지로 변화하면서 회귀되는 하나의 유형을 우리에게 기술해 준다. 어떤 인간의 경우, 상심(傷心)과 기쁨의 신체 표현이 예를 들어, 시계의 째깍거리는 소리와 함께 교대했다고 하면, 거기에서는 상심의 틀과 기쁨의 틀 그 어느 쪽의 특징적 경과도 없었을 것이다.

  '그는 1초 동안 격렬한 아픔을 느꼈다'―'그는 1초 동안 깊은 비애를 느꼈다'라고 하는 것이 왜 이상하게 들리는가? 단지 그것이 드물게 나타나기 때문인가?

  그러나 당신은 지금 비애를 느끼고 있지 않은가? [그러나 당신은 지금 체스를 두고 있지 않은가?] 이 대답은 긍정일 수 있지만, 그것은 비애라고 하는 개념을 감각 개념과 더 유사하게 만들지는 않는다. 이 물음은 원래 시간과 인물에 관한 물음이었던 것으로, 우리가 세우고 싶다고 생각한 논리적인 물음은 아니었다.

'당신은 알아야 한다. 내가 두려워하고 있다는 것을.'
'당신은 알아야 한다. 나로서는 그것이 무섭다는 것을.'
그렇다, 사람들은 이것을 싱글벙글하는 어조로도 말할 수가 있다.
그러면 당신은 그 사람이 그러한 것을 느끼고 있지 않다고 나에게 말하고 싶은가?! 그렇지 않으면 그는 도대체 어떻게 해서 그것을 아는가? 그러나 그것이 하나의 보고라 해도 그는 그것을 자기의 감각에서 배우는 것이 아니다.

공포의 몸짓에 의해서 야기되는 여러 감각을 생각해 보라. '나에게는 그것이 무섭다'고 하는 말도 바로 그러한 몸짓인 것으로, 내가 말로 나타낼 때에 그것을 듣거나 느끼거나 해도 그것은 여러 감각의 나머지 일부인 것이다. 그렇다면 왜 말 없는 몸짓이 말이 있는 몸짓을 뒷받침해야 할까?

ii

'내가 그 말을 들었을 때 그것은 나에게 ……을 뜻하고 있었다'고 하는 말로써, 그는 어떤 시점과 말의 적용 방식을 (암암리에) 가리키고 있는 것이다. [우리가 파악하고 있지 않은 것은 물론 이러한 조합이다.]
그리고 '나는 그때 ……라고 말하려고 했다'라는 표현은 어떤 시점과 어떤 행위를 가리키고 있다.
내가 표출의 본질적인 지시대상에 대해서 이야기하는 것은, 그것을 우리의 여러 표현의 다른 특수성으로부터 분리시키기 위해서이다. 그리고 표출에 있어서 본질적인 것은, 우리를 꾀어서 다른 점에서는 우리에게 친근감이 없는 어떤 표현을, 우리가 관용하는 이 형식으로 번역하게 하는 지시대상인 것이다.

'sondern'이라는 말이 동사도 되고 접속사도 될 수 있다고 말할 수 없는 사람, 또는 그것이 어느 때에는 후자이며 어느 때에는 전자인 것 같은 문장들을 만들 수 없는 사람은, 간단한 학교의 과제도 다룰 수가 없을 것이다. 그러나 이 말을 맥락 밖에서 이러이러하게 파악하는 일, 또는 자기가 그것을 어떻게 파악했는가 하는 것을 보고하는 일은 학생에게 요구되지 않는다.

'이 장미는 빨갛다'라고 하는 말은 '······이다'라는 말이 '······와 동등하다'라는 뜻을 가지고 있을 때에는 무의미하다. 이것은 당신이 위의 문장을 소리 내고, 그 안에서 '······이다'를 동등 기호라고 생각하고 있다면 당신의 입장에서 그 뜻은 붕괴된다―는 것인가?

우리가 어떤 문장을 취해서 거기에 포함된 말 하나하나를 누군가에게 설명한다. 그는 그것으로 이들 말을 응용하는 일, 따라서 또 해당 문장을 (응용하는 것을) 배운다. 우리가 그 문장 대신에 뜻이 없는 하나의 낱말 열을 골랐다면, 그는 그것을 응용하는 것을 배우지 않았을 것이다. 그리고 사람들이 '······이다'라는 말을 동등 기호로 설명한다면, 그때에 그는 '이 장미는 빨갛다'라고 하는 문장을 적용하는 것을 배우지 않는다.

그럼에도 불구하고 '뜻의 붕괴'라는 것에도 나름대로 옳은 점이 있다. 그것은 다음과 같은 예에서 볼 수 있다. 즉 사람들은 누군가에게 이렇게 말할 수가 있다. 당신이 '죽겠다 죽겠다'라고 하는 감탄사를 풍부한 표정으로 나타내고 싶으면 그때 진짜 죽음을 생각해서는 안 된다고!

어떤 뜻을 체험하는 일과, 어떤 표상영상을 체험하는 일. '사람들은 뒤의 경우와 앞의 경우에서는 무엇인가 다른 일을 체험하고 있다'고 말하고 싶어진다. '서로 다른 내용이 의식에 제시되어 있고―의식 앞에 나타나 있다'고.―어느 쪽이 표상체험의 내용인가? 그 대답은 하나의 영상이거나 하나의 기술(記述)이다. 그리고 무엇이 의미체험의 내용인가? 나로서는 어떻게 대답해야 좋을지 알 수가 없다. 위의 표출에 그 어떤 뜻이 있다고 해도, 그것은 쌍방의 개념이 '빨강'이나 '파랑'의 개념처럼 서로 비슷한 동작을 한다―는 뜻이다. 그리고 그와 같은 일은 허위이다.

사람들은 뜻의 이해를 표상영상처럼 고수할 수가 있는가? 즉, 말의 어떤 뜻이 갑자기 나의 머릿속에 떠오를 때—그것은 또 나의 마음 앞에서 정지해 있을 수도 있는가?

'전체 계획이 한 순간 나의 마음 앞에 나타나, 그대로 5분 동안 정지하고 있었다.' 이것이 왜 기묘하게 들리는가? 사람들은 이렇게 믿고 싶어 한다. 번득인 것과 정지하고 있었던 것은 같을 수가 없다고.

나는 '이제야 나에게는 그것이 명백해졌다!'고 외쳤다. 그것은 갑작스런 번득임이었던 것으로, 그러고 나서 나는 그 계획을 세부에 걸쳐 제시할 수가 있었다. 무엇이 거기에서 정지했었는가? 아마도 하나의 영상. 그러나 '이제 나에게는 그것이 분명해졌다'고 말한다는 것은 내가 그와 같은 영상을 가지고 있다—는 말은 아니었던 것이다.

어떤 말의 어떤 의미가 머리에 떠오른 사람, 그것을 두 번 다시 잊어버리지 않았던 사람은 이제 그 말을 이러한 방식으로 응용할 수가 있다.
뜻이 머릿속에 떠오른 사람은, 이제 그것을 알고 있으며 머릿속에 떠오른 일이 지식의 단서였던 것이다. 그러면 그것은 표상체험과 어떻게 닮아 있는가?

'슈바이처는 슈바이처(스위스 사람)가 아니다'라고 말할 때, 나는 처음의 '슈바이처'를 고유명사, 두 번째를 보통명사라고 생각하고 있다. 그러면 나의 정신 안에서는 처음의 '슈바이처'의 경우와 두 번째의 경우가 무엇인가 달라야만 할까? [내가 이 문장을 '앵무새처럼' 되뇌고 있지 않는다 하고.] 처음의 '슈바이처'를 보통명사, 두 번째를 고유명사라고 생각하도록 시도해 보라! 어떻게 해서 사람들은 그것을 하는가? 내가 그렇게 할 때에는, 양쪽의 말 각각에 대해서 자기 눈앞에 그 올바른 뜻을 꺼내려고 시도하면서, 긴장한 나머지 눈을 깜박거린다. 그러나 말의 통상적인 관용에서도 나는 나의 눈앞에 이들의 뜻을 꺼내고 있을까?

　뜻을 바꾸어서 이 문장을 말해보자. 내 입장에서 보면 문장의 뜻이 무너지고 만다. 그런데 나에게는 문장의 뜻은 무너지지만, 내가 그것을 보고하고 있는 다른 사람에게는 그렇지가 않다. 그렇다면 어떠한 불합리한 일이 생기는가? '하지만 그 문장을 보통으로 말할 때에는 바로 무엇인가 특정한 차이가 나는 일이 일어나고 있는 것이다.' 그때 일어나고 있는 것은 위의 '뜻을 꺼내고 있는 일'은 아닌 것이다.

iii

　무엇이 그에 관한 나의 상상을 그에 관한 하나의 상상으로 만드는가?
　그것은 영상의 유사성이 아니다.
　'나는 지금 그를 생생하게 눈앞에 보고 있다'고 하는 표출에 대해서, 상상에 관한 것과 바로 동일한 물음에 해당된다. 무엇이 이 표출을 그에 대한 표출로 만드는가? 그 표출 안에 있는 것도 아니고, 그것과 동시에 있는 ['그 배후에 있는'] 것도 아니다. 그가 누구에 대해서 생각하고 있었는지를 알고 싶으면 그에게 물어보라!
　[그러나 어떤 얼굴이 나의 머릿속에서 오가고 그것을 바로 그려낼 수는 있지만, 그것이 어떤 인물의 것인지, 내가 어디서 그것을 보았는지 모르는 경우도 있을 수 있다.]

　그러나 누군가가 표상(表象)을 하고 있을 때, 또는 표상하는 대신에 그림을 그리고 있었다면. 비록 단순히 손으로 공중에 그렸다고 해도. [사람들은 이것을 '운동 표상'이라고 부를 수가 있을 것이다.] 그래서 사람들은 '그것이 누구를 표상하고 있는가' 하고 물을 수가 있을 것이다. 그리고 그의 대답이 결말을 지을 것이다. 그는 말로써 기술을 한 것으로 이 기술은 바로 표상을 대신한 것이 될 수 있다.

iv

'나는 그가 고통을 받고 있다고 믿는다'—나는 또 그가 자동 기계가 아니다
—라고도 믿고 있는가?

마지못해 나는 이 (믿는다고 하는) 말을 이 쌍방의 맥락 안에서 말할 수 있을
뿐일 것이다.

[또는 다음과 같이 된다. 나는 그가 고통을 받고 있다고 믿지만 그가 자동
기계가 아니라고 확신하고 있다. 난센스!]

내가 어떤 친구에 대해서 '그는 자동 기계가 아니다'라고 말한다고 생각해
보라.—무엇이 여기에서 보고되는가? 그리고 그것은 누구를 위한 보고인가?
보통의 상태로 다른 사람을 만나는 어떤 인간을 위한 것인가? 그것이 그에게
무엇을 전달할 수가 있는가! [하지만 기껏해야 이 사람이 항상 인간처럼 행동
하고 있고 그다지 기계와 같이 행동하지 않는다는 것.]

'나는 그가 자동 기계가 아니라고 믿는다'라고 말하는 것은 그것만 가지고
는 아직 그 어떤 뜻도 가지고 있지 않다.

그에 대한 태도는 나의 영혼에 대한 태도이다. 나는 그에게 영혼이 있다는
의견을 가지고 있는 것이 아니다.

종교는, 육체가 산산이 흩어져도 영혼은 존재할 수 있다고 가르친다. 그렇다
면 나는 그것이 무엇을 가르치고 있다고 이해하고 있는가? 물론 이해하고 있
다—나는 그 밖에도 많은 것을 상상할 수 있는 것이다. 사람들은 이들 사물에
관한 그림까지도 그려왔다. 그와 같은 그림이 왜 말이 된 사상의 불완전한 복
제임에 지나지 않는가? 왜 그것은 말이 된 가르침과 동일한 역할을 해서는 안
되는가? 그리고 역할이라고 하는 것이 문제가 된다.

머릿속의 사상의 영상이 우리에게 다가오고 있는 일이 있다면, 왜 그때 영혼

안의 사상의 영상이 그 이상으로 다가오지 않고 있는가?

인간의 신체는 인간 영혼의 가장 좋은 영상이다.

그러나 '당신이 그렇게 말했을 때 나는 그것을 내 마음속에서 이해하였다'고 하는 표현에 대해서는 어떤가? 이때 당사자는 가슴을 가리키고 있다. 그러면 그 사람은 이미 그와 같은 몸짓을 의미하고 있는 것이 아닌가?! 물론 그것을 의미하고 있다. 그렇지 않고 사람들은 어떤 영상만을 사용하고 있다고 의식하고 있는가? 분명히 그렇지 않다─그것은 우리가 선택하는 영상이 아니라 하나의 영상적인 표현, 즉 비유는 아니다.

V

우리가 어떤 점의 운동[예를 들면 칸막이 위의 광점(光點)의 운동]을 관찰하고 있었다고 생각해 보자. 이 점의 운동에서 실로 여러 가지 종류의 중요한 결론을 끌어낼 수가 있다. 그 점의 운동에 대하여 얼마나 여러 가지 관찰을 할 수 있는가! 점의 궤도와 그에 대한 어떤 종류의 측정량[예를 들어 진폭이나 파장], 또는 속도와 그 변화가 따르는 법칙, 또는 그것이 엉뚱하게 변화하는 장소의 수 또는 위치, 또는 이들 장소에서의 궤도의 만곡(彎曲), 그리고 무수한 다른 일들─그리고 이와 같은 운동의 각 특성이 더할 나위 없이 우리의 관심을 끄는 것이 될 수 있다. 예를 들어 이 운동에 관한 여러 가지 사항이 어떤 시간 내에 있어서 (점이 그린) 환(環)의 수 외에는 모두가 우리에게 어떻게 되든 상관없는 일일 수도 있을 것이다. 그리고 지금 그와 같은 단 하나의 특성만이 우리의 관심을 끄는 것이 아니라 그 많은 것이 우리의 관심을 끌고 있는 것이라면 그 각각이 어떤 특수한, 그 종류에 따라 다른 모든 것과 다른 개시(開示)를 우리에게 줄지도 모른다. 그리고 이것은 인간의 행동에도 마찬가지 일로서 우리는 그 행동의 여러 특성을 관찰하고 있는 것이다.

그렇다면 심리학은 행동을 다루고 있는 것이지 마음을 다루고 있는 것은 아닌가? 심리학은 무엇을 보고하고 있는가? 그것은 무엇을 관찰하고 있는가? 인간의 행동, 특히 인간의 여러 가지 표출이 아닌가? 그러나 이들의 여러 표출은 행동을 다루고 있는 것이 아니다.

'나는 그의 기분이 언짢았다는 것을 알았다.' 이것은 행동에 대한 보고인가? 그렇지 않으면 마음의 상태에 대한 보고인가? ['하늘이 당장이라도 비를 뿌릴 것처럼 보인다.' 이것은 현재를 문제로 하고 있는 것인가, 그렇지 않으면 미래인가.] 양쪽이다. 단, 나란히 놓인 것이 아니라 한쪽을 통해서 다른 한쪽을.

의사가 '그의 기분은 어떤가?' 하고 묻는다. 간호사가 '신음하고 있습니다'라고 말한다. 행동에 대한 보고. 그러나 이 두 사람에게 그 신음이 정말로 진정한 것인가 아닌가, 실제로 무엇인가의 표현인가 아닌가와 같은 문제가 일반적으로 존재하고 있어야 한다. 두 사람은 예를 들어, '그가 신음을 하고 있다면 우리는 진통제를 주어야만 한다'는 결론을 끌어낼 수가 없을까? 매개념(媒概念)에 대해서 숨기지 않더라도. 그러면 두 사람이 행동의 기술에 부여하고 있는 역할이야말로 중요하지 않은가?

'그러나 그렇다면 이 두 사람은 암묵의 전제를 세우고 있는 것이다.' 그렇다면 우리의 언어 게임이라고 하는 사건은 항상 암묵의 전제 위에 성립되어 있는 것이다.

내가 어떤 심리학의 실험을 기술한다. 그 장치, 실험자의 설문, 피실험자의 행위나 응답을.—그런데 지금 나는 이것이 어떤 극(劇)의 한 장면이라고 말한다. 이제 모든 것이 바뀌고 말았다. 그러면 사람들은 이렇게 설명할 것이다. 만약에 심리학에 관한 책 안에서, 이 실험이 동일한 방식으로 기술되어 있다고 한다면 행동의 기술은 바로 심적인 것의 표현이라고 이해되었을 것이다. 왜냐하면 피실험자가 우리를 얕잡아보고 있는 것도 아니고, 응답을 암기하고 있는 것도 아니고 등등, 많은 것이 전제되어 있기 때문이라고—그러면 우리는 하나의 전제를 세우고 있는 셈인가?

우리는 실제로 '나는 물론 ······라는 전제를 세우고 있는 것이다'와 같은 식으로 자기를 표현할까? 그렇지 않으면 단순히 남이 그것을 알고 있다는 이유만으로 그렇게 하지 않는 것일까?

의심이 성립되는 곳에는 전제가 성립되지 않는가? 그리고 의심은 전적으로 결여될 수 있다. 의심에는 끝이 있다.

여기에서 사정은 물리적 대상과 감각 인상의 관계와 같은 것이다. 우리는 여기에 두 가지 언어 게임을 가지고 있고, 이들 상호의 연관은 복잡한 종류의 것이다. 사람들이 이들 여러 연관을 단일한 틀에 맞추려고 한다면 길을 잘못 들어선 것이다.

vi

누군가가 다음과 같이 말했다고 하자. 예를 들어 어떤 책 안의, 우리에게 잘 알려진 말은 어느 것이나 우리의 정신 안에 이미 그 자체로 하나의 분위기, 어렴풋이 암시된 여러 적용의 무리[暈]를 가지고 있다고. 마치 어떤 그림 안에서 형상 하나하나가 섬세하고 몽롱하게 그려진 장면에 의해, 말하자면 다른 차원 안에 둘러싸여 있고, 우리가 거기에서 여러 형상을 다른 맥락으로 바라보고 있는 것처럼. 어쨌든 이 가정을 진지하게 생각해 보자! 그러면 그 가정은 지향을 설명할 수 없다는 게 나타난다.

만약에 그래서 어떤 말의 적용의 가능성이 이야기하거나 들을 때에 반음 상태(半音狀態)로 우리의 머릿속에 떠오르는 것이라면—그것은 바로 우리에 대해서 타당하다. 그런데 우리는 다른 사람도 이러한 체험을 하고 있는지 여부를 모르면서도 그들과 의사소통을 하고 있다.

나의 경우에는 이해하는 것이 하나의 내적인 사건이다—라고 보고한 사람에 대해서 우리는 도대체 어떻게 항변할 것인가? 만일 그가, 자신에게는 체스를 하는 것이 하나의 내적인 사건이라고 말한다면 우리는 그에게 어떻게 항변

할까? 그가 체스를 할 수 있는지 우리가 알고자 할 때, 그의 내부에서 일어나고 있는 일 같은 건 우리에게 전혀 흥미가 없다고. 그리고 만약에 그가 지금 이에 대답하여, 그것이야말로 바로 우리의 관심사라고—즉, 내가 체스를 할 수 있는가 어떤가 하는 것이라고 말하려고 한다면, 그때 우리는 그의 능력을 우리에게 증명해 줄 만한 기준, 그리고 다른 한편으로는 '내적인 상태'라고 하는 기준에 대해서 주목해야 할 것이다.

비록 누군가가 특정한 무엇인가를 느낄 때에만, 그리고 오직 그동안에만 일정한 능력이 있다고 해도 그 느낌이 능력은 아닐 것이다.

의미라고 하는 것은 말을 듣거나 말할 때의 체험이 아니며, 문장의 의의는 그와 같은 체험의 복합체가 아니다. ['나는 아직 그를 만나지 않았다'라고 하는 문장의 의의가 어떻게 해서 그 각 낱말의 뜻에서 합성되는가?] 문장은 낱말로부터 합성된다, 그것으로 충분한 것이다.

모든 낱말에는—하고 사람들은 말하고 싶어 한다—서로 다른 맥락 안에서 서로 다른 성격이 있을 수 있지만, 그래도 하나의 성격—하나의 모습—을 가지고 있는 것이다. 그것은 여하간 우리를 바라보고 있다. 그러나 그려진 얼굴도 우리를 바라보고 있다.

당신은 어쩌면 복수가 아니라 단수의 '만약에'라는 하나의 느낌이 존재한다고 확신하는가? 당신은 그 말을 여러 맥락 안에서 발음하려고 한 일이 있는가? 이를테면 그것에 문장의 제1악센트가 있는 경우라든가 그다음 말에 제1악센트가 있는 경우라든가.

나에게는 '만약에'와 '그러나'가 같은 느낌이 든다—고 자기 어감에 대해서 우리에게 이야기한 사람이 있다고 생각하자. 우리는 그 사람이 하는 말을 믿어서는 안 될까? 그것은 아마도 우리에게 이상한 느낌을 줄 것이다. '그는 우리의 게임을 전혀 하지 않고 있다'고 사람들은 말하고 싶어진다. 또는 '그 사람은 별종이다'라고.

이 사람이 '만약에'와 '그러나'라는 말을 우리처럼 사용한다면, 이들 말을 우리가 이해하고 있는 것처럼 이해하고 있는 것이다—라고 우리는 믿는 것이 아닐까?

사람들은 만약에—라고 하는 느낌에 대한 심리적인 관심을 어떤 의미에 있어서의 자명한 상관자로서 간주한다면, 이것을 잘못 평가하고 있는 것이다. 그것은 오히려 다른 맥락 안에서, 즉 그것이 생기는 특별한 상태라고 하는 맥락 안에서 파악되는 것이어야 한다.

'만약에'라는 말을 하지 않을 때에는, 만약에라는 느낌이 결코 일어나지 않는 것인가? 그와 같은 원인만이 이러한 느낌을 불러일으키는 것이라면, 그것은 어쨌든 기묘한 일이다. 그리고 그것은 일반적으로 말의 '분위기'라는 것에 대해서도 마찬가지이다. 왜 사람들은 이 말만이 이러한 분위기를 가지고 있다는 것을 이렇게도 자명한 일로 간주하는가?

'만약에'라는 느낌은 '만약에'라는 말에 수반하고 있는 느낌이 아니다.

'만약에'라는 느낌은 하나의 악절(樂節)이 우리에게 주는 것과 같은 특수한 '느낌'과 비교되어야 할 것이다. [그와 같은 느낌을 사람들은 가끔 '여기에서는 어떤 결론이 나올 것 같다'거나 '나는 '그러기 때문에 ……'라고 말하고 싶어진다'거나 '나는 여기에서 항상 어떤 몸짓을 하고 싶다—'고 말하고, 또한 그와 같은 몸짓을 함으로써 기술한다.]

그러나 이와 같은 느낌을 악절에서 분리할 수가 있는가? 그럼에도 불구하고 그 느낌은 악절 그 자체가 아니다. 왜냐하면 어떤 사람은 그 느낌을 가지지 않고 악절을 들을 수가 있기 때문이다.

이 점에서 그 느낌은 악절이 연주되는 '표정'과 비슷한가?

우리는 이 구절이 아주 특수한 느낌을 준다고 말한다. 우리는 스스로 그것을 읊어보고 그때 어떤 움직임을 하며, 아마도 그 어떤 특수한 감각을 갖는다. 그러나 그와 같은 수반현상—움직임, 감각—을 우리는 다른 맥락에서는 전혀 재인식하지 않을 것이다. 이들은 우리가 그 구절을 읊고 있을 때 이외에는 전적으로 공허한 것이다.

'나는 그것을 아주 일정한 표정으로 노래한다.' 이러한 표정은 그 구절로부터 분리할 수 있는 것이 아니다. 그와 같은 것은 다른 개념인 것이다. [다른 게임.]

체험이란 그와 같이 연출된 이 구절을 말한다[내가 혹은 해 보이는 것처럼. 기술은 그것을 암시할 수 있는 데에 지나지 않을 것이다].

사물로부터 분리할 수 없는 분위기, 그것은 그러기 때문에 분위기가 아니다.
서로 밀접하게 결부되어 있고, 결부된 것은 서로 적합하는 것처럼 보인다. 그러나 어떻게 해서 그렇게 보이는가? 어떻게 해서 적합한 것처럼 보이게 되는가? 아마도 다음과 같아서일 것이다. 즉, 우리는 이 이름, 이 얼굴, 이 필적을 가진 남자가 이들 작품을 낳은 것이 아니라, 아마도 전혀 다른 작품[다른 위대한 사람의 작품]을 낳은 것이라고는 생각할 수 없다.
우리는 그와 같이 생각할 수가 없다? 그렇다면 그렇게 생각하려고 시도하고 있는가?

다음과 같은 일이 있을 수 있다. 나는 누군가가 '제9교향곡을 쓰고 있는 베토벤'이라는 그림을 그리고 있다는 것을 듣는다. 나는 그와 같은 그림을 본다는 것이 어떤 일인지 쉽게 상상할 수가 있을 것이다. 그러나 괴테가 제9교향곡을 쓰고 있을 때의 모습이 어떠했던가를 누군가가 서술하고 싶어 한다면 어떤가? 그때 나는 곤혹을 느끼고 우스꽝스러운 것들밖에는 아무것도 상상할 수 없을 것이다.

잠이 깬 후에 어떤 사건을 이야기하는 사람들[자기들은 어디 어디에 있었다 등과 같이]. 거기에서 우리는 이야기에 선행해야 할 '나는 꿈을 꾸었다'고 표현하도록 그 사람들에게 가르친다. 그러고 나서 나는 몇 번인가 '당신은 어젯밤 무엇인가 꿈을 꾸었는가' 하고 그들에게 묻고, 긍정 또는 부정의 대답을 받고, 때로는 꿈 이야기를 듣고, 때로는 들을 수가 없다. 그것은 언어 게임인 것이다. [나는 지금 나 자신은 꿈을 꾸고 있지 않다고 가정하고 있다. 그러나 나는 바로 눈에 보이지 않는 현재에 대한 느낌을 전혀 가지고 있지 않다. 그런데 다른 사람들은 이것을 가지고 있고 나는 그 경험에 대해서 그들에게 물을 수가 있다.]

그러면 나는 이 사람들이 잘못 기억하지는 않았는지 여부에 관해, 또는 그들이 실제로 자는 동안에 그러한 영상을 눈앞에 보고 있었는가, 그렇지 않으면 잠이 깬 후에 그렇게 여겨지는 데에 지나지 않는가에 대해서 가정을 해야 하는가? 그리고 이 물음에는 어떠한 뜻이 있는가? 그리고 어떠한 이익이?! 누군가가 자기 꿈을 이야기하고 있을 때 우리는 이와 같은 일을 항상 자문하는가? 그리고 만약에 하지 않는다고 하면, 그것은 그 사람의 기억이 당사자를 속이지는 않을 것이라고 우리가 확신하고 있기 때문인가? [더 나아가 그것이 특별히 기억이 나쁜 인간이었다고 가정한다면.]

그러면 꿈은 사실 자는 동안에 진행되고 있는가, 그렇지 않으면 잠을 깬 사람의 기억 현상인가—하는 물음을 세우는 것은 도대체 난센스한 일인가? 물음의 적용이라는 것이 문제가 된다.

'정신은 말에 뜻을 부여할 수 있는 것처럼 보인다.'—이것은 내가 '벤젠에서는 탄소원자가 육각형의 모서리 쪽에 있는 것처럼 보인다'고 말하는 것과 같은 것이 아닐까? 그러나 이것은 보이는 것이 아니다. 영상인 것이다.

고등동물과 인간의 진화, 일정한 단계에서 의식의 각성, 이 영상은 대체로 다음과 같은 것이다. 세계를 가득 채우는 모든 에테르의 진동에도 불구하고 세계는 어둡다. 그러나 어느 날 인간이 그의 보는 눈을 뜨고, 세상은 밝아진다.

우리의 언어는 처음에는 일단 영상을 기술한다. 그 영상에 의해서 무엇이 일어나야 하는지, 그것을 어떻게 사용해야 하는지는 아직 어둠 속에 있다. 그러나 만약에 사람들이 우리의 진술의 뜻을 이해하려고 한다면, 그러한 일이 탐구되어야 한다는 것은 아주 분명하다. 그런데 영상은 우리를 이와 같은 일로부터 면제시켜 주는 것처럼 보인다. 그것은 이미 특정한 적용을 가리키고 있기 때문에. 이로써 영상은 우리를 우롱하는 것이다.

viii

'나의 운동 감각이 나의 손발의 운동이나 위치를 가르쳐준다.'

나는 내 집게손가락이 가볍게 흔드는 운동을 하도록 놔두고, 약간의 진폭을 지니게 한다. 나는 그 운동을 거의 느끼지 않거나 전혀 느끼지 않는다. 아마도 손가락 끝에 약간의 긴장이 있는 것 같다. [관절에는 전혀.] 그렇다면, 이 감각은 (손가락의) 운동에 대해서 나에게 가르쳐준다는 것인가? 왜냐하면 나는 이 운동을 정확하게 기술할 수가 있으니까.

'하지만 당신은 그 운동을 바로 느끼고 있어야 한다. 그렇지 않으면 당신은 자신의 손가락이 어떻게 움직이고 있는지 [보지 않고서는] 알 수 없을 것이다.' 그러나 그것을 '안다'고 하는 것은 단순히 그것을 기술할 수 있다는 것에 지나지 않는다. 내가 소리가 오는 방향을 말할 수 있는 것은, 그 소리가 한쪽 귀를 다른 쪽 귀보다 강하게 자극하는 데에 지나지 않는 것이다. 그러나 나는 그것을 귀 안에서 감지하는 것이 아니다. 그럼에도 불구하고 그것은 그러한 효과를 낳게 한다. 즉 나는 어느 방향에서 그 소리가 오는지 '안다'. 나는 예를 들어 그 방향으로 눈을 돌리는 것이다.

이와 동일한 말은, 아프다는 감각의 징후가 신체의 그 위치에 대해서 가르쳐 주어야만 된다거나, 기억상(記憶像)의 징후가 그것이 소속되는 시간에 대해서 가르쳐주어야만 된다거나 하는 사고방식에 대해서도 말할 수 있다.

어떤 감각이, 어떤 사지의 운동 또는 위치에 대해서 가르쳐주는 일은 있다. [예를 들어, 자기 팔이 뻗어 있는지의 여부를 보통 사람과 같이 모르는 사람도, 팔꿈치에 찌르는 듯한 아픔이 있으면 그것에 대해서 확신을 가질 수가 있을 것이다.]—마찬가지로 어떤 아픔의 특색도 상처가 있는 장소에 대해서 가르쳐주는 일이 있다. [또 사진의 누런 변색이 그 낡은 정도에 대해서.]

어떤 감각 인상이 모양이나 색에 대해 가르쳐준다—고 하는 기준은 무엇인가?

어느 감각 인상인가? 아니, 이 인상인 것이다. 나는 그것을 말 또는 그림으로 기술한다.
그렇다면 당신의 손가락이 이 위치에 있을 때, 당신은 무엇을 느끼고 있는가? '사람들은 어떻게 느낌을 설명해야 하는가? 그것은 무엇인가 설명할 수 없는 것, 특별한 것이다.' 하지만 말의 관용은 가르칠 수가 있는 것이지 않으면 안 된다.

나는 이제 문법상의 구별을 찾고 있다.

잠시 운동감을 도외시하자! 나는 누군가에게 어떤 느낌을 기술하고 싶어져서 그 사람에게 '이와 같이 해보시오. 그러면 그 느낌을 얻을 수가 있을 것이오' 하고 말한다. 나의 팔 또는 머리를 어떤 위치에 놓는다. 그러면 이것은 어떤 느낌의 기술인가? 또 어떠한 느낌을 내가 뜻하고 있었던가를 그가 이해하였다고 말하게 될까? 그는 이에 이어 다시 그 이상의 느낌에 대해서 기술해야 할 것이다. 그렇다면 그 기술은 어떤 종류의 것이어야 하는가?

나는 '이렇게 해보아라, 그러면 그 느낌을 알 수 있을 것이다'라고 말한다. 거기에 개념 같은 것이 있을 수 없는가? 어떤 느낌에 대한 일이 고려되고 있었다면, 어떤 의심이 있어야만 하는 것이 아닌가?

그것은 이렇게 보인다. 그것은 이러한 맛이 난다. 그것은 이와 같은 감촉이다. '그것'과 '이와 같이'는 구별해서 설명하지 않으면 안 된다.

어떤 '느낌'엔 우리에게 매우 분명한 관심이 있다. 그리고 그것에 포함되어 있는 것은 예를 들어 '느낌의 정도', 그 '장소', 한쪽을 다른 쪽으로 소거할 수 있는 것이다. [만약에 운동이 큰 아픔을 수반하는 것이고, 그 때문에 아픔이 그 위치에서의 다른 약한 감각을 모두 소거해 버린다고 하면, 그것에 의해서 당신이 그 운동을 실제로 했는지 어떤지 의심스러워지는가? 그것으로 해서 당신이 자신의 눈으로 그것을 확인하게 되는 일이 혹시 있을까?]

ix

자기의 고뇌를 관찰하고 있는 사람은 어떠한 감관(感官)으로 그것을 관찰하고 있는가? 어느 특별한 고뇌를 느끼고 있는 감관에 의해서인가? 그렇다면 그 사람은 비애를 관찰하고 있을 때에는 다른 방식으로 그것을 느끼고 있는가? 그리고 그는 지금 어느 고뇌를 관찰하고 있는가? 관찰하는 동안에만 거기에 있는 비애인가?

'관찰하는 일'이 관찰되는 것을 낳는 것은 아니다. [이것은 개념상의 확인이다.]

혹은 나는 관찰하는 것을 통해서 비로소 생기는 사물을 '관찰하는' 것이 아니다. 관찰의 대상은 그것과는 다른 사물이다.

어제는 아팠던 감각이 오늘은 더 이상 아프지 않다.

오늘 내가 여전히 아픔을 느끼는 것은 아픔을 회상하고 있을 때뿐이다. [즉 어떤 상황하에서.]

나의 고뇌는 이제 같은 것이 아니다. 1년 전에는 내가 견딜 수 없었던 어떤 기억이 오늘은 이미 그렇지가 않다.

그것은 어떤 관찰의 결과인 것이다.

어떤 때에 사람들은 누군가가 관찰하고 있다고 말하는가? 대개는 어떤 종류의 인상을 얻는 데에 편리한 입장으로 자기 몸을 옮겨, [예를 들어] 그것이 자신에게 무엇인가를 교시해 주는가를 기술하려 하고 있을 때이다.

무엇인가 빨간 것을 보았을 때에는 일정한 음성을 내고, 노란 것을 보았을 때에는 다른 음성을 내고—하는 식으로 다른 색에 대해서도 마찬가지로 훈련된 사람은, 그것으로 또 여러 대상을 각각의 색에 따라서 기술하는 것이 아닐 것이다. 비록 우리가 어떤 기술을 하는 데 도움을 줄 수 있다고 해도. 하나의 기술은 어떤 공간 내[예를 들어, 시간 내]에서의 어떤 배치에 관한 사상(寫像)인 것이다.

'나는 두렵다'는 말은 심리의 기술인가?

'나는 두렵다'고 내가 말하면 다른 사람이 나에게 묻는다. '그것은 무슨 뜻인가? 불안의 외침인가? 그렇지 않으면 당신은 자기의 기분이 어떻다는 것을 나에게 전달하고 싶은 것인가? 그렇지 않으면 그것은 당신의 현재 상태에 관한 고찰인가?' 하고. 나는 그에게 항상 명확한 대답을 줄 수 있을까? 나는 그에게 결코 대답을 줄 수가 없는 것일까?

사람들은 실로 여러 가지 것을 상상할 수가 있다. 예를 들어 '아냐, 아냐! 나는 두려워하고 있는 것이다!'
'나는 두렵다. 유감스럽지만 그렇게 고백해야만 한다.'
'나는 역시 약간 두렵지만, 이제는 전처럼 그렇게 두렵지는 않다.'
'고백하고 싶지 않으나, 내 마음속으로는 역시 두려워하고 있다.'
'나는 모든 종류의 두려운 생각으로 스스로 괴로워하고 있다.'
'나는 두렵다. 지금 두려워해서는 안 되는 곳에서!'
이들 각 문장에는 특별한 음의 억양이 필요하며 각기 다른 맥락이 필요하다.

사람들은 말하자면 우리보다도 훨씬 분명히 (사물을) 생각하고, 우리가 하나의 말을 상용하고 있을 때에도 여러 가지 말을 사용하고 있었던 사람을 생각할 수가 있을 것이다.

"'나는 두렵다'고 하는 것은 원래 어떠한 일을 뜻하고 있는가? 나는 그것에 의해서 무엇을 노리고 있는가?' 그러나 물론 대답 같은 것은 나오지 않거나 또는 불충분한 대답이 있을 뿐이다.

이 물음은 '어떠한 종류의 맥락 안에 그것이 나타나는가' 하는 것이다.

'나는 어떠한 일을 노리고 있는가?' '그때 나는 어떠한 일을 생각하고 있는가?' 이러한 물음에 대해서 내가 두려움의 표현을 되풀이하고 있고, 동시에 자기 자신에게 주의를 기울이고 있고, 말하자면 곁눈으로 자기 마음을 관찰하고 있다고 대답을 하려 하고 있다면, 그 어떤 대답도 나오지 않는다. 그러나 어떤 구체적인 경우, 나는 물론 '왜 나는 그렇게 말했는가, 그것으로 무엇을 말하고 싶었는가'라고 물을 수가 있고—또 그 물음에 대답을 할 수가 있을 것이다. 그러나 그것은 이야기의 수반현상을 관찰했다고 하는 근거에 입각한 것이 아니다. 그리고 나의 대답은 그 전의 발언을 보충하여 부연(敷衍)하는 것이 될 것이다.

두려움이란 무엇인가? '두려워하고 있다'는 것은 무엇을 말하는가? 그것을 하나의 지시로 설명하려고 하는 것이라면—나는 두려움을 연출하는 일이 될 것이다.

나는 희망 또한 그와 같이 표현할 수가 있을까? 또는 설마 신념도?

자기 마음의 상태[예를 들어 두려움]를 기술하는 일은, 나는 이것을 일정한 맥락 안에서 한다. [일정한 행위가 일정한 맥락 안에서만 실험인 것처럼.]

도대체 내가 동일한 표현을 여러 가지 게임 안에서 사용하는 일이 그토록 놀라울 만한 일인가? 더욱이 가끔, 말하자면 게임 사이에서?

게다가 원래 나는 매우 분명한 의도를 가지고 이야기하고 있는가? 그리고 그것 때문에 내가 하는 말이 무의미하게 되는가?

조사(弔辭) 중에서 '우리는 우리의 ……을 애도한다'는 말을 듣는다 해도, 그것은 슬픔의 표현을 더해주는 것이지, 그 자리에 있는 사람에게 무엇인가를 전달하고 있는 것은 아니다. 그러나 묘지에서의 기도 중에 이와 같은 말들은 일종의 전달문이 될 것이다.

하지만 문제는 바로 이것이다. 도저히 기술이라고는 말할 수 없고 그 어떤 기술보다도 원초적인 외침이야말로, 그럼에도 불구하고 심적 생활의 하나의 기술이라는 역할을 다하고 있는 것이라고.

외치는 소리는 기술이 아니다. 그러나 변천이 있다. 그리고 '나는 두려워하고 있다'는 말은, 어떤 외침에 가깝거나 멀거나 할 수 있다. 그것은 외치는 소리와 아주 근접해 있는 경우도 있고 그것으로부터 아주 소원(疎遠)한 경우도 있다.

그래도 우리는 누군가가 아픔을 느끼고 있다고 말한다고 해서, 그 사람이 한탄하고 있다는 등과 같은 말을 무조건 하지 않는다. 그러기 때문에 '나는 아픔을 느끼고 있다'는 말은 한탄일 수도 있고 무엇인가 다른 것일 수도 있다.

그러나 '나는 두려워하고 있다'고 하는 것이 항상은 아니지만 가끔 무엇인가 한탄과 비슷한 것이라고 한다면, 무엇 때문에 그것이 항상 어떤 마음 상태의 기술이어야 하는가?

x

어떻게 해서 사람들은 이제까지 '나는 ……라고 믿는다'라고 하는 표현을 관용하게 되었는가? 어느 때 어떤 [믿는다고 하는] 현상에 주의를 기울이게 되었는가?

자기 자신과 다른 사람을 관찰하여 그것으로 믿는다는 것을 발견한 것인가?

무어의 패러독스는 다음과 같이 표현할 수 있다. '나는 사태가 이렇다고 믿는다'라고 하는 표현은, '사태가 이러하다'라고 하는 진술과 비슷한 방식으로 사용되지만, 그럼에도 불구하고 사태가 이러하다고 내가 믿고 있다—고 하는 가정은 사태가 이러하다고 하는 가정과 비슷한 방식으로 사용되지 않는다고.

여기에서는 바로 '나는 믿는다'고 하는 진술이 '나는 믿는다'라고 하는 가정의 가정을 하고 있는 것에 대한 진술은 아닌 것처럼 보인다!

마찬가지로 '나는 비가 올 것이라고 믿고 있다'고 하는 말에는 '비가 올 것이다'라고 말하는 것과 비슷한 뜻, 즉 비슷한 적용이 있다. 그러나 '나는 그때 비가 올 것이라고 믿었다'에는 '그때 비가 왔다'고 하는 것과 비슷한 뜻 내지는 적용이 없다.

'하지만 '나는 믿었다'라고 하는 것은, 현재 '내가 믿고 있는' 것을 바로 과거에 말하고 있는 것이 되지 않으면 안 된다!' 여하간, $\sqrt{-1}$이라고 하는 것은, $\sqrt{1}$이 1에 대해서 의미하고 있는 것을 바로 −1에 대해서 뜻하고 있어야 한다. 이것은 전혀 아무것도 뜻하지 않는다.

'기본적으로는 '나는 ……라고 믿는다'라고 하는 말로, 나는 나의 정신 상태를 기술한다—그러나 이러한 기술은 여기에서 간접적으로 믿고 있는 사실 그 자체의 진술이 되어 있는 것이다.'—마치 내가, 사정에 따라서는 어떤 사진이 기록하고 있는 사물을 기술하기 위해 해당 사진을 기술하는 것처럼.

그러나 그 경우 나는 이 사진이 좋은 기록이 되어 있다고, 더 나아가서 말할 수 있지 않으면 안 된다. 그러기 때문에 또 '나는 비가 온다고 믿는다, 그리고 나의 신념은 믿을 수가 있기 때문에 나는 그것에 의존하고 있다'라고도. 이 경우 나의 신념은 일종의 감각 인상일 것이다.

사람들은 자신의 감관을 불신할 수 있다. 그러나 자신의 신념을 신용하지 않을 수가 없다.

'잘못 믿는다'는 뜻을 가진 하나의 동사가 있다고 해도 거기에는 직설법 현재에만 있는 제1인칭이 없다.

'믿는다' '원한다' '욕망한다'와 같은 동사가, '자르다' '깨물다' '달리다'와 같은 동사 또한 취하는 것 같은 문법적 형태(어형 변화)를 모두 나타내는 것을 자명한 일로 보지 말고 무엇인가 매우 기묘한 일로 간주하라.

보고(報告)라는 언어 게임은, 그 보고가 그 대상에 대해서는 수신자(受信者)에게 통지하지 않고 (오직) 보고자에 대해서 통지하도록 바꿀 수가 있다.
예를 들어 교사가 학생을 시험하는 경우가 그것이다. [사람은 잣대를 시험하기 위해 측량할 수 있다.]

내가 어떤 표현—예를 들어 '나는 믿는다'—를 도입하여 보고가 보고자 자신에 대한 정보를 주는 데에 사용되는 경우, 이것을 해당 보고 앞에 놓는 것이라고 가정하자. [그러기 때문에 그 표현에 불확실성을 첨가할 필요가 없다. 이 진술의 불확실성은 비인칭적(非人稱的)으로도 (제1인칭을 빼고) 표현할 수 있다는 것을 고려하라. '그는 오늘 올 것이다'라고.] '나는 ……라고 믿지만 그렇게 되어 있지 않다'고 말하는 것은 모순일 것이다.

'나는 ……라고 믿는다'라고 하는 것은 나의 상태를 분명히 한다. 이러한 표출에서 나의 행동에 관한 결론을 도출할 수가 있다. 그러기 때문에 여기에는 심정(心情)의 움직임, 기분 등의 표출과 비슷한 점이 있다.

그러나 '나는 그렇다고 믿는다'라고 하는 것이 나의 상태를 분명히 하는 것이라면 '그렇다'는 진술 또한 마찬가지이다. 왜냐하면 '나는 믿는다'라는 기호가 그것을 할 수 있을 리가 없기 때문이다. 그것은 기껏해야 그러한 것을 암시할 수 있는 데 지나지 않는다.

'나는 그렇다고 믿는다'라고 하는 것이 '그렇다'는 진술의 어조에 의해서만이 표현되는 언어. 거기에서는 '그는 믿는다' 대신에 '그는 ……라고 말하고 싶어 한다'고 말하게 되고, 또 '나는 ……하고 싶어 하고 있다고 가정하면'이라는 가정[접속사]도 존재하지만 '나는 말하고 싶어 한다'라고 하는 표출만은 존재하지 않는다.

무어의 패러독스는 이 언어 안에서는 존재하지 않을 것이다. 그러나 그 대신에 어떤 어형이 결여된 동사가 존재할 것이다.

하지만 그것으로 우리가 놀랄 필요는 없다. 자기의 장래의 행위를, 의도의 표출 안에서 예언할 수 있는 일에 대해 생각해 보라.

나는 어떤 다른 사람에 대해서 '그는 ……라고 믿는 것처럼 보인다'고 말하고, 다른 사람들도 나에 대해 그와 같이 말한다. 그렇다면 왜 나는 다른 사람들이 나에 대해서 정당하게 그렇게 말하고 있는 경우에까지도 나에 대해서는 결코 그렇게 말하지 않는가? 도대체 나는 나 자신을 보거나 듣거나 하고 있지 않은가? 사람들은 이와 같이 말할 수가 있다.

'사람들은 확신을 자기 안에서 느끼고 있는 것이지, 자기 말이나 그 음조로부터 추론하는 것은 아니다.' 사람들이 자기의 말로부터 자기의 확신이나 확신에서 생기는 행위 등을 추론하지는 않는다――는 것은 옳다.

'여기에서 마치 '나는 믿는다'라고 하는 진술이, 해당 가정을 가정하고 있는 사물에 대한 진술이 아닌 것처럼 보인다.' 그러기 때문에 나는 직설법 현재의 제1인칭으로 이 동사를 다른 방식으로 변화시키기를 기대하는 유혹을 받는다.

나의 생각으로는, 믿는다는 것은 마음의 어떤 상태이다. 그 상태는 지속되는 것으로, 예를 들어 하나의 문장에서의 그 표현의 결말과는 관계가 없다. 그러기 때문에 그것은 믿고 있는 사람의 성향의 일종이다. 그것은, 다른 사람의 경우 그 사람의 행동과 그 사람의 말을 나에게 드러낸다. 더 말하자면 그 사람의 간단한 진술과 마찬가지로 '나는 ……라고 믿는다'고 하는 표출도. 그렇다면 나의 경우는 어떤가? 어떻게 해서 나 자신이 자기의 성향을 인식하는가? 거기에서 나는 바로 다른 사람과 같이 자신에게 주의를 기울이고, 자신의 말에 귀를 기울이고, 거기에서 결론을 끌어낼 수 있어야만 된다!

　나에게는 자기 자신에 대해 다른 사람과는 전혀 다른 관점(觀點)이 있다.
　저 동사의 변화는, 내가 '나는 믿고 있는 것처럼 보인다'고 말하기만 하면, 이것을 발견할 수가 있을 것이다.

　내가 나의 입이 말하고 있는 일에 경청했다고 하면, 나는 다른 사람이 나의 입을 사용해서 이야기를 하고 있다―고 말할 수가 있을 것이다.

　'내가 표출하고 있는 것에 따라서 판단하면, 나는 그렇게 믿고 있다.' 그러면 이러한 말이 의의를 가질지도 모르는 상황을 생각해 낼 수가 있을 것이다.
　그리고 그 경우에는, 누군가가 '비가 오고 있지만 나는 그렇게 믿고 있지 않다'거나, '나의 에고(ego)가 그렇게 믿고 있는 것처럼 보이지만 그것은 그렇지가 않다'라고도 말할 수가 있을 것이다. 사람들은 그 때문에 두 사람의 인간이 나의 입을 사용해서 이야기하고 있던 일을 지적하는 것 같은 하나의 행동을 마음에 그려보지 않으면 안 될 것이다.

　(이야기의) 줄거리는 이미 그 가정 안에서 당신이 생각하고 있는 것과는 달라져 있는 것이다.
　'내가 ……라고 믿고 있다고 가정하면'이라는 말 안에, 당신은 이미 '믿는다'라고 하는 말의 모든 문법, 당신이 통달하고 있는 통상의 관용을 전제하고 있다. 당신은 말하자면 일의적(一義的)으로 하나의 영상을 통해서 당신의 눈앞에 나타나게 될 사물의 상태를 가정하고 있는 것이 아니므로, 그 경우 보통의 진술 이외의 진술을 이 가정에 이어 붙일 수가 있다. 당신이 이미 '믿는다'(라는 말)의 적용에 익숙하지 않다고 한다면, 당신은 자기가 여기에서 어떤 일을 가정하고 있는가를 [즉 예를 들어 어떠한 일이 그와 같은 가정에서 도출되는가를] 전혀 알 수 없게 될 것이다.

'나는 ……라고 말한다'라고 하는 표현에 대해서 생각해 보자. 예를 들어 '나는 오늘 비가 올 것이라고 말한다'고 하는 것은 단적으로 '……일 것이다'라는 진술과 마찬가지 것이 된다. '그는 ……일 것이라고 말한다'라고 하는 것은 말하자면 '그는 ……일 것이라고 믿고 있다'고 하는 것이다. '내가 ……라고 말한다고 가정하면'이라는 말이, 오늘 ……일 것이라고 가정하면—이라고 하는 것은 아니다.

여러 가지 개념이 여기에서 서로 얽혀 어떤 한 구간의 짧은 거리를 다 같이 나아간다. 사람들은 줄거리가 모두 원(圓)을 이루고 있다고 믿어서는 안 된다.

비문장 '비가 오는 걸지도 모르겠다. 그러나 비는 오고 있지 않다'도 고찰해 보자.
그리고 여기에서는 '비가 오고 있을지도 모른다'라고 하는 것이, 원래 나는 비가 올 것이라고 믿고 있다는 것을 말한다—고 말해버리지 않도록 주의하지 않으면 안 된다. 왜 이 경우 반대로 뒤의 것이 앞의 것이 되어서는 안 되는가?

기(氣)가 약한 진술을 기가 약하다는 것에 대한 진술로 생각하지 마라.

xi

'본다'고 하는 말의 두 가지 적용 예.
그 하나. '당신은 거기에서 무엇을 보는가?'—'나는 이것을 본다'[그리고 나서 어떤 기술, 어떤 소묘, 어떤 모사(模寫)가 이어진다]. 또 하나. '나는 이 두 얼굴에서 비슷한 점을 본다'—이것을 내가 보고(報告)하고 있는 상대방이, 이들 얼굴을 나 자신과 마찬가지로 분명히 보고 있어도 상관없다.
중요한 것은 보고 있는 두 '대상'의 카테고리상의 구별.

그 한 사람은 양쪽 얼굴을 정확하게 그려낼 수가 있을지 모른다. 또 한 사람은 그 소묘 안에 처음 사람이 보지 못했던 유사점을 인정할 수가 있을지 모른다.

나는 한 얼굴을 자세히 보다가 갑자기 다른 얼굴과의 유사점을 알아차린다. 나는 그 얼굴이 변화하지 않았다는 것을 보고 있다. 그럼에도 불구하고 그것을 다르게 보고 있다. 이 경험을 나는 '어떤 국면의 인지(認知)'라고 부른다.

그 원인에 심리학자들은 관심을 갖는다.

우리가 관심을 갖는 것은 이 개념과 경험 개념 안에서의 그 위치이다.

어떤 책, 예를 들어 교과서의 몇 군데에 다음과 같은 도형이 실려 있다고 상상할 수 있을 것이다.

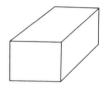

그 일부가 되어 있는 텍스트 안에서는 매번 다른 일이 화제가 된다. 어떤 때는 유리의 입방체, 어떤 때에는 뒤집어진 빈 상자, 어떤 때에는 이 모양을 한 철사의 틀, 어떤 때에는 입체각을 만들어내고 있는 세 개의 판자. 텍스트는 그때마다 도형을 해석한다.

그러나 우리는 또 이 도형을 한 번은 사물로, 한 번은 다른 사물로 볼 수가 있다. 그러기 때문에 우리는 이것을 해석하고 있으며 우리가 해석하는 대로 이것을 보고 있는 것이다.

그래서 사람들은 이렇게 대답하고 싶어진다. 시각 체험이라는 직접 체험을 어떤 해석을 통해 기술한다는 것은 하나의 간접적인 기술이라고. '나는 이 그림을 상자로 본다'고 하는 것은, 내가 일정한 시각 체험을 하고 있고 그것이 이 것을 상자로 보는 해석, 또는 어떤 상자의 직관을 동반하여 경험상 나타난다 고 하는 것이다. 그러나 그러한 일이라면, 나는 이것을 알고 있어야 할 것이다. 나는 이 체험을, 간접적이 아니라 직접 가리킬 수 있어야 할 것이다. [내가 빨강 에 대해서 이것을 무조건 피의 빛깔로 이야기할 필요가 없는 것처럼.]

다음 그림은 자스트로[《심리학의 사실과 우화(Fact and Fable in Psychology)》]에 게서 빌려온 것인데, 나의 생각으로는 토끼 또는 오리의 머리로 여겨진다. 사람 들은 이것을 토끼의 머리, 또는 오리의 머리로 볼 수가 있다.

그러면 나는 하나의 양상의 '항상적인 외관'과 한 양상의 '번득임'을 구별해 야 한다.
이 그림은 나에게 제시되어 있었겠지만 나는 거기에 토끼 이외에는 아무것 도 보고 있지 않았던 것이다.

여기에서 그림 대상이라고 하는 개념을 도입하면 쓸모가 있다. 예를 들어 다 음 그림은,

'그림의 얼굴'일 것이다.
나는 이에 대해 여러모로 인간의 얼굴을 대하는 것처럼 행동한다. 나는 이 표정을 연구할 수가 있고, 그 표정에 대해 인간의 얼굴 표정에 대한 것처럼 반

응할 수가 있다. 아이는 그림의 인간이나 그림의 동물에게 말을 걸고, 이들을 인형 다루듯이 다룰 수가 있다.

그러기 때문에 나는 토끼–오리의 머리를 처음부터 단순히 그림의 토끼로서 볼 수가 있었을 것이다. 즉 '이것은 무엇인가' 또는 '당신은 거기에서 무엇을 보는가' 하는 물음을 받으면, 나는 '그림의 토끼'라고 대답했을 것이다. 사람들이 또 그것이 무엇이냐고 물으면, 나는 설명을 위해 모든 종류의 토끼의 상(像)을 보이고, 아마도 실제의 토끼도 보이고 그 동물의 생활에 대해 이야기하고 그 흉내를 냈을 것이다.

나는 '당신은 거기에서 무엇을 보는가'라는 물음에 대해서, '나는 그것을 지금 토끼의 화상으로 본다'고는 대답하지 않았을 것이다. 나는 단적으로 그 지각을 기술했을 것이다. 나의 말이 '나는 거기에 빨간 원을 본다'였던 것과 같은 경우와 전적으로 동일하게.
그럼에도 불구하고 다른 사람은 나에 대해서 '그는 이 그림을 토끼로 보고 있다'고 말할 수가 있었을 것이다.

'나는 그것을 지금 ……라고 본다'고 말한다는 것은, 나이프와 포크를 바라보고 '나는 이것을 지금 나이프와 포크라고 본다'라고 말하는 것과 마찬가지로, 나에게는 거의 뜻이 없었을 것이다. 사람들은 이와 같은 표현을 이해하지 않을 것이다. 마치 '그것은 지금 나에게는 포크이다'거나 '그것은 포크일 수도 있다'와 같은 표현이 그러한 것처럼.

사람들은 식탁 위에서 식기류라고 인지하는 것을 식기류라고 '간주'하지는 않는다. 마치 식사 때 보통은 입을 움직이려고 시도하거나 움직이는 노력을 하지 않는 것처럼.

'지금 그것은 나에게는 하나의 얼굴이다'라고 말하는 사람에게 사람들은 이렇게 물을 수가 있다. '당신은 어떠한 변화를 암시하고 있는가' 하고.

나는 두 개의 그림을 보고 있다. 한쪽에서는 토끼-오리의 머리가 토끼로 둘러싸여 있고, 다른 한쪽에서는 오리에 의해 둘러싸여 있는 것을. 나에게는 동등성이 인정되지 않는다. 여기에서 내가 두 가지 경우에 무엇인가 다른 것을 보고 있다는 것이 도출되는가? 그것은 우리에게 이와 같은 표현을 여기에서 사용하기 위한 근거를 준다.

'나는 그것을 전혀 다른 방식으로 보았다. 나는 그것을 한 번도 알아차리지 못했다!' 그런데 이것은 감탄이다. 그리고 여기에도 핑계는 있다.

나는 두 개의 머리를 이와 같이 서로 겹쳐서 비교하는 일들을 한 번도 생각하지 않았을 것이다. 왜냐하면 그것들은 다른 비교 방식을 권고하고 있기 때문이다.
이렇게 본 머리는, 이렇게 본 머리와 하등의 유사성도 없다. 비록 그것들이 '서로' 합동(合同)이라 해도.

사람들이 나에게 그림의 토끼를 가리키며 그것이 무엇이냐고 묻는다. 나는 '그것은 토끼다'라고 말한다. '그것은 지금 토끼다'라고는 말하지 않는다. 나는 나의 지각을 보고하고 있는 것이다. 사람은 나에게 토끼-오리의 머리를 보이며 그것이 무엇이냐고 묻는다. 그때 나는 '그것은 토끼-오리의 머리다'라고 말할 수 있다. 그러나 나는 전혀 다른 방식으로 그 물음에 반응할 수도 있다. 그것은 토끼-오리의 머리라고 하는 대답은 지각의 보고이지만 '지금 그것은 토끼이다'라고 하는 대답은 그렇지가 않다. 내가 '그것은 토끼이다'라고 말했다면 나는 모호성을 벗어나 있었을 테고, 나의 지각을 보고한 것이 되었을 것이다.

국면(局面)의 변이(變異). '하지만 당신은 그 그림이 지금 아주 변해버렸다고 말할 것이다!'
그러나 무엇이 다른가? 나의 인상인가? 나의 입장인가? 나는 그것을 말할 수가 있는가? 나는 그 변화를 하나의 지각처럼 그 대상이 전적으로 나의 눈 앞에서 달라진 것처럼 기술한다.

'나는 바로 지금 그것을 보고 있다'고 나는 말할 수가 있을 것이다[예를 들어 다른 화상을 가리키면서]. 그것은 어떤 새로운 지각의 보고 형식이 되어 있다.

양상의 변이라고 하는 표현은 어떤 새로운 지각의 표현으로 동시에 변화하지 않는 지각의 표현을 수반하고 있다.

나는 갑자기 어떤 수수께끼 그림이 풀린 것을 본다. 전에는 가지가 있던 곳에 지금은 인간의 모습이 있다. 나의 시각 인상이 변화한 것으로, 나는 이제 그것에 색이나 모양이 있었을 뿐 아니라 아주 뚜렷한 체제도 있었다는 것을 인식한다. 나의 시각 인상은 변화하였다. 그것은 전에는 어떠했는가? 지금은 어떠한가? 내가 그것을 어떤 면밀한 모사(模寫)에 의해서 서술한다고 한다면— 그것은 좋은 서술이 아닌가? 그렇다면 그 어떤 변화도 제시되지 않는다.

게다가 '나의 시각 인상은 어쨌든 소묘가 아니다, 그것은 이것으로—이것을 나는 누구에게도 제시할 수가 없다'라고는 결코 하지 마라. 분명히 그것은 소묘는 아니지만 그것은 또한 같은 카테고리의 내가 내 안에 짊어지고 있는 것 같은 것도 아니다.

'내적 영상'이라고 하는 개념은 오해를 초래하기 쉽다. 왜냐하면 이 개념의 원형이 '외적 영상'이기 때문이다. 그런데 이들 개념어의 적용은 서로 '수기호(數記號)'와 '수'의 적용 이상으로는 비슷하지 않다. [그렇다. 수를 '이상적(理想的) 수기호'라고 부르고 싶은 사람은 그것으로 마찬가지 분규를 일으킬지도 모르는 것이다.]

시각 인상의 '체제'를 색이나 모양과 동일시하는 사람은 내적 대상으로서의 시각 인상에서 출발하고 있다. 이러한 대상은 그것에 의해서 물론 비실재(非實在)가 되어 묘하게 불안정한 구성물이 된다. 왜냐하면 영상과의 유사성이 이제 교란되고 있기 때문이다.

입방체의 형(型)에 여러 가지 양상이 있다는 것을 알고 있으면, 나는 남이 어떠한 것을 보고 있는가를 알기 위해 다시 그 모사(模寫)에 더하여 그가 보고 있는 것의 모델을 만들게 하거나 제시한다. 무엇 때문에 내가 두 가지 설명을 요구하는지를 그는 전혀 모른다고 해도.

그러나 양상의 변이(變移)에 있어서는 사물이 변전한다. 이전에 모사 후에는 아마도 쓸모없는 규정이라고 여겨지고 또 실제로 그러했던 것이, 가능한 유일한 체험 표현이 되어버리는 것이다.

그리고 이것만으로 '체제'와 시각 인상에 있어서의 색이나 모양과의 비교가 배제된다.

토끼-오리의 머리를 토끼로 보았다면 나는 이러이러한 색이나 모양을 본 것이다[나는 이들을 정확하게 재현한다]─그리고 그 밖에 또 무엇인가 다음과 같은 것을. 즉 그때 나는 많은 서로 다른 토끼 상(像)을 제시하게 되는 것이다. 이것은 개념의 차이를 나타내고 있다.

'……으로서 본다'고 하는 것은 지각의 일부가 아니다. 그 때문에 그것은 보는 것 같기도 하고 또 보는 것 같지 않기도 하다.

나는 어떤 동물을 주시하고 있다. 사람들은 나에게 '무엇을 보고 있느냐'고 묻는다. 나는 '토끼'라고 대답한다. 나는 어떤 풍경을 보고 있다. 갑자기 한 마리의 토끼가 뛰어서 지나간다. 나는 '토끼!'라고 외친다.

이 보고와 외침은 지각 내지 시각 체험의 표현이다. 그러나 이 외침이 그러한 것은 보고와는 다른 의미에서이다. 그것은 우리로부터 새어나오는 것이다. 그 체험에 대한 관계는 비명의 고통에 대한 관계와 비슷하다.

그러나 그것은 어떤 지각의 기술이므로 사람들은 이것을 사상 표현이라고도 부를 수 있다─대상을 바라보고 있는 사람이 항상 그 대상에 대해서 생각하고 있다고는 할 수 없으나, 외치는 소리가 그 표현이 되어 있는 것 같은 시각 체험을 하고 있는 사람은 자기가 보고 있는 것에 대해서 생각한 것이기도

하다.

그 때문에 양상의 번득임은 반은 시각 체험, 반은 사고(思考)인 것처럼 여겨진다.

누군가가 갑자기 어떤 현상을 눈앞에 보지만 그것이 무엇인지 알지 못한다 [그것은 그 사람이 잘 알고 있는 대상이지만 이상한 위치에 있거나 이상한 조명을 받고 있는지도 모른다]. 이 알 수 없는 상태는 아마도 불과 몇 초밖에 계속되지 않는다. 그러한 그가 그 대상을 이내 인지한 사람과는 다른 체험을 했다는 것은 옳은가?

도대체 사람들은 자기 앞에 (갑자기) 나타난 낯선 형상을, 거기에 익숙한 나와 마찬가지로 정확하게 기술할 수 없을까? 그것이야말로 대답이 아닌가? 물론 일반적으로는 그렇게 되지 않을 것이다. 또 그 사람의 기술은 전혀 다르게 들릴 것이다. [나는 예를 들어 '그 동물에는 긴 귀가 있었다'고 말할 테지만, 그는 '거기에는 두 개의 긴 돌기(突起)가 있었다'라고 말하고 그러고 나서 그것을 스케치해 보인다.]

나는 여러 해 만난 일이 없는 어떤 사람을 만난다. 나는 그 사람을 분명히 보고는 있지만 인지하고 있지는 않다. 갑자기 나는 그 사람을 알고 그 변한 얼굴 속에 이전의 얼굴을 본다. 그림을 그릴 수 있다면 이제 변해버린 그의 초상화를 그릴 것이라고 나는 생각한다.

내가 지금 오랫동안 그 사람이 있는 방향을 바라본 후에야 군중 속에 있는 내가 아는 사람을 인정한다면—이것은 하나의 특수하게 보는 방법인가? 그것은 보는 것이며 또한 생각하는 일인가? 그렇지 않으면 쌍방이 융합된 것인가? 내가 하마터면 그렇게 말하고 싶어지는 것처럼.
문제는 왜 사람들은 그렇게 말하고 싶어 하는가 하는 것이다.

보여지고 있는 것이니 보고이기도 한 그 표현은, 여기에서는 인지(認知)의 외침이 된다.

무엇이 시각 체험의 기준인가? 그 기준은 어떠한 것이어야 하는가?
'보여지고 있는 것'의 서술.

보여지고 있는 것의 서술이라고 하는 개념은 모사라고 하는 개념과 마찬가지로 매우 신축적이다. 그리고 그와 더불어 보여지고 있다고 하는 개념도 그것과 한 덩어리가 되어 있다. 그 둘은 밀접하게 서로 관련하고 있다. [그러나 이것은 이들이 비슷하다는 것은 아니다.]

사람이 입체적으로 사물을 본다는 것을 사람들은 어떻게 해서 깨닫는가? 나는 어떤 사람에게 그 사람이 전망하고 있는 [그곳의] 지형이 어떻게 되어 있느냐고 묻는다. '그것은 이렇게 되어 있는가?' [나는 그것을 손으로 가르킨다]—'그렇다.' '어떻게 해서 그것을 알 수 있는가?'—'아지랑이도 없고, 나에게는 그것이 확실히 보인다.' 억측(臆測)에 대한 근거는 주어져 있지 않다. 볼 수 있는 것을 공간적으로 서술하는 일이야말로 우리에게 유일하고 자연스러운 일이며, 이에 대해 평면적인 서술을 하기 위해서는 그것이 스케치에 의하건 언어에 의하건 특별한 연습이나 교육이 필요하다. [어린이들 그림의 기묘함.]

미소를 미소로 인지하지 못하는 사람 즉 미소로서 이해하지 못하는 미소를, 그것을 이해하고 있는 사람과는 다른 방식으로 보고 있는가? 그 사람은 예를 들어 이것을 다른 방식으로 모방한다.

어떤 얼굴의 스케치를 거꾸로 들면 당신은 그 얼굴의 표정을 알 수 없게 된다. 그것이 미소를 짓고 있다는 것은 알 수 있겠지만 어떻게 미소를 짓고 있는가는 정확히 알 수가 없다. 당신은 그 미소를 모방할 수도 없고 그 특징을 더 정확하게 기술할 수도 없다.
하지만 거꾸로 된 화상이 어떤 사람의 얼굴을 가장 정밀하게 재현하는 일은 있다.

그림(a) ♀는 그림(b) ♂를 거꾸로 한 것이다. 마치 그림(c) ∿∿∿가 그림(d) *Freude* 전도인 것처럼. 그러나 c와 d에 대한 나의 인상에는 a와 b에 대한 인상과는 다른 점이 있다—고 나는 말하고 싶다. d는 이를테면 c보다도 제대로 되어 있는 것처럼 보인다. [루이스 캐럴의 논평과 비교하라.] d는 묘사하기가 쉽지만 c는 어렵다.

복잡한 선들(그림) 안에 토끼-오리의 머리가 숨어 있다고 가정하자. 그러면 어떤 때는 나는 그것을 그림 속에서 알아볼 수가 있다. 그것도 단적으로 토끼의 머리라고. 그 후 어떤 때에는 나는 같은 그림을 바라보고 같은 선이라는 것을 인정하지만, 그것은 오리로서이다. 그때 그것이 두 번 다 같은 선이었다는 것을 알고 있을 필요가 없다. 그 후 내가 그 양상이 변화하는 것을 본다고 하면—그때 토끼와 오리의 양상은 이들을 복잡하게 얽혀 있는 선 안에서 인정했을 때와는 전적으로 달리 보고 있다고 말을 할 수가 있는가? 아니다.
그러나 그 전환은 (각 양상의) 인지가 불러일으키지 않았던 놀라움을 불러일으킨다.

하나의 그림(1) 안에 다른 그림(2)를 찾아, 그것을 찾아낸 사람은 그것으로 (1)을 새로운 방식으로 보고 있다. 그 사람은 그림에 대해서 새로운 종류의 기술을 할 수가 있을 뿐만 아니라, 다른 그림을 알아차렸다는 것이 새로운 시각 체험이 되기도 했던 것이다.

그러나 '그림(1)은 이제 전적으로 달리 보인다. 비록 이전의 것과 합동이라 해도 그것과는 닮아 있지도 않다!'고 그 사람이 말하고 싶어 하는 일이 일어난다고는 할 수 없다.

여기에는 서로 관련된 현상과 가능한 개념이 무수히 존재한다.

그렇다면 그 그림의 묘사는 나의 시각 체험의 불완전한 기술인가? 아니다. 더 자상한 규정이 아무래도 필요한가의 여부, 그중 어떤 것이 필요한지는 어차피 상황 여하에 따른 것이다. 그것은 불완전한 기술일 수 있다. 어떤 물음이 아직도 남아 있다면 말이다.

사람들은 물론 이렇게 말할 수가 있다. '그림의 토끼'라고 하는 개념에도 '그림의 오리'라고 하는 개념에도 포함되는, 어떤 종류의 것이 존재한다. 그리고 그와 같은 것이야말로 그림이며 스케치라고. 그러나 인상은, 동시에 그림의 오리 겸 그림의 토끼의 인상은 아니다.

'그러나 내가 정말로 보고 있는 것은, 대상의 작용에 의해서 나의 내부에 완성되는 것이어야 한다.' 그때 나의 내부에서 완성되는 것은 일종의 사상(寫像)이며 사람들이 다시 직관하고 눈앞에 놓을 수 있는 것, 거의 실체화(實體化)와 같은 것이다.
그리고 이러한 실체화된 것은 입체적인 것이며, 전적으로 입체적인 여러 개념에 의해서 기술될 수 있는 것이어야 한다. 그것은 예를 들어 [하나의 얼굴이라고 한다면] 미소를 띨 수가 있는데, 하지만 친근감이라고 하는 개념은 그 서술의 일부는 되지 않고, 그와 같은 서술에 대해서는 이질적인 것이다[비록 그 개념이 서술에 쓸모가 있다고 해도].

내가 무엇을 보았는가 하고 당신이 묻는다면, 나는 아마도 그것을 나타내는 어떤 스케치를 할 수 있을 것이다. 그러나 나의 눈길이 어떻게 옮겨갔는가에 대해서 나는 대개의 경우 결국 스스로 생각해 내지 않을 것이다.

'본다'고 하는 개념은 착잡한 인상을 나타낸다. 실제로 그것은 착잡해 있다. 나는 풍경을 바라보고 있다. 나의 눈의 표정은 헤매고, 나는 모든 종류의 분명한 또는 흐릿한 운동을 보고 있다. 이 후자가 나에게는 분명히 각인되고 전자는 몽롱한 인상밖에 남지 않는다. 아무튼 당신들이 보고 있는 것은 얼마나 완전히 분열된 것처럼 여겨지는가! 그래서 지금 '보고 있는 사물의 기술'이라는 것은 어떠한 것인지를 잘 보라! 그것은 바로 사람들이 보고 있는 것의 기술이라고 일컫고 있는 것이다. 그와 같은 기술의 단 하나의 본래적인 경우 같은 건 존재하지 않는다—그리고 그 잔여는 아직 분명하지 않고, 아직도 해명을 기다리고 있거나 또는 단적으로 쓰레기와 같은 것으로서 구석으로 치워져야 할 것들이다.

여기에서 우리에게는 정밀한 구별을 하고자 하는 터무니없는 위험이 있다. 사람들이 물리적인 물체라고 하는 개념을 '현실적으로 보고 있는 것'으로부터 설명하려고 할 때가 이와 비슷하다. 오히려 일상의 언어 게임을 받아들여 잘못된 서술은 그것이라고 표지를 해둘 일이다. 아이에게 전해지는 원초적인 언어 게임은 정당화할 필요가 없다. 정당화의 시도야말로 물리칠 필요가 있다.

이제 하나의 예로서 삼각형의 양상을 생각해 보자. 다음의 삼각형은,

삼각형 구멍, 기하학적 도형, 그 기선(基線) 위에 서 있다고도, 그 첨단(尖端)에 매달려 있다고도, 또는 산(山)이라고도, 쐐기라고도, 화살표 지시의 표지라고도, [예를 들어] 직각을 끼는 짧은 쪽의 한 변을 아래로 해서 서 있었어야 할 물체가 넘어지고 있다고도, 평행사변형의 반이라고도, 또 기타 여러 가지 것으로도 볼 수가 있다.

'그 경우 당신은 어느 때는 이것을, 어떤 때에는 이것을 생각하고, 어떤 때에는 그것을 이것과, 다른 때에는 이것이라고 간주할 수가 있다. 그때 그것을 어떤 때에는 이렇게 보고, 어떤 때에는 이렇게 보게 될 것이다.' 그렇다면 어떻게 해서 그렇게 하는가? 바로 더 이상의 규정은 존재하지 않는다.

그러나 사물을 어떤 해석에 따라 본다는 것은 어떻게 가능한가? 이 물음은 그것을 기묘한 사실로서 제시하고 있다. 마치 여기에서는, 원래 제대로 제자리에 들어갈 수 없는 것이 하나의 형식 안에 억지로 밀어 넣어져 있는 것처럼. 그러나 여기에서는 압박도 강제도 발생하지 않았다.

그와 같은 형식이 다른 여러 형식 사이에 존재할 여지가 없는 것처럼 보이는 것이라면, 당신은 그것을 다른 차원 안에서 찾아야 한다. 여기에 여지가 없으면 그것은 바로 다른 차원 안에 있다.

[이런 뜻으로는 실수선(實數線 : 좌표) 위에도 허수(虛數)가 끼어들 여지 같은 것은 없다. 그리고 이것은 허수 개념의 응용이 계산의 겉모습이 나타내고 있는 정도로는 실수 개념의 응용과 비슷하지 않다는 것이다. 사람들은 응용으로 내려가야 한다. 그때 이 (허수) 개념이 말하자면 예감조차도 하지 않았던 다른 여지를 발견하는 것이다.]

'나는 어떤 것을 이것으로서 볼 수는 있지만 그것은 이것의 영상일 수 있다'라고 하는 설명은 어떤가?

어쨌든 이것은 즉 변이하고 있는 양상이란, 형상이 사정에 따라서는 항상적으로 하나의 영상 안에서 가질 수 있는 상(相)을 말하는 것—이라는 것이다.

하나의 삼각형이 실제로 어떤 그림 안에서는 서 있고 다른 그림 안에서는 매달려 있고 또 다른 그림에서는 무엇인가 전도(轉倒)된 것을 나타내고 있는 일이 있다. 즉 그러기 때문에 관찰자인 나는 '이것은 또 무엇인가 전도된 것을 나타낼 수도 있다'고는 말하지 않고, '유리잔이 전도하여 산산조각이 나 있다'고 말하는 것이다. 이와 같이 우리는 그림에 대해서 반응한다.

어떤 그림이 이 효과를 낳기 위해서는 어떤 식으로 되어 있어야 하는가를 내가 말할 수 있을까? 아니다. 예를 들어 이 직접적인 방식으로는 나에게 아무것도 전달하지 않지만, 다른 사람에게는 무엇인가를 전달하는 화법(畵法)이 있다. 나는 습관과 교육이 여기서 한몫을 한다고 생각한다.

그러면 내가 그림 안에 구(球)가 '떠돌고 있는 것을 본다'고 하는 것은 무엇을 말하는가?

그것은 이 기술이 나에게 가장 친밀하고 자명한 것이라고 하는 것 중에 이미 성립되어 있다는 것인가? 그렇지 않다. 이 기술은 여러 가지 이유로 해서 그러한 것일 수가 있다. 예를 들어 단지 습관이 되어버린 기술일 수도 있다.

그러나 내가 그 그림을, 예를 들어 그와 같이 이해할 [그것이 나타내고 있는 것을 알] 뿐만 아니라 그와 같이 본다—고 하는 표현은 어떠한 뜻인가?—그와 같은 표현은 '구가 떠돌고 있는 것처럼 보인다'거나, '사람들은 그것이 떠돌고 있는 것을 본다'거나, 또는 특별한 어조로 '그것은 떠돌고 있다!'의 하나에 해당될 것이다.

그러기 때문에 이것은 그렇게 취한다는 표현이다. 그러나 그것의 표현으로서 사용되어 있는 것은 아니다.

우리는 여기에서 무엇이 원인이고 무엇이 특별한 경우에 이러한 표현을 불러일으키는가—라고는 자문하지 않는다.

게다가 그것은 특별한 표현인가? '여하간 나는 구(球)가 떠돌고 있는 것을 보고 있을 때에는, 그것이 단지 거기에 놓여 있는 것을 보고 있을 때와는 다른 무엇인가를 보고 있는 것이다.' 즉 이 표현은 정당화되었다! [왜냐하면 말 그대로 취한다면 이 표현은 바로 반복에 지나지 않기 때문이다.]

[그렇지만 나의 인상은 실제로 떠돌고 있는 구에 대한 표현도 아니다. '입체적으로 사물을 보는 것'에는 변종(變種)이 있다. 어떤 사진의 입체성과, 우리가 입체경을 통해서 보고 있는 것의 공간성.]

'그런데 그것은 실제로 다른 인상인가?' 이에 대답하기 위해 나는 그 경우 실제로 무엇인가 다른 것이 내 안에 존재하는지 자문하고 싶어진다. 그러나 나는 어떻게 그것을 확신할 수 있는가? 나는 내가 보고 있는 것을 달리 기술하는 것이다.

어떤 종류의 소묘를 사람들은 항상 평면상의 형상으로 보고 다른 것을 가끔 또는 항상 공간적으로 본다.

그래서 사람들은 이제 이렇게 말하고 싶어진다. 공간적으로 보고 있는 소묘의 시각 인상은 입체적이며, 예를 들어 입방체의 도식(圖式)에 대해서 그것은 입방체라고. [왜냐하면 그 인상의 기술이 어떤 입체의 기술이기 때문이다.]

그리고 그 경우 우리의 인상이 많은 소묘에 대해서 무엇인가 평평한 것이고 많은 소묘에 대해서 무엇인가 입체적이라고 하는 것은 기묘한 일이다. 사람들은 '어디에서 그것은 끝나는가' 하고 자문한다.

질주하고 있는 말의 그림을 보고 있을 때—나는 이러한 운동의 종류가 뜻하고 있는 것을 알 뿐인가? 말이 그림 안에서 질주하고 있는 것을 본다는 것은 미신(迷信)인가? 그리고 바야흐로 나의 시각 인상 또한 그렇게 (질주)하고 있는가?

'나는 그것을 지금 ……으로 보고 있다'고 말하고 있는 사람은, 나에게 무엇을 전달하고 있는가? 이와 같은 전달이 어떠한 귀결을 낳는가? 나는 그것에 의해서 무엇을 하기 시작할 수가 있는가?

사람들은 가끔 모음(母音)으로 색을 연상한다. 어떤 모음이 자주 연이어 발음되면 그 색을 바꾸는 일이 있을 수 있을 것이다. 그에게 a는 예를 들어 '지금은 청—지금은 빨강'이다.

'나는 그것을 지금 ……으로 보고 있다'고 하는 표출은, 우리에게 'a는 나에게 지금 빨강이다'라고 하는 표출 이상을 뜻하지 않는다.

[생리학적인 관찰과 결부되면 이러한 변이도 우리에게 중요한 것이 될 수 있을 것이다.]

그런데 미적(美的)인 대상에 대한 대화에서 다음과 같은 말이 사용되고 있는 모습이 나의 머릿속에 떠오른다. '당신은 그것을 이렇게 보아야만 한다. 그것은 이러한 뜻이기 때문에.' '당신이 그것을 이렇게 보고 있다면 결함이 있는 곳을 보고 있는 것이다.' '당신은 이들의 박자를 도입부로서 들어야만 한다.' '당신은 이 리듬에 귀를 기울여야 한다.' '당신은 그것을 이렇게 구분하지 않으면 안 된다.' [그리고 이것은 듣는 일이나 게임하는 일에도 관계하고 있다.]

다음의 그림은,

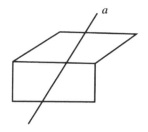

볼록 계단을 나타내는 것으로, 어떤 종류의 입체적인 사물을 논증하기 위해 사용되는 것이라 하자. 이를 위해 우리는, 예를 들어 직선 a를 두 표면 중심을 지나도록 긋는다. 지금 누군가가 이 그림을 잠깐 훑어보아 이를 입체적으로 보고 그 경우 혹시 오목 또는 볼록의 계단으로 본다면, 그것으로 말미암아 우리의 논증에 따라오는 일이 곤란하게 될 수 있을 것이다. 그리고 만약에 그 사람에게 있어 평면적 양상이 입체적 양상과 교대된다면, 그것은 마치 내가 논증하는 동안 전혀 다른 대상을 그 사람에게 제시하고 있는 것과 마찬가지가 된다.

내가 화법 기하학에서의 제도를 바라보면서 '나는 이 선이 여기에 다시 나타나는 것을 알지만, 나는 그것을 그렇게 볼 수는 없다'고 말한다면 그것은 무슨 뜻인가? 단지 내가 제도의 조작에 능숙치 못하다는 것, 제도를 그다지 잘 알고 있지 못하다는 것인가? 그런데 이와 같은 능숙함은 확실히 우리의 기준의 하나이다. 제도의 입체적인 관점을 우리에게 확신시켜 주는 것은 어떤 종류의 지식이 있다는 것이다. 예를 들어 입체적인 여러 관계를 암시하는 것 같은, 어떤 종류의 몸짓, 즉 행동의 미묘한 음영(陰影)들.

나는 그림에서 화살이 동물을 관통하고 있는 것을 본다. 화살은 동물의 목에 맞아 목덜미로 튀어나와 있다. 이 화상을 실루엣으로 해본다. 당신은 그 화살을 보는가? 그 두 개의 단편이 한 개의 화살 부분을 나타내고 있는 것으로 알기만 하는가?

[쾰러[1]의 서로 관통된 육각형의 그림과 비교하라.]

'하지만 그것은 본다는 것이 아니다!' '그러나 그것은 본다는 것이다!'—이 양쪽 모두 개념적으로 정당화할 수 있어야 한다.

하지만 그것은 본다는 것이다! 어느 정도까지 본다는 것인가?

'그 현상은 우선 사람들을 놀라게 한다. 그러나 그것을 위한 생리학적인 설명이 틀림없이 발견될 수가 있을 것이다.' 우리의 문제는 인과(因果)의 문제가 아니라 개념의 문제인 것이다.

(화살로) 관통된 동물이나 서로 관통한 육각형과 같은 화상이 순간적으로 나에게 제시되고, 그 후 내가 그것을 기술해야 한다면 그것이야말로 기술일 것이다. 그것을 그림으로 그려야 한다고 하면, 나는 분명히 잘못된 점이 많은 묘사를 제시하게 될 것이다. 그러나 그 묘사는 화살로 관통된 일종의 동물이나 서로 관통하고 있는 두 개의 육각형을 나타낼 것이다. 즉 어떤 종류의 잘못을 나는 저지르지 않을 것이다.

그 그림의 경우 나의 눈 속으로 들어오는 최초의 일은 그것이 두 개의 육각형이라는 것이다.

그래서 나는 그것을 잘 바라보고 '나는 그것을 실제로 육각형으로 보고 있는가' 하고 자문한다. 더욱이 그것이 나의 눈앞에 있는 동안 줄곧 그러한가? [그때 화가의 양상이 변하지 않았다고 가정한다.] 그러면 나는 '나는 그것을

---

1) Wolfgang Köhler(1887~1967). 독일의 심리학자로, 형태심리학을 창시하고 역학설(力學說)을 제시함.

줄곧 육각형으로 생각하고 있는 것은 아니다'라고 대답하고 싶어진다.

어떤 사람이 나에게 '나는 그것을 바로 두 개의 육각형으로 보았다. 그것이야말로 내가 본 모든 것이었다'고 말한다. 그러나 나는 그것을 어떻게 이해하는가? 나는 그의 '당신은 무엇을 보고 있는가'라는 물음에 대해서 굳이 기술로 대답한 것이다. 또, 이것을 몇 개의 가능한 기술의 하나로서 다룬 것이 아니라고 생각한다. 그 점에 있어서 이 기술은 내가 그에게 다음과 같은 그림을,

제시했을 때 '얼굴이다'라고 한 대답과 같다.

나에게 순간적으로 제시된 것에 대해서 내가 할 수 있는 가장 좋은 기술은 ……인 이것이다. '그 인상은 뒷다리로 서 있는 동물의 인상이었다.' 그러기 때문에 매우 분명한 기술이 나타난다. 그것은 그렇게 보인다는 것이었는가, 그렇지 않으면 사상이었는가?

자기 자신 안에서 체험을 분석하려고 하지 마라!

내가 그 그림을 우선 무엇인가 다른 것으로 보고, 그리고 나서 '아! 이것은 두 개의 육각형이다'라고 말하는 것 또한 있을 수 있었을 것이다. 그러기 때문에 양상이 바뀐 것이다. 그렇다면 그것은 내가 그것을 사실 무엇인가 확정된 것으로 보았다는 것을 증명하고 있는가?

'그것은 진정한 체험인가?' 문제는 어느 정도 그러한가 하는 것.

여기에서 어려운 것은 개념 규정이 문제가 되어 있다는 것을 간파하는 일이다.

개념은 집요하게 다가온다. [당신은 이것을 잊어서는 안 된다.]

나는 도대체 언제 그것을 단순한 앎[知]이라고 부르고, 본다고는 말하지 않을까? 어쩌면 누군가가 그 그림을 습작화(習作畵)처럼 다루어 그것을 청사진처럼 읽는다고 하는 경우이다. [행동의 미묘한 음영(陰影)—왜 그것이 중대한가? 그것은 중대한 귀결을 낳는다.]

'그것은 나에게는 화살로 관통된 동물이다.' 나는 그것을 이러한 것으로 다룬다. 이것은 도형에 대한 나의 자세인 것이다. 이것은 그것을 하나의 '보임'이라고 이름 짓는 일이 지니는 하나의 뜻이다.

그러나 나는 또 같은 뜻으로 '이것은 나에게는 두 개의 육각형이다'라고 말할 수는 없는가? 같은 뜻에서가 아니라 비슷한 뜻으로.

당신은 [습작 그림과는 반대로] 회화(繪畵)의 성격을 가진 그림이, 우리의 생활에서 역할을 다하는 것에 대해서 생각하지 않으면 안 된다. 거기에는 역할의 일률성(一律性) 같은 것은 전혀 성립되어 있지 않다.

이것과 비교할 일은, 사람들은 가끔 격언을 벽에 붙여놓지만 역학(力學)의 정리를 벽에 붙이지는 않는다는 것. [이들 두 가지 것에 대한 우리의 관계.]

그 소묘를 이러한 동물로 보고 있는 사람들로부터는, 그것이 무엇을 나타내고 있어야 하는가를 알고만 있는 사람들로부터보다도, 나는 더 많은 다른 것을 기대할 것이다.

아마도 다음과 같은 표현 쪽이 좋을 것이다. 우리는 사진이나 자신들의 벽에 걸려 있는 그림을 대상 그 자체[인간, 풍경 등]라고 간주하는 것이며, 대상 그 자체가 그들 위에 묘사되고 있는 것이라고.

그럴 필요는 없다. 우리는 그러한 그림에 대해서 이러한 관계를 가지지 않는 사람을 쉽사리 상상할 수가 있을 것이다. 예를 들면, 색이 칠해지지 않은 얼굴, 아마도 축척(縮尺)된 얼굴까지도 자기에게는 비인간적이라고 보이기 때문에 사진에 반발을 해버리는 것 같은 사람.

지금 내가 '우리는 어떤 초상을 인간으로 간주하고 있다'고 말하려 한다면— 언제, 얼마 동안, 우리는 그렇게 하고 있는가? 전반적으로 우리가 그것을 보고 있을 때에는 항상 그러한가[그것을 어쩌면 무엇인가 다른 것으로 보지는 않는가]?

나는 이것을 긍정할 수 있겠지만 그것에 의해서 간주한다는 개념을 규정하고 있는 것이 될 것이다. 문제는 좀 더 다른 근사(近似)한 개념, [더 자세히 말하면] 내가 [묘사되어 있는] 대상으로서의 그림에 마음을 빼앗기고 있는 동안밖에 일어나지 않을 것 같은, 그렇게 본다는 개념, 이것이 우리에게 중요한가 어떤가—하는 것이다.

나는 이렇게 말할 수가 있을 것이다. 그림은 내가 그것을 보고 있는 동안에 항상 나에게 살아 있다고는 말할 수 없다고.

'그녀의 그림이 벽에서 나에게 미소를 던지고 있다.' 나의 눈동자가 마침 거기에 쏠려 있다고 해도 항상 그것이 그렇게 한다고는 말할 수 없다.

토끼-오리의 머리. 사람들은 자문한다. 그 눈, 이러한 점이 어떤 방향을 보고 있다는 것은 어떻게 해서 가능한가—라고. '보라, 어떻게 해서 점(點)이 보고 있는가를!' [그리고 그때 우리들은 자신을 '바라본다.'] 그러나 사람들은, 그림을 바라보는 동안에, 끊임없이 그렇게 말하고 그렇게 하는 것은 아니다. 게다가 이 '보라, 어떻게 해서 점이 보고 있는가를'이라는 것은 무슨 뜻인가? 그것은 어떤 감각의 표현인가?

[나는 이러한 예의 어느 경우에도 그 어떤 완전성에 도달하려는 것은 아니다. 심리학적인 개념의 분류에 도달하려 하고 있는 것도 아니다. 이러한 예는, 개념상의 불명확성 속에서 스스로 방책을 강구하기 위한 단서를 독자에게 주

려는 데에 지나지 않는다.]

'나는 그것을 지금 어떤 ……으로 보고 있다'고 말하는 것은 '나는 그것을 어떤 ……으로 보려고 한다'거나, '나로서는 그것을 아직 어떤 ……으로서 볼 수가 없다'라고 하는 것과 마찬가지이다. 그러나 나에게는 사자의 보통 그림을 사자로서 보려고 하거나, 마찬가지로 F를 그러한 문자로서 보려고 할 수 없다. [다만 분명히 이를테면 교수대로 보려고 할 수는 있다.]

따라서 '나는 어떠한가' 하고 자문하지 마라. 나는 다른 사람에 대해서 무엇을 알고 있는가'를 물어라.

도대체 어떻게 해서 사람들은 '그것은 또한 이것일 수가 있을 것이다'라고 하는 게임을 하는가? [도형이 그럴 수도 있을 것 같은 것—그리고, 그것은 도형이 그러한 것으로서 간주될 수 있는 것이기도 하지만—은 단지 또 하나의 다른 도형인 것은 아니다. '단순히

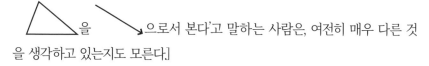

을   으로서 본다'고 말하는 사람은, 여전히 매우 다른 것을 생각하고 있는지도 모른다.]

아이들은 이러한 게임을 한다. 그들은 예를 들어 하나의 상자에 대해서 그것이 집이라고 말한다. 그러면 그 후에는 상자는 완전히 집이라고 이해된다. 하나의 허구가 그 상자에 주입(注入)된다.

그런데 그 아이는 상자를 집으로 보고 있는가?
'그는 그것이 상자라는 것을 전적으로 잊고 있다. 그것은 사실 그에게 있어서는 집인 것이다.' [그러한 확실한 징후가 있다.] 그 경우 그가 상자를 집으로 보고 있다고 말하는 것도 또한 옳은 일이 아닐까?

그리고 지금 그와 같이 게임을 할 수가 있고 일정한 상황 안에서 특별한 표

정을 가지고 '그것은 집이다!'라고 외치는 사람은, 이 양상의 번득임에 표현을 부여하고 있는 것이다.

어떤 사람이 토끼—오리의 그림에 대해서 이야기하고 있고, 지금 어떤 방식으로 이 토끼 얼굴의 특별한 표정에 대해서 이야기하는 것을 내가 들었다고 하면, 나는 그가 이 그림을 지금 토끼로 보고 있다고 말할 것이다.

그러나 목소리나 몸짓의 표현은 마치 대상이 변화해서 마침내 이러저러한 것이 되어버렸다고 하는 것과 마찬가지이다.

내가 하나의 음악 테마를 되풀이하여 그때마다 느린 템포로 연주해 본다. 마지막에 나는 '지금 이것은 옳다'거나, '지금은 마침내 행진곡이다'거나, '이제는 마침내 무도곡이다'라고 말한다. 이 어조 안에 양상의 번득임 또한 표현되어 있다.

'행동의 묘한 음영'—테마에 대한 나의 이해가 그것을 휘파람으로 올바르게 부는 데서 표출된다면 그것이야말로 이러한 미묘한 음영의 한 예인 것이다.

삼각형의 양상. 그것은 어떤 상상이 시각 인상과 접촉하여 한동안 접촉한 그대로 있을 때와 같은 것이다.

그러나 이 점에서 이들 삼각형의 양상은, 예를 들어 계단의 볼록한 면과 오목한 면의 양상으로부터 구별된다.

또 이러한 검은 바탕에 흰 십자가 및 흰 바탕에 검은 십자가로서의 도형[이

것을 나는 '이중 십자형'이라고 부를 것이다]으로부터도.

당신은, 서로 교대하는 양상의 기술(記述)이 각각의 경우에 서로 다른 종류의 것임을 고려하지 않으면 안 된다.

['그것'이나 '이렇게' 등과 같이 말하고 같은 것을 가리키면서, '나는 그것을 이렇게 본다'고 말하려는 유혹] 항상 사적(私的)인 대상을 제거하도록 하라. 그것은 끊임없이 변화하지만 당신의 기억이 끊임없이 당신을 속이기 때문에 당신은 그것을 알아차리지 못하고 있다.

이중 십자가의 두 가지 양상[나는 그것들을 양상 A라고 부를 것이다]은, 예를 들어 이를 관찰하는 사람이 고립해 있는 하얀 십자가와 고립해 있는 검은 십자가를 교대로 가리킴으로써 간단히 전달되었을 것이다.
물론 그러한 것은 아직 말도 하지 못하는 유아의 원초적인 반응이라고 생각할 수 있을 것이다.
[그러기 때문에 양상 A의 전달에서는 이중 십자가의 도형 일부가 직시된다. 토끼의 양상과 오리의 양상을 유사한 방식으로 기술할 수는 없을 것이다.]

이들 두 동물의 형태를 잘 알고 있는 사람만이 '토끼와 오리의 양상을 본다'. 유사한 조건은 양상 A에 대해서는 존재하지 않는다.

토끼–오리의 머리를 어떤 사람은 단적으로 토끼의 그림, 이중 십자가를 검은 십자가의 그림이라고 받아들일 수는 있지만, 단순한 삼각형의 도형이 전도(顚倒)된 대상의 그림으로 받아들일 수는 없다. 삼각형의 이러한 양상을 보기 위해서는 상상력이 필요하다.

양상 A는 본질적으로는 공간적인 양상이 아니다. 백(白)을 바탕으로 한 검은 십자가는 본질적으로는 흰 평면을 배경으로 가지고 있는 십자가가 아니다. 사람들은 전지(全紙) 위에 그려진 십자형 이외의 것을 전혀 제시하지 않고 다른 색을 바탕으로 한 검은 십자가라고 하는 개념을 다른 사람에게 알게 할 수 있다. 여기에서 '배경'이라고 하는 것은 단지 십자도형의 주위인 것이다.

양상 A는, 입방체의 그림이나 계단의 공간적인 양상과 마찬가지 방식이지 착각의 가능성에 이어져 있는 것은 아니다.

나는 입방체의 도식을 상자라고 볼 수가 있다. 그러나 어떤 때에는 종이 상자로, 어떤 때에는 양철 상자로 볼 수가 있는가? 누군가가 자기는 그렇게 할 수 있다고 다짐했다면, 나는 그것에 대해서 무엇이라고 말하면 좋은가? 나는 여기에 개념의 경계를 한 가닥 그을 수가 있다.

그러나 어떤 화상을 바라볼 때 '느꼈다'고 하는 표현에 대해서 생각하라. [사람들은 이 재료의 부드러움을 느끼고 있다.] [꿈속에서 안다는 것. '그리고 나는 알았다, 방 안에 ······이 있다는 것을.']

어떻게 해서 사람들은 아이에게 [이를테면 계산을 할 때] '자, 이들 점수를 정리하여라!'거나, '자, 그것들은 한 덩어리가 되어 있다'고 가르치는가? 분명히 '정리한다'거나 '하나가 된다'고 하는 것은, 원래 그에게 있어서는 무엇인가를 이렇게 또는 저렇게 보는 것과는 다른 뜻을 가지고 있었음에 틀림없었을 것이다. 그러나 이것은 개념에 대한 고찰이지 교수법에 대한 고찰은 아니다.

양상의 어떤 종류를 사람들은 '체제의 양상'이라고 부를 수가 있을 것이다. 양상이 바뀌면, 이전에는 한 덩어리가 되어 있지 않았던 그림의 여러 부분이 한데 합쳐진다.

나는 삼각형에서 지금 이것을 꼭짓점으로, 이것을 밑변으로 보고─지금은 이것을 꼭짓점, 이것을 밑변이라고 볼 수가 있다. 분명히 방금 꼭짓점과 밑변 등의 개념을 알게 된 학생에게는 '나는 지금 이것을 꼭짓점으로 본다'고 하는 말은 아직 아무것도 말하고 있을 리가 없다. 그러나 이것을 나는 경험명제라는 뜻으로 말하고 있는 것이 아니다.

도형의 응용을 막힘없이 할 수 있는 사람에 대해서만 그는 지금 그것을 이렇게, 지금은 이렇게 보고 있다고 말할 것이다.

이러한 체험의 기초는 어떤 기술의 숙달이다.

그러나 이것이 어떤 사람이 이러이러한 체험을 하고 있음의 논리적 조건이어야 한다는 것은 얼마나 기묘한 일인가! 어쨌든 당신은 이러이러한 일을 할 수 있는 사람만이 '치통을 느끼고 있다'라고는 말하지 않는다. 그와 같은 일에서 우리가 여기에서 같은 체험 개념에 관여하는 일은 있을 수 없다는 것이 도출된다. 그것은 관계가 있다고 해도 다른 개념인 것이다.

이러이러한 일을 할 수 있고, 그것을 배우고 있고, 그것에 통달하고 있는 사람에 대해서만 그는 그것을 체험하고 있다고 말하는 데에 의의가 있다.

그리고 만약에 이것이 터무니없는 말로 들린다면, 당신은 본다는 개념이 여기에서는 수정되고 있다는 것을 고려하지 않으면 안 된다. [이와 비슷한 생각이 수학에서의 현기증을 쫓아버리기 위해 가끔 필요하다.]

우리는 이야기를 하고 발음하지만, 후에 이르러서야 비로소 이들 생명의 영상을 입수하게 된다.

도대체 어떻게 해서 나는 이 자세가 내성적이라는 것을 알 수가 있었는가? 그것이 하나의 자세이지 이 동물의 해부학적 구조가 아니라는 것을 알기 전에 볼 수 있었는가?

그러나 이것은 바로 시각적인 것만을 가리키고 있는 것이 아닌, 이 개념을 내가 그때 보고 있는 것의 기술에 사용할 수가 없다고 하는 것을 뜻하고 있는 것만은 아닌가? 그럼에도 불구하고 나에게는 내성적인 자세, 겁 많은 표정에 대해서 순수하게 시각적인 개념을 가질 수가 없는 것일까?

그와 같은 개념은 이 경우 '장조(長調)' 및 '단조(短調)'라는 개념과 비교할 수가 있을 것이다. 이들에게는 확실히 어떤 감정치가 있지만, 오직 지각되는 구조의 기술에 사용할 수도 있는 것이다.

예를 들어, 얼굴의 윤곽도에 적용된 '슬픈'이라고 하는 형용사는 달걀 모양이 된 선의 집단을 특징짓는다. 인간에게 적용되면 그것은 [관계가 있으나] 다른 뜻을 갖는다. [그러나 이것은 슬프게 보이는 얼굴의 표정이 슬픈 감정과 비슷하다는 것은 아니다!]

이러한 일도 생각해 보라. 나는 빨간색이나 녹색을 볼 수가 있을 뿐 들을 수는 없다―그러나 슬픔은 내가 그것을 볼 수 있는 한 들을 수도 있다.

어쨌든 '나는 한탄의 멜로디를 들었다'고 하는 표현에 대해 생각해 보라! 그러면 문제는 '그는 한탄을 듣고 있는가' 하는 것이 된다.

그리고 만약에 내가 '아니 그는 한탄을 듣고 있는 것이 아니라, 그것을 느끼고 있을 뿐이다'라고 대답했다고 하면―그것으로 무엇이 이루어졌는가? 사람들은 실제로 이러한 '감각'의 감각 기관을 말하기조차 할 수 없다.

많은 사람들은 이제 '물론 나는 한탄을 듣고 있는 것이다!'라고 대답하고 싶어 한다. 또한 많은 사람들은 '나는 원래 한탄을 듣고 있는 것이 아니다'라고도.

그러나 개념의 차이들을 확정할 수 있다.

우리는 그 시각 인상에 대해서, 이것을 겁이라고 [이 말의 충분한 뜻에서] 인식하지 않는 사람과는 다른 방식으로 반응한다. 그런데 나로서는 우리가 근육이나 관절에 그 반응을 감지하고 있고, 그것이 '감각'이라고 말할 생각은 없다. 그렇지 않고 우리는 여기에 하나의 수정된 감각 개념을 가지고 있다.

어떤 사람에 대해서, 그는 어떤 얼굴의 표정에 대해서 맹인이다―라고 말할 수가 있을 것이다. 그러나 그것 때문에 그의 시감각(視感覺)에는 무엇이 결여되어 있을까?

이것은 물론 단순히 생리학의 문제가 아니다. 생리학적인 것은, 여기에서는 논리적인 것에 대한 상징인 것이다.

어떤 멜로디의 엄숙함을 느끼고 있는 사람은 무엇을 지각하고 있는가? 듣고 있는 것의 재현에 의해서 전달할 수 있는 것을 지각하고 있는 것은 아니다.

어떤 임의의 문자—예를 들어, 이 𝒽에 대해서 나는 그것이 무엇인가 외국의 알파벳을 엄밀하고 옳게 기록한 문자라고 상상할 수가 있다. 그러나 또 부정확하게 그려진 문자일 수도 있다. 즉, 이러저러한 방법으로 부정확일 수도 있는 것이다. 예를 들어 아무렇게나 썼다든가, 전형적으로 유치해서 졸렬하다든가, 너무 장식이 많다든가. 그것이 여러 가지 방식으로 올바르게 적힌 것으로부터 이탈해 있는 경우가 있을 것이다. 그리고 그것을 둘러싸고 있는 나의 공상 여하에 따라서, 나는 그것을 여러 가지 양상 속에서 볼 수가 있다. 그리하여 여기에 '말의 의미의 체험'과의 매우 가까운 관계가 성립된다.

여기에 번득이고 있는 것은 관찰의 대상에 대한 일정한 몰두(沒頭)가 지속되는 동안에만 존속한다고 나는 말하고 싶다. ['그가 어떠한 눈초리를 하고 있는가를 보라.'] '나는 말하고 싶다'—그러나 그렇게 되어 있는가? 어느 정도의 시간 동안에, 어떤 일이 나의 머릿속에 떠오르고 있는가'를 자문하라. 어느 정도의 시간 동안에 그것이 나에게 새로운가?

양상 속에 어떤 모습이 나타나 있다가 후에 사라져간다. 대체적으로 내가 우선 모방하고, 이어 모방하지 않고 받아들일 수 있는 얼굴 모습이 있는 것과 같다. 그리고 이것으로 사실 설명은 충분하지 않은가? 그러나 그것으로는 너무 앞으로 나아간 것은 아닌가?

'나는 잠시 동안 그와 그의 아버지가 닮았다는 것을 알고 있었으나 그 후부터는 아니었다(알 수 없게 되었다).' 이렇게 말할 수 있는 것은, 그의 얼굴이 변화해서 잠시 동안 그의 아버지와 닮아 보일 때의 일일 것이다. 그러나 이것은 또한 잠시 후에는 두 사람의 닮은 점이 더 이상 나의 머릿속에 떠오르지 않았다는 것이기도 하다.

'그 유사점이 당신의 머리에 떠오른 후—어느 정도 당신은 그것을 의식하고 있었는가?' 어떻게 해서 사람들은 이 물음에 대답할 수가 있을까? '나는 곧 이 유사점에 대해서 생각하지 않았다'거나, '그 유사는 기회가 있을 때마다 되풀이해서 나를 놀라게 하였다'거나, '하지만 그들은 얼마나 잘 닮아 있는가!'라는 생각이 몇 번이고 나의 머리를 스치고 지나갔다'거나 '나는 확실히 1분 동안 그 유사점에 깜짝 놀라고 있었다'거나—어쩌면 대답은 이런 식이 된다.

나는 이런 질문을 하고 싶다. '내가 어떤 대상[이를테면 찬장]을 보고 있는 동안에 그 대상의 공간성, 그 깊이를 항상 의식하고 있는가'라고. 나는 이것들을 말하자면 줄곧 느끼고 있는가? 그러나 이 질문을 제3인칭으로 해보라. 그가 그것들을 항상 의식하고 있다고 언제 당신은 말하고, 언제 그 반대되는 말을 할까? 물론 그에게 물을 수는 있다—그러나 이러한 물음에 대답하는 것을 그는 어떻게 배웠는가? 그는 '끊임없이 아픔을 느끼고 있다'는 것이 무얼 뜻하는지 알고 있다. 하지만 그것은 여기에서는 그를 혼란만 시킬 것이다[나도 혼란하게 만드는 것처럼].

그가 지금 자기는 그 깊이를 끊임없이 의식하고 있다고 말하면—나는 그가 하는 말을 믿는가? 또 그가 자기는 그것들을 가끔밖에 [아마도 그것에 대하여 이야기하고 있을 때] 의식하지 않고 있다고 말하면—나는 그가 말하는 그것을 믿는가? 나에게는 이러한 대답이 잘못된 기반 위에 성립되어 있는 것처럼 여겨진다. 그러나 그 대상이 나에게는 가끔 평평하고, 가끔은 입체적으로 보인다고 그가 말하는 것이라면 (이야기는) 다르다.

누군가가 나에게 '나는 그 꽃을 자세히 보고 있었는데 다른 일을 생각하고 있어서 꽃의 색은 의식하고 있지 않았다'고 말한다. 나는 이 말을 이해하는가? 나는 그것 때문에 하나의 뜻있는 맥락을 생각할 수가 있다. 예를 들어 이야기가 다음과 같이 진행될 경우이다. '그리고 나서 갑자기 나는 꽃을 보고 그것이 ……이라는 것을 인지하였다'고.

또는 '만약에 그때 다른 쪽을 보았다면 나는 그 꽃이 어떤 색이었는지 말할 수가 없었을 것이다'라고.

'그는 꽃을 보지 않고 주시(注視)하였다.' 그러한 일은 있을 수 있다. 그러나 그 기준은 어떠한 것인가? 거기에는 바로 여러 가지 다양한 경우가 있다.

'나는 지금 색보다도 형태에 더 주목했다.' 이러한 표현 방법으로 혼란을 일으키지 않도록 하라. 무엇보다도 '하여간 눈이나 뇌 안에서 도대체 무엇이 진행되고 있을까'라고 생각하지 마라.

유사성이 나를 놀라게 하고 그 놀라움이 사라진다.

그것은 불과 몇 분 동안 나를 놀라게 한 것으로, 그것들은 이미 나를 놀라게 하지 않는다.

거기에서는 무엇이 일어났는가? 나는 무엇을 회상할 수 있는가? 나 자신의 얼굴 표정이 마음에 떠오른다. 나는 그것을 흉내 낼 수가 있을 것이다. 내가 알고 있는 누군가가 나의 얼굴을 보았다고 하면, 그 사람은 '그의 얼굴에서 무엇인가가 당신을 놀라게 하고 있다'고 말했을 것이다. 게다가 그와 같은 상황에 처하여 내가 어쩌면 들리게, 또는 나 자신 안에서 남몰래 말하는 것도 나의 머리에 떠오른다. 그리고 그것이 모든 것이다. 그러나 눈에 띄는 것인가? 아니다. 이들은 눈에 띄는 현상이기는 하지만, 그 현상은 '일어나고 있는 일'인 것이다.

눈에 띈다는 것은 보는 것+생각하는 일인가? 아니다. 우리의 많은 개념이 여기에서 교차한다.

['생각한다'는 것과 '상상 속에서 말한다'고 하는 것—나는 '혼잣말을 하는 것'이라고는 말하지 않는다—과는 다른 개념이다.]

대상의 색채에 시각 인상에 있어서의 색채가 대응한다[이 압지(押紙)는 나에게는 담홍색으로 보이고 그것은 담홍색이다]—대상의 형식에는 시각 인상에 있어서의 형식이 대응한다[그것은 나에게는 장방형으로 보이고 그것은 장방형이다]—그러나 내가 양상의 번득임에서 지각하는 것은 대상의 한 특성이 아니다. 그것은 그 대상과 다른 대상과의 내부적인 관계인 것이다.

이것은 마치 '이 맥락에 있어서의 기호의 외관'은 어떤 사상의 여운일 것이다. '보이는 것 속에 여운을 남기고 있는 사상'—이라고 사람들은 말하고 싶어진다.

체험에 대한 생리학적인 설명을 생각해 보라. 그것이 다음과 같은 것이라고 하자. 도형을 관찰할 때 시선은 되풀이하여 일정한 진로(進路)를 따라 그 대상을 스쳐간다. 그 진로는 (사물을) 보고 있을 때의 눈동자 흔들림의 어떤 특수한 형태에 대응하고 있다. 그와 같은 운동 양식이 다른 운동 양식으로 옮아가서, 그 쌍방이 서로 교대하는 일이 일어날 수가 있다[양상 A]. 어떤 종류의 운동 형태는 생리적으로 불가능하므로, 그 때문에 나는 예를 들어, 입방체의 도식을 두 개가 서로 얽힌 프리즘으로서 볼 수가 없다 등등. 이것이 설명일 것이다. '그렇다, 지금 나는 바로 그것이 일종의 보는 것이라는 것을 안다.' 당신은 이제 본다고 하는 새로운, 생리학적인 기준을 도입한 것이다. 그리고 그것은 낡은 문제를 은폐할 수 있을지 모르지만 그것을 풀 수는 없다. 그러나 이러한 고찰의 목적은, 우리에게 생리학적인 설명이 제공될 때 어떤 일이 일어나는가를 눈앞으로 끌어내는 일이다. 생리학적인 개념은 이러한 설명에 저촉되지 않고 허공에 남아 있다. 그리고 우리의 문제의 본성(本性)은 그것에 의해 한층 명백해진다.

나는 실제로 그때마다 무엇인가 다른 것을 보고 있는 것인가, 그렇지 않으면 자기가 보고 있는 것을 다른 방식으로 해석하고 있는 데에 지나지 않는가? 나는 이 처음 쪽을 주장하고 싶어진다. 그러나 어째서 그런가? 해석한다는 것은 생각한다는 것, 행위하는 일이다. 본다는 것은 하나의 상태인 것이다.

그런데 우리가 해석하고 있는 경우는 쉽사리 이를 인지할 수가 있다. 해석을 하고 있는 것이라면 우리는 거짓이라고 증명될지 모르는 가설을 세우고 있는 것이다. '나는 이 도형을 어떤 ……으로 보고 있다'고 하는 것은, '나는 밝은 빨강을 보고 있다'고 하는 것과 마찬가지로[또는 단지 같은 의미로서는] 우선 검증할 수가 없다. 그러기 때문에 두 개의 맥락에서 '본다'(고 하는 말)의 적용에 어떤 유사(類似)가 성립되어 있다. 다만 '본다고 하는 상태'가 여기에서 무엇을 의미하고 있는지 나는 처음부터 알고 있다는 등으로 생각하지 말라! 관용을 매개로 하여 뜻을 자기에게 가르쳐라.

보고 있을 때 어떤 종류의 것이 우리에게는 수수께끼처럼 보인다. 왜냐하면 보고 있는 일 전부가 전적으로 수수께끼처럼 보이는 것이 아니기 때문이다.

인간, 집들, 나무들의 사진을 바라보는 사람에게, 그 사진의 공간성이 결여되어 있는 것이 아니다. 그것을 평면상의 색채점(色彩點)의 집합체로서 기술한다는 것은 우리에게 쉬운 일이 아닐 것이다. 그러나 우리가 입체경(立體鏡) 안에서 보고 있는 것은 더욱 다른 방식으로 입체적으로 보인다.

[우리가 두 눈으로 '입체적으로' 사물을 보고 있다고 하는 것은, 조금도 자명한 일이 아니다. 만약에 쌍방의 시각상이 하나로 융합된다면, 사람들은 결과적으로 흐릿한 상을 기대할 수 있을 것이다.]

양상(樣相)이라고 하는 개념은 표상(表象)이라고 하는 개념에 가깝다. 또는, '나는 그것을 지금 ……로서 보고 있다'고 하는 개념은, '나는 지금 이것을 (마음에) 표상하고 있다'고 하는 개념에 가깝다.
어떤 것을 일정한 테마의 변주로서 듣는 것의 일부에 환상(幻想)이 들어가 있는 것은 아닌가? 그래도 사람들은 그것을 매개로 해서 무엇인가를 지각한다.

'이것을 이와 같이 바꾸어서 표상해 보라. 그러면 당신은 다른 것을 얻는다.' 표상 속에서 사람은 증명을 행할 수가 있다.

양상을 보는 것과 표상하는 것은 의지에 종속되어 있다. '이것을 표상하라!'

라는 명령이나, '이 도형을 지금 이렇게 보라!'고 하는 명령은 존재하지만, '이 잎을 지금 녹색으로 보라!'라는 명령은 없다.

이제 다음과 같은 문제가 생긴다. 무엇인가를 무엇인가로 본다고 하는 능력이 결여된 인간이 존재할 수 있을까? 그리고 그것은 어떤 상태일까? 어떠한 종류의 결과가 생길까? 이러한 결함은 색맹이나 절대 음감(絶對音感)의 결여 같은 것과 비교할 수 있을까? 우리는 이 결함을 '양상맹(樣相盲)이라고 부르고 ─그것이 어떠한 것인가를 진지하게 생각해 보고 싶다. [하나의 개념상의 탐구.] 양상맹인 사람은 양상 A가 교대하는 것을 보지 않을 것이다. 그러나 그 사람은 또한 이중 십자형이 흑과 백의 십자형을 포함하고 있다는 것도 인식하지 않을 것인가? 즉 '이들 도형 중, 검은 십자형을 포함하고 있는 것을 나에게 제시하라'라고 하는 과제를 판단할 수가 없을까? 아니다. 그러한 일은 할 수 있을 것이다. 그러나 다만 그는 '지금 그것은 흰 바탕에 검은 십자형이다!'라고 말할 수가 없을 것이다.
그 사람은 두 얼굴의 유사에 대해서 맹목인가? 그러기 때문에 또 동일성이나 근사적인 동일성에 대해서도? 이것을 나는 확정할 생각은 없다. [그는 '이것처럼 보이는 것을 가져다줘!'라고 하는 식의 명령을 수행할 수 있을 것이다.]

그 사람은 입방체의 도식을 입방체로 볼 수 없을 것인가?─그것으로부터 그가 그것을 어떤 입방체의 묘사로서 [예를 들어 습작화로서] 인식할 수가 없다라는 결론은 나오지 않을 것이다. 그러나 그에게는 하나의 양상으로부터 다른 양상으로 뛰어 옮기는 일은 없을 것이다. 그가 그것을 우리처럼, 사정에 따라서는 하나의 입방체로 받아들일 수도 있는가 하고 물어봐라. 만약에 없다고 하면, 우리는 아마 그것을 일종의 맹인이라고 부를 수가 없을 것이다.
'양상에 어두운' 사람은 그림들에 대해서는 대체적으로 우리와는 다른 관계를 가지게 될 것이다.

[이런 종류의 비정상들을 우리는 쉽사리 상상할 수가 있다.]

양상에 어두운 사람은 '음악적인 음감'의 결핍에 가까운 것이 될 것이다.

이 개념의 중요성은, '양상을 본다'는 개념과 '어떤 말의 의미를 체험한다'고 하는 개념과의 맥락 안에 있다. 왜냐하면 우리는 이렇게 묻고 싶기 때문이다. '어떤 말의 의미를 체험하고 있지 않은 사람에게는 무엇이 결여되고 있는가' 라고.

예를 들어, 'sondern'이라는 말을 발음하고 이것을 동사라고 생각하라고 하는 요청을 이해하지 못하는 사람에게는, 무엇이 결여되어 있는가? 또는 이 말이 10회에 걸쳐 연이어 발음되면 그 뜻을 자기에 대하여 잃고 단순한 음향이 된다―고 느끼지 않는 사람에게는(무엇이 결여되어 있는가)?

예를 들어 법정에서는 어떤 사람이 어떤 말을 어떤 뜻으로 사용했는가―하는 문제가 논의되는 일이 있을 것이다. 그리고 그것이 어떤 사실에서 추론되는 일이 있다. 그것은 의도(意圖)의 문제이다. 그러나 그 사람이 어떤 말―이를테면 '은행'이라고 하는 말―을 어떻게 체험했는가 하는 것이 비슷한 방식으로 의미가 있는 일이 될 수 있었을까?

내가 누군가와 어떤 은어(隱語)에 대해서 협정했다고 하자. '탑(塔)'이 은행을 의미한다. 나는 그에게 '지금 탑으로 가라!'고 말한다―그는 나를 이해하고 그에 따라 행동을 한다. 그러나 '탑'이라고 하는 말은, 이와 같이 적용되면 그에게는 이상하게 여겨져 아직 그 뜻을 취하지 못한다.

'내가 한 편의 시나 소설을 감정을 깃들여 읽을 때, 그 줄거리를 자료만을 위해 속독을 하고 있는 경우에는 일어나지 않는 그 무엇인가가 어쨌든 내 안에서 일어난다.' 나는 어떠한 사건을 가리키고 있는가? 문장에는 다른 뉘앙스도 있다. 나는 면밀하게 음의 억양에 주의를 기울인다. 가끔 어떤 말이 잘못된 악센트로 발음되거나 너무 눈에 띄거나 너무 눈에 띄지 않거나 한다. 나는 그것을 알아차리고 나의 얼굴이 그것을 나타낸다. 나는 후에 나의 낭독의 자세한 점에 대해서, 예를 들어 악센트의 부정확성에 대해서 이야기할 수가 있을지도 모른다. 가끔 어떤 영상, 말하자면 어떤 도해(圖解)가 나의 머리에 떠오른다. 물론 그것이 올바른 표현이어서 내가 읽는 것을 도와주는 것처럼 보인다. 그리고 이와 같은 예를 나는 더 많이 들 수가 있을 것이다.―나는 또 어떤 말에 악센트를 주어 그것이 그 의미를, 거의 그 말이 사태의 영상인 것처럼 나머지 것으로부터 눈에 띄게 할 수도 있다. [그리고 그것은 물론 문장의 구조에 의해서 제한될 수 있다.]

내가 표정이 풍부한 독서를 하고 있을 때 이 말을 발음하면, 그것은 완전히 그 뜻에 의해 충만되어 있다. '의미가 말의 적용이라고 한다면 그와 같은 일이 어떻게 해서 있을 수 있는가?' 그런데 나의 표현은 (비유적인) 영상을 의도하려고 했던 것이다. 그러나 내가 그 영상을 고른 것이 아니라 그것이 나에게 다가온 것이다. 하지만 말의 비유적인 적용은 물론 그 본래의 적용과 충돌할 수 없다.

왜 다름 아닌 이 영상이 나에게 나타나는가는 아마도 설명할 수 있을 것이다. [그저 '딱 맞는 말'이라는 표현의 의미에 대해서 생각하라.]

그러나 만약에 문장이 나에게는 문자로 된 그림처럼 보여, 문장 안의 말 한 마디 한 마디가 바로 그림처럼 보이는 일이 있다고 한다면, 고립되고 목적도 없이 발음된 하나의 말이 일정한 뜻을 자체 안에 가지고 있는 것처럼 보이는 일이 있는 것은, 이제 그다지 이상하게 생각할 일은 아니다.

여기에서는 이들 사물에 빛을 던지는 특별한 종류의 착각에 대해서 생각해 보기로 한다. 나는 아는 사람과 함께 도시 주변으로 산보하러 간다. 대화 속에서, 나는 도시가 우리 오른쪽에 있다고 생각하고 있음이 뚜렷해진다. 이 가정에 대해 나에게는 내가 알 수 있는 그 어떤 근거도 없을 뿐만 아니라, 어떠한 매우 단순한 생각이 도시가 우리 앞 왼쪽에 있다는 것을 나에게 확신시켜 준 것이다. 도대체 내가 도시를 이 방향으로 상상한 것은 왜 그랬는가―하는 물음에 대해서 나는 대답을 할 수가 없다. 나에게는 그렇게 믿을 근거가 아무것도 없었다. 그러나 비록 근거는 없다 해도 내가 그 어떤 심리적인 원인을 보고 있는 것처럼 보인다. 더 말하자면 어떤 종류의 연상과 기억이 있는 것이다. 이를테면 우리는 어떤 운하를 따라 걸어간 것인데, 나는 전에 한 번 같은 상황하에서 어떤 운하를 따라간 일이 있고, 그때에는 도시가 우리의 오른쪽에 있었다고 하는—나는 근거가 없는 나의 확신의 원인을, 말하자면 정신분석적으로 발견하려고 노력할 수가 있을 것이다.

'그러나 이것은 얼마나 기묘한 체험인가?' 그것은 물론 다른 그 어떤 것보다도 기묘하지는 않다. 그것은 우리가 가장 기본적인 것이라고 간주하는 여러 체험, 예를 들어 감각 인상이라고 하는 것과는 다른 종류일 뿐이다.

'나에게는 도시가 거기에 있다는 것을 내가 알고 있는 것처럼 여겨진다.' '나에게는 '슈베르트'라고 하는 이름이 슈베르트의 작품이나 그 얼굴에 맞는 것처럼 여겨진다.'

당신은 자신에게 '차'라고 하는 말을 말해보고 그때 그것을 어떤 때는 명령, 어떤 때에는 형용사로 생각할 수가 있다. 그리고 지금 '차!'라고 말하고, 그러고 나서 '이제 그만 차'라고 말해보라. 같은 체험이 두 번 다 이 말에 수반되고 있는가—분명히 그런가?

내가 그와 같은 게임에서 낱말을 때로는 이렇게, 때로는 이렇다고 체험하고 있다는 것을 예민한 청취 방식이 나에게 제시해 줄 때, 그것은 또한 내가 그것을 말하는 동안에 가끔 전혀 체험하지 않고 있다는 것을 나타내고 있지는 않을까? 왜냐하면 내가 그때에도 그것을 때로는 이렇게 때로는 이렇다고 생각하고 지향하여, 나중에는 아마도 또 그와 같이 설명한다고 하는 일이 바로 문제가 되지 않기 때문이다.

그러나 그때에는 우리가 이러한 낱말 체험의 게임에서도 또한 '의미'나 '의미하는' 것에 대해서 이야기하는 것은 도대체 왜 그런가 하는 문제가 남는다. 이것은 다른 종류의 문제인 것이다. 우리가 이러한 상황에서 이 표현을 사용한다고 하는 것은 이 언어 게임에 특유한 현상이다. 즉 우리는 그 말은 이 뜻을 말한 것이고, 그 표현은 다른 언어 게임에서 꺼내왔을 것이다.

그것을 한 가닥의 꿈이라고 불러라. 그것은 아무것도 바꾸지는 않는다.

'뚱뚱하다' '말랐다'고 하는 두 가지 개념이 주어졌을 때, 당신은 수요일이 뚱뚱하고 화요일이 말랐다, 또는 그 반대로 말하고 싶어질까? [나는 전자 쪽으로 정하고 싶어진다.] 지금 여기에서는 '뚱뚱하다'와 '말랐다'에 이들 보통 뜻과는 다른 뜻이 있는가? 이것들에는 서로 다른 적용이 있는 것이다. 그러면 나는 원래 다른 말을 사용했어야 했던가? 아니, 분명히 그렇지 않다. 나는 이들 말을 [내가 잘 알고 있는 뜻으로] 여기에서 사용하고 싶은 것이다. 그런데 나는 이 현상의 여러 원인에 대해서 아무것도 말하고 있지 않다. 이것들은 나의 유년 시대부터의 연상일지도 모른다. 그러나 그것은 가설인 것이다. 설명이 어떻든 간에 위와 같이 말하고 싶어지는 경향은 존재하고 있다.

'당신은 애당초 여기에서 '뚱뚱하다'거나 '말랐다'가 무엇을 의미하고 있는가'하는 물음을 받으면—나는 이들 뜻을 전적으로 보통의 방식으로밖에 설명할 수가 없을 것이다. 나는 이들 의미를 화요일과 수요일에 관한 예로 제시할 수가 없을 것이다.

사람들은 여기에서 말의 '일차적' 의미와 '이차적' 의미에 대해서 이야기할 수는 있을 것이다. 자기에게 그 말이 전자의 뜻을 가지고 있는 사람만이 그 말을 후자의 뜻으로 사용하는 것이다.

계산하는 일을 배운 사람—문자나 구두로—에 대해서만 사람들은 계산한다고 하는 이 개념에 의해서 암산이 무엇인가를 이해하도록 만들 수 있다.

이차적 의미라고 하는 것은, '전용된 (비유적인) 뜻을 말하는 것이 아니다. 내가 '모음 e는 나에게는 노란색이다'라고 말하려 한다 해도 나는 '노란색'을 전용된 뜻으로 생각하고 있는 것이 아니다—왜냐하면 나는 내가 말하고 싶은 것을 '노란색'이라는 개념에 의하지 않고서는 전혀 표현할 수 없었을 것이기 때문이다.

누군가가 나에게 '은행 옆에서 기다려라'고 말한다. 물음. 당신이 이 말을 했을 때 이 은행에 대해서 생각했는가? 이 물음은 '당신은, 그에게로 가는 도중에 그에게 이러이러한 말을 하려고 의도하고 있었는가'라고 하는 것과 같은 종류의 것이다. 그것은 일정한 시간을 [최초의 물음이 이야기 시간을 지시하고 있는 것처럼, 보행 시간을] 지시하고는 있다—그러나 그 시간 내의 체험을 지시하고 있지는 않다. 의미한다고 하는 것은 의도한다고 하는 것과 마찬가지로 체험이 아니다.

그러나 무엇이 이들을 체험으로부터 구별하는가? 이들에는 체험 내용이 없다. 왜냐하면 이들에 부수하여 이들을 표시하는 내용[예를 들면 상상]은 의미하는 것도, 의도하는 것도 아니기 때문이다.

의도적으로 행위가 이루어지는 경우의 의도(意圖)는 행위에 '부수하고 있는' 것이 아니다. 마치 사상이 이야기에 '부수하고 있는 것'이 아닌 것처럼. 사상이나 의도는 '구분된' 것도 '구분되지 않은' 것도 아니고, 또한 행위나 이야기 도중에 울려 퍼지고 있는 개개의 음과 비교 평가되거나 하나의 멜로디와 비교 평가될 것도 아니다.

'이야기하는 것'[소리 높이거나 내밀하거나]과 '생각하는 것'은 같은 종류의 개념이 아니다. 비록 가장 밀접한 관계가 있다고 해도.

이야기하고 있을 때의 체험과 의도는 같은 관심을 가지고 있지 않다. [그 체험은 아마도 심리학자에게 '무의식의' 의도에 대해서 가르칠 일이 있을 것이다.]

'이 말에 우리는 둘 다 그를 생각하였다.' 우리 각자가 그때 같은 말을 남몰래 자신에게 타일렀다고 가정하자—그러나 그것은 그 이상의 것을 뜻할 리도 없다. 하지만 이들 말 또한 하나의 싹에 지나지 않는 것이 아닐까? 이들은 실제로 그 사람에 대한 생각의 표현이기 위해서는, 어쨌든 한 언어에 속하고 한 맥락의 일부가 되어 있어야 한다.

신이 비록 우리의 영혼 속을 들여다본다 해도 우리가 누구에 대해서 이야기하고 있는가를 거기에서 찾아볼 수는 없을 것이다.

'왜 당신은 이 말을 듣고 나를 물끄러미 바라보았는가? ⋯⋯의 일을 생각했는가?' 그러면 이 시점에 어떤 반응이 존재하고 그것이 '나는 ⋯⋯의 일을 생각했다'거나 '나는 갑자기 ⋯⋯의 일을 회상하였다' 등의 말에 의해 설명된다.

당신은 이와 같은 표현에 의해서 이야기의 시점을 암암리에 나타내고 있다. 당신이 이 시점을 지시하느냐 또는 저러한 시점을 지시하는가에 의해 차이가 생긴다.
단순한 말의 설명은 발언 시점에 있어서의 사건을 지시하지 않는다.

'나는 이러이러한 일을 의미한[또는 의미했던] 것이다'라고 하는 언어 게임[후에 행하는 말의 설명]은 '나는 그때 ⋯⋯에 대해서 생각했다'라고 하는 언어 게임과는 전혀 다르다. 이것(후자)은 '그것은 나에게 ⋯⋯을 회상하게 한다'에 가깝다.

'나는 오늘 이미 세 번이나 그에게 편지를 써야 된다는 것을 기억해 냈다.' 그때 내 안에서 일어나고 있는 일에 어떠한 중요성이 있는가? 그러나 한편 이 보고 자체에 어떠한 중요성, 어떠한 관심이 있는가? 그것은 어떤 종류의 결론을 허용한다.

'이와 같은 말을 하면 그가 내 머릿속에 떠오른다.' 무엇이 이 언어 게임의 출발점이 되는 원초적인 반응인가? 그 반응은 그때 (언어 게임이 시작될 때) 이들 말로 옮길 수가 있다. 어떻게 해서 인간들은 이들 말을 사용하게 되는가?

원초적인 반응은 어떤 눈초리, 어떤 몸짓일 수가 있었다. 그러나 하나의 말일 수도 있었을 것이다.

'왜 당신은 나를 물끄러미 바라보고 머리를 흔들었는가?' '나는 당신이 ……이라는 것을 이해하게 해주려고 한 것이다.' 이것은 한 기호 규칙을 표현하는 것이 아니라 내 행위의 목적을 표현해야 하는 것이다.

의미한다고 하는 것은 이 말에 부수해서 일어나는 사건이 아니다. 왜냐하면 그 어떤 사건도 의미한다고 하는 여러 귀결을 끌어낼 수가 없을 것이기 때문에.
[마찬가지로 내가 생각하기에 사람들은 다음과 같이 말할 수도 있을 것이다. 어떤 계산은 시험이 아니다. 왜냐하면 그 어떤 시험도 어떤 곱셈의 특수한 여러 귀결을 끌어낼 수가 없을 것이기 때문이라고.]

사고(思考)가 따르지 않는 이야기에는 가끔 결여되어 있어서 그것을 특징짓고 있는 것 같은, 이야기의 중요한 수반현상이 있다. 그러나 그것들은 사고가 아니다.

'이제 나는 그것을 알았다!' 무엇이 거기에서 일어났는가? 그러니까 나는 이제 내가 그것을 알았다고 단언했을 때, 나는 그것을 모르고 있었단 말인가?
당신은 문제를 잘못 보고 있다.
[그 신호는 무엇에 사용되는가?]
그리고 사람들은 '안다'고 하는 것을 고함의 수반물(隨伴物)이라고 부를 수가 있을까?

한 낱말이 지니는 익숙한 얼굴, 그것이 나의 뜻을 자체 안으로 받아들이고 있고 나의 뜻을 그대로 반영하고 있다고 하는 감각—이들 모두에 인연이 없는 사람이 존재할 수도 있을 것이다. [그와 같은 인간에게는 자신들의 말에 대한 집착이 없을 것이다.] 그러나 이들 느낌은 우리의 경우 어떻게 표출되고 있는가?―우리가 말을 고르고 평가하는 방식 안에서.

어떻게 해서 나는 '적절한' 말을 발견하는가? 어떻게 해서 나는 말 중에서 (그것을) 고르는가? 분명히 가끔 나는 말의 냄새의 미묘한 구별에 따라서 그것들을 비교하고 있는 것 같다. 이것은 너무나도 ……이고, 이것은 너무나도 지나치게 ……이다―이것이야말로 적절한 것이라고―그러나 항상 판단하고 설명할 필요는 없다. 나는 가끔 '아직 아직 와닿지 않는다'고밖에 말할 수가 없을 것이다. 나는 만족하지 않고 계속해서 찾는다. 마지막으로 하나의 말이 나타난다. '이것이야말로 그것이다!' 가끔 나는 왜 그런가―하고 말할 수가 있다. 바로 여기에서는 탐색이 이렇게 보이고 발견이 이렇게 보이는 것이다.

그러나 당신의 염두에 떠오르는 말은 무엇인가 특별한 방식으로 '나타나지' 않는가? 여하간 주의해서 보라! 면밀한 주의 같은 건 나에게는 아무런 쓸모가 없다. 어떻든 그것은 지금 내 안에서 무엇이 일어나고 있는가를 발견하게 해 줄 수 있을 뿐이다.

그리고 어떻게 해서 나는 그것에 귀를 기울이고 있을 수가 있는가? 어쨌든 나는 어떤 말이 나의 머리에 떠오를 때까지 기다려야 될 것이다. 그러나 묘한 것은 바로, 나에게는 그 기회를 기다릴 필요가 없이 만약에 그것이 실제로 나오지 않는다면, 그것을 자기 앞에 끌어내 올 수가 있는 것처럼 여겨진다는 것이다. 하지만 어떻게 해서? 내가 그것을 연출하는 것이다. 그러나 나는 이와 같은 방식으로 무엇을 경험할 수가 있는가? 도대체 무엇을 모방하는가? 특징적인 수반 형상들. 주로 몸짓, 표정, 억양.

하나의 미묘한 미적 구별에 대해서 많은 것을 말할 수가 있다. 이것은 중요한 일이다. 최초의 표현은 물론, '이 말은 딱 맞지만 이것은 맞지 않는다'―또는 이와 비슷한 것―일지도 모른다. 그러나 그 후에도 각각 말들이 나타내는 모든 분기(分岐)된 맥락을 여전히 논할 수가 있다. 그것은 바로 위의 맨 처음의 판단으로 처리되어 있는 것이 아니다. 왜냐하면 결말을 짓는 것이 말의 장(場)이기 때문이다.

'그 말이 나의 입에서 나오려 하고 있다.' 그때 나의 의식 안에서는 무슨 일이 일어나고 있는가? 그와 같은 일은 조금도 중요하지 않다. 무엇이 일어났건 그것은 이 표현에 의해서 의미된 것이 아니다. 그보다도 흥미진진한 것은, 그때 나의 행동에 무엇이 일어났는가 하는 것이다. '그 말이 나의 입에서 나오려 하고 있다'가 당신에게 전하고 있는 것은, 여기에 어울리는 말을 내가 깜박 잊고 나는 그것을 바로 찾아내고 싶다고 생각하고 있다는 것이다. 그 밖의 점에서 위의 말에 의한 표현은 어떤 종류의 말 없는 행동 이상의 일을 아무것도 하지 않는다.

(윌리엄) 제임스는 이 일에 대해서 애당초 이렇게 말하고 싶은 것이다. '얼마나 기묘한 체험인가! 그 말은 아직 거기에 없지만 그래도 어떤 뜻으로 이미 거기에 있다. 또는 그 말로밖에 성숙해 갈 수 없는 그 무엇이 거기에 있다'고. 그러나 이것은 전혀 체험이 아닌 것이다. 체험이라고 해석되면 그것은 물론 기묘하게 보인다. 행위의 수반물이라고 해석된 의도나, 또는 기수(基數)로 해석된 ─1과 다를 바 없이.

'그것이 나의 입에서 나오려 하고 있다'라고 하는 말은, '이제 나는 그 앞을 알고 있다!'고 하는 것과 마찬가지로 체험의 표현이 아니다. 우리는 이 말을 어떤 종류의 상황 안에서 사용하지만 그것은 특별한 종류의 행동에, 또 많은 특색 있는 체험에 둘러싸여 있다. 특히 그 후 자주 말의 발견이 따른다. ['입에서 나오려 하고 있는 말을 사람이 결코 발견하지 않는다고 하면 어떻게 될까'를 자문하라.]

말없이 '내적으로' 이야기를 하고 있다는 것은, 베일을 통해서 지각되는 것 같은 반쯤 감추어진 현상이 아니다. 그것은 전혀 감추어져 있지 않다. 그러나 그 개념이 우리를 쉽사리 혼란시키는 일이 있다. 왜냐하면 이 개념은 긴 도정(道程)을 '외적인' 사건과 줄지어 달리고 있으면서 그것과 합치하는 일이 없기 때문이다.
[내적으로 이야기할 때 후두근(喉頭筋)이 신경의 자극을 받고 있는지의 여

부 및 또는 이와 비슷한 사항은 매우 흥미 깊은 일일지는 모르지만 우리의 탐구에 대해서는 그렇지가 않다.]

'내적으로 이야기한다'는 것과 '이야기한다'는 것의 밀접한 관계는 내적으로 이야기된 것이 들리도록 전달할 수 있다는 것, 그리고 내적으로 이야기하는 것이 외적인 행위를 수반할 수 있다는 것 안에 표명되어 있다. [나는 마음속으로 노래를 하거나 말없이 (책을) 읽거나 암산을 하거나 또 그때 손으로 박자를 맞출 수가 있다.]

'하지만 내적으로 이야기한다는 것은 내가 배워야만 하는 어떤 종류의 활동인 것이다!' 좋다. 그러나 '행한다'고 하는 것은 여기에서 무슨 말인가? 그리고 '배운다'는 여기에서 무슨 뜻인가?
말의 의미를 이들의 적용에 의해서 자신에게 가르치도록 하라! [마찬가지로 사람들은 수학에서 자주 이렇게 말할 수가 있다. 증명을 하여 무엇이 증명되었는가를 그대에게 알게 하라.]

'그러면 머릿속에서 암산을 하고 있을 때 나는 실제로 계산을 하지 않는 것인가?' 여하간 당신은 암산까지도 지각 가능한 계산과 구별하고 있다! 그러나 당신은 '계산'이 무엇인가를 배움으로써만 '암산'이 무엇인가를 배울 수가 있는 데에 지나지 않는다. 당신은 계산하는 것을 배우는 것에 의해서만 암산하는 것을 배울 수가 있는 것이다.

사람들은 문장의 억양을 [입술을 다물고] 읊조림으로써 재현할 때 매우 '명료하게' 상상 안에서 이야기할 수가 있다. 후두의 운동도 도움이 된다. 그러나 기묘한 것은 그 이야기를 상상 안에서 듣고 있는 것이지, 말하자면 이야기의 뼈대를 후두에서 느끼고 있을 뿐이 아니라는 것이다. [왜냐하면 손가락으로 계산을 할 수가 있는 것처럼, 인간이 조용히 후두 운동으로 계산하는 일도 물론 생각할 수 있기 때문이다.]

마음속으로 계산을 할 때, 이러이러한 일이 우리의 몸 안에서 일어난다—고 하는 가설이 우리에게 흥미가 있는 것은, 그 가설이 우리에게 '나는 나 자신에 게 ……라고 타일렀다'라고 하는 표현의, 어떤 가능한 적용을 제시할 수 있는 경우에 한정되어 있다. 즉 그 표현에서 생리적인 사건을 추론한다는 적용이다.

남이 내적으로 말하고 있는 것이 나에게는 감추어져 있다고 하는 것은, '내 적으로 이야기한다'고 하는 개념의 특성이다. 다만 '감추어져 있다'고 하는 것 은 여기에서는 잘못된 말이다. 왜냐하면 나에게는 감추어져 있다고 해도, 그 자신에게는 그것이 명백할 것이고, 그는 그것을 알고 있어야만 하는 것이기 때 문이다. 그런데 그는 그것을 '알고'는 있지 않은 것으로, 다만 나에게 존재하는 의심이 그에게 존재하지 않은 데에 지나지 않는다.

'누군가가 자기 자신에게 마음속으로 이야기를 하고 있다는 것은, 곧 나에게 는 감추어져 있다'고 하는 것은, 물론 나에게는 그것을 대부분 추측할 수 없고, 또 [그것이야말로 가능할 것이지만] 그 사람의 후두의 움직임으로, 예를 들어, 읽어낼 수도 없다—는 것일 수도 있을 것이다.

'나는 내가 무엇을 욕망하고, 바라고, 믿고, 느끼고, ……하고 있는가[등등, 모든 심리적인 동사에 의해서 표현되어 있는 일]를 알고 있다'고 하는 것은, 철 학자의 난센스이거나, 또는 선척적인 판단이거나—둘 중의 하나이다.

'나는 ……을 알고 있다'고 하는 것이 '나는 ……을 의심하지 않는다'라고 하 는 의미라 해도 상관없지만—그것은 '나는 ……을 의심한다'라고 하는 말이 뜻 이 없고 의심이 논리적으로 배제되어 있다는 것은 아니다.

사람들은 '나는 믿는다'거나 '나는 추측한다'고 말할 수 있는 대목, 스스로 확신을 가질 수 있는 대목에서 '나는 알고 있다'고 말한다. [그러나 나에게 힐 문하여, 사람들은 흔히 '나는 내가 아픔을 느끼고 있는지 어떤지, 하여간 알고 있지 않으면 안 된다!'거나, '당신만이 당신이 느끼고 있는 것을 알 수 있는 것이다'거나, 이와 비슷한 것을 말하고 있다고 말하는 사람들은 이와 같은 어법의 계기나 목적을 음미해야 한다. '전쟁은 전쟁이다!'라고 말하는 것도 바로 동일율(同一律)의 한 예는 아닌 것이다.]

나에게는 두 개의 손이 있다는 것에, 내가 확신을 가질 수 있는 경우를 생각할 수가 있다. 그러나 보통의 방식으로는 나는 확신을 가질 수가 없다. '하지만 당신은 두 손을 자기 눈앞에 덮어 가리는 것만으로 되는 것이다.' 자기에게 두 손이 있는지 어떤지를 내가 지금 의심하고 있다면, 그때 나는 자신의 눈도 신용할 필요도 없다. [마찬가지로 나는 그때 나의 친구에게 물어볼 수도 있을 것이다.]

이에 관계하고 있는 것은 예를 들어 '지구는 수백만 년이나 존재하고 있었다'고 하는 문장에는 '지구는 바로 5분간 존재하고 있었다'고 하는 문장보다도 분명한 의의가 있다고 하는 것이다. 왜냐하면 뒤쪽을 주장하는 사람에 대해서, 나는 '어떠한 관찰을 이 문장은 가리키고 있는가, 그리고 어떠한 관찰이 이에 반(反)하고 있는가'라고 물을 것이기 때문이며―그 사이 나는 어떠한 사고 범위, 어떠한 관찰에 최초의 문장이 어울리는가를 알고 있기 때문이다.

'신생아(新生兒)에게는 이가 없다.'―'거위에게는 이가 없다.'―'장미에게는 이가 없다.'―하여간 이 마지막(문장)은 분명히 참이다!―라고 사람들은 말하고 싶어 한다. 게다가 거위에 이가 없는 것보다도 한층 확실하다고. 그런데 그것은 그다지 명백하지 않다. 왜냐하면 장미는 어디에 이가 있어야 했는가? 거위는 턱에 이가 없다. 물론 날개에도 이가 없다. 그러나 거위에 이가 없다고 말하고 있는 사람은 누구나 그런 의도로 말하고 있는 것은 아니다. 그런데 사람들이 이렇게 말했다면 어떤가? 암소가 사료를 먹고 나서 그것으로 장미에게 사료를 준다. 그러기 때문에 장미는 어떤 동물의 입에 이를 가지고 있는 것이라고. 사람들이 장미의 경우 어디에서 이를 찾아야 하는지 처음부터 전혀 모른다고 해서, 그 사람이 말한 것이 터무니없는 일이 되지는 않을 것이다. ['다른 사람의 몸의 아픔'과의 관련.]

나는 남이 생각하고 있는 것을 알 수는 있지만 내가 생각하고 있는 것을 알 수는 없다.

'나는 당신이 생각하고 있는 것을 알고 있다'고 말하는 것은 옳지만, '나는 내가 생각하고 있는 것을 알고 있다'고 말하는 것은 잘못이다.

[철학의 모든 구름 덩어리가 한 방울의 언어 이론으로 응축된다.]

'인간의 사고는 의식 내부에서 어떤 폐쇄 상태로 진행되지만, 이에 대해 물체의 폐쇄 상태는 열려서―거기에―있다고 하는 것이다.

인간이 끊임없이―후두의 관찰을 매개로 하여―다른 사람이 남몰래 하는 독백을 읽을 수 있다면―그 사람 또한 완전한 폐쇄 상태라고 하는 영상을 사용하고 싶어질까?

내가 참석자에게 알 수 없는 언어로 소리 높여 나 자신을 향해 이야기를 한다고 하면, 나의 사상은 그들에게는 감추어져 있는 것이 될 것이다.

내가 머릿속으로 생각하고 있는 것을 항상 올바르게 추측하고 있는 사람이 있다고 가정하자. [어떻게 해서 그렇게 잘 되는가는 여기서는 상관없다.] 그러나 그가 그것을 올바르게 추측하고 있다는 기준은 무엇인가? 나는 진리를 사랑하는 사람이라서 고백하거니와 그는 그것을 올바르게 추측했다. 하지만 내가 잘못 생각하는 일은 없을까? 기억이 나를 속이는 일은 없는가? 그리고 내가―거짓말을 하지 않고―내가 생각한 것을 표명할 때 항상 그와 같은 일이 있을 수 없을까? 그러나 '나의 내부에서 무엇이 일어났는가'는 전혀 문제가 되어 있지 않은 것처럼 보인다. [나는 여기에서 보조 구성을 하고 있다.]

나는 이러이러한 일을 생각하고 있었다―라고 하는 고백의 진리성에 대한 기준은 어떤 사건의 참다운 기술에 대한 기준이 아니다. 그리고 참다운 고백의 중요성은 그것이 그 어떤 사건을 확실하고 올바르게 재현하고 있는 것이 아니다. 그것은 오히려 그 진리성이 진실(성실)에 대한 특별한 기준에 의해서 보증되어 있는 고백에서 끌어내 올 수 있는, 특수한 여러 귀결 안에 있는 것이다.

[꿈을 꾼 사람에 대해 꿈이 중요한 정보를 제공할 수 있다고 가정하면 그 정보를 주는 것이야말로 참된 꿈의 해석이다. 꿈을 꾼 사람이 꿈에서 깨어나 그 꿈을 보고할 때, 그 기억이 본인을 속이고 있는가 그렇지 않는가의 여부는, 우리가 그 보고와 꿈과의 '일치'에 대해 전혀 새로운 기준, 즉 여기에서는 진리를 진실로부터 구별하는 기준을 도입해 오지 않는다면 생길 리가 없는 것이다.]

'사고 내용을 추측한다'고 하는 하나의 게임이 있다. 그것의 한 변종(變種)은 다음과 같은 것이다. 나는 B가 이해하지 못하는 어떤 언어로 A에게 전달한다. B는 그 전달의 뜻을 추측해야 한다. 또 하나의 변종. 나는 어떤 문장을 써내려 가는데 다른 사람은 그것을 볼 수가 없다. 그는 그 본문이나 뜻을 추측해야 한다. 다시 또 하나. 퍼즐을 맞추고 있다. 다른 사람은 나를 볼 수가 없지만 가끔 나의 사고(思考) 내용을 추측해서 그것을 입 밖으로 낸다. 예를 들어 그는 이렇게 말한다. '이 한 조각은 어디에 있지!' '그것이 어떻게 맞는지 지금 알았다!' '어느 것이 여기 딱 맞는지 전혀 알 수 없다.' '하늘이 항상 가장 어렵다.' 등등. 그러나 그때 나는 소리를 내거나 말을 하지 않고 자기 자신에게 이야기하고 있을 필요는 없다.

이 모든 것이 사고 내용의 추측일 것이다. 그리고 그것이 실제로 일어나지 않는다 해도, 그것이 사고 내용을 사람이 지각하지 않는 물리적(육체적)인 사건보다 더 숨겨진 것으로 만들지는 않는다.

'내적인 것은 우리에게는 감추어져 있다.' 미래는 우리에게 감추어져 있다. 그러나 천문학자가 일식(日蝕)을 계산할 때 그와 같이 생각하는가?

원인이 뚜렷한 고통으로 몸을 꼬고 있는 사람을 보면, 나는 그 사람이 느끼고 있는 것이 나에게 감추어져 있다고는 생각하지 않는다.

우리는 또 어떤 인간에 대해서, 그는 우리에게는 투명하다고 말한다. 그러나 이 고찰에서 중요한 것은 어떤 인간은 다른 인간에게 수수께끼일 수가 있다는 것이다. 이것을 사람들은 전적으로 낯선 전통을 갖는 이국(異國)에 갔을 때, 또 그 나라의 언어에 통했을 때 경험한다. 사람들은 그곳 사람들을 이해하지 않는다. [그리고 그것은 그들이 서로 이야기하고 있는 것을 모르기 때문이 아니다.] 우리는 그들 안에서 익숙해질 수가 없는 것이다.

'나는 그의 내부에서 일어나고 있는 것을 알 수가 없다'고 하는 것은 무엇보다도 하나의 영상(映像)이다. 그것은 어떤 확신의 확실한 표현이다. 그것은 확신의 근거를 말하고 있지 않다, 근거는 손안에 있지 않다.

사자가 말을 할 수 있어도 우리는 사자를 이해할 수가 없을 것이다.

사람들은 의도의 추측을 사고 내용의 추측과 비슷한 것이라고 생각할 수가 있지만, 누군가가 실제로 하게 될 일에 대한 추측도 할 수가 있다.
'그들만이 자기가 의도하고 있는 것을 알 수 있다'고 말하는 것은 난센스이고, '그 사람만이 자기가 행하게 될 일을 알 수 있다'고 말하는 것은 허위이다. 왜냐하면 내 의도의 표현[예를 들면, '5시를 치면 나는 집으로 돌아간다'] 안에 포함되어 있는 예언이 적중한다고는 말할 수 없고, 무엇이 실제로 일어나는가를 다른 사람이 아는 경우도 있기 때문이다.

그러나 중요한 것은 다음의 두 가지이다. 다른 사람은 대개의 경우 나의 행위를 예언할 수 없지만, 이에 대해서 나는 그것을 자기의 의도 안에 예견하고 있다—고 하는 것. 그리고 나의 예언[자기 의도의 표현 안에 있는]은 나의 행위에 관한 다른 사람의 예언과 마찬가지 바탕 위에 세워진 것이 아니라, 쌍방의 예언에서 끌어내야 할 결론은 전혀 다르다고 하는 것.

나는 다른 사람의 감각에 대해서 무엇인가 어떤 사실에 대한 것과 같은 확신을 가질 수 있다. 그러나 그것에 의해서 '그는 매우 의기소침하고 있다' '25×25=625' '나는 60세이다'라고 하는 여러 문장이 유사한 도구가 되어버린 것은 아니다. 그 확신은 서로 다른 종류의 것이라고 하는 설명은 지당하다. 그것은 어떤 심리적인 차이를 가리키고 있는 것처럼 보인다. 하지만 그 차이는 논리적인 차이인 것이다.

'그러나 당신이 확신한다면 당신은 단지 의심을 앞에 놓고 눈을 감고 있는 것 아닌가?'—나의 눈은 감겨 있다.

나는 이 사나이가 아픔을 느끼고 있는 일에 대해서 2×2=4라는 것보다도 더 확신할 수 없는가? 그러나 그 때문에 전자가 수학적 확실성이 되는가? '수학의 확실성'은 심리학적인 개념은 아니다.
확실성의 종류는 언어 게임의 종류이다.

'그의 동기(動機)는 그만이 알고 있다'—이것은 우리가 그의 동기에 대해서 그에게 묻고 있다고 하는 것의 한 표현이다. 만약에 그가 정직하다면 그 동기를 우리에게 말해주겠지만, 우리가 그의 동기를 추측하기 위해서는 정직성 이상의 것을 필요로 한다. 여기에 안다고 하는 경우와의 유연(類緣)이 있다.

그러나 자기 행동의 동기를 고백한다고 하는, 우리의 언어 게임과 같은 무엇인가가 존재하는 일에 놀라움을 가져라.

평소의 언어 게임의 말로 나타낼 수 없는 다양성은, 우리 언어의 포장이 모든 것을 균일하게 해버리기 때문에 우리의 의식에는 떠오르지 않는다.
새로운 [자발적인, '독자적인'] 것은 항상 언어 게임이다.

무엇이 동기와 원인의 차이인가? 어떻게 해서 사람들은 동기를 발견하는가, 또 어떻게 해서 원인을?

'이것은 인간의 동기를 판단하기에 믿을 수 있는 방법인가'라고 하는 문제가 존재한다. 그러나 이렇게 묻기 위해서 우리는, '동기를 판정한다'는 것이 무엇을 의미하고 있는가를 이미 알고 있어야 한다. 그리고 그것을 우리는 '동기'란 무엇인가, '판단한다'는 것이 무엇인가를 경험함으로써 배우지 않는다.

　사람이 어떤 막대의 길이를 판단한다. 그리고 그것을 좀 더 정확하게 또 더욱 신뢰할 수 있는 방법으로 판단하기 위해, 어떤 방법을 구하여 그것을 찾아내는 일이 있다. 따라서—하고 당신은 말한다—무엇이 여기에서 판단되고 있는가는, '판단 방법에 의존하지 않고 있는 것이다'라고. 길이란 무엇인가를 길이를 결정하는 방법에 의해서 설명할 수는 없다. 그와 같이 생각하고 있는 사람은 어떤 잘못을 저지르고 있다. 어떠한? '몽블랑의 높이는, 사람이 이것을 어떻게 해서 올라가는가에 의존하고 있다'고 말하는 것은 기묘하다. 그리고 '길이를 더욱 정확하게 잰다'는 것을 사람들은 어떤 대상에 더욱더 접근하는 것과 비교하고 싶어 한다. 그러나 '그 대상의 길이에 좀 더 가까이 간다'는 것이 어떠한 일인가는 어떤 경우에는 명확하지만 어떤 경우에는 그렇지 않다. '길이를 결정한다'는 것이 어떠한 일인가를, 길이란 무엇이며 결정한다는 것이 무엇인가를 배움으로써 배우지 않는다. 오히려 사람들은 특히 길이의 결정이라는 것이 어떤 일인가를 배움으로써, '길이'라고 하는 말의 뜻을 배우는 것이다.
　[그러기 때문에 '방법론'이라는 말에는 이중의 뜻이 있다. 사람들은 어떤 물리학적인 탐구뿐 아니라 어떤 개념상의 탐구도 '방법론적 탐구'라고 이름을 붙일 수가 있다.]

　확신과 신념에 대해서, 사람들은 가끔 그것들이 사상의 색조(色調)라고 말하고 싶어 한다. 그리고 그것들이 이야기의 어조 안에서 표현된다는 것은 정말이다. 하지만 그것들을 이야기하거나 또는 생각하거나 할 때의 '느낌'이라고는 생각하지 마라!
　우리가 ……에 확신을 가지고 있을 때 우리 내부에서 무엇이 일어나고 있는가라고 묻지 말고, '그렇다고 하는 확신'이 인간의 행위에 어떻게 표출되는가를 물어라.

　'당신은 과연 다른 사람의 마음 상태에 대해서 확신을 가질 수가 있지만, 그런 확신은 항상 주관적인 것이지 객관적인 것은 아니다.' 이들 두 말은 언어 게임의 차이를 나타내고 있다.

어느 쪽이, 어떤 계산의 [예를 들어 긴 덧셈의] 올바른 결과인가에 대해서 논쟁이 일어날 수가 있다. 그러나 그와 같은 논쟁은 드물게밖에 일어나지 않고 오래 계속되지 않는다. 그것은 우리가 말한 바와 같이 '확신을 가지고' 결말이 지어진다.

수학자들 사이에서는 일반적으로 어떤 계산의 결과에 관한 논쟁은 생기지 않는다. [그것은 중요한 사실이다.] 그렇지 않다고 하면 예를 들어, 어떤 숫자가 모르는 사이에 변해버렸다거나, 기억이 자기나 다른 사람을 속였다거나, 하는 등등의 일에 대해서 어떤 수학자가 확신을 품고 있다고 한다면, '수학의 확실성'이라고 하는 우리의 개념은 존재하지 않을 것이다.

그 경우에도 역시 다음과 같이 말할 수 있을지도 모른다. '우리는 어떤 계산의 결과가 어떠한 것인지는 결코 알 수 없지만, 그럼에도 불구하고 그 계산에는 항상 완전하게 분명한 결과가 있다. [신이 이것을 알고 있다.] 수학에는 물론 최고의 확실성이 있다—비록 우리가 수학에 대해서 조잡한 모사(模寫)를 소유하고 있을 뿐이지만'이라고.

그러나 나는 수학의 확실성은 잉크와 종이의 신뢰성에 입각하고 있다고 말하고 싶은 걸까? 아니다. [그것은 순환론일 것이다.]—나는 왜 수학자들 사이에서는 논쟁이 생기지 않는가—라고 말한 것이 아니라 단순히 논쟁이 생기지 않는다는 것을 말한 데에 지나지 않는다.

분명히 어떤 종류의 종이나 잉크로는 계산할 수가 없을지도 모른다는 것은 정말이다. 즉, 그것들이 어떤 종류의 진기한 변화를 입었을 때에는. 하지만 이들이 변화한다고 하는 것은 다시 기억이나 다른 계산 수단과의 비교에 의해서만이 분명해질 것이다. 게다가 어떻게 해서 사람들은 이것을 다시 한번 시험하는가?

덧붙이는 것, 주어져 있는 것은 생활 양식이다—라고 사람들은 말할 수 있을 것이다.

사람들은 그들이 내리는 색채 판단에 관해서 일반적으로 일치하고 있다—고 하는 말에 뜻이 있는가? 만약에 그렇지 않다고 하면 어떻게 되는가? 이 사람은 저 사람이 푸르다고 말하는 꽃을 빨갛다고 말할 것이다, 등등. 그러나 그 경우, 어떠한 권리를 가지고 사람들은 이 사람들의 '빨강'이나 '파랑'이라는 말을 우리의 '색채어'라고 부를 수가 있는가?

어떻게 해서 그들은 그러한 말의 사용을 배우게 되는가? 그리고 그들이 배우는 언어 게임은, 그래도 여전히 우리가 '색채명'의 관용이라고 부르고 있는 것인가? 여기에는 분명히 정도의 차이가 있다.

그러나 이와 같은 고려는 수학에도 해당된다. 완전한 일치가 없다고 한다면, 사람들은 우리가 배우고 있는 기술을 배우는 일도 없을 것이다. 그 기술은 또 분간을 할 수 없는 점에 이르기까지 많건 적건 간에 우리의 기술과는 달라져 있을 것이다.

'하지만 수학의 진리는 인간이 그것을 인식하는지 여부와는 상관이 없다!' 확실히 그렇다. '사람들은 2×2=4라고 믿고 있다'고 하는 명제와 '2×2=4'라는 명제에는 같은 뜻은 없다. 후자는 수학의 명제이고 전자는 만약에 그것에 의의가 있다고 하면, 인간이 이 수학의 명제를 착상(着想)했다는 것이다. 양쪽 모두 전혀 다른 적용이 있는 것이다. 그러나 그렇다면 이것은 어떻게 된 일일까? '비록 모든 인간이 2×2는 5라고 믿고 있어도 그것은 어쨌든 4일 것이다'라고 하는 것은. 모든 인간이 이것을 믿고 있다고 한다면 도대체 어떻게 보일까? 그래서 나는 그들이 다른 계산법, 또는 우리가 '계산한다'라고는 표현하지 않는 다른 기술을 가지고 있을 것이다—라고 상상할 수가 있을 것이다. 그런데 그것은 잘못일까? [왕의 대관식은 잘못인가? 그것은 우리와 다른 생물에게는 매우 진기한 일로 보일지도 모른다.]

수학은 물론 어떤 의미에서 하나의 학문이지만—또 하나의 행동이기도 하다. 그리고, '그릇된 행동가'는 예외로서만 존재할 수 있다. 왜냐하면 우리가 지금 그렇게 부르고 있는 것이 규칙이 된다고 하면, 그것에 의해서 그것들이 잘못된 행동가가 되는 게임은 (그 자체가) 폐기되고 말았을 것이기 때문이다.

'우리는 모두 구구단을 배운다.' 이것은 분명 학교에서의 산술 공부에 대한 고찰일 수 있을 테지만—또 구구라고 하는 개념에 대한 확인(사항)이기도 할 수 있을 것이다. [경마에서 말은 일반적으로 될 수 있는 대로 빨리 달린다.]

색맹(色盲)이 존재하는가 하면 그것을 확인하는 수단 또한 존재한다. 정상이라고 인정된 사람들의 색채 판단에서는 일반적으로 완전한 일치가 지배적이다. 그것이 색채 판단이라고 하는 개념을 특징짓고 있다.

이와 같은 일치는 일반적으로 어떤 느낌의 표출이 진짜인가 가짜인가라고 하는 물음 안에는 존재하지 않는다.

나는 그가 거짓말을 하지 않는 것을 분명히 확신하고 있다. 그러나 제3자에는 확신이 없다. 나는 그 사람을 항상 확신(납득)할 수 있는가? 그리고 만약에 할 수 없다고 한다면 그 사람은 그때 사고의 잘못이나 관찰의 잘못을 저지르고 있는가?

'당신은 전혀 아무것도 이해하고 있지 않다!' 우리가 분명히 진짜라고 인정하는 것에 누군가가 의문을 품고 있을 때 사람들은 이와 같이 말하는데—그러나 우리는 아무것도 증명할 수가 없다.

감정 표현의 순수함에 대해서 '전문가의' 판단이 존재하는가? 여기에서도 또 '보다 더 나은' 판단을 갖는 인간과 '보다 더 나쁜' 판단을 갖는 인간이 존재한다.
보다 좋게 인간을 아는 사람의 판단으로부터는 대체적으로 보다 올바른 예측이 나온다.

사람들은 인간에 통달한 지식을 배울 수가 있는가? 물론. 많은 사람들은 이것을 배울 수가 있다. 그러나 수업 과정을 통해서가 아니라 '경험'을 통해서. 그때 다른 사람이 그의 교사가 될 수 있는가? 분명히. 그는 기회가 있을 때마다 적절한 신호를 준다. 여기에서는 '배운다'는 것과 '가르친다'는 것이 그렇게 보인다. 사람이 외우는 것은 그 어떤 기술도 아니다. 사람들은 적절한 판단을 배우는 것이다. 규칙도 있지만 그것들은 체계를 이루지 않고 경험 있는 자만이 이들을 올바르게 이용할 수가 있다. 계산 규칙과는 달리.

여기에서 가장 어려운 것은 부정(不定)한 것을 올바르게, 그리고 고치지 않고 표현하는 일이다.

'표현의 순수성은 증명할 수 없다. 사람들은 그것을 느껴서 알지 않으면 안 된다.'—좋다—그러나 그렇다면 더 나아가 이 순수성의 인식과 함께 무엇이 일어나고 있는가? 누군가가, 'Voilà ce que peut dire un coeur vraiment épris(이것이야말로 사랑에 불타는 마음이 말할 것 같은 말이다)'라고 말하려 해도—또, 비록 그 사람이 다른 사람을 자기의 관점으로 끌어들였다 해도—그 이상으로 어떠한 결과가 생기는가? 그렇지 않으면, 어떠한 결과도 생기지 않고 이 게임은 다른 사람이 맛볼 수 없는 것을 그 사람이 맛보고 있다는 것으로 끝나버리는가?

분명히 여러 결과가 존재하는 것이지만, 그것은 산만한 종류의 것이다. 경험, 그러기 때문에 다양한 관찰이 그것을 가르쳐주는 일은 있지만, 사람들은 그것을 일반적으로 정식화(定式化)할 수가 없이 단순히 개별적인 경우에만 적절하고 풍요로운 판단을 내려, 풍요로운 결부를 확립할 수 있는 데에 지나지 않는다. 그리고 가장 일반적인 여러 고찰이 명백히 하는 것은 기껏해야 어떤 체계의 단편적인 것처럼 보이는 것뿐이다.

분명히 누군가가 이러이러한 마음의 상태에 있다는 것은 증거에 의해 그 사람이, 이를테면 거짓말을 하지 않고 있다는 것에서 확인할 수 있다. 그러나 거기에는 또 '헤아릴 수 없는' 증거도 있는 것이다.

문제는 헤아릴 수 없는 증거가 무엇을 수행하고 있는가 하는 것이다.

어떤 물질의 화학 구조[내적인 것]에 대해서는 헤아릴 수 없는 증거가 있다 —고 생각하면, 그래도 그 증거는 어떤 종류의 헤아릴 수 있는 여러 결과에 의해서 증거라는 것이 증명되어야 한다.

[헤아릴 수 없는 증거가, 이 그림은 진짜 ……라는 것을 누군가에게 확신시킬 수가 있을지도 모른다. 그러나 그것이 문서에 의해서 옳은 것이라고 증명되는 일이 있다.]

헤아릴 수 없는 증거 안에 눈의 표정, 몸짓, 어조의 미묘함이 있다.

나는 사랑의 진짜 눈 표정을 인지하고 그것을 거짓된 눈 표정으로부터 구별할지도 모른다[그리고 물론 여기에는 나의 판단에 대한 '헤아릴 수 있는' 보증이 존재할 수 있다.] 그러나 그 차이를 전혀 기술할 수가 없을지도 모른다. 더욱이 이것은 내가 잘 알고 있는 언어가 이를 위한 말을 준비하고 있지 않기 때문이 아니다. 그렇다고 한다면, 왜 나는 단적으로 새로운 말을 도입하지 않는가? 만약에 내가 최고로 재능이 있는 화가라고 한다면, 내가 그림 위에 진짜 눈 표정과 가짜 눈 표정을 그려내고 있는 일도 생각할 수가 있을 것이다.

어떻게 해서 인간이 무엇인가에 대한 '눈 표정'을 획득하는 일을 배우는지 자문해 보라. 그리고 그와 같은 눈 표정은 어떻게 사용할 수 있는가 하고.

거짓말을 한다는 것은 물론 누군가가, 이를테면 어떤 아픔의 표현을 하고 있으면서 아픔을 느끼지 않는다는 특별한 경우에 지나지 않는다. 원래 이러한 일이 가능하다면 도대체 왜 그때 항상 거짓이 생기는가—매우 특수한, 이 인생의 유대 위에 그려진 무늬가.

아이는 거짓말을 할 수 있기 전에 많은 일을 배워야 한다. [개는 겉치레를 할 수 없지만 또 정직할 수도 없다.]

'이 사람은 자기가 항상 거짓말을 하고 있다고 믿고 있다'라고 우리가 말할 수 있는 경우가 물론 일어날 수 있다.

xii

개념 형성이 자연의 사실로 설명할 수 있다면, 그때 우리는 문법 대신에 자연 안에서 문법의 기초가 되어 있는 것에 관심을 가져야 되는 것이 아닌가? 우리가 관심을 품는 것은 분명히 또 여러 개념과 매우 일반적인 자연의 여러 사실과의 대응이기도 하다. [그 일반성 때문에 대개는 우리의 눈에 띄지 않는 여러 사실.] 그러나 우리의 관심은 이제 이들 개념 형성이 가능한 여러 원인으로 되돌아가지는 않는다. 우리는 자연과학에 종사하고 있는 것이 아니다. 또 박물학(博物學)에도. 왜냐하면 우리는 박물학 같은 것까지도 우리의 목적을 위해 창작할 수가 있기 때문이다.

나는 이러이러한 자연의 사실이 다른 것이었다면, 사람들은 다른 개념을 가지고 있었을 것이다―하고 [하나의 가설의 뜻으로] 말하고 있는 것이 아니다. 그렇지 않고 어떤 종류의 개념이 절대로 옳고, 다른 개념을 가지고 있는 사람은 우리가 통찰하고 있는 것을 통찰하지 않고 있는 것이라고 믿고 있는 사람은―어떤 종류의 매우 일반적인 자연적 사실을 우리가 익숙해 있는 것과는 다른 식으로 상상해 보는 것이 좋다. 그렇게 하면 보통과는 다른 개념 형성이 그 사람에게도 이해될 것이다―라고 말하고 있는 것이다.

하나의 개념을 하나의 화법(畵法)과 비교해 보라. 도대체 우리의 화법도 자의적(恣意的)인가? 우리는 기호에 따라서 그 하나를 고를 수가 있는가? [이를테면 이집트인의 화법을.] 그렇지 않으면 거기에서는 단지 보기 좋은 것과 보기 싫은 것만이 문제가 되어 있는가?

xiii

내가 '반 시간 전에 그는 거기에 있었다'고―기억에 입각해서―말하면―그것은 현재의 체험의 기술이 아니다.

기억 체험은 상기(想起)하는 일에 따른 현상이다.

상기하는 일에 체험 내용은 없다. 하지만 그것은 자기관찰에 의해서 인지되는 것이 아닌가? 자기관찰은 바로 내가 내용을 찾고 있을 때에는 아무것도 거기에 없다는 것을 나타내고 있지 않은가? 그러나 그것은 이것을 경우에 따라 제시할 수밖에 없을 것이다. 그리고 그것은 어차피 '상기한다'는 말이 무엇을 의미하고 있는가, 그러기 때문에 어디에서 내용을 찾으면 좋은가를 나는 제시할 수가 없는 것이다!

상기한다는 것의 내용이라는 이념을 나는 심리적인 여러 개념을 비교하는 것에 의해서만 얻는다. 그것은 두 개의 게임을 비교하는 것과 비슷하다. [축구에는 골문이 있지만 도지볼(피구)에는 없다.]

다음과 같은 상황을 생각할 수가 있을까? 누군가가 태어나서 처음으로 무엇인가를 회상하고서 말한다. '알았다, 이제 나는 '상기한다'는 것이 어떤 일인지, 상기한다는 것이 어떻게 작용하는지 알고 있다'고. 이 느낌이 '상기하는' 일이라고 하는 것을 그는 어떻게 해서 아는가? 비교하라. '알았다. 이제 나는 '따끔하다'는 것이 어떠한 일이라는 것을 알고 있다!'[그는 어쩌면 처음으로 전기 충격을 받은 것이다]. 그는 그것이 지나간 사건에 의해 환기되었기 때문에 그것이 상기하는 일이라는 것을 아는가? 또, 무엇이 지나간 일인가를 그는 어떻게 해서 아는가? 지나갔다는 개념을 사람들은 바로 상기하면서 배우는 것이다.

또 상기한다는 일이 어떻게 작용하는가를 그는 장차 어떻게 해서 다시 알게 될까?

[이에 대해서 사람들은 아마도 '옛날 옛적부터'라고 하는 느낌에 대해서 이야기할 수가 있을 것이다. 왜냐하면 과거의 지나간 나날로부터 (이어받은) 어떤 종류의 이야기의 일부가 되어 있는, 어떤 어조 어떤 몸짓이 존재하기 때문이다.]

심리학의 혼란과 불모는 그것이 '젊은 과학'이라고 하는 것으로는 설명되지 않는다. 그 상태는 예를 들어, 초기의 물리학의 상태와는 비교할 수 없다. [오히려 수학의 어느 분야라고 한다면 집합론.] 즉, 심리학에서는 실험적 방법과 개념의 혼란이 존립하고 있다. [또 하나의 경우에는 개념의 혼란과 증명 방법이 존립하고 있는 것처럼.]

실험적 방법의 존립은 자기들을 불안하게 하고 있는 여러 문제를 처분하는 수단을 자기들이 가지고 있다고 믿게 해버린다. 문제와 방법이 서로 몸이 달라 스치고 지나가 버리지만.

수학에 대해서는, 우리의 심리학과는 전적으로 비교적인 하나의 탐구가 가능하다. 그것은 한쪽이 심리학적이 아닌 것과 마찬가지로 수학적인 것은 아니다. 그 안에서는 계산이 이루어지지 않으므로 그것은 이를테면 논리 계산이 아니다. 그것은 '수학의 기초'에 대한 탐구라고나 할 수 있을 것이다.

Vermischte Bemerkungen

반철학적 단장

문화와 가치

초판 머리글(1977년)

비트겐슈타인의 필사본 유고에는 철학 본문에 뒤섞여 있기는 하나 직접 철학적 저작물이라고 말할 수 없는 짧은 기록들이 눈에 뜨인다. 이러한 기록에는 자전적인 것도 있고 철학 행위에 관한 것도 있다. 또한 예술과 종교 문제 같은 일반적인 사항을 다룬 것도 있다. 이런 기록들을 철학 본문에서 엄격히 구별할 수는 없다. 많은 경우 비트겐슈타인은 괄호를 치거나 해서 넌지시 일러주고는 있지만. 이들 기록 가운데에는 아지랑이처럼 단명한 것도 있지만 많은 것이 아주 흥미진진하다. 때로는 뜻밖에도 놀랍게 아름답거나 깊이 있는 문장도 있다. 이 짧은 기록들 가운데 많은 것을 간행해야 한다는 것은 비트겐슈타인의 유고 관리인들에게 명백한 일이었다. 예오리 헨리크 폰 브리크트(Georg Henrik von Wright)가 기록의 선택과 편집을 맡았다.

이 작업은 매우 어려웠다. 어떻게 하는 것이 가장 좋은 방법인가, 나는 오랫동안 이것저것 골똘히 생각했다. 예를 들면 처음에는 주제별로 기록을 분류해 보려고 하였다. '음악', '건축', '셰익스피어', '처세훈', '철학' 등으로 분류하는 식을 말한다. 그런데 순조롭게 분류가 된 것도 있지만 전체적으로 기록을 그와 같이 나눈다면 고의적인 듯한 인상이 짙어질 것이다. 그리고 나는 이미 간행된 것을 같이 실어볼까도 생각한 적이 있었다. 몹시 일상적인 비트겐슈타인의 금언은 철학의 저작—제1차 대전 중의 《일기》나 《논리철학논고》, 《철학탐구》 등—중에서 읽을 수가 있기 때문이다. 그러한 문맥에서야말로 비트겐슈타인의 금언이 최대의 힘을 발휘한다고 말하고 싶을 정도이다. 그러나 바로 그러한 이유 때문에 금언을 원래 문맥으로부터 분리하는 것은 적절치 않다고 생각했다.

그리고 기록의 선택 폭을 너무 넓히지 않고, 아주 뛰어난 문장만을 실으려고 생각한 적도 있다. 분량을 크게 잡으면 빼어난 문장의 그림자가 엷어질 뿐이라고 생각한 것이다. 그것은 적절한 방침일 것이다. 그러나 나의 역할은 취미의 재판관이 아니었다. 또한 나는 같거나 비슷한 기록이 중복되어 있어도 굳이 빼지 않았다. 되풀이되어도 중요하다고 때때로 생각되었기 때문이다.

결국 유일하고 절대적으로 옳다고 생각되는 방침을 택하기로 하였다. 순수하게 '개인적' 기록을 무시하기로 한 것이다. 요컨대 비트겐슈타인의 외적 생활 환경이나 그의 기분, 또한 상대가 아직 살아 있는 인간관계 등에 관한 기록은 선택하지 않았다. 대체로 그러한 기록들은 간단히 구분되었고 그러한 기록의 관심 대상은 본서에 인쇄된 기록의 관심 대상과는 다른 차원에 속하는 것이다. 이 두 조건을 채우지 않는다고 생각되는 자전적 메모가 예외적으로 몇 가지 있었지만 그런 경우에 한해서 수록하기도 하였다.

문장은 쓰여진 해를 적어서 옛것부터 순서대로 배열하였다. 금방 눈에 띌 것이지만 수록된 문장의 약 절반은, 《철학탐구》 제1부 완성(1945년) 이후의 것이다.

비트겐슈타인의 생애를 모르거나 그의 저작물에 친숙하지 않은 독자들에게는 좀 더 많은 설명이 없으면 분명치 않은 문장이나, 수수께끼 같은 문장도 있겠지만 많은 경우 각주를 붙여 설명할 수 있었다. 그러나 아주 많지 않은 경우인데 별개로 주석은 달지 않기로 하였다. 덧붙인다면 각주는 모두가 편집자의 것이다.

물론 본서와 같은 책은 비트겐슈타인의 철학 작업과 인연이 없고, 앞으로도 인연이 없는 독자에게도 읽힐 것이다. 그렇게 읽히는 것이 반드시 이롭지 않을 까닭은 없다. 그럼에도 나는 확신하고 있다. 이들 기록은 비트겐슈타인의 철학을 배경으로 삼는 경우에 한해서 올바르게 이해되고 평가되며 또한 나아가 비트겐슈타인 철학을 이해하는 데 쓸모가 있는 것이다.

비트겐슈타인이 쓴 원고에서의 선택은 1965년에서부터 1966년에 걸쳐 진행되었다. 그 뒤 1974년까지 작업은 중단되었다. 마지막 선택과 편집에서는 헤이키 니만(Heikki Nyman) 씨의 도움을 받았다. 그는 또한 본문이 비트겐슈타인의 원고와 정확히 같은지 검토해 주었고 나의 타이프 원고의 잘못이나 빠진 글자도 바로잡아 주었다. 세심한 주의와 세련된 감각으로 작업에 임해준 그에게 깊은 감사를 표하는 바이다. 그의 도움이 없었다면 이 책을 인쇄에 붙이는 결심이 아마도 서지 않았을 것이다. 또한 러시 리스(Rush Rhees) 씨도 교정 인쇄 단계에서 검토는 물론 기록의 선택에 대해서도 귀중한 조언을 해주었다.

1977년 1월 헬싱키
G.H. 폰 브리크트

신판 머리글(1994년)

여기에 나오는 《반철학적 단장》의 신판은 알로이스 피흘러(Alois Pichler)의 작업이다. 베르겐 대학 비트겐슈타인 문헌보관소에서 근무 중인 피흘러 씨는, 모든 문장을 비트겐슈타인이 쓴 원고로부터 새로 베껴 써주었다. 이때 지금까지의 구판에 있던 실수를 바로잡았다. 특히 판독이 어려웠던 것들이 분명해졌다. 바로잡은 것들 가운데 몇 군데는 초판 편집자도 이미 깨닫고는 있었지만.

신판은 지금까지의 짧은 기록을 모두 실었으므로 추가된 기록은 없지만 지금까지 것보다 완벽하게 그리고 원문에 충실하게 편집되었다. 비트겐슈타인의 기록은 보통 짤막한 문단으로 되어 있어서 그것이 한 줄 또는 몇 줄씩 빈 칸으로 나란히 정리되어 나간다. 지금까지 인쇄된 기록 가운데에는 그러한 문단의 '오려낸 부문'에 지나지 않았던 것도 있다. 다시 말하면 편집자가 볼 때 적절치 않다고 생각했던 부분을 가끔 잘라냈던 것이다. 그러나 편집자의 판단에 문제가 있을지도 모르겠다. 그러한 이유로 이번 신판에서는 잘라냈던 부분도 모두, 원래 문단 그대로 복원시켰다. 그리고 지금까지의 판에서 사본 등 다른 문헌은 편집자가 쓸 것은 쓰고 버릴 것은 버렸지만 이번에는 각주에다 남겨놓았다. 이것도 새로운 점이다. 악보(58쪽)와 도면(125쪽과 149쪽)은 이번에 복사하여 실었다. 하트퍼드셔 대학의 마이클 빅스(Michael Biggs)의 조언과 도움을 고맙게 생각한다. 기록에 밝혀둔 문헌상의 출처는 많은 분들에게 환영받을 것이다. (편집 방침의 자세한 점에 관해서는 알로이스 피흘러의 편집 노트를 참조하시기 바란다.)

책 맨 끝에 붙인 시는 궁정고문관 루트비히 헨젤(Ludwig Hänsel)이 가지고 있었는데 비트겐슈타인이 그에게 보낸 시이다. 아마도 비트겐슈타인이 쓴 것인

듯싶다. 이 책에는 보존되어 있는 타이프 원고를 복사하여 실었다. 손수 작성한 원고도 있었던 모양인데 행방불명이 된 것 같다. 시가 언제 쓰였는지도 분명치 않다. 유고 관리인들은 이 귀중한 기록을 수록한 빈 대학 교수 헤르만 헨젤(Hermann Hänsel) 박사에게 감사드린다.

알로이스 피흘러와 나는 전문적이고 기술적인 지원을 해준 베르겐 대학 비트겐슈타인 문헌보관소에 감사의 마음을 전한다.

1993년 11월 헬싱키
G.H. 폰 브리크트

편집 노트

편집에 대하여

《반철학적 단장(反哲學的斷章)》은 1977년에 처음으로 출판되었다. 1978년에는 짧은 기록이 추가된 신판이 나왔다. 1978년판은 1984년의 주어캄프판 비트겐슈타인 저작집 제8권에 정정 추가되었다. 예컨대 「나는 길을 잃었기에(……)」 (1978년판 p. 93 : 본서 MS 180a 67 : ca. 1945)와 「모든 인간이 위대한가(……)」(1978년판 p. 93 : 본서 MS 130 291 c : 9.8. 1946)의 사이에는 짧은 기록 「자기 자신을 모르고(……)」(1984년판 p. 516 : 본서 MS 130 239 1.8. 1946)가 삽입되어 있다. 따라서 이 기록은 1980년 영역판에는 들어 있지 않다. 이번 신판에는 1984년판의 모든 기록이 실려 있다. 그리고 문맥을 완전하게 하기 위해 문단을 본래 크기로 돌려놓은 점과 사본 등 다른 문헌을 실은 점을 따로 한다면 1984년판의 기록만 실었을 뿐이다.

〔출전〕

짧은 기록 끝에는 직접 쓴 원고의 출전 근거를 적었다. MS#[1]은 G.H. 폰 브리크트의 유고 목록 수고(手稿) 번호에 따른 것이다. 수고 번호 뒤에 붙인 것은 기록이 시작된 쪽수 표시. (폴리오 쪽수 표시는 앞장은 r로 뒷장은 v로 구별했고 같은 쪽은 왼쪽을 a, 오른쪽을 b로 구별했다). 날짜나 연호도 아는 데까지 표시했다.

〔배열〕

기록은 시간순으로 배열했다. 그 때문에 지금까지의 판에 비해 큰 변화가 있었다. 원문에 기록이 여러 장 연결되었을 경우, 출전 표시는 마지막 기록에만

---

1) =G.H. 폰 브리크트 《비트겐슈타인의 유고》에 수록.

붙였다. 그 결과 원문에 어떻게 연결되어 있는지 이번 판에서는 확실하게 알 수 있다.

〔문맥〕

한 줄 띄고 나서 한 글자 들여 넣지 않고 시작된 기록이 원문에서는 각 문단의 시작이다. 지금까지의 판에서는 문단이 부분적으로만 수록되는 일이 있었다. 그러나 이번 판에서는 출전 표시에 아스테리스크(✻)를 붙여(예를 들어 처음 기록 MS 101 7 c : 21.8. 1914✻)「건축은 무언가를 영원화하고(……)」(1978년판 p.133, 1984년판 p.548, 본서 MS 167 10v : ca. 1947–1948)로 된 기록에는, 그 뒤에 계속되는 문단도 실었다. 이들 문단은 저마다 다른 표현이 포함되어 있고, 원고에서는 같은 장이나 앞 장에 나란히 붙어 있기 때문이다. 이전에 나온 장이라면 이 부분에서는 「수고에는 사본 등 다른 문헌들이 있다」고 밝혔을 뿐이다. 여러 장의 기록이 서로 관계가 있으므로 이번 판에서는 같은 출전 표시로 편집했는데 원문에서는 한 가지 또는 여러(본서에서는 인쇄되지 않은) 문단으로 분리되어 있을 경우(본서에서는 인쇄되지 않은) 문단은 (……)로 표시하였다. (예를 들면 본서 MS 167 10v : ca. 1947–1948)

〔암호〕

이 책에 인쇄된 기록 가운데 모두 또는 일부가 원문에는 비트겐슈타인의 암호로 쓰여 있다. 출전 표시에서는 페이지 표시 뒤에 암호(Code)의 c를 달았다. 이와 관련하여 암호는 다음과 같이 알파벳을 정반대로 늘어놓은 것이다.

a→z b→y c→x d→w e→v f→u f̈→ü g→t h→s hh→ss/ß
i→r k→q l→p m→o m̈→ö n→n o→m p→l q→k r→i/j
s→h t→g u→f v→e w→d x→c y→b z→a z̈→ä

예를 들면 Rxs는 Ich(나는)가 된다.

〔생략〕

기록의 대부분이 원문에서는 여백에 선이나 작업용 표지가 붙어 있는데 이 책에서는 그것들을 싣지 않았다. 이 책에서는 사라진 문맥에서 비로소 의미를 가지게 되기 때문이다. 하나의 문단을 모두 에워싼(동그라미나 각으로 된) 괄호도 같은 이유 때문에 생략하였다. 이 책에서 괄호가 붙은 문단을 편집할 때 앞 또는 뒤 문단에 괄호가 붙은 경우에만 괄호를 생략하였다. 그러한 괄호가 문맥의 경계를 지우려는 것인데 문맥이 편집되지 않은 부분에서는 의미가 없기 때문이다. 그리고 비트겐슈타인이 지운 문장이나 구문상의 기록에 어울리지 않는 단어나 구두점도 싣지 않았다. (구문상 연결되는 문장을 비트겐슈타인이 자칫 지우지 않은 경우라든가 낱말이나 구두점을 이중으로 썼을 경우도 같은 이유로 싣지 않았다.) 끼워 넣거나 바꾸는 일은 지시대로 했지만 하나하나 끊지는 않았다.

문단에 날짜가 붙어 있을 경우 표준적인 방법으로 출전 표시에 덧붙였다. 원문에서 밑줄이 두 줄 그어 있는 것은 이 책에서는 밑줄 하나로 했다. 원문에서 물결선이 그어진 것은(표현에 불만이나 의심이 있는 경우가 되겠는데 cf. 주어캄프판 전집 제33권 p.166) 이 책에서는 점선으로 처리했다.

〔한 글자 띄어쓰기〕
비트겐슈타인은 문단의 첫머리를 여러 방법으로 한 글자 띄고 있다. 그러한 방법을 이 책에서는 반영하고 있지 않다. 문단이나 장을 넘어서는 문맥이 없는 한 그러한 방법을 써도 의미가 없기 때문이다. 문단 첫 줄은 한 글자 들여쓰기를 하지 않고, 같은 문단의 두 번째 이하 단락에서는 첫 줄을 한 글자 들여쓰기로 했다.

〔맞춤법, 문법, 구두법〕
비트겐슈타인의 맞춤법 습관을 존중했다. 구체적으로는 대문자 쓰기와 소문자 쓰기(예를 들면 pointen), 띄어쓰기와 붙여쓰기(예를 들어 jeder so & sovielte), 역사적 또는 지역적 쓰기 방식(예를 들어 라틴어 어원의 단어에서는 z 또는 k 대신 c, stetig 대신 stätig, alchémistisch 대신에 alchemistisch) 등이다. und 또는 and의 약어로서 쓰는 &는 남겨놓았다. ss와 tʒ의 구분, 소유격에서의 아포스트로피(Goethe's)는 모두 현대 맞춤법에 따라 고쳐 놓았다. 구두점은 구두점이 없으면 읽기 곤란한 것에 한하여 보완하였다. 괄호도 마찬가지. 원문에서는 괄호가 열려 있는데, 닫히지 않은 경우가 있다. 인용부호는 표준적인 것을 택하였다. 그 밖의 구두법은 원문에 충실하도록 하였다. 단어 레벨 이상에서의 보완(즉 새로운 단어를 만드는 보완)과 문장 레벨에서의 보완은 〈 〉로 표시했다. 예를 들면 MS 109 28 : 22.8. 1930 「정당하다는 전제가 있을 때의 이야기지만. 〈 〉」. 단어 레벨 이하의 보완과 생략은 하나하나 절단하지 않았다. 약어를 생략하지 않은 형식으로 했을 경우는 절단하였다. 예를 들어 B.를 B〈unyan〉 하는 식으로. 〔이 책에서는 이러한 점들을 되도록 반영하고자 했으나 한계가 있는 것은 단념하였다.〕

〔사본 등 다른 문헌〕

기록은 (지우지 않은) 사본 등 다른 문헌을 포함하여 편집하였다. MS 112 139 : 1.11. 1931(……) während die eigentlich(e) philosophische Überlegung(……)에서 처럼, eigentlich와 eigentliche 두 가지 버전이 본문에 있는 경우는 별개로 하여 처음 쓰인 것을 본문으로, 뒤에 쓰인 것은 주석으로 다루었다. 〔〔……〕〕 라든가 //(……)// 등 다른 문헌 표기에는 여러 표시가 씌어 있으나 그것들은 무시해 버렸다. 다른 문헌 안의 다른 문헌은 〔─〕로 구별하였다. 원문에서 한 번밖에 쓰여 있지 않은 것이 다른 문헌으로 되풀이될 필요가 있을 경우 《(……)》로 표시하였다. 별도의 구두법이 있는 경우도 다른 문헌으로 간주했다. 〔이 책에서는 다른 문헌도 되도록 반영하려고 했으나 차이가 보이지 않는 경우, 다른 문헌의 존재에 대한 언급은 하지 않았다.〕

〔도표〕

MS 154 21v : 1931의 악보, MS 127 14r : 20.1. 1943와 MS 132 59 : 25.9. 1946 의 도표는 복사하였다. 원문에서는 괘선이 그어진 종이에 씌어 있으나 이 책에서는 혼동을 피하려고 괘선을 지웠다. 복사본은 마이클 빅스가 작성하였다.

〔주해〕

주석, 설명, 본문에 관한 주해는 아라비아 숫자로 표기. 「불명」이라고 한 것은 내용이 분명하지 않다는 뜻이고, 「판독 곤란」이라고 한 것은 그 부분이 분명하게 읽기 어렵다는 의미이다.

부록으로 세 목록을 달았다. 처음 목록은 기록의 출전을 이 책에 등장시킨 순서대로 늘어놓은 것. 두 번째 목록은 번호순대로 늘어놓은 것. 세 번째 목록은 기록의 첫머리를(쪽 숫자대로) 나란히 늘어놓은 것. 〔이 세 번째 목록은 이 책에서는 생략하였다.〕지금까지의 판과 달리 생략 없이 문단을 모두 실은 기록에는 아스테리스크(*) 표시를 붙였다.

알로이스 피흘러

반철학적 단장(신판)

소위(少尉)[1]하고는 가끔 여러 가지 이야기를 나누었다. 아주 마음에 드는 사람이다. 이름난 악당과 사이좋게 지내도 자기 체면을 손상시키지 않을 그런 유형. 중국 사람이 지껄이는 것을 들으면 우리는 보통 그것이 마디가 끊기지 않은 입놀림에서 나온 소리라고 생각하지만 중국말을 아는 사람이 들으면 말이라고 알 것이다. 그래서 내게는 사람이 사람이라고 깨닫지 못하는 경우가 이따금 생긴다. 일을 좀 했으나 성과가 없다.

MS 101 7 c : 21.8. 1914*

어떠한 종파에서보다 수학에서 은유를 잘못 사용하는 것은 더 큰 죄가 된다.

MS 106 58. 1929

인간의 시선에는 사물을 값나가는 것으로 만드는 성질이 있다. 다만 한 가지 그렇게 되면 사물의 값도 비싸지니까.

MS 106 247 : 1929

나의 철학하는 방식은 여전히 나 자신에게는 언제나 새롭다. 그러므로 몇 번이고 되풀이되는 것이다. 다음 세대에게는 그것이 피가 되고 살이 될 것이므로 되풀이가 지루하게 느껴질 것이다. 그런데 나에게는 그것이 꼭 필요하다.—요컨대 방법이 달라진 것이다. 진리가 아니라 의미를 물어보게 된 것이다.

MS 105 46 c : 1929*

---

1) 십중팔구 이 소위는 보에슬라프 몰레(Vojeslav Molé)를 가리킨 것 같다.

영향을 받지 않는다는 것은 내게는 괜찮은 것이다.

MS 105 67 c : 1929

빼어난 비유는 지성을 신선하게 한다.

MS 105 73 c : 1929

근시안의 인간에게 길을 가르치는 일은 어려운 일이다. 「여기로부터 10마일 저쪽을 보시오, 교회 탑이 보이지요. 그 방향으로 가는 겁니다. ⟨↓⟩ 이렇게 가르칠 수가 없으니까.

MS 105 85 c : 1929

자연으로 하여금 말하도록 하라. 자연의 상위에 있는 것으로서 인정될 수 있는 것은 단 <u>한 가지뿐.</u> 그것은 인간이 생각해 낼 존재가 아니다.

MS 107 70 c : 1929

나무가 굽지 않고 부러질 때 비극이 생긴다. 비극은 비유대적(非Judea的)인 것이다. 멘델스존은 비극으로부터 가장 거리가 먼 작곡가일 것이다. 연애로 비극적 상황에 완강히 매달려 있는 것, 비극적으로 붙들고 늘어져 있는 것은 내 이상과는 언제나 거리가 있는 듯이 느껴진다. 그러니까 나의 이상이 나약하기 때문일까? 나로서는 판단이 안 된다. <u>판단해야 할 일도 아니다.</u> 나약한 이상이라면 잘못된 이상이다. 나의 이상은 기본적으로 부드럽고 평온한 것이라고 생각된다. 그러나 신이여, 나의 이상이 나약하고 감미로운 것은 되지 않도록 지켜주소서.

MS 107 72 c : 1929✳

새로운 말이라는 것은 의논의 땅에 뿌린 신선한 종자와 같다.

MS 107 82 : 1929

아침마다 버려진 푸퉈산(普陀山)을 파들어가, 생기 넘치는 따뜻한 중심부에 이르러야 한다.

MS 107 82 c : 1929

철학을 배낭 가득히 채우고 나면, 수학의 산은 천천히 올라갈 수밖에 없다.

MS 107 97 c : 1929

멘델스존은 봉우리가 아니라 고원이다. 그의 성격은 영국적이다.

MS 107 98 c : 1929

나의 머리에 모자를 쓸 수 있는 것은 나뿐인 것처럼, 누구도 나 대신 생각할 수가 없다.

MS 107 100 c : 1929

아이들이 떠드는 소리를 듣고 그것을 이해할 수 있는 사람은, 아이들의 시끄러운 말에는 보통 생각되는 것과는 다른 마음의 힘이라 할까 무서운 힘이 잠겨 있는 것을 알 수 있을 것이다. 깊은 노여움이나 아픔이나 파괴욕 같은 것.

MS 107 116 c : 1929

멘델스존은 주변의 모든 것이 생동할 때에만 생동하는 사람을 닮았다. 아니면 주의의 모두가 선량할 때에만 선량한 사람을 닮았다. 주변에는 무슨 일이 일어나도 늠름하게 서 있는 나무와는 조금도 닮은 데가 없다. 나 자신도 멘델스존을 닮아 그러한 경향이 있다.

MS 107 120 c : 1929

나의 이상은 쌀쌀맞음이다. 정열에 대하여 말참견하는 일이 없고, 정열을 포위한 사원(寺院).

MS 107 130 c : 1929

가끔 생각하는 일이지만 내가 품고 있는 문화의 이상은, 새로운 것, 다시 말해서 시대에 맞는 것인가, 아니면 슈만 시대의 것인가? 적어도 나에게는, 슈만 시대의 이상이 계속되는 것 같다. 그렇다고 그때의 이상이 실제로 계속된 것은 아니다. 그렇다고 한다면 19세기 후반은 제외된다. 그것은 다만 본능적으로 그리된 것이지 곰곰이 생각한 결과는 아니기 때문이다.

MS 107 156 c : 10.10. 1929

세계의 미래를 생각할 때 언제나 우리가 생각하는 것은, 세상이 지금 눈에 보이는 그대로 운동을 계속한다면 세상은 어디에 있는 것일까 하는 것이다. 그리고 직선적인 운동이 아니라 곡선을 그리며 부단히 방향을 바꾼다고는 생각할 수 없다.

MS 107 176 c : 24.10. 1929

보다 오스트리아다운 것(그릴파르처, 레나우, 브루크너, 라보어)은 특히 이해가 어렵지 않을까? 어떤 의미에서 그것은 다른 어떤 것보다 섬세하고 미묘하다. 그리고 그 진실은 결코 있음직하지 (확률의 세계) 않다.

MS 107 184 c : 7.11. 1929

무엇인가가 선(善)이다 한다면 그것은 신적인 것이다. 기묘한 이야기지만 이것이 내 윤리학의 요점이다.

MS 107 184 c : 7.11. 1929

초자연적인 것만이 초자연을 표현할 수 있다.

MS 107 192 c : 10.11. 1929

사람들을 선(善)으로 이끌 수는 없다. 사람들은 어딘가 어떤 곳으로 이끌려 갈 뿐이다. 선은 사실의 공간 바깥쪽에 있다.

MS 107 196 c : 15.11. 1929

어느 날 나는 아르비트[2]와 함께 영화관에서 오래된 영화를 본 뒤 이런 말을 하였다. 오늘날 영화와 옛날 영화의 관계는 요즘 자동차와 25년 전 자동차와의 관계이다. 옛날 영화는 옛날 자동차와 같이 우습기도 하고 딱딱하다. 영화를 개량하는 일은 자동차 개량처럼 기술의 개량이다. 내 말을 용서한다면, 예술적 개량은 아니다. 오늘날의 무용 음악에서도 똑같은 말을 할 수 있을 것이다. 재즈 댄스는 영화와 똑같이 개량이 가능할 것이다. 그러나 그럴 경우에 <u>스타일</u>이 생기는 것은 아니다. <u>왜냐하면</u> 발달에 정신이 관련되지 않기 때문이다.

뛰어난 건축가와 열등한 건축가는 오늘날 어떻게 구분되는가? 열등한 건축가는 어떠한 유혹도 이기지 못하나 뛰어난 건축가는 유혹에 넘어가지 않는다.

언젠가 내가 이렇게 말한 것은 옳았을는지 모른다. 「지난날의 문화는 몹쓸 잡동사니가 되고 끝내는 잿더미가 될 것이다. 그러니 잿더미 너머에는 정기가 감돌고 있을 것이다.」

MS 107 229 : 10.–11.1. 1930

살아 있는 예술 작품〔예술 작품이라는 유기체〕에 금이 가면, 우리는 짚을 채우려 든다. 다만 양심의 가책에서 벗어나려고 <u>가장 좋은</u> 짚을 쓰기는 하지만.

MS 107 242 : 16.1. 1930

인생 문제의 해결책을 찾았다 생각하고 「자, 이제는 편안해졌어.」 이렇게 중얼대고 싶어졌다고 하자. 이때에 <u>그것이</u> 잘못이라고 증명하려면, 「해결책」이 찾아지지 않았던 시대가 있었음을 생각하면 된다. <u>그러한</u> 시대에조차도 살아나는 것이고, <u>그러한 시대를 생각하면</u> 발견된 해결책 같은 것은 우연에 지나지 않는다고 생각된다. 논리학의 경우도 사정은 마찬가지이다. 「논리학의(철학의) 문제를 해결」했다고 해도 한 가지만은 명심할 필요가 있다. 그 문제는 이전에는 미해결이었지만(그러나 그때에도 살아가거나 생각하는 일이 가능하지 않았는가.)―――

MS 108 207 : 29.6. 1930

---

2) 아르비트 쇠그렌(Arvid Sjögren)은 비트겐슈타인의 친구. 비트겐슈타인의 조카딸 클라라 잘처와 결혼.

엥겔만이 이런 말을 했다. 「집에서 말야, 내 원고가 가득 차 있는 서랍을 뒤지다가 참으로 굉장한 원고라고 생각되었다. 그래서 이것은 남에게 보일 가치가 있는 게 아닌가 생각했단 말야(사망한 친척의 편지를 보고 있을 때도 엥겔만은 비슷한 기분이었던 것 같다). 그래서 좋은 원고를 골라 출판하는 일을 상상해 보니까 아무런 매력도 가치도 느낄 수가 없게 되어 흥분했던 기분도 아주 잡쳐버렸지.」 나는 말했다. 「비슷한 경우가 있지. 지극히 흔한 일상적인 행동을 하고 있는 사람을, 그 사람이 아무에게도 보이지 않고 있다고 생각할 때 보는 것만큼 주목할 일은 없지 않을까? 연극을 생각해 보자고. 막이 오르면, 누군가가 혼자 방 안을 왔다 갔다 하고 있다. 담배에 불을 붙이거나, 앉았다 섰다 하고 있다. 그러면 관객은 별안간, 보통 때 같으면 결코 볼 수 없는 자기의 모습을 보듯이, 한 인간을 밖으로부터 보는 것이 된다. 이를테면 전기의 한 장을 자기 눈으로 보는 것이 된다. 그것은 기분이 섬뜩하기도 한 동시에 야릇하기도 할 것이다. 연기자가 무대에서 연기하거나 말하는 것보다 이상하고 야릇할지도 모른다. 관객으로서는 있는 모습 그대로의 것을 보는 것이니까. 그러나 생각하면, 그런 것은 매일 보고 있으니까 아무런 인상도 안 받는다. 그렇게 우리는 그러한 각도에서 보고 있지 않으니까.」 그러한 이유로 엥겔만은 자기가 쓴 원고를 보고 훌륭하다 생각할 때(물론 그는 원고를 따로따로 찢어발겨 출판할 생각은 없으니까) 그는 자기 인생을 신이 만든 예술 작품으로 간주하고 있는 것이다. 물론 어떠한 인생도 그렇게 간주하는 한 관찰할 가치가 있으니까. 그러나 따로따로 별개로 된 것을 예술 작품으로 묘사가 가능한 것은 오로지 예술가뿐이다. 그러므로 엥겔만의 원고를 따로따로 관찰한다면, 요컨대 편견 없이, 말하자면 열광하지 않고 냉정히 관찰한다면, 원고의 가치가 사라지는 것은 당연한 이야기이다. 예술 작품은 우리에게—이를테면—적절한 각도의 시각을 강요한다. 그러나 예술이 없다면 작품은 다른 것들과 마찬가지로 하나의 자연에 지나지 않는다. 우리는 열광하여 그것을 가치 있는 것으로 생각해도 좋지만, 그렇다고 해서 남의 눈에 띄게 할 권리는 없는 것이다. (언제나 나는 예의 무미건조한 풍경 사진을 생각하게 된다. 본인은 그곳에 가서 무언가 경험했으니까 재미있어 촬영했겠지만 제삼자가 보면 당연히 냉정하게 바라볼 풍경 사진에 지나지 않는다. 물론 사물을 냉정히 바라보는 일이 정당하다는 전제가 있을 때의 이야기이지만. 〈〉

그런데 예술가의 작업 이외에도 세상을 영원의 위상 아래 파악하는 또 하나의 작업이 있는 게 아닐까? 사상의 방법이 바로 그것이라고 생각하는 것이다. 사상은 이른바 세계의 하늘을 날며 세계에는 손가락 하나 건드리지 않고 하늘에서 재빨리 세계를 관찰하는 것이다.

MS 109 28 : 22.8. 1930

르낭의 《이스라엘 백성의 역사》를 읽다. 「탄생, 병환, 죽음, 광기, 카탈렙시(강직증), 꿈, 잠. 이것들은 무한의 인상을 남겼다. 그들 현상이 우리 체질에서 비롯된다는 것이 분명히 보이는 인간은, 오늘날에도 몇몇에 지나지 않는다.[3] 〈↑〉이니, 그것은 그 반대다. 이것들은 매우 일상적인 것이니까 이상하게 여길 이유는 어디에도 없다. 미개인이 이런 것들을 이상하게 여기는 것이 틀림없다면 개나 원숭이는 그 몇 배 더 이상히 여길 것이다. 아니면 돌연히 눈을 뜬 사람들이 그 이전부터 있던 것들을 갑자기 깨달아 당연히 놀라워한다고 생각할 것인가?—분명히 그런 식으로 생각할 수도 있다. 단지 그러한 현상을 처음 깨달았다는 것이 아니라 별안간 그러한 현상을 이상하게 여기기 시작했다는 것이다. 그러나 이것 또한 미개성과는 관계가 없다. 단지 사물이나 현상을 이상하게 보지 않는 것을 미개라고 부른다면 이야기는 달라진다. 그럴 경우에는 현대인이나 르낭이야말로 미개한 것이 된다. 르낭은 과학적 설명으로 놀라움이 제거된다고 생각하니까.

마치 오늘날 번개가 2000년 전 번개보다 일상적이고 놀라움의 대상이 아닌 것같이 놀라기 위해 사람은—그리고 혹시 여러 민족도—눈뜰 필요가 있다. 과학은 인간을 잠들게 하는 수단이다.

요컨대 결론적으로 「물론, 이들 미개 민족은 모든 현상에 틀림없이 놀랐을 것이다」라고 말하는 것은 옳을 것이다. 「틀림없이 놀랐을 것이다」라고 말하는 것이야말로 미개한 미신이다. (이것은 마치 「미개 민족은 온갖 자연의 힘을 무서워했음이 틀림없지만 우리 입장에서는 물론 무서워할 필요가 없다」라고 하는 미신과 비슷하

---

3) 에르네스트 르낭 《이스라엘 백성의 역사》 제1권 제3장.

다. 그러나 한편으로는, 자연현상을 몹시 두려워하는 경향이 있는 미개 부족을 가진 민족도 바로 그러한 것을 두려워하는 경향이 있어서, 자기들 자신의 문명이나 과학적 지식을 가지고서도 두려움으로부터 자기를 지키지 못하는 것이 아닌가? 오늘날의 과학을 움직이는 정신은 물론 분명히 이와 같은 두려움과 타협이 안 되고 있는 것이다.)

르낭은 셈족(Sem族)의 조숙한 양식(bon sens précoce)을 문제 삼고 있다. (나도 그것을 훨씬 전부터 생각해 온 것인데) 그것은 구체적인 것에 직접 관련된, 시적이 아닌 정신이다. 그것은 내 철학의 특징이기도 하다.

    사물은 직접 우리 눈앞에 있다. 아무런 베일도 씌워져 있지 않다.—이 점에서 종교와 예술이 구별된다.

MS 109 200 : 5.11. 1930

머리글 초고[4]

    이 책은 이 책을 쓰는 정신에 공감을 나타내는 사람들을 위해서 쓰였다. 내 생각으로 이 책의 정신은 유럽과 미국의 대문명과는 별개의 정신이다. 서구 문명의 정신은 오늘날의 공업, 건축, 음악, 파시즘, 사회주의에서 그 모습을 보이고 있으나, 이 책의 저자에게는 보지도 못한 정신이고 공감할 수도 없는 정신이다. 이것은 가치 판단이 아니다. 요컨대 나는 오늘, 건축이라고 주장하고 있는 것이 건축이 아닌 것 같은 표정을 하고 있는 것도 아니고, 현대 음악이라고 부르고 있는 것에 대하여 (그 어법을 이해하지도 않은 채) 한없는 불신감을 가지고 있지 않은 것처럼 표정을 짓고 있는 것도 아니다. 그러나 여러 예술이 모습을 사라지게 했다고 해서, 인류에게 사망 선고를 내릴 이유도 없다. 이렇게 말하는 것은 진짜로 뛰어난 능력을 가진 사람은 바로 이 시대, 예술의 영역을 단념하고 다른 일에 눈을 돌리고 있기 때문이다. 개인의 가치는 무슨 방법으로든 표현이 되고 있는 것이다. 물론 위대한 문화의 시대인 경우까지 가지는 않았다 해도, 문화라는 것은 말하자면 거대한 조직이다. 이 조직은 그 구성원 한 사람 한 사람에게 전체의 정신에 기초를 두고 작업이 되도록 일터를 배정하게

---

4) 이미 간행된 《철학탐구》(러시 리스 엮음)의 머리글 초고.

된다. 그리고 구성원의 힘은 어떤 의미에서는 당연하기도 하겠지만, 전체에 대한 공헌도를 보아서 측정이 가능하게 되어 있다. 그러나 문화가 없는 시대에는 힘이 분산된다. 그리고 개인의 힘은 대립되는 힘이나 마찰 저항의 탓으로 소비되고 만다. 그러한 까닭에 개인이 달려온 길의 거리는 길이가 아니라 어쩌면 마찰이나 저항을 극복할 때 생기는 열량으로만 개인의 힘이 표현되지 않는 것일지도 모른다. 그러나 에너지는 에너지이니까 현대가 보여주는 광경이 위대한 문화 작품을 만들어내지 못한다 해도—위대한 작품에서는 뛰어난 인물들이 하나의 똑같은 커다란 목표를 향하여 협력하게 되지만—그리고 현대가 보여주는 광경이 군중의 볼품없는 광경이라 할지라도—그 군중 속의 뛰어난 인물들은 개인적인 목표만 추적하고 있지 않지만—우리가 잊어서는 안 될 것이, 광경은 문제 삼을 필요가 없다는 것이다.

어떤 하나의 문화가 사라진다는 것은, 인간의 가치가 사라지는 것이 아니라 인간의 가치를 표현하는 수단이 사라지는 데 지나지 않는다. 그것은 뼈저리게 잘 알고 있지만, 아무리 해도 사라지지 않는 사실이 있다. 요컨대 나는 유럽 문명이 뭔가 목표가 있다 해도 유럽 문명의 흐름을 공감하면서 바라볼 수가 없다. 그러니까 원래 이 책은, 이 세상의 구석구석에 흩어져 있는 친구들이 읽어주었으면 싶다.

전형적인 서양 학자가 이해하거나 평가하는 것은 아무래도 상관없다. 어떠한 정신으로 내가 쓰고 있는지, 이해가 되지 않기는 아무래도 마찬가지일 터이니까.

우리 문명의 특징은 「진보」라는 말로 표현할 수가 있다. 진보는 우리 문명의 형식일 뿐, 「진보한다」는 문명의 특성은 아니다. 우리 문명의 전형은 건설이다. 그 활동은 점점 복잡한 것을 세우는 것. 그리고 그 명석함조차 건축 목적에 봉사할 뿐 자기 목적이 안 되어 있다.

그런데 내게는 명석함, 투명함이야말로 자기 목적인 것이다.

내가 흥미를 가지는 것은 건축물을 세우는 일이 아니다. 온갖 생각을 끝까지 동원하여 가지가지 건축물의 기초를 투시하자는 것이다.

그러므로 나의 목표는 학자들 것과는 별개의 것이고, 나의 사고는 학자들

것과는 달리 움직인다.

내가 쓰는 어떤 문장도 의미하는 바는 언제나 전체이다. 요컨대 똑같은 것을 되풀이 말하고 있다. 이를테면 하나의 대상을 여러 가지 각도에서 바라본 것에 지나지 않는다.

이렇게 말할 수 있겠다. 내가 도달하고자 생각한 장소가 사다리를 써야 오를 수 있는 곳이라면, 나는 거기에 도달하기를 단념할 것이다. 실제 도달되었어야 하는 장소에는 이미 가 있어야 하니까.
　나는 사다리를 써야 손에 넣을 물건에는 관심이 없으니까.

어떤 운동은, 하나의 생각을 다른 생각에 연결한다. 또 하나의 운동은, 되풀이 해서 한 곳을 향한다.

어떤 운동은 건설적이고 돌을 차례차례 (손에) 잡는다. 또 다른 운동은 되풀이 해서 같은 것을 잡는다.

머리글이 긴 것은 위험하다. 책의 정신은 머리글에 나타나지만, 책의 정신을 서술적으로 설명하지는 못하기 때문이다. 어떤 책이 몇몇 사람들만을 위해 쓰인 것이라면, 그것이 분명해지는 것은 바로 몇몇 사람만이 그 책을 이해한다는 사실에 의해서이다. 책이라는 것은 그것을 이해하는 사람과 이해하지 못하는 사람을 자동적으로 구별하게 된다. 머리글 역시 바로 그 책을 이해하는 사람을 위해 쓰이는 것이다.
　어떤 사람에게 그 사람이 이해하지 못할 말을 하는 것은 당찮은 일이다. 「당신은 알지 못하겠지만」 이렇게 덧붙인다 해도. (아주 좋아하는 사람에 대하여, 그런 일은 흔히 있지만.)
　특정한 사람을 방에 들이고 싶지 않으면, 그 사람이 가지고 있지 않은 열쇠로 잠가 놓으면 된다. 그 사실을 그 사람과 이야기하는 일은 무의미하다. 단지 밖에서 방을 알아두기 바랄 경우는 다르지만.

점잖기를 바란다면 자물쇠를 연구할 일이다. 요컨대 열 수 있는 사람의 주의만을 끌되, 그 밖의 사람의 주의를 끌지 않을 자물쇠를 문짝 앞에 내다 걸면 된다. 그러나 다짐해 두고서 말한다면 내 생각으로 이 책은 진보하는 서구 문명과는 관계가 없다.

어쩌면 서구 문명은 내 책의 정신에 따라서는 꼭 필요한 환경일는지 모른다. 바꾸어 말하자면 둘에는 서로 다른 목표가 있다는 것이다.

의례적인 것(이른바 사제장적(司祭長的)인 것)은 모두 엄격히 피할 일이다. 그러한 유(類)의 것은 금세 썩기 때문이다. (그런 유의 것은 금세─바로 썩기 시작하기 때문이다.)

키스 또한 물론 의례이지만 썩지 않는다. 의례가 허용되는 것은 키스처럼 가짜가 아닌 경우에 한한다.

정신이라는 것을 분명하게 하고 싶다. 이것은 큰 유혹이다.

MS 109 204 : 6.─7.11. 1930

자기 자신의 예의범절의 한계에 부딪쳤을 때, 이른바 사상의 소용돌이가 생긴다. (그리고) 끝없는 후퇴가 시작된다. 하고 싶은 말을 하면 좋지만, 더는 앞으로 나아가지지 않는다.

MS 109 212 : 8.11. 1930

(성서에 관해서) 레싱을 읽고 있다. 「여기에는 더 나아가, 말의 의장(衣裝)과 스타일을 더하는 것이다……. 그것도 동의어 반복을 가득 싣고 예리한 지성을 단련하는 것을 말이다. 다시 말하면, 어떤 때는 다른 말을 하는 것처럼 보이면서도 같은 말을 하고 있는 것. 또 어떤 때는 같은 말을 하고 있는 것처럼 보이면서, 사실은 다른 것을 의미하는 것과 같은 것을 덧붙여 보이는 것이다.」[5]

MS 110 5 : 12.12. 1930

---

5) 레싱 《인류의 교육》, §48-49.

어떤 식으로 책을 쓰기 시작해야 좋은가를 잘 모르는 것은 아직 명석함이 남아 있기 때문이다. 아무튼 나로서는 철학 관계의 문장에서, 쓰고 말한 문장에서, 이른바 갖가지 서책을 가지고 시작했으면 하고 생각하기 때문이다. 그리되면 여기서 「만물유전(萬物流轉)」이라는 어려움을 만난다. 그리되면 이러한 어려움에서 비로소 시작해야 할는지 모른다.

MS 110 10 : 13.12. 1930

시대에 앞서 있는 인간은 언젠가는 시대에 쫓긴다.

MS 110 11 : 25.12. 1930

음악은 몇 안 되는 음과 리듬밖에 못 가진 미개 예술이라고 생각될 때가 있다. 그러나 단순한 것은 그 표면만의 것이다. 음악의 몸체에는 그 명확한 내용을 해석시키는 힘이 있으므로 그 무한한 복잡성이 고스란히 그 속에 감추어져 있는 것이다. 다시 말하면 다른 예술에서는 복잡한 것이 외부에 노출된 것을 알 수가 있으나, 음악의 경우는 복잡성을 감추고 있다. 어떤 의미에서 음악은 좀 더 세련된 예술이다.

내가 절대로 가까이하지 않는 문제, 나의 세계나 나의 뿌리에는 없는 문제가 있다. 서양 사상계의 문제 말이다. 베토벤이(어쩌면 부분적으로는 괴테가) 접근하여 격투를 벌인 문제가, 지금까지 어떤 철학자도 맞붙은 일이 없는 문제이다. (어쩌면 니체가 스쳐 지나갔을는지 모르지만.)

어쩌면 이 문제는 서양 철학에서 잃어버리고 만 것인지도 모르겠다. 다시 말해서 서양 문화의 진행을 서사시로 감을 잡았고, 따라서 그것을 서사시로 기술할 능력이 있는 사람은 없는 것이 아니었겠는가. 보다 정확히 말한다면 서양 문화는 이미 서사시 같은 것이 아니다. 아니, 그렇게 생각하는 것은 밖에서 바라보는 자들뿐이다. 어쩌면(슈펭글러가 암시하고 있듯이) 베토벤이 선견지명을 가지고 그리했는지도 모를 일이다. 문명은 스스로 서사시인을 미리 확보하고 있어야 한다고 해야 할는지 모를 일이다. 마치 자기 죽음에 대해서는 앞서 예측하여 쓸 수 있을 뿐, 자신의 죽음을 동시 진행형으로 보고할 수 없는 것처럼.

그러니까 이렇게 말할 수 있는지도 모르겠다. 한 문화의 전체가 서사시로 씌어진 것을 보고 싶으면, 그 문화의 종말이 예견되었던 시대에 만든 대형 작품에서 그것을 찾는 수밖에 없다. 그 시대가 지난 뒤에는 그것을 기술하는 사람은 없을 터이니까. 그러므로 그러한 서사시가 예견으로 가득 찬 어두운 말로밖에는 씌어 있지 않고 몇몇 사람만이 이해한다 해도 이상할 것이 없다.

그렇다면 나는 이런 유의 문제를 전혀 생각지 않는다. 내가 「세계라고 하는 것을 처리해 버렸다」면, 나는 일정한 모양이 없는(투명한) 덩어리를 생산했을 것이다. 세계는 그 다양성을 있는 그대로 고스란히 남겨 놓은 채 내동댕이쳐 두었다. 잡동사니들을 쓸어 넣은 무미건조한 창고 모양으로.
　아니면 이렇게 말하는 편이 정확할는지 모르겠다. 완전한 일의 완전한 결과는 세상을 있는 그대로 내동댕이칠 것. (온 세계를 창고에 내동댕이칠 것.)

이 세계(나의 세계)에 비극은 존재하지 않는다. 그러므로(결과로서) 바로 비극을 만들어낼 무한(無限)도 일체 존재하지 않는다.
　이를테면 모든 것은 세계를 감싸고 있는 에테르 속에 녹아버리는 것이다. 딱딱한 것은 하나도 없다.
　이를테면 딱딱한 것이나 충돌은 훌륭한 것으로 되는 것이 아니라 결함이 된다.

충돌이 사라지는 것은 메커니즘을 해소시키면(또는 메커니즘을 초산으로 녹여버리면) 용수철의 긴장이 없어지는 것과 비슷하다. 이와 같이 녹아 없어지면 긴장은 존재하지 않는다.

MS 110 12 : 12.–16.1. 1931

나의 책은 자그마한 집단—집단이라고 부른다면 말인데—만을 위해서 쓰인 것이다. 그렇게 말했다고 해서 내가 그 집단을 인류의 정예라고 생각하는 것은 아니다. 그러나 그들은 내가 얼굴을 맞대고 있는 사람들이다. 그것은 그들이(다른 사람들보다 뛰어나거나 뒤떨어져서가 아니라), 나의 문화권 주민들이기 때문이다. 다른 사람들은 나에게 <u>이방인</u>이지만 그들은 이를테면 조국의 동포이니까.

MS 110 18 : 18.1. 1931

언어의 한계가 나타나는 것은 명제에 대응하는(명제의 번역인) 사실을 기술하는 경우 바로 그 명제를 되풀이해야 할 때를 말한다.

(이것은 철학 문제의 칸트적 해결과 관계된 것이다.)

MS 110 61 : 10.2. 1931

「드라마에는 독자적인 시간이 있다. 그것은 역사의 시간 가운데 일부는 아니다」이렇게 말할 수 있을까? 요컨대 드라마에서 나는 그 이전이라든지 그 이후를 문제 삼을 수 있다. 그러나 「사건이 일어난 것은, 예컨대 카이사르의 사망 전인가 이후인가」를 묻는 것은 <u>난센스</u>이다.

MS 110 67 : 12.2. 1931

사람의 신체는 부위에 따라 매력적인 온도 차이가 있다.

MS 153a 4v : 10.5. 1931

자기 자신을 정신만으로 부풀어 오른 공허한 튜브처럼 보여야 하는 것은 부끄러운 일이다.

MS 153a 12v : 1931

누구나 상처가 있는 타인을 보고 싶어 하지 않는다. 그러니까 타인이 상처가 없다면 누구나 기분이 좋다. 누구나 하찮은 일에 뽀로통하는 사람의 얼굴은 보고 싶지 않다. 이 사실을 기억하자. 모욕받고 상처 입은 사람에게 친절히 대하기보다, 그 사람을 가만히—말없이—피하는 쪽이 훨씬 간단하다. 친절히 대하려면 용기마저 필요하다.

MS 153a 18v : 1931

당신을 좋아하지 않는 사람에게 친절하려면 마음씨가 고울 뿐 아니라 동정심
도 필요하다.

MS 153a 29v : 1931

우리는 언어와 싸우고 있다.

우리는 언어와 전쟁 중이다.

MS 153a 35r : 1931

철학 문제의 해결은, 메르헨(옛이야기나 동화)에 등장하는 선물을 닮았다. 그것은
마법의 성 안에서는 마법처럼 굉장하게 생각되나, 백일하에 바라다보면 흔해
빠진 쇳덩어리(와 같은 것)에 지나지 않는다.

MS 153a 35v : 1931

사상가는 제도(製圖)하는 사람을 몹시 닮았다. 그는 가지가지 모든 것의 관련
사항을 묘사하려고 한다.

MS 153a 90v : 1931

피아노를 마주하고 만든 곡, 펜으로 생각하면서 만든 곡, 귀만으로 만든 곡. 이
것들은 저마다 전혀 다른 것들임에 틀림없다. 그리고 다른 인상을 줄 것이 틀림
없다.

　브루크너(Anton Bruckner)는 귀만으로, 연주하는 오케스트라를 상상하며 작
곡했고, 브람스는 펜으로 작곡했을 것이다. 틀림없이. 물론 이것은 실제보다 단
순화시킨 표현이지만. 그러나 하나의 특징은 제대로 맞힌 말이다.

MS 153a 127v : 1931

비극이라는 것은 언제나 그 말로 시작할 수가 있을 것이다. 「만약에 ……가 아
니었다면 아무 일도 일어나지 않았을 것이다.」

(만약에 그의 옷 끝이 기계에 말려들지 않았다면.)

그러나 그것은 너무 일방적인 견해가 아닐까? 그와 같은 비극의 견해는 어느 하나의 만남이 온 인생을 결정짓게 한다, 가르치고 있는 데 지나지 않는다.

가면극을 상영하는 극장이 있어도 좋지 않은가? 등장인물은 유형화된 인간으로[6]하고. 카를 크라우스의 저작에서는 이 점이 확실하게 드러난다. 그의 희곡은 가면극으로 상영할 수 있지 않은가? 아니, 그렇게 할 필요가 있는 것이 아닌가? 요컨대 당연히 그것은 그의 작품이 지닌 어떤 추상성과 관계되고 있는 것이다. 내가 생각하는 가면극이라 하는 것은 애당초 정신적인 개성의 표현인 것이다. 그러므로(실제) 어찌 보면 유대인만이 가면극에 끌리는지도 모를 일이다.

> 프리다 샨츠—
> 안개 낀 날. 잿빛 가을이 돌아다닌다
> 웃음이 사라진 것 같다
> 세상이, 밤에, 죽어 없어진 것처럼
> 오늘은, 아주 침묵에 잠겼네
> 황금이 빛나는 붉은 숲에서
> 안개 괴물이 미친 듯이 날뛴다
> 낮은 졸고 있고
> 깨어나려 하지 않는다.
> (……)

이 시는 《(체스)말의 움직임》에 나오는 시인데 원래 시에는 구두점이 안 찍혀 있다. 그래서 예를 들면 「안개 낀 날」이라는 말이 제목인지, 내가 베껴 쓴 것과 같이 첫 행의 말인지 알 수가 없다. 별난 이야기지만, 이 시가 「안개 낀 날」이 아니라, 「잿빛 가을」에서 시작이 된다면 아주 진부하고 평범한 시라고 생각된다. 시

---

6) 「인간」 대신에 「인간의 타입」인지, 「인간. 타입」인지, 「타입」인지는 판독 곤란으로 분명하지 않다.

<u>전체</u>의 리듬이 바뀌기 때문이다.

MS 153a 136r : 1931

당신이 성취한 작업은 다른 사람에게는 당신 자신만큼 그렇게 중요하지 않다. 당신이 지불한 생산가만큼은 지불해 줄 것이다.

MS 153a 141r : 1931

유대인은 거친 지대에 있다. 하지만 그 엷은 암석층의 밑은 정신적인 것이 마그마처럼 가로놓여 있다.

MS 153a 160v : 1931

그릴파르처[7]—「큰 것이나 먼 것들은 참으로 움직이기 쉽지만, 가까이 있는 개개의 것은 왜 그리 붙잡기가 힘이 드는지……」

MS 153b 3r : 1931

그리스도의 이야기를 들은 적이 없다면 우리는 어떤 기분일까?

암흑 속에 버려진 기분이 들 것인가?

아이들은 자기가 누군가와 함께 방에 있다는 것을 알고 있을 때는 버려졌다는 기분이 들지 않는다. 우리가 버려졌다는 기분이 들지 않는 것도 그와 같은 것이 아닐까? 종교적인 광기는 무신앙에서 생긴 광기이다.

MS 153b 29r : 1931

코르시카 사람의 노상강도 사진을 보고 생각했다. 그들의 얼굴은 엄하고 내 얼굴은 너무 부드러우므로 어떤 얼굴에도 그리스도교를 써 붙일 수가 없다. 노상강도의 얼굴은 보기에 무섭지만 분명히 그들은 나보다 「좋은 인생」에서 떨어져 있다고 할 수가 없다. 다만 나와는 다른 면에서 「좋은 인생」을 바라보고 있는 데 지나지 않다.

MS 153b 39v : 1931

---

7) Franz Grillparzer(1791~1872). 오스트리아의 극작가로 그리스 전설이나 사실(史實)을 제제로 비극과 사극을 씀.

참회는 새로운 생활의 일부임에 틀림없다.

MS 154 1r : 1931

자기가 표현하고 싶은 것을, 고작해야 언제나 「절반」밖에 표현하지 못한다. 아니, 실제로는 절반이 아니라 고작해야 10분의 1밖에 안 될지도 모른다. 그러나 그래도 무언가를 말하고 싶어 하는 것이다. 쓴다는 것은, 때때로 나에게는 「말을 더듬는다」는 데 지나지 않는다.

MS 154 1v : 1931

유대의 「천재」는 성인들뿐이다. 유대의 최고 사상가는 재능인에 지나지 않는다. (가령 나 같은 존재.)

나의 사고는 사실 복제·재생밖에 안 된다. 그렇게 생각한다면 일면의 진리가 있는 것이 아닐까? 나는 사상 운동을 <u>차례로 계속한</u> 일이 한 번도 없었던 것이 아닌가? 언제나 누군가로부터 주어져서 바로 정열적으로 거기에 달려들었고 그것을 명석하게 하려고 했다. 그리하여 나는 볼츠만, 헤르츠, 쇼펜하우어, 프레게, 러셀, 크라우스, 로스, 바이닝거, 슈펭글러, 스라파[8] 등으로부터 영향을 받았다. 유대적인 복제·재생의 한 예로서 브로이어와 프로이트의 이름을 들 수가 있을까?—내가 만든 것은 새로운 <u>비유·우화</u> 그런 것들이다.

이전 드로빌(Michael Drobil) 대신에 두상을 만들었을 때도 기본적으로는 드로빌의 작품에서 자극을 받았고, 내가 실제로 한 것은 역시 명석화(明晳化)라는 작업이었다. 명석하게 하는 작업은 용기를 가지고 해야 한다. 이것이 중요하지 않을까? 용기 없는 작업은 영리한 게임에 지나지 않을 테니까.

유대인은 원래 「아무것도 기대하지 않고[9]」 있을 수밖에 없다. 그런데 그것은 참

---

8) 비트겐슈타인은 처음에 「프레게, 러셀, 슈펭글러, 스라파」라고 썼다가, 그 뒤에 콤마를 붙이지 않고 남겨진 이름들을 추가했다.
9) 괴테의 시 〈공(空)이다. 공의 공이다〉(1806년)의 제1행. 괴테의 이 시는 슈티르너(Max Stirner)의 《유일자(唯一者)와 그의 소유》(1845년) 제1장 제목에도 쓰여 있다. 문맥으로 보면 비트겐슈타

으로 유대인에게는 어려운 업(業)이다. 도대체 가진 것이 아무것도 없으니까, 스스로 가난해지는 일은 부자가 될 수도 있을 때보다 가난밖에는 다른 길이 없을 때의 길이 훨씬 어렵다.

(옳고 그름의 정도는 별개로) 이렇게 말할 수 있을는지 모르겠다. 유대인의 정신은, 몹시 작은 풀꽃 하나 만들어내지 못한다. 그러나 다른 정신 속에 자라난 풀꽃을 묘사하여, 그 전체상을 그리는 데는 능숙하다. 그렇게 말한다고 해서 트집을 잡고 있는 것은 아니다. 그 작업이 충분히 명석하다면 아무것도 문제될 것이 없다. 그러나 유대인의 양식과 비유대인의 작품 양식이 혼동되었을 때, 그리고 특히—흔히 있는 경우이지만—유대인의 솜씨가 그러한 혼동을 가져왔을 경우에 비로소 위험하게 된다. (「그는 자기 힘으로 젖을 만든 것처럼 자랑스러워하고 있지 않은가」[10])

남의 작품을 그 솜씨를 부린 사람보다 더 이해한다. 이것이 유대 정신의 특징이다.

그림을 액자에 아주 멋있게 맞추거나 아주 어울리는 곳에 걸게 되면, 때때로 나는 그 그림을 내가 그린 것 같은 자랑스런 기분에 젖는 수가 있다. 그러나 그것은 애초에 적절한 말로써의 표현이 아니다. 「자기가 그린 것 같은, 자랑스러운 기분」이 아니라, 그리는 것을 거들어주었다는 자랑스러움, 이를테면 아주 적은 일부분을 그린 것 같은 자랑스러움인 것이다. 그것은 마치 꽃꽂이의 명인이 꽃을 다 꽂고 나서 적어도 자그마한 풀 한 포기를 자기가 만들어냈다고 생각하는 것과 비슷하다. 명인의 작업이 전혀 별개의 영역에 있음을, 명인 자신이 잘 알고 있을 터인데도.

아무리 볼품없는 작은 풀조차도 그 생성 과정은 생화의 명인에게는 전혀 인연도 없고 알 수도 없는 세계이다.

인은 여기에서 괴테보다는 슈티르너를 의식하며 인용한 것 같다. 이들의 인용에 관하여 영역자는 러시 리스의 가르침을 받았다.

10) 이 문장은 빌헬름 부슈(Wilhelm Buschs)의 산문시 〈에두아르트의 꿈〉에서 발췌. 이것은 로베르트 뢰플러(Robert Löffler)가 가르쳐주었다.

한 그루 사과나무를 아주 정밀하게 그렸다고 하자. 그 그림과 사과나무와의 유사성은 어떤 의미에서는 아주 작은 데이지와 사과나무의 유사성의 발끝에도 못 미친다. 그런 의미에서 말러(Gustav Mahler)의 교향곡 같은 것은 말도 안 될 정도로, 브루크너의 교향곡은 영웅시대의 교향곡에 아주 꼭 닮아 있다. 말러의 것을 예술 작품이라고 한다면, 그것은 <u>아주</u> 종류가 다른 것이다. (이러한 견해 그 자체가 대체로 슈펭글러적이다.)

그런데 1913년에서 14년에 걸쳐 노르웨이에 있었을 때, 나는 독자적인 정신을 지니고 있었던 것처럼 적어도 현재의 나는 생각이 든다. 이를테면 그 당시에 새로운 생각이 꿈틀거리기 시작하였던 것처럼 생각된다(하지만 그것은 착각인지 모르겠다). 그런데 현재의 나는 낡은 사상밖에는 쓰고 있지 않은 것과 비슷하다.

MS 154 15v : 1931

루소의 성질에는 유대적인 데가 있다.

MS 154 15v : 1931

「(어떤 인간의) 철학은 기질의 문제이다」라고 때때로 말을 한다. 여기에는 얼마쯤 진리가 있다. 어떤 종류의 비유나 우화를 좋아하는 것은, 기질의 문제라고 말할 수 있을 것이다. 그리고 의견의 대립은, 보기보다는 훨씬 많은 경우에 (부분이), 이 기질의 문제에 좌우되고 있는 것이다.
　「이 혹을, 당신 신체의 정상적인 부분이라고 보시오.」 이렇게 명령을 받고 명령대로 따를 수 있을까? 내 신체의 이상적인 모습을 내가 좋은 대로 생각할 수 있는가?
　유대인의 역사[11]는 유럽 민족의 역사에서 자세히 다루고 있지 않다. 유대인은 유럽의 사건에 관련되어 있으므로 마땅히 자세하게 다루어야 하는데, 왜 그런 것일까? 유럽의 역사에서 유대인은 어떤 질병 이상으로 느껴지기 때문이다. 누구도 질병을 정상적인 것과 나란히 놓고 보려 하지 않기 때문이다. (그리

---

11) 비트겐슈타인은 처음에 「유대인은」이라고 쓰고 있다.

고 누구나 질병에 대해—설사 통증이 있어도—건강한 신체에서 일어날 수 있는 일이라고는 생각하고 싶어 하지 않기 때문이다.)

이렇게 말할 수 있다. 이 혹을 신체의 일부라고 간주할 수 있는 경우는 신체에 대한 느낌에 변화가 생겼을 때뿐이다. (신체에 대한 온 국민의 느낌이 변화했을 때뿐이다.) 그렇지 않다면 고작해야 혹을 참아낼 정도이다.

개인의 경우 그러한 자제를 기대할 수 있으며, 혹 같은 것은 무시할 수 있다는 기대를 가질 수 있는 것이다. 그러나 국민의 경우 기대할 수가 없다. 국민이란 그러한 유(類)의 것을 무시하지 않으니까 국민이 아니겠는가. 다시 말하면 「당신의 신체에 관해서는 지금까지의 미적 감각을 유지하면서, 여전히 혹을 환영하기」를 남에게 기대하는 것은 모순되기 때문이다.

권력과 소유는 <u>같은 것</u>이 아니다. 소유함으로써 권력이 생기는데도 말이다. 「유대인에게는 소유의 감각이 없다」고 말한다면, 그 발언은 유대인이 부자가 되고 싶어 하는 것과 모순되지 않는다. 유대인에게 돈이라는 것은 하나의 권력이지 소유는 아니니까. (예를 든다면 나는 친구가 가난하게 되는 것을 좋아하지 않는다. 친구가 어떤 권력을 가지기를 바라기 때문이다. 물론 그 권력을 정당하게 행사할 것도 권하고 있기는 하지만.)

브람스와 멘델스존은 친척과 같다. 친척이라고 해도 '브람스 작품의 이러이러한 곳이 멘델스존의 이러이러한 곳을 생각하게 한다.' 이런 의미가 아니다. 내가 말하는 친척이란 다음과 같이 표현할 수 있다. 브람스는 멘델스존이 그리 엄격하게 다루지 않은 것을 매우 엄격히 다루고 있다. 바꾸어 말하자면 때때로 브람스는 결점 없는 멘델스존이 된다.

애[12]를 먹이던 주제의 마지막으로, 이것은 어떨까? 요즘 철학을 하면서 「부셔, 부셔버려라, 부셔버려라——」라고 중얼거리다가 번뜩 떠오른 것이다.

MS 154 21v : 1931

「남의 눈을 피해 몸을 숨긴다는 유대인의 성격은, 긴 세월의 박해를 거친 결과 몸에 밴 것이다.」 때때로 이와 같이 말해왔으나 그것은 꼭 사실은 아니다. 거꾸로 확실히 말할 수 있는 것은 이런 말이다. 박해에도 유대인이 아직 존재하고 있는 것은 남의 눈을 피하는 경향이 있기 때문이다. 비슷한 예가 있다. 이러이러한 동물이 아직 멸종이 되지 않은 것은 몸을 숨기는 능력이 있기 때문이다. 그렇다고 해서 나는 그러한 능력을 칭찬해야 한다, 라는 등의 말을 하고 있는 것은 물론 아니다. 결코 아니다.

브루크너의 음악에는 네스트로이, 그릴파르처, 하이든 등의 가늘고 긴 (북방의) 얼굴은 어디에도 안 보이고, 어디에서 바라보아도 오동통한(알프스의) 얼굴이 보인다. 그것은 슈베르트의 얼굴보다 더욱 순수한 타입이다.

모든 것을 하나로 만드는 언어의 폭력. 그것이 가장 거칠게 표출되어 있는 것이 사전이다. 또 그 덕택에 시간이 의인화(인격화)되고 말았지만, 이것은 논리 정항(定項)의 신격화에 뒤지지 않을 정도로 기묘한 것이다.

MS 154 25v : 1931

---

12) 비트겐슈타인의 원고에는 박자의 지정이 없다. 읽기 곤란한 악보의 해독은 전문가인 파비안 달스트룀(Fabian Dahlström) 교수의 도움에 감사한다. 아래 악보는 교수가 가르쳐준 것이다.

깨끗한 옷을 입은 사람이 거울을 들여다보며 자기 모습에 황홀해할 때,[13] 깨끗한 옷은 벌레나 뱀으로 변하고 만다.

MS 155 29r : 1931

나의 사상을 즐기는 것은 나 자신의 색다른 생활을 즐기는 것. 이것이 삶의 즐거움일까?

MS 155 46r : 1931

그런데 지금까지의 생각(생각에 따르면)으로는—이를테면 서양의 (대)철학자들 생각으로는—학문에 두 종류의 문제가 있었다고 한다. 본질적이고 보편적인 대문제(大問題)와 본질적이 아닌 이른바 우연의 문제이다. 그러나 우리 생각은 다르다. 학문에는 본질적인 대문제 따위는 존재하지 않는다.

MS 110 200 : 22.6. 1931

음악에서 구조와 감정. 감정은 인생 항로를 반주하듯, 작품 이해의 반주를 한다.

MS 110 226 : 25.6. 1931

라보어(Josef Labor)의 진실됨은 굉장히 늦은 진실됨이다.

MS 110 231 c : 29.6. 1931

재능이란 새로운 물이 거듭 솟아나는 샘물이다. 하지만 올바른 방법으로 쓰지 않으면 값어치 없는 샘물이 된다.

MS 110 238 : 30.6. 1931

「영리한 사람이 알고 있는 것을 아는 것은 어렵다.」 괴테는 실험실에서의 실험을 경멸하고 야외에 나가 배우기를 권했다. 그 일은 「(적절치 않게 세운) 가설은

---

13) 'in den Spiegel schauen'인지 'in dem Spiegel schönen'인지 판독할 수 없어 분명하지 않다. (이 책에서는 둘을 섞어서 번역.)

이미 그것만으로 진리를 왜곡시키고 있다」라고 하는 생각과 관계가 있을까? 또한 그것은 지금 나의 책 때문에 생각 중인 머리글과 관계가 있을까? 나는 자연 묘사로부터 쓰기 시작하려고 생각 중이다.

MS 110 257 : 2.7. 1931

꽃이나 나무가 못생겼다고 생각될 때는 언제나 <u>그것이</u> 인공물이라는 인상이 있다. 「……처럼 보인다」라고 일컬어지는 까닭이다. 그것은 「못생겼다」와 「아름답다」라는 말의 의미를 밝게 드러낸다.

MS 110 260 c : 2.7. 1931

라보어는 좋은 음악을 쓸 때 아무렇게 뒹굴어도 로맨틱하지 않다. 그것은 주목할 만한 중요한 징후이다.

MS 111 2 c : 7.7. 1931

소크라테스의 대화를 읽으면 이런 기분이 된다. 얼마나 지독한 시간 낭비인가! 아무것도 증명하지 않고, 아무것도 명석하게 하지 않는 이러한 의논은 무슨 쓸모가 있는가?

MS 111 55 : 30.7. 1931

페터 슐레밀의 이야기[14]는 이러한 내용이라고 생각한다. 그가 돈 때문에 영혼을 악마에게 양보한다. 그리고 나서 그 일을 후회하면, 이번에는 악마가 영혼의 몸값으로 그림자를 요구한다. 페터 슐레밀은 둘 가운데 하나를 택해야 한다. 영혼을 악마에게 바칠 것인가, 아니면 그림자를 넘겨줌으로써 속세에서의 보통 생활을 단념할 것인가.

MS 111 77 : 11.8. 1931

그리스도교에서는 하느님이 인간을 향하여 말하자면 이렇게 이야기한다. 「비극

---

14) 아델베르트 샤미소 《페터 슐레밀의 이상한 이야기(그림자를 잃은 사나이)》.

을, 요컨대 천국과 지옥을 지상에 펼쳐서는 안 돼. 천국과 지옥은 나의 일이란 말야.」

MS 111 115 : 19.8. 1931

다음과 같이 슈펭글러가 말했다면, 그는 훨씬 잘 이해되지 않을까? 「나는 여러 문화 시기를 가족의 생활과 <u>비교하고 있다.</u> 한 가족 안에는 가족적 유사성이라는 것이 있다. 한편 여러 가족을 관찰하여 보면 구성원 간에도 어떤 유사성이 들여다보인다. 가족적 유사성은 이러이러한 점에서 다른 유사성과 다르다.」 요컨대 내가 하고 싶은 말은 이러한 것이다. 비교의 대상, 다시 말해서 이와 같은 관찰 방법을 끌어낸 대상이 제시될 필요가 있다. 그렇게 하지 않으면 의논이 자꾸만 <u>비뚤어지기</u> 때문이다. 여하간에 관찰의 원형(비교의)에 들어맞는 것은 모두가 우리 관찰의 대상에도 싫든 좋든 들어맞는다고 주장하게 되고, 그리되면 「<u>언제나……</u> <u>틀림없이 그렇게 된다</u>」고 주장되기 때문이다.

어째서 그리되는가 하면 관찰할 때 원형의 특징에 구애받기 때문이다. 더욱이 그러한 때에는 원형과 대상을 혼동하여, 원형만의 성격이어야 하는 것을 대상에다 독단적으로 갖다 붙인 꼴이 된다. 한편 관찰이 겨우 한 가지 예에만 들어맞는 경우에는, 관찰에는 우리가 원하는 일반성이 결여되었다고(관찰은 우리가 원하는 일반성을 가지고 있지 않다) 생각된다. 그러나 원형은 바로 원형으로 자리 잡게 해야 한다. 결국 관찰 전체의 성격이며 관찰의 모양을 정하는 것으로 말이다. 따라서 원형이 지배자가 된다. 그리고 원형이 일반적으로 타당한 것은 원형이 관찰의 모양을 정하기 때문이며, 원형에만 들어맞는 것이 모든 관찰 대상에 대하여 언급되기 때문은 아니다.

<u>그러한 이유</u> 때문에 과장과 독단이 가득한 의견에 대해서는 언제나 반드시 이렇게 질문했으면 한다. 「여기에 관하여 참으로 올바른 것은 무엇 때문인가?」 또는 역시 「도대체 어떤 경우에 그런 것인가?」

MS 111 119 : 19.8. 1931

《짐플리치시무스(바보 이야기)》로부터. 기술의 수수께끼.

(건축 중인 교량 앞에 서 있는 두 교수의 그림.) 위로부터 소리가 들린다. 「그것은

이쪽으로—영차—그것은, 이쪽으로, 하지만—뒤에, 바로, 함께—뒤엎는 거야!」.
「동료 교수 나리, 참 모르겠네요. 이렇게 복잡하고 정밀한 작업이 이런 말로 진행되고 있다니.」

MS 111 132 : 23.8. 1931

「철학이란 전적으로 진보가 없군요」라든가, 「철학은 그 옛날 그리스 사람들이 머리를 썩힌 것과 같은 문제로, 지금도 골치를 썩히고 있는 것 아닌가요」라든가. 몇 번이고 되풀이해서 들어온 대사이다. 그런데 그런 대사를 입에 담는 사람은 왜 그런가(어째서 그렇게 되어버리는가), 이유를 알지 못하는 것이다. 그 이유란, 우리 언어가 여전히 같은 모양으로 계속 존재하고 있기 때문이며, 우리 언어가 몇 번이고 거듭해서 우리를 같은 문제로 유혹하기 때문이다. 「Sein(존재한다. ……이다)」이라는 동사는 「먹는다」라든가 「마신다」와 비슷한 작용을 하는 것 같으나, 이 「존재한다 ……이다」라는 동사가 있는 한, 그리고 「동일한」이라든가 「진짜의」라든가 「거짓의」라든가 「가능한」이라는 형용사가 있는 한, 그리고 시간의 흐름이라든가, 공간의 넓이 같은 것이 입에 오르는 한…… 몇 번이고 몇 번이고 되풀이해서, 똑같은 불가사의한 곤란에 부딪치게 될 것이다. 그리하여 어떠한 설명으로도 해결되지 않는 문제를 지켜보게 될 것이다.

　덧붙여 말하면 이러한 되풀이되는 공전은 이 세상 것이 아닌 것(초월적인 것)에 대한 희망을 만족시켜 준다. 그렇게 하는 것도 「인간 지성의 한계」를 보고 있다 생각함으로써, 당연히 한계의 저 너머까지 보고 있다고 생각하기 때문이다.

「…… 철학자들은 플라톤이 접근한 이상으로까지는 '실재'의 의미에 접근해 가지 못하였다……」라고 하는 영어를 읽는다. 얼마나 기묘한 사태인지. 그렇다면 플라톤은 어지간히 먼 곳까지 다다랐다는 말이 된다. 어쩌면 우리는 플라톤보다 멀리 가지 못했다는 이야기가 되고 만다. 그 어느 것이 되었든 얼마나 기묘한 이야기인가. 플라톤이 그 정도로 똑똑했으니까, 라는 말일까?

MS 111 133 : 24.8. 1931

그리스도는 이런 글을 썼다.[15] 「사상을 그대로 말없이 전할 수가 있다면, 시인으로서는 가장 바람직한 것이 아니겠는가.」(얼마나 색다른 고백인가.)

흔히 하는 말인데, 새로운 종교가 옛날 종교의 신들에게 악마의 낙인을 찍는다. 그러나 실제로 신들은 낙인 찍히기 전에 악마가 되어 있을 것이다.

MS 111 180 : 13.9. 1931

거장의 작품은 별이다.[16] 우리 주변을 솟아 올랐다 가라앉았다 한다. 그러므로 지금은 가라앉아 있는 위대한 작품에도 반드시 때가 돌아올 것이다.

MS 111 194 : 13.9. 1931

서양 문명 속에서 유대인은 언제나 자기에게 맞지 않은 척도로 저울질된다. 많은 사람에게 그리스 사상가는 분명히 서양적 의미에서의 철학자도 학자·과학자도 아니었다. 또한 고대 올림픽 참가자는 운동선수도 아니었고 서양적 분류에도 어울리지 않았다. 그런데 유대인의 경우도 그와 같은 말을 할 수 있다.

　그리고 우리 '언어의' 단어가 척도 그 자체라고 생각되기 때문에 언제나 유대인을 부당하게 다루게 된다. 그리고 유대인은 어떤 때는 과대평가되고, 어떤 때는 과소평가된다. 이 경우에 슈펭글러가 바이닝거를 서양 철학자로 분류하지 않은 것은 적절하다.[17]

인간의 행위를 최종적인 형식으로 변호할 수는 없다. 확정된 별개 사항과의 관련에서만 변호가 가능하다.

　다시 말하자면 어떻게 돼서 그러한 행동을 해야 하는가(해야만 했는가)의 이유로는 「그러한 행동에 의해서 그러한 사태가 발생되는 것이다」라고 말할 뿐이

---

15) 〈시인으로부터 시인에게 보내는 편지〉 1811년 1월 5일.
16) 멘델스존의 음악은 완전할 때 음악의 아라베스크이다. 그래서 우리는 멘델스존에게 엄격함이 싹 빠져 있음을 통감한다.
17) 노트에 쓰여 있는 문장(MS 153a : s. 122r)으로 보충하였다.

다. 그렇다면 한편으로는 그 사태를 목표로서 <u>받아들여야만</u> 한다.

MS 111 195 : 13.9. 1931

내가 표현한 것에 의미가 있는 것은 표현 못 하는 것이(요컨대, 나에게는 비밀이 가득 찬 것으로 생각이 되어, 나로서는 표현할 수 없는 것이) 배경에 있기 때문인지도 모른다.

MS 112 1 : 5.10. 1931

철학의 일은—건축 작업과 같이 많은 국면에 걸치게 마련인데—본래는 오히려 자기 자신에 관한 일이다. 자기 자신을 어떻게 파악하는가? 사물을 어떻게 보는가? 사물에 대해 어떤 것을 기대하고 있는가?

MS 112 46 : 14.10. 1931

자칫하면 철학자는 서투른 책임자가 되기 쉽다. <u>자기가</u> 일을 하지 않고, 다만 부하가 일을 깔끔하게 하고 있는지 감시하기만 해도 되는데, 부하로부터 일을 빼앗고 어느 날 정신 차리고 보니 부하들의 많은 일에 묻혀 있는 것이다. 부하들 쪽에서는 비판적인 눈으로 그것을 방관하고 있는데.

MS 112 60 : 14.10. 1931

사상이 오래되고 낡아서 쓸모가 없게 된다. (비슷하게 악상에 대해 하는 말을 들은 일이 있다.) 꼬깃꼬깃 구겨진 은박지는 두 번 다시 매끄럽게 되지 않는다. 내 생각의 대부분이 좀 꼬깃꼬깃해져 있다.

MS 112 76 : 24.10. 1931

실제로 나는 펜으로 생각하고 있다. 손이 무엇을 쓰고 있는지, 머리가 모르는 것이 흔히 있게 마련이니까.

철학자는 가끔 어린애와 같다. 어린애는 우선 연필로 마음대로 줄을 갈겨쓰고 나서 어른에게 「이게 뭐지?」라고 묻는다.—이런 일이 있었다. 어른이 애에게 몇 번인가 그림을 그려 보이고 나서 「이것은 남자」 「이것은 집」 그런 식으로 말해주었다. 그러니까 애도 선을 몇 줄인가 긋고 나서, 「그럼, 이건 뭐지?」 물은 것이다.

MS 112 114 : 27.10. 1931

램지는 부르주아 사상가였다. 다시 말하면 그의 사상의 목적은, 원래 지구 문제를 정리하는 일이었다. 국가의 본질에 대하여 고찰하는 일은 없었다. 적어도 좋아하니까 고찰한다고 하는 일은 없었다. 그가 고찰한 것은 이 국가를 어떻게 하면 이성적 조직으로 만드느냐였다. 「이 국가가 유일하게 가능한 국가가 아니다」라는 생각을 할 때에는 불안해지기도 하고 지루해하기도 했다. 가능한 한 빨리 그는, 이 국가의 기초에 대하여 고찰이 가능한 장소에 당도하고자 했다. 그러한 장소야말로 능력이 발휘되고 본래의 관심이 있는 곳이었다. 본래(의) 철학적인 고찰에 이르러서는, 그는 불안해하며 (고찰의 성과가 있었다 하더라도) 그 성과를 하찮은 것으로 여기고 옆으로 제쳐 놓았다.

MS 112 139 : 1.11. 1931

아무리 거대한 망원경이라 해도 접안렌즈는 사람 눈보다 큰 것이어서는 안 된다. 여기에서 생기는 유추는 기묘한 유추가 아니겠는가.

MS 112 153 : 11.11. 1931

톨스토이에 따르면 「어떤 대상은 모든 사람이 이해할 수 있는 것이, 그 대상의 의미(중요성)이다」. 이 말은 옳기도 하고 옳지 않기도 하다.

어떤 대상이 중요한 의미를 가지고 있을 경우 어째서 그 대상은 이해하기가 어려운가? 대상을 이해하기 위해서는 알기 어려운 사항에 관해 뭔가 특별한 지도가 필요해서가 아니다. 대상의 이해와 대부분의 사람들이 보려고 하는 것이 대립되어 있기 때문이다. 그런고로 아주 명백한 일이 지극히 이해 곤란한 것이 된다. 극복해야 할 곤란은 지성이 아니라 생각에 있다.

MS 112 221 : 22.11. 1931

오늘의 철학 교사가 제자에게 요리를 내놓는 것은(오늘의 철학 교사는 제자에게 요리를 내놓는 사람을 닮았다) 제자의 마음에 드는 맛을 내기 때문이 아니라 제자의 미각을 바꾸기 위함이다.

MS 112 223 : 22.11. 1931

나는 한결같이 거울이어야 한다. 거울 속에서 나의 독자는 자기 자신의 사고를 일그러진 그대로의 모습으로 바라봄으로써 사고의 비뚤어짐을 바로잡을 수가 있다.

MS 112 225 : 22.11. 1931

말은 모든 사람에게 같은 함정을 쳐놓았다. 잘 보전된(충분히 걸을 수 있는) 잘못된 길의 거대한 통신망이 그 덫이다. 그렇기 때문에 우리는 같은 길을 걷고 있는 사람을 차례대로 발견하게 된다. 그 사람이 이번에는 어디에서 방향을 바꾸는가, 또 어디에서 갈림길이 되는 줄도 모르는 채 똑바로 걸어가고 있는가 등등을 우리는 훤하게 보고 있다. 그러므로 나로서는 잘못된 길이 갈리는 모든 곳에 표지를 세워서 위험한 지점을 피하게 해주어야 한다.

에딩턴(Eddington)이 「시간의 방향」이나 엔트로피의 법칙에 대해서 하는 말은 결국 이런 말이다. 「만일에 사람이 어느 날 뒤로 걷기 시작한다면 시간도 그 방향을 바꿀 것이다.」 원한다면 물론 그렇게 말해도 상관없을 것이다. 단 한 가지 분명히 해둘 것이 있다. 다시 말해서 그렇게 말하는 것은 사람의 걷는 방향을 바꾸었다고 말하는 데 지나지 않는다.

MS 112 231 : 22.11. 1931

어떤 사람이 인간을 사는 사람과 파는 사람으로 분류했다. 그러나 사는 사람이 파는 사람도 된다는 것을 잊었다. 그것을 주의시켜 준다면 그 사람의 문법이 달라질까?

MS 112 232 : 22.11. 1931

코페르니쿠스나 다윈의 진짜 공적은 진정한 이론을 발견한 것이 아니라, 알맹

이가 풍부한 새로운 방법을 발견한 것이다.

MS 112 233 : 22.11. 1931

괴테가 정말 찾아내고 싶었던 것은 생리학적 색채 이론이 아니라, 심리학적 색채 이론이 아니었을까?

MS 112 255 : 26.11. 1931

「죽은 뒤에는 시간이 없는 상태가 시작된다」라든가 「죽음과 함께 시간이 없는 상태가 시작된다」고 말한 철학자가 있다. 그러나 그는 「뒤에」라든가 「와 함께」 또는 「시작된다」를 시간적 의미로 말했다는 것을 깨닫지 못했다. 또한 시간이라는 것이 그의 문법에 의존하고 있다는 것도 깨닫지 못했다.

MS 113 80 : 29.2. 1932

좋은 건축에서 받는 인상은 그것이 어떤 사상을 표현한 것이라는 점이다. 그것을 잊지 말도록. 또한 훌륭한 건축에 대해서는 제스처로 반응하고 싶어진다.

MS 156a 25r : ca. 1932–1934

다른 사람의 심층(深層)을 가지고 농락하지 말 것.

MS 156a 30v : ca. 1932–1934

얼굴은 몸의 혼백이다.

MS 156a 49r ca. 1932–1934

자신의 성격을 밖에서 바라본다(분간한다)는 것은 거의 불가능하다. <u>자기가 쓴 것</u>에 대해서도 마찬가지이다.

　나는 자신이 쓴 것을 한 면으로만 바라다보기 때문에, 남이 쓴 것과 한 가지의 씨름판에서 보거나 비교할 수가 없다.

MS 156a 49v : ca. 1932–1934

아무 말도 안 하는 것과 필적할 정도로 훌륭한 말을 하는 것은, 예술에서는 어렵다.

MS 156a 57r : ca. 1932–1934

나의 사고에는, 모든 사람의 사고와 마찬가지로 이전 내 (죽어 없어진) 사상의 바싹 마른 옷가지가 걸려 있다.

MS 156a 58v : ca. 1932–1934

브람스 음악이 품고 있는 <u>사상의 강인함</u>.

MS 156b 14v : ca. 1932–1934

가지가지 식물. <u>인간과 비슷한</u> 그 성격. 장미, 넝쿨, 풀, 떡갈나무, 사과나무, 곡물, 야자. 말이 지닌 가지가지 성격과의 비교.

MS 156b 23v : ca. 1932–1934

멘델스존 음악의 특징을 말하고자 한다면 이렇게 말하면 되지 않겠는가. 멘델스존은 난해한 음악을 쓰지 않았을는지 모르겠네요.

MS 156b 24v : ca. 1932–1934

어떤 예술가라도 다른 사람으로부터 영향을 받았고, 그 영향의 흔적(이라는 것)을 작품에서 보여준다. 그러나 우리가 문제 삼은 것은, 예술가 바로 그 사람의 인격뿐이다. (그러나 우리에게 중요한 것은 예술가의 인격뿐이다.) 다른 사람으로부터 이어받은 것은 겉껍데기뿐이다. 달걀 껍데기이므로 우리가 주의 깊게 취급하겠지만 우리의 정신적 영양이 되지는 않는다.

(때때로) 이런 생각이 들기도 한다. 이미 나는 이가 빠진 입으로 철학을 하고 있는 것은 아닌가? 이 없는 입으로 지껄이는 것이 본래의 가치 있는 것은 아닌가? 나는 크라우스에게 이와 비슷한 느낌을 받는다. 그것을 타락이라고는 생각지 않지만.

MS 156b 32r : ca. 1932–1934

예를 들어서 누군가가 「A의 눈은 B의 눈보다 표정이 아름답다」고 한다면 나는 이렇게 말하고 싶다. 「그가 '아름답다'라는 말에서 의미하는 것은, '아름답다'라고 지칭되는 모든 것이 공통되는 것과는 분명히 다른 것이다.」 오히려 그는, 아주 조촐한 씨름판에서 「아름답다」는 말로 게임을 하고 있는 것이다. 그런데 그것은 어디에 나타나 있는가? 문득 설명의 말이 머리에 떠올라 나는, 「아름답다」는 말의 의미를 좁은 의미로 특정하게 된 것일까? 아니다. 틀린 말이다.─그런데 나는 눈의 표정의 아름다움을 코 모양의 아름다움과 비교할 기분조차 일어나지 않을는지 모른다.

물론 이렇게 말할 수 있을는지 모르겠다. 두 단어로 성립된 언어가 있다면, 이 경우에 공통항을 지적할 수는 없을 것이다. 그렇다면 나로서는 안심하고 특별한 그 두 단어 가운데 하나를 선택하였다 해도 내가 말하고자 했던 의미가 손상되지는 않았을 것이다.

이렇게 말할 수도 있다. 그렇다면 나는 개별 사례로 「규칙」이라든가 「식물」이라든가 하는 말을 어떻게 설명하면 되겠는가? 이 질문으로 「내가 말하고자 하는 것」이 분명해질 것이다.

「정원사가 이 유리 온실에서 몹시 아름다운 식물을 기르고 있다.」 예를 들어 내가 그렇게 말함으로써 어떤 사람에게 무엇인가를 전하려고 생각 중인데, 그러기 위해서는 「식물」이라고 불리는 것에 공통되는 것을 그 사람이 알 필요가 있는가 하는 문제가 있다. 그럴 필요는 없다. 이 경우에 몇 가지 구체적 예가 아니면 두세 개의 그림에 의하여 정확히 설명이 될 것이다.

같은 문제. 「이제부터 이 게임의 규칙을 설명하겠습니다」라고 말할 때, 나는 상대에게 기대하고 있는 것일까? 「규칙」이라고 불리는 것에 공통적인 것을 알고 있기를.

MS 145 14r : Herbst 1933＊

「A의 눈이 아름답다」고 내가 말하면 「그의 눈 어디가 아름다우냐」고 물어올 것이다. 거기서 나는 「아몬드 모양, 긴 눈썹, 우아한 눈꺼풀」 등이라고 답해야 한다. 그러한 그의 눈과 이 역시 내가 아름답다고 생각하는 고딕 교회와 공통된 것은 무엇인가? 「눈에서도, 교회에서도, 비슷한 인상을 받게 되는 것이다」라고 말해야 하는가? 그렇다면 「그의 느낌을 보아도, 손이 그리고 싶어지는 것이 공통점이지」라고 말했다면 어떨까? 아무래도 미(美)라고 하는 <u>좁은 정의</u>는 되지 않겠는가.

때로는 이렇게 말할 수가 있을 것이다. 「무엇인가가 '좋다' 또는 '나쁘다'고 말할 때 그 이유를 생각해 보세요. 그 경우 '좋다'라고 하는 말의, 특별한 문법이 분명해질 것입니다.」

MS 145 17v : 1933＊

철학에 대한 나의 태도는 「무릇 철학은 <u>시처럼 만드는</u> 방법밖에 없다」는 말로 요약될 것이다. 이 말에서, 나의 사고란 언제까지나 현재, 미래, 과거 어느 한 지점에서만 존재한다는 것을 알게 되었다. 이 말로 말미암아 나는, 자기가 하고 싶은 것을 완전하게는 못하는 사람이라고 고백을 하는 것이 되니까.

MS 146 25v : 1933–1934

논리로 속임수를 쓸 때, 자기 이외에 누구를 속일 수 있겠는가.

MS 146 35v : 1933–1934

작곡가의 이름. 때때로 우리는 투사(投射) 방법 쪽을 기정사실로 간주하는 경우가 있다. 예를 든다면 「어떤 이름이 이 사람의 성격에 잘 맞아떨어지겠는가를 생각할 경우. 그러나 우리는 때때로 성격을 이름에 투사하여 이름 쪽을 기정사실로 간주하는 수가 있다. 그러한 이유로 하여, 우리가 잘 알고 있는 위대한 거장들에게는 확실하게 그들의 작품에 들어맞는 이름이 붙어 있는 듯한 기분이 든다.

MS 146 44v : 1933–1934

「다음 세대가 이 문제에 대결하여 해결해 낼 것이다.」 어떤 사람이 그렇게 말할 때 대개의 경우 그것은 하나의 희망을 품은 꿈에 지나지 않는다. 자기가 해냈어야 하는데 이루지 못한 것에 대한 변명을 하고 있는 것이다. 아버지는, 자기가 달성하지 못한 것을 아들이 달성했기를 바란다. 그렇게 되면, 자기에게서 해결지 못했던 문제가 해결되기 때문이다. 그러나 아들 입장에서는 또 새로운 과제를 짊어지게 된다. 다시 말하면 「과제가 미해결 상태로 남아 있도록 놓아 두고 싶지 않다.」 이 소원이 「그러한 과제는 다음 세대에 대물림될 것이다」라는 예측 속에 몸을 숨기는 것이다.

MS 147 16r : 1934

브람스의 압도적인 <u>능력</u>.

MS 147 22r : 1934

「이것은 실제로 눈에 보인 것이다」라고 말할 때 나는 앞을 가리킨다. 그러나 내가 옆이나 뒤를―요컨대 내가 보고 있지 않은 것을―의미하고 있다면, 그렇게 가리키는 것은 나로서 아무 의미도 없게 될 것이다. 결국 나는 아무 상관 없는 앞을 가리키고 있는 것이니까. (서두를 때는 차 안에서 무의식적으로 차를 밀고 있을 것이다. 그런 일을 해도 차가 밀리지 않는다는 것을 알고 있으면서도)

MS 157a 2r : 1934＊

예술의 흉내를 낼 때, 내가 마침 갖고 있는 것은 사실상 본받을 만한 작법(作法) 정도의 것뿐이다.

MS 157a 22v : 1934

무성영화 시대에는 모든 고전 작품이 영화에 동원되었다. 단지 브람스와 바그너만을 별개로 치고.

브람스가 영화에 맞지 않는 것은 너무나 추상적이기 때문이다. 흥분하는 장면에 베토벤이나 슈베르트의 음악이 울리고 있는 것은 생각할 수 있는 일이다. 경우에 따라서는 영화를 통해서 어떤 의미로 음악을 이해할 수도 있을 것이다. 그러나 브람스의 음악은 이해가 되지 않는다. 반대로 브루크너는 영화에 맞는다.

MS 157a 44v : 1934 또는 1937

(어쩌면 특히 수학에서의 〈〉) 철학적 연구와 미학적 연구와는 기묘하게 닮은 데가

있다. (예를 든다면, 이 옷의 어디가 이상한가, 어떤 것이 어울리나, 따위.)

MS 116 56 : 1937

<u>당신의 자랑이라는 건물</u>은 허물어야 마땅하다. 그것은 놀랄 만한 큰 작업이다.

MS 157a 57r : 1937

하루 동안에도 지옥의 공포를 맛볼지 모른다. 그것을 위한 시간은 충분히 있다.

MS 157a 57r : 1937

간단하게 술술 읽히는 대본(스크립트). 쓸 수는 있으나 <u>간단하게는</u> 해독(읽을 수가 없다)이 안 되는 대본. 둘의 작용은 크게 다르다. 대본은 보석함과 비슷해서 그 속에 사상이 차곡차곡[18] 들어 있다.

MS 157a 58r : 1937

감각에 작용하지 않는 것, 예를 들면 숫자는 「순수」하다.

MS 157a 62v : 1937

진상품을 준비하여 그것을 자랑한다면 당신은 당신의 진상품과 더불어 지옥행이다.

MS 157a 66v c : 1937

일의 광채는 아름답다. 그러나 그것이 참으로 아름답게 빛나는 것은 다른 빛으로 비추었을 때뿐이다.

MS 157a 67v c : 1937

당신은 말한다. 「그래, 맞아. 그게 <u>틀림없으니</u> 말일세.」

---

18) 「차곡차곡」의 뒤에 「,」이 있는 것인지 아닌지 판독 곤란으로 분명치 않다.

(인간은 원래 백 살까지 산다─쇼펜하우어.)

「물론, 그게 틀림없지.」 마치 조물주의 의도를 아는 것 같은 대사. 시스템을 이해했다는 투이다.

「그렇다면 사람들은 실제로 몇 살까지 사느냐」는 문제 삼지 않는다. 피상적인 질문이라고 생각되기 때문이다. 좀 더 깊이 이해했다는 까닭이다.

MS 157b 9v : 1937

왜냐하면[19] 우리의 주장이 공평하지 않거나[20] 겉돌지 않도록 하려면, 우리의 고찰에서는 이상을 있는 그대로의 현실로서 즉 비교의 대상으로서─말하자면 평가의 척도로─내놓을 방법밖에는 없다. 다시 말해서 이상이라고 해도 온갖 것이 합치해야 하는 것 같은 선입관은 아닌 것이다. 바로 이 점에서, 철학에 아주 쉽게 빠지게 되어 있는 교조주의가 있는 것이다.

이때[21] 슈펭글러풍의 고찰과 나의 고찰은 어떤 관계에 있는가?

슈펭글러가 공평하지 않은 것은 이상이 고찰의 형태를 정하는 원리로 제시되었을 때, 그 이상의 존엄이 어느 한 가지도 잃지 않은 것이다. 그럴듯한 척도의 단위[22]이다.─

MS 157b 15v : 1937

조금 지나친 수면. 뚜렷한 꿈. 울적한 기분. 날씨와 건강 상태.

인생 문제를 해결하는 데는, 문제를 없애버리는 그런 방법도 있다.

---

19) 《철학탐구》 제1부 131을 참조할 것.

20) 「우리의 주장 unsere⟨n⟩ Behauptungen」이 n이 붙은 3격인지, n이 없는 1격인지(1격이면 wir의 대신이 된다) 분명치 않다. unsere Behauptungen은 wir와 der Ungerechtigkeit의 사이에 삽입되어 있었다.

21) 「그때 dann」인지 「도대체 dann」인지, 판독 곤란.

22) 「그럴듯한 척도의 단위이다.─」는 판독 곤란. 비트겐슈타인은 처음에 「그럴듯한 척도의 잣대다. Einguter Maßstab」라고 썼겠는데, 뒤에 「Ein(남성 부정관사)」을 「Eine(여성 부정관사)」로, 「척도 Maßstab」를 「척도의 단위 Maßeinheit」로 정정하였다. 그런데 「그럴듯한」의 형용사 guter(남성명사 Maßstab의 앞에 놓인 형용사의 격변화형)을 gute(여성명사 Maßeinheit의 앞에 놓인 형용사의 격변화형)에서는 정정하지 않았다.

인생에 문제가 있다는 것은 당신의 인생이 인생의 모양에 맞지 않다는 것이다. 그렇다면 당신의 인생을 바꾸는 길밖에 없다. 그래서 당신의 인생이 모양에 맞으면 문제가 없어진다.

그런데 우리는 이렇게 생각하고 있지는 아니한가. 인생에 문제를 느끼지 않는 자는 무언가 중요한 것, 아니, 가장 중요한 것에 맹목이라고. 나는 이렇게 말하고 싶다. 타성으로 살고 있는 자는 이를테면 두더지처럼 맹인인데, 볼 수만 있다면(눈을 들어) 문제가 보일 것인데, 라고.

또 달리 나는 이렇게 말해야 하는 게 아닌가? 올바르게 살고 있는 사람은 문제를 슬픈 것으로 느끼지 않고, 말하자면 골치 아픈 난문(難問)이라고 느끼지 않고 도리어 즐거운 것이라고 느낀다. 따라서 문제를, 이를테면 인생을 에워싼 밝은 에테르라고 느끼는 것이고 의심스러운 배경으로 느끼지 않는다.

MS 118 17r c : 27.8. 1937

이전에 나이 든 물리학자들이 자기가 물리학을 공부하려니까, 너무도 수학을 모른다는 사실에 별안간 깨달음이 왔다는 것이다. 거의 비슷한 이야기가 오늘날의 젊은이들에게도 해당이 될 것이다. 인생의 기묘한 요구에 대하여 올바른 상식이 이미 쓸모없게 되었다는 상황에 그들은 하루아침에 내동댕이쳐졌다는 것이다. 만사가 복잡하게 뒤얽혀 있기 때문에 그것을 극복하려면 특별한 분별이 필요하다. 다시 말해서 게임이 능하게 되는 것만으로는 충분하지 않다. 앞으로 어떤 게임을 해야 하는가(앞으로 이 게임을 해야 할 것인가, 어떤 것이 올바른 게임인가)? 이 문제가 끊임없이 일어나고 있기 때문이다.

MS 118 20r : 27.8. 1937

맥콜리(Thomas Macaulay)의 에세이에는 훌륭한 점이 많이 있다. 단지 인간에 관한 가치 판단만은 번거롭고 공연하다. 「허풍 떠는 몸짓은 그만두고 말해야 할 것만 말해」라고 말하고 싶어진다.

MS 118 21v : 27.8. 1937

사상 또한 아직 익지도 않았는데 나무에서 떨어지는 일이 있다.

철학을 할 때 끊임없이 자세를 바꾸는 것이 나에게는 소중하다. 너무 오랜 시간 한쪽 발만으로 서 있으면 저린다.

　그것은 오랜 시간 산을 오를 때와 비슷하다. 피로를 회복하고 다른 근육을 쓰기 위해 얼마쯤 뒤로 걷는다.

MS 118 45r c : 1.9. 1937

날씨가 조금 차가워져 생각이 멎는다. 기분 나쁜 날씨.—

　그리스도교라고 하는 것은 인간의 영혼에 일어난 것, 일어날 것이다 하는 것에 관한 교의도 아니고 이론도 아니라고 생각한다. 그리스도교는 인간의 생애에 실제로 있었던 것의 기록이다. 「죄의 의식」은 실제에 있었던 것이고, 절망도 신앙에 따른 구원도 실제로 있었던 것이다. (버니언처럼) 그런 일에 대하여 이야기하는 사람은 자신에게 일어난 일을 쓰고 있는 것이다. 누가 뭐라고 하든.

MS 118 56r c : 4.9. 1937＊

매일처럼 나는 음악을 생각한다. 그럴 때마다—언제나 그렇다고 생각하는데— 위 앞니와 아래 앞니를 리듬에 맞춰 움직인다. 훨씬 이전부터 깨닫고는 있었는데, 대개의 경우는 무의식적으로 그렇게 하고 있다. 그뿐만 아니라, 이런 식으로 이를 움직임으로써 나는 음을 머릿속에 떠올린다.

　이렇게 머릿속에서 음악을 듣는 것은 아주 가끔 있는 일인지도 모르겠다. 물론 나는 이를 움직이지 않고도 음악을 머릿속에 떠올리기는 하지만, 그런 때의 음은 훨씬 어렴풋하고 희미하여 정확성이 적어진다.

MS 118 71v c : 9.9. 1937

예를 들어, 그림과 같은 문장(명제)을 사람들에게 사고력을 구속하는 도그마로 고정시켰다고 하자. 더구나 그것이 의견을 결정하는 것이 아니라, 의견의(갖가지 의견의) 표현을 완전히 지배하는 도그마라고 하자. 그러면 그것은 독특한 효과를 낼 것이다. 사람들은 절대적 압제 아래 지내고 있음을 피부로 느낄 것이다.

그렇다고 해서 자기들은 자유롭지 않다고(「우리는 자유롭지 않다」) 소리지를 수 없다. 이와 비슷한 것을 가톨릭교회가 하고 있지 않은가. 아무튼 도그마에는 표현의 형태를 결정하는 힘이 있으므로, 어떠한 주장이 된다 해도 도그마가 흔들리는 일은 없다. 어떠한 실제적 의견이라도 도그마에 조화시킬 수가 있는 것이다. 물론 그것이 간단한 경우도 있겠고 어려운 경우도 있다. 도그마는 의견을 제한하는 장벽이 아니라 실제적으로는 장벽과 같은 작용을 하는 브레이크(마찰에 의해 움직임을 멈추게 하는 제어장치)와 닮은 데가 있다. 이른바 당신의 운동의 자유를 제한하기 위하여, 당신의 발에 납덩이를 다는 것과 같다(그러나 그것은 먼 곳까지는 못 걸어가게 발에 붙인 납덩이이다). 그런 까닭에 도그마는 반론이나 공격의 대상이 되지 않는다.

MS 118 86v : 11.9. 1937

생각에도 밭갈이 때와 수확의 때가 있다.
　매일 많은 양을 쓰는 것은 즐겁다. 어린애 같은 이야기지만 아무튼 즐겁다.

MS 118 87r c : 11.9. 1937＊

책을 써야겠다는 생각 없이 멋대로 이것저것 생각할 때 나는 주제의 주변을 껑충껑충 뛰고 있다. 나에게는 자연스럽고 유일한 사고 방법이다. 무리하게 한 줄의 선을 따라 생각을 계속하는 것이 나에게는 고통스럽다. 그런데도 그것을 해보라고 하는가?
　사상을 정리하다니 통 의미 없는 일인지도 모르는데, 그 때문에 나는 말 못할 헛수고를 거듭하고 있다.

MS 118 94v : 15.9. 1937

때때로 이런 식으로 말하는 사람이 있다. 「철학 공부를 한 일이 없어 판단할 수 없습니다.」 이런 묘한 말을 들으면 초조해진다. 이렇게 말하는 것은 「철학은 과학입니다」라고 주장하고 있기 때문이다. 그것도 철학이 의학이나 그 분류의 무엇과 같이 생각되고 있는 것이다.—그러나 다음처럼 말할 수는 있겠다. 가령 대부분의 수학자와 같이 철학적 연구를 한 번도 해본 일이 없는 사람에게는,

그러한 종류의 연구나 검사에 필요한 적절한 시각 기관이 갖추어져 있지 않다. 마치 그것은 (꼭) 숲에서 딸기를 찾아낸 일이 없는 사람이, 딸기를 발견하지 못하는 것(숲에서 꽃이나 딸기나 약초를 찾아 버릇하지 않은 사람이, 꽃이나 딸기나 약초를 찾지 못한다)과 비슷하다. 그 사람은 그러한 것에 민감하지 않고, 특히 어떤 곳에서 눈을 크게 뜨고 잘 찾아보아야 하는지 알지 못하기 때문이다. 마찬가지로 철학 연습을 한 일이 없는 사람은, 어려운 문제가 숨어 있는 풀숲을 모조리 그냥 지나치고 만다. 철학 연습을 한 일이 있는 사람이라면, 거기에 멈추어 서서 아직은 난문을 발견하지 못한 상태지만 「여기에 숨어 있다」고 느끼는 것이다.―그러나 많은 연습을 하여 「여기에 어려운 문제가 숨어 있다」고 제대로 깨달은 사람조차도 그것을 찾아내기까지에는 긴 시간이 걸린다. 그렇다고 놀랄 일은 아니다.

교묘히 숨겨 놓은 것을 찾아내는 일은 어렵다.

MS 118 113r : 24.9. 1937

종교의 우화는 나락의 절벽 끝을 걷고 있다고 말할 수 있다. 예컨대, B 〈버니언〉의 알레고리. 만일 여기에 추가해서 「그리고 이들의 덫, 수렁, 샛길은 모두가 방법의 하느님이 준비한 것으로서 괴물, 도둑, 강도까지도 신이 만든 것들이다」라고 말했다면 어떻게 될까를 생각하면 된다.

물론 추가된 말은 우화의 의미 같은 것이 아니라 누구에게도 금방 떠오르는 것이다. 그러한 말이 추가되면 많은 사람에게나 나에게도 우화로부터 힘이 깎여내리고 만다.

그러나 추가된 말을―이를테면―비밀로 할 경우 빗대어 말하는 우화의 힘은 각별하다. 그런데 어디든 아무 데서나 「나는 이것을 우화로서 이야기하고 있소. 그렇지만 이 경우의 우화는 썩 잘 어울리지 않소」 이렇게 공개적으로 말했다면 사정은 달라질 것이다. 속였다든가, 부정한 수단으로 설득당하도록 하고 있다고는 느끼지 않을 것이기 때문이다. 누군가에게 예를 들어서 이렇게 말할 수가 있다. 「좋은 일이 있으면 신에게 감사하세요. 그렇지만 나쁜 일이 있었다 해서 불평하면 안 됩니다. 물론, 그것은 당신이 어떤 사람으로부터 좋은 일 나쁜 일을 교대로 맛보았을 때 하는 일일 터이니까요.」 처세훈이 비유로 설명될 경우가 있다. 그것들의 비유는, 우리가 해야 할 것을 <u>진술하는 것</u>뿐이고, 그 <u>이유를 말하지는</u> 못한다. 이유까지를 설명하는 데는 다른 점에서도 딱 들어맞는 비유여야 할 것이다. 「이 꿀벌에게 벌꿀에 대한 감사를 표시하시오. 친절한 사람이 벌꿀을 준비해 준 것 같지 않습니까」라고 내가 말할 수 있다. 이것은 <u>이해할 수 있는</u> 말이고, 내가 당신에게 어떠한 행동을 바라고 있는지를 말하고 있다. 그러나 나는 「꿀벌에게 감사 표시를 하시오. 보시오, 그들은 친절하니까」라고는 말할 수가 없다.―그렇게 말하는 순간 당신은 꿀벌에게 찔릴는지도 모르기 때문이다.

종교는 「이렇게 하시오」라든가 「저렇게 생각하라」고 말한다. 그러나 그 이유를 설명할 수는 없다. 만약에 설명을 시도한다면 반감을 살 뿐이다. 종교가 무슨 이유를 들어도 그것과는 반대되는 이유가 있다. 벌에 쏘였어도 끄덕하지 않는 확고한 반대 이유가.

다음처럼 말하는 편이 설득력이 있다. 「그렇게 생각하세요. 대단히 기묘하게 생각될는지 모르겠지만」이라든지 「그렇게 해보시겠습니까. 아주 마음에 안 드시겠지만」.

은혜의 선택(더없는 행복을 얻는 인간을 신이 선택하는 일). 그렇게 써도 괜찮은 것은 참으로 무섭고 고통스러운 때뿐이다.―그때에는 전혀 다른 의미가 되지만. 그러한 이유 때문에 은혜의 선택을 진리로서 인용해서는 안 된다. 그렇다고는 해도 본인이 깊은 고뇌로 괴로움 속에 있는 경우에는 상관없겠지만.―요컨대, 은혜의 선택은 이론 따위가 아닌 것이다.―또는 이렇게도 말할 수 있다. 그것이 진리라 하더라도 그것은 한 눈에 얼핏 보아 솔직하게 표현되는 진리는 아니다. 도리어 이론이라기보다는 한숨이나 외침이다.

MS 118 117v : 24.9. 1937

러셀하고 이야기할 때 그는 때때로 「논리 지옥!」이라는 말을 입에 올렸다.―그 말은, 우리가(그와 내가) 논리 문제를 생각할 때 느낀 것을 완벽히 표현하고 있다. 다시 말해서 논리는 엄청나게 어렵다. <u>논리는</u> 딱딱하다―논리는 딱딱하고 <u>미끌미끌</u>하다.

그렇게 느끼는 것은 주로 다음과 같은 사실 탓은 아닌가? 다시 말해 뒤에 가서 생각하고 싶어지는 말이 새로이 모습을 드러낼 때마다, 이전의 설명이 불필요한 것으로 증명되니까.—그런데 이것은 소크라테스가 개념을 정의 내리고자 했을 때 빠졌던 곤란이다. 끊임없이 단어의 새로운 용법이 나타나서, 지금까지의 용법으로부터 도출되어 온 개념과는 양립될 수가 없다고 생각되는 것이다. 「아니야, 그렇지 않아」라고 말하면 「하지만, 그렇기도 해」라고 말한다. 이러한 대립을 항상 되풀이한다.

복음서에서는 온화하고 맑게(투명하게) 솟아나오는 샘물이, 바울(바울로)의 편지에서는 부글부글 거품을 일으키는 것과 같다. 적어도 나에게는 그렇게 생각된다. 혹시 나 자신이 불순하기 때문에, 바울의 편지가 흐려 보이는지도 모르겠다. 그러나 이러한 불순이 맑은 것을 불순하게 해서는 안 된다는 이유가 있을까? 아무래도, 나에게는 바울의 편지에 인간의 정념이 보이는 것 같은 기분이 든다. 그것은 자랑이나 노여움과 같은 것들이고, 복음서의 겸손과는 모순되는 것이다. 아무튼 바울의 편지에 자기라고 하는 것이 강조되어 있는 것처럼—그것도 종교적 행위로서—느껴지는데, 그것은 복음서에서는 볼 수 없는 것이다. 나로서는 이것이 모독이 되지 않기를 원하면서. 「예수라면 바울에게 어떻게 말했을까」 묻고 싶다.

그러나 그 질문에는 당연히 이와 같은 답이 돌아올는지 모르겠다. 「그것이 당신과 무슨 관계가 있나. 당신의 입장이야말로 좀 더 참하게 해야 하지 않을까? 지금 같은 그런 모양으로는 바울의 편지에 어떤 진리가 있는가, 짐작도 못할 것이다」.

복음서 쪽이—이것도 나의 느낌이지만—모든 것이 검소하고, 겸허하고, 단순하다. 복음서가 오두막집이라면—바울의 편지는 교회이다. 복음서에서는 인간은 모두가 평등하며 신 스스로가 사람이지만, 바울의 편지에서는 이미 위계라든가 관직이라고 하는 히에라르키(교권 제도)와 같은 것이 있다.—이렇게 말하는 것은 말하자면 나의 후각이다.

MS 119 71 : 4.10. 1937

우리를 인간답게 존재하도록 하시옵소서.—

종이 봉지에 아무렇게나 넣어 놓은 사과를 방금 꺼냈다. 많은 사과를 반씩 잘라버려야 했다. 그러고 나서 내가 쓴 글을 베껴 썼는데, 그 후반부가 시원치 않아 절반이 썩은 사과처럼 생각되었다. 이런 일이 흔하게 있다. 내가 경험하는 것은 무슨 일이든 생각 속의 일들의 이미지나 모델이 된다. (이것은 어떤 의미로 보아 여성적인 태도가 아닐까.)

MS 119 83 : 7.10. 1937

일을 할 때 나는 많은 사람들과 비슷한 것을 하고 있다. 뭔가 이름을 기억해 내려고 하는데 아무리 해도 생각이 나지 않는다. 그럴 경우에 이런 식으로 이야기한다. 「다른 것을 생각하세요. 그러면 생각이 나요」—그러한 이유로 나는 언제나 다른 것을 생각했다. 오랜 시간 <u>찾았던</u> 것이 생각나도록 말이다.

MS 119 108 : 14.10. 1937

언어 놀이의 기원이며 그 원형적인 형식이란 반응이다. 반응이 있어야 비로소 그보다 더 복잡한 형식이 생겨나는 것이다.

　나는 말하고 싶다. 언어라는 것은 정밀하고 세련화하는 것이다. 〈애초에 행위가 존재했다〉[23]

MS 119 146 : 21.10. 1937

「만일 그리스도교가 알기 쉽고 기분 좋은 것이라면, 어째서 신은 성서에서 천지를 움직이고 영겁의 벌을 내비치며 위협을 주었겠는가.」 키르케고르는 이렇게 쓰고 있다.—여기에 질문 한 가지. 「그렇다면 왜 성서는 그렇게 애매모호한가? 만에 하나 겁나는 위험을 경고하려고 했다면 왜 수수께끼 같은 말을 내놓았겠는가? 그 답이 경고가 되는 수수께끼를」—그러나 성서는 참으로 모호하다, 누가 말할 것인가? 수수께끼를 내놓는 것이 성서의 본질이다, 이렇게는 생

---

23) 괴테 《파우스트》 제1부.

각할 수 없는가? 그럼에도 좀 더 솔직히 경고했다면 <u>역효과</u>를 가져왔을지도 모르겠다. 신은 신의 아들의 생애를 네 명의 복음서가로 하여금 보고하도록 하였는데 보고는 저마다 엇갈린다.―그러나 이렇게 말하면 안 될까? 중요한 것은 그 보고에는 아주 흔하게 말하는 「역사의 정확성」 이상의 것이 없다는 사실이다. 이렇게 말하는 것 자체가 그 보고가[24] 본질적이고 결정적인 것으로 간주되지 않도록 하기 위한 배려에서이다. 그것은 <u>문자</u>가 그 존재에 상응하게 믿음을 주지 않으려는 배려이고, 영성이 그 존재에 상응되도록 인정받기 위한 배려인 것이다. 다시 말해서 당신이 보아야 하는 것은, 지극히 정확한 최고의 역사가에 의해서 좇아 전하여지지 않는 것이다. 그러니까 평범한 기술로서 충분하다. 아니, 평범한 기술로 되어지는 것이 바람직하다. 이렇게 말하는 것도 당신에게 전해져야 할 것은 평범한 기술로서도 전달이 가능하니까. (그것은 마치 평범한 무대 장치가 세련된 무대 장치보다 낫고, 그림으로 그린 나무가 실제 나무보다 잘 보이는 것과 같다.―평범한 쪽이, 중요한 점에서 관객의 주의를 벗어나게 하지 않기 때문이다.)

중요한 사실은, 당신의 삶에서 중요한 영성이 성서의 말 가운데 불어넣어져 있다는 것이다. 당신은 그저 <u>성서의 기술 표현</u>에 의하여 뚜렷하게 표시되어 있는 것을, 뚜렷히 보는 것만으로 <u>좋은 것이다</u>. (여기에 쓰인 것이 어느 만큼 정확하게 키르케고르의 정신에 꼭 들어맞는 것인지 나는 알 수가 없다.)

MS 119 151 : 22.10. 1937

종교에서는 이런 식으로 되어 있어야 마땅하다. 다시 말하면 신앙의 깊이 단계에 맞추어 저마다 맞는 표현이 있어서, 어떤 표현은 한 단계 낮은 단계에서는 의미가 없다. 높은 단계에서 의미를 가지는 교의는, 지금 낮은 단계에 있는 사람에게 아무런 의미가 없는 것이다. 그 교의는 <u>잘못된 그대로</u>밖에 이해할 수 없다. 그러므로 그 교의의 말은 낮은 단계에 있는 사람에게는 <u>들어맞지 않는다</u>.

예를 든다면 바울의 「은혜의 선택」 교의는, 나의 단계에서는 무신앙의 추악스러운 당찮은 것이다. 그 교의는 나에게 어울리지 않는다. 거기에서 제시한 모

---

24) 원문에는 diese지만, 이 지시 대명사가 dieser인지 diese인지는 분명치 않다. dieser라면 「그 보고서」를 가리키고, diese라면 명사의 확실성을 가리킨다.

델은 내가 잘못 활용하는 것뿐이니까. 그것이 경건하고 훌륭한 모델일지라도 전혀 다른 단계의 것이다. 내가 사용하는 모델하고는 별다르게 쓸 필요가 있다.

MS 120 8 : 20.11. 1937

그리스도교는 역사상의 진리에 의거하고 있지 않다. 우리에게(역사상의) 문서를 주고 「알겠지, 믿어라」라고 말한다. 「다만 역사 문서에 접할 때처럼 믿는 것은 아니다[25].—그렇지 않고 절대적으로 믿는 것이다. 그것이 가능한 것은 어떤 인생의 결과라고 볼 때뿐이지만. 자, 여기에 문서가 있다.—그런데 다른 역사의 문서와 같이 이것을 취급해서는 안 된다. 당신 인생의 아주 특별한 곳에 놓는 것이다.—그렇게 해도 어디에도 역설은 없다.」

만약에 내가 스스로 '얼마나 작고 초라한 인간인가' 하는 생각이 여기에 미친다면 좀 더 겸허한 인간이 될 것이다.

누구나 자기 자신에 대하여 틀림없이 「나는 똥만도 못한 놈이다」라고 말할 수는 없다. 어떻든 내가 그렇게 말한다면 어떤 의미에서 그것은 옳을는지 모르나 자기로서는 그 옳음에 젖을 수는 없다. 그런 일이 가능하다면 나는 미친 사람이 되거나, 자기를 바꾸는 수밖에 없을 것이다.

A·R와[26] 커피를 마신다. 이전과는 다르지만 싫지 않았다.

아주 기묘하게 들릴는지도 모르겠으나 복음서에 쓰여진 역사적 보고서는 역사적 의미에서 틀렸다고 증명할 수가 있다. 그러나 그렇다고 해서 그 때문에 신앙이 흔들리는 것은 아니다. 그리고 그것은 신앙이 예를 들면 「이성에 따른 보편적 진리」와 관계되었기 때문이 아니다. 그렇지는 않고 역사상의 증명(「역사상의 증명」이라는 게임)이 신앙과는 관계가 없기 때문이다. 신앙이 있는 (다시 말하면 사랑이 있는) 인간이, 그러한 복음서에 달려드는 것이다. 다른 것도 아닌 이 일이야말로 그 올바름을 보증하고 있다.

신앙 있는 자는 그 복음서에 대하여, 역사상의 진리(확실함)도 아니고, 「이성

---

25) 원문에서는 「믿는다」가 아니다」.

26) 안나 레브니(Anna Rebni)를 말함. 그녀는 노르웨이의 스콜덴 학교 선생. 여기에 비트겐슈타인은 오두막집을 가지고 있었다.

에 따른 진리도 아닌 관계를 가진다. 요컨대 그러한 것이 존재하는 것이다.—（갖가지 종류의 허구에 대해서조차 실로 가지가지 태도를 취하고 있지 아니한가.）

MS 120 83 c : 8.–9.12. 1937＊

있는 그대로의 자기이어야 할 것, 보다 진실하게 자기 자신에 대하여 쓸 수가 없다. 그것이 자기에 대해 쓰는 것과, 외부 대상에 대해 쓰는 것의 차이점이다. 아무리 키가 큰 사람이라도 자기를 위에서 바라보며 자기에 대해 쓴다. 그렇기는 하나 죽마(竹馬)나 사다리에 올라탄 것도 아니고 맨발로 서 있는데도.

MS 120 103 c : 12.12. 1937

내게 있어서 커다란 은혜는 오늘 일을 할 수 있는 것. 그러나 나는 어떤 은혜도 바로 잊어버린다.

「정령(精靈)이 아니고서는 아무도 예수를 주님이라고 부를 수가 없다」이 문장을 읽는다.—확실히 그러하다. 나는 예수를 주님이라고 부를 수가 없다. 그러한 식의 이름은 의미가 없기 때문이다. 「본보기」라든가 「신」이라면 부를 수 있을 것이다. 실제로 그런 이름이라면 이해할 수 있다. 그러나 「주님」이라는 말을 입에 올려도 의미가 없다. 그리스도가 나를 심판하러 올 것이라고는 생각되지 않으니까. 내게는 의미를 갖지 않으니까. 가령 내가 전혀 다른 인생을 산다면 그런 경우에 한해서 뭔가 의미를 가질는지는 모르겠지만.

이러한 나에게까지 그리스도의 부활을 믿게 만드는 것은 무엇인가? 한 가지 사상으로 게임 비슷한 것을 해볼까.—그리스도가 부활하지 않았다면 모든 인간과 마찬가지로 무덤에서 썩고 만다. 그는 죽어 썩었다. 그럴 경우에 그리스도는 다른 여럿과 같이 랍비(교사)에 지나지 않고, 우리를 도울 수가 없다. 우리는 또다시 버림받고, 고독하고, 지혜와 사변(思辨)에 감지덕지하게 된다. 이를테면 꿈을 꾸는 데 만족하는(보는 일 이외에는 허용되어 있지 않다) 지옥의 주민으로, 말하자면 지붕 한 장 차이로 천국과 격리되어 있는 것이다. 그런데 만일 내가 정말 구원받게 되어 있다면—그런 경우 지혜나 꿈이나 사변이 아니라—나에게는 확실성이 필요하게 되고, 그 확실성이야말로 신앙인 것이다. 그리고 신앙이라는 것은 나의 가슴이, 나의 마음이, 필요한 것을 믿는 것이지, 나의 사변

즉 논리만으로 생각하는 지성이 필요로 하는 것을 믿는 것이 아니다. 이렇게 말하는 것도 구원이 필요한 것은 나의 마음과 그 정념—다시 말해 마음의 피와 살—쪽이지 나의 추상적인 정신이 아니다. 다음과 같이 말할 수 있을는지 모르겠다. 「사랑만이 부활을 믿도록 할 수가 있다.」 또는 「부활을 믿는 것만이 사랑이다.」 이렇게도 말할 만하지 않는가. 「구원의 사랑은, 부활도 믿고 있고, 부활도 꼭 붙들고 놓지 않는다.」 의심과 싸우는 것만이, 말하자면 구원이다. 구원을 고집하는 것이 그 신앙으로의 고집임이 틀림없다면 이런 말이 된다. 「먼저 구원을 받으세요. 그리고 구원을 꼭 붙잡고 놓치지 마세요.—그리하면, 그 신앙을 꼭 쥐고 있다는 사실을 알게 될 것이다.」 그러한 일이 일어나는 것은 당신이 이 땅 위에 발로 서는 일을 그만두고 하늘「나라」에 매달릴 때뿐이다. 그렇게 되면 모든 것이 양상을 달리하게 되고 당신이 할 수 없는 일을 할 수 있게 되었다 하더라도 「결코 이상한 일」 아니다. 천「국」에 매달린 자를 지상에 서 있는 자와 똑같이 볼 수는 있으나, 힘의 작동을 달리하였기 때문에 서 있는 자와 전혀 다를 수가 있는 것이다.

MS 120 108 c : 12.12. 1937＊

프로이트는 이렇게 생각하고 있다. 광기의 경우 자물쇠가 망가져 있는 것이 아니라 변형되어 있을 뿐이다. 지금까지의 자물쇠를 가지고는 결코 열리지 않으나, 사용 방법이 다른 열쇠라면 열릴는지도 모르겠다.

MS 120 113 : 2.1. 1938

브루크너의 교향곡에는 시작이 두 개 있다고 말할 수 있다. 제1사상의 시초와 제2사상의 시초가 그것이다. 이 두 가지 사상은 혈연관계가 아니라 남녀 관계처럼 서로 마주 보고 있다(손을 맞잡고 있지만 혈연관계에 있는 것이 아니라 남자와 여자의 경우처럼 마주 보고 있다).

브루크너의 제9는, 말하자면 베토벤의 제9에 대한 이의 제기이다. 그 덕택에 참고 들을 만하다. 만일 모방한 것 같게 씌어 있었다면 처치 곤란한 곡이 되었을 것이다. 브루크너의 제9와 베토벤의 제9의 관계는 레나우(Nikolaus Lenau)의 《파우스트》와 괴테의 《파우스트》 관계, 이를테면 가톨릭의 파우스트와 계몽주의의 파우스트 관계 등등과 잘 닮아 있다.

MS 120 142 : 19.2. 1938

자기를 속이지 않는 일만큼 어려운 일은 없다.

MS 120 283 : 7.4. 1938

롱펠로—

> 지난날의 기예에서는
> 장인들이 눈에 안 띄는 섬세한 부분의 구석구석까지도
> 세심한 주의를 기울여서 작업을 끝냈다.
> 곳곳에 신들이 깃들고 있으니까[27]
> (이것은, 나의 좌우명으로 되는 것이 아닌가?)

MS 120 289 : 20.4. 1938

음악이나 건축에서 볼 수 있는 언어와 비슷한 현상. 의미 깊은 불규칙성—예를 들어 고딕에서 볼 수 있는(바실리우스 대성당의 탑도 눈에 떠오른다). 바흐의 음악은 모차르트나 하이든의 음악보다 언어를 닮았다. 베토벤의 제9교향곡 제4악장 콘트라베이스의 레치타티보(개별 원문에 붙인 보편적인 음악에 관한, 쇼펜하우어의 발언도 참조할 것).[28]

MS 121 26v : 25.5. 1938

철학의 경주에서 이기는 것은, 가장 천천히 뛸 수 있는 자. 말하자면 결승점에 마지막으로 도착하는 자이다. (거기에 마지막으로 도착하는 자이다.) (마지막으로 도착하는 자이다.)

MS 121 35v : 11.6. 1938

---

27) 라스 헤르츠버그(Lars Hertzberg)의 지적에 따르면 비트겐슈타인의 인용은 잘못되었다. 이 부분은 「구석구석에 신들이 보고 있다」로 됨.

28) 쇼펜하우어 《의지와 표상으로서의 세계》 제39장 「음악의 형이상학에 관하여」.

정신 분석을 받는 것은 어딘가 지혜의 나무 열매를 먹는 것과 비슷하다(정신분석을 받는 것은 지혜의 나무 열매를 먹는 것과 비슷한 것 같다). 이때 우리가 손에 잡은 지혜는 (새로운) 윤리적 문제를 우리에게 들이대는 것인데, 그 해결에는 전혀 쓸모가 없다.

MS 122 129 : 30.12. 1938

무엇이 멘델스존의 음악에 부족한가. 「대담한」 멜로디?

MS 162a 18 1939—1940

구약성서를 머리 없는 몸통으로 가정한다면, 신약은 몸이고 사도의 편지는 머리에 씌운 왕관이다. 유대의 성서 다시 말해서 구약성서의 이야기만을 생각할 때 이렇게 말하고 싶어진다. 이 몸체에는 (아직) 머리 부분이 부족하다. 이 문제에는 해결이 부족하다. 이 희망에는 성취가 부족하다. 그러나 나는 왕관을 쓴 머리를 반드시 상상하고 있는 것은 아니다.

MS 162b. 16v : 1939—1940

질투는 표면적인 것이다.—다시 말하면 질투가 지닌 전형적인 색채에는 깊이가 없다.—훨씬 아래쪽에 있는 정념은 다른 색조를 띠고 있다. (그렇다고 해서 질투 쪽이 비현실적이라는 뜻은 물론 아니다.)

MS 162b 21v : 1939—1940

천재를 재는 자는 인격이다.—그렇다고 인격을 갖추는 것만으로 천재가 되는 것은 아니지만. 천재는 「재능과 인격」의 합계가 아니라, 어떤 특별한 재능의 형태로 드러낸 인격을 말한다. 남을 구하기 위해 용감히 물에 뛰어드는 자가 있는가 하면, 용감하게 교향곡을 쓰는 자도 있다. (썩 잘된 예라고 볼 수는 없지만.)

MS 162b 22r c : 1939—1940

천재가 고지식한 사람보다 큰 빛을 가지고 있는 것은 아니다.—그러나 천재는 어느 특정한 렌즈를 가지고 빛을 초점에 집중시킨다.

어떻게 해서 미움은 공허한 생각에—아무리 보아도 공허한 생각에—흔들리는가? 그런데 실제로 흔들리고 있는 것이다.

어떤 식으로 바람은—아무리 보아도 바람(공기)에 지나지 않는데—나무를 흔들 수 있는가? 그러나 실제로, 바람이 나무를 흔들고 있는 것이다. (이 사실을 잊어서는 안 된다.)

MS 162b 24r : 1939–1940

진실을 실토하지 못하는 것은—자기 스스로 자기를 통제하지 못한 경우이다. 진실을 실토하지 못하는 것은, 그러나 아직 충분히 영리하지 못하기 때문은 아니다.

진실을 말할 수 있는 것은 이미 진실 속에 있는 자만이 가능하다. 아직 거짓 속에 있으면서 단 한 번뿐이라도 거짓에서 빠져나와 진실에 손을 뻗지 않은 자는 진실을 말할 수 없다.

MS 162b 37r c : 1939–1940

자기의 성공 위에 책상다리를 하고 안주하는 것은, 눈 속을 하이킹하고 있는 도중에 쉬는 것과 같이 위험하다. 꾸벅꾸벅 졸면 잠에서 깨어나지 않고 그냥 죽게 되니까.

MS 162b 42v c : 1939–1940

바라는 것은 참으로 공허한 허영에 차 있다. 그것을 알게 되는 것은, 예를 들어 내가 깨끗한 노트를 되도록 빨리 써서 없애려고 생각하는 경우가 된다. 아무런 득도 안 되는데 그렇게 하고 싶다고 생각하는 것은, 가령 나에게 여력이 남은 것을 드러내 보이고자 함이 아니다. 습관적으로 쉽게 끝낼 일을 좌우간에 후딱 후딱 끝내고자 하는 것뿐이다. 그것을 끝내고 나면 곧 다른 것을 또 정리하기 시작하여 똑같은 일을 되풀이하기 마련인데도.

MS 162b 53r : 1939–1940

쇼펜하우어는 참으로 거칠고 촌스러운 인물이라고 말할 수 있을는지 모르겠다. 다시 말하면 세련되기는 했지만 어느 정도의 깊이에 이르면 돌연 그렇지 않게 되어 몹시 거칠게 된다. 본래의 깊이가 시작되는 곳에서 그의 깊이는 사라지고 만다.

쇼펜하우어는 스스로를 결코 반성하지 않는다고 말할 수 있을는지 모르겠다.

매우 서투른 기수가 말을 타고 있는 것처럼 나는 인생이라는 것에 올라타 있다. 지금 이 순간에도 내가 떨어지지 않고 붙어 있는 것은 오로지 말의 기질이 착하기 때문이다.

MS 162b 55v : 1939–1940

「(이 멜로디로부터 받는) 인상은 참으로 말로 다할 수가 없다」…… 말하자면 말로는 (내가 전하고 싶은 것 같은) 인상을 주지 못한다. 당신에게 이 멜로디를 들려줄 수밖에 없다.

만일 예술에 「감정」을 낳게 하는 힘이 있다면, 예술을 감각적으로 지각하는 것도, 결국 예술이 낳은 감정의 하나일 것인가.

MS 162b 59r : 1939–1940*

나의 독창성은(이 말이 적절한 경우에) 토지가 새롭게 된 것이지 씨가 새로운 것이 아니라고 생각된다. (나에게는 자신의 씨가 없는지도 모르겠다.) 나의 토지에 씨를 뿌려라. 그리하면 씨는 다른 어떤 토지와도 다른 열매를 맺을 것이다.

프로이트의 독창성도 같은 종류의 것이 아닌가? 지금까지 나는—이유도 모르는 채—생각해 온 것인데 정신 분석의 진짜 씨는 브로이어(Josef Breuer)가 뿌린 것이지, 프로이트는 아니다. 브로이어의 씨는 물론 아주 작은 것에 지나지 않았을 것이다.

(용기는 언제나 독창적이다.)

오늘에 와서는 학자나 과학자로부터 가르침을 받고 시인이나 음악가로부터 즐거움을 얻는다, 이렇게 생각되고 있다. 시인이나 음악가로부터 가르침을 받는다, 여기까지는 생각이 미치지 않는다.

피아노를 친다. 사람의 손가락이 춤을 춘다.

MS 162b 59v : 1939–1940

셰익스피어는 인간 정념의 춤을 보여준다고 말할 수 있겠다. 그러니까 그는 객관적이어야 한다. 객관적이 아니면 그는 인간 정념의 춤을 보여주지는 못하고―그 춤에 대해 연설을 하고 있을 것이다. 그런데 그는 춤 속에서 인간의 정념을 보여주고 있는 것이다. 그것은 자연주의적으로가 아니다. (이것은 파울 엥겔만으로부터 배운 생각이다.)

MS 162b 61r : 1939–1940

신약성서의 우화는, 해석(지성적으로)에 좋아하는 만큼의 깊이를 허용한다. 그 우화는 바닥이 없다(바닥이라는 것이 없다).

신약성서의 우화에는 형식이 없다. 처음으로 말을 하는 가난뱅이보다도 더하다. 뛰어난 예술 작품에조차도 「형식」이라고 부를 만한 것이, 아니, 그보다도 「수법(마니에라)」이라고 부를 만한 것이 보이는데도.

MS 162b 63r : 1930–1940

온갖 위대한 예술에서는 야생 동물이 길들여 사육되고 있다.
　예를 들면 멘델스존의 경우는 그렇지도 않지만. 온갖 위대한 예술에는 인간의 원시적 충동이 근음(根音)으로서 울리고 있다. 그것은(어찌 보면 바그너의 경우와 같은) 멜로디가 아니라 멜로디에 깊이와 힘을 주는 것이 된다.
　그런 의미에서 멘델스존을 「복제적」 예술가라고 부를 수가 있다.―
　같은 의미로 내가 세운 그레텔[29]의 집은 단호한 귀 밝음의, 예의 바름의 결

---

29) 비트겐슈타인의 누이, 마르가레테 스톤보로를 말함. 그녀 때문에 비트겐슈타인은 건축가 파울 엥겔만과 함께 빈의 쿤트만가세 19번지에 집을 지었다.

과(산물)이고 (하나의 문화 같은 것에 대한) 위대한 이해의 표현이다. 그러나 거기에는 마음껏 날뛰고 싶은 근원적인 생명이, 야생의 생명이―결여되어 있다. 따라서 이렇게도 말할 수 있을 것이다. 거기에는 건강이 결여되어 있다(키르케고르). (온실 식물.)

MS 122 175 c : 10.1. 1940

수업 시간에 놀라울 정도로 뛰어난 성과를 가져다주는 힘이 있어도 그것만으로 훌륭한 선생이라고 말할 수 없다. 이렇게 말하는 것은 학생들이 직접 가르침을 받고 있는 사이에 타고난 이상의 능력을 끌어내려고 해도, 자기 힘으로 그 높이까지 자라게 된 것은 아니니까 선생이 교실에서 안 보이게 되면 금방 정체가 드러나기 때문이다. 그것은 나의 이야기 아닌지 모르겠다. 나는 그 일을 생각하고 있었다. (오케스트라의 비공개 연주[30]는 말러가 지휘하고 있는 사이에는 나무랄 데가 없었다. 그러나 말러가 지휘하지 않으니까 당장에 오케스트라가 침몰해 버린 것과 같았다.)

MS 122 190 c : 13.1. 1940

「음악의 목표―감정을 전하는 것」

　이와 관련지어서―물론 우리는 이렇게 말할 것이다. 「지금 그는 옛날과 같은 얼굴을 하고 있다」―현재와 옛날을 비교해 보면 다른 데가 있음에도 말이다.

　「똑같이 닮은 얼굴」이라는 말은 어떻게 사용되는 것인가?―그 말이 옳게 쓰이고 있는지는 어떻게 알게 되는가? 나는 그 말을 내가 옳게 쓰고 있다는 것을 어떻게 알게 될까?

MS 122 235 : 1.2. 1940

두려운 생각을 이겨내는 것은 칭찬 들을 만하고 인생에 보람을 가져다준다. 요령은 아니고, 하물며 영감 같은 것도 아니고, 용기야말로 겨자씨이고, 성장해서 큰 나무가 되는 것이다. 용기가 있으면 생사와도 관계하게 된다. (나는 라보어와

---

30) 원문에서는 Leeraufführungen(비공개 연주). 이것은 Lehraufführungen(연주의 레슨)의 가능성도 있으나 분명치 않다.

멘델스존의 오르간곡을 생각했다.) 그러나 남에게 용기가 없다는 것을 알아챘다고 해서 자기가 용기를 지니게 되는 것은 아니다.

MS 117 151 c : 4.2. 1940

「천재란 <u>용기 있는 재능</u>을 말한다」고 말해도 될는지 모르겠다.

MS 117 152 c : 4.2. 1940

사랑받도록 노력하는 것이다. 감탄의 대상이 되는 것은—아니다.[31]

MS 117 153 c : 4.2. 1940

때로는 표현을 언어에서 따로 떼어내 깔끔하게 해야 한다.—그렇게 하면 그 표현을 또다시 <u>쓸 수가</u> 있다.

MS 117 156 : 5.2. 1940

<u>나의 눈앞에 있는 것을</u> 보는 일은 얼마나 어려운가.

MS 117 160 c : 10.2. 1940

거짓을 단념하겠다고 생각해도 좋다. 진실을 말해도 되는 것이다.

MS 117 168 c : 17.2. 1940

적절한 형식으로 쓰는 것은 차량을 단정하게 선로에 올려놓는 일.

MS 117 225 : 2.3. 1940

어떤 돌이 마치 뿌리를 내린 것처럼 움직이려 하지 않을 때는, 먼저 주변의 돌을 움직이도록 한다.—당신의 차량이 레일에서 벗어나 있을 때, 어찌 되었든 우리는 당신을 궤도에 올리려고 한다. 그 뒤에는 당신이 마음대로 달리면 된다.

MS 117 237 : 6.3. 1940

---

31) 비트겐슈타인은 「은—아니다」 위에 분명하게 「붙임표」라고 쓰고 있다.

모르타르를 벗겨내는 일은 돌을 움직이는 것보다 훨씬 간단하다. 아무튼 가능한 일을 정리하고 나면 다른 일도 할 수 있게 된다.

MS 117 253 : 11.3. 1940

인과론적인 견해의 위험한 점은 「물론(一), 그렇게 될 수밖에 없네(어쩔 수 없이 그렇게 될 수밖에)」라고 말하는 것이다. 그러나 또 한편으로는, 「이러저러한 가능성도 있었으나, 또 다르게 될(또 다른 방법으로) 가능성도 충분히 있었다」라고 생각할 수도 있었지 않겠는가.

민족학적 견해로 보면 철학을 민족학이라고 말할 수 있는가? 아니, 틀린 말이다. 사물을 보다 객관적으로 볼 수 있도록, 멀리 떨어진 곳에 입장을 정립시킨 일에 지나지 않으니까.

MS 162b 67r : 2.7. 1940

나에게 가장 중요한 방법의 하나는, 우리 사상의 역사적 전개를 실제 전개와는 다른 방법으로 상상하는 것이다. 그리되면 문제가 전혀 새로운 국면을 보여주게 된다.

MS 162b 68v : 14.8. 1940

이른바 선천적으로 존재하는 듯한 이상적 정확성이라는 개념이야말로 내가 지향하고 있는 것이다. 시대가 다르면 정확성의 이상도 다르다. 어떤 것이 가장 최고의 이상이냐가 아니다.

MS 162b 69v : 19.8. 1940

거짓말을 하는 것보다 바른말을 하는 편이, 때로는 오히려 고통이 적다. 다디단 커피를 마시는 것보다 쓰디쓴 커피를 마시는 편이 낫듯이. 그런데도 나는 아무래도 거짓말을 하게 된다.

MS 162b 69v : 19.8. 1940

(나의 스타일은 서투른 악장(樂章)을 닮았다.)

아무것도 해명하지 마라. 아무것도 꾸미지 마라. 있는 그대로를 보고 말하라.—
그러나 당신은 새로운 빛이 비춘 사실을 볼 필요가 있다.

MS 123 112 : 1.6. 1941

우리의 어리석고 치졸한 행위가, 굉장히 현명한 행위가 되는 경우가 있다.

MS 124 3 c : 6.6. 1941

<u>서류를 넣는 장의</u> 적당한 곳에 새로운 서랍을 하나 붙여 놓으면 믿을 수 없을
만큼 편리하다.

MS 124 25 : 11.6. 1941

당신은 새로운 것을 말할 필요가 있다. 그런데 그것은 낡은 것뿐이다. (N.)[32]

물론 당신은 낡은 것을 말하는 것으로 족하다.—<u>그런데 여전히</u> 그것은 새로운
것이다.

「파악하는 방법」이 다르면 사용하는 방법도 달라지기 마련이다.

시인도 언제나 신경을 쓰고 있기는 마찬가지이다. 「내가 쓰고 있는 것은 정말
거짓이 아닌가?」—이 물음은 반드시 「이것은 현실적으로 주변에서 일어나는 일
인가」라는 의미는 아니다.

(……)

물론 당신은 낡은 것을 갖고 올 일밖에 없지. 단 <u>건축</u>을 위해서.—(W.)

MS 124 25 : 11.6. 1941

---

32) (N.)과 (W.)가 무슨 뜻인가 분명치 않다.

나이를 먹으면, 젊을 때와 같이 여러 가지 문제가 손가락으로부터 미끄러져 떨어진다. 문제를 호두처럼 깔 수(문제를 억지로 쪼개서 열다)도 없고, 꼭 쥐고 있을 수도 없다.

MS 124 31 : 12.6. 1941

학자나 과학자가 취하는 태도는 참으로 기묘하구나.─「이것은 아직 모르겠는데요. 하지만 알게 되겠지요. 시간문제에 지나지 않으니까. 그러는 동안에 알게 되겠지요.」 아주 그것이 당연하기라도 한 것 같은 말이 아닌가.─

MS 124 49 : 16.6. 1941

「포트넘」과 「메이슨」[33]은 궁합이 맞는 좋은 이름이 아닌가, 이렇게 생각하는 사람이 있는 것을 나는 상상하게 된다.

MS 124 56 : 18.6. 1941

과도한 요구는 하지 마라. 당신의 정당한 요구가 물거품이 될 것을 두려워하지 마라.

MS 124 82 : 27.6. 1941

언제나 항상 「어째서, 왜」를 문제 삼는 사람은, 베데커의 여행 안내서를 들여다보며 건물 앞에 서서 그 건물의 성립 사정 등을 읽는 데 바빠 건물 보는 것을 잊은 여행자를 닮았다.

MS 124 93 : 3.7. 1941

대위법은 작곡가에게는 이상스럽게 어려운 문제가 아닐까? 다시 말하면, 자기 나름의 경향을 지닌 내가, 대위법과는 어떤 관계를 가져야 하나 하는 문제인 것이다. 작곡가는 관습적 관계라면 벌써 발견했을 것이다. 그러나 그것은 자기의 것이 아니다. 대위법이 자기에게 지녀야 할 의미가 분명치 않다고 느끼는 것

---

33) 포트넘 앤드 메이슨(Fortnum & Mason)은 런던의 백화점.

은 아닌가?

(내가 생각하고 있었던 것은 슈베르트의 것이다. 만년의 그는 대위법 레슨을 받아야 겠다고 생각했다. 어쩌면 그의 목적은 단순히 대위법을 좀 더 배우기보다는, 도리어 대위법과 자기와의 관계를 발견하는 것이었는지도 모른다.)

MS 163 25r : 4.7. 1941

바그너의 주제는 음악의 산문이라고 불러도 될는지 모르겠다. 「운문」이라는 것도 있으니까, 주제를 물론 멜로디의 형태에 연결할 수도 있겠으나, 그렇다고 해서 그것이 멜로디가 <u>되는</u> 건 아니다.

바그너의 악극도 드라마가 아니라 한 줄의 실에 몇 가지 장면이 진주처럼 줄줄이 연결된 것이다. 실 그 자체는 교묘하게 꼬아서 된 것뿐이고 주제나 장면과 달리 영감이 없다.

MS 163 34r : 7.7. 1941

남을 본보기로 하지 않고 자연을 본뜨는 별로 삼아라.

MS 163 39r c : 8.7. 1941

철학자들이 쓰는 말은 이를테면 거북스러운 신발 탓으로 벌써 일그러져 있다.

MS 163 47v : 11.7. 1941

드라마의 등장인물에게 우리는 관심을 갖는다. 아는 사람을 닮은 것이다. 우리가 아주 좋아하는 사람이나 싫은 사람과 이따금 비슷하다. 《파우스트》 제2부의 등장인물에게는 도저히 관심이 가지 않는다. 아는 사이 같은 기분이 들지 않는 것이다. 우리 옆을 스쳐 지나가는 그들은, 사상과 같기는 하나 인간과는 닮은 데가 없다.

MS 163 64v c : 6.9. 1941

수학자(파스칼)는 수 이론의 정리(수의 정리)의 아름다움에 감탄한다. 이를테면 자연의 아름다움에 감탄한다. 수의 성질이 가지는 멋은 불가사의하다고 수학자는 말한다. 마치 수정체의 규칙성(수정과 같은 물건의 규칙성)에 탄복하고 있는 것 같다.

창조주는 얼마나 멋있는 법칙을 수(數)에 불어넣었을까, 이렇게 말할 수 있지 않은가.

구름을 건설하는 이유 가지고는 안 된다. 그러므로 꿈꾸어진 미래는 결코 진실이 되지 않는다.

비행기가 없었던 시대에 사람들은 비행기를 꿈꾸고 비행기가 있는 생활은 어떨까 꿈꾸었다. 그러나 현실은 그러한 꿈과는 전적으로 닮지 않은 것이 되었으니까, 현실이 언제인가는 사람의 꿈과 같이 된다고는 전적으로 믿지 못하게 된 것이다. 우리의 꿈은 잡동사니, 말하자면 종이 모자나 가장행렬의 옷 같은 것이다.

MS 125 2v : 4.1. 1942 또는 später

학자가 쓴 통속 과학의 읽을거리는, 엄격한 연구의 성과가 아니라 성공의 정상 위에 책상다리를 하고 앉은 격이다. (……학자는 (엄격한) 연구가 아니라 성공 위에 안짱다리를 틀고 앉았다.) (……엄격한 연구를 보이는 것이 아니라 성공의 정상에 책상다리를 하고 앉았다.)[34]

만일 누군가의 사랑을 받고 있다면 어떤 희생을 치르더라도 그 사랑보다 더 많은 것을 지불할 수가 없다. 그러나 어떤 희생도 크기 때문에(너무 많아서) 사랑을 사들일 수가 없다.

MS 125 21r : 1942

깊은 잠과 선잠이 있는 것과 마찬가지로, 사상에도 마음속 깊이에서 움직이는

---

34) 이 문장에는 ×표가 붙어 있다. 다시 말해서 비트겐슈타인은 묶음표 쪽이 더 마음에 들었던 것이다.

사상과 겉으로 떠들썩하는 사상이 있다.

MS 125 42r : 1942

싹을 땅에서 뽑아낼 수는 없다. 열과 물과 빛을 줄 수 있을 뿐이다(열과 물과 빛을 줄 뿐이다). 그렇게 하면 성장하는 것은 틀림없다(싹에 손이 닿을 때는 조심이 필요하다).

MS 125 44r : 1942

고운 것이 아름답다고 말할 수는 없다.— — —

MS 125 58r : 1942

문에 자물쇠가 걸려 있지 않고 안쪽으로 열게 되어 있는데, 문을 잡아당길 생각은 못 하고 밀고만 있는 사람은 방에 <u>갇혀 있는 것이다</u>.

어울리지 않는 분위기에 사람을 놓아두면, 아무것도 본래의 기능을 다할 수 없게 될 것이다. 그 사람은 모든 부분에서 건강하지 않게 보일 것이다. 그 사람을 어울리는 장소에 되돌려 놓으면 모든 것이 힘을 발휘하고 건강하게 보일 것이다. 그러나 부당한 장소에 놓으면? 그때에는 장애인처럼 보이게 되더라도 거기에 만족할 수밖에 없다.

백이 흑이 되면 「결국 여전히 달라지지 않았어」라고 말하는 사람이 있다. 그런가 하면 색이 조금 어두워진 것을, 「아주 <u>몰라보게</u> 달라졌군」 하는 사람도 있다.

MS 125 58v : 18.5. 1942

건축은 <u>제스처</u>이다. 인간 몸의 합목적적 움직임은 모두가 몸짓이라고 할 까닭이 없다. 같은 모양으로, 합목적적 건물이 모두 건축이라는 이유도 아니다.

MS 126 15r : 28.10. 1942

지금 우리는 어떤 방침에 반대해서 싸우고 있다. 그러나 어쨌거나 그 방침은 다른 방침에 밀려나 사라질 것이다. 그때 우리의 논증은 이해되지 않고 끝날 것이다. 무엇 때문에 그럴 필요가 있었는지 알아주지도 않을 것이다.

MS 126 64r : 15.12. 1942

과녁에서 벗어나 의론에서의, 헐뜯기와 임자맞히기.[35]

MS 126 65v : 17.12. 1942

누가 2000년 전에 다음과 같은 형태를

생각해 내고 「언젠가는 이것이 전진 운동 기구의 모양이 될 것이다」라고 말했다 하자.
또는 누군가가 증기기관의 <u>구조</u>를 완벽히 설계했지만, 그것이 엔진으로 사용될 거라고(그것이 엔진으로 쓰이려면 어떻게 하면 될 것인가), 꿈에도(마치) 생각 못했다고 한다면.

MS 127 14r : 20.1. 1943

선물이라고 생각하고 있는 것은 당신이 풀어야 할 문제이다.

천재란 명인의 재능을 잊도록 하는 것이다.

천재란 재능(요령이나 손재주에 능한)을 잊게 만드는 것이다.

얄팍한 천재는 재주가 투명하게 보인다(《투명하게》 드러난다). (《뉘른베르크의 명가수(名歌手)》 전주곡)

---

35) 손가락(또는 손가락 모양의 컵)을 세 개 덮어서, 콩이 어디에 감추어졌는지 맞히는 게임.

천재란 명인의 재능을 숨길 수가 있는 것이다.

얄팍한 천재의 경우에만 재능이 눈에 띈다.

MS 127 35 v : 4.4. 1943

어째서 나는 말을, 그 말의 본래 용법에 반해서 써서는 안 되는가? 그것은 예를 들자면 프로이트(학자)가 불안의 꿈까지도 원하고 희망하는 꿈이라고 부를 때 하는 짓이 아닌가? 어디에 차이가 있는 것인가? 학문이나 과학의 고찰에서 말의 새로운 용법은 이론에 의해 정당화되어 있다. 만일 그 이론이 틀렸다면 확장된 새로운 말의 용법도 버려야 한다. 그러나 철학의 경우 확장된 말의 용법을 버티고 있는 것은, 자연현상에 관한 올바른 의견이나 틀린 의견이 아니다. 어떠한 사실도(경험), 그 용법을 정당화하지 않으며 (또) 실각시킬 수도 없다.

우리는 이렇게 말한다(이렇게 말이 된다).「이 표현, 알겠지요. 자(자, 그렇다면), 당신이 늘 이해하고 있듯이(당신이 알고 있는 의미로), 나도 이 표현을 쓰는 걸로 합시다」.〔「……<u>이런</u> 의미로……」는 아니다〕
　　마치 또 의미라는 것은 말이 사용될 때마다 부차는(끌어오는) (말이 끌어와서 사용될 때마다) 아무나처럼.

MS 127 36v : 27.2. 1944

사상의 평화. 이것이야말로 철학하는 자가 갈망하는 목표이다.

MS 127 41v : 4.3. 1944

철학자란 건강한 인간의 상식을 손에 얻기 전에 자기 안에 둥지를 튼, 많은 지성의 병을 고쳐야 할 사람들을 말한다.

MS 127 76r : 1944

우리 삶이 죽음에 포위되어 있다면 지성의 건강도(일상의 지성도) 광기에 에워

싸여 있다.[36]

생각하려는 것과 생각할 재능이 있는 것과는 다르다.

MS 127 78v : 1944

프로이트의 꿈의 판단 이론에 장점이 있다고 한다면, 그것은 인간의 정신이 얼마나 복잡한 방법으로 사실의 상을 만드는가(묘사한다)를 밝힌 점이다.

사상(寫像)의 방법은 너무나 복잡하고 불규칙해서 거의 사상이라고 부를 수 없게 되었다.

MS 127 84r : 1944

내가 써나가는 것을 뒤따라오기는 어려울 것이다. 낡은 달걀 껍데기를 몸에 두르고 새로운 것을 말하고 있기 때문에.

MS 129 181 : 1944 또는 später

인간을 광기 가득하게 하는 것은 채워지지 않는 동경이나 그리움인가? (나는 슈만의 이야기, 그리고 나의 이야기를 생각했다.)

MS 165 200 c : 1941–1944

자기 혼자 자기 스스로 혁명할 수 있는 자가 혁명적이라 할 것이다.

MS 165 204 : ca. 1944

자기를 불완전하다고 생각하기보다, 병이 있는 거라고 생각한다. 그 정도, 사람들은 신앙이 있다.

어중간하게 행실이 좋은 사람은 자신을 더없이 불완전하다고 생각한다. 그러

---

36) 《수학의 기초》 5부 53의 편집자 주석을 참조할 것.

나 신앙이 있는 사람은 자신을 <u>가엾다고</u> 생각한다.

너덜너덜한 것은 너덜너덜 그대로 내버려둘 일이다.

기적은 그야말로 신의 <u>제스처</u>이다. 사람이 차분하게 자리 잡고 앉은 다음 인상 깊은 몸짓을 하듯이 신은 세상을 매끄럽게 계속해서 흘러가도록 해놓고 상징적인 사건을, 이를테면 자연의 몸짓을 성인의 말에 첨가시킨다. 만약 성인이 지껄였을 때, 주변 나무들이 마치 그를 공경이라도 하는 듯 인사를 차렸다고 한다면, 그것이 기적의 예증이라도 되겠지.―그런데 나는 그런 일이 일어날 것처럼 생각하고 있는가? 아니야, 생각하고 있지 않다.

그러한 기적의 존재를 내가 믿는다고 한다면, 그 유일한 방법은 어느 특정 사건으로부터 특별한 <u>감명</u>을 받는 것이다. 예를 들어서 내가 「이 나무를 보고 있으면서, 나무가 내 말에 대답하고 있는 줄 알지 못했다―이렇게 말할 수는 없었다.」 이런 말을 해야 하는 경우이다. 그것은, 마치 내가 「이 개의 얼굴을 보고 있으면서, 이 개가 주인의 동작에 온 신경을 곤두세우고 있는 줄 알지 못했다―이렇게 말할 수는 없다 〈↓〉 이런 말을 하는 것과 같다. 그리고 성인의 생활과 말이 보고되어 있을 뿐인데, 나무가 인사를 했다는 보고를 믿는 사람이 있다는 것은 나에게는 상상이 된다. 그러나 나는 그렇게 감명받지 않는다.

집에 돌아오면 놀랄 만한 별안간의 선물이 있으려니 생각했는데, 그런 선물이 준비되어 있지 않아서 물론 나는 놀랐다.

MS 128 46 : ca. 1941–1944

믿어야 한다. 손해 보는 것은 아니니까.

「믿는다」라고 하는 것은 권위에 복종하는 것이다. 한번 권위에 복종하고 나면 권위에 반항하는 일 없이 권위를 되물어보거나 새삼스럽게 권위를 믿을 만한 것으로 생각할 수는 없다.

곤경으로부터 구원을 청하는 외침은 <u>한 사람의</u> 외침 이상 큰 것은 없다.

또는 <u>어떤 곤경도</u> 개인이 처해 있는 곤경보다 큰 것은 없다.
　따라서 <u>한 사람의</u> 곤경은 무한하므로 무한한 도움이 필요하다.
　그리스도교라는 종교는 무한한 도움을 필요로 하는 자만을 위하여 존재한다. 따라서 무한의 곤경에 빠져 있다고 생각하는 자에게만 존재한다.

온 지구의 곤경은 한 인간의 영혼이 처한 곤경보다 크지 않다.

그리스도교의 신앙이란—내 생각으로는—<u>더 이상 없는</u> 이 곤경 속에서의 피난처이다. 이 곤경 속에서 마음을 움츠리는 대신에 마음을 열 수가 있다면 치료약이 마음속으로 받아진다.
　마음을 열고 신에게 참회하는 사람은 다른 사람들에게도 마음을 연다. 그렇게 함으로써 그 사람은 특별 인간으로서의 존엄(뛰어난 인간으로서의)을 잃은 것이 되어 어린애처럼 된다. 다시 말하면, 관직을 잃고 존엄을 잃고 다른 사람들과의 거리를 잃는다. 다른 사람들 앞에서 자기를 열어 보일 수 있는 것은 특별한 사랑이 있을 경우에 한한다. 그것은 이른바 「우리는 모두가 나쁜 자식이다」라고 인정하는 사랑이다.

이렇게도 말할 수 있는 게 아닐까? 「인간이 서로 미워하는 것은 상대와 거리를 두기 때문이다.」 아름답지 않은 자기 속을 남이 들여다보기 원치 않으므로.
　그렇다면 자기 내면을 부끄러워해야지 다른 사람에 대하여 자기를 부끄러워해서는 안 된다.

한 개인이 느끼는 곤경보다 더 큰 곤경을 느낄 수가 없다. 어떤 인간이 절망하고 있을 때 그것이야말로 더없는 곤경이기 때문이다.

MS 128 49 : ca. 1944

말은 행위[37]이다.

MS 179 20 : ca. 1945

아주 불행한 인간만이 남을 불쌍히 여길 자격이 있다.

MS 176 26 : ca. 1945

분별력을 가지고 생각하면 우리는 히틀러에 대해서조차 노여워할 수가 없다. 하물며 신에 대해서야 더더욱 그렇다.

MS 179 27 : ca. 1945

사람이 죽으면 그 사람의 인생은 온화한 빛으로 바라다보게 된다. 그 일생이 안개 같은 것에 포장되어 둥그렇게 보인다. 하지만 본인으로서는 둥글게 감싸지지도 않았고 들쭉날쭉 불안전한 것이었다. 본인에게는 온화함 같은 것은 없다. 그의 인생은 드러나 보이는 그대로 참담했다.

MS 180a 30 : ca. 1945

나는 길을 잃었기에 돌아갈 길을 가르쳐달라고 부탁했다. 그랬더니 안내해 주겠다고 말한 사람이 평탄한 길을 꽤 오래 함께 걸어준다. 별안간 길이 막다른 데까지 왔다. 그때 안내해 준 사람이 이렇게 말한다. 「자, 이제 여기서부터[38] 돌아갈 길을 찾아보시오〈↓〉──꼭 이런 모양이다.

MS 180a 67 : ca. 1945

자기 자신을 모르고 자기 자신을 이해하지 못할수록, 아무리 위대한 재능을 타고났어도 그 사람은 위대해지지 않는다. 그러므로 우리의 학자나 과학자는 위대하지 않다. 그래서 프로이트, 슈펭글러, 크라우스, 아인슈타인은 위대하지 않다.

MS 130 239 : 1.8. 1946

---

37) 《철학탐구》 546 참조.
38) von hier an인지 von hier aus인지 판독이 어렵다.

슈베르트는 신앙이 없으며 우울하다.

MS 130 283 : 5.8. 1946

<u>모든</u> 인간이 위대한가? 아니다.―그렇다면 어째서 <u>당신은</u> 위대한 인간이기를 바란다는 건가. 이웃 사람이 가지고 있지 않은 것을 어째서 당신은 가질 수 있다는 건가. 도대체 무슨 이유로?!―「나는 부자다」라고 생각하게끔 하는 것이 부자이고 싶다는 바람이 아니라면 거기에는 관찰이 있어야 한다. 당신에게 그것을 가르칠 경험이 있어야 한다. 그렇다면 (자부심 말고) 당신은 무슨 경험을 했는가? 그것을 가르치는 것은 <u>재능이 있다는</u> 경험뿐일 터이다. 「나로 말하면 보통 사람보다 뛰어난 인간이다」라는 나의 교만은 「나에게는 특별한 재능이 있소」라고 하는 경험보다 <u>훨씬</u> 옛날부터 있었던 게 아닌가.

MS 130 291 c : 9.8. 1946

슈베르트의 멜로디에는 <u>첨단</u>이 가득 있다고 말할 수 있으나 모차르트에게는 그 말을 할 수 없다. 슈베르트는 바로크이다. 슈베르트의 멜로디 가운데 어느 부분을 지적해서 이렇게 말할 수가 있다. 「자! 보시오, 이것이 이 멜로디의 급소라오. 여기서 사상이 날카로워졌소.」

여러 작곡가가 쓴 멜로디에 그 관찰 원리를―「어떤 나무의 종류도 다른 의미에서 볼 때엔 '나무'다」―적용시킬 수가 있다. 다시 말하면, 「이것들은 모두 멜로다―이다」라고 말했다 해서 헷갈려서는 안 된다는 것이다. 멜로디라고 말할 수 없는 것에서부터, 이쪽도 역시 멜로디라고 부를 수 없는 것까지의, 한 줄기 길에는 여러 단계가 있다. 짧은 멜로디나 전조(轉調)에만 주목한다면, 확실하게 이들 구조는 같은 수준에 있는 것처럼 보인다. 그러나 그것들이 놓여 있는 곳(따라서 그것들의 의미)에 주목한다면, 이렇게 말하고 싶을 것이다. 「이 멜로디는 저쪽 멜로디와 전혀 달라(여기 것은 다른 곳에서 생긴 것이어서 다른 작용을 하고 있다, 등 〈〉)」

MS 131 2 : 10.8. 1946

빛의 곁으로 다가가려고 애쓰는 사상.

MS 131 19 : 11.8. 1946

《잃어버린 웃음》³⁹⁾의 내용에서 유쿤두스는 이렇게 말하고 있다. 「나의 종교라고 하는 것은 지금 잘 풀리고 있어도(지금 잘 나가고 있어도—), 운이 나쁘게 될지도 몰라, 이렇게 이해할 것」—사실 이 말은 「주인이 내려준 것이다. 주인이 거둬 간 것이다.」 이 말과 같이 닮은 종교를 표현하고 있다.

MS 131 27 : 12.8. 1946

자기를 정확하게 이해하기는 어렵다. 관대함이나 친절에서 할는지도 모르는 행위를 소심이나 무관심 때문에 하는 일이 있기 때문이다. 분명하게 참사랑에서 오는 행동이 음모나 냉담에서 생기는 수도 있다. 반드시 모든 동정심이 친절한 것은 아니다. 혹시라도 예를 들어 내가 종교에 침잠될 경우에 한하여, 이러한 의심이 가라앉게 되는 것은 아닌지. 어쨌거나 종교만이 공허한 생각을 파괴하고 갖가지 갈라진 금에 침투할 수가 있으니까.

MS 131 38 : 14.8. 1946

다시 말해서 이렇게 말해두자. 'je ne sais pas' 중에—예를 들어—'pas'라는 말을 「발의 움직임」이라는 의미로 느낄 수 없는 사람에게는 「이런 뜻으로 말해서」라고 말함으로써, 음성의 표정(미묘한 악센트)을 가르칠 수는 없다.

　낭독할 때, 멋이 있게 읽겠다고 생각하면 말의 이미지를 부풀린다. 적어도 그러한 일이 종종 있다. 그러나 때로는 〔「코린트에 아테네로부터」⁴⁰⁾의 경우와 같이〕 구두법, 즉 정확한 억양이나 휴식의 길이가 무엇보다 중요한 경우도 있다.

MS 131 43 : 14.8. 1946＊

자기도 알지 못하는 것을 믿는 것은 얼마나 어려운 일인가? 이것은 주목할 만한 사항이다. 예를 들어 셰익스피어에 대해서는 몇 세기에 걸쳐서 저명인들이

---

39) 고트프리트 켈러(Gottfried Keller)의 단편집 《젤트빌라의 사람들》 중에서 한 편.
40) 괴테의 발라드 《코린트의 신부(新婦)》.

칭찬해 왔지만, 칭찬의 말을 들을 때마다 나는 「셰익스피어를 칭찬한다는 것은 관습이 아닌가」 하는 불신감을 털어버릴 수가 없다. 칭찬이 관습은 아님을 인정하지만. 정말로 납득하려 한다면 밀턴과 같은 권위가 필요하다. 밀턴 같으면 매수될 그런 사람은 아니라고 나는 생각하기 때문이다.—그렇다고 해서 내가 「엄청난 셰익스피어 찬사는, 1000명의 문학과 교수의 몰이해나 잘못된 핑계 때문」이라고 생각하는 것은 아니다.

MS 131 46 : 15.8. 1946

난문을 깊이 파악하는 일은 어렵다. 얕게 파악하면 그것은 난문 그대로이니까. 난문은 뿌리를 뽑아버려야 한다. 다시 말해서 새로운 방법으로 생각을 시작할 필요가 있다. 그것은 예를 들어 연금술의 사고로부터 화학의 사고로의 변화와 같이 단호한 변화이다.—그러한 새로운 사고방식이야말로 참으로 확립하기가 힘들다.

그것이(새로운 사고방식이) 확립되었다면 그때까지의 문제는 사라진다. 그때까지의 문제를 붙잡아 고치는 것이 어려워지기 때문이다. 어쨌거나 문제는 표현 방식에 숨겨져 있는 것이다. 새로운 치장으로 표현되면 그때까지의 문제는 이제껏 걸치고 있던 옷과 함께 벗어버리게(곁에 놓인다) 마련이니까.

MS 131 48 : 18.5. 1946

원자폭탄에 대하여 세상은 지금 발작적인 불안감을 드러내고 있으나 그것은 「실제로 드디어 여기 유효한 것이 발명되었다」는 신호와 같다. 그 두려움으로부터 적어도 분명해진 것은, 그것이 참으로 약효가 있는 쓴 약인 것 같다는 점이다. 아무래도 나로서는 「만약, 여기에 아무 좋은 일이 없었다면 속물들이 소리지르지 않을 것이다」라고 생각해 버린다. 그러나 그것도 어린애 같은 생각일는지 모르겠다. 요컨대 나는 「비누처럼 미끈거리고 역겨워 구토를 일으키는 과학이라는 추악한 것이 원자폭탄 덕택에, 파괴되어 끝나는 전망이 눈앞에 보인다」고 생각할 뿐이다. 물론 그런 생각이 불쾌한 것은 아니다. 그러나 그 파괴의 뒤가 어떻게 될 것인지는 누구도 알지 못한다. 오늘날 원자폭탄 제조에 반대하는 사람들은 지식층의 쓰레기이기는 하나, 그렇다고 해서 반드시 그들이 꺼리고 싫어하는 것을 칭찬해야 한다고 증명이 된 것도 아니다.

MS 131 66 c : 19.8. 1946

이전에는 수도원에 들어가는 사람들이 있었다. 그 사람들은 어리석거나 둔감했을까.—그런데 그런 사람이 그런 수단에 따라 계속해서 살아나갈 수가 있었다면 이 문제가 간단할 리 없다.

MS 131 79 c : 20.8. 1946

인간은 인간 마음의 최상의 상(像)[41]이다.

MS 131 80 : 20.8. 1946

셰익스피어의 비유는 <u>보통의 의미로는</u> 매우 서툴다.—그럼에도 그것이 뛰어난 비유라고 한다면—실제로 뛰어난 것인가? 나에게는 알 수 없으나—거기에는 독자적 법칙이 있음에 틀림없다. 비유의 반향이, 예를 들어 비유를 참말로 생각하도록 하거나 진실미를 주고 있는 것이 아니겠는가.

S의 경우, 경솔이나 독단이 본질일는지 모른다. 그래서 S를 참으로 대단하다고 생각하게 하기 위해서는, 자연을, 예를 들어 경치를 받아들이게끔 S를 받아들일 필요가 있는 것이 아닌가.

이 점에 관해서 내가 옳다면 모든 작품이, 말하자면 셰익스피어의 모든 작품(모든 작업)의 스타일이 이 경우 본질이며, 그의 비유를 정당화시켰다는 말이 될 것이다.

그렇다면 내가 셰익스피어를 <u>모르는</u> 것은, 셰익스피어를 가벼운 마음으로 읽지 못하기 때문이라고 설명할 수 있을 것이다. 이를테면, 내가 훌륭한 경치를 바라보듯이 셰익스피어를 읽을 수 없기 때문이다.

MS 131 163 : 31.8. 1946

---

41) 《철학탐구》 제2부 iv에는 「인간의 신체는 인간 영혼의 가장 좋은 영상이다」라고 되어 있다.

인간은 자기가 무엇을 가지고 있는지는 잘 알지만 자기가 무엇인지는 알지 못한다. 자기가 무엇인지는, 자기가 해발 몇 미터 높이에 있는가와 같은 것이니까, 대개의 경우 금방은 판단이 안 된다. 어떤 작품의 위대함이나 왜소함은, 작품을 만든 사람이 어디에 서 있느냐로 좌우된다.

또 이렇게도 말할 수 있다. 자기가 자기를 잘못 인식하고 자기가 자기를 현혹시키고 있는 사람은 결코 위대하지 않다.

MS 131 176 : 1.9. 1946

그런데 인생은 얼마나 작은 생각에 뒤덮여 있는 것일까.

그것은 마치 일생 동안 겨우 하나의 작은 나라를 여행하고 있을 뿐인데, 그 나라의 밖에는 아무것도 없다고 생각하는 것과 같다. 모든 것을 기묘한 관점(또는 투영체)으로 보고 있는 것이다. 쉬지 않고 자기가 여행하고 있는 그 나라가 엄청나게 큰 나라로 생각됨으로써, 주변에 있는 모든 나라의 것은 길게 뻗은 변경으로 보이는(가늘게 뻗은 변경으로밖에는 보이지 않는다) 것이다.

MS 131 180 : 2.9. 1946

깊은 곳으로 내려가는 데는, 멀리 여행할 필요가 없다. 자기 집의 뒤뜰에서도 가능한 일이다(물론 익숙하고 친근한 근처를 뒤로할 필요는 없다).

MS 131 182 : 2.9. 1946

「문명—건물, 도로, 차량, 등—때문에 인간은 그 근원, 높은 것, 무한 등으로부터 분리되는 것이다」라는 생각은 정말 기묘하다. 문명화된 환경이—그 속에 있는 나무나 식물을 포함해서—값싸게, 셀로판에 감싸여(싸여서) 가지가지 위대한 것으로부터, 이를테면 신으로부터 고립되어 있는 듯하다. 그럴 때 눈에 띄는 것은 기묘한 이미지이다.

MS 131 186 : 3.9. 1946

나의 「업적」은 어느 계산법을 발명한 수학자의 업적과 많이 닮았다.

MS 131 218 : 8.9. 1949

인간은 가끔 어리석은 짓을 저지르지 않으면 현명한 일이 전혀 행하여지지 않는 것으로 돼버리고 말 것이다.

MS 131 219 : 8.9. 1946

순수한 몸이라는 것은 섬뜩하다. 천사나 악마가 묘사된 방법(묘사된 모습)을 생각해 보면 알 수 있다. 「기적」이라고 일컬어지는 것은 이와 같은 것과 관계되어 있음이 틀림없다. 이를테면 성스러운 몸짓임에 틀림없을 터이니까.

MS 131 221 : 8.9. 1946

「신(神)」이라는 말의 사용법에서 보여주는 것은 당신이 이미지로 그리는 사람이 아니라, 당신이 이미지하고 있는 것 바로 그것이다.

MS 132 8 : 11.9. 1946

투우에서는 소가 비극의 영웅이다. 우선 통증 때문에 미친 듯 날뛰고 그로부터 느리게 공포의 죽음을 맞이한다.

MS 132 12 : 12.9. 1946

영웅은 죽음을 직시한다. 단순한 죽음의 이미지가 아니라 현실의 죽음을 직시한다. 위기에 처하여 예의범절을 지킨다는 것은, 말하자면 무대 위에서 훌륭하게 영웅다운 연기를 하는 것이 아니다. 도리어 죽음 그 자체를 직시할 수 있는 것이다.

연기자는 많은 역할을 할 수 있으나 마지막에는 자신은 인간으로서 죽게 된다.

MS 132 46 c : 22.9. 1946

음악의 악구를 이해하면서 뒤좇는 것은 어떤 것을 말하는가? 표정을 느끼며 얼굴을 바라보는 것인가? 표정에 넋을 잃는 것을 보이는 것인가?

표정을 이해하며 얼굴을 그리고 있는 사람의 동작을 생각해 보자. 그리고 있는 사람의 얼굴과 움직임을 생각해 보자.—다음 세 가지는 어떻게 표현될까?

그림의 모든 선은 얼굴이 명령한 것이다. 그림에는 어디에도 자의적인 데가 없다. 그리는 사람은 <u>섬세한</u> 연장이다.

　이것은 실제로 체험이라는 것일까? 요컨대 여기에 따라서 체험이 표현되어 있다고 말할 수 있는 것인가?

다시 한번 생각해 보자. 음악의 악구를 이해하면서 뒤좇는다는 것은 어떤 말인가? 또, 음악의 악구를 이해하며 연주한다는 것은 어떤 것인가? 당신의 내면을 문제 삼는 것이 아니라, 오히려 「<u>다른 사람이</u> 그렇게 하고 있다」고 당신에게 말하게 하는 것이 무엇인가를 문제시하는 것이다. 그리고 또한 「<u>그 사람</u>은 특정의 체험을 하고 있다」고 당신에게 말하도록 하는 것은 <u>무엇</u>인가? 도대체 우리는 왜 그런 이야기를 하는 것일까? 도리어 나 같으면 「다른 사람은 많은 경험을 했는데」라고 말하지 않겠는가. 아마도 나는 「그가 이 주제를 강렬하게 체험하고 있다」고 말하는 것은 아닌가. 그런데 그 가운데에서 무엇이 표정(표출)인지 생각해 보자.

주제를 강렬하게 체험한다. 그것은 주제에 반주하여 우리가 움직이는 동작을 느끼는 점에 「있는」 것이다, 라고 역시 생각할 수가 있을는지 모르겠다. 이것은 (역시 또한) 안심감 있는 설명처럼 생각된다. 그러나 그렇다고 믿을 만한 이유가 있을까? 예컨대 그러한 경험을 했다는 기억이 있는 건가? <u>이</u> 이론은 역시 단순한 상에 불과한 것은 아닌가? 아니, 그렇지는 않다. 이론이라는 것은 「느끼는 것」과 표정의 동작을 갖다 붙이는 시도에 지나지 않다.

「이 주제를 어떻게 느꼈습니까」라고 물어온다면 나는 「물음으로써」 따위로 대답할는지 모르겠다. 아니면 표정 풍만하게 주제를 휘파람으로 불어보거나 할 것이다.

「그는 이 주제를 강렬하게 체험했다. 그 주제를 귀담아들었을 때(하고 있는 동안에는), 그의 마음속에서는 무슨 일이 일어났다.」 그렇다면 무슨 일이 일어날 것인가?

주제는 자기 이외의 어떤 것도 지적하고 있지 않은가. 물론 그런데 그것은 다음과 같은 의미이다.—주제가 나에게 주는 인상은 주제 주변에 있는 것과 관련되어 있다.—다시 말하면 독일어의 존재라든가 억양과 관계되어 있다. 그렇다면 우리 언어 게임의 「힘의 장」 전체와 관계되는 것이 되는데[42] 예를 들어서 내가 「여기에서 결론이 나온 것처럼 보인다」라든가, 「여기서 어떤 일이 뒷받침된 것 같다」라든가, 「이것은 이전의 문제에 대한 해답인 것처럼 보인다」고 말할 때, 바로 나의 이해가 결론이나 뒷받침이나 해답의 내용은 이해하고 있다, 라고 하는 것이 전제가 되어 있는 것이다.

주제에는 얼굴에 지지 않을 정도의 표정이 있다.

「되풀이는 <u>필요 불가결</u>하다.」 그렇다면 어느 정도 필요한가? 노래를 불러보아라. 그러면 되풀이함으로써 비로소 주제에 <u>터무니없는</u> 힘이 생기는 것을 깨닫게 될 것이다.—거기에는, 이 주제의 모델이 실제로 존재하고 있음이 틀림없는 것 같지 않은가. 여기 이 부분이 되풀이되었을 때만 주제가 모델에 접근하며, 모델에 대응하고 있는 것처럼 보이지 않은가. 또는 내가 「되풀이되기 때문에 더욱더 아름답게 들리는 것이다.」 이런 어리석은 말을 해야 할 것인가. (그런데 「아름답다」라는 말이 미학에서 얼마나 어리석은 역할을 다하고 있는지 여기서 잘 알게 된다.) 그러나 실제로는 주제의 외부에는 패러다임 같은 것은 <u>존재하지 않는다</u>. 그러나 실제로는 주제의 외부에는 패러다임이 <u>존재</u>하게 되어 있는 것이다. 결국 그것은 우리 언어, 사고, 감각이 가지고 있는 리듬의 이야기이다. 그리고 주제가 우리 언어의 <u>새로운</u> 부분이 되어, 거기에 편입되게 된다. 이렇게 해서 새로운 <u>몸짓</u>을 배우게 된다.

주제는 언어와 작용한다.

어떤 주제는 사상의 밭에 씨를 뿌리고 또 어떤 주제는 사상의 밭에서 수확을

---

42) 《쪽지(Zettel)》 175를 참조할 것.

거둔다.

「죽음과 소녀」의 주제 마지막 두 소절은 ∞이다. 처음에는 이 음형이 관습적이고 보통의 것이라고 생각되겠지만, 그러는 동안에 이 음형의 깊은 표현을 차차 알게 된다. 결국 여기에는 보통의 것에 의미가 가득 채워져 있다.

MS 132 59 : 25.9. 1946

「잘 있거라, 안녕!」
　「모든 아픔의 세계가 이 말에 포함되어 있다.」
　그러면 그것은 어떻게 해서 <u>가능</u>한 것인가—모든 아픔의 세계가 이 말과 관계된다. 말은 도토리를 닮았다. 도토리에서 <u>도토리나무</u>가 자란다.
　그런데 도토리에서 도토리나무가 자라는 법칙은 어디에 뿌리를 내리고 있나? 자, 그런 이미지는 경험에 의해서 우리 사고에 엮여 들어와 있는 것이다(경험이 그 이미지를 우리 사고에 엮어 매게 되었다).

MS 132 62 : 25.9 1946*

에스페란토. 허구의 파생 음절을 가진 <u>허구의</u> 말을 입에 올리면 역겨워 토할 지경이다. 그 말은 냉랭하고 아무런 연상도 불러 끌어올리지도 못하면서 「언어」와 같은 얼굴을 하고 있다. 언어적 가치 없이 단순하게 쓰이는 기호 체계조차 에스페란토와 같은 구역질을 느끼게 하지 않는다.

MS 132 69 : 26.9. 1946

사상에 가격을 붙일 수가 있을지 모르겠다. 값이 비싼 사상도 있는가 하면 싸구려 사상도 있다.
　「브로드(Broad)의 사상[43]은 모두가 <u>참으로</u> 싸구려다.」 그러면 사상의 대금은 무엇으로 지불하는가? 나의 생각으로는 용기에 의해서.

MS 132 75 : 28.9. 1946*

---

43) 러셀의 제자. 케임브리지의 학자.

인생이 참기 어려워지면 개선을(상황이 변화하는 것을) 생각한다. 그러나 가장 중요하고 가장 유효한 개선은 자기 태도를 개선하는 일인데(바꾸는 것), 그 생각은 거의 떠오르지 않는다. 그러한 결심을 하는 것은 더없이 어렵다(거의 그러한 결심을 할 수 없다).

형식은—나의 스타일처럼—독창성은 부족하나 말은 잘 고른 스타일로 쓸 수가 있다. 형식이 독창적이고 내부로부터 <u>새로이</u> 자라난 것 같은 스타일로 쓸 수도 있다. (물론 오랜 가구를(잡동사니) 무조건으로 늘어놓은 것 같은 스타일이라도 쓸 수가 있다.)

그리스도교는 무엇보다도 다음과 같이 가르치고 있는 것은 아닌지. 어지간히 뛰어난 교양도 아무런 역할을 못 한다. 생활을 바꾸는 외에 방법이 없다. (아니면 생활의 <u>방향</u>을 바꾸는 방법밖에 없다.)
　　어떤 지혜도 냉랭하다. <u>식은</u> 쇠붙이를 단련시키기 어렵듯이, 지혜를 가지고 생활을 반듯하게 할 수는 없다.
　　뛰어난 교의(教義)는 우리를 <u>감동시킬</u> 필요가 없기 때문이다. 의사의 지시를 따르듯이 따르면 된다.—그러나 이 점에서 우리는 무엇엔가에 감동되어 방향을 바꿀 필요가 있다.—(요컨대 그렇게 나는 이해하고 있다). 방향을 바꿨다면 더는 <u>바꾸면</u> 안 된다.
　　지혜에는 정열이 없다. 거기에 관해서 키르케고르는 신앙을 정열이라 부르고 있다.

MS 132 167 : 11.10. 1946

종교는 말하자면 가장 깊은 조용한 해저이다. 바다 표면에서 아무리 파도가 거꾸로 요동을 쳐도 해저는 조용한 채 그대로이다.—

MS 132 190 : 16.10. 1946

「나는 지금까지 신을 믿은 적이 없다」—이것은 이해가 된다. 그러나 「나는 지금까지 실제로 신을 믿은 일이 없다」—이것은 이해할 수가 없다.

나는 때때로 발광기가 무섭다. 절망의 구렁텅이도 아무것도 아닌데, 바로 옆에 있는 지옥이라고 생각하는 것은 눈의 착각이다. 그리고 발광기에 대한 두려움이 이른바 눈의 착각 때문이라고 가정할 어떤 이유가 나에게 있는 것일까? 착각이 아니라고 말할 경험으로 내가 아는 유일한 것은, 레나우의 경우이다. 그의 《파우스트》에는, 내가 알고 있는 것과 같은 생각이 보이는 것이다. 레나우는 그것을 파우스트로 하여금 지껄이게 한다. 그러나 그것은 자기 자신에 관한 레나우의 생각에 지나지 않는다. 파우스트가 자기의 고독이나 고립에 대하여 말하고 있는 것이 중요하다.

　레나우의 재능도 나의 재능과 닮은 것 같다. 왕겨가 많고—아름다운 생각은 겨우겨우. 《파우스트》에 나오는 이야기는 어느 것 하나 시원치 않지만 거기에 제시된 관찰은 때때로 진실하고 위대하다.

MS 132 197 : 19.10. 1946

레나우의 《파우스트》에서 주목할 점은 인간은 악마밖에는 관련을 맺지 않는다는 것이다. 신은 꼼짝 않고 가만히 있다.

MS 132 202 : 20.10. 1946

베이컨은 예리한 사상가는 아니었다고 생각한다. 큼직하고 이른바 넓은 비전을 지니고 있었다. 그러나 비전밖에 갖지 못한 사람은, 약속은 훌륭하지만 실행이 따르지 않는다.

　세부를 정확하게 채우지 않고 비행기를 공상할 수는 있다. 공상해 낸 비행기 모습은 실제 비행기 모습과 큰 차이가 없고 그 기능도 그림에 그린 것같이 선명하다. 그러한 허구(공상 등)가 무가치하다고 단정할 수도 없다. 허구가, 다른 사람들을 다른 일에 몰아넣을지 모르기 때문이다.—실제 현실에서 나는 비행기를 만들려고 옛날부터 이것저것 준비하고 있는 동안, 공상가들은 비행기의 디자인이라든지 바람직스런 성능을 꿈꾸고 있는 것이다. 그렇게 말했다 해서 그러한 활동의 가치가 화제가 된 것도 아니다. 몽상가의 활동에는 가치가 있을 것이다.—다른 활동에도 역시.

MS 132 205 : 22.10. 1946

광기를 질병이라고 볼 필요는 없다. 왜 그것을 갑작스러운—크건 작건 간의 갑작스러운—성격의 변화라고 보아서는 안 된다는 것인가.

어떤 사람도(또는 대부분의 사람은) 인간을 믿지 않는다. 경우에 따라서는 남보다도 오히려 혈연관계가 있는 사람에게 불신감이 강하다. 이 불신감에는 이유가 있는가? 긍정이나 부정이다. 여러 가지 이유야 들 수 있겠지만 설득력이 없다. 어찌하여 사람은 인간에 대하여 별안간 좀 더 강한 불신감을 품어서는 안 되는가? 어찌하여 좀 더 마음을 열어야 하는가? 또는 사랑을 잃어서는 안 되는가? 평소 생활에서도 그렇게 되지 않을까? 그럴 경우 의사와 가능성의 경계는 어디에 있는가? 나는 누구에게도 본심을 털어놓을 마음을 포기하게 되었는가? 아니면 그렇게 안 되는 것일까? 일상생활에서도 인간이 교활하다면, 어째서—경우에 따라서는 별안간—좀 더 교활하게 되어서는 안 되는 것인가.

MS 133 2 : 23.10. 1946

마음이라는 윗옷(윗도리) 없이 지성의 각(角)이 드러나면, 시(詩)의 첨단이 너무 날카로워진다.

MS 133 6 : 24.10. 1946

아아,[44] 자물쇠 전문가가 만든 열쇠를 그대로 놓아두고 문을 열 때(열 때) 쓰지 않는 경우가 있다. 모처럼 전문가가 실력 발휘해서 만든 것이건만.

MS 133 12 : 24.10. 1946

「지금이야말로 이 현상을(《현》상을) 다른 것에 비유할 때다」—라고 말할 수가 있다.—예를 들어 정신병에 대해 나는 생각하고 있다.

MS 133 18 : 29.10. 1946

프로이트는 훌륭한 설명도 경우(과연 머리 좋은 설명인데)에 따라 심한 일을 저질렀다.

---

44) 원문에 섹션의 기호 'S'가 붙어 있어서 'Oh es kann ein Schlüssel'이라고 붙어 있는가 아니면, 'Soh es kann ein Schlüssel'의 'Soh'의 'h'가 지워진 것인지가 분명치 않다.

(어떤 멍청이도 프로이트의 설명(프로이트의 비유에)에 도움을 받아, 병의 상태를 「설명」하는 것이니까.)

MS 133 21 : 31.10. 1946

음악에서의 아이러니. 예를 들어 바그너의 〈명가수〉. 비교할 수 없을 정도의 깊은 모순은 제9의 제1악장 푸가. 거기에는 연설할 때 나타나는 격노의 모순에 대한 표현 같은 것이 있다.

　음악에서의 일그러짐이라고도 할 수 있겠다. 비통하여 일그러진 표정이라는 의미에서. 「모차르트는 음악에 '아름다운 것'밖에는 허용치 아니하였다」라고 그릴파르처가 말할 때, 그것은 「모차르트는 일그러진 것, 무서운 것을 허용하지 않았다. 그의 음악에는 <u>그러한 것들</u>이 전혀 눈에 띄지 않았다」 이런 의미가 아닌가. 이러한 견해가 맞는다고 주장할 생각은 없다. 그러나 그렇다고 가정한다면, 다른 존재 양식은 당연히 인정할 수 없다고 하는 것은 그릴파르처의 편견이다. 음악은 모차르트 이후(특히 물론 베토벤의 역량으로) 음악 언어의 영역을 확대했다. 이 사실은 칭찬할 것도 아니고 개탄할 것도 아니며, 요컨대 <u>그리된 것뿐인</u>(그렇게 변화되었다뿐이다) 것이다. 그릴파르처의 <u>태도</u>에는 은혜를 망각한 데가 있다. <u>더욱이</u> 또 하나의 모차르트가 요구되었을까? 그에게는 또 하나의 모차르트의 작곡을 하는 사람이 상상[45]되었을 것인가? 모차르트는 몰라도, 그에게는 모차르트가 상상되었을 것인가?

　여기서는 「아름다운 것」이라는 개념도 귀찮은 일을 저질러 놓았다.

개념은 귀찮음을 줄이거나 늘리거나 <u>한다</u>. 귀찮음을 조장하거나 저지시키거나 <u>한다</u>.

MS 133 30 : 1.–2.11. 1946

기본적으로 생은 안전하지 않다. 어디를 보나 탄성뿐이다.

　바보가 징글맞은 얼굴을 하고 있으면 주변의 어중이들이 고민 같은 것과는

---

45) 'etwas(물건)'인가 'etwa(예를 들면)'인가, 판독이 어렵다. 후자라고 한다면 「또 하나의 모차르트 곡이, 예를 들면 상상되었다」가 된다.

인연이 없다고 생각해 버리는데, 똑똑이와는 고민의 장소가 다를 뿐이지 그럴 싸한 고민이 있는 것이다. 바보에게는 말하자면 두통이 없지만 그 밖의 고통은 나름대로 맛보고 있다. 모든 고통이 닮은 꼴의 표정을 가져올 이유는 없다. 고귀한 사람이 괴로워할 때 나오는 다른 표정이 된다.

MS 133 68 c : 12.11. 1946＊

기도하기 위해 무릎을 꿇을 수가 없다. 말하지만 내 무릎이 딱딱하기 때문이다. 내가 부드러워지면 (내가) 허물어지지 않는다고 걱정이다.

MS 133 82 : 24.11. 1946

제자들은 엄청나게 커다란 풍경 속에서 갈팡질팡 방향을 못 잡고 있으므로 나는 그 풍경의 일부를 잘라서 보여준다.

MS 133 82 : 24.11. 1946

이 세상의 묵시록적 광경이라는 것은 실제 만사가 되풀이되지 않는다는 광경이다. 예를 들어서 다음과 같이 생각하는 것은 무의미하지 않다. 「과학 기술의 시대는 인류의 마지막의 시작이다. 진리를 드디어 인식했다고 생각하는 것이 무분별한 것과 같이 위대한 진보라고 하는 생각은 무분별하다. 과학적 인식에는 좋은 점도 바람직한 점도 없다. 과학적 인식을 추구하는 인류는 덫에 걸린다.」 그렇지 않다고 누구도 단언할 수가 없다.

MS 133 90 : 7.1. 1947

사내의 꿈은 첫째 실현되지 아니한다.

MS 133 118 : 19.1. 1947

소크라테스는 소피스트를 언제나 침묵시킨다.—그것은 정당한 일일까? 분명히 소피스트는 자기가 무엇을 알고 있는지 알지를 못한다. 그렇다고 해서 그것이 소크라테스의 승리가 되지도 않는다. 결국 「그것 보아라, 당신은 모르지 않소」 라는 말을 못 하고 「결국 아무도 모르오」라고 이렇게 뻐기며 자랑으로 말할 수도 없다. 어찌 되었든 나는 나 자신에게뿐만 아니라 남에게 모른다는 것을 인식시키기 위한 만큼 생각할 생각도 없다. 나는 자신이 아직 이해하고 있지 않은 것을 확인하는 데만, 무엇인가를 이해하려고 하지도 않는다.

MS 133 188 : 27.2. 1947*

지혜는 냉랭한 것이고 그만큼 어리석은 것이다. (신앙은 그 반대로 정열이다.) 지혜는 당신에게 생을 숨기고 있을 뿐이라고 말할 수 있게 되는 것도 아니다. (지혜는 회색 재를 닮았다. 붉게 타는 석탄을 숨겨 놓고 있다.)

MS 134 9.3.3. 1947

난센스 같은 말을 지껄이는 것을 두려워할 필요가 없다. 단지 자기가 말하는 난센스에 귀를 기울일 필요는 있다.

MS 134 20 : 5.3. 1947

자연의 불가사의.
　이런 식으로 말이 되지 않겠나. 「예술은 자연의 불가사의를 가르쳐준다. 자연의 불가사의라는 개념에 근거하고 있기 때문이다.」 (마침 꽃이 피기 시작했다. 그 어디가 훌륭한가?) 이렇게 말을 걸어오면 「꽃이 피어나는 모습 좀 보시오」라고 대답하는 것이다.

철학, 예술, 과학의 미래에 대하여 본 꿈이 진실이라고 증명되는 일이 있다손치더라도 그것은 우연에 지나지 않는다. 그 사람이 본 것은 꿈속에서의 자기 세계의 연장이다. 따라서 그 사람의 바람일지 모른다(바람이 아닐는지도 모른다)가 현실은 아니다.
　그런데 이런 모양으로 말이 되는 것은 아닐까? 예를 들어 어떤 사람의 사진은 때와 함께 변한다. 말하자면 그 사람이 사진 속에서 나이를 들어가거나 하는 것처럼. 사진의 변화는 독자적인 법칙에 따르는 것이지만, 어찌하여 그 법칙은 현실 속에 인간의 늘어나는 나이와 평행하여 사진을 변화시키는 것일까?

물론 수학자라도 자연의 불가사의(결정(結晶))에 감복하는 수가 있다. 하지만 자기가 보고 있는 것이 의심쩍어진다 하더라도(자기가 눈여겨보고 있는 것이) 감복할까? 경탄의 대상이 철학의 안개라고 하는 베일에 가려져 있는 한 정말로 감복할 수 있을까?

이러한 경우를 상상할 수가 있다. 누군가가 나무를 훌륭하다고 생각한다. 나무 그늘이나 거울에 비친 나뭇가지를 나무라 생각하고 감복한다. 하지만 이것은 뭐야, 나무와의 관계는 어떻게 되어 있는 거야, 이런 의문을 품기 시작하면 멋지다고 생각하는 기분에 금이 간다. 먼저 그 갈라진 부분을 되돌려 놓아야 한다.

MS 134 27 : 10.–15.3. 1947

문장은 바른 빠르기로 읽을 때만 이해할 수 있다. 나의 문장은 모두 천천히 읽어야 한다.

MS 134 76 : 28.3. 1947

제2의 악상이 제1의 악상에 이어지는 「필연성」.《피가로의 결혼》서곡.)「순번으로 듣는 것은 '기분 좋은' 것입니다」라고 말하는 것만큼 어리석은 것은 없다.―그러나 모두를 바르게 나란히 놓은 패러다임은 물론 알지 못한다.「이것은 자연스러운 전개입니다」라고 말하면, 손을 움직여「물론이지」라고 말하고 싶어진다. 이러한 이행을, 예를 들어 이야기나 시 같은 데서(새로운 인물이 등장하는) 이행에 비유할 수는 없을까? 그렇게 하면 이 작품은 우리 사상과 감정 세계에 딱 들어맞는데.

MS 134 78 : 30.3. 1947

내 가슴의 주름은 언제나 딱 달라붙으려고 한다. 가슴을 열기 위해서는 주름을 되풀이해서 갈라놓아야 한다.

MS 134 80 : 30.3. 1947

어리석고 소박한 미국 영화에서는 그 어리석음 때문에, 그 어리석음을 통하여 가르침을 받는 것이 있다. 소박하지는 않지만(점잖은 체하고 있는데) 얼빠진 영국 영화에서는 배울 것이 없다. 때때로 나는 어리석고 멍청스러운 미국 영화에서 공부를 했다.

MS 134 89 : 2.4. 1947

내가 하고 있는 일은 노력의 보람이 있는 것일까? 위로부터 빛을 받을 때에 한해서 노력의 보람은 있다. 노력의 보람이 있다면,—어째서 나는 일의 성과를 도적맞지나 않을까 근심하게 되는가. 내가 쓰는 것에 참으로 가치가 있다면, 어떤 방법으로 이 가치 있는 것이 도난당한다는 말인가. 위로부터의 빛이 없다면 나는 재주 있는 사람에 지나지 않는다.

MS 134 95 : 3.4. 1947

자기의 발명, 발견의 우선권에 시비를 걸어오면 얼마나 <u>증오심을 품게</u> 되는가. 또한 「이를 드러내고 손톱을 세워가며」 우선권을 지키려고 하는 자(지키고 싶다고 생각하는)가 나에게는 참으로 이해가 잘 된다. 그러나 우선권은 망상에 지나지 않는다. 뉴턴과 라이프니츠 사이에 일어난 우선권 싸움을 <u>클라우디우스가</u> 비웃고 있는데, 분명 이 비웃음은 너무나 안일하고 경솔한 것처럼 생각된다. 하지만 이런 종류의 싸움이 <u>용렬한</u> 약점에서 생기며, 용렬한 인간들에게서 키워진다는 것 또한 진실이 아닌가. 뉴턴이 라이프니츠의 독창성을 인정하였다면 뉴턴은 <u>무엇을</u> 잃었을까? 아무것도 잃지 않았을 것이다. 도리어 많은 것을 손에 넣었을 것이다. 그러나 상대의 우선권을 인정하는 것이 얼마나 어려웠을까? 인정하려고 하는 자에게 그것은 자기의 무능을 고백하는 것처럼 생각되기 때문이다. 상대를 평가함과 동시에 상대를 사랑하는 사람만이 상대(당신을 평가함과 동시에 당신을 사랑하는 사람만이 당신에게)에게 그러한 <u>태도를</u> 취하기 <u>쉽게</u> 하는 것이다.

물론 이것은 <u>질투의</u> 문제이다. 그리고 질투를 느낀다면 언제나 자기에게 「이것은 졸작이다. 이것은 시원찮다.」고 들려줄 필요가 있을 것이다.

MS 134 100 : 4.4. 1947

어떤 생각을 비싼 값을 치르고 손에 넣었다면, 그 결과 싼값에 많은 생각을 얻은 것이다. 그 가운데 몇몇 유용한 생각이 있다.

천문학자가 아득한 저쪽 별 세계를 보듯이, 때때로 우리는 이데아를 보고 있다 (적어도 그렇게 생각된다).

MS 134 105 : 5.4. 1947

내가 <u>좋은</u> 문장을 썼다고 하자. 우연하게도 그 문장이 운문을 따른 2행이라면 <u>실패작</u>이라는 말을 듣게 될 것이다.

「예술 작품은 '감정'을 전한다」는 톨스토이의 잘못된 이론으로부터 <u>많은 것</u>을 배우게 되는 것이 아닌가.─실제로 우리가 예술 작품을 일컬어 감정의 표현 그 자체라고는 말하지 않더라도, 어떤 감정의 표현이라든가 또는 느껴진 표현이라고 부를 수는 있지 않을까? 그러므로 「그러한 표현을 이해하는 사람들은 이를테면 거기에 '스윙'하여 거기에 대답하는 것」이라고 말할 수 있을 것이다. 「예술 작품이란 <u>무엇인가</u> 별다른 것을 전달코자 하는 것이 아니라, 자기 자신을 전달하려고 하는 것이다」라고 말할 수 있는 것 아닌가. 그것은 마치 내가 그 누군가를 방문하는 것과 같은 말이다. 내가 이러이러한 감정을 그 누군가에게 불러일으키고 싶을 뿐 아니라, 무엇보다도 누군가를 방문하고 싶은 것이며 또한 환영도 받고 싶은 것이다.

그러므로 「예술가가 쓸 때 느끼는 것을 독자들은 읽을 때 느껴주었으면 하는 것이다. 그것이 예술가의 바람이다」라고 말하는 것은 점점 더 난센스가 되는 것이다. 이것은 나에게도 이해가 되지만, (예컨대) 시를 이해한다는 것은, 시를 지은 사람이 바라는 대로 이해하는 것이다.─하지만 <u>시인</u>이 시를 지을 때 느꼈을 것에 대해 나는 <u>전혀</u> 관심이 없다.

MS 134 106 : 5.4. 1947

나는 운문은 못 쓰지만 산문도 <u>이</u> 정도밖에─말하자면 이 이상은─못 쓴다. 나의 산문에는 일정한 한계가 있고, 나에게 시가 써지지 않는 것과 마찬가지로 그 한계를 뛰어넘을 수가 없다. 나는 그 정도의 장치(裝置)이고, 그러한 장치밖에는 내 뜻대로 되지 않는 것이다. 그것은 마치 「이 게임에서 내가 가능한 것은 이 정도이고, 그렇게 완전하게는 되지 않는다」라고 말하는 것이다.

MS 134 108 : 5.4. 1947

중요한 일을 하고 있는 사람이라면 자기 일이 장차 어떻게 되는가를 마음속에 그려본다. 요컨대 꿈꾸는 일이 있는 것이다. 그런데 만일 실제로 꿈에 본 것이 현실이 되었다고 한다면 그것은 자주 있는 일이 아니다. 오늘날은 자신의 꿈을 믿지 않는 편이 물론 간단은 하다.

MS 134 120 : 7.4. 1947

「최고의 시인이나 사상가라도 범용한 것이나 졸렬한 것을 썼다. 단지 그 가운데에서 좋은 것만을 선별한 것이다」라고 니체가 어떤 곳에[46] 써놓았다. 그러나 완전히 그렇다고 단언할 수는 없다. 원예가의 정원에는 장미 말고도 물론 비료라든가 쓰레기나 지푸라기도 있지만, 그것들이 구분되는 것은 뛰어난 점뿐만 아니라(단순하게 뛰어난), 도리어 무엇보다도 정원(정원에서 그것들이)에서 맡는 역할에 무게가 있는 것이다.

　졸렬한 문장이라고 생각되는 것이 우수한 문장의 싹일 경우도 있다.

MS 134 124 : 8.4. 1947

「취미」에 새로운 유기체를 만드는 능력은 없다. 이미 존재하는 유기체를 조절할 수가 있을 뿐이다. 취미는 나사를 느슨하게 하거나 조이거나 하지만 새로운 원형 장치[47]를 만드는 일은 없다.

취미는 사물을 조절은 하나 만들어내지는 못한다.

취미는 사물을 받아들이기 쉽게 한다.

---

46) 니체 《인간적인, 너무나 인간적인》 I. 155.
47) 원문에서는 'Urwerk'. 'Urwerk(원형 장치)'인지, 'Uhrwerk(시계 장치)'인지 분명치 않다.

(그러므로 위대한 창조자에게는 취미가 불필요한 것 아닌가. 그 자식들은 훌륭한 모습으로 태어난다.)

갈아서 퇴고하는 것은 취미의 작업이 될 때도 있고 그렇지 않을 때도 있다.

나에게는 취미가 있다.

<u>여간 어지간히 세련된</u> 취미라도 창조력과는 관계가 없다.

취미란 감각의 세련이다. 하지만 감각은 아무 일도 아니<u>한다</u>. 받아들일 뿐이다.

내게는 취미밖에 없는 것인가 아니면 독창성도 있는 것인가? 나는 판단이 서지 <u>않는다</u>. 취미는 뚜렷하게 모습이 보인다. 독창성은 모습이 보이지 않는가? 정말 멍청하다. 어쩌면 그럴는지도 모르겠다. 우리에게 보이는 것은 자기가 무엇을 <u>가지고 있는가</u> 하는 것뿐, 자기가 무엇인가 하는 것은 보이지도 않는다. 거짓말하지 않으면 그것만으로도 독창적인 것처럼 보인다. 바람직한 독창성은 곡예와 같은 것은 아닐 테고, 아무리 특징 있는 개성도 독창성이라고 부를 수는 없는 것이니까.

　자기 이외의 무엇이었으면 하고 생각 말 것. 그것만으로도 벌써 빼어난 독창성이 발동 걸린 거다. 하지만 이런 것은 이미 다른 사람이 훨씬 잘 지적하고 있는 일이다.

취미는 황홀하게 하지만 감동시키지는 못한다.

MS 134 129 : 9.4. 1947

옛날 스타일을, 말하자면 새로운(비교적 새로운) 말로 재현할 수가 있다. 말하자면 현대적 빠르기로(현대적인 해석으로)(현대적인 빠르기로) 새롭게 상연이 가능하다. 그러할 경우 엄밀하게는(실제적으로는) 복제 또는 재생을 하고 있는 데 지나지 않는다. 그것은 내가 건축에서 한 일이다.

그렇더라도 그것은 옛날 스타일을 새롭게 뜯어고치는 것이 <u>아니다</u>. 밝은 형태를 가지고 와서 그것을 새로운 취미에 맞추어서 일을 끝내는 것이 아니다. 오히려 실제적으로는 어쩌면 무의식 그대로 옛날 말을 지껄이고 있는 것이다. 단지 그 지껄이는 방식이 비교적 새로운 세계의 것이기는 하지만, 그렇다고 해서 반드시 그 세계의 취미에 들어맞는다고는 볼 수 없다.

MS 134 133 : 10.4. 1947

　　「그렇지 않아」하고,—그것과 싸운다. <u>이러한</u> 반응으로부터 생기는 것은 똑같이 참기 어려운 상태일는지도 모른다. 그리고 그때에는 반항을 계속할 힘이 다 쇄진했는지도 모른다. 「<u>그자가</u> <u>그런 짓</u>을 아니하였다면, 이렇게 심한 일이 일어나지 않았을 것인데」라고 우리는 말한다. 하지만 무슨 권리가 있어서? 사회 전개의 법칙을 누가 알고 있다는 것인가. 아무리 영리한 사람도 알 리가 없는 것이다. 싸우려면 싸워도 좋다. 희망을 가지려면 가져도 좋다.

　　우리는 싸우고 희망하고 믿을 수도 있다. <u>과학</u>의 뒷받침 없이.

　　과학—어떤 것을 풍요롭게 하면 다른 것이 가난하게 된다. 어떤 <u>하나의</u> 방법이 다른 모든 방법을 옆으로 제친다. 그 방법과 비교하면, 다른 모든 방법은 빈약하게 보이고 고작해야 전 단계라고 생각된다. 수원지에 내려가서 바보 취급당한 방법도, 편들어 준 방법도 몽땅 한 줄로 세워서 바라다볼 필요가 있다.

MS 134 141 : 13.4. 1939

　　<u>나만</u> 혼자서 학파를 만들 수가 없는 것인가, 아니면 철학자는 학파 같은 것을 못 만드는 것인가? 원래 흉내의 대상이 되는 것이 싫으니까 나는 학파를 못 만드는 것이다. 철학 잡지에 논문을 쓰는 따위의 패거리들에게만은, 무슨 일이 있어도 흉잡히고 싶지 않다.

　　「운명」이라는 말의 사용법. 미래와 과거에 대한 우리의 태도. 어느 정도로 미래에 책임이 있다고 생각하는가? 어느 정도로 미래에 대하여 사색을 하고 있는가? 과거와 미래에 대하여 어떻게 생각하고 있는가? 유쾌하지 않은 일이 일어

나면—우리는 「누구의 탓인가」 묻거나, 「누군가의 탓이 틀림없어」 이렇게 말한다.—아니면 「그것은 신의 의지였어」라든지, 「운명이었어」라고 말한다.

질문한다든가 답을 다그친다든가 하는 것이 다른 태도, 다른 생활 방식을 표현하고 있듯이 「그것은 신의 의지올시다」 한다든가 「우리는 자기 운명을 지배하고 있지 않아」 하는 발언도 같은 의미로, 다른 태도, 다른 생활 방식을 표현하고 있다. 이와 같은 문장이 하고 있는 비슷한 일을 명령에서도 하고 있다. 우리가 스스로에게 하는 명령도 마찬가지이다. 그리고 역으로, 예를 들면 「투덜투덜 불평하지 마라」 이런 명령은 진실을 확정 짓는 것으로서 발언하는 경우도 있다.

왜 어째서 나는 이토록 꼼꼼하게 「주장문(主張文)」의 사용법을 구분하고 있는가? 그럴 필요가 있기 때문인가? 옛날 사람들은 문장 하나로 솔직하게 전하고 싶은 말을, 사실은 올바르게 이해하지 못했던 것은 아닌가? 현재에는, 필요 이상으로 곰상스레 굴고 있지는 않은가?—이것은 어떠한 용법에는 그 권리를 되돌려주려 하고 있는 것뿐이다. 따라서 이것은 과대평가된 과학에 대한 반동은 아닌지. 「과학」이라는 말을 「난센스에 함몰되지 않고 이야기가 되는 것들의 총체」라는 의미로 쓴다면, 벌써 그것만으로도 과학은 과대평가되고 있는 것이다. 그렇게 함으로써 실제로 발언이 좋은 경우와 나쁜 경우 둘로 갈라지는 것이므로, 벌써 그 점에 위험이 있는 것이니까. 그것은 마치 모든 동물, 식물, 암석을 쓸모 있는 것과 해로운 것으로 분류하는 그런 것이다.

그러나 물론 「그 권리를 되돌려준다」거나 「과대평가」라는 말로 나의 입장은 표현되어 있다. 「그 명성을 회복시켜 줄게」 이렇게도 말할 수 있었기 때문이다. 그렇지만 나는 그렇게는 생각지 않는다.

운명과 대조적인 것이 자연법칙이다. 우리는 자연법칙을 규명하고 이용하려 하지만 운명에 대해서는 그렇게는 생각하지 않는다.

자기 일을 남에게 넘겨주는 편이, 사는 방식을 바꾸고 현재 끌어안고 있는 문제를 모두 쓸모없게 만드는 것보다 바람직하지 않은가. 나에게는 전혀 짐작이 안 된다. (그러니까 내게는 결코 학파가 만들어지지 않는지도 모르겠다.)

「이런 식으로 보는 것이다」라고 철학자가 말한다.—하지만 그렇게 말해주었다고 해서 우선 첫째로, 사람들이 그런 식으로 보게 되는 것은 아니다. 두 번째로, 철학자의 충고가 때를 놓쳤을 가능성도 있다. 그리고 또한 그 충고가 아무런 소용이 닿지 않은 경우도 생각되고, 사물을 보는 견해가 변화된 것은 다른 장소에서 해온 힘의 탓으로도 생각된다. 그러한 이유로 베이컨에 의해 움직여진 것이 있는지 아닌지는 참으로 의심쩍은 데가 있다. 하기야 그의 독자의 천박한 마음은 또한 다른 이야기이지만.

가장 벌어지기 어려운 일은, 과학자나 수학자가 나의 저작물을 읽음으로써 일의 방법을 정색으로 다시 고쳐 생각하는 일이다. (그러한 의미에서 나의 경고(고찰)는, 영국 정거장 매표소의 게시판 「당신의 여행은 꼭 필요한 것입니까,」[48]와 비슷하다. 그것을 읽은 사람이 「생각해 보니, 필요 없군.」 이렇게 중얼거리는 것을 기대하고 있는 것과 비슷하다.) 여기서는 내가 내놓은 것과는 전혀 별개의 대포(大砲)가 필요하다. 내가 끼칠 가능성이 있음직한 영향이라고 한다면, 무엇보다도 우선 나에게 자극을 받아 참으로 많은 잡동사니를 이것저것 쓰고, 어쩌면 그 잡동사니가 자극이 되어 좋은 것이 태어날는지도 모른다. 언제나 나에게 허락된 희망은, 더 이상이라 할 수 없는 간접적인 영향을 주는 것뿐이 아니겠는가.

예를 들면, 역사서에 씌어 있는 인과관계의 지껄임만큼이나 어리석은 것도 없다. 이것만큼 거꾸로 선 천박한 생각도 없다.—그러나 누가 이것을 지적하여 그 잔소리를 중지시킬 수가 있을까? (그것은 마치 내가 연설하여, 남녀의 옷차림을 바꾸려고 생각하는 것과 같다.)

MS 134 143 : 13.–14.4. 1947*

라보어의 연주는 「이야기를 나누는 것처럼」이라고 평판받은 일이 있는데, 이 문제를 생각해 보자. 얼마나 기묘한 일인가. 그의 연주에서 「이야기 나누는」의 유사점이 부차적인 것이 아니라 중요하고 거대한 것이라는 점이다. 음악을—물론

---

48) 이 게시판은 제2차 대전 중에 그리고 그 직후에 붙여 놓았던 것이다.

<u>모든</u> 음악을 말하는 것은 아닌데—말이라고 생각하고 싶은 때가 있다. 물론 그렇지 않은 음악도 있으나. (음악을 「말」이라고 생각하고 싶은 일이 있다. 물론 모든 음악에 들어맞는 것은 아니지만.) (그렇다고 해서 무엇인가 가치 판단을 하고 있다는 것은 아니다.)

MS 134 156 : 11.5. 1947

책은 생명으로 차 있다.—인간이 아니라 개밋둑과 같다.

MS 134 157 : 11.5. 1947

여전히 우리는 토대까지 내려가는 일을 잊는다. 의문부를 찍을 깊이가 충분치 않은 것이다.

새로운 개념이 탄생하는 때의 진통.

MS 134 180 : 27.6. 1947

「지혜는 회색.」 그러나 삶과 종교는 색채가 풍부하다.

MS 134 181 : 27.6. 1947

이렇게 말할 수 있을지 모르겠다. 과학과 산업, 그리고 그것들의 진보가 오늘날에는 가장 오래 계속되는 것이다. 과학과 산업이 못 쓰게 된다는 추측은 단기적으로도 장기적으로도 단순한 꿈에 지나지 않는다. 과학과 산업은 한없는 비탄을 동반하고, 한없는 비탄 뒤[49]에 세계를 통일하게 되겠지. 결국 하나의 제국으로 통합시킬 것이다. 물론 그때 그 제국에는 평화 같은 것은 없을 것이다. 아무튼 전쟁을 제어하는 것은 과학과 산업이니까. 적어도 그렇게 생각되니까.

MS 135 14 : 17.7. 1947

---

49) 「nach」인지 「noch」인지 판독이 어렵다. 전자라면 「한없는 비탄을 동반하며, 한없는 비탄의 끝에」의 의미가 있으며, 후자라면 「그사이, 한없는 비탄을 동반하여」의 뜻이 된다.

무언가 자네밖에는 하는 사람이 없는 것 같은 것에 흥미를 가지지 마라.

MS 135 23 : 16.7. 1947

나의 사상의 넓이는 내가 생각하는 것보다 훨씬 좁은 것 같다.

MS 135 85 : 24.7. 1947

사상은 거품이 수면 위로 떠오르듯 천천히 나타난다.

사상이나 생각이 아득한 저 너머 수평선에 떠 있는 어렴풋한 점처럼 보일 때가 가끔 있다. 그리고 그 점은 때때로 놀라운 속도로 접근해 온다(가까이 다가온다).

MS 135 101 : 26.7. 1947

나라 경제가 나쁘면 가계도 나빠지는 게 아닌가. 언제나 파업[50]하려는 마음을 가진 노동자는 자식들에게 질서를 가르치지 않을 것이다.

MS 135 102 : 27.7. 1947

모두에게 보이는 것을 신이여, 철학자에게 알려주소서.

MS 135 103 c : 27.7. 1947

인생은 산등성이 위의 길을 닮았다. 좌우에는 미끌어지기 쉬운(미끈미끈 미끌어지다) 경사가 있기에, 어느 쪽으로 기울어지더라도 슬슬 미끌어져 떨어진다. 미끌어져 떨어지는 사람을 나는 여러 번 목격하고는 「아아, 어쩔 수 없군」이라고 생각했다. 결국 그것은 「자유 의지를 부정하는」 것이다. 자유 의지 부정의 태도가, 그렇게 「생각하는」 것에 드러나 있다. 그러나 그것은 과학적 사고가 아니라 과학적 확신과는 관계가 없다.

　책임을 부정하는 것은 인간에게 책임을 묻지 않는 것이다.

MS 135 110 : 28.7. 1947

---

50) 원문은 「Strike」. 영어의 「Strike」인지 독일어의 「Streike」인지 분명치 않다.

어떤 사람들의 취미와 훈련된 취미와의 관계는, 잘 보이지 않는 눈이 받는 시각적 인상과 건강한 눈이 받는 시각적 인상과의 관계와 비슷하다. 건강한 눈으로는 깨끗하게 보이는 것이 약시인에게는 색이 뿌연 반점으로 보인다.

MS 135 133 : 2.8. 1947

너무 지나치게 아는 사람으로서는 거짓말하지 않는 일이 어렵다.

MS 135 191 : 17.12. 1947

누군가가 피아노를 치고 있으면 나는 불안하다. 다 치고 나서 더듬거리는 피아노 소리가 들리지 않게 되었는데도, 아직 연주가 계속되고 있는 듯한 기분이 들기 때문이다. 환청에 지나지 않는다고 알고 있는데도 뚜렷하게 그 소리가 들리는 것이다.

MS 135 192 : 17.12. 1947

종교의 신앙이란 어느 하나의 좌표계를 정열적으로 받아들이는(것과 같은) 일에 지나지 않나 생각한다. 다시 말하면 신앙이기는 하지만 삶의 한 방식, 생의 판단의 방식인 것이다. 정열적으로 그러한 인식 방법을 택하는 것이다. 그러니까 종교적 신앙의 교육은 그 좌표계를 묘사·기술할 필요가 있으며, 동시에 양심에 이야기를 걸 필요도 있을 것이다. 그리고 마지막에는 그 양쪽의 힘에 따라, 생도 자기 의사에 따라, 스스로 그 좌표계를 정열적으로 받아들일 필요가 있다. 마치 그것은, 한쪽으로는 누군가에게 내가 나의 절망적인 상황을 눈에 띄게 하고, 다른 한쪽으로는 비상용 닻(〈구명〉 용구)을 던져서 도움을 청하듯 하는 것이다. 마지막에 나는 나의 의사로 그러나 어떤 일이 있어도 선생님에게 손을 잡아 도움을 청하는 것이 아니라, 그것에 돌진하여 그것을 꽉 잡는 것이다.[51]

MS 136 16b : 21.12. 1947

---

51) 원문에서는 「비상용 닻」의 「닻」이 지워져 있다. 「비상용 닻」에는 묶음표로서 「〈구명〉 용구」가 배치되어 있으나, 「그것에 돌진하여 그것을 꽉 잡는다」의 대명사 「그것」은 「닻」에 대응하여 남성 단수 4격 그대로이다.

그러는 가운데, 이 문명으로부터 문화가 생길는지 모른다.

그때, 18세기, 19세기, 20세기의, 매우 흥미 깊은 발명의 참된 역사가 존재하는 일이 생길 것이다.

MS 136 18b : 21.12. 1947

과학 연구에 있어서 여러 말을 한다. 발언이 연구에서 어떠한 역할을 하는지 모르면 모르는 대로 우리는 많은 발언을 하고 있다. 확연한 목적이 어느 발언에도 있을 이유는 없고 입이 함부로 움직이고 있는 것이다. 사상의 운동은 관습적이고 우리는 몸에 밴 기법(형식)에 따라 자동적으로 이행(사상으로부터 사상으로의 이행)하고 있다. 쓸모가 없다. 그뿐만 아니라 목적에 반한 운동을 많이 해왔기 때문에, 앞으로는 사상의 운동을 철학에 의해서 깨끗하게 해야 한다.

MS 136 31a : 24.12. 1947

아직 이해하기에는 여간 거리가 있구나 생각되는 일이 있다. 다시 말해서 내가 입을 놀릴 필요가 있는 것은 무엇이며, 내가 입을 놀릴 필요가 없는 것은 무엇인가? 이것을 알 만한 지점으로부터 먼 곳에 있는 것이다. 여전히 곰살스러운 일에 말려들어서, 이들 중대한 일을 문제 삼아도 괜찮은지 모르겠다. 아무래도 내가 큰 영역을 점령하는 것은, 그 커다란 영역을 고찰의 대상에서 빼내기 위한 것인지도 모르겠다. 그러나 그렇다 하더라도 고찰이 제자리걸음만 되풀이하지 않는 한 고찰이 무가치한 것은 아닐 터이니까.

MS 136 37a : 25.12. 1947

건축은 무언가를 찬미한다. (건축은 오래 견디는 것이기 때문이다.) (건축은 오래 지탱하는 몸짓이기 때문이다.) 건축은 자기의 목적을 찬미한다.

(......)

건축은, 무엇인가를 영원토록 하고 찬미한다. 그러니까 아무것도 (영원하지 아니하고) 찬미받지 않는 곳에 건축은 존재치 않는다.

(......)

건축은 무언가를 영원화하고 찬미한다. 그러니까 아무것도 찬미받지 않는 곳에 건축은 존재하지 않는다.

건축은 무엇인가를 찬미한다. (건축은 오래 지탱하니까.) 아무것도 찬미받지 않는 곳에 건축은 존재하지 않는다.

MS 167 10v : ca. 1947-1948

철학할 때는 오래된 카오스로 내려가 거기에서 한숨 돌릴 필요가 있다.

MS 136 51a : 3.1. 1948

천재란 인격이 드러난 재능을 말한다. 그러니까 나는 이렇게 말하고 싶다. 크라우스에게는 재능, 이상한 재능은 있었으나 천재는 없었다고. 물론 천재적 번득임이라는 것이 존재한다. 그것은 <u>위대한</u> 재능이 쓰이고 있음에도 재능을 느끼게 하지 않는다. 예를 들면 다음과 같은 문장. 「행동하는 것이야 소나 당나귀에게도 가능하지만[52]......」 이쪽 것이, 크라우스가 쓴 어떤 문장보다도 훨씬 위대한 것에 주목하자. 이쪽 것이, 지성의 해골 같은 것이 아니고 인간 전체가 있는 것이다. 어떤 사람이 쓴 것이 위대한가 아닌가는 그것 이외의, 그 사람의 문장이나 행동에 따라 정해지는 것이지만 지금 이야기는 이 일의 이유의 설명도 되어 있다.

MS 136 59a : 4.1. 1948

꿈속에서 깨어나 <u>오랜 시간이 지나고</u> 나서도, 꿈의 말이 아주 중요한 의미를 지니고 있는 것처럼 생각되는 경우가 있다. 비슷한 착각은 깨어 있을 때에도 경험

---

52) 리히텐베르크 《티모루스(Timorus)》 머리말. 전문은 「행동하는 것이야 소나 당나귀에게도 가능하지만, 보증이 가능한 것은 아직은 인간뿐이다.」

하지 않는가. 때때로 <u>나는</u> 그러한 착각에 빠져 있는 것 같은 기분이 든다. 미친 사람은 때때로 그러한 착각이 있는 것 같다.

MS 136 60b : 4.1. 1948

내가 여기에 쓰고 있는 것은 허약한 것일는지 모르겠다. 그렇다면 나에게는 큰 일, 중요한 일을 끄집어낼 힘이 없는 것이다. 그러나 이 허약한 문장에는 커다 란 전망이 숨겨져 있다.

MS 136 62a : 4.1. 1948

실러가 (괴테한테 쓴 것 같은데) 어떤 편지에[53] 「시적 기분」이라는 말을 하고 있다. 나는 그 말의 의미를 알 것 같다. 그것은 자연을 받아들이는 기분이며, 사상이 자연처럼 활기차 있는 것같이 생각되는 기분이다. 그런데 주목할 만한 것이, 실 러는 더 나은 것을 만들어내지 않았다(적어도 나에게는 그렇게 생각된다). 그러니 까 내가 그러한 기분으로 만들어내는 것에 뭔가 가치가 있을 것이라는 생각이 안 든다. 나의 사상에 빛나는 것은, <u>배후에</u> 있는 빛에 의하여 빛을 받을 때뿐이 아닌가. <u>자기 혼자는</u> 빛나지 않는 것이 아닌가.

딴 사람들이 걸음을 멈추지 않는 그곳에서 나는 걸음을 멈춘다.

MS 136 80a : 8.1. 1948

〔머리말로서〕 이 책을 펴내는 데 주저함이 없을 이유가 없다(주저함이 있다). 이 책을 손에 넣게 되는 사람들의 대부분은 내가 다루기 힘든 사람들이다. 바라 건대 이 책이 하루속히 철학 잡지의 저작자들에게 완전히 잊히고, 좀 더 고귀 한 독자들(보다 고급의)에게 보관되기를.

MS 136 81a : 8.1. 1948

내가 여기에 써내려가는 문장 가운데 몇 분의 1이나 진보적일까? 나머지 부분

---

53) 괴테 앞으로의 편지. 1795년 12월 17일.

은 이발사가 커트를 할 때 가위를 싹둑거리며 다듬는 것 같은 것이다. 아주 알맞은 순간에 자르기 위해서는 가위를 끊임없이 싹둑싹둑 움직이고 있어야 하는 것이다.

MS 136. 81b : 8.1. 1948

인연도 없는 영역에서 해답도 모르는 질문에 언제나 마주치는데, 그때마다 나에게는 인연이 없지도 않은 영역에서 언제나 내가 생소한 것은 왜 그런가 하는 것이 분명해진다(안다). 어찌 되었든 이쪽에서 답을 저지시키고 있는 것이 반드시 저쪽에서 안개를 걷지 않는 것은 아닌지도 모를 일이다.

MS 136 89a : 10.1. 1948

건포도는 케이크의 맨 윗부분이 아닌가. 하지만 건포도 한 주머니 쪽이, 케이크 1개보다 더 좋을 이유는 없다. 건포도가 꽉 들어찬 봉지를 주는 사람이 있어도, 그렇다고 해서 그 사람이 케이크를 구어주는 것은 아니다. 물론 보다 더 훌륭한 일이 되는 것도 아니다.

나는 크라우스와 그가 말한 격언에 대해 생각한다. 그와 동시에 나의 철학 문장에 대해서도 생각한다.

케이크. 그것은 엷게 늘린 건포도와 같은 것은 아니지 않느냐.

MS 136 91b : 11.1. 1948

색은 우리에게 철학하는 분위기를 만들어준다. 색채론에 대한 괴테의 정열은 이 일부터 설명되는지 모르겠다.

색은 우리에게 수수께끼를 주는 것 같다. 이리들을 자극하지만 조바심을 일으키지 않는 수수께끼.

MS 136 92b : 11.1. 1948

자기 안에 있는 나쁜 것은 어떤 것이라도 인간은 현혹으로 간주할 수가 있다.

MS 136 107a : 14.1. 1948

말러—의 음악이 내 생각처럼 무가치하다면, 문제는 그가 그 재능으로 무엇을 해야 했을까 하는 것은 아닐까. 어찌 됐거나 이렇게 졸렬한 음악을 만드는 데는 <u>일련의 참으로 색다른 재능이</u> 분명히 필요하기 때문이다. 예를 든다면 그는 교향곡을 쓰고 불태워 버렸어야 하지 않을까. 또는 무리해서 참고 쓰지 않았어야 했다. 썼다면 그것이 가치 없는 것이라고 꿰뚫어 보아야 하지 않았을까. 그러나 어떻게 해서 그것을 간파할 수 있었을 것인가. 내가 그것을 간파할 수 있는 것은 말러의 음악과 대작곡가들의 음악을 비교할 수 있기 때문이다. 그러나 <u>말러</u>는 할 수 없었다. 비교하는 일을 깨닫게 되었더라면 작품의 가치에 <u>회의적</u>이 되었을 것이다. 다른 대작곡가들의 이른바 자질이 자기에게는 없다는 것을 알았을 것이기 때문이다.—그러나 말러는 비교한 뒤에도 자기의 작품이 무가치하다는 것을 알아차리지 못했을 것이다. 어찌했거나 그는 과연 (존경하는) 다른 대작곡가들과 <u>다르지</u>만 다른 의미에서 자기에게는 가치가 있는 것이다, 라고 언제나 생각되는 인간이니까. 이런 식으로 말할 수 있을지도 모르겠다. 「당신이 존경하는 인물이 당신과 닮은 데가 없다면, 당신이 자신에게 가치가 있다고 생각하는 것은, 단지 <u>당신이</u> 당신이니까 하는 데 불과하다.」—자만심과 싸우고는 있어도 자만심을 억누를 수 없는 경우에는, 언제나 자기 작품에 가치가 있다고 착각할 것이다.

그러나 가장 위험한 것은 자기 작품과 과거의 대작을 우선 자기 자신이 비교하고, 그다음에 다른 사람이 비교해 보아줌으로써 어찌 되었건 자기 작품의 자리매김을 하는 일이다. 그와 같은 비교는 절대로 생각해서는 안 된다. 오늘과 이전과는 상황이 어지간히 달라져 있고 자기 작품과 이전 작품의 방식을 비교할 수 없는 경우가 있기 때문이다. 그럴 경우 자기의 가치를 다른 것과 비교할 수 없다. 나는 지금 문제 삼았던 실수를 언제나 되풀이하고 있다.

매수되지 않는 것이 무엇보다 중요하다.

한 덩이가 되다. 말하자면 국민 감정.

MS 136 110b : 14.1. 1948*

짐승은 이름을 부르면 달려온다. 사람과 같다.

MS 136 113a : 15.1. 1948

나는 적절치 못한 질문을 수도 없이 한다. 이 질문의 숲을 통과할 수 있도록.

MS 136.117a : 15.1. 1948

사실 나는 끊임없이 구두점(빈번히)을 찍음으로써 읽는 속도를 늦추련다. 천천히 읽어주었으면 하는 것이다. (나 자신이 읽듯이.)

베이컨은 자신의 철학에 길이 막혔던 것은 아닌가. 그리고 그 위험은 나에게도 다가온 것 같다. 베이컨은 거대한 건물을 확연히 상상하고 있었으나, 실제로 그 세부에 뚫고 들어가려고 하면 건물이 사라지고 마는 것이었다. 그것은 마치 당시의 사람들이 거대한 건물의 기초부터 건설을 시작하고 베이컨도 그와 닮은 것을, 그러한 건물의 모습을 공상 안에서 본 듯이 말이다. 더구나 실제로 건축에 종사하고 있는 사람들보다도, 베이컨 편에서 코를 부풀리고 있었다. 그 때문에 건축 방법에 관해서 예감 같은 것이 필요했으나 건축의 능력은 전혀 필요가 없었다. 서툴게도 베이컨은, 전문 건축가에 대해서 공격적이고 게다가 자기 자신의 한계를 알지 못했다. 어쩌면 알려고도 하지 않았다.

　그러나 다른 면으로 말하자면 터무니없이 어려운 것은 그러한 한계를 보는 것, 말하자면 한계를 명확히 그려내는 일인 것이다. 이를테면 그것이 명확치 못한 것을 그려내기 위한 화법을 발견하는 것이다(발견한다). 어쨌거나 나로서는「눈에 보이는 것만을 그리는 거다」라고 늘 스스로 타이르는 것이다.

MS 136 129b : 19.1. 1948

꿈은 프로이트류의 분석에서는 이른바 분해되고 만다. 처음 의미를 완전히 잃어버리게 된다. 이렇게 생각할 수 있을 것이다. 꿈이 무대에서 연출되고 있다. 연극의 스토리는 좀 알기 힘들지만, 부분적으로는 알기 쉬운 곳도 있다. 어쩌면 그렇게도 생각된다. 그런데 프로이트류로 분석되면, 그 이야기는 작은 부분으로 갈기갈기 찢겨, 그 각각의 부분에 전혀 별개의 의미가 부여된다. 어쩌면 또한 이렇게 생각해 볼 수도 있겠다. 한 장의 큰 종이에 그림이 그려져 있다. 그런데 프로이트류로 분석이 되면, 종이가 차곡차곡 접혀서 어찌 보면 한 눈에 볼 때, 마치 맥락이 없는 단편이 나란히 서 있는 것처럼 보여서, 그로부터―의미가 있고 없고는 별개로―한 장의 새로운 그림이 생기는 것이다. (이 새로운 그림이 꿈속에서 본 꿈이며, 최초의 그림은 「잠재적인 꿈의 사상」이라는 것이 된다.)

여기서 나는 이렇게 생각할 수가 있을 것이다. 누군가가 차곡차곡 접었던 그림을 펼쳐보고 「그렇지, 이제 알겠어. 이것이 내가 본 꿈이야. 게다가 빈틈도 없고 일그러지지도 않아.」 이렇게 외쳤다고 하자. 바로 그렇게 확인이 됨으로써 해독이 되었다는 것이다.

그것은 마치 문장을 쓰고 있을 때 말을 고르다가 「이것이야, 이것이야말로 내가 하고자 했던 거야」 하는 것과 비슷하다. 그런 식으로 승인이 됨으로써 그 말이 발견된 말, 다시 말해서 찾아 헤매던 말이라는 보증서를 받는 것이다. (여기서 이런 식으로 말해도 될 것이다. 「발견하고 나서 비로소 자기가 무엇을 찾고 있었는가를 알게 된다」―이것은 원망에 대해 러셀이 하고 있는 말과 비슷하다.)

꿈 때문에 속기 쉬운 점은, 꿈이 내 인생의 사건들과 인과 관계를 가지고 있다, 라고 하는 것은 아니다. 오히려 꿈이 이야기의 일부처럼 생각되는 것이다. 게다가 그 부분이 제법 <u>생생하게</u> 살아 있어서, 나머지 부분은 어둠 속(이므로, 「이 인물은 어디서 왔으며, 어떻게 되었는가」 묻고 싶어질 것이다). 그런데 누군가로부터 「이 이야기는 진짜 이야기가 아니라, 실제로 전혀 다른 이야기에 근거를 둔 것이야」 이런 말을 듣고, 실망한 내가 「아니, 그렇게 된 것이에요」라고 이야기하고 싶어졌다(소리 지르고 싶은) 하더라도, 역시 나로서는 무언가 도둑맞은 <u>듯한 기분</u>이 되는 것이다. 물론 최초의 이야기는 종이가 펼쳐지면 따로따로 된다. 내가 본 사나이는 <u>여기서</u> 취하고 그 말은 <u>거기서</u> 취하고 꿈의 무대는 또 다른 곳에서 취하고 하는 식이 되는 것인데, 그럼에도 불구하고 꿈의 이야기에는 독특한 매력이 있다. 그것은 우리를 끌어당기고 우리에게 영감을 주는 그림과 같다.

물론 이렇게 말할 수가 있다. 우리는 영감을 지니고 꿈의 그림을 <u>보고 있는 거다</u>. 우리에게는 바로 영감에 있는 거다, 라고 하는 것도 다른 사람에게 꿈을 이야기할 때, 대개의 경우 꿈의 그림은 영감을 주지 않기 때문이다. 꿈은 완성의 가능성을 잉태한 생각과 닮은 꼴이다. (생각으로서, 우리에게 저축되는.)

어떤 잘못이라도, 거기에서 화폐를 주조하라.

MS 137 137a : 10.2. 1948

음악에서 악구의 이해와 설명.―몸짓으로 설명하는 것이, 가장 간단한 경우가 있다. 또한 무용의 스텝으로 설명하기도 하고 춤을 그리는 말로 설명하는 경우도 있다.―그러나 악구의 이해라는 것은, 악구를 듣고 있을 때에 하는 체험을 말하는 것은 아닌가? 그렇다면 설명은 무엇을 하는 것인가? 우리는 음악을 들으면서 설명을 생각해야 하는가? 그때에 춤이라든가 뭔가 다른 것을 떠오르게 해야 하는가? 만일 그렇게 한다면,―에서는 왜 <u>그것이</u> 음악을 이해하고 듣는 것이 되는가? 춤을 보는 것이 중요하다면 음악 대신에 춤을 추는 편이 낫지 않을까? 하지만 그것은 모두가 오해이다.

　내가 누군가에게 「그것은 마치 ……와 같은」 하고 말로 설명하면, 그 사람은 「예, 그래서 알았습니다」라든지 「예, 어떻게 해서 타는 것인지 알았습니다」라고 말한다. 그러나 나의 설명을 정색하고 <u>받아들일</u> 필요는 없었다. 나는 「이 부분은 이러이러한 것과 닮은 데가 있다」라고 하는 것을, 말하자면 설득력 있는 이유를 들어 설명한 것이 아니니까. 또 「이 부분은 이러이러한 것을 그린 것이다」라고 설명했을 때 작곡자의 말을 인용한 것도 아니다.

「이 주제를 듣고 이해했을 때, 도대체 나는 어떠한 체험을 한 것인가.」 이것을 문제로 삼는다면―내 머리에 떠오르는 답은, 아주 어리석은 것(진부한 것)들뿐이다. 예를 들면 이미지라든가, 운동의 감각이라든가, 생각(추억)이라든가…….
　물론 나는 「함께 간다」고 말한다.―하지만 이것은 무슨 말인가? 몸짓으로 음악의 반주를 한다, 라고 하는 따위의 <u>것인지도 모르겠다.</u> 그러면 거기서 「대개의 경우 그것은 아주 초보적 단계에서 행하여지는 것이군요」 이렇게 지적되었다면 「초보적인 운동을 보충하는 것이 이미지입니다」 이런 답을 생각해볼 수 있다. 그러나 누군가가 음악을 운동에 의하여 완전히 반주했다고 한다면, 어느 정도까지 그것으로 음악이 이해되었다고 할 것인가? 또 내가 「운동이

반철학적 단장(신판)　557

나 동작이 이해이다」라든지 「그의 운동의 감각이 이해이다」라고 주장하는 것일까? (나에게, 그의 운동의 감각의 무엇을 아는 것이 될 것인가.)—분명히 나는 경우에 따라서는 그의 움직임을 이해의 표지로 간주할 것이다. 그런데 나는 (이미지나 운동의 감각 등을 설명으로 인정하지 않는 경우에) 「이해라고 하는 것은, 그 이상은 분석할 수 없는 특정 체험이다」라고 말해야 할까? 「그것이 특정 체험 내용이다」라는 의미가 아니라면, 글쎄 그러한 발언도 가능할 것이다. 어쨌든 그 말로부터는 실제 보는 것, 듣는 것, 냄새 피우다 등의 구별을 생각하고 마는 것이니까.

「음악을 이해한다」라고 하는 것은 무엇을 말하는 것인가, 는 어떤 식으로 남에게 설명되는 것인가? 이해하는 사람이 품게 되는 이미지라든가, 운동의 감각 등을 입에 올림으로써일까? 아니 오히려, 이해하는 자의 표정의 움직임을 보여줌으로써이다.—거기서부터 이러한 것도 문제가 된다. 설명에는 여기서 어떠한 기능이 있는 것인가? 또 음악을 이해한다는 것은 어떤 것인가, 를 이해한다는 것은 어떤 것인가? 「그것을 이해한다는 것은, 스스로 자기가 음악을 이해하는 것이다」라고 말하는 사람이 있을는지도 모르겠다. 그렇다면 「음악을 이해하는 것은 남에게서 가르침을 받는 것인가」가 문제가 될 것이다. 그러한 것을 가르치는 것만이 음악의 설명이라고 말할 수 있기 때문에.
　음악을 듣거나 연주하거나 할 때, 또 다른 때에도 음악의 이해(음악을 이해하는 것)는 무언가의 형식으로 표현되는 것이다. 그것은 움직임일 경우도 있고, 이해하고 있는 자의 연주라든가 흥얼거림일 경우도 있다. 또 이해하고 있는 자가 입에 올리는 비유라든가, 음악의 삽화와 같은 이미지의 경우도 있다. 음악을 이해하는 자는 이해하지 않는 자와는 다른 모양으로 (예를 들면 다른 표정을 하고) 듣거나, 흥얼거리거나, 작품에 대하여 이야기하거나 할 것이다. 어떤 주제를 이해하고 있는 것은, 곳에 따라 그 주제를 듣거나 연주할 때의 부수적 현상에 있어서 알 뿐 아니라, 음악 일반에 대한 이해에 있어서도 알게 되는 것이다.

음악의 이해라는 것은 인간의 삶을 나타내는 것이다. 그러면 어떤 방식으로 그것을 묘사할 것인가? 우선 무엇보다도 음악을 묘사해야 마땅하다. 그렇게 하면 인간과 음악의 관계를 묘사할 수가 있을 것이다. 그러나 필요한 것은 그것으로 전부일까? 이해라고 하는 것까지 가르칠 필요는 없는 것인가? 이해라고 하는 것을 가르치는 것을 그런 것을 가르치지 않는 레슨과는 <u>다른</u> 의미로 「이해라는 것은 무엇인가」라고 하는 것을 가르치는 일이 될 것이다. 실제에 있어서 시나 회화를 이해하는 것을 가르친 것도, 음악을 이해하는 것이 어떤 것인가의 설명과 같은 것이리라.

MS 137 20b : 15.2. 1948

아이들은 이미 학교에서 물은 수소와 산<u>소로부터</u>, 설탕은 탄소와 수소와 산소로부터 만들어진다고 배웠다. 그것을 모르는 아이는 바보라는 것이다. 가장 중요한 문제가 숨겨져 있다.

MS 137 30b : 8.3. 1948

별의 모양—예를 들어 육각성—을, 특정한 축에 대칭으로 보면 그 아름다움이 손상된다.

MS 137 34b : 10.3. 1948

바흐는 말하였다. 「내가 한 일은 모두가 노력의 선물에 지나지 않는다」. 그러나 그와 같은 노력을 하는 데는 겸손과 엄청난 끈기, 즉 힘이 필요하다. 그렇게 해서 자기를 완전하게 표현할 수 있는 자가 우리에게 위대한 인간의 말로 말을 걸어주는 것이다.

MS 137 40b : 28.5. 1948

오늘의 인간 교육[54]은 고민하고 괴로워하는 능력을 감소시키는 방향으로 흘러가고 있는 것 같다. 아이들이 즐겁게 보내고 있다면, 그 학교는 오늘날 좋은 학교가 된다. 이전 같으면 그런 것이 척도가 <u>되지 않</u>았으나. 부모는 아이들이 자기들과 똑같이 (단 자기들 이상으로) 되기를 바라고 있으면서 자기들이 받은 교

---

54) 정관사가 der인지 des인지 판독이 어려우므로, 「인간」이 복수인지 단수인지 분명치 않다.

육과는 전혀 다른 교육을 아이들에게 받도록 하고 있다.—고민하고 괴로워하는 능력 같은 것 등은 평가가 안 되고 있다. 고민이나 고통은 있어서는 안 된다. 그런 것은 시대에 뒤떨어진 것이니까.

「사물의 악의」—이것은 불필요한 의인화이다. 세계의 악의라면 말이 될지도 모른다. 악마가 이 세상을, 또는 그 일부를 만들었노라고 간단히 상상될 것이다. 그러나 각각의 경우에 맞추어, 데몬의 개입을 상상할 필요는 없다. 모든 것은 「자연의 법칙에 따라」 일어나는 것이다. 그렇다면 모든 계획이 처음부터 악을 목표로 하고 있었던 것이다. 인간이 살고 있는 이 세상에서는, 사물이 망가지고, 미끄러지고, 온갖 재난을 불러일으킨다. 그리고 인간은 물론 사물의 한 가지이다.—사물의 「악」이라고 하는 것은, 어리석은 의인화이다. 실제로는 그러한 허구보다도 훨씬 엄숙한 것이기에.

MS 137 42a : 30.5. 1948

어떤 스타일로든 임시변통하는 것은 편리하겠지만 나에게는 금물이다. 예를 들어 쇼펜하우어식으로 「……로서의」를 쓰면, 표현이 훨씬 매끄럽고 명확하게 되는 일도 있겠지만, 그것이 허풍스럽고 낡은 냄새가 날 정도로 느껴진다면 쓰지 말 것이다. 그러한 감각을 무시해서는 안 된다(「그러한 감각을」 무시할 권리는).

MS 137 43a : 30.5. 1948

종교적인 신앙과 미신은 전혀 별개의 것이다. 한쪽은 두려움에서 생기고, 유사 과학과 같은 것인데 다른 쪽은 신뢰 그 자체이다.

MS 137 48b : 4.6. 1948

만약에 식물의 마음을 가진—말하자면 마음이 없는—동물이 존재하지 않는다면 꽤 기묘한 일일 것이다.

MS 137 49a : 4.6. 1948

어떤 것이 되었든 무엇인가가 자연 속에서 「기능을 가지고」「목적을 완수하는」

일이 있다 하더라도, 그렇게까지 목적을 다하지 않고 도리어 「목적을 방해하는」 경우도 있다. 이것을 박물학의 기본법칙으로 간주할 수 있을 것이다.

꿈이 잠을 지탱해 주는 일이 있다면, 꿈이 잠을 어지럽히는 일도 있다, 라고 생각해 두어야 한다. 꿈의 환각이(공상상(겉치레)의 원망 실현이라는) 납득할 만한 목적을 다하는 일이 있다면, 목적을 방해하는 경우도 있다고 생각해 둘 일이다. 「동적인 꿈의 이론」 같은 것은 존재하지 않는다.

MS 137 49b : 4.6. 1948

이상을 정확히 그려내는 것은 왜 중요한가? 그것이 안 되면 이상이라는 개념을 잘 모르는 것이다.

MS 137 51a : 15.6. 1948

너무도 흐느적흐느적해서, 너무도 약골이어서, 그러므로 게으름뱅이여서, 나는 뛰어난 일을 못한다. 위대한 인간은 노력가이다. 특히 그것은 위대한 인간에게 힘이 있다는 증거이다. 그 정신이 풍성한 것을 별개로 하고.

MS 137 54b : 25.6. 1946

실제로 만일 신이 구원받을 인간을 택한다고 한다면, 신은 인간을 나라나 인종이나 기질에 따라 선택해도 좋다는 얘기이다. 신의 선택이 자연법칙에 표현되어도 좋은 것이 된다. (분명히 신은 어떤 법칙에 따르도록 선택할 수도 있었다는 것이다)

십자가의 성요한[55]이 쓴 작품에서 발췌한 글을 읽었다. 「사람들이 파멸한 이유는 불행하게도 꼭 필요할 때 현명한 종교 지도자를 못 만났기 때문이다.」

그렇다면 「신은 인간에게 있는 힘 이상의 것을 시키려고 하지 않는다」라고 어떻게 말할 수 있을까? 여기에서 나는 「비뚤어진 개념 탓에 많은 재앙을 불러들였다」고 말하고 싶다. 실제로 나는 무엇이 축복을 가져다주고 무엇이 재앙을 가져다주는지 도무지 알 수가 없다.

MS 137 57a : 26.6. 1948

---

55) 에스파냐의 가톨릭 신비주의자인 요한네스(1542~1591)를 말함.

없어서는 안 될 일이 있다. 아무리 세련된, 아무리 철학적인 회의도 직관을 기초로 하고 있다. 예를 들어 「……라고 하는 것은 도저히 알 수가 없다」고 하더라도 좀 더 논증할 여지가 남아 있다. 그것을 가르쳐도 모르는 사람이 있을 때, 우리는 그 사람의 정신이 열등하다고 생각할 것이다. 아주 작은 것조차도 아직 생각이 안 되는 까닭이다.

MS 137 57b : 30.6. 1948

밤에 꾸는 꿈이 낮에 꾸는 꿈과 같은 기능이 있다면, 밤 꿈 역할의 일부가, 인간에게 (최악의 가능성을 포함하여) <u>모든</u> 가능성을 각오하도록 (하는 일)이다.

MS 137 65b : 3.7. 1948

신의 존재를 확신을 가지고 믿을 수가 있다면 다른 사람의 마음의 존재도 믿을 수 있게 되는 게 아닌가.

MS 137 67a : 3.7. 1948

음악의 악구는 나에게는 몸짓이다. 그것은 나의 인생에 슬그머니 숨어든다. 나는 그것을 내 것으로 삼는다.

인생이 무한정으로 변주되는 것은 우리 인생에 있어서 본질적인 것이다. 따라서 인생의 습관에 있어서도 본질적인 것이다. 표현은 예측 불능이라는 점(에 있어서) 성립되어 있다. 그가 어떤 모양으로 얼굴을 일그러뜨리고, 어떤 모양으로 움직이나를 내가 정확하게 알고 있었다면, 표현도 몸짓도 존재하지 않게 될 것이다.—하지만 그럴까.—구석구석까지 (완전히) 알고 있는 곡에 대해 나는 되풀이해서 귀를 기울이는 일이 있다. 그 곡은 오르골로도 연주가 가능할 것이다. 다음은 어떻게 되는가? 알고 있는데도 불구하고 그 곡의 몸짓, 나에게는 언제나 몸짓으로 그대로 남아 있을 것이다. (어떤 의미에서는) 되풀이해서 그 곡에 놀라게 되는 일마저 있는 것이다.

MS 137 67a : 4.7. 1948

정직한 종교의 사상가는 줄타기와 비슷하다. 언뜻 보기에 공중을 걷고 있는 것과도 비슷하다. 발판은 도무지 생각의 한도 이상으로 좁지만 실제로 그곳을 걸어갈 수가 있다.

MS 137 67b : 5.7. 1948

(예를 들어 약속을) 확고하게 믿을 것. 그것은 수학의 진리를 확신하는 것보다 부정확하지 않은가.—(하지만 그 때문에 점점 더 언어 게임을 닮아간다.)

MS 137 70b : 7.7. 1948

우리의 관찰에 있어서 중요한 것은 「나는 저 사람들의 마음을 결코 알지 못할 거야」라든가, 「저 사람들의 일은 결코 이해할 수 없어」 이런 느낌을 갖게 하는 사람들이 존재한다는 것이다. (유럽 대륙의 인간들이 본 영국의 여성들.)

MS 137 76a : 9.7. 1948

음악의 주제가 「몹시」 별난 빠르기「로」 연주될 때, 그 성격이 변한다는 것은 중요하고 주목할 만한 사실이다. 양에서 질로의 여행.

MS 137 72b : 14.7. 1948

인생 문제는 표면으로는 풀리지 않는다. 깊은 곳에서만 풀 수가 있다. 표면의 차원에서는 풀 수가 없다.

MS 137 73b : 25.7. 1948

회화에서 한쪽 사람이 공을 던진다. 그 공을 맞이하는 사람은 어떻게 해야 할지 모른다. 공을 되던질 것인가, 다른 사람에게 던질 것인가, 그대로 공이 굴러가게 놔두어야 하나, 주어서 주머니에 쑤셔 넣을 것인가, 등등.

MS 137 75b : 23.8. 1948

참혹한 시대의 대건축가(판 데어 뉠[56])는 좋은 시대의 대건축가들과는 전혀 다른 사명을 띠고 있다. 여기서도 일반적 개념 때문에 속아서는(헷갈리어서는) 안 된다. 비교할 수 없는 게 당연하다고 생각해야 한다.

MS 137 76a : 19.10. 1948

허구의 개념이 있기에 비로소 우리가 사용하는 개념을 이해하게 된다. 그러한 허구의 개념을 만들어내는 일만큼 중요한 것도 없다.

MS 137 78b : 24.10. 1948

「생각하는 것은 어렵다.」(워드[57]) 이것은 무슨 의미일까? 왜 어려운 것인가? 그 것은 「보는 것이 어렵다」라고 하는 것과 거의 같은 것이다. 집중해서 보는 것은 어렵기 때문이다. 집중해서 보아도 아무것도 보이지 않는 경우가 있다. 또 어떤 것을 계속해서 보고 있다 생각하는데도, 분명하게 안 보이는 경우가 있다. 아무것도 보지 않고 있는데도 보는 일로 피로해질 수가 있다.

MS 137 81b : 27.10. 1948

실 꾸러미를 풀 수 없을 때 가장 영리한 태도는 풀리지 않음을 깨닫는 일이다. 가장 예의범절에 맞는 것은 풀리지 않는다고 인정하는 일이다. 「반유대주의」 악을 제거하기 위하여 무엇을 해야 할지 이는 뚜렷하지 <u>않다</u>. 무엇을 해서는 <u>안</u> 될까, 이는 경우에 따라 분명해진다.

MS 137 88a : 4.11. 1948

주목해야 할 일인데 부슈의 선화(線畫)는 때때로 「형이상학적」이라고 일컬어지는 일이 있다. 그렇다면 형이상학적 묘사법이 있다는 얘기이다.—「영원을 배경으로 해서 보았다[58]」고 말할 수 있을 것이다. 그런데 그려진 선이 그러한 의미

---

56) Eduard van der Nüll(1812~1868). 오스트리아의 건축가. 대표작으로는 빈(Wien) 국립가극장. 혹 독한 비판을 받아 자살.
57) James Ward(1843~1925). 영국의 심리학자이며 신학자.
58) 《일기》 1916년 10월 7일 내용을 참조할 것.

를 갖는 것은, 어떤 언어의 전체에 있어서만 그렇다. 그것도 문법이 없는 언어니까, 그 규칙을 열거해서는 안 되니까 그렇다.

MS 137 89b : 4.11. 1948

카를 대제는 나이가 들어서 서체를 배우려고 했으나 뜻대로 되지 않았다. 우리도 사상의 움직임을 몸에 지니려고 해도 잘 안 된다. 결코 부드럽게 움직일 수 없다.

MS 137 89b : 5.11. 1948

박자에 맞추어서 이야기가 되는 말이 있다면 그 말은 <u>메트로놈</u>에 맞추어 이야기할 수도 있다. 우리의 말과 같이 음악도 무언가의 기회에 메트로놈에 맞추어 연주가 된다고 할 수 있다는 것은 자명하지가 않다. (제8교향곡[59]의 주제를 메트로놈에 맞추어 정확하게 연주하는 것.)

모두가 똑같은 이목구비를 가졌다고 가정해 보자. 그러한 사람들이 모인 곳에 내던져졌다면 뭐가 뭔지 모르게 될 것이다.

MS 137 97b : 16.11. 1948

틀린 사상이라도 대담 명석하게 표현이 되어 있다면 벌써 그것만으로도 큰 수확이다.

MS 137 100a : 19.11. 1948

철학자들보다 훨씬 더 미친 생각을 했을 때만이 철학자들의 문제를 풀 수가 있다.

MS 137 102a : 20.11. 1948

누군가가 진자(振子)를 바라보면서 「신이 이 모양으로 움직이게 하고 있다」고 생각하였다고 하자. 그러나 신에게도 한 번쯤은 계산대로 행동하는 권리(자유)가

---

59) 베토벤의 제8교향곡.

없을까?

나보다 훨씬 천부적 재능이 주어진 작가라 할지라도 지극히 적은 재능만을 가지고 있는 것은 아닐까?

MS 137 104a : 21.11. 1948

작업 중에 「자, 이 정도로 끝내자」라고 생각하는 것은 인간의 <u>신체적</u> 욕구이다. 철학의 경우에는 몸의 욕구와도 거슬러서 생각을 계속해야 한다. 그러니까 철학의 일은 참으로 힘이 든다.

MS 137 104a : 22.11. 1948

자기의 스타일(문체)에 졸렬한 점이 있다 하더라도 <u>받아들일</u> 수밖에 없다. 자기 얼굴이 시원찮을 때라도 그럴까?

MS 137 106b : 23.11. 1948

영리한 민둥산으로부터, 녹색 어수룩한 계곡으로 언제나 내려가거라.

MS 137 111b : 28.11. 1948

내게 있는 재능은 뭘까 할 때, 언제나 「재앙을 바꾸어 복을 만드는」 식의 존재일 뿐이다.

전통은 누구나가(우리가) 수용(습득)할 수 있는 것이 아니다. 마음에 든다 하여 끌어당길 수 있는 실타래는 아니다. 자기 조상을(자기 조상을 마음대로) 선택할 수 없는 것과 같이 전통도 선택은 어렵다.
　전통을 가지지 못했으면서 전통을 가지고 싶어 하는 사람은, 이루지 못할 연애를 하는 사람과 같다.

행복한 연애를 하고 있는 자도, 불행한 연애를 하고 있는 자도, 저마다 나름 대로의 정열을 가지고 있다.

그러나 행복한 연애를 하면서 좋은 인간이기보다 불행한 연애를 하면서 좋은 인간인 편이 어렵다.

MS 137 112b : 29.11. 1948

무어는 그의 역설을 가지고 철학이라는 벌집을 쑤셨다. 그런데 벌들이 이것 봐라 하는 식으로 날아 나오지 않은 것은 벌들이 둔중했기에 지나지 않다.

MS 137 120a : 10.12. 1948

정신적인 영역에서 일을 꾸미는 것은 대개의 경우 계속할 수 없다. 또한 절대로 계속해야 하는 것도 아니다. 그때까지의 사상(종자)은 새로운 사상을 위한 토지의 비료가 된다.

MS 137 122a : 11.12. 1948

자네가 쓴 것은 이해하기 어려우니 자네는 졸렬한 철학자라는 것이다. 만약에 괜찮은 인간이라면 어려운 것을 이해하기 쉽게 쓸 것이다.―그런데 그러한 일을 할 수 있다고 말하는 자가 누구야?!(톨스토이)

MS 137 127a : 16.12. 1948

인간의 가장 큰 행복은 사랑이다. 조현병 환자에 대하여 다음과 같이 말했다고 하자. 「그는 사랑하지 않는다」, 「그는 사랑할 수가 없다」, 「그는 사랑하려고 하지 않는다」―구별은 어디에 있다는 것일까?

「그는 ……하려고 하지 않는다」 이 말은, 그는 어찌할 도리가 없다는 뜻이다. 그렇다면 누가 그렇게 말하려고 하는가?

무엇에 대하여 「그것은 내가 어찌할 도리가 없다」고 말하는가.―뭔가의 구별을 지우려고 할 때 그렇게 말하는 것이다. 「이만한 무게라면 들어올릴 수 있지만 나에게는 그런 마음이 없습니다. 그쪽의 무게는 내게 무리입니다.

「신이 명한 것이니까 사람에게 가능할 것이 틀림없다」. 이 말은 무의미하다. 여기서는 「그러므로」는 있을 수 없다. 전반과 후반은 기껏해야 <u>똑같은</u> 것을 의미하고 있을 뿐이 아닌가.

「신이 명하였다」 이 말은, 여기서 대개 「신은 그렇게 아니하는 자들을 벌줄 것이다」라는 의미이다. 그렇다면 「가능하다」라고 하는 데까지 말하고 있는 것이 아니다. 그리고 <u>그것이야말로</u> 「은혜의 선택」의 뜻을 말하는 것이다.

그러나 그렇다고 해서 「사람은 그렇게밖에는 <u>할 수</u> 없는데도 신은 벌을 내린다」라고 말하는 것이 옳은 것은 아니다.—그러나 「사람을 벌주어서는 안 될 곳에서 벌을 내릴 것이다」라고 말할 수는 있을 것이다. 그렇다면 여기서 「벌」이라는 개념 그 자체가 달라진다. 여기까지의 설명이 여기서는 통용이 안 된다. 아니면 전혀 다른 사용법이 필요한 것이다. 《천로역정(天路歷程)》[60]과 같은 알레고리를 생각해 보면 납득이 간다. 거기서는—인간의 관점에서 볼 때—무엇이든 간에 앞뒤가 맞지 않는다.—그러나 과연 짝이 맞지 않을까? 이를테면 그러한 알레고리에는 쓸모가 없는 것일까? 그러나 실제로는 써먹어 온 것이다. (정거장에 바늘이 두 개 붙은 시계가 있다. 다음번 열차의 발차 시각을 알리는 것이다. 시계처럼 보이지만 시계는 아니다. 그러나 그런대로 쓰여 있다.) (더 들어맞는 비유가 여기서는 생각될 것이다.)

그러한 알레고리가 마음에 안 들어 불쾌한 사람에게는 「다른 사용 방법을 써주십시오」라든가, 「신경 쓰지 말아주십시오」라고 말할 수도 있을 것이다. (그러나 그 알레고리 때문에 도움이 되기보다는 혼란을 겪는 <u>사람도 있는</u> 것이다.)

MS 137 130a : 22.12. 1948

독자에게도 가능한 것은 독자에게 일임할 일이다.

MS 137 134 : 25.12. 1948

---

(60) 존 버니언의 우화 소설. 원제목은 《이 세상에서 다가올 세상으로의 순례자의 여정》.

대부분 언제나 나는 자기 자신과의 대화를 적고 있다. 나 자신과 두 사람만의 이야기하는 것을 쓰고 있는 것이다.

MS 137 134b : 26.12. 1948

공명심은 사고의 죽음.

MS 137 135a : 27.12. 1948

유머는 기분이 아니라 세계관이다. 그러므로 「나치스 독일에서 유머가 절멸되었다」는 말이 옳다면, 그 발언은 「모두의 심기가 불편했다」라는 의미가 아니라, 좀 더 깊이 있고 중요한 의미를 갖고 있는 것이다.

MS 137 135a : 28.12. 1948

두 사람이 뭔가의 농담이 계기가 되어서 함께 웃고 있다. 한 사람이 약간 귀에 익지 않은 말을 입에 올려 두 사람이 웃음을 터뜨린 것이다. 이것은, 다른 환경으로부터 나타난 외간 사람에게는 몹시 별난 것으로 생각된다. 우리에게는 매우 당연한 것으로 생각되는데.

　(얼마 전 나는 버스 안에서 이런 광경을 보고 다른 곳에서 살다 온 사람의 기분을 맛볼 수가 있었다. 그것이 아주 비합리적인 것이어서 친숙치 못한 짐승의 반응처럼 생각되었던 것이다.)

MS 137 136b : 31.12. 1948

꿈 이야기에는 여러 가지 기억이 뒤섞여 있다. 때때로 그것은 의미가 있어서 수수께끼 같은 것이 된다. 이를테면 하나의 단편이 되어 강한 인상을 (때때로) 주기 때문에, 우리는 설명이나 관련 사항을 파고들게 된다.

　그러나 왜 지금에 와서 이러한 기억이 되돌아왔는지. 다음과 같이 말하고 싶은 사람은 누구일까.—그것은 현재의 생활과, 이를테면 원하는 일이나 두려움과 관계가 있는 것이다, 라고.—「그런데 당신은 이와 같은 현상이 특정 원인과 관계되는 게 틀림없어, 이렇게 말하고 싶은지」—나로서는 이렇게 말하고 싶다. 그 일의 원인을 발견하려고 하는 데에는 반드시 의미가 있는 이유가 없다, 라고.

셰익스피어와 꿈. 꿈은 아주 잘못되어 있고 어리석고 잡동사니를 모은 것이지만 아주 정확한 것이다. 그 기묘한 긁어모음이 인상적이다. 왜냐하면 나는 알 수가 없다. 만약에 셰익스피어가—흔히 말하듯이—위대하다면 이렇게 말하게 될 것이다. 셰익스피어는 모든 것이 틀렸고 닳고 닳았다—그래도 독자적인 법칙에 따르면 아주 정확한 것이다, 라고.

　다음과 같이도 말할 수 있을 것이다. 셰익스피어가 위대하다면 그의 위대함은 그의 드라마에만 존재한다. 그의 드라마는 독자의 언어와 세계를 만들어 내고 있는 것이다. 그러니까 그는 아주 비현실적이다. (꿈과 같이.)

MS 168 1r : 1. 1949

그리스도교가 진리라면 그리스도교에 관한 철학은 모두가 거짓이다.

MS 169 58v : 1949

문화는 수도회 회칙이다. 또는 수도회 회칙을 전제로 하고 있다.

MS 169 62v : 1949

「축제」의 개념. 우리라면 즐겁다고 생각한다. 그런데 다른 시대에는 공포밖에 떠오르는 생각이 없을는지 모른다. 「재치」라든지 「익살」이라고 우리가 부르는 것은, 다른 시대에는 모름지기 존재하지 않았다. 그리고 양쪽 모두가 끊임없이 변화하고 있는 것이다(끊임없는 변화의 한창때이다).

MS 137 137a : 1.1. 1949

「문체, 그것은 인간이다.」「문체, 그것은 인간 그 자체이다.」 처음 표현은 싸구려 경구와 같이 짧다. 두 번째 표현은 적절하며 전혀 별개의 관점을 펼쳐 보인다. 요컨대 「문체는 인간의 상이다」라고 말하고 있는 것이다.

씨를 뿌리는 문장이 있는가 하면 수확을 하는 문장도 있다.

MS 137 140a : 4.1. 1949

개념 상태의 풍경을, 그 개개의 단편으로부터 조립시키는(조립한다)(언어가 보여주는 바와 같이 그 수많은 단편으로부터 조립한다) 일은, 내게 <u>너무 어렵다</u>. 나는 아주 불완전하게만 조립할 수 있을 뿐이다.

MS 137 141a : 6.1. 1949

내가 불의의 사건을 대비하고 있을 때, 당신은 웬만큼 자신을 가지고 「그런 것은 일어나지 않을걸」이라고 말할는지 모른다. 그것도 경우에 따르겠지만.

무언가를 알면서도 모르는 척하는 것은 <u>힘든 일이다</u>.

MS 137 143a : 7.8. 1949

말하려고 하는 것의 의미가, 말로 표현하는 것보다 훨씬 깨끗하게 머리에 떠오르는 경우가 현실에서 존재한다. (나에게는 참으로 자주 있는 일이지만.) 그것은 마치 확실하게 꿈을 기억하고는 있지만, 그것을 잘 말하지 못하는(꿈의 이미지는 분명히 눈앞에 보고 있는 것인데, 그것을 남들도 알 수 있도록 쓸 수가 없다) 것과 같다. 실제로 자주 꿈의 이미지는 쓰는 쪽(나)에 대해서는, 말의 뒤에 머물러 있는 채 있기 때문에 말의 입장에서 <u>나 대신에</u> 꿈의 이미지를 쓰고 있는 듯이 생각되는 것이다.[61]

범용한 저술자가 조심할 것은 대범하고 부정확한 표현을 정확한 표현으로 성급히 바꾸지 않아야 한다는 것이다. 그런 짓을 하면 최초의 번득임이 없어진다. 작은 식물에는 아직 생명이 있었는데 정확을 기하려고 하다 보니 시들고 <u>아주</u> 무가치하게 된다. 쓰레기 취급으로 버림받기 쉽다. 못생겨도 식물 그대로라면 무엇엔가 쓸모가 있었을 터인데.

MS 138 2a : 17.1. 1949

---

61) 대문자의 Einer는 특정의 er와 관계되며, 소문자의 einer는 불특정의 man과 관계될 가능성이 있다(이 책에서는, 이 가능성에 구애되지 않는다).

지난날에는 존재가 인정되던 저자(著者)들이 낡아빠지는 것은 왜 그런가? 그들이 쓴 것이 당시의 상황에 보강(補强)되어, 당시의 사람들에게는 강하게 호소력이 있었기 때문이다. 하지만 그 보강된 부분이 없어지면 색깔을 드러내주던 조명을 떼어낸 것과 같이 생명을 잃는 것이다.

이와 비슷한 것이 수학이 증명하는 아름다움이 아닐까? 파스칼도 그 아름다움의 느낌을 지니고 있었다. 그러한 세계의 관점 속에서 수학이 증명하는 아름다움이 있었던 것이다.―그것은 천박한 사람들이 아름다움이라고 부르는 것과는 다르다. 수정(水晶)도 또한 어떠한 「상황」에서도 아름다운 것은 아니다.―어떤 때에도 매력적인지는 모르겠으나.―

시대 전체가 어떤 종류의 개념―예를 들어 「아름다운」이라든가 「아름다움」이라는 개념―에 펜치(pinchers)처럼 끼어서 꼼짝하지 않는다.

MS 138 3a : 18.1. 1949

예술이나 가치에 대하여 가지는 나 자신의 사고방식은, 100년 전 사람들의 사고방식이 그랬을 것이다 상상하는 것보다는 훨씬 깨어 있다. 그렇다고 해서, 내가 올바른 것은 아니다. 다만 내 정신의 전경(前景)에는, 100년 전 정신의 전경(前景)에는 없었던 몰락이 보이고 있다는 것뿐이다.

MS 138 4a : 18.1. 1949

걱정거리는 병(病)을 닮았다. 우리에게는 그것을 받아들일 방법밖에는 없다. 최악의 태도는 거기에 저항하는 것이다.

걱정거리는 내면의 문제나 외부 문제가 단초가 되어 발작적으로 찾아오는 수도 있다. 그런 때에는 「또 발작이군」이라고 생각할 수밖에 없다.

MS 138 4b : 19.1. 1949

과학 문제에 나는 흥미가 있으나 포로가 되어 꼼짝 못 하지는 않는다(참으로 마음이 끌린다). 내가 마음을 빼앗기는 것은 개념과 미학(美學)의 문제뿐이다. 과학 문제의 해결은 결국 아무래도 좋은 것이다. 개념과 미학의 문제 해결은 다르지만.

MS 138 5b : 21.1. 1949

생각이 제자리걸음을 하고 있지 않는 경우에도 울창한 문제의 숲속을 똑바로 걸어서 숲에서 빠져나가는 수가 있는가 하면, 꼬부랑꼬부랑 굽은 길이나 갈지 자로 된 길을 걸어서도 숲에서 빠져나오지 못하는 일도 있다.

MS 138 8a : 22.1. 1949

안식일은 단순한 휴식이나 휴양의 시간이 아니다. 자기 일을 안쪽으로부터 뿐만 아니라 밖에서 바라보기 위한 시간인 것이다.

MS 138 8b : 23.1. 1949

철학자 동지들의 인사는 「부디 천천히, 마음 편히」가 되어야 옳지 않을까?

MS 138 9a : 24.1. 1949

영원한 것, 중요한 것은, 사람에게는 때때로 불투명한 베일에 숨겨져 있다. 베일 안에는 무엇인가가 있다는 것을 알지만 그 모습이 보이지 않는다. 베일이 낮의 빛줄기를 반사하고 있는 것이다.

MS 138 9a : 24.1. 1949

죽음 만큼 불행해져도 좋지 않은가. 그것도 인간의 가능성 가운데 하나이다. 「코린트 게임」에서 공이 지날 수 있는 여러 길 가운데 하나의 길과 같다. 그것도 더구나 색다른 길이 아닌 것인지도 모르겠다.

MS 138 9b : 25.1. 1949

영리한 민둥산보다 어리석은 계곡 쪽이, 철학자에게는 여전하게 많은 풀이 자란다.

MS 138 11a : 28.1. 1949

시간의 등시성과 음악의 등시성, 둘은 결코 같은 개념이 아니다. 박자를 잡아 엄밀하게 연주하는 것은, 메트로놈에 맞추어 정확히 연주하는 것이 아니다. 그러나 어떤 음악은 메트로놈에 맞추어 연주할 수도 있을 것이다. (제8교향곡 「제2악장」 첫 주제는 그런 유의 음악이다.)

MS 138 12a : 30.1. 1949

지옥에 떨어지는 벌이라는 개념을, 벌이라는 개념 말고 설명이 가능할까? 또, 신의 자비라는 개념을 자비의 개념 말고 다른 말로 설명이 가능할까?

당신은 당신의 말이 올바른 효과를 나타내기 바라지만 그러한 설명은 물론 불가능하다.

가령 이러한 교의(敎義)에 대한 가르침을 받았다고 하자.—당신이 이러이러한 일을 하며 저러저러하게 살아간다면, 죽은 뒤 당신을 영원한 고통의 장소로 끌고 갈 「신」이 존재하는 것이다. 대부분의 인간은 고통의 장소로 가게 되고, 극히 몇 안 되는 인간만이 영원한 기쁨의 장소로 간다.—그 「신」은 좋은 장소로 가도록 예정된 사람을 처음부터 선택하고 있었던 것이다. 그리고 어떤 삶의 방식을 선택한 사람만이 고통의 장소로 가게 되는 것이니까, 그 밖의 사람도 처음부터 다른 삶의 방식이 정해져 있었던 터이다.

이러한 교의가 어떻게 해서 효과를 발휘하게 되나?

말하자면 여기서 이야기되고 있는 것은 벌이 아니라, 오히려 하나의 자연법칙인 것이다. 그리고 그 빛 속에서 이 교의를 배운 자는 절망이라든가 무신앙 밖에 안 배운(이 교의로부터 안 배운) 것은 아닐 터이니까.

이 교의는 윤리 교육은 안 될 것이다. 만약에 윤리 교육도 하면서 이 교의도 가르치려고 한다면, 윤리 교육 뒤에 이 교의를 불가능한 신비와 같은 것으로 제시하는 수밖에 없을 것이다.

MS 138 13b : 22.2. 1949

「그분은 자비를 가지고 그들을 뽑았다. 그리고 그분은 당신을 벌할 것이다.」 이 말은 의미를 이루지 못한다. 전반과 후반의 시점은 각각 다르다. 후반은 윤리적이고 전반은 윤리적이 아니다. 그리고 전반과 함께 하면 후반이 부조리하게 된다.

MS 138 25a : 2.2. 1949

「휴식」과 「서두름」이 운을 타고 있는 것은 우연이다. 그러나 행복한 우연이다. 당신은 이 행복한 우연을 깨닫게 될(이 행복한 우연을 알게 될) 것이다.

MS 138 25a : 22.2. 1949

비로소 베토벤 음악에서 아이러니의 표현이라고 부르는 것이 등장한다. 예를 들면 제9의 제1악장. 더욱이 그것은 그의 경우 운명의 아이러니라고 한 무서운 것이다.─바그너의 경우에도 아이러니가 등장하지만 시민적인 것이 되어 있다.
　이렇게 말할 수 있겠다. 바그너와 브람스는, 각각의 유형으로 베토벤의 흉내를 냈다. 그러나 베토벤의 경우에 우주적이었던 것이, 두 사람의 경우에는 세속적(이 되어 있다)이다. 베토벤에게서도 닮은 표현이 등장하지만 다른 법칙에 따르고 있다.

운명은 모차르트나 하이든의 음악에서 실제 아무런 역할도 하지 못했다. 그들의 음악은 운명과 관련짓거나 하지 않았다.
　저 얼간이 토비[62]가, 이렇게 말한다. 「이렇게 된 것은 어떤 종류의 독서를 모차르트가 전혀 하지 않은 것과 관계가 있다.」 오직 책만이 거장의 음악을 결정했다, 이렇게까지 말하고 싶은 듯하지 않은가. 물론 음악과 책은 관계가 있다. 그러나 모차르트가 독서에서 대비극을 모르고 지나쳤다 해도, 그렇다고 해서 실생활에서 비극을 맛보지 않았을까? 그리고 작곡가는 언제나 시인의 안경 너머로밖에는 세상 물정을 보지 못할까?

MS 138 28b : 27.2. 1949

---

62) Donald Francis Tovey(1875~1940). 영국의 피아니스트, 작곡가, 음악학자.

삼중대위법은 특정 음악 환경 밖에는 존재하지 아니한다.

MS 138 28a : 27.2. 1949

음악에서 마음을 담은 표현. 그것은 강약이나 빠르기 정도만으로는 표현되지 않는다. 마음이 담긴 표현이 공간적인 척도로 표현되지 않는 것과 같다. 실제 어떤 규범으로 설명이 되는 것은 아니다. 똑같은 하나의 곡이라도, 수많은 방법으로 마음에 담긴 표현의 연주가 되는 것이니까.

MS 138 29a : 1.3. 1949

「신의 본질이 신의 존재를 보증하고 있다」—말하자면 실제로 여기에서는 신의 존재는 문제가 안 된다.

같은 모양으로 「색의 본질은 색의 존재를 보증한다」고는 말할 수 없을까? 예를 들어 「하얀 코끼리」와는 대조적으로. 말하자면 나는 색채 견본을 손에 들지 않고서는 「색」이란 무엇인가, 「색」이라는 말은 무슨 의미인가를 설명할 수 없다. 그렇다면 「예를 들어 색이 존재한다면 그것은 어떤 정도까지인가」의 설명은, 여기에서는 존재하지 않는다.

그렇다면 이렇게 말할 수 있을 것이다.—만일 신들이 올림포스산에 존재한다면 어떤 모습인지 말할 수 있다.—그러나 「만일 신이 존재한다면 어떤 모습인지」는 말할 수 없다. 이렇게 함으로써 「신」의 개념은 보다 자세하게 정의를 내릴 수가 있다.

「신」이라는 말(이를테면 그 용법)은 어떤 식으로 가르침을 받게 되나? 나는 그 말을 남김없이 체계적으로 설명할 수가 없다. 그러나 설명에, 말하자면 얼마만큼 공헌을 할 만큼은 될 수 있다. 이를테면 뭔가 말로 할 수도 있고 경우에 따라서는(뜻밖에도) 시간을 들여서, 용례집과 같은 것을 엮을 수가 있을는지도 모르겠다.

여기서 잊어서는 안 될 일이 있다. 사전에는 그 종류의 용례를 이것저것 쓰고 싶다고 생각할지 모르나, 실제로는 겨우 몇 가지의 용례나 설명밖에 붙이지 못하는 것이다. 또 이것 역시 잊어서는 안 될 일인데 실제 많이 쓸 필요는 없다. 늘어지게 길게 썼다 하더라도 어쩔 수 없으니까.─잘 아는 언어의 단어 용법이 문제가 될 때 늘어지게 길게 썼다고 하더라도 어쩔 방법이 없다. 그러나 그것이 아시리아 단어의 용법 설명이라면?

그리고 설명은 무슨 말로? 물론 아시리아어가 아닌 잘 아는 말로.─설명할 때 잘 쓰이는 것은 다음과 같은 말이다. 「때때로」라든가, 「가끔가끔」 또는 「보통은」이라든가 「거의 언제나」 또는 「거의 ……아닌」.

설명할 때 어떤 모양으로 쓰는지 좋은 본보기를 만드는 일은 어렵다.

그리고 결국에 가서 나는 화가에 지나지 않는다. 그것도 가끔 아주 졸렬하게 무능한 화가일 뿐이다.

MS 138 30b : 17.3. 1949

사람들이 유머─에 대하여 같은 감각을 가지고 있지 않았다면 어떨까? 서로의 반응이 적절하지 못하게 된다. 예를 들어 상대에게 공을 던지면 상대는 그것을 받아서 되던지는 게 일반적인데, 공을 되던지지 않고 주머니에 쑥 집어넣는 형국이다. 아니면 다른 사람의 취미를 전혀 모를 때는 어떻게 되는 것인가?

MS 138 32b : 20.5. 1949

우리 가운데 확고히 뿌리내리고 있는 이미지를 물론 미신에 비유할 수는 있다. 그러나 우리는 언제나 어떤 확실한 토대로 내려갈 필요가 있다고 말할 수도 있다. 그렇게 하면 그 토대가 이미지가 되든 안 되든, 모든 사고의 토대인 이미지가 존중되는 것으로 되고, 미신으로 취급되지 않게 되는 것이 아닐까?

MS 138 32b : 20.5. 1949

인간의 성격이 외계의 영향을 받는 수가 있다(바이닝거). 이것은 전대미문의 일은 아니다. 아무튼 그것은 경험에 따르면 인간은 상황과 함께 변화하는 것이다, 이런 의미일 뿐이니까. 예를 들면 「어떻게 하여 환경은 인간에게 인간의 윤리를 강요할 수 있는 것인가」라는 질문에 대하여—답은 이러하다. 「인간은 "누구든 강요에 순종할 필요가 있는 것이 아니다"라고 말할는지 모르지만 상황에 따라서는 이러이러한 행동을 할 것이다.」

「그렇게 할 필요는 없다. 또 하나의 (다른) 길을 가르쳐주겠다.—그래도 당신은 그 길을 택하지 않겠지만.」

MS 173 17r : 30.3. 1949

셰익스피어를 다른 시인과 나란히 세울 수는 없지 않은가. 어쩌면 그는 시인이라기보다 언어 창조자였던 것은 아닐까?

셰익스피어를 경탄하는 것밖에, 나는 못한다. 달리 할 수 있는 게 없다.

셰익스피어를 칭찬하는 대부분의 사람들에 대하여 나는 깊은 불신감을 품고 있다. 불행하게도 셰익스피어는 적어도 서양 문화에 있어서는 고독한 존재이므로, 그의 위상을 바로잡아 주려면 반드시 틀린 장소에 놓아버리게 되는 것이 아닌가.

S는 인간의 타입을 잘 그려서 그런 의미에서 진실을 적고 있는 것처럼 보이나 그것은 틀렸다. 그는 자연에 충실하지 않다. 그러나 아주 나긋나긋한 손과 아주 독특한 붓놀림 덕으로 그가 그려내는 인물은 모두가 중요하며, 한 번쯤 주목받을 가치가 있다고 생각되는 것이다.

「베토벤의 위대한 마음」—그러나 「셰익스피어의 위대한 마음」이라고는 말할 수 없을 것이다. 「언어의 새롭고 자연스런 형태를 만들어낸 나긋나긋한 손」이라고 말하는 편이 적당할 듯하다.

시인이라는 존재는 자기 자신에 대하여 「나는 새가 노래하듯이 노래 부른다」고 말하지 못한다.―그러나 S라면 그렇게 말했을지 모른다.

MS 173 35r : 12. 4. 1950 또는 später

같은 주제라도 단조와 장조로는 성격이 다르다. 실제 단조 일반의 성격에 대하여 이야기하지 말라고 하는 것은 참으로 어리석다. (슈베르트 곡에서는 때때로 장조가 단조보다 슬픔을 띠었다.) (슈베르트의 장조와 단조)

같은 모양으로 개개의 색깔의 성격을 논하는 것은 회화를 이해하는 데 있어서 보람도 없고 무익한 것은 아닐까? 색깔의 성격을 논하며 사실은 색깔의 특정한 사용 방법을 생각하고 있는 것이다. 녹색은 식탁보 색깔로는 그 효과가 있다. 붉은색도 그런 효과가 있다고는 하지만 그것은 그림에 있어서 녹색이나 붉은색의 효과에 대하여 말하고 있는 것은 되지 않는다.

MS 173 69r : 1950

셰익스피어가 「시인의 운명」에 대하여 생각한 적이 있었다고 나는 느껴지지 않는다.

그는 자기 스스로도 자신의 것을 예언자라든가 교사(敎師)로 보는 일은 없었다. 사람들은 그를 일컬어 자연의 스펙터클 같은 것이라고 경탄한다. 경탄하면서 사람들은 위대한 인간과 접촉되고 있다고는 느끼지 않는다. 특이한 현상에 접촉되고 있다고 느끼는 것이다.

어떤 시인을 즐기기 위해서는 그 시인이 속해 있는 문화까지 좋아할 필요가 있는 것은 아닐까? 그런 문화에 관심이 없거나 혐오감이 있거나 하면 칭찬의 느낌도 냉각된다. (냉각된 칭찬의 느낌밖에는 간직하기가 어렵다.)

MS 173 75v : 1950

신을 믿는 사람이 주위를 휘둘러보고 「여기에 보이는 것은 어디에서 온 것일까」라든지 「이것들은 모두 어디서」라고 물어도, (인과론적인) 설명 따위는 듣고 싶지 않은 것이다. 질문의 요점은 그렇게 질문함으로써 자기의 기분을 표현하는 것이다. 결국 모든 설명에 대하여 하나의 입장(하나의 태도)을 표명하고 있는 것이다.—그렇다면 그 입장은 그의 인생에서 어떤 양식으로 표시되는 것일까?

그것은 어떤 사안을 심각하게 생각하는 것인데, 어느 한 점을 넘기면 심각하게는 생각하지 않게 되고, 「다른 편이 더 심각하다」고 단언하는 그러한 태도이다.

예를 들어서 어떤 사람이 이렇게 말한다. "누구누구가 그 일을 끝내지 못하고 죽은 것은 아주 심각한 일이다. 그렇지만 다른 의미로는 그런 것은 전혀 문제가 아니다." 이 경우 「더 깊은 의미로는」이라는 말이 사용된다.

사실은 내게 하고 싶은 말이 있다. 다시 말해서 여기서 문제가 되는 것은, 입에서 토한 말이라든가 그때 생각한 사안이 아니라, 그 말이 가지가지 생활의 장에서 만들어내는 차이이다. 두 사람이 저마다 "나는 하느님을 믿어"라고 말할 때, 어떻게 해서 나는 그것이 같은 의미라는 것을 알게 되는 것인가? 삼위일체에 대해서도 마찬가지이다. 어떤 종류의 말이나 글귀의 사용을 강요하여, 다른 말이나 글귀를 추방하는 그런 신학에서는 아무것도 명확해지지 않는다. (카를 바르트)

그러한 신학은 하고 싶은 말이 있기는 한데 표현의 방법을 몰라서, 이를테면 말을 이리저리 휘두르고 있는 것이다. 말에 의미를 부여하는 것은 실제의 사용이다.

MS 173 92r : 1950

신의 존재 증명이라는 것은 원래 신이 존재하는 것을 납득시키는 것이어야 한다. 그런데 아무래도 신자들 자신이 증거에 따라서 신앙에 도달한 것도 아니건만, 증거를 늘어놓고 그 「신앙」을 지성으로 분석하고 기초를 세우려고 한다는 생각이 든다. 「신의 존재」를 납득시킬 수 있는 것은, 어떤 종류의 교육에 의하는 것인지도 모른다. 말하자면 자기가 어떻게 살고 있는가를 보여줌으로써.

실제 생활에 의하여 「신을 믿는 일」로 안내되는 수가 있다. 실제 경험에 의하는 경우도 있다. 그러나 비전이나 기타의 다른 감각적 경험에 의해서는 「신의 존재」를 가르칠 수 없다. 하지만 예를 들어 갖가지 괴로움이나 고통이 신의 존재를 가르쳐줄 까닭은 없다. 또 신의 존재를 추측하도록 하지도 않는다. 여러 경험과 생각—실제 생활에 의하여 신의 개념이 강요되는 것이다.

그렇다면 신의 개념은 「대상」이라는 개념과 닮아 있는지도 모르겠다.

MS 174 1v : 1950

내가 셰익스피어를 이해 못 하는 것은, 완전한 비대칭 속에 대칭을 찾아내고 싶기 때문이다.

그의 작품은 말하자면 거대한 <u>스케치</u>이고 유화가 아닌 것같이 생각된다. 말하자면 <u>모든 것</u>을 허용하는 자에 의한, 갈겨쓴 그림이 아닌가. 그것이 경탄의 대상이 되고 <u>최고</u> 예술이라고 일컬어지는 것은 이해하지만, 나는 좋아하지 않는다.—그러므로 셰익스피어의 작품 앞에서 할 말을 잃는 사람의 태도가 이해는 되지만 셰익스피어를, 예를 들어 베토벤의 것처럼 경탄하는 사람은 셰익스피어를 오해하고 있는 것은 아닌지.

MS 174 5r : 24. 4. 1950 또는 *später*

어떤 시대는 다른 시대를 오해한다. <u>어떤</u> 작은 시대는, 독특한 추한 방법으로 다른 모든 시대를 오해한다.

MS 174 5v : 1950

신이 인간을 어떤 방법으로 재판하는지, 우리에게는 상상이 안 된다. 신이 그때 유혹의 강도와 인간의 약점을 헤아린다면 도대체 누가 지옥에 떨어지겠는가. 만일 신이 그 두 가지를 헤아리지 않는다면, 바로 그 두 힘이 티격태격한 결과가 인간에게 예정된 목표가 된다. 결국 인간이라는 피조물은 두 힘이 티격태격하는 싸움을 통하여 이기느냐 지느냐 어느 한쪽으로 정하게 되어 있다. 이것은 종교적 사상 같은 것도 아니고 도리어 과학적 가설인 것이다.

　그러므로 종교의 영역에 머무르고 싶으면 싸우는 도리밖에 없다.

MS 174 7v : 1950

인간들을 잘 관찰하는 것이다. 어떤 인간은 다른 인간에게 독이다. 어미는 자식에게 독이고, 자식은 어미에게 독이고, 등등. 그러나 어미는 맹목(盲目)이고,

자식도 맹목이다. 어쩌면 이들 모두 마음에 켕기는 데가 있는지도 모른다. 그러나 그것이 무슨 소용이 있겠는가. 자식은 사악하나 누구도 자식에게 사악해지지 말라고 가르치지는 않는다. 부모의 어리석은 고양이 사랑 때문에 자식이 못쓰게 되는 것뿐이다. 어떻게 해서 부모에게 그것을 알게 할 것인가? 어떻게 해서 자식에게 그것을 알게 할 것인가? 말하자면 <u>서로가</u> 사악하고 <u>서로가</u> 책임이 없는 것이다.

MS 174 8r : 1950

철학은 진보하지 않았는가.―누군가가 가려운 곳을 긁으면 분명 그것은 진보라고 생각하게 되는 것이 아닌가? 아니면 정확하게 긁은 것이 아닌가? 또는 진짜로 가려움이 아닌 것 아닌가? 자극에 대한 이 반응(그 회답)은 가려움 방지약이 발견될 때까지 계속되는 것인가?

MS 174 10r : 1950

나는 신이 이렇게 지적을 받게 할는지도 모른다.
　「나는 너 자신의 신고로 너를 재판한다. 너는 자기 자신의 몸짓을 남에게서 보고, 거기에 대한 구역질로 몸을 떨지 않았나.」

MS 175 56r : 15.3. 1951

우리가 받는 모든 영감이 반드시 선(善)만은 아니다. 그것이 악마를 믿는다는 의미일까?

MS 175 63v : 17.3. 1951

카테고리에 생소하다면 자신을 판단할 수가 없다. (프레게의 서식(書式)은, 때때로 위대하다. 프로이트는 훌륭한 저자이다. 프로이트를 읽는 것은 즐겁다. 그러나 저자로서의 프로이트는 결코 <u>위대</u>하지 않다.)[63]

MS 176 55v : 16.4. 1951

---

63) 《쪽지》 712를 참조할 것.

시

당신의 손이 움직이고,
사지가 부드러이 움직여,
내 머리에, 진실한 사랑의
엷은 안개를 닮은 베일이 드리우면,
혼백의 감각이 저려온다.

알겠는지요. 영혼이 흐르며,
어렴풋이 움직일 뿐인데,
가슴에 그 흔적을 깊이 새김을.

아침 종이 울리면,
정원사가 뜰을 돌보면서,
가벼운 발걸음으로 땅을 밟는데.
땅에.
그러니 꽃들이 잠에서 깨어나,
무언가 물어보고 싶은 듯, 눈동자로

눈부시게
부드러운 그의 얼굴을 들여다본다.
당신의 발에 감기듯 베일을 짠
사람은 누구?
산들바람처럼 베일이
부드럽게 우리를 매만진다.

산들바람의 하느님이 당신의 몸종인가요.
그것은 거미였나요. 누에였나요.

비트겐슈타인의 생애와 사상

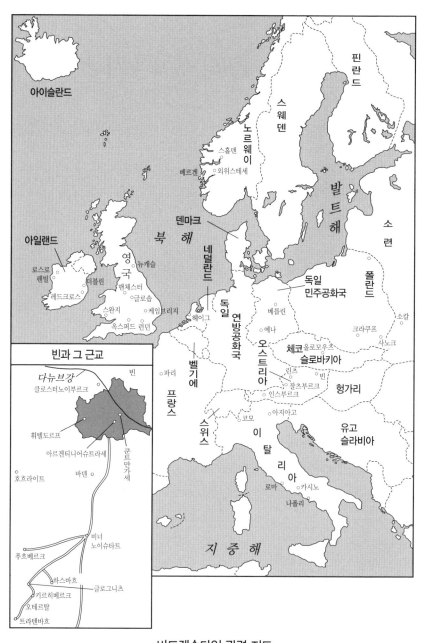

비트겐슈타인 관련 지도

I. 세기말의 빈

비트겐슈타인의 사상적 기반

빈과 비트겐슈타인

비트겐슈타인 집안 사람들

루트비히 비트겐슈타인(Ludwig Josef Johann Wittgenstein)은 1889년 4월 26일 빈에서 태어났다. 19세기 중반에 할아버지 헤르만 비트겐슈타인(1803~1878)이 독일 작센에서 일가를 이끌고 빈으로 이주해 온 뒤부터 빈이 비트겐슈타인 가문의 거주지가 되었다. 비트겐슈타인 가문 사람들은 유대 혈통을 계승한다. 그러나 할아버지 헤르만은 유대교에서 프로테스탄트로 개종하고 아버지 카를(1847~1913) 역시 프로테스탄트였다. 어머니 레오폴디네 칼무스는 체코 출신 유대인 아버지와 가톨릭교도 어머니 아래 부유한 가정에서 자란 로마가톨릭 신자였다. 자식들은 모두 가톨릭 세례를 받았다. 루트비히는 5남 3녀 가운데 막내였다. 비트겐슈타인 가문은 할아버지 대부터 부유했으나, 아버지 카를은 전문기술자이자 실업가로서 뛰어난 솜씨를 발휘하며 오스트리아 철강업계의 중심인물로 활약하여 독일의 크루프(Krupp), 미국의 카네기에 필적하는 대재벌이 되었다.

할아버지 헤르만은 매우 엄격하고 완고하여 자신의 견해를 가족들에게 강요하고 가정에서 절대적 권위를 휘둘렀다. 아버지 카를도 헤르만의 기질을 이어받아 마찬가지로 타협을 허용하지 않는 성격이었으므로 두 사람 사이에는 충돌이 끊이지 않았다. 카를은 헤르만에게서 벗어나기 위해 혼자 미국으로 건너가 그곳에서 다양한 경험을 했다. 보이, 바텐더, 야경꾼, 고아원이나 종교 단체의 일, 학교 교사까지 했다. 이윽고 헤르만이 양보하여 카를은 귀국했다. 그로부터 20년 동안 카를은 빈(Wien)의 실업계에서 두각을 나타내며 성공하고,

그의 천부적인 재능과 기술 분야의 전문 기술을 충분히 이용한 근대적인 생산 수단을 가지고 산업을 합리화하여 마침내 오스트리아의 철강업계를 지배하기에 이르렀다. 그의 성공은 자기 일에 대한 비상한 열중에 있으며, 엄격한 프로테스탄트 윤리가 이를 뒷받침했다. 카를의 철저하고 급진적인 실력력은 빈 사람들의 경이의 대상이었으나, 한편으로 중상과 비평의 초점이 되기도 했다. '대담하기 이를 데 없는 투기꾼' '쇠를 먹는 야수'라는 당시의 비평이 있었는데, 그것은 카를의 역량을 정확하게 짚은 평가였다. 카를은 빈의 일간지 〈신자유신문(Neue Freie Presse)〉에 글을 써, 넓은 전망과 뛰어난 판단력을 가진 경제학자로서의 역량을 나타냈다. 그 집필 내용은 자신의 체험에 기초하여 경제계에서 예상되는 모든 장기적인 변화를 간파한 것이었다. 만약 그가 빈이 아니라 독일에 살았더라면 비스마르크 수상은 그를 놓치지 않고 국가 경제의 요직에 앉혔을 거라고 했다.

예술가의 살롱

비트겐슈타인 가문의 음악 애호 전통은 할아버지 헤르만으로 거슬러 올라간다. 카를은 음악을 사랑하여 바이올린을 연주하고, 여행을 해도 바이올린을 가지고 다닐 정도의 음악 애호가였다. 헤르만은 자선 사업으로서 음악가들의 패트론(후원자)이 되었다. 루트비히의 어머니 레오폴디네는 피아니스트이며 남편 카를과는 음악회에서 만나 맺어진 사이였다. 루트비히의 형제들과 누나들도 풍부한 음악적 재능을 보였다. 어린 시절부터 형들, 누나들과 악기를 능숙하게 연주하며 음악적으로 풍부한 천성을 발휘했다. 하지만 음악가로서 평생을 보낸 이로는 바로 넷째 형 파울뿐이었다. 그는 제1차 세계대전에서 오른팔을 잃었음에도 불구하고 피아니스트로 크게 성공하여 이름을 날렸다. 슈트라우스, 라벨, 프로코피예프가 파울을 위해 작곡했다. 누나들도 마찬가지로 음악을 사랑했으나 큰누나 헤르미네는 그림에 그 비범한 재능을 발휘하여 화가 클림트(1862~1918)에게 사사했다.

그 무렵 빈에서는 클림트를 대표로 하는 빈의 젊은 예술가들이 종래의 예술 양식에 반대하여 분리파 운동을 전개했다. 그들의 주장은, 과거의 형식을 모방하는 것을 목표로 했던 시대는 지났으니 '시대에 걸맞은 예술, 예술에는

루트비히 비트겐슈타인의 어린 시절 가족들의 모습
위—아버지 카를과 어머니 레오폴디네 **중간**—왼쪽부터 형 한스(첫째), 루돌프(둘째), 쿠르트(셋째)
아래—뒷줄 왼쪽부터 누나 헤르미네(첫째), 헬레네(둘째), 마르가레테(셋째). 앞줄 왼쪽 루트비히, 오른쪽 넷째 형 파울

클림트가 그린 마르가레테의 초상(1905)

그 본래의 자유를'이라고 주장했다. 헤르미네는 클림트에게 심취하여 아버지 카를을 설득해 분리파 활동 자금 조달에 힘썼다. 클림트가 그린 셋째 누나 마르가레테의 초상화가 뮌헨의 미술관에 전시되어 그 우아한 모습은 사람들의 주목을 받았다. 마르가레테는 세 자매 가운데 집안 관습에 반항한, 재기가 번득이는 여성이었다. 예를 들어 집안에서의 독서라고 하면 라틴어나 독일어로 된 고전 밖에 허락되지 않았으나, 그녀는 당시로서는 가장 충동적으로 모더니즘을 주장하는 입센에 심취하고 쇼펜하우어·키르케고르 등의 철학서를 읽었다. 또한 프로이트의 친우였으며, 바이닝거(Otto Weininger)의 작품을 읽었다. 그녀는 루트비히에게 가장 영향을 미친 사람 중 한 사람이었다.

1890년 루트비히가 태어난 다음 해 아버지 카를은 '팔레 비트겐슈타인'이라고 불리게 된 대저택을 샀다. 이 저택과 비트겐슈타인 가문의 별장지 호흐라이트(니더외스터라이히 호엔베르크 근교에 있다)에는 빈의 많은 예술가들이 드나들고 브람스·말러·카살스 등의 음악가나 클림트를 비롯한 분리파 예술가들과의 친밀한 교제가 있어 비트겐슈타인 가문은 빈의 예술가들의 살롱이 되었다.

합스부르크 왕조의 빈

루트비히가 태어났을 당시 빈은 합스부르크 왕조, 오스트리아·헝가리제국의 수도였다. 루트비히와 거의 같은 시기에 빈에서 자란 작가 슈테판 츠바이크(1881~1942)는 《어제의 세계》에서 당시의 빈을 자세하게 묘사하고 있다. 츠바이크에 의하면 당시 빈은 문화적인 것을 향한 한없는 정열을 가진 음악, 예술의 도시로서, 더구나 유럽의 온갖 문화의 흐름이 합류하여 새롭고 독자적이며 오스트리아적인 것, 빈적인 것에 조화하고 융합한 코즈모폴리턴 도시였다. 이 도시는 유럽의 대도시 런던이나 파리와는 다르게 자연과 도시가 서로 융합되어 발전했다. 몇백 년의 세월 동안 천천히 성장하고 안쪽의 고리에서부터 유기적으로 발전하여, 이 도시는 숲의 도시, 음악의 도시로서 대도시가 갖는 온갖 호화로움, 온갖 다양성에 적합할 만큼의 200만이라는 인구를 떠맡기에 이르렀다. 그러나 자연에서 분리될 정도로 엄청난 규모는 아니었다. 어디서 자연이 시작되고 어디서 도시가 시작되는지 거의 알 수 없을 정도로 이 둘은 서로 융합되어 있었다. 이 자연과 융합한 도시 빈은 또한 향락의 도시이기도 했다.

당시 빈의 작가들은 세기말 빈의 정경을 다양한 필치로 그리고 있다. 예를 들어 로베르트 무질(1880~1942)은 당시 합스부르크 왕조의 빈을 카카니엔(오스트리아·헝가리제국)적 사회로 파악하여 《특성 없는 남자》에서, 왈츠에 매혹되어 거리마다 넘치는 빈의 사람들을 그리고, 넘쳐흐르는 쾌활함과 정열에 이끌려 "오오, 빈, 꿈의 도시여, 빈보다 나은 곳은 없도다"라는 말로 빈의 정경을 묘사한다. 그러나 이 독백에는 탐미주의가 내재하고 형언할 수 없는 우수(憂愁)가 이미 담겨 있었다. 츠바이크가 말하는 '향락의 도시'란 무질이 그리는 황혼의 빈에 상징적으로 그려져 있다. 아르투어 슈니츨러(1862~1931)의 《윤무(輪舞)》는 이 사회 각층의 상황 전체를 독특한 필치로 그리며, 빈 사회생활의 원동력이 되는 것을 쾌락에서 추구하는 죽음의 윤무로서, 그리고 살아 있는 사람들의 모습을 생생하게 그리고 있다.

카카니엔적(이중 왕국인) 빈에서는 사람들은 음악·연극·춤에서 꿈을 좇고 있었다. 그러한 빈의 향락 생활에 내재하는 어두운 그림자, 위선적이고 퇴폐적인 빈에 모인 예술가들은 민감하게 반응했다. 카를 크라우스(1874~1936)는 희곡이나 평론을 통하여 그 위선을 폭로했다. 오토 바이닝거(1880~1904)는 《성(性)과 성격》을 써서 섹스를 공공연하게 논했는데, 그 배경이 된 것은 빈 사람들의 위선적인 성생활이었다. 화가 에곤 실레(1890~1918)의 나체상에는 빈 사람들의 퇴폐적인 내면이 정확하게 그려져 있다. 실레는 이렇게 말했다. "이곳은 참으로 불쾌하다……빈에는 어두운 그림자가 있어서 거리는 거무칙칙하고 모든 일이 기계적으로 행해진다." 이처럼 합스부르크 왕조의 빈은 화려하기는 했으나 지

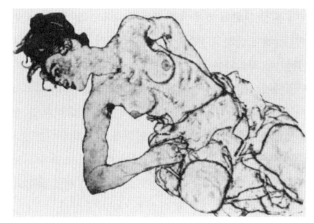

에곤 실레의 그림 나체상
당시 빈의 퇴폐적인 성
풍속도를 묘사하였다.

는 해처럼 비쳐졌으며, 땅거미의 어두운 그림자가 살며시 다가오고 있었다.

빈의 유대인

그런데 세기말 빈의 문화를 짊어진 것은 빈의 유대인들이었다. 자신도 유대
인이었던 츠바이크는 이렇게 썼다.

"세계가 19세기 빈의 문화로서 칭송하는 것 가운데 90퍼센트는 빈의 유대인
이 장려하고 기르고 나아가 스스로 창조한 문화였다."

일반적으로 유대인의 역사는 디아스포라(유대인의 이산)와 박해의 역사였음
에도 불구하고 어째서 빈에서 유대인들은 자기 창조적으로 활동할 수 있었는
가? 츠바이크는 빈이라는 도시가 유대인 본래적으로 갖고 있던 특성을 충
분히 발휘할 수 있는 환경이었으며, 빈에서는 그들은 그저 단순히 외면적으로
신분이 보장되어 있었을 뿐 아니라, 내면 깊은 곳에서 끊임없이 추구하고 있
던 정신적인 것 및 심미적인 것의 가치 탐구의 본능이 충족되었다고 그 이유를
말하고 있다. 그는 이렇게 말한다.

"빈의 유대인은 예술적이고 창조적일 수 있게 되었다. 특수한 유대적인 방법
이 아니라, 오스트리아적인 것이나 빈적인 것에 가장 강렬한 표현을 부여하는
것에 의해서이다. 창조 음악에, 왈츠와 오페레타의 전통에 새로운 개화를, 빈
문학에 유럽적인 지위를 부여하고, 또한 세계에 대하여 연극 도시로서의 명성
을 새로이 하여 빈 대학에서는 학자들이 여러 학문에 위대한 공헌을 하여, 가

는 곳마다 학자·화가·연극가·건축가·언론인으로서 그들은 빈의 정신생활에서 가장 높은 위치를 차지했다."

루트비히의 성장 과정

형들의 자살

루트비히 비트겐슈타인의 사상 및 인간상은 이러한 세기말 빈의 상황에서 이해해야 한다. 루트비히의 아버지 카를에 대해서는 이미 소개했는데, 가정에서 카를은 자식들에게는 검소하고 엄격한 교육을 했다. 그는 한 집안의 가장으로서 접근하기 어려운 아버지로서의 권위를 자식들에게 휘둘러, 김나지움에는 보내지 않고 가정교사를 붙여 자기 사업을 이어받게 하기 위해 애썼다. 그러나 자식들은 아버지의 의지를 거역하고 그의 후계자가 되기보다는 오히려 음악이나 예술 쪽으로 관심을 돌렸다. 카를은 자식들에게 그의 실업을 계승할 것을 강요했다. 카를은 사업과 예술이 양립할 수 있다고 생각했음에 틀림없다. 그러나 자식들은 실업가보다는 음악가나 예술가를 지망했다. 마침내 카를은 상속을 시키기 위해 큰아들 한스에게 집에서 악기를 연주하지 말라고 했으나 한스는 아버지의 눈을 피해 악기 연주를 계속했다.

비트겐슈타인을 소개하면서 빈의 성 풍속에 대해서도 언급해 두고 싶다. 슈니츨러의 《윤무》는 성을 탐닉하는 다양한 인간의 모습을 그리며 에로티시즘을 사회의 원동력으로 묘사하고 있다. 츠바이크가 그린 것도 같은 배경에서 이해할 수 있다. 성의 분석에 새로운 길을 연 프로이트의 정신분석도 빈이라는 거리의 성 풍속이 배경이다. 이 성 풍속은 카를의 자식들에게도 영향을 미쳤을 것으로 추정할 수 있다. 자세히는 모르지만 한스는 동성애자였던 것 같다. 그 무렵 동성애는 도덕적으로 사회에서 심하게 비난을 받았는데, 그 무거운 짐 때문인지 원인은 불명이지만 아버지의 상속과 얽혀 있던 한스는 1902년 스스로 목숨을 끊었다. 거기에 대해서는 공명심이 강하고 배려심이 부족한 아버지와 그 아버지의 요구에서 벗어나려 했던 아들의 자살이라는 해석도 있음을 덧붙이겠다. 1904년에는 둘째 형 루돌프가 마찬가지로 원인이 확실치 않게

넷째 형 파울(오른쪽)과 함께 책을 보고 있는 루트비히

자살을 했다.

툴민과 야니크의 《비트겐슈타인의 빈》은 비트겐슈타인의 사상을 세기말 빈의 다양한 상황에서 따라가며 이제까지의 현대 앵글로·색슨 철학 속에서, 특히 프레게나 러셀 등의 논리 사상의 흐름이나 논리실증주의 흐름 가운데서 해석되어 온 비트겐슈타인의 사상과는 전혀 다른 입장에서, 비트겐슈타인 상(像)에 획기적인 해석을 부여한 책이다. 그들은 당시 빈에서의 자살 경향에 대하여 합스부르크 제국의 국가적·사회적·외교적 그리고 성적인 여러 문제가 심각했던 것을 제국에서의 자살률로 나타낸다. 자기 손으로 목숨을 끊은 저명한 오스트리아인의 목록을 작성하면 정말로 길고 특색이 있다고 말하며 자살자의 이름을 든다.

"통계열역학의 아버지 루트비히 볼츠만(Ludwig Eduard Boltzmann), 적잖은 음악적 재능을 지녔던 작곡가 말러의 형제 오토 말러(Otto Mahler), 독일어 작품에서는 타의 추종을 불허하는 재능의 소유자였던 서정시인 게오르크 트라클(Georg Trakl), 《성과 성격》으로 유명한 재판 사건을 일으키고 베토벤이 죽은 집에서 그 몇 달 뒤 자살한 오토 바이닝거……."

게다가 그가 언급하는 목록에는 비트겐슈타인의 형들이 포함된다. 큰형 한스가 자살한 것은 루트비히가 열세 살이 되는 생일 직전이었다. "나의 인생은 원래 매우 행복했다! 그것이 저주받아 불행해질 때까지는"이라고 나중에 고백했듯이 이때부터 루트비히는 죽음에 대한, 특히 자살에 대한 생각이 '다모클레스의 칼(권력의 무상함과 위험을 강조한 속담)'처럼 뇌리에 들이대어졌다.

소년 시절의 루트비히

'낯선 나라로부터 갑자기'

어렸던 루트비히의 모습을 전하는 기록은 거의 없다. "어린 시절 루트비히는 전혀 눈에 띄지 않았으며, 천부적인 재능이 주어진 누나들의 그늘에 완전히 가려졌다. 그는 기계류를 장난감으로 삼거나 성냥개비로 몇 땀쯤 꿰맬 수 있는 재봉틀을 만들거나 했는데, 그 밖에 이렇다 할 특별한 재능은 보이지는 않았다."(휘브너, 부흐텔《루트비히 비트겐슈타인》, 이하 휘브너)

누나나 형들이 어린 시절부터 음악적인 재능을 발휘한 것에 비하여 루트비히가 유년기에 악기를 배웠다는 기록은 없다. 그가 클라리넷을 불기 시작한 것은 서른 살 무렵이다. 그러나 루트비히도 어릴 때부터 음악에 관심을 보이고 소질이 있었음은 명백하다. 그의 철학적 사색에는 음악이 빠질 수 없다. 그것은 그의 저술에서, 또한 많은 사람들이 말하는 일화에서도 엿볼 수 있다.

루트비히는 가정교사에게 배우며 김나지움에는 가지 않았다. 그러다가 1903년 가을 빈을 떠나 린츠의 레알슐레(실과학교)에 입학했다. 그의 나이 열넷이었다. 린츠의 학교에 들어간 이유는 아버지 카를의 뜻이었거나, 빈의 김나지움에 다니기에는 고전어의 소양이 부족했던 것 등을 들 수 있다. 그와 같은 해에 태어난 아돌프 히틀러도 이 린츠의 학교에서 공부했다. 다만 루트비히와는 엇갈려서 재학 기간은 같지 않았다. 루트비히는 그때까지 가정에서의 생활밖에 해 본 적이 없었다. 그는 부모 슬하에서 떠나, 처음 겪는 학교 생활에서 급우들과 친숙해지지 못했다.

큰누나 헤르미네는 이렇게 말했다.

"루트비히는 급우들이 보기에는 마치 낯선 나라에서 갑자기 찾아온 것 같았겠지요. 루트비히는 그들과 전혀 다른 방식으로 살았어요. 예를 들면 급우에 대하여 Sie(경칭, 당신이라는 의미)라고 말을 건 것만으로도 장애가 되었지요. 아마 그들보다 몇 살 위인 데다가, 그들보다 성숙해서였을 거예요. 특히 그 아이는 정신적으로 이상하리만큼 감수성이 강했어요."《남동생 루트비히》

　루트비히도 자신과 다른 급우들이 서로 다른 세상에 사는 사람처럼 느껴졌고, 익숙해지지 못하는 학교 생활을 점점 게을리하게 되었다. 그 모습은 아버지 카를이 어머니 레오폴디네 앞으로 쓴 편지에서 미루어 짐작할 수 있다.

　"루키(루트비히를 말함)가 방종한 생활을 반드시 그만둘 수 있도록 빈으로 바로 데려와야 하오. 루키가 집에서 공부를 하겠다고 해도 괜찮소. 그 아이가 다음 달에라도 어딘가 일을 하러 간다면 한 번쯤 경험해 둘 필요도 있으니 그것도 괜찮소. ……그 아이는 방종한 생활을 그만두고, 자고, 먹고, 땀 흘리고, 극장에 가야 하오. 루키가 내 지도를 오해하지 않기만을 바라오."

　그러나 이처럼 아버지 카를의 염려에도 불구하고 루트비히는 린츠에 머무르다 1906년 졸업했다. 성적은 두드러지지 않았고 매우 평범했다.

항공공학 연구

　루트비히는 대학에 가면 볼츠만 아래에서 물리학을 공부할 생각이었으나 볼츠만의 자살로 단념하고 기계공학을 배우기 위하여 베를린-샬로텐부르크 공과대학에 입학했다. 그러나 그곳에서의 생활에 루트비히는 만족할 수 없었던지 1908년 봄까지 공부하고 그 뒤 영국으로 건너갔다. 1908년 여름에는 글로솝 근교의 상층기상관측소에서 연날리기 실험에 참가했고, 같은 해 가을 그는 맨체스터 대학 공학연구소의 연구생으로 등록하여 1911년 가을까지 재적했다.

　이 3년 동안에 루트비히는 항공공학 연구에 종사하며 제트 추진 프로펠러 설계에 열중했다. 그의 이 아이디어는 제2차 세계대전 때의 헬리콥터나 제트기에도 이용되었다고 한다. 그가 몰두한 것은 프로펠러 설계였으나, 그는 수학 연구에도 몰입하여 그의 관심은 처음에는 순수 수학에, 계속해서 수학 기초론으로 옮겨 갔다. 이즈음 루트비히는 자신의 장래에 대하여 고민했으나 마침내 자신이 걸어야 할 길을 찾아냈다. 누나 헤르미네는 말했다.

　"이 무렵 철학이 갑자기 그 아이를 사로잡았어요. 철학적 문제에 관한 심사

연날리기 실험 루트비히(오른쪽)와 친구 윌리엄 에클스(왼쪽)가 함께 영국의 상층기상관측소에서 항공공학상의 실험을 위해 연을 날리려 하고 있다.

숙고가 매우 강렬하고, 더구나 그의 의지와 완전히 어긋나 있었기 때문에 그는 이중의 모순된 내적 사명 아래 매우 고민하고 분열하는 것 같았어요. 그것이 그를 덮쳐 그의 존재 전체를 뒤흔든 변심의 하나였지요. 루트비히는 당시 끊임없이 말로는 다 할 수 없을 만큼 거의 광적인 상태였어요."《남동생 루트비히》)

이렇듯 그는 철학적인 여러 문제에 매달리며 자신이 걸어야 할 길에 대하여 격렬하게, 광적일 만큼 고민했으나 최종적으로 철학자로서 살기로 결심했다.

러셀과의 만남

비트겐슈타인은 '나는 무엇을 해야 하는가'라는 저 청춘의 미혹 한가운데에 서 있었다. 그의 관심이 수학기초론을 향했을 때 그는 우연히 수학기초론의 문헌을 지인에게 물었고, 버트런드 러셀의 《수학원리》(1903)를 추천받은 것

프레게(1848~1925)
독일의 철학자·수학자·논리학자

이 인연이 되어 러셀과 아는 사이가 되었다. 폰 브리크트(G. H. von Wright)에 따르면 "이 책이 비트겐슈타인의 발전에 깊이 영향을 주고, 프레게 연구로 그를 이끈 것은 분명하다. 프레게와 러셀이라는 뛰어난 두 인물로 대표되는 새로운 논리학은 비트겐슈타인을 철학으로 이르는 문이 되었다"(《비트겐슈타인 약전(略傳)》, 이하 《약전》). 물론 루트비히는 이때 처음으로 철학서를 읽은 것은 아니다. 셋째 누나 마르가레테가 철학서를 즐겨 읽어서 그 영향을 소년 시절부터 받았다. 브리크트에 따르면 "비트겐슈타인은 어린 시절 쇼펜하우어의 《의지와 표상으로서의 세계》를 읽었고, 그의 초기 철학은 쇼펜하우어적인 인식론적 관념론이었다고 말한 적이 있다. 쇼펜하우어에 대한 관심이 논리나 수리철학과 어떻게 관계하는지 나는 전혀 알 수 없지만, 다만 그의 이전의 관념론적 견해를 버리게 한 것은 프레게의 관념론적 실재론이었다고 스스로 말했던 것을 기억한다."《약전》) 그는 공학 연구를 단념하고 자신의 계획을 프레게에게 상담하기 위해 독일 예나를 방문했다. 프레게는 그에게 케임브리지로 가서 러셀 아래에서 연구하라고 권했고 비트겐슈타인은 그것에 따랐다.

1911년 10월, 그는 케임브리지로 가서 러셀을 만났다. 러셀은 그때의 인상을 《자서전》에서 다음과 같이 말한다.

"첫 대면 때부터 나는 그가 천재인지 괴짜인지 잘 알 수 없었지만, 곧바로 천재가 틀림없다고 생각했다.""그를 알게 된 것은 내 생애에서 가장 자극적인 지적 모험 가운데 하나였다. 그의 사상은 믿어지지 않을 만큼 정열적이고 예리한 통찰력을 갖고 있으며 나는 그것에 진심으로 경탄했다."

비트겐슈타인은 이듬해 2월에 학부 학생으로, 6월에는 대학원생으로 등록했다. 그는 러셀의 수학기초론이나 논리학 강의에 출석하여 놀랄 만한 속도로 이해해 갔다.

비트겐슈타인은 러셀의 강의에 출석한 첫 학기가 끝날 때 러셀에게 찾아와서 이렇게 질문했다. "제가 완전한 바보라고 생각하십니까?" 러셀이 왜 그런 질문을 하느냐고 묻자 그는 대답했다. "만약 그렇다면 저는 파일럿이 될 것이고, 그렇지 않다면 철학자가 될 것입니다."

러셀은 이에 대한 대답으로, 방학 동안에 자신이 흥미 있는 철학 문제에 관하여 뭔가를 써보라고 말했다. 비트겐슈타인은 그 말대로 써서 가져왔다. 러셀은 그

버트런드 러셀(1872~1970)
영국의 철학자·논리학자·노벨문학상 수상(1950)

첫 글을 읽자마자 그가 천재적인 인간이라고 확신하고 무슨 일이 있어도 파일럿이 되어선 안 된다고 말했다 한다. 이리하여 그는 기술자가 되어 아버지가 원했던 비트겐슈타인 가문의 후계자가 되는 길은 결정적으로 접게 된다. 러셀과의 만남이 그가 철학자로서 평생을 보낼 결정적인 계기가 되었던 것이다. 이를 계기로 그를 길러왔던 빈의 사회적, 문화적 환경에서 그는 논리학 및 철학의 연구에 몰두했고, '비트겐슈타인 철학'이라는 20세기에 가장 영향을 미친 사상 가운데 하나가 탄생했다.

Ⅱ. 전기의 사상
언어·논리와 윤리·예술과의 갈등

케임브리지와 노르웨이의 생활

러셀에게 비친 비트겐슈타인 인상

러셀에게는 비트겐슈타인이 그때까지 알았던 사람 가운데 가장 완전한 천재의 살아 있는 실례이고, 전통적으로 천재라고 여겨지는 유형의 천재이며, 정열적이고 학식이 깊고 강렬하고 의연한 품위를 갖춘 천재로 비춰졌다. 또한 러셀이 보기에 비트겐슈타인은 독특한 결벽증이 있어 이상하게까지 느껴졌으며 그런 그의 행위는 인상적이었다. 러셀은 몇몇 에피소드를 말한다.

"매일같이 밤늦게 나에게 와서는 매우 흥분하며 입을 다문 채 우리 속 야수처럼 세 시간이나 방 안을 이리저리 돌아다녔다. '자네는 논리학에 대해 생각하는 건가? 그렇지 않으면 자네의 죄에 대해 생각하는 건가?' 나는 어느 순간 그에게 물었다. 양쪽 다라고 그는 말하더니 곧바로 다시 입을 다물었다."

러셀이 보는 비트겐슈타인은 천재라는 이름에 걸맞은 천재이며, 기행(奇行)을 하는 사람이며, 검소하고 도덕적으로 결벽한 사람이었다. 빈에서 자란 이 청년은 케임브리지에 와서 많은 사람과 접하지만 정말로 융화된 것처럼 보이지는 않았다. 그저 그는 논리학과 수학기초론에 완전히 몰두하고, 러셀과 화이트헤드의 《수학원리》에 몰입했다. 그는 러셀에게 배우는 한편, 그의 논리 체계를 해체하여 거기에 포함된 다양한 오류나 결함을 폭로하고 자신이 납득하는 형태로 논리학에 몰두했다.

러셀의 강의에 출석한 지 반년도 되지 않았을 때, 그는 러셀에게 보내는 편지에 이렇게 썼다. "저의 논리학은 완전히 도가니 속에 있습니다." 이것은 비트겐슈타인이 책을 탐구할 때의 기본적인 정신이었다. 그는 그저 단순히 지식을

케임브리지 대학교 트리니티 칼리지

지식으로서가 아니라 언제나 실천적인 것, 즉 자신의 삶과의 연관 속에서 탐구
했다. 그 탐구는 철저하여 극심한 고뇌와 형언할 수 없는 불안의 한가운데서
행해졌다. 그의 탐구에는 언제나 그러한 인간적인 고뇌와 우수가 따라다녔다.
그것을 그의 개인적인 특질이라고 부를 수도 있겠으나, 좀 다른 견해에서 본다
면 빈적인 또는 빈의 유대적인 것이 몇 겹이나 그 안 깊숙이 가로놓여 있었기
때문이라고 할 수 있다.

케임브리지에서의 지적 교우

그 무렵 케임브리지 대학에서는 이제까지 유례가 없을 정도로 지적 활동이
활기를 띠었다. 논리학 사상 획기적인 업적이 된 러셀과 화이트헤드의《수학원
리》가 써지고, 현대 윤리학에 결정적인 영향을 미친《윤리학원리》가 무어에 의
해 써져 케임브리지에서는 새로운 철학적 활동의 기반이 형성되었다. 비트겐슈
타인은 그들 세 사람과도 아는 사이가 되었다. 경제학자 J.M. 케인스, 수학자
G.H. 하디, 논리학자 W.E. 존슨도 친구가 되었다. 그리고 젊은 수학자 데이비
드 핀센트를 알게 되었다. 이 시기에 무어의《윤리학원리》나 윌리엄 제임스의

《종교적 경험의 다양성》을 읽고, 영국·미국의 윤리와 종교에 깊은 관심을 보였다. 그는 또한 심리학에도 흥미를 가져 강의에 출석하거나 음악의 리듬에 관한 심리실험을 실시했다. 친구 핀센트에 의하면 비트겐슈타인이 철학 책을 조직적으로 읽은 것은 이 무렵부터이다. 그는 독서를 통해 이런 일화를 남겼다. "이제까지 모르고 존경했던 철학자들이 실은 어리석고 무지하며 혐오스러운 잘못을 저질렀음을 알고 놀랐다."

노르웨이에서의 구도자 생활

비트겐슈타인은 케임브리지에서 5학기를 보낸 뒤 노르웨이로 가서 그곳에서 1914년에 제1차 세계대전이 일어날 때까지 논리학 및 철학 연구에 몰두하기 위하여 은자적인 생활을 했다. 누나 헤르미네는 이렇게 말했다. "루트비히는 완전히 혼자서 책을 쓰기 위하여 노르웨이로 갔어요. 그 아이는 그곳에서 스스로 오두막을 샀지요. 그것은 피오르(fjord)에 튀어나온 절벽 중턱에 있었는데 그는 이 오두막에서 오로지 혼자 살았어요. 거의 병적일 만큼 심한 정신적인 흥분과 긴장 상태에서요." 노르웨이에서 머무는 동안의 모습은 그가 러셀, 무어, 케인스 앞으로 보낸 편지에 나타나 있다. 예를 들어 러셀에게 보낸 편지에서는 논리학에 몰두한 모습을 볼 수 있다.

"저는 이 아름다운 피오르 안에 앉아서 유형이론에 대하여 생각합니다." "토톨로지(tautology : 항진명제)의 본질에 관한 문제는 모든 논리의 근본 문제입니다."

또한 이렇게도 썼다.

"저의 하루는 논리, 휘파람, 산보 그리고 우수 사이에서 끊임없이 흔들리고 있습니다. 저는 신에게, 좀 더 이해력을 갖고 모든 것을 궁극적으로 밝힐 수 있기를 바라고 싶습니다. 그게 안 된다면 저는 더 이상 살지 않겠습니다."

이처럼 그는 논리학에 몰입하고 있으나, 또한 정신적으로 심하게 동요하고 있었다.

"저는 매일 심한 불안과 우울에 교대로 시달립니다. 그리고 그것들이 없어졌을 때조차 피로하고 고단하며 일에 대하여 아무 생각도 할 수 없습니다. 정신적인 고뇌가 일어난다는 것은 말할 수 없이 무섭습니다! 이 이틀이 지난 뒤로 가까스로 저는 환영의 웅성거림에서 다시 한번 이성의 목소리를 가려내게 되어 또다시 일을 시작했습니다. 저는 광기의 바로 앞에 있다고 느끼는 것이 무엇을 의미하는지 이제까지 전혀 몰랐습니다."
(러셀에게 보낸 편지)

고독을 추구하고 고독의 한가운데에 있으며 오로지 논리학에 몰두하려 하는 비트겐슈타인의 모습은 구도자의 태도 그 자체였다. 그러나가 무언가를 추구하려 하고 그것에 집중하려고 애쓰면,

피오르의 작은 호숫가에 있는 비트겐슈타인의 오두막
낭떠러지 중간에 세워졌기 때문에 호수 쪽에서 보트를 타고 가야 한다(1914).

그만큼 더욱 다양한 잡념이나 환영에 위협당했다. 말 못 할 불안을 안은 채 그는 그것을 극복하려는 초조함에 사로잡혔다.

"현재 저는 하루하루가 다른 인간입니다. 오늘의 저는 자신 안에서 모든 것이 너무나도 강렬하게 날뛰고 있기에 저 자신이 분명 미치는 것이 아닐까 싶습니다. 그리고 다음 날의 저는 또다시 의기소침해집니다."(러셀에게 보낸 편지)

이 편지에서는 조현병 상태인 비트겐슈타인의 모습이 엿보인다. 그러나 그를 조현병에서 구한 것은 그 안에 있는 구도적인 정신이었다. 마찬가지로 러셀 앞으로 보낸 편지에서 그는 이렇게 말한다.

"그러나 제 영혼의 바닥은 간헐천의 바닥처럼 끊임없이 끓고 있습니다. 그리고 언제나 마지막에는 결정적인 분출이 일어나기를 바랍니다. 그러면 자신이 다른 인간이 될 수 있다고 생각합니다. 오늘은 논리에 대하여 아무것도 쓸 수 없습니다. 아마도 당신은 제가 스스로에 대하여 이런 생각을 하는 것이 시간 낭비라고 생각하시겠지요. 하지만 스스로 아직 인간이 아닌데, 대체 어떻게 제가 논리학자일 수 있겠습니까! 무엇보다도 저는 자기 자신을 순수하게 만들어

야 합니다!"

보통은 논리라거나 수학은 객관적이고, 논리적인 면이 배제된다고 생각하기 쉽지만 이처럼 비트겐슈타인은 논리를 탐구하면서도 논리를 인간적인 것에 기초하게 하기 위해 고심했다.

핀센트의 일기

당시 비트겐슈타인의 청년상을 알 수 있는 또 다른 자료로서, 케임브리지 트리니티 칼리지에서의 친구 데이비드 핀센트의 일기가 있다. 그것에 의하면 비트겐슈타인은 핀센트와 알게 된 지 한 달도 되지 않았을 때 그를 아이슬란드 여행에 초대하고 나아가 노르웨이 여행에도 불러, 논리학·음악·철학 등을 통하여 교류했다. 노르웨이의 피오르에 있는 작은 마을 외위스테세에서는 보트에 타거나, 슈베르트의 노래를 핀센트가 피아노를 치고 비트겐슈타인이 휘파람을 불거나 했다. 또는, 두 사람은 논리학이나 그 밖의 일에 대해 이야기를 나누었다. 비트겐슈타인은 외위스테세를 여행할 때 핀센트에게 노르웨이에 틀어박혀 논리학에 몰두하겠다고 말했다. 그리고 그는 스홀덴이라는 피오르에 닿은 벽촌에 체류한다. 케임브리지보다도 사람들이 사는 마을에서 떨어진 곳에 혼자만 사는 편이 아무에게도 방해받지 않고 일에 몰두할 수 있다고 했다. 또한 케임브리지에서는 이유가 없어도 다른 사람을 경멸하고 싶어지거나, 그의 신경질적인 성격이 다른 사람을 초조하게 하므로 케임브리지에 살 이유가 없다는 것이었다.

"그가 일을 할 때는 독일어와 영어를 섞은 혼잣말을 중얼거리거나 계속해서 방 안을 성큼성큼 돌아다녔다. 나중에 우리는 산보를 하러 갔고 나는 카메라를 가지고 갔다. 그때 찍은 것이 루트비히와 함께 찍은 사진이다. 우리는 서로 완전히 마음을 터놓았다. 다만 내가 사진을 찍기 위해 아주 잠시 동안 그를 혼자 두었다가 다시 돌아오니, 그는 입을 다물고 기분이 언짢아져 있었다. 나는 30분이나 입을 다문 채 그와 산보를 계속하며, 무슨 일인지를 그에게 물었다. 사진을 찍는 데 내가 열중한 것이 그를 싫증 나게 한 것이었다. 그런 사람은 산보를 하는 동안 아무 생각도 못 하고, 이 전원의 풍경이 어떻게 하면 골프장이 될지를 생각하는 사람이라고 그는 말했다."

"그는 실제로 심한 신경증 상태였다. 오늘 밤 그는 자신을 매우 책망하며 동요한 상태로 자신을 혐오했다. 현재 그는 베토벤과 같은 상태(신경과민 상태)라고 해도 과언이 아니다. 그는 이따금 자살을 생각한다고까지 말했다."

핀센트의 일기에서도 알 수 있듯이 비트겐슈타인의 정신 상태는 심하게 동요하고 있었다. 그는 신경질적이었다. 그는 케임브리지에서 알게 된 사람들과 충돌했다. 러셀과도, 무어와도 충돌하여 사이가 틀어졌다. 언제나 비트겐슈타인이 싸움을 걸었다. 핀센트와의 관계도 결코 예외는 아니었다. 핀센트는 일기에 이렇게 썼다.

"그가 언짢아졌을 때, 나는 매우 조심하며 관용을 베풀어야 했다."

이렇듯 두 사람의 경우는 도량이 넓은 핀센트 덕분에 결정적으로 사이가 틀어지지는 않았다. 그러나 유감스럽게도 비트겐슈타인의 좋은 이해자였던 핀센트는 제1차 세계대전 때 종군하여 비행기 추락 사고로 죽었다.

아버지의 죽음과 죽음에 대한 사색

이러는 사이 아버지 카를이 혀암으로 죽었다. 1913년 1월 20일이었다. 다음 날, 그는 다음과 같은 편지를 러셀에게 썼다.

"저의 아버지는 어제 오후 돌아가셨습니다. 제가 상상하는 한, 가장 아름다운 임종이었습니다. 아주 조금의 고통도 없이 아이처럼 편안하게 잠드셨습니다! 계속 임종에 입회하면서 한 순간도 슬프다고 느끼지 않았습니다. 오히려 최고의 기쁨을 느꼈습니다. 그리고 이 죽음이 한평생의 값을 한다고 생각했습니다."

자기 아버지의 죽음을 맞이하여 이처럼 슬픔을 표하지 않고 최고의 기쁨이라고 말하는 것은 일반적으로는 매우 이해하기 어려운 일일 것이다. 그러나 루트비히가 쓴 《일기 1914~1916》에는 "죽음을 앞에 둔 두려움은 그릇된, 즉 나쁜 삶의 최상의 표시이다", "죽음은 삶의 사건이 아니다", "행복한 자는 설령 죽음을 앞둔다 해도 두려움을 품어서는 안 된다. 시간 속에서가 아니라, 현재 속에서 사는 자만이 행복하다. 현재 속에서의 삶에 죽음은 존재하지 않는다" 등의 말을 접할 때 루트비히가 자기 아버지의 죽음을 기쁨의 감정으로 표현한 것을 이해할 수 있을 것이다. 그에 따르면 죽음은 시간 속에서의 사건이 아니다. 행

비트겐슈타인 집안의 묘

복하게 살기 위해서는 현재에 살아야만 한다. 현재에 사는 자는 영원히 사는 자이며 그렇기 때문에 그 자에게 죽음은 존재하지 않는다. 따라서 아버지의 죽음도 영원한 삶을 사는 것을 의미하며, 슬퍼해야 할 사건이 아니게 된다.

그의 죽음에 관한 우수와 고뇌는 죽음이라는 사건에 있었던 것이 아니라 실은 자살에 있었다. 그에 의하면 주어진 목숨을 다 하는 것, 이것이 인간에게 주어진 규칙이다. 만약 자살이 허락된다면 모든 것이 허락된다. 그것이 허락되지 않는다는 데 인생의 깊은 의미가 있다. 그는 "자살이 허락된다면 그때 모든 것이 허락된다. 무언가가 허락되지 않는다면 그때 자살이 허락되지 않는다. 이것이 논리의 본질에 빛을 던진다. 왜냐하면 자살은 근본적인 죄이기 때문이다"라고 썼다. 노르웨이에서의 논리학은 인간의 근원에 대한 깊은 성찰에 기초하고 있다. 노르웨이의 전적으로 고독한 생활에서의 다양한 사색의 체험을 기반으로 한 권의 책이 완성되는 데는 그로부터 몇 년의 세월을 필요로 하는데, 이러는 동안에 제1차 세계대전이 일어났다.

유산 상속과 기부

제1차 세계대전 직전에 그는 오스트리아로 돌아가 빈이나 별장이 있는 호흐라이트에서 보낸다. 한 가지는 원고의 정리가 있었고, 다른 한 가지는 아버지의 유산을 상속하기 위해서였다. 그는 30만 크로넨이라는 막대한 유산을 상속받았다. 그는 우선 아버지 카를이 오스트리아의 예술가들을 후원하려던 의향을 완수하기 위하여 그 가운데 3분의 1의 금액을 가난한 예술가 후원에 쓸 것을 결심했다. 그리고 당시 평판이 높았던 〈브레너(Der Brenner)〉지를 편집하고, 시의 편집이나 출판을 했던 폰 피커에게 이렇게 부탁했다. "매우 송구스럽지만 꼭 부탁드리고 싶은 일이 있습니다. 10만 크로넨의 돈을 당신 구좌에 입금하고 싶습니다. 그리고 그것을 자산이 없는 오스트리아의 예술가에게 배분할 것을 당신의 재량에 맡기고 싶습니다."

피커는 이 갑작스런 제안에 놀라 주저했으나 이 제안을 받아들여 예술가들에게 배분했다. 이 후원은 익명으로 이루어졌다. 후원을 받은 사람으로서 시인 트라클과 릴케, 화가 코코슈카, 건축가 로스 등의 이름을 들 수 있다. 루트비히는 유복한 가정에서 자라 금전에는 무관심했던 모양으로, 케임브리지나 노르웨이에서의 생활에도 금전적으로는 전혀 불편함 없이 살았다. 그 무렵 그의 관심은 노르웨이의 산속 오두막에서 고독 한가운데에 있으면서 진리를 향한 탐구에, 바꾸어 말하면 논리학에 대한 것 및 자기 내면의 문제에 있었다. 남은 유산은 나중에 모두 양도했는데 당분간은 친족이 관리했다. 이 기부를 인연으로 그는 피커를 알고, 건축가 로스와 그 제자 파울 엥겔만(1891~1965)을 알고, 그들과의 교제가 시작되었다. 특히 엥겔만과의 교우는 그의 내면 형성에 큰 영향을 미쳤다.

제1차 세계대전과 《논리철학논고》

지원병 비트겐슈타인

1914년 7월에 제1차 세계대전이 발발했다. 비트겐슈타인은 매우 평범한 빈의 시민들과 마찬가지로 애국자였다. 그는 전쟁의 발발을 알고는 계획했던 두 번째 노르웨이행도 단념하고, 예전에는 내장탈출증 때문에 병역을 면제받았으나 조국 오스트리아를 위하여 스스로 병역을 지원했다. 그는 매우 의무감이 강하여 조국을 위하여 싸우는 것은 당연한 사명이라고 받아들였다. 그는 크라쿠프 포병연대에 배속되어 첫 임무는 비스와강을 순찰하는 일을 맡게 되었다. 그 뒤로 그는 최전선을 희망하여 폴란드 남부 갈리시아 전선이나 그 밖의 최전선에 배속되어 과감히 싸웠다. 이러는 사이 그는 〈브레너〉지의 피커와 앞에서 말한 예술가들에 대한 장려금에 대하여 서신을 교환하거나 그 후원을 받은 시인 트라클을 만나러 가거나 했다(그가 만나러 갔을 때, 트라클은 이미 그 3일 전에 죽어 있었다). 또한 어느 작은 마을에서 톨스토이의 《요약 복음서》를 우연히 발견하고 이를 사 읽으면서 톨스토이에게 열중하였다. 건축가 아돌프 로스(1870~1933)나 파울 엥겔만(1891~1965)과 알게 된 것도 병역 중이었다.

비트겐슈타인은 최전선에서의 싸움을 스스로 지원하여 포병 기술병으로서 조국을 위하여 용감히 싸웠다. 이 모습은 그의 많은 공로 신청서나 군인 경력서에 상세히 기입되어 있다. 그 일부를 소개하기로 하자.

"그의 발군의 과감한 행동, 침착한 태도, 냉정함, 용자로서의 행위는 병사들의 가장 큰 칭찬의 대상이었다. ……그의 행동은 군인으로서의 충성과 신의가 빛나는 모범이다."

군대에서의 이러한 비트겐슈타인의 행동을 대체 어떻게 이해하여야 할까? 그 이유로서, 그는 의무감이 강한 인간이며 조국을 지키기 위하여 싸우는 것을 당연한 의무로 생각했다는 점을 들고 싶다. 이것은 빈의 시민이 일반적으로 품었던 사명감이며, 셋째 형 쿠르트도 지원했고, 작가 호프만슈탈은 젊은 날에는 지원병이었고 제1차 세계대전에도 장교로서 소집에 응했다. 작가 무질 역시 마찬가지였으며, 그 밖의 여러 예술가나 문화인들을 들 수 있다. 비트겐슈타인은 러셀의 반전운동에 반감을 품었다. 그것은 러셀의 반전운동의 부자연스러움, 반전이라는 이름에 숨어 있는 위선에 대해서였다. 그는 인간이 서로 싸우는 것은 자연스러운 천성이므로, 당연한 것으로서 인정해야 한다고 생각했다. 그에게 있어서 조국을 사랑하고 그를 위하여 싸우는 것은 자연스런 일이었다.

또한 그에게는 자살은 허락되지 않았는데, 그러나 죽음은 인생의 사건이 아니라 영원한 삶을 사는 것을 의미했다. 그에게 있어서 전장에서의 죽음은 삶을 다 누린 것이며 전사는 결코 자살적인 행위가 아니고 의미 있는 일이다. 이것은 그의 아버지가 죽었을 때 취했던 태도를 통해서도 이해할 수 있다.

죽음에 직면한 전장이라는 극한 상황에서, 그는 인생의 문제를 생각하고 《논리철학논고》(이하 《논고》)의 집필에 몰두했다. 그는 전우들로부터는 복음서를 가진 남자라고 불리며 동료들이 술을 마시거나 무언가를 즐기거나 지루함을 달랠 때, 《논고》의 초고인 《일기 1914~1916》(이하 《일기》)를 집필했다. 동료들과의 분쟁도 없이 그는 좋은 전우로 여겨졌다. 아마도 그는 전쟁이라는 계기를 통하여 자신의 새로운 과제를 찾아내려고 애썼을 것이다. 그는 4년의 전쟁 동안에 다양한 것을 체험했다. 그에게 있어 이 4년 동안은 그야말로 격동의 시대였다. 브리크트는 이렇게 말했다. "대전의 시기는 비트겐슈타인의 인생의 위기였다."《약전》 그는 이 시기에 정신적인 고뇌와 맞서 싸워 인생의 의미와 가치란 무엇인가를 묻고, 신에 대하여 물으며 주요한 관심을 인생·세계·신에게 돌렸다.

《일기》

《일기》는 《논고》의 초고이다. 그 대부분은 대전 중에 쓰인 일종의 일기이며 내면의 사색을 기록한 것이기도 해서, 당시 비트겐슈타인의 인생관과 가치관을 아는 데 흥미로운 자료이다. 그의 기록은 처음에는 오로지 논리학 및 논리적 명제를 향했으나, 이 공책의 후반부터 즉 1916년 6월 이후 인생의 의미·신·세계·선악·죽음·예술 등에 대하여 쓰고 있다. 《일기》에는 다음과 같이 적혀 있다.

나는 신 및 인생의 목적에 대하여 무엇을 아는 것일까?
나는 안다, 이 세계가 존재함을.
나의 눈이 시야 속에 있듯이, 이 세계에 내가 있음을.
세계에 있어 문제가 되는 것을 우리가 그 의미라고 부름을.
이 의미는 세계 속에 있는 것이 아니라, 그 밖에 있음을.
삶이 세계임을.
나의 의지가 세계에 관철되어 있음을.
나의 의지는 선 내지 악임을.
따라서 선악은 세계의 의미와 어떠한 연관이 있음을.
삶의 의미, 즉 세계의 의미를 우리는 신이라고 부를 수 있음을.
그리고 아버지로서의 신이라는 비유를 이와 연관시킴을.
기도는 삶의 의미에 대한 생각임을.
나는 세계의 사건을 의지대로 할 수 없으며, 나는 완전히 무력함을.

톨스토이(1828~1910) 러시아의 소설가

이것은 동부 전선 공방의 격전이 한창일 때 쓴 것이다. 그는 이 전투에서 용감히 싸웠다. 그러는 한편 그는 삶의 무언가를, 삶의 의미를 전장 한가운데서도 계속 생각했다. 그는 지난 1년 전에 톨스토이의 《요약 복음서》를 손에 넣었다. 그는 그것을 되풀이해서 읽고 전쟁 중에도 놓지 않았다. 그는 톨스토이를 통하여 인생의 의미를 추구해 가는 가운데 원시 그리스도교의 이념에 이르는 통로를 발견했다는 해석도 있는 것처럼, 톨스토이가 그에게 미친 영향이 크다는 것은 부정할 수 없다.

톨스토이의 영향에 대하여 엥겔만은 다음과 같이 말한다.

"비트겐슈타인은, 적어도 내가 아는 그는 톨스토이를 무조건 칭찬하고 존경했다. 톨스토이의 저작으로는 특히 《요약 복음서》와 《민화》를 높이 평가했다."

톨스토이에 대한 심취와 종교

비트겐슈타인은 진심으로 톨스토이에게 끌렸다. 특히 종교는 감정에 기인하며 이성에 기인하지 않는다는 것, 그리고 신앙은 이성적인 지식에 의하여 인식되지 않는다는 것이 톨스토이의 〈두 노인〉(《민화》 속의 한 이야기)에 나오는데, 비트겐슈타인의 톨스토이에 대한 심취는 이 점에 있었다. 즉 그 이야기에 쓰여 있는 것은 인간이 이성에 의하여 신에 대한 신앙의 증거를 추구하지 않는 것, 매일의 생활에 있어서도 자신의 이성에 의하여 자신의 의(義)를 스스로 판단하지 않는 것, 오히려 자신을 죄 많은 자로서 자각하고 자신을 소박한 신앙심에 맡기는 것이었다. 또한 톨스토이는 신앙이란 무엇인가에 대하여 《참회록》의

한 구절에서 "신앙은 인간의 유한한 존재에 무한한 의미를 부여한다. 즉, 고뇌와 상실과 죽음에 의하여 멸망되지 않는 불멸의 의미를 부여한다. 바꾸어 말하면 신앙 안에서만 인생의 의미와 생의 가능성을 발견할 수 있다. 신앙이란 단순히 보이지 않는 것을 증명하여 보여주는 것도 아니고 신에 대한 인간의 관계도 아니며, 신앙이란 그것을 얻음과 동시에 자신을 몰락시키지 않고 살아갈 수 있는 인생의 의미에 대한 지식이다. 즉 신앙은 삶의 원동력

비트겐슈타인의 가족　왼쪽에서 두 번째가 어머니 레오폴디네, 둘째 누나 헬레네, 오른쪽 끝이 루트비히

이다"라고 썼는데, 이것은 비트겐슈타인이 《일기》에 다음과 같이 쓴 것과 기본적으로 같다.

"신을 믿는 것은 삶의 의미에 관한 물음을 이해하는 것이다. 신을 믿는 것은 세계의 사실에 의하여 문제가 정리되는 것이 아님을 간파하는 것이다."

다만 비트겐슈타인이 톨스토이처럼 신에 대한 신앙을 가졌는지의 여부는 확실치 않다.

엥겔만과의 만남

비트겐슈타인의 청춘의 내면에 대하여 말할 때 잊지 말아야 할 것은 그와 엥겔만의 만남이다. 그가 모라비아의 올로모우츠에 머문 것은 1916년 10월부터 몇 개월 동안이었다. 올로모우츠는 과거의 문화적 유산을 간직하고 있던 오래된 도시로, 그는 그곳에서 엥겔만을 찾아가 그의 가족이나 친구들과도 친하게 지냈다. 엥겔만의 어머니는 그를 다정하고 따스하게 맞이하여 그에게 가정

브람스 동상

적인 안락함을 주었다. 그는 고독을 추구하여 마을에서 멀리 떨어진 곳에서 조용히 사는 것을 좋아했으나, 한편으로는 다정함이나 애정을 남들보다 배로 원했다. 그렇기 때문에 그는 그녀의 대접에 진심으로 안락함을 느꼈다.

그는 이 조용하고 차분한 오래된 도시에서 따뜻한 가정의 분위기에 한때 행복한 마음을 품었음에 틀림없다. 엥겔만 가문의 저녁 식사에는 엥겔만의 친구들도 모여 슈베르트·브람스·바흐의 곡을 피아노나 오르간으로 연주하고, 음악이나 문학 등의 예술 논의가 활발히 이루어지거나, 몰리에르의 극이 상연되거나 하였다. 두 사람의 우정은 이 만남을 인연으로 한층 친밀해져 갔다. 그들은 인생 문제를 이야기하고 종교 문제를 논하고, 예술이나 문학을 논했다. 엥겔만은 시를 썼고 자신의 작품을 낭독하기도 했다. 그는 울란트(1787~1862)의 시에 매료되어 그것을 비트겐슈타인에게 보냈다. 그는 그 시를 감격하여 읽고 이렇게 말한다. "울란트의 시는 참으로 훌륭하다. 그 시는 말할 수 없는 것을 말하려 하지 않는 한, 아무 것도 잃지 않음을 나타낸다. 말할 수 없는 것은—말할 수 없고—말한 것 가운데 포함되어 있다." 이것은 그가 쓴 《논고》와 공유한 정신이었다. 이렇게 두 사람은 마음을 터놓고 사귀었으며 우정은 깊어갔다. 두 사람은 비트겐슈타인이 온 힘을 다해 집필하려 했던 《논고》의 구상이나 말의 표현에 이르기까지 서로 의논했다.

포로 생활과 《논고》의 완성
전쟁 중에도 필요 이상으로 느긋한 한때를 가졌으나, 그는 그 뒤 또다시 전선으로 돌아가 최전선에서 싸웠다. 그러나 오스트리아군은 싸움에 져서 물러나고 그는 이탈리아 코모에 있는 포로수용소, 이어서 몬테카시노산(山)의 포로수용소에서 포로 생활을 했다. 그때 그의 배낭에는 《논고》의 초고가 들어 있었다. 그는 몬테카시노에서 러셀에게 편지로 《논고》의 완성 상황을 전했다. "저의 지난 6년 동안의 모든 작업이 담긴 《논고》라는 이름의 책을 썼습니다. 저는 우리의 문제를 마침내 해결했다고 생각합니다. 이렇게 말하면 오만하게 들릴지도 모릅니다. 하지만 저는 그렇다는 생각이 듭니다. 저는 1918년 8월에 그 책을 완성했고, 그로부터 두 달 뒤에 포로가 되었습니다. 여기에 그 초고를 갖고 있습니다. 선생님을 위해 사본을 만들 생각입니다. 하지만 그것은 꽤 오래 걸릴 것이고, 게다가 안전하게 그것을 전달할 방법이 없습니다." 《논고》 원고를 완성한 것은 빈에서 휴가 중(정확하게는 별장이 있는 호흐라이트와 잘츠부르크 근교인 할라인 및 빈에서 지냈다)이었을 때였다. 이 초고는 그의 친구 케인스를 통하여 러셀에게 도착했다. 그러나 이 책의 출판은 난항에 난항을 거듭했다.

그는 포로 생활을 하며 다양한 사람을 알았다. 예를 들어 조각가 미하엘 드로빌(그는 뒷날 드로빌을 따라 소녀의 두상 조소를 만들었다), 엄격한 가톨릭교도이자 학교 교사였던 루트비히 헨젤 등이다. 그는 특히 헨젤과는 마음을 터놓고 이야기했다. 헨젤도 《논고》 원고를 읽고, 그것에 대하여 의논하고 구두점에 이르기까지 그 원고를 검토했다. 그 무렵 비트겐슈타인은 《논고》를 완성한 뒤였고 교사가 되려고 마음먹고 있었다. 그것의 인연으로 헨젤과 교사라는 직업에 대하여 친밀한 이야기를 나누었다. 그러나 그는 목사가 될 희망도 가지고 있었던 것 같다. 그는 그곳에서 알게 된 교사 파라크에게, 자신은 교사가 될 생각이지만 사실 목사가 되어 아이들과 함께 성경을 읽으며 사는 편이 좋겠다고 말했다. 이처럼 비트겐슈타인이 장래에 어떻게 살지에 대하여 여러모로 생각한 것도, 그가 청춘의 모든 것을 걸고 열심히 노력하여 《논고》를 완성시켰기 때문이었다. 그는 《논고》 완성으로, 자신이 풀려고 했던 여러 문제를 해결했다고 생각했다. 이 일은 완전한 격동의 한가운데에서 이루어졌다. 《논고》를 완성한 것은 전쟁이 종결됐을 때이며, 그 자신이 격동의 청춘에 한 획을 그은 때이기도 했다.

《논고》의 출판과 초등학교 교사

유산 포기와 《논고》의 출판

1919년 8월 25일, 비트겐슈타인은 몬테카시노의 포로수용소에서 석방되어 빈으로 돌아왔다. 서른 살 때였다. 어머니 레오폴디네는 루트비히의 안전을 염려하여 가능한 수단을 다 썼고, 국제적십자사를 통하여 그를 찾아낸 뒤 대사관을 움직였다. 그리고 그는 러셀이나 케인스의 도움으로 석방되었다. 그러나 그에게는 전우들과 마지막까지 운명을 함께하는 것이 당연한 일이어서 이러한 행위는 굴욕적이었고, 이것이 그의 마음에 어두운 그림자를 던졌다.

그는 빈으로 돌아와 우선 상속한 유산을 모두 포기하여 누나들과 형들에게 양보했다. 이것은 대전 중 톨스토이의 종교적, 논리적 저작을 접하고 복음서에 강한 관심을 품게 된 것과 큰 연관이 있다. 유산 포기 뒤 그의 생활은 매우 검소해져서 때로는 도가 지나칠 정도로 절약하는 생활을 했다. "넥타이를 하거나 모자를 쓰는 그의 모습은 상상할 수 없었다. 침대와 탁자, 몇 안 되는 의자가 그가 가진 가구 전부였다. 장식이 될 만한 것은 무엇이든 그의 주위에서 치워졌다."《약전》 이렇듯이 그 뒤 그는 검소한 생활을 했다.

다음으로 그는 《논고》 출판으로 분주했다. 《논고》의 출판은 예상외로 난항을 겪었다. 대전 중인 1918년 8월에 《논고》의 원고가 완성한 단계에서 빈의 출판사와 교섭했으나 거절당했다. 그래서 귀국 후 그가 한 일은 출판사 찾기였다. 그는 다양한 사람들의 소개로 몇 개 출판사와 교섭을 하지만 모두 실패였다. 결국 《논고》는 1921년 가을 〈자연철학연보〉에 게재되었다. 그러나 인쇄에 오자가 많고 특히 논리기호 표시가 엉터리라서 그에게는 불만족스러웠다. 이러는 동안 러셀과 오그던 사이에서 영국 '라우틀리지 앤 케건 폴' 출판사로부터 출판하자는 이야기가 진행되었다. 그것은 영어 번역과 원문인 독일어를 병기하여 출판하려는 계획이었다. 그는 이 계획에 찬성했다. 영어 번역은 램지와 오그던이 맡았고, 비트겐슈타인이 훑어본 뒤 인쇄되어 1922년 11월에 출판되었다. 실로 난항을 거듭한 뒤의 출판이었다.

교원양성학교

교원양성학교와 하숙 생활

무거운 짐에서 해방된 그는 《논고》 출판으로 분주한 한편, 교사가 될 준비를 진행해 갔다. 그는 9월에 빈의 쿤트만가세에 있는 교원양성학교에 등록했다. 이 학교 건물은 나중에 그가 스스로 설계하여 세우는 누나 마르가레테 스톤보로 부인의 건물 옆에 있다. 그것은 당시 학교 교육의 개혁을 주창한 운동의 지도자 오토 글뢰켈의 지도 아래 창설된 학교였다. 이 학교에 들어간 것은 누나 마르가레테의 소개였다. 그러나 서른이나 되어, 더구나 전쟁을 체험한 비트겐슈타인에게 이곳은 결코 즐거운 곳이 아니었다. 입학했을 무렵, 친구 엥겔만에게 이런 편지를 보냈다. "교사가 되기 위해 교원양성학교에 다닙니다. 이제 나는 학생처럼 행동할 수 없습니다. 그것은 너무나 꼴사납습니다. 너무나도 자신을 낮추기만 해서 나는 종종 그것을 참지 못할 것 같습니다!"

그는 어머니가 포로의 몸인 자신을 특별히 석방하도록 애쓴 것에 대하여, 그것은 동료들을 배신하는 행위이며 도의적으로도 용서받지 못한다고 분개하여 어머니와의 관계에 일종의 긴장 관계가 발생했다. 그는 교원양성학교에 다닐 때는 어머니가 있는 팔레 비트겐슈타인을 떠났다. 그는 자기 힘으로 살아가기를 원해 하숙을 했다. "저는 이제 어머니가 계신 곳에 있지 않습니다. 제 모든 재산을 다 주었습니다. 당장이라도 스스로 돈을 좀 벌어야겠습니다." 이렇게 러셀에게 편지를 보냈다. 그러나 그곳은 그다지 환경이 좋지 않았던지 곧바로 다른 곳으로 옮겼다. 이 무렵 그에 대하여 다양한 억측이 있었다. 그것에 따르면 그가 살았던 하숙 근처에는 젊은 동성애자들이 많아, 그가 그 유혹에서 벗어나지 못했다는 것이다(W. W. 바틀리 《비트겐슈타인》). 그 진위 여부는 알 수 없으나 그가 자신의 생활에 대하여 심각하게 고민했음은 당시의 편지를 통하여 뚜렷이 알 수 있다.

엥겔만에게 보내는 편지

"내가 얼마나 타락했는지는, 내가 몇 번이나 목숨을 끊으려 했는지를 통해 알 겁니다. 그러나 그것은 나 자신의 악함에 절망해서가 아니라 완전한 외적 이유에서입니다."(1919년 11월 16일)

"최근 며칠간 나는 정말로 두려운 상태에 빠져 있었습니다. 그리고 그것이 아직 해결되지 않았습니다. 무엇이 이렇게도 나를 괴롭히는지 그 원인에 대해서는 이야기하고 싶지 않습니다. 인간을 이해하는 사람은 나에 대해 생각해 줄 거라는 생각이 위로가 됩니다."(1920년 1월 26일)

"내 생활의 외적 조건은 현재 매우 비참한 상태입니다. 그리고 그것이 나의 내면을 마구 휘젓습니다. 그것을 나는 도무지 제지할 수 없습니다."(1920년 2월 19일)

"나는 최근 매우 비참한 상태입니다. 악마가 다가와 나를 언젠가 데려가는 것이 아닌지 두렵습니다."(1920년 4월 24일)

"나는 또다시 완전히 공허한 상태입니다. 물론 그것은 전적으로 나 자신의 천박함과 한심함에 기인합니다. 끊임없이 자살을 생각했고 지금 역시 그 생각이 내 안에 자리 잡고 있습니다. 나는 다시 일어설 수 있을까요."(1920년 5월 30일)

"나는 현재, 과거에 종종 경험했던 상태에 있습니다. 그것은 어느 특정한 사항을 뛰어넘을 수 없는 상태입니다. 자살이 불길하다는 것은 압니다. 자기 자신을 말살하기를 바라는 일은 용서받지 못합니다. 자살이라는 사건을 떠올리는 자는 누구나 자살은 언제나 갑자기 자신에게 덮쳐온다는 것을 압니다."(1920년 6월 21일)

교원양성학교에 다니던 동안, 즉 1919년 9월부터 1920년 7월 상순까지의 사이 비트겐슈타인은 엥겔만에게 보내는 편지에서 보이듯이 심한 정신적 고뇌에 시달렸다. 여기서 말하는 외적인 원인이나 조건, 어느 특정 사항이 무엇인지는 잘 모르지만 그것이 바틀리처럼 성적인 것이었다는 해석도 가능하며, 그가 동성애에 빠져 스스로를 괴롭혔다고 해석할 수도 있다. 그러나 그것이 사실이었음을 뒷받침하는 증거는 없다. 그저 그가 스스로를 몰아붙이는 그 무언가에 끌려 자신을 천박하고 퇴폐적이라며 괴로워하는 것만은 분명했다. 그는 이 고뇌로부터 벗어나려고 애썼으며, 그 때문에 자살 생각에 시달렸다. 그러나 자살도 그에게 허락될 리 없는 큰 죄였다. 그는 교원양성학교 졸업증서를 손에 쥐고는 교사가 되기 전에, 규칙적 생활을 추구하여 수도원 정원사의 조수로 일했다.

수도원 정원사 조수와 학교 교사

"나는 규칙적인 일을 간절히 구했습니다. 내가 틀리지 않았다면 그것은 내 현재 상태로는 가장 견디기 힘든 일입니다. 그런데 그러한 일을 찾았습니다. 여름 방학 동안 클로스터노이부르크 수도원에서 정원사 조수로 고용되었습니다"라는 편지를 엥겔만에게 보냈다. 그리고 그 수도원에서 다음과 같은 편지를 엥겔만에게 썼다. "클로스터노이부르크에서의 체재도 끝이 다가옵니다. 3일 이내에 빈으로 다시 돌아가 교사 일자리를 기다릴 겁니다. 정원 일은 분명히 내가 휴가 중에 할 수 있었던 가장 지각 있는 일이었습니다. 저녁에 일을 끝내면 지쳐서 불행 따위를 느끼지도 않습니다. 물론 내 장래의 삶을 생각하면 무서워집니다. 왜냐하면 만약 그것이 매우 비참한 것이 아니라면 기묘한 일에 틀림없기 때문입니다." 그는 당시 수도원에 들어가는 것을 진지하게 생각했던 모양이다. 정원사 조수 일은 그가 희망했던 수도원 생활을 살펴보기 위해서였을지도 모른다. 그러나 그는 수도원에 들어가지는 않았다.

비트겐슈타인은 교사가 되어 새로운 생활을 시작했다. 교사로서 그의 첫걸음은 빈에서 약 80킬로미터 지점에 있는 키르히베르크 암 벡셀 근처, 트라텐바흐의 작은 초등학교였다. 그는 이 초등학교보다도 편하고 큰 학교를 추천받았지만 이렇게 거절했다. "여기에는 공원도 분수도 있습니다. 저는 완전한 벽지가 좋습니다." 그리고 트라텐바흐에 부임했다. 트라텐바흐는 그가 희망했던 산골

벽촌이었다. 그는 그곳이 마음에 든 모양이었는지 러셀에게 이렇게 말했다. "얼마 전까지 저는 심각하게 답답한 상태에 빠져, 사는 데 지쳤었지만 지금은 희망이 솟기 시작했습니다." 또 엥겔만에게는 이런 편지를 썼다.

"마침내 나는 초등학교 교사가 되었습니다. 그것도 매우 아름답고 작은 곳에서, 트라텐바흐라는 곳입니다. 학교 일에 기쁨을 느낍니다. 더구나 나에게는 이곳의 일이 반드시 필요합니다. 그렇지 않으면 당장에 내 안에서 무엇이 일어날지 전혀 알 수 없어집니다. 꼭 당신을 만나서 이야기하고 싶습니다!!!!! 여러 가지 일이 일어났습니다. 매우 아팠지만 수술을 받았습니다. 경과는 양호합니다. 나는 가끔씩 몸의 한 부위를 상하게 합니다만, 작은 몸으로도 건강하다면 그편이 좋습니다. 레싱 작품 《현자 나탄》을 읽었습니다. 나는 그것이 멋지다고 생각합니다."

아이들을 가르치는 기쁨과 벽촌이라는 혹독한 생활 조건 속에서 산다는 것은 비트겐슈타인에게 있어 오랜 세월의 꿈이었고 이 편지에는 꿈을 이룬 기쁨이 드러나 있다.

'타고난 교사'

누나 헤르미네는 그에 대하여 이렇게 말했다. "그는 타고난 교사로 온갖 것에 관심을 보이고 그것들에서 무엇이 가장 중요한지를 끌어내, 분명히 하는 방법을 알고 있었다." 그는 학생의 능력을 끌어내고 열심히 교육했다. 이곳 학교는 복식 학급으로 모든 학년을 3개 학급으로 나누어 가르쳤다. 휘브너(키르히베르크 암 벡셀에 살며 비트겐슈타인 학회를 창설하고 그 회장이 되어, 매년 이 지역에서의 국제 비트겐슈타인 학회 개최에 헌신적으로 노력하는 비트겐슈타인 연구자이다. 그는 비트겐슈타인 자료관을 설치, 학회지 발행에 종사했고 비트겐슈타인이 근무했던 곳에서 비트겐슈타인 관광, 예를 들어 비트겐슈타인이 묵었던 숙소를 표시하거나 그가 자주 산보를 했다는 산길에 《논고》나 《일기》 등의 일부를 표시하고 그곳에서 비트겐슈타인의 발자취 안내에 도움을 주는 분이다)에 따르면 "그는 매일 매우 성실히 준비하고, 특히 능력 있는 아이들에게는 언제나 극도로 집중해서 가르쳤다. 그는 지도서를 무시하고 완전히 자신의 판단에 따라 수업 계획을 세웠다. 주목할 만한 것은 그의 모국어 수업으로, 작문이나 받아쓰기를 할 때 실수를 정정하는 것이 아니라 그 행의 처음에 선만 그어주어 아이들이 스스로 깨우치게 하는 방법을 취했다. 아이들은 스스로 실수를 발견하거나 공책을 교환하여 급우의 실수를 발견해야 했다." 비트겐슈타인은 매우 엄격한 교사였다. 여기에도 쓰여 있지만, 나도 트라텐바흐에서 비트겐슈타인에게 배웠다는 사람에게 당시의 비트겐슈타인에 대하여 여러 가지를 들었는데, 머리를 주먹으로 때리거나 손바닥으로 때리며 가차 없이 체벌을 가했다고 한다. 이 체벌도 그가 몸과 마음을 바쳐 가르치려 했던 열의의 결과라고 할 수 있다.

비트겐슈타인의 교육은 언제나 착상이 넘쳐났고 번뜩이는 재치도 있었다. 그는 흔히 말하는 초등학교 교육지도 방침을 무시하고 자신의 교육 방침을 우선했다. 그는 변화가 풍부한 수업을 하려고 애썼다. 자비로 교재를 마련하고 자연 관찰이나 사회 견학 비용도 부담했다. 누나 헤르미네의 말처럼 그는 타고난 교사였다. 그러나 그의 교사로서의 재능도 그 특유의 성격 때문에 여러 가지 오해와 충돌을 불러일으키는 바람에 충분히 발휘되지 않았다. 아이들에게는 그의 열의가 전해져서 그들은 그를 따랐으나, 학부모들에게 그는 별난 교사로 비쳐졌다. 그들이 볼 때, 비트겐슈타인은 그들이 기대했던 교사상과는 전혀 맞지 않는 사람이었다. "그것은 그의 복장에서부터 이미 시작되었다. 그는 야케(후드가 달린 방풍·방수·방한용의 웃옷)와 플란넬 바지를 입고 무거운 신발을 신었다. 그에게 내면의 변화가 생겨 그 뒤로 그는 넥타이를 매지 않았다. 날씨가 좋지 않을 때는 방수모를 썼지만 평소에는 모자 없이 다녔다. 그리고 무엇보다도 그의 생활은 독특했다."(휘브너) 그의 생활은 참으로 검소했다. 그가 살던 집에는 생활하는 데 필요한 최소한의 것밖에 없었다. 침대, 작은 탁자, 의자, 세면대, 스탠드 등이 지금도 그대로 남아 있다(트라텐바흐에서 그가 살았던 집은 빈집이 되어 당시 모습 그대로 남아 있다). 식사도 매우 검소해서 러셀의 자서전에도 그가 우유와 채소만으로 살았다고 쓰여 있는데, 예를 들어 그를 방문했던 지인은 이렇게 적었다.

"어제저녁 함께 먹었던 그의 식사는 몹시 열악하여 딱딱한 빵과 파스타와 코코아뿐이었다."

트라텐바흐의 초등학교 가운데 건물

교사로서의 고민

그는 열심히 교육했으나 이해심 없는 학부모들에게는 관대하지 않아서, 인내하거나 적극적으로 오해를 풀려는 노력을 하지 않았다. 그는 이런 편지를 러셀에게 보냈다.

"저는 아직 트라텐바흐에 있습니다. 전과 마찬가지로 악의와 저속함에 에워싸여, 인간은 사실 대개 어디서든 그다지 값어치가 없지만 그렇다 해도 이곳 사람들은 다른 어디 사람들보다도 전적으로 쓸모없고 무책임합니다. 저는 아마 올해는 트라텐바흐에 있겠지만, 오래 있지는 않을 겁니다. 왜냐하면 이곳의 다른 교사들과 사이가 좋지 않기 때문입니다(아마 다른 곳에 간다고 해도 별로 좋아지지는 않겠지요)." 다시 한 달 뒤에 러셀의 답장에 대하여 그는 이렇게 썼다. "트라텐바흐 사람들만이 다른 모든 사람들보다도 나쁜 게 아니라는 말씀은 맞습니다. 그러나 트라텐바흐는 오스트리아에서도 특히 품위가 없는 곳입니다."

그는 교사로서 열심히 노력했으나, 그 반면 이제까지 빠져 지냈던 우수로 되돌아갔다. 엥겔만에게는 교사가 되었을 때 매우 의욕에 넘쳐 그 기쁨을 이야기했으나, 이듬해 1월에는 이런 편지를 썼다.

"나는 이미 1년 전부터 도덕적으로 완전히 죽었습니다! 이를 통해서도 내가

비트겐슈타인이 살던 집
(트라텐바흐)

잘 지내고 있는지 판단할 수 있겠지요. 내 생활은 정말로 무의미해졌습니다. 이제 내 생활은 그저 조금의 에피소드들로 이루어져 있습니다. 주위 사람들은 물론 그것을 눈치채지 못했고 알지도 못합니다. 그러나 나는 자신에게 기본적인 것이 결여되어 있음을 압니다. 내가 여기 쓴 것을 알 수 없다면, 당신에게 기쁨이 있을지어다."

이처럼 그는 여기에서도 격렬한 정신적 고뇌에 사로잡혀 자기 내부를 휘젓는 것에 괴로워하고 있다. 그러나 트라텐바흐에 오고부터 그가 염원했던 《논고》의 출판도, 오스발트의 〈자연철학연보〉에 게재되고 그 뒤 그것을 라우틀리지 앤 케건 폴 출판사에서 영어 번역을 붙여 출판하는 등 그가 말하는 '조금의 에피소드'의 인생을 맘껏 누리며 그것을 교육에 쏟았다. 그는 휴가를 이용하여 일찍이 고독한 생활을 했던 노르웨이의 산장에도 갔다. 또한 러셀과 인스부르크에서 출판 외의 일로 만나는 등 매우 바쁜 때이기도 했다.

램지의 방문

그는 결국 트라텐바흐에서 2년 동안 근무했다. 러셀과 만나고 인스부르크에서 돌아와서 그는 하스바흐 초등학교로의 전출 통지를 받았다. 그의 독자적인 교육 방식이나 특이한 교사 생활 태도가 그 원인이며, 여기에는 여러 가지 책략이 있었다고 한다. 그는 엥겔만에게 편지를 썼다.

"며칠 전 나는 나의 새로운 임지(하스바흐)에 다녀왔는데 그곳의 새로운 토지

비트겐슈타인(오른쪽)과 학생들
오테르탈 초등학교 재직 시절(1925)

의 사람들(교사, 목사 등)에게서 매우 불유쾌한 인상을 받았습니다. 대체 어떻게 되려는지! 그들은 완전히 인간이 아니라 그저 구역질 나는 요괴들일 뿐입니다."

그는 거기서 단기간 근무한 뒤 슈네베르크의 푸흐베르크 초등학교로 옮겨 갔다.

그곳은 비트겐슈타인의 교사 생활 가운데서는 가장 살기 좋은 곳이었다. 그는 음악 교사이자 마음이 맞는 동료를 만났고, 그와는 음악을 통하여 친하게 지냈다. 부임한 해 가을에는 《논고》도 출판되었다. 케임브리지의 젊은 수학자 램지가 방문했고 그때부터 그와 램지와의 교우가 이어졌다. 램지는 《논고》의 영어 번역을 돕고, 서평을 쓰는 동안 비트겐슈타인을 만나보고 싶다는 마음에 사로잡혀 푸흐베르크를 방문한 것이었다. 램지의 방문이 계기가 되어 《논고》 제2판(1933)이 출판될 때 영어 번역의 많은 부분과 독일어가 일부 수정되었다. 또한 비트겐슈타인이 나중에 다시 케임브리지에서 수학을 시작하는데, 램지의 방문은 그 계기 가운데 하나가 되었다. 램지는 이곳에서의 비트겐슈타인의 검소하고 가난한 생활 모습을 편지에 썼다. 그 가운데 한 편지에 이렇게 쓰여 있다.

"그는 매우 가난합니다. 여기서 그에게는 친구가 한 사람뿐이라서 매우 쓸쓸한 생활을 보내는 모양입니다. 대부분의 동료들은 그가 조금 미쳤다고 생각합니다."(오그던에게 보내는 편지)

비트겐슈타인은 거기에서 2년 동안 근무하고 첫 근무지 트라텐바흐 옆에 있는 오테르탈로 옮겨갔다.

《초등학생을 위한 사전》

실용적인 '초등학생을 위한 사전'

비트겐슈타인은 이 지방에서 트라텐바흐에서 착수한 《초등학생을 위한 사전》을 완성하여 출판했다. 초등학교 교사로서의 경험을 살려 아이들이 쓰기 쉽게 했으며 그 지역의 사투리까지 실은 실용적인 사전으로, 보통 사전이 알파벳순을 기본으로 한 데 비하여 같은 종류의 단어를 중심으로 하고 거기에 파생어를 더했다. 알파벳순으로 다른 종류의 단어를 늘어놓음으로써 아이들에게 생길 수 있는 저항을 배제하려고 했다. 이 사전에 대하여 휘브너는 50년 이상이나 지났음에도 불구하고 최신 사전을 손에 쥔 것 같은 인상을 갖는다고 말했다. 또한 비트겐슈타인이 이 사전과 씨름한 경험이 그의 후기 철학의 기초 가운데 하나가 되었다는 데 주목하고 싶다. 참고로 이 사전은 그가 살아 있을 때 출판된 마지막 책이다.

교사 사임

그는 오테르탈에서 교사로서 약 1년 반 근무했다. 그사이 케임브리지를 방문하거나 논리실증주의 운동의 거점이 된 빈학파(Wien學派)에서 지도적 역할을 수행했던 모리츠 슐리크(1882~1936)가 찾아와(단, 비트겐슈타인은 그때 집에 없었다) 철학으로 복귀하기를 권했다. 그러나 그는 교사로서 남아 있기를 원했다. 결국 그는 거기서도 잘 풀리지 않았다. 그는 이런 편지를 엥겔만에게 보냈다.

"나는 행복하지 않습니다. 나는 함께 생활하는 사람, 아니 인간이 아닌 녀석들과의 사이에서 괴로워하고 있습니다. 요컨대 모든 일이 여느 때나 다름없습니다."

그는 마침내 교사를 사임하게 되는 분쟁을 일으켰다. 그가 손바닥으로 때린 학생이 기절하여 쓰러진 것이 사임의 직접적인 원인이었다. 이 학생은 원래 몸이 약해서 그 뒤로도 종종 실신 상태를 일으키고 2년 뒤 백혈병으로 사망했다. 이 학생을 기절할 정도로 때린 일로, 전부터 비트겐슈타인을 좋지 않게 생각했던 마을 사람들은 떠들어대며 소송을 일으켰다. 지방재판소 판사가 비트겐슈타인의 정신 감정을 요구했고, 이는 실제로 실시되었다(그 결과에 대해서는 알려지지 않은 채이다). 학교에서는 그의 행위를 근무상의 지나친 행동이 아니라고 밝혔지만 그는 사직서를 냈다. 지방 장학사도 만류했으나 그의 결의는 확고했다. 그가 이렇게 될 것을 이미 각오하고 있었던 것은 이전의 편지를 통해서도 추측할 수 있었다. 그렇기는 하지만 톨스토이에게 끌려 아이들의 교육에 걸었던 꿈도 완전히 깨어지고, 그는 몸도 마음도 완전히 풀이 죽어 장래에 대한 아무런 목적도 없이 빈으로 돌아갔다.

비트겐슈타인은 《논고》를 완성하여 출판함으로써 자신의 사명을 끝냈다고 생각하고 남은 생애를 아이들의 교육에 바치기로 결의했었다. 그러나 그의 인생은 그가 의도한 것처럼은 되지 않았다. 그는 자신을 인도하는 운명에 결국 몸을 맡기고 철학자로서의 길로 되돌아간다. 그러한 그의 삶을 짚어보기 전에 그가 온 힘을 다하여 완성한 《논고》의 사상을 다음에서 살펴보자.

《논고》의 사상

세기말의 빈과 케임브리지의 사상적 기초

《논고》의 사상을 짚어보면서 그것을 이른바 논리실증주의의 계보나, 분석철학의 틀 안에서 한정지어 파악하지 말고 비트겐슈타인이라는 한 인간과 그가 자란 환경을 배경으로 파악해 보겠다. 모든 사상은 시대나 다양한 사회적 환경의 여러 제약 아래에서 태어난다. 비트겐슈타인의 사상도 예외는 아니다.

"나는 자신이 사고할 때에, 나는 재생적일 뿐이라고 생각할 때에, 진리가 있다고 생각한다. 나는 사상(思想)의 운동이라는 것을 한 번도 만들어낸 적이 없다. 그것은 언제나 다른 사람이 부여해 주었다. 내가 공부한 것은 새로운 비유이다."《쪽지》

이렇게 그 자신이 말하는 것처럼 《논고》의 사상은 겹겹이 펼쳐지는 그를 키운 사회적, 사상적인 환경에 기초한다.

그러한 그의 사상적 기반으로 이미 세기말의 빈의 상황을 다루어왔다. 그의 가정 환경, 빈적인 요소, 빈의 유대적인 요소, 그것들 모두가 그의 사상 속에 포함되어 있다. 그리고 영국에서 공부하며 세기말의 빈과는 이질적인 생활 환경 속에서 교류한 케임브리지 사람들과의 지적 교제도 빼놓을 수 없다. 그는 케임브리지에서 러셀, 화이트헤드, 무어, 케인스 등 뛰어난 사람들과 사귀었다. 그는 무서운 속도로 그들의 업적을 이해하고 흡수했다. 그러나 그의 진정한 관심은 단순히 지식이나 기술을 체득하는 데 있지 않았다. 그의 고뇌는 그것을 인간적인 삶에 기초하게 만드는 데 있었다. 그렇다면 그것은 대체 무엇을 의미할까? 이와 관련하여 그와 가까이 지낸 엥겔만의 증언은 귀중하다.

"비트겐슈타인의 사상 체계는 깊은 개인적인 체험과 갈등에서 태어난 것으로, 완전히 독창적인 방법으로 철학적인 세계상을 제시하는 데 착수한다. 비트겐슈타인의 문제는 철학이지 논리학이 아니었음을 이해하지 않는 한, 그의 말을 이해할 수 없다."

"실제로 《논고》와 같은 저술이 논리학에만 재능을 가진 인간에 의하여 이루어졌다는 것을 어떻게 믿겠는가? 그 저자는 '합리적인 것'과 마찬가지로 '비합리적인 것'도 포함하여 거의 모든 지적 영역에 있어서 두드러진 재능의 소유자였다."

엥겔만에 의하면 비트겐슈타인은 러셀 등을 통하여 논리학을 배우지만 그의 진정한 관심은 그러한 것을 넘어 미적, 윤리적, 종교적인 것은 무엇인지를 통찰하기 위하여 논리의 문제에 몰두한 것이었다. 그가 말하듯이 《논고》가 단순히 논리적=철학적인 저작이라면 비트겐슈타인은 이제까지 우리가 살펴본 것과 같은 고난을 겪지 않았을 것이다. 《논고》는 그의 깊은 삶의 체험과 내면과의 갈등에서 태어났다.

《논고》의 저술에 있어서 비트겐슈타인이 가장 힘을 쏟고 고투했던 것은, 삶의 가치 문제였다. 그는 철학적인 여러 문제를 우리들 인간의 삶의 가치에 기초하게 하려고, 격렬한 정열로 그 해명을 위해 애썼다. 이 문제는 당시 빈의 상황을 조명함으로써 한층 깊게 이해할 수 있다. 이러한 빈적인 환경에서 비트겐슈타인의 《논고》에 직접 관계하는 기본적인 문제를 다루려 한다. 그것은 빈 사람들의 표현에 대한 관심이다. 음악·회화·건축·연극·문학 등의 다양한 학문은 모두 표현에 대한 노력이며, 비트겐슈타인의 사상에 집중되는 과제는 다양한 영역에 있어서 표현되는 것의 의미를 어떻게 명료화하는가라는 문제이다. 그리고 그것은 삶의 의미와 윤리적, 종교적 문제에 결부되어 있었다.

크라우스와 마우트너의 영향

이러한 문제를 비트겐슈타인에게 직접 환기한 사람으로서 카를 크라우스(1874~1936)를 들고 싶다. 크라우스는 날카로운 통찰과 풍자에 대한 보기 드문 재능을 가진 작가이자 평론가로서 알려졌고, 빈의 저술가들 가운데서도 가장 빈적인 예술가였다. 크라우스의 논쟁과 풍자는 사람들을 진정 도덕적으로 눈뜨게 하는 데 있었다. 그에게는 부도덕한 예술은 예술의 부정이었다. 그러나 그가 말하는 도덕적인 가치란 도학자(道學者)가 말하는 것과는 달랐으며 피상적인, 위선적인 도덕은 자명하게도 도덕이 아니었다. 그에 의하면 도덕적이라는 것은 작자의 의도를 뛰어넘어 작품에 저절로 표현된다. 그가 하는 말은 풍자나 야유가 넘치며 역설적이다. 그는 논쟁과 풍자에 의하여 위선을 폭로하고, 작품에 성실함을 요구하고, 예술에 도덕적 가치가 표현되어야 함을 강조하고, 궁극적으로 가치 영역과 사실 영역의 결정적인 차이점을 사람들에게 자각시키려고 애썼다. 비트겐슈타인은 이러한 크라우스적인 것을 《논고》에서 계승하고 있다. 그로서는 언어에 의한 표현은 무엇보다도 크라우스적인 성실함에 기초해야 했다. 그러므로 그것은 또한 윤리적인 가치에 기초해야 했다.

비트겐슈타인이 노르웨이에서 철학 문제에 정신을 집중하고 있을 때, 그가 이전부터 읽었던 크라우스의 작품을 엥겔만이 보내주었다. 이것을 통해서도 비트겐슈타인이 얼마나 크라우스에게 끌리고 있었는지를 알 수 있다. 엥겔만은 말한다. "그가 크라우스의 작품에서 발견한 사고 방법은 그의 철학적 활동에 관하여 결정적이고 지속적인 영향을 부여했다고 나는 확신한다." 비트겐슈타인이 크라우스에게서 받은 영향은 직접적으로는, 오해받고 있는 언어의 논리를 바로잡고 철학적 문제의 해결을 시도하는 데서 볼 수 있지만 이러한 언어의 비판 활동을 통하여 잃어가는 가치를 유지

《횃불》의 표지   카를 크라우스가 출판했다.

하려는 점에서도 볼 수 있다. "크라우스는 창조적인 시적 체험에서 태어난 언어의 순수성과, 그 활기찬 힘에 있어서 더러워지지 않는 사람들이 쓰는 언어의 단순한 형식과 가까운 인연 관계에 있는 언어의 순수성을 유지하려고 했다." 이렇게 엥겔만은 말하는데, 비트겐슈타인은 크라우스의 이 정신을 역설적인 방식, 즉 가장 소중히 지켜야 할 것을 철학에서 추방함으로써 실행했다. 크라우스주의자로서 엥겔만은 아돌프 로스(1870~1933), 아널드 쇤베르크(1874~1951), 그리고 비트겐슈타인을 꼽는데 로스는 건축과 설계에 있어서, 쇤베르크는 음악에 있어서, 비트겐슈타인은 철학에 있어서 크라우스의 착상을 물려받았기 때문이다. 그들은 모두 표현의 논리를 철저하게 추구함으로써 우리에게 가장 소중한 것을 지키려 하였고, 저마다의 전문 영역에서 그 과제를 완수했다.

　비트겐슈타인과 마찬가지로 유대인이며 본래 저널리스트인 프리츠 마우트너(1849~1923)의 언어비판 사상도 《논고》의 선구적 사상 가운데 하나이다. 그의 입장은 철저한 유명론(唯名論)에 기초하며 그는 모든 철학의 문제는 언어의 문제라고 주장했다. 그는 칸트를 모방하여 철학은 인식론이며 인식론은 언어비판이라고 주장하는데, 그의 입장은 기본적으로 회의론(懷疑論)이다. 따라서 그의 언어비판은 칸트의 이성비판이 목표로 한 보편적이고 필연적인 지식, 즉 아프리오리적(선천적)인 지식의 가능성 확립을 목표로 한 것처럼 언어의 보편성을 확립하는 것이 아니다. 그는 언어를 문화의 감각중추라고 불렀는데 그것은

언어가 문화생활에 필요하고 사회생활의 기억이며 습관을 표현한 것이기 때문이다. 마우트너에 따르면 언어는 습관을 표현한 것이므로 언어는 객관적으로 실재를 표현하지 못하고, 우리는 언어의 보편성을 주장할 수 없다. 이렇게 그는 회의론을 주장했다.

비트겐슈타인이 《논고》에서 몰두한 방법은 마우트너의 방법과는 다르고 기본적으로 철학적 입장도 달랐다. 그러나 그의 문제의식, 고생 끝에 도달한 결론은 마우트너의 정신과 통해 있었다. 마우트너는 언어비판을 통하여 우리에게 '무지의 자각(Bewusstsein des Nichtwissens)'을 재촉하고, 언어에 의하여 표현되지 않는 침묵 세계가 존재한다고 주장한다. 그리고 또한 마우트너의 언어비판은 언어의 한계를 설정하는데, 이를 통하여 그는 언어에 의하여 표현될 수 없는 감정이 존재함을 강조한다. 그 감정이 '무지의 자각'이며, 성스러운 것과 아름다운 것이 뒤섞인 감정이다. 이것은 이미 지적한 성실함과 가치를 철저히 추구하는 크라우스적 정신과 서로 통하며, 비트겐슈타인이 《논고》에서 가장 주장하고자 한 것이었다.

우리는 《논고》의 사상을 이해할 때, 그 사상에는 다양한 요소가 복잡하게 얽혀 있으며 《논고》는 그러한 요소의 복합체라고 받아들일 수 있다. 그러나 이것은 모든 위대한 사상이 갖는 특징이다. 어느 사상이 깊이를 갖고 우리를 강하게 끌어당긴다고 한다면, 그 사상은 다양한 사상을 포함한 것이며 사상가의 문화적·사상적 환경에서 독립하여 태어나는 것이 아니다. 그런 의미에서 볼 때 《논고》의 사상 형식에 기여하는 다양한 문화적·사상적 기반에 대하여 좀 더 많은 것을 말할 필요가 있으나 여기서는 최소한의 것에서 그쳤다.

《논고》의 과제

《논고》의 머리글에서 비트겐슈타인은 이 책의 핵심은 말할 수 있는 것을 명료하게 말하고, 말할 수 없는 것에 대하여 침묵해야 한다는 말로 파악할 수 있을 것이라고 말하며, 《논고》의 과제를 언어의 논리적인 오해에 기초하여 설정된 철학적 여러 문제의 해결에서 구하고 있다. 또한 이 책은 사고에 대하여, 아니 오히려 사고에 대해서가 아니라 사고의 표현에 대하여 한계를 그으려 한다고 말하며, 《논고》의 과제가 사고의 표현에 있음을 강조한다. 그리고 언어의 올바른 논리 구조를 분명히 밝히기 위하여 《논고》는 언어비판을 표방하며, 앞 절에서 말한 빈의 문화적·사상적 환경을 배경으로 하고 또한 프레게나 러셀의 수리논리학 연구에 기초한 논리학의 입장에서 언어비판을 수행하여 세계, 사고 및 언어의 논리 구조를 밝혀 세계의 본질을 기술하려 애쓴다.

비트겐슈타인에게 있어서 철학 문제는 무엇보다도 말할 수 있는 것을 명료하게 말하고 그것을 기술하는 것이다. '철학의 목적은 사고를 논리적으로 명료화하는 것이다. 철학은 학설이 아니라 활동이다. 철학 활동의 본질은 해명이다. (…) 사고 자체는 불투명하고 흐릿하다. 철학은 이런 사고를 명료화하고 뚜렷하게 경제 지어야 한다'(4.112, 이 숫자의 의미는 《논고》의 명제이다. 《논고》는 다음 구절에 제시한 것처럼 7개의 장으로 이루어져 있으며 하나하나의 문장에 숫자가 표시되어 있다. 관례를 따라 표기했으며 이하도 마찬가지이다)는 것이며 '철학은 원래 다음과 같으리라. 말로써 표현할 수 있는 것, 즉 자연과학 명제—철학과는 아무런 관련이 없는 어떤 것—이외에는 아무것도 말하지 말 것, 그리고 누군가 형이상학적인 것을 말하려 할 때마다 그가 자신의 명제 속 이러이러한 기호에 아무런 의미도 부여하지 않았음을 지적할 것.'(6.53) 철학이 그 과제를 달성했을 때 철학적인 여러 문제는 해소된다. 그러나 그로 인하여 말할 수 없는 것의 존재함이 드러난다. 매우 역설적인 말투로 비트겐슈타인은 《논고》의 과제는 궁극적으로 말할 수 없는 것의 존재를 지적하고 그것에 침묵을 촉구하는 데 있다고 주장한다.

《논고》의 구성

《논고》(Tractatus Logico-philosophicus)의 원제는 라틴어로 적혀 있어 스피노자의 《신학정치론》(Tractatus Theologico-politicus)을 흉내 낸 것으로 여겨지며, 《논고》는 굳이 말하자면 스피노자의 《에티카》의 구성 방식과 닮아 있다. 그러나 《논고》는 비트겐슈타인의 독특한 방식에 따라 용의주도하고 치밀하게 구성된 체계적인 책이다. 문체도 철저하게 다듬어져 간결하고 세련되었다. 《논고》는 보통 서적과는 다른 서술 형식을 취하여 첫 단락에는 모두 단락 번호가 달려 있고 거기에는 종종 하나의 문장밖에 포함되어 있지 않다. 전체로서는 70장 남짓의 소책자이지만 서술 방식이 퇴고에 퇴고를 거듭하여 너무나도 간결하고 실례를 인용하는 것이나 쓸데없는 문장을 피하고 있기 때문에 오히려 난해해졌다. 그러나 《논고》의 난해함은 물론 이러한 구성 방식에만 있는 것이 아니라 그 사상 자체의 깊이에 있다.

《논고》의 첫 단락은 다음 7개로 구성된다.

(1) 세계는 성립되어 있는 사항들의 총체이다.

(2) 성립되어 있는 사항, 즉 사실은 사태의 성립이다.

(3) 사실의 논리상이 사고(思考)이다.

(4) 사고란 뜻이 있는 명제이다.

(5) 명제는 요소명제의 진리함수이다. [요소명제는 자기 자신의 진리함수이다]

(6) 진리함수의 일반 형식은 다음과 같다. $[\bar{p}, \bar{\xi}, N(\bar{\xi})]$. 이것이 명제의 일반 형식이다.

(7) 말할 수 없는 것에 대해서는 침묵해야 한다.

《논고》는 이들 일곱 가지의 명제를 중심으로, 그것에 차례로 포갠 것처럼 주석을 더해가는 스타일로 쓰였다. 보이는 것처럼, 서술은 세계의 일반적인 존재론적 구조를 해명하는 것에서부터 시작한다. (1)에 대한 주석은 '세계는 사실의 총체이지, 사물의 총체가 아니다'(1.1)라는 것이다. 상식적 관점에서 보면 세계는 여러 가지 사물의 총체이다. 물론 비트겐슈타인이 사물이 존재하지 않는다고 말하는 것은 아니다. 하지만 세계의 논리적 구조를 명백히 한다는 관점에서는 '세계는 사실로 분해되는'(1.2) 것으로, 세계의 기본적인 구성 요소는 사물이 아니라 사실이어야 한다. 여기에는 사실을 지명하는 '명사(단어)'와 사실을 묘사하는 '명제(문장)'의 대비가 미리 상정되어 있다. 말하자면 사물로부터 사실에의 시선 전환은 '명사'에서 '명제'로 의미론적 초점의 전환, 즉 '논리학의 혁명'의 성과를 전제하고 있는 것이다.

다음으로 (2)에서는 그 사실이 '사태의 성립'이라는 형태로 규정되어 있다. 세계의 기본적 구성 요소는 여기에서 다시 '사태'로 고쳐진다(2.04 참조). 사태라는 것은 사물(대상)이 결부된 것으로, '사태의 성립 요소가 될 수 있다는 것이 사물의 본질'(2.011)인 것이다. 이렇게 배경으로 물러나 있던 사물(대상)이 사태와의 연관 속에서 명확한 평가가 내려진다. 단, 사물(대상)은 단독으로는 출현할 수 없고, 어디까지나 가능한 사태 속에서만 출현할 수 있다는 것을 잊어서는 안 된다. 성립·불성립을 불문하고 모든 가능한 사태를 포괄하는 것이 '논리 공간'이다.

사태는 '그림(상)'으로 묘사된다. 이 '그림의 이론(사상이론)'이야말로 앞서 말한 것처럼 진리함수의 이론과 나란히 《논고》의 쌍벽을 이루고 있다.

《논리철학논고》의 초고 일부

그때 '상은 현실의 모형'(2.12)인 동시에 '상도 하나의 사실'(2.141)이라 불리는 것에 주의해야 한다. 세계를 구성하는 사실 중에서, 어떤 사실은 다른 사실의 그림(상)으로서 기능한다. 예를 들면 산 위에서 내려다보는 라벤더밭 풍경을 시인이라면 언어로, 화가라면 회화로, 작곡가라면 악보로, 사진가라면 사진으로 묘사할 수 있을 것이다. 이들은 모두 다른 사실이면서, 동시에 어떤 동일한 사태를 묘사한 그림(상)의 역할을 하고 있다. 언어, 회화, 악보, 사진 등의 그림(상)이 동일한 사태를 모사(사상)할 수 있기 위해 현실과 공유해야만 하는 것, 그것이 '논리적 형식'이다. 바꿔 말하면, 그림(상)은 현실의 사태와 논리적 형식을 공유하는 한, 그것을 모사(사상)할 수 있는 것이다.

논리적 형식에 의해 세계를 모사(사상)하는 그림(상)은 '논리그림(논리상)'이라 불린다. (3)에서는 그 논리그림이 '사고'라는 것, (4)에서는 그 사고가 '유의미한 명제'임이 서술되어 있다. 말하자면, 사고의 언어 표현인 명제는 특권적 위치를 가진 논리그림(논리상)인 것이다. 명제는 '이름'이라는 단순기호의 구조적 연쇄로, 이름은 현실의 구성 요소인 '사물(대상)'을 지명하고 있다. 그것을 통해 이름의 배열인 명제는 사물(대상)의 배열인 사태를 묘사할 수 있다. 물론 명제와 사태는 논리적 형식을 공유하고 있어야 한다. 사태를 묘사하는 명제의 최소 단위는 '요소명제'라 불린다. 요소명제의 진위는 사태의 성립·비성립과 전부 일치한다. 그런고로 비트겐슈타인은 '모든 요소명제를 들어 그 가운데 무엇이 참이고 거짓인지 열거할 수 있을 때 세계는 완전히 기술된다'(4.26)고 주장하는 것이다.

요소명제를 일일이 세기 위해서는 당연히 복합명제를 요소명제로 '분해'하는 절차가 필요하다. 그것이 앞서 기술한 진리함수의 이론이다. (5)와 (6)이 말하고 있는 바가 그것이다. 즉, '모든 명제는 요소명제에 진리 연산을 한 결과'(5.3)로, 우리는 이 진리 연산의 과정을 반대로 거슬러 올라감으로써 요소명제에 도달할 수 있다. 이것이 '진리 연산'의 절차이다. 논리 분석을 완수하면, 언어 쪽에는 '이름―요소명제―복합명제'라는 계열이, 세계 쪽에는 '사물(대상)―요소적 사태―복합적 사태'라는 계열이 분석된다. 이들 두 계열이 논리적 형식을 공유함으로써, 예정 조화적(豫定調和的)으로 일치한다는 것이 《논고》가 그려내는 세계상이다.

'세계'란 무엇인가

《논고》는 우선 처음으로 세계란 무엇인가를 규정하고 세계의 구성체를 규정한다. 세계란 사실이라고 불리는 실제로 성립하는 사항 전체이다. 즉 세계는 사실의 총체이다. 세계를 구성하는 여러 사실은 더 이상 분석되지 않는 단일한 사실로 이루어진다. 이 단일한 사실은 사태라고 불린다. 사태는 서로 독립해 있고, 하나하나의 사태는 여러 대상(여러 사물)이 결합함으로써 성립된다. 또한 사태에는 존재하는 사태와 존재하지 않는 사태가 있고, 사태가 존립한다는 것은 현실에 있어서 어떤 사태가 일어났다는 것이며, 사태가 존립하지 않는다는 것은 현실에 사태가 일어나지 않았다는 것이다.

처음에 언급한 명제 '세계는 성립되어 있는 사항들의 총체이다'는 현실 세계에 대한 규정이다. 그러나 세계는 현실의 사태뿐만이 아니라 가능한 사태도 포함하고 있다. 바꾸어 말하면 비트겐슈타인은 세계를 단순히 현실적으로 기술되는 세계로서가 아니라 논리적 공간에 있어서 파악하는 것이다. 그는 '논리에 우연은 없다. 사물이 사태 속에 나타나려면 그러한 사태의 가능성이 사물

의미의 사상이론　캔버스는 그곳에 그려져 있는 것과 다른 종류의 물체이면서도, 화가와 같은 '논리적 형식'을 공유할 만한 색채를 구사해서 그곳에 풍경을 묘사한다. 이 예와 마찬가지로 비트겐슈타인은 '같은 논리 형식을 공유하고 있다면, 언어는 실재를 나타낼 수 있다'고 생각했다.

속에 선취되어 있어야 한다'(2.012), '논리공간 안에 있는 사실이 세계이다'(1.13)
라고 말하며 세계를 논리적 공간에 있어서의 논리적인 형식, 즉 언어에 의하여
표현되는 그 무엇으로서 파악한다.

사상이론

여기서 말하는 언어란 모든 언어가 공통적으로 갖는 논리적 구조이며, 모든
언어가 공통적으로 갖는 논리적 문법과 논리적 구문론(構文論)에 따른 언어를
말한다. 직접적으로는 기호언어가 상정(想定)되어 있다. 그것은 다의적이고 모
호한 언어를 포함하지 않는 언어이고, 따라서 일정하고 뚜렷한 방식으로 표현
되는 명제의 체계이다.

명제는 세계에 있어서의 사실을 표현한 것이며, 그러므로 명제는 실재를 비
춘 상(像), 즉 사상(寫像)이다. 모든 명제는 실재를 사상한 것이며 그러한 명제의
총체가 언어이다. 따라서 언어는 모든 실재(세계)의 사상이며 언어에 의하여 표
현된 것이 실재의 상이다. 이리하여 《논고》는 언어와 실재의 관계가 사상 관계
에 있음을 주장하며 사상이론을 전개한다. 그에 따르면, 언어가 실재를 표현할
수 있는 것은 실재와 언어는 동일한 논리적 형식을 갖기 때문이다.

실재와 언어는 사상 관계에 있으며 동일한 논리형식을 갖는다. 그러므로 세
계의 구성 요소에 대응하여 언어도 그 구성 요소를 갖는다. 사태에 대응하는
것이 요소명제이고 사실에 대응하는 것이 복합명제이다. 그리고 대상에 대응
하여 명사(名辭)가 할당된다. 요소명제는 명사로 이루어지지만 그것은 이미 그
이상 분석이 불가능한 단일한 기초명제이다. 복합명제는 요소명제로 이루어지
며 요소명제를 통하여 이해된다. 명사는 대상을 지시하지만, 명제에 있어서만
대상을 지시하고 단독으로는 지시할 수 없는 명제의 구성 요소이다.

진리함수론

명제의 기본적 요소가 요소명제이다. 요소명제는 사태의 상(像)이며 사태를
사상하고 있다는 것은 사태가 실제로 성립함을 표현한다는 것이다. 즉 어떤
사태가 존립한다는 것은 요소명제가 참이라는 것이며, 어떤 사태가 존립하지
않는다는 것은 요소명제가 거짓이라는 것이다. 《논고》에 따르면 '요소명제의 진

리 가능성이란 사태의 성립 또는 불성립의 가능성을 말'(4.3)하며, '요소명제가 참이면 그 사태는 성립한다. 어떤 요소명제가 거짓이면 그 사태는 성립하지 않는다.'(4.25) 따라서 세계를 완전히 기술하려면 모든 요소명제를 다 모아놓고 그들 가운데 어느 명제가 참이고 거짓인지를 보이면 된다.

비트겐슈타인에 따르면 요소명제는 언어를 구성하는 기초명제이고 그 밖에 많은 복합명제가 있다. 이 복합명제는 모두 요소명제로 구성되어지며, 그들 명제의 모든 진리 조건(명제의 참 또는 거짓)은 요소명제의 진리 조건에 의거한다. 즉 명제는 요소명제의 진리함수이다. 예를 들어 '해가 동쪽 하늘에서 떠오르고, 골짜기에는 시냇물 소리가 들린다'는 명제를 인용해 보자. 이것은 요소명제가 아니라 복합명제이다. 이 복합명제의 진리 조건은 해가 동쪽에서 떠오른다는 요소명제와 골짜기에는 시냇물 소리가 들린다는 요소명제의 진리 조건에 의거한다. 예를 들어 전자의 명제가 실제로는 참이고, 또한 후자의 명제도 참이라면 이 복합명제는 참이다. 전자의 명제가 참이고 후자의 명제가 거짓일 때, 이 복합명제는 거짓이다. 그 밖의 경우는 모두 참이다. 이처럼 복합명제의 진위 조건은 복합명제를 구성하는 요소명제의 진위 조건에 의존한다.

요소명제는 실재하는 상을 표현하므로 어떤 요소명제가 참인지 거짓인지는 사전에 결정할 수 없다. 개개의 사례에 따라 실제로 경험적으로 조합할 수밖에 없다. 비트겐슈타인은 논리학의 체계를 실재(세계)에 적용하면서, 논리적으로 항진명제(恒眞命題) 및 항위명제(恒僞命題)와 요소명제를 구별하여 요소명제에 의해서만 세계의 기호가 가능하다고 생각하고, 올바른 세계의 기술을 위하여 진리함수론을 전개한 것이다.

세계의 한계와 언어의 한계

《논고》가 기술하는 세계는 참된 명제의 총체이다. 참된 명제는 사태의 존립을 주장하는 명제이며 그것은 이미 살펴본 것처럼 요소명제이다. 이 요소명제는 정확히 말하면 자연과학의 명제이다. 따라서 비트겐슈타인이 기술하려는 세계는 자연과학의 세계이다. 그는 이 자연과학의 세계에 논리를 투철(透徹)시킨다. 이 세계에 논리가 투철하는 이상 논리에 모순되는 것은 아무것도 존재하지 않는다. 이 세계에 있어서 모든 사태는 분명히 말할 수 있고, 해명할 수 있

언어와 현실 비트겐슈타인은 프레게와 러셀의 이론을 이용해 쇼펜하우어의 현상 세계를 보다 논리적으로 설명하고자 했다. 그 결과 그는 세계가 언어로 어떻게 설명될 수 있는지, 언어와 현실에 관해 독자적인 주장을 펼쳤다. 그 주장은 또한 언어와 개념의 한계를 드러내기도 했다.

으며, 수수께끼는 존재하지 않는다.

　'논리가 세계를 채우고 있다. 세계의 한계는 논리의 한계이기도 하다.'(5.61) 세계에는 논리가 충족되어 있으나 그것은 세계라는 한계 내에서 충족되는 것이며 논리는 세계를 뛰어넘어 적용되지 않는다. 그런 의미에서 '논리학은 학설이 아니라 세계의 거울상이다.'(6.13) 바꾸어 말하면 논리는 세계와 형식을 공유하고 세계를 비추어내는 상이며, 세계를 안쪽에서부터 사상(寫像)하고 있다. 따라서 세계의 한계는 논리(언어)의 한계이기도 하다.

　《논고》의 과제는 이러한 한계의 확정이다. 그때 주목해야 할 것은 《논고》가 사고의 비판을 목적으로 하는 것이 아니라 사고의 표현에 한계를 정하고 이 한계를 언어 안으로 끌어들인다는 것이다. 이 점에 《논고》가 달성한 커다란 의의가 있다. 그런데 사고 가능이라는 것은 사고한 것이 표현된다는 것, 즉 말할 수 있는 것을 의미한다(사고란 실재의 논리적 상이다). 따라서 사고는 언어에 있어서 파악되고 한계 지어지며, 사고 표현의 한계는 논리의 한계이고 논리의 한계는 세계의 한계이다.

유아론(唯我論)

《논고》가 우리에게 제시한 세계는 분명하게 말할 수 있는 세계이며 논리, 즉 언어에 의하여 한계 지어지는 세계이다. 그러나 여기서 비트겐슈타인은 다시 세계란 무엇인가를 묻고 '세계가 나의 세계'(5.62)라고 대답한다. 그리고 그는 '자아는 '세계는 나의 세계이다'를 통해 철학에 등장한다'(5.641)고 말하며, 그는 세계를 보고 언어에 의하여 표현하는 주체를 문제 삼는다. 세계는 나의 세계라는 것은 내가 보고 파악하는 한에 있어서 세계가 보이고 파악된다는 것을 의미한다. 따라서 '세계가 나의 세계라는 것은 언어[내가 이해하는 유일한 언어]의 한계가 내 세계의 한계를 의미하는 데서 드러난다'(5.62)는 것이며, 내 언어의 한계가 내 세계의 한계를 의미한다. 그러나 또 한편으로 그는 '나는 나의 세계이다'(5.63)라고 주장한다. 이 주장은 나라는 주체가 세계에 속하지 않는 것, 주체가 세계 속이 아니라 세계를 초월하고 있음을 의미한다. 따라서 이 주체가 파악하는 한에서 세계가 파악되므로 세계는 유아론(솔립시즘)의 입장에서 파악되는 것이다. 이렇게 비트겐슈타인은 유아론을 주장하며 '유아론이 말하려는 바가 전적으로 옳지만 유감스럽게도 그것은 스스로를 드러낼 뿐 말로 표현할 수 없다'(5.62)고 말하며 유아론의 입장에 서서 스스로의 주장에 기초를 부여한다.

유아론을 둘러싸고 다양한 해석이 이루어졌으나 하나의 흥미로운 해석으로, 《논고》의 입장을 초월론적 언어주의라고 부른 스테니우스의 제안을 받아들인 독일의 철학자 슈테크뮐러의 해석이 있다. 그에 따르면 《논고》의 사상은 본질적인 면에서 몇몇 부분이 다르긴 하지만 원리적으로 칸트의 초월론적 관념론과 일치한다. 비트겐슈타인은 칸트의 초월론적 관념론을 이성의 영역에서 언어의 영역으로 전환했다. 두 사람은 그 방법은 다르지만 '세계(경험)의 가능성의 조건'을 문제로 삼았다.

칸트의 경우, 주체는 시간 및 공간의 형식을 직관하고 각성의 카테고리에 있어서 사고한다. 비트겐슈타인의 경우, 주체는 논리적으로 정확하게 언어를 이해하고 사고를 표현하는 것이다. 여기에서 주체는 나의 개인적인 자아를 가리키는 것이 아니라, 그 언어가 가능한 세계의 논리공간을 결정하는 초월론적 주체를 가리킨다. 그런 의미에서 슈테크뮐러를 따라 비트겐슈타인의 경우도 칸트와 마찬가지로 주체를 초월론적 주체로 받아들일 수 있다. 비트겐슈타인의 입장에서 본다면 주체가 세계를 파악하고 한계 짓고 있으며, 따라서 주체는 언어나 세계의 한계를 초월한 것이고, 주체 그 자신에 대해서는 말할 수가 없다. 그에 의하면 우리는 주체에 대해 말할 수 없으며 주체가 스스로를 드러낸다.

'말할 수 없고 드러나는 것'

《논고》는 언어비판을 통하여 말할 수 없으나 드러나는 것이 있음을 밝히려 한다. 이것이 《논고》를 난해하게 한다. 그는 완성한 《논고》의 원고를 러셀에게 보냈는데, 러셀은 그것을 읽고 비트겐슈타인에게 질문하는 편지를 보낸다. 이 편지에 그는 다음과 같은 답장을 썼다.

"게다가 논리에 관해서 쓰는 것은 저에게 있어 얼마나 큰일인지를 아실 거라고 생각합니다. 이것은 또한 제 책이 어째서 그렇게 짧고, 또한 그 결과로서 저렇게 어려운지에 대한 이유이기도 합니다. 그러나 저로서는 그렇게 할 수밖에 없었습니다. 그런데 당신은 저의 주요한 논점을 제대로 파악하시지 않은 게 아닐까요? 논리적 명제에 관한 작업은 저의 중요한 논점에서 보자면 단순히 부수적인 것에 지나지 않습니다. 주요한 논점은 명제에 의하여, 즉 언어에 의하여 표현할(말할) 수 있는 것(그리고 같은 말이지만, 사고할 수 있는 것)과, 명제에 의하여 표현될 수 없고 단지 제시될 수 있는 것에 대한 논구(論究)입니다. 이 논구야말로 철학의 중심 문제라고 믿습니다."

이 편지에 쓰여 있는 것처럼 비트겐슈타인이 《논고》의 주요한 논점에서 철학의 중심 문제라고 생각하는 것은 말할 수 없고(표현할 수 없고), 그저 제시되는 것에 대한 논구이다.

'보일 수 있는 것은 말할 수 없다.'(4.1212) 또한 말할 수 있는 것과 표현할 수 있는, 묘사할 수 있는 것은 같은 것을 의미한다. 말할 수 없고 그저 제시되는 것으로서, 논리적 형식, 유아론, 세계는 나의 세계이다, 세계의 한계, 주체, 윤리,

신비한 것 등을 들 수 있다. 말할 수 없
고 그저 제시되는 것은 비트겐슈타인에
게 있어 매우 중요한 의미를 지니고 있
다. 그 이유를 고찰해 보자.

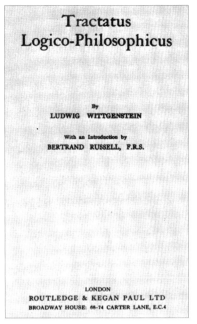

윤리적인 책

러셀 앞으로 보낸 편지에 "논리적 명
제에 관한 작업은 저의 주요한 논점에
서 보자면 단순히 부수적인 것에 지나
지 않습니다"라고 쓰여 있듯이, 그는 《논
고》에 있어서 정력적으로 논리적 명제에
관하여 공간의 대부분을 쓰고 있으나,
그 자신의 작업을 부수적인 것이라고
생각했다. 또한 그의 《논고》 집필의 진의
를 전하는 자료로서 〈브레너〉지의 편집

《논리철학논고》 표지

자 피커 앞으로 쓴 편지가 있다. 거기서 그는 《논고》의 작업이 '거기서 쓴 것'과
'거기서 쓰지 않은 모든 것'의 두 개 부분으로 이루어져 있고, 거기서 쓰지 않
은 모든 것이 중요하다고 말하며 《논고》가 윤리적인 책임을 강조했다.

"즉 나의 책을 통하여 윤리적인 것이 내면에서부터 한계 지어져 있습니다. 그
리고 나는 그것이 그저 그렇게만 한계 지어진다고 확신합니다. 간결하게 말하
면, 오늘날 많은 사람들이 쓸데없이 지껄여대는 것 모두에 대해 침묵을 지킴
으로써 나는 그것을 내 책에서 확정했다고 믿습니다."

《논고》는 마지막 7장 '말할 수 없는 것에 대해서는 침묵해야 한다'는 한 줄
로 끝난다. 그 의미는 지금 예로 든 러셀이나 피커 앞의 편지에서 설명되어 있
는데 《논고》에서는 어떻게 논하고 있는지를 윤리, 즉 가치 문제에 초점을 맞춰
살펴보겠다. 《논고》에 따르면 윤리적인 것, 가치적인 것은 명제가 아니다. '윤리
적인 것, 가치적인 것'과 '명제로서 표현되는 것'과는 구별된다. 이미 말한 것처
럼 명제는 세계의 사건, 즉 사실을 표현한 것으로 자연과학의 명제를 말한다.
그에 대하여 윤리적인 것, 가치적인 것은 세계에 있어서의 사건이 아니다. 가치

는 세계에는 존재하지 않고 세계 밖에 있으며, 초월적인 것이다(윤리나 미도 마찬가지로 초월적인 것이며《논고》에서는 직접적으로 언급하지 않지만 신(神) 또한 그러하다). 이렇게《논고》는 세계의 사건과 세계 밖에 있는 가치를 나누고, 전자를 사실의 영역으로 후자를 가치의 영역으로 하여 말할 수 있는 영역과 말할 수 없는 영역을 명확히 구별한다. 이 두 영역의 구별은 칸트의 이론이성(理論理性) 영역과 실천이성 영역에 대응한다. 칸트는 실천이성의 영역을 이론이성의 영역과 아날로지(유추)에 있어서 말했다. 비트겐슈타인은 칸트적인 의미에 있어서 가치의 영역에 있는 것을 제시하지만, 그것을 사실의 영역과의 아날로지로 말하는 것을 철저하게 거부했다.

어째서 말하기를 거부했을까? 그 이유에 대하여 엥겔만은 다음과 같이 말한다.

"그의 노력은 말할 수 없는 것을 말함으로써, 그것을 지키려고 하는 철학의 계획을 향해 있다."

"그 자신은 여기서 위험해지고 지켜야만 하게 된 가치의 존재를 예지하고, 그것을 소중히 간직해 두었다. 그러나 그는 마지노선(앙드레 마지노의 발안에 의하여 그어진 독일–프랑스 국경의 요새선. 여기서는 자연과학의 공격에 대비하여 쌓는 철학 측의 요새라는 의미)에는 반대한다. 그것을 쓸데없다고 생각하기 때문이다. 그는 경계를, 인문과학과 자연과학 사이의 경계의 보루로서 인간의 지식 영역을 건너 선을 긋는 것이 아니다. 그 영역의 배경에 있어 말할 수 있는 모든 것과 말할 수 없는 것을 나누는 것이다."

"그는 초월적인 것, 형이상학적인 것의 영역에 대하여 무의미하다고 말한다. 그리고 그 명제를 논리적인 기초 위에서 파악한다. 이러한 방식으로 그는 초월적인 것에 대한 온갖 공격을 불가능하게 하지만, 동시에 초월적인 것을 말함으로써 그것을 지키려 하는 모든 계획 또한 좌절시킨다."

엥겔만이 앞에서 한 말은《논고》의 사상의 핵심을 찌르며, 가치에 대하여 비트겐슈타인이 말하지 않은 이유를 나타낸다. 우리는 가치 있는 인생을 추구하고 가치에 대하여 말할 수 있는 한, 그것을 말하려고 애쓴다. 그러나 그는 그러한 우리의 노력을 희망 없는 계획이라고 생각했다. 엥겔만은 다음과 같이 말한다.

"그가 논증하려고 했던 것은 '말할 수 없는 것을 말하려고 하는' 인간 사상의 노력이, 우리의 영원한 형이상학적 욕구를 충족시키려 하는 희망 없는 계획이라는 것이다."

삶의 가치와 침묵

이제까지 가치는 사실이 아니기 때문에 말할 수 없다는 것을 되풀이해서 말해왔는데, 이 말할 수 없는 것의 뿌리는 깊다. '세계가 어떻게 존재하는지는 신비롭지 않다. 세계가 있다고 하는 것이 신비하다'(6.44), '세계는 실제로 어떠할까? 고차원적으로 이것은 아무래도 좋은 것일 뿐이다. 신은 세계 속에서는 스스로를 드러내지 않는다'(6.432), '말로써 표현할 수 없는 것도 있다. 그것은 스스로 드러난다. 그것이 신비이다.'(6.522) 이들 말에 있어서 비트겐슈타인이 주장하려는 것은 다음과 같다. 우선 '세계가 어떠한지'를 말했다고는 해도 '세계란 무엇인가'는 전혀 말하지 않은 채이다. 말할 수 없는 것이 엄연하게 존재한다. 그 존재의 사실이야말로 신비하다는 것이다.

신비한 것 자체는 언어에 있어서 드러나지 않는다. 그것은 단지 직관될 뿐이다. '영원의 관점에서 세계를 직관하는 것은 세계를—한계 지어진—전체로서 직관하는 것이다. 세계를 한계 지어진 전체로서 느끼는 것, 이 느낌이야말로 신비롭다.'(6.45) 이 직관 및 감정은 말해지는 것이 아니라 저절로 드러난다. 이 신비한 것의 감정에 가치의 근거가 있다. 비트겐슈타인이 《논고》를 저술하면서 아마도 가장 고투(苦鬪)한 것은, 가치에 대한 물음 자체에 답을 발견하는 것이었음에 틀림없다. 가치, 인생에 있어서 가장 소중한 것은 사실의 세계를 말하는 것처럼 결코 말할 수 없음을 자각하면서도 여전히 가치를 추구한다면, 그것은 침묵하는 길뿐이다. 정말로 말하지 않으면 안 되는 것을 가질 때 우리는 부득이하게 침묵해야 한다는 것이 '말할 수 없는 것에 대해서는 침묵해야만 한다'에 드러나 있다.

III. 과도기의 사상
삶의 탐구와 철학에 대한 복귀

빈으로의 귀향

실의의 귀향과 누나들의 배려

1926년 4월, 비트겐슈타인은 학교 교사를 그만두고 빈으로 돌아왔다. 그때 그는 실의에 빠져 있었다. 그는 그때까지 친구나 지인에게도 편지 하나 보내지 않는다. 6월에는 어머니 레오폴디네가 사망한다. 누나들을 시작으로 주위 사람들은 그가 다시 철학에 복귀하기를 바란다. 하지만 그가 철학에 다시 돌아가려면 시간이 필요했다. 그는 수도원에 들어가는 것을 진지하게 생각했지만 수도원 원장이 들어오는 것을 말렸다. 그는 여름에 빈의 근교 휘텔도르프에 있는 수도원 정원사 일을 도왔다. 그의 수도원에 대한 관심은 이때만이 아니라 이전부터 있었다. 이것은 어떻게 그가 신에게 관심을 가지고 윤리적인 삶을 보내려고 노력하고 있었는지를 증명한다. 그러나 실의에서 일어서고, 그가 수도원에 들어가는 것을 결정적으로 그만두게 한 것은 누나 마르가레테 스톤보로 부인의 저택 건축이었다.

비트겐슈타인이 스톤보로 저택 건축을 하게 된 것은 마르가레테가 건축가로서 평가가 높았던 비트겐슈타인의 친구 엥겔만에게 설계를 의뢰한 것으로 시작된다. 마르가레테는 아버지 카를이 빈의 음악가나 문화인들과 사귄 것처럼 빈의 저명한 문화인들과 만났다. 화가 구스타프 클림트는 그녀의 초상화를 그리고, 또 그녀는 조각가 하나크의 모델이 되기도 했다. 마르가레테는 비트겐슈타인(루트비히)을 돌보며 어릴 때부터 많은 영향을 주었고, 그와 충돌하는 일도 있었지만 평생 그와 친하게 지냈다. 그녀는 지적이고 기가 세지만 사교적이기도 했다. 루트비히가 포로수용소에서 석방된 것은 그 누나가 애쓴 덕분이었다. 그리고 루트비히가 교원양성학교에 들어간 것도 그 누나의 소개에 의해서이다. 큰누나 헤르미네는 클림트에게 심취하여 클림트를 지도자로 하는 빈의 전위예술가들의 분리파 운동에 아버지 카를로부터 자금을 내게 해서 열심히 협력하였고, 비트겐슈타인 가문에 이러한 젊은 예술가들이 드나들게 된 것도 헤르미네에 의해서였다. 그녀는 화가였다. 루트비히가 생각하기에 가장 다정한 누나였기에 그는 그녀를 평생 그리워하였다. 또한 큰누나는 형제들을 그만큼 걱정하고 이야기를 들어주었다. 루트비히는 항상 이러한 누나들의 다정한 배려를 받아왔다. 그가 마르가레테의 저택 건축에 몰두하게 된 것도 누나들의 배려 때문이었다.

건축가의 탄생

마르가레테는 루트비히에게 주택 건축을 돕게 했다. 주택 건축 허가 신청의 처음 서류에는 설계자로서 엥겔만과 그가 이름을 올렸다. 하지만 나중에 제출한 서류에는 그만이 건축가 루트비히 비트겐슈타인으로 서명하고, 여기서 단 하나의 주택만 건축한 건축가가 탄생했다.

"나는 결국 그가 나보다도 마르가레테(스톤보로 부인)의 의향을 잘 파악했다는 기분이 들었다. ……게다가 그는 교사를 그만둔 뒤 정신적으로 매우 위기에 처해 있어서 나는 함께 건축을 하고자 제안했다. 그는 오래 생각한 끝에 승낙했다. 이 구조책은 그에게 있어서도 이 건물에 있어서도 매우 행운이었다. 당시 그는 교사였던 때보다도 더 가난한 생활을 하고 있었다. 그는 이러한 자신의 생활 태도를 바꾸지 않고 엄격한 정신적 태도와 금욕적 생활을 하고는 있었지만, 완전히 그녀의 스타일에 맞추어 쿤트만가세에 집을 설계하고 완성시켰다." (엥겔만의 편지에서)

이 편지 속에 비트겐슈타인이 스톤보로가(家)의 저택을 건축하게 된 상황이 쓰여 있다. 엥겔만은 이 건물 건축 중에 비트겐슈타인과 함께 설계사무소에서 일을 계속하지만, 비트겐슈타인은 이 일에 매우 몰두하게 되었다.

누나 헤르미네는 그가 몰두하는 모습을 쓰고 있다. "루트비히는 이 건축 설계와 설계도에 많은 관심을 가지고 그것들을 변경하기 시작하고, 점점 더 열중해서 드디어 완전히 전념하게 된다. 엥겔만은 이러한 강열한 개성을 가진 사

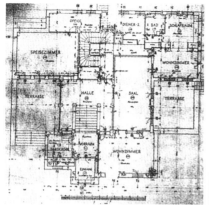

▲ 왼쪽은 스톤보로 저택 설계도. 오른쪽 그 스케치

완성된 저택의 모습
비트겐슈타인은 1926년 가을부터 1928년 11월 10일 완공일까지 약 2년 동안, 셋째 누나 마르가레테(스톤보로 부인)의 저택을 건설했다. 기본 설계는 친구인 엥겔만이 해주었으며, 비트겐슈타인은 세부 설계를 하고 시공을 감독했던 듯하다. 이 건물은 1972년에 보호 기념 건조물로 지정되어 철거를 면했다. 현재는 불가리아 문화연구소로 쓰이고 있다.

람에게 양도해야만 했다. 그래서 이 건물은 세부에 이르기까지 루트비히가 변경한 설계와 그의 감독 아래 세워졌다. 루트비히는 창, 문, 난방기 전체를 마치 정밀 기구처럼 제작하였고, 또 그는 타협을 모르는 열정으로 일을 하였으며, 모든 부분에서도 이와 마찬가지로 정확하게 일을 했다. 나는 열쇠공이 그에게 열쇠 구멍에 대해 다음과 같이 물었던 것을 지금도 떠올린다. '정말 1밀리가 문제군요.' 그런데 그가 말을 전부 끝내기 전에 강하고 큰 목소리로 '그렇소'라고 대답을 하자, 그 열쇠공은 놀란 모양이었다."《남동생 루트비히》

헤르미네는 그 건축 일에 대해 다른 것도 이것저것 말하고 있다. 거의 1밀리의 길이에도 민감한 그의 정밀함, 그는 정밀함을 위해서는 시간도 돈도 아끼지 않고 사용했다. 누나들은 그에게 과감하게 일을 하도록 시키고, 정신적으로 매우 강한 정신요법이 되기를 바랐던 것이다. 그는 이 일에 몰두하고 전력을 다해 이 건물을 완성시켰다.

소녀상 비트겐슈타인의 작품이다.

논리학이 된 집과 소녀 머리상

헤르미네는 이 건물에 대해 다음과 같이 말하고 있다. "나는 그 집을 매우 멋지다고 느꼈지만, 내가 거기에 살고 싶다고는 생각하지 않았고, 살 수 없다는 것도 알고 있었다. 나같이 죽어야만 하는 하찮은 사람을 위한 집이 아니라 신들이 사는 집이라고 생각되었다. 그래서 나는 이 완전함과 위대함에 대해 '논리학이 된 집'이라 이름을 붙였지만, 그 집에 대해 미미한 내적인 저항을 극복해야만 했다." 이 건물은 헤르미네에게는 살고 싶은 기분을 주지 않을 만큼 완전한 건물로 보였던 것이다. 이 건물은 또 건축가들을 끌어당겨 그들의 많은 평가를 얻었다. "건물 외형은 입체형으로 아돌프 로스의 건축 하나를 생각나게 한다. 하지만 그 내부는 20세기 건축사에서도 아주 독특하다. 모든 면에서 새로운 생각이 든다. 그 건물은 직접적으로 다른 것을 이어받지 않는다. 건축 전통으로부터도 어느 전문적·전위적 건축에서도 이어받지 않는다"라는 폰 브리크트의 평이 있다 (브리크트는 1971년에 이 건물이 팔리고 철거가 결정되었을 때 이 건물의 보존과 문화재 지정을 호소한 오스트리아 신문 캠페인에 즈음하여 이것을 기록으로 남겨두기 위해, 이 건물 설계도를 시작으로 건물 전경에서 문손잡이까지 세세하게 기록한 《루트비히 비트겐슈타인 건축》이라는 책을 썼다. 다행히 이 건물은 철거를 면하여 현재 불가리아 대사관 부속 문화회관으로서 이용되고 있다. 내부 장식 등이 바뀌고 일부는 변하였지만, 기본적으로는 비트겐슈타인의 제작을 살리고 있다).

이 건축 일을 하는 동안에 비트겐슈타인은 포로수용소에서 알았던 빈의 조각가 드로빌의 아틀리에에 다녔다. 그때 조소를 시작하여 소녀의 머리상을 제작했다. 그 동상은 현재 그가 세운 건물에 놓여 있다. 이 동상의 제작도 그에게 있어서는 결코 취미가 아니었다. 말 그대로 전력을 기울여 만들었다. 이 시기에 만들어진 두 개의 작품, 즉 스톤보로 저택과 소녀상에는 《논고》의 작품에 뒤지지 않는 그의 혼이 들어 있다. 나에게는 이 작품들을 앞두고 그의 철학 작품을 생각할 때가 기억난다. 나는 엥겔만이 말하듯이 혹은 야니크가 지적하듯이 비트겐슈타인이 로스에게 어떻게 영향을 받았는지를 알고자, 빈의 주택가에서 며칠이나 로스의 작품을 찾았던 때가 떠오른다. 확실히 외형과 그 내부의 간소함으로 실제적인 집의 기능을 중시하는 점에서 두 사람의 작품에 공통점을 발견한다. 하지만 로스의 작품에 모두 장식이 배제되어 있다고 해도, 비트겐슈타인의 작품은 철저하게 장식이 빠져 있다. 비트겐슈타인의 작품은 그의 철학 배경 없이는 이해할 수 없다고 생각된다.

슐리크와의 교제

비트겐슈타인은 《논고》를 완성시킨 시점에서 전부를 걸고 자신이 할 수 있는 것을 모두 말해버렸다고 생각하고, 그 이상 철학의 필요성을 인정하지 않고 철학에서 완전히 분리되지만, 《논고》 출판은 케임브리지나 빈에서 반향을 불러일으켰다. 그래서 그의 철학에 대한 복귀를 바라는 사람들이 점점 많아졌다. 우선 케임브리지에 있는 그의 친구, 지인들로부터의 권유가 있었다. 램지의 방문이 그 하나였고, 케인스도 열심히 권했다. 하지만 그는 거절했다. 그 이유는 다음 편지에서 알 수 있다.

"당신은 내가 다시 학문에 몰두할 수 있기 위해 무언가 할 수 있는 것이 없는지 말하지만, 나에게는 아무것도 없습니다. 이렇게 말하는 것은 나 자신이 이미 무언가 강렬한 내적인 충동을 가지고 있지 않고, 그것에 관해 고갈되어 있기 때문입니다."(케인스의 편지)

또 빈에서도 《논고》는 크게 논의를 불러일으켰다. 빈 대학 모리츠 슐리크로부터는 만나서 이야기를 하고 싶다는 정중한 편지를 받았다. "당신의 《논고》의 찬미자로서 나는 당신과 친구가 되고 싶습니다. ……철학연구실에서 겨울에는 항상 논리학과 수학 기초에 관심을 가진 동료와 우수한 학생과의 모임을 엽니다. 이 모임에서 당신의 이름이 자주 나옵니다. 동료 수학자 라이데마이스터 교수가 당신의 업적을 소개하는 강의를 해서 우리들에게 깊은 감명을 주었습니다. 또 여기에는 당신의 기본적 사상의 중요성과 정당성을 이해하고 있는 사람들—나 자신도 그중 한 사람입니다—이 있습니다. 우리들은 협력해서 당신의 생각을 넓히고자 하는 강한 바람을 가지고 있습니다."

비트겐슈타인은 이 편지에 호의를 가지고 답장을 쓴다. 하지만 슐리크는 비트겐슈타인이 교수 시절에 그를 방문했지만 없어서 두 사람은 만나지 못했다. 비트겐슈타인은 빈에 돌아가서도 건축에 몰두하였고, 슐리크와 만날 생각은 하지 않았다. 두 사람 사이를 맺어준 것이 빈의 사교계 및 지식계급을 잘 아는 스톤보로 부인(누나 마르가레테)이었다.

스톤보로 부인은 슐리크를 점심 식사에 초대했다. 그래서 비트겐슈타인과의 만남이 시작되었다. 그는 슐리크에게 호의를 가지고 있어, 두 사람은 급속도로 서로 이해하게 되었다. 그것은 슐리크에게 총명함, 풍부한 교양 및 선량함이 있었기 때문이다. 맨 처음 그는 슐리크만을 만나는 조건으로 모임에 응했지만 몇 번 만나다 슐리크의 모임 사람들과도 만나는 데 동의하고, 빈학파의 사람들과의 접촉이 시작되었다.

빈학파

여기서 20세기 대표적인 철학 운동의 하나인 논리실증주의의 모태가 된 빈학파에 대해 간단히 소개하고자 한다. 빈학파는 1924년 슐리크의 지도 아래 목요일에 열리는 저녁 모임에 붙여진 명칭이다. 이것은 본래 제1차 세계대전 이전에 물리학·수학, 사회과학과 철학 등을 전문으로 하는 젊은 학자들이 모이고, 매주 목요일에 빈의 커피숍에서 과학·철학의 문제를 중심으로 검토한 것으로 시작한다. 마흐의 실증주의가 주로 토론을 활기차게 하고, 그 토론자로는 헬름홀츠·아인슈타인·푸앵카레·힐베르트·러셀 등을 들 수 있다. 여기에 참가한 사람들이 슐리크의 빈 대학의 '귀납과학 철학 강좌' 교수 취임을 기회 삼아 목요일 저녁 모임을 개최하게 된다. 그리고 1929년에는 기관지 〈인식(Erkenntnis)〉을 발행하였는데, 그것이 논리실증주의 운동의 거점이 되었다. 거기에는 프랑크·카르나프·라이헨바흐·바이스만 등이 참가했다.

《논고》는 라이데마이스터의 소개 이후 이 그룹 사람들에게 읽히고, 상세하게 검토되었으며, 그들에게 커다란 감명을 주었다. 하지만 《논고》의 모든 사상이 이해되고 감명을 준 것은 아니다. 그의 수학적 논리학의 문제가 그들의 주요한 관심이었다. 비트겐슈타인이 말한 '말할 수 있다'라는 문제가 그들의 관심이고, '말할 수 없다'는 것에 관한 서술은 신비적으로 그들의 이해를 넘어섰다. 그들은 비트겐슈타인과 이야기하기를 바랐다. 하지만 그는 좀처럼 승낙하지 않았다. 단, 슐리크와 매우 친한 사람들만이 슐리크의 모임에 동석하는 것은 인정했다. 그 모임에서 그는 학문적인 이야기보다 타고르의 시 낭독 등을 했다. 그래도 그는 학문 이야기를 하면 꽤 거기에 집중했다. 슐리크는 빈학파 모임을 열심히 권했지만, '결코 학문 이야기를 하지 않는다'는 약속으로 한 번 응한 일이 있었다. 하지만 그가 거기에 참가했는지 어땠는지는 확실하지 않다.

브라우어르 강연

그동안 그는 네덜란드 수학자 브라우어르(1881~1966) 강연을 들은 일이 있었다. 그는 마음이 내키지 않은 채 바이스만과 파이글에게 추천받아 브라우어르의 강연에 참석했다. 브라우어르 강연은 '수학·과학·언어'에 대해서였다. 이 강연이 비트겐슈타인에게 커다란 자극을 주었다. 함께 간 파이글은 "강연이 끝난 뒤 비트겐슈타인과 커피숍에 갔을 때 커다란 일이 일어났다. 그는 갑자기 매우 시원스럽게 철학을 이야기하기 시작했다. 게다가 오랜 시간에 걸쳐 이야기를 했다. 아마도 이것이 동기가 되어 그는 1929년에 케임브리지 대학으로 옮기고, 거기서 다시 철학자가 되어 영향력을 발휘하기 시작했다"고 쓰고 있다 (파이글 《미국의 빈학파》). 브라우어르의 강연 내용에 대해서는 잘 모르지만, 그는 브라우어르의 수학 및 논리학 기초에 자극을 받았던 것 같다. 브라우어르의 견해는 수학이나 논리학이 인간적 모든 활동의 주요한 기능 형성에 작용하고, 그것들은 인간의 삶에 대한 의지에 기원을 둔다는 것이다. 이것은 《논고》와도 공통적인 견해이고, 비트겐슈타인이 브라우어르의 견해에 공감한 것이 짐작된다.

이 강연을 들은 것은 1928년 3월의 일로 그는 아직 스톤보로 저택 건축에 한창이었기에, 이것을 계기로 해서 그가 바로 철학에 복귀한 것은 아니다. 또

브라우어르의 강연이 그에게 자극을 준 것은 사실이더라도 그것이 결정적이라는 것은 단지 추측에 지나지 않는다. 그 이전에 케임브리지의 친구나 지인들로부터 권유가 있었고, 그 자신도 이전부터 케임브리지에 가려고 생각해서 그 시기를 기다린 것이었다. 그해 11월에 건물이 완성되었다. 그는 그 건물이 완성되자 케인스에게, "최근 2년간 완전히 몰두했던 나의 집이 완성되었습니다. 지금은 잠시 휴식을 취하고, 가능한 한 빨리 당신과 만나길 바랍니다"라는 편지를 보낸다. 하지만 이 방문은 그의 건강상의 이유로 연기되었고, 실현된 것은 이듬해 1월이었다. 이 케인스 방문이 그의 철학에 대한 복귀의 신호가 되었다.

다시 케임브리지로

철학에 대한 복귀와 학위 취득

케임브리지에서는 케인스가 기다리고 있었다. 여기서 그는 트리니티 칼리지에 재입학하고, 우선 대학원생으로서 등록했다. 그는 시공간을 시작으로 수학 기초론에 점차 많은 관심을 보였다. 이것에는 슐리크와의 교제도 자극이 되었지만, 그의 교사 시절에 알던 젊은 수학자 램지와의 만남이 커다란 요인이었다. 그는 램지와 셀 수 없을 정도로 논의하였고, 빈의 바이스만에게 "최근 아주 많은 일을 하고 좋은 성과를 올리고 있다"고 편지에서 썼듯이 순조롭게 철학 연구의 재출발을 하게 되었다.

비트겐슈타인의 케임브리지 재입학은 박사 학위 취득에 있었다. 박사 학위 이야기는 이미 교사 시절에 램지가 그 취득 방법에 관해 비트겐슈타인에게 편지를 썼다. 학위 취득을 위해서는 제도상 대학원생으로서 등록해야만 했다. 하지만 형식적인 재학 기간은, 그 이전에 그가 케임브리지에 다니면서 학위 취득 필요 과정을 끝낸 것으로도 충분했다. 그래서 학위논문으로서 《논고》가 제출되어 심사 대상이 되었다. 램지가 지도교수로, 무어가 시험관이었다. 하지만 램지가 병이 나서 무어와 러셀이 구술시험에 즈음하여 학위논문 심사를 했다. 6월에는 박사 학위가 수여되고, 대학으로부터 수학기초론 연구를 위한 지원금을 받았다. 무어와 러셀은 비트겐슈타인의 《논고》의 가치를 충분히 이해하고 있었기 때문에, 심사는 처음부터 형식적으로 이루어졌다. 또 이때 대학에서 연구 지원금을 받았지만, 그 추천문을 쓴 것은 램지였다. 그 추천문은 케임브리지의 비트겐슈타인을 아는 사람들의 공통된 평가처럼 생각되어서 소개해 두고자 한다. "나의 의견으로는 비트겐슈타인은 내가 아는 여느 사람들과는 다른 차원으로 철학의 천재이다. 이것은 첫째로는 문제 중에 무엇이 본질인지를 보는 그의 위대한 천부적인 재능에 있다. 둘째는 그의 압도적인 지적인 활력에 의한 것으로 문제를 철저하게 추구하고, 너무 지나치게 볼 수 있다는 가설에서는 결코 만족하지 않는 사색의 강인함에 있다. 나는 다른 어느 사람의 연구보다도 그의 연구에서 철학의 일반과 수학의 기초라는 특정 영역과의 양쪽에서 나를 힘들게 하는 모든 곤란함을 해결할 것이라는 기대를 하고 있다."

대학에서의 강의와 램지의 영향

그가 케임브리지에 와서 학위를 취득한 것은 1929년으로 40세 때였다. 이듬해 1930년 1월부터 그는 케임브리지에서 처음으로 강의를 담당했다. 강의는 '언어·논리·수학'에 대한 세미나와 토론이었다. 12월에는 5년간 특별 연구원으로 선출되어 트리니티 칼리지의 최상급으로 지내게 된다. 그래서 이때 그는 생애에서 가장 많은 저술을 하고(그러나 어느 것도 출판되지 않았다), 여기서 젊은 철학자들을 육성하게 된다.

하지만 그의 논의 상대이고 그를 이해해 주던 램지가 그해 1월에 사망한다. 26세의 젊은 나이였다. 램지는 매우 우수한 수학자였다. 그의 동료 케인스는 그의 죽음을 애도하고, 편지에 "그는 전문적으로 대학에서는 가장 위대한 천재였다. 게다가 매우 좋은 사람이었다"고 썼듯이, 그의 재능은 동료들에게 높게 평가받고 있어서 램지의 죽음은 몹시 안타까웠다. 비트겐슈타인에게 있어서도 그의 죽음은 특별한 의미를 가졌다. 그의 철학에 대한 복귀와 철학 연구에 있어서 램지의 존재는 매우 컸기 때문이다. 그는 자신의 사상에 결정적인 영향을 준 사람으로서 램지에 대해 다음과 같이 말하였다. "16년 전 다시 철학에 종사하게 된 이래 나는, 내가 첫 번째 책에 적어두었던 내용 중에 중대한 오류가 있다는 것을 인정하지 않을 수 없었기 때문이다. 내가 이 오류들을 깨닫는 데―나 자신이 거의 평가할 수 없을 정도로―유용했던 것은 프랭크 램지가 나의 생각에 대해서 내린 비판이었다. 그의 생애 마지막 2년 동안 나는 그와 함께 헤아릴 수 없을 정도로 많은 이야기를 나누었고, 나의 생각에 대해서도 논의했다."《철학탐구》〈머리글〉) 이 책의 처음에서 말했듯이 램지의 무덤은 비트겐슈타인과 같이 케임브리지 캐번디시 인근에 있다. 무어와 함께

케임브리지에서 F. 스키너(왼쪽, 당시 대학원생)와 함께 걷고 있는 비트겐슈타인(1935)

램지는 비트겐슈타인 후기의 사상 형성에 가장 영향을 준 영국인으로서 이 세 사람이 같은 묘지에 잠들어 있는 것은 매우 흥미롭다.

빈학파와 비트겐슈타인

비트겐슈타인은 케임브리지에 살아도 휴가 중에는 빈에서 지냈다. 그의 마음은 평생 동안 고향 빈을 떠나는 일 없이 뿌리서부터 빈 사람이었다. 따라서 그의 후기 사상도 빈의 환경과 뗄 수 없다. 빈으로 돌아가서도 그는 슐리크를 시작으로 빈학파 사람들과 접촉을 계속 이어나갔다. 그가 케임브리지에 있을 동안 빈학파는 기관지를 발행하고, 이제까지의 전통적인 철학에 도전했다. 그래서 '과학적 세계 파악'을 목적으로서 앞으로의 철학에 대해 전환을 호소하는 선언을 하고, 논리실증주의 운동을 전개했다. 그들이 이념으로 한 새로운 철학은 '분석과 비판을 통해, 개별 과학의 모든 성과를 철학 문제의 설정과 해결로 가져와야 하는 철학 방법'을 의미했다. 그들은 과학주의를 표방했지만, 잘 알려진 슬로건은 검증이론에 있었다. 이것은 《논고》의 '말할 수 있는' 영역에서 전개되고 있는 요소명제의 진위를 다루는 문제와 마찬가지로 《논고》가 그들에게 준 영향의 크기를 보이는 것이다. 그 의미에서 비트겐슈타인은 논리실증주의자와는 어느 면에 있어서는 같은 입장에 있었다고도 말할 수 있다. 물론 그

는 당파성을 싫어했지만, 이 운동에는 전혀 무관심하게 참가하는 것은 아니었다. 그의 빈학파와의 접촉은 슐리크 등 매우 소수자에 한정되어 있었다.

비트겐슈타인은 슐리크와 바이스만에 관해서 빈으로 돌아가는 중에 대화를 하고, 그것을 바이스만이 기록했다. 그 기록을 엮은 것이 《비트겐슈타인과 빈학파》(1967)라는 그의 유고이다. 그것은 1929년부터 1932년까지의 비트겐슈타인의 사고방식을 알고, 게다가 《논고》와 그의 후기 사상과의 연결을 아는 데 귀중한 기록이다. 비트겐슈타인은 슐리크를 높게 평가하여 그와의 만남을 지속하고, 이탈리아 여행을 함께 한 사이였다. 또 바이스만과의 공저 《논리·언어·철학》을 계획하고 몇 번이나 고쳐 썼지만, 비트겐슈타인의 성격으로 협동 저작은 매우 힘들어서 실현되지 못했다(1965년 《언어철학의 원리》로 바이스만 사후에 출판). 그러나 1936년에 슐리크는 어느 정신이상 학생에게 살해당한다. 그의 죽음은 비트겐슈타인에게 커다란 충격을 주었다. 그래서 이것으로 비트겐슈타인과 빈학파와의 관계는 끝난다.

독특한 스타일의 강의

케임브리지 대학에서의 비트겐슈타인의 강의는 독자적인 스타일로 정력적이었다. 강의는 트리니티 칼리지의 작은 교실이나 그의 연구실이나 동료 연구실에서 진행되었다. 그 모습을, 그의 강의를 들었던 학생이 다음과 같이 회상했다.

"연구실에는 15개에서 20개의 나무 의자와 무명으로 만든 의자가 난로를 향해 놓여 있고, 그 앞에는 검은 철제 무연탄 난로가 있었다. 오른쪽 창문 아래에는 초고가 놓인 책장이 있고, 벽난로 위에는 어둑한 전구가 있었다. 뒤에는 작은 책장이 있어서 두세 권 책이 꽂혀 있었다. 비트겐슈타인은 선 채 기다리고 있었고, 때때로 주머니에서 회중시계를 꺼내 들여다보았다. 회색 바지, 남방 셔츠에 스웨터, 골프용 재킷을 입고, 몸집이 작고 마른 사람이었다. 얼굴은 혈색이 좋고, 이목구비가 뚜렷하고, 머리는(1930년대에는) 갈색 곱슬머리였다."

"강의 방식은 처음에는 당혹스러웠다. 예(例)가 예(例) 위에 겹쳐져 있다. 때로는 예가 기발해서, 상상 속으로 야만족의 매우 기묘한 언어적 행동이나 다른 행동에 대해 생각하는 것을 요구한다. 때로는 주변의 사실을 예로 들어 일상적인 말로 구체적으로 상세하게 말한다. 들을수록 대부분 알기 쉽고, 보통은 누구나 논의하려고 생각하지 않던 문제였다. 강의를 들어서 매우 곤란했던 것은 몇 번이나 반복해서 듣긴 했으나 도대체 무엇을 이야기하고자 하는지 모르겠다는 것이었다."

"비트겐슈타인이 어떤 것을 하고 있는지를 알기 위해 두세 번 강의에 오는 방문자는 예를 들어 저명한 사람이라도 환영받지 못했다. 하지만 정말로 철학을 배우고자 하는 사람은 누구라도 환영받았다. 우리들은 열심히 노력해야만 했지만 그는 무서울 정도로 노력했다. 그는

휴얼의 뜰 비트겐슈타인이 살던 건물(맨 위층)

초고 없이 말했다. 모든 강의가 열심히 준비되었던 것이다. 그 대략적인 강의 방침을 계획하고 수많은 예를 생각했다. 하지만 강의에서 그는 전부 다시 생각했다. 학생들은 가끔 간단한 질문을 했지만, 그는 잠깐 기다리라고 말하고 몇 분이나 의자에 앉아 위로 향하고 있는 자신의 손바닥을 지그시 바라보았다. 혹은 어렵다고 본심을 말했다."

강의의 매력

비트겐슈타인의 강의에 관한 앞의 기록은 그의 강의에 나온 사람들에게 공통된 인상을 말해주고 있다. 이 강의를 들은 학생 중에서 비트겐슈타인의 사상 계몽에 노력한 많은 철학자와 비트겐슈타인 연구자가 길러졌지만, 그들도 강의를 듣는 동안 비트겐슈타인의 강의를 정말 이해했다고는 생각하지 않

는다.

예를 들면 《갈색책》 구술필기를 한 학생 중 한 사람이었던 앨리스 앰브로즈는 "1932~1935년간, 내가 케임브리지 학생이었을 때, 그의 사상이 얼마나 혁명적이었는지를 특히 《청색책》에 쓰인 것이 얼마나 혁명적이었는지를 우리들 중에는 누구도 알아차리지 못했다"고 말했듯이 비트겐슈타인의 사상의 진수를 이해하는 것은 학생들에게 매우 힘들었다. 또 그는 자신의 강의를 듣는 사람들이 알고 싶다고 물어도 확실한 대답을 주지 않았다.

그렇다면 학생들을 끌어당기는 것은 도대체 무엇일까. 그의 인품일까. 그것은 지금까지 이미 말했듯이 포용력이 있고, 고결하다고는 말하기 어렵다. 강의 중 그는 자신에 대해서도 매우 엄격했으며 학생들에게도 그것을 요구했다. 그는 학생들이 호기심에서 수강하는 것을 싫어하고 지각을 싫어했다. 그는 무서운 선생님이었다. 성질이 급하고 화를 잘 내며, 누군가가 그의 말에 찬성하지 않는 태도를 취하면 바로 반론을 요구하고, 반론을 하지 못하고 있으면 "난로와 논의하고 있는 거 같군"이라며 과격한 어조로 비난했다.

그는 극도로 정신을 집중하고 강의를 했다. 그동안 학생들도 마찬가지였다. 그는 자주 강의 중에 생각이 정리되지 않아 강의를 중단하고 침묵하는 일이 있었다. 수강자는 그때 긴장하고 그의 발언을 기다려야만 했다. 그때 그는 "나는 바보 같은 놈이야, 너희들은 형편없는 교사를 두고 있는 것이야. 오늘은 머리가 완전히 미쳤어"《루트비히 비트겐슈타인 회상록》 이하 《회상록》 등의 말을 했다. 이처럼 특이한 성격을 가진 교사의 인품에 학생들이 매력을 느꼈다고는 생각할 수 없다.

학생이었던 맬컴은 그의 매력에 대하여 다음과 같이 회상하였다.

"자주 침묵이 이어지고, 비트겐슈타인에게서 가끔 투덜거림이 들리는 것만으로 다른 사람들은 계속 침묵하고 그를 지켜보았다. 침묵하는 동안 비트겐슈타인은 극도로 긴장하는 가운데 생각했다. 그는 한곳을 응시하였고 그런 때의 그의 얼굴은 생기에 가득찼다. 양손은 사색을 하고 있는 동작이었으며 표정은 엄격했다. 아주 진지하게 몰두하고, 지력을 발휘하고 있는 것을 우리들은 느꼈다. 비트겐슈타인의 인격은 우리들을 완전히 압도했다. 반의 어느 누구도 어떤 점에서 그의 영향을 받지 않았다고는 생각할 수 없다. ……비트겐슈타인의 엄격함은 그의 진리에 대한 정열적인 사랑으로 맺어진다고 나는 생각한다. 그는 끊임없이 가장 심오한 철학의 문제와 씨름하고 있었다. 하나의 문제 해결은 다른 문제를 만들어냈다. 비트겐슈타인은 타협하지 않았다. 그는 완전히 이해하지 않으면 만족하지 않았다. 그는 자신을 진리로 내세웠다. 긴장 속에 그의 존재가 있었다. 강의를 듣고 있던 사람은 누구나 그가 지성 및 의사를 극도로 긴장하는 것을 느꼈다. 그것은 그의 성실함의 일면이었다. 첫 번째로 그는 교수로서도 또 개인적인 관계에 있어서도 두렵고 무서운 인간으로, 자신도 타인에게도 가차 없이 냉철하고 완벽한 사람이었다."《회상록》

이 맬컴의 회상이야말로 학생들을 비트겐슈타인의 강의에 끌어당기고, 인격에 끌리는 이유를 충분히 설명할 것이다. 비트겐슈타인의 강의 내용은 난해하고, 매우 특이한 개성을 가지고 있어 가까이 다가가기 어려운 사람임에도 불구하고 진리 탐구에 대한 그의 성실함이 사람들을 끌어당긴 것이다.

강의와 저술

특별 연구원으로서 그가 담당했던 세미나 제목은 1930~1933년 '언어·논리·수학'이었다. 여기에는 무어가 출석하고, 노트에 '비트겐슈타인의 강의 1930~1933'이라는 제목으로, 뒤에 〈마인드(Mind)〉지에 발표되었다. 그가 빈에서 케임브리지로 와서 바로 집필한 것이 《철학적 고찰》이었다. 그 초고를 끝내자 그는 《철학적 방법》 초고를 시작했다. 전자는 연구 지원금 신청의 심사 자료가 된 것으로 러셀은 트리티니 칼리지 평의회에 대해 "비트겐슈타인의 새로운 일을 포함한 모든 이론은 새롭고 원본 그 자체이며, 의문의 여지가 없이 중요하다. 그것들이 바른지 어떤지는 나도 모른다. 간결성을 좋아하는 이론학자로서 나는 그것들이 바르지 않다고 생각하고 싶다. 하지만 내가 읽은 바로는, 그가 그 이론들을 세울 기회를 가져야 한다고 확신한다. 그 이론들이 완성됐을 때 그것들이 새로운 철학 전체를 구성한다는 것은 쉽게 밝혀질 것이다"라고 보고하고 있다. 그는 이 책의 《논고》에서 전개한 몇 개의 이론을 철회했다. 예를 들면 그는 "요소명제의 개념은 이제 이전의 의미를 잃고 있다"고 말하고, 러셀의 이론적 원자론과 공통적인 요소명제의 개념에 신뢰를 두지 않게 되었으며, 그의 관심의 중심은 수리철학으로 수학상의 증명이나 수학적 귀납법 등

수학의 일반적인 문제를 다루고 있다. 러셀이 말했듯이 그의 문제의 관심은 러셀과는 다른 것에 향해져 있었다. 《철학적 문법》에 관해서도 마찬가지로 거기서는 《논고》에서 주장했던 이론을 철회(철회라고 말해도 완전하지 않다. 철학적 정신에 관해서는 기본적으로 동일하다)하고, 후기의 《철학탐구》에 이르는 사상이 이전의 《철학적 사고》와 합쳐져 준비되었다. 그는 이 저술들을 거의 완성했지만 출판은 하지 않았다.

게다가 1933~1934년 강의에는 《청색책》, 1934~1935년에는 《갈색책》으로 학생에게 구술필기를 시키고 있다. 이 책의 저술을 가지고 후기 비트겐슈타인의 사상이 시작되고 비트겐슈타인의 사색이 진전하는 데 따라 그것이 《철학탐구》(이하 《탐구》로 집약되어 가는 것에서 이 책은 《탐구》의 이해에 중요한 역할을 하고 있다. 그러나 이 시기에 그의 강의를 수강한 사람들을 들어보기로 하자. 앨리스 앰브로즈(《청색책》과 《갈색책》의 구술필기), 맥스 블랙, 리처드 베번 브레이스웨이트, 칼 브리튼, 모리스 콘포스, 모리스 드루리, 앤서니 그레일링, 로렌스 골드스타인(《청색책》의 구술필기, 다른 사람과 함께) 조지 에드워드 무어, 프란시스 스키너(《청색책》과 《갈색책》의 구술필기), 존 위즈덤 등으로 그들은 대개 철학자 혹은 비트겐슈타인 연구자로서 활약하고 있다.

러시아 이주 꿈과 의사 지망

그의 특별 연구원 자격은 1935년까지로 되어 있었다. 그는 이전부터 러시아 이주를 생각했었던 것 같다. 그것을 엥겔만에게 말하였다. 다시 러시아 이주를 결심하고 러시아어를 배우기 시작했다. 선생님은 파니아 파스칼 부인이었고, 그는 대학원생 F. 스키너와 함께 그녀에게 갔다. 그는 그림동화를 러시아 어로 번역하거나 푸시킨 시를 낭독하거나, 도스토옙스키의 《카라마조프가(家)의 형제들》을 읽을 수 있을 정도로 러시아어를 배웠다. 그는 러시아에 가서 케인스에게 상담하고, 영국 주재 소련대사관에 소개를 의뢰했다. 그는 그때 러시아에서 할 일을 찾고 있었고, 만약 일이 없다면 영국으로 돌아가 의사 자격을 따서 다시 러시아로 가서 의사로서 일하고 싶다고 말했다. 그는 케인스를 통해 대사관으로부터 초대장을 받았고, 우선 관광비자로 예비 검사를 겸해 러시아에 가게 되었다. 그는 런던의 대사관에 비자를 얻기 위해 갔다. 그때 그는 평상복 차림이 아니라 영국에 와서 처음으로 또 마지막으로 넥타이를 하고 갔다. 마이스키 대사는 그에게 러시아어로 말할 수 있을지 어떨지 물었다. 비트겐슈타인은 "할 수 있습니다. 시험해 주세요" 하고 대답했다. 그들이 말한 뒤에 마이스키는 "그다지 나쁘지 않군요" 하고 말했다. "러시아어는 가장 아름다운 울림을 가진 말 중 하나입니다" 하고 비트겐슈타인은 대답했다. 두 사람은 레닌에 대해 이야기를 나누었는데 비트겐슈타인은 다음과 같이 말했다.

"레닌이 철학에 대해 쓴 것은 물론 바보 같겠지만, 그래도 적어도 그는 중요한 것을 하려고 했습니다. 매우 특징이 있는 얼굴, 이것은 몽골계의 특징입니다. 러시아 사람들은 유물론을 표방하고 있지만, 그들은 레닌의 유체 보존을 지속시켜 그의 성묘에 고심하고 있는 것은 아닐까요. 이미 알고 있듯이 나는 근대 건축은 잘 모르지만, 크렘린의 묘는 잘 설계되어 있습니다."(러시 리스의 《루트비히 비트겐슈타인의 개인적 회상》에 수록되어 있는 드루리와 비트겐슈타인의 대화 기록)

비트겐슈타인은 모스크바 대학의 수학 교수 야노프스카 여사를 방문했다. 그래서 톨스토이가 예전에 배운 카잔 대학의 철학 부서 이야기가 있었던 것을 파스칼 부인에게 이야기했지만 그것은 실현되지 않았다.

'심리학의 철학' 강의

러시아 방문에서 돌아와 10월부터 특별 연구원으로서 마지막 학기를 맞이하여 그는 '심리학 철학'에 대해 강의를 했다. 수강 학생의 주된 멤버에는 리스, 폰 브리크트, 노먼 맬컴, 프란시스 스키너, 존 킹, 앨리스 앰브로즈, 모리스 오코너 드루리, 존 위즈덤 등이다. 강의는 '감각의 프라이버시'를 다루었고, 이것은 나중에 리스에 의하여 편집되었으며, '개인적 경험과 감각 여건에 관한 강의노트'를 제목으로 〈철학평론〉지에 발표되었다. 그것은 앞에서 말한 《갈색책》에서의 고찰의 속편이다. 그의 특별 연구원으로서의 자격이 한 해 연장되어, 강의는 1936년까지 계속되었다. 하지만 그 이상은 계속되지 않았고, 그 시점에서 그에게는 생활의 수입원도 끊기었다. 1936년 여름 휴가에는 학기도 끝나고, 그는 직업을 잃어 더블린에서 의사가 되기 위한 시험 준비를 했던 드루리를 방문했다. 그는 의학을 배우고자 결심하고, 그와 함께 정신과 의사로서 개업하려고 이야기를 했다. 그는 자신에게 그 재능이 있다고 생각했었던 것 같다. 드루리가 비트겐슈타인의 일을 자신의 담당 교수에게 말하자, 케임브리지 대학의 교수직을 그만두고 의학을 배우고자 한다는 말을 듣고 놀랐다고 한다. 결국 비트겐슈타인은 의사가 되는 것을 단념했다. 그는 빈에서 케임브리지로 와서 철학에 복귀하여 철학 작업 및 강의에 정력적으로 몰두했지만, 특별 연구원 임무가 끝나자 철학을 벗어나 러시아 이주나 의사가 되고자 했지만 이때도 그는 결국 철학으로 다시 돌아가게 되었다.

더블린 재임 뒤, 그는 케임브리지로 돌아가 그 뒤에 노르웨이의 스홀덴에 가서, 1914년 제1차 세계대전 전에 세운 작은 오두막집에 틀어박힌다. 그는 크리스마스를 빈에서, 신년을 케임브리지에서 보내는 것 이외에는 이 인적이 드문 임시 오두막집에서 외롭게 보내고, 후기 사상을 대표하는《탐구》집필에 전념한다.

과도기의 사상

과도기의 저작

어디서부터 어디까지를 과도기의 사상으로 할지는 매우 애매모호하고, 그 경계를 설정하는 것도 어렵다. 사상은 한 인간의 사색 전체에서 만들어진 것이고, 어느 인간의 사색도 연속적으로 어느 시점에서 명확하게 구분되어진 것은 아니다. 여기서 다루는 비트겐슈타인의 과도기의 사상은《논고》의 저술 이래 그가 철학적 활동에서 벗어나고, 그 뒤 다시 철학에 복귀한 시점을 우선 과도기 사상의 시작으로 한다. 즉《탐구》의 저술 활동 이전까지의 일이다. 그렇다고는 해도《탐구》와 그 이전에 쓴 저작과 그 내용에 있는 것을 구별하는 것은 어렵다. 그래서 일단 케임브리지로 가고 철학 활동을 다시 개시한 1929년부터 케임브리지의 특별 연구원을 그만두고 노르웨이에 틀어박히기까지의 저술을 과도기의 사색이라 해석하고, 여기서 그사이에 쓴 주된 저술을 우선 살펴보기로 하자. 이 시기에 쓴 것은 한 권도 비트겐슈타인의 생전에 출판되지 않았지만, 그의 사후 유고로서 현재까지 출판된 것은 다음과 같다.

《철학적 고찰》(1929~30), [1] 《비트겐슈타인과 빈학파》(1929~32), [2] 《비트겐슈타인의 강의 케임브리지, 1930~1932》, [3] 《비트겐슈타인의 강의 1930~1933》, [4] 《철학적 문법》(1932~34), [5] 《청색책》(1933~34), [6] 《갈색책》(1934~35), [7] 이 외에 논문으로 〈논리형식에 관한 약간의 고찰〉(1929), 〈윤리 강화(講話)〉(1929)가 있다.

《탐구》에 대한 첫발자국

비트겐슈타인이 케임브리지에서 철학에 복귀하여 처음으로 발표한 논문이 〈논리형식에 관한 약간의 고찰〉이었다. 그가 논문으로서 발표한 처음이자 마지막 글이었다. 그 자신은 이 논문을 평가하지 않았던 것 같지만, 《논고》완성 뒤 10년간 그의 사상을 아는 데 또 후기 사상에 대한 첫발자국을 내딛는 논문으로서 귀중한 것이다. 이 논문은 그가 《논고》에서 전개한 사건을 다시 말하는 것부터 시작된다. 즉 논리적 구문론에 따른 명제 분석의 필요성을 말하고, 명제를 그 이상으로 분석할 수 없는 단순명제(《논고》에서는 '요소명제', 일반적으로는 원자명제로서 해석되고 있다)의 진리 함수로서 정의하고, 이러한 단순명제를 발견하고, 그것들을 적절하게 표현하는 기호법 구성이 지식 이론의 일이라고 말하고, 《논고》의 사상을 다시 말하고 있다.

그러나 이러한 기호법 구성에 즈음하여 그는 "기술하고자 하는 현상을 잘 보고, 거기에 따라 그 현상의 논리적 다양성을 이해해야만 한다. ······즉 올바른 분석에 대한 도달은 선험적인 가능성을 추측하는 것에 의해서가 아니라, 어느 의미에서는 현상 자체의 선험적인 논리적 연구에 근거하여 비로소 가능하다"고 말하고, 그는 여기서 현상 기술의 필요성을 강조하고 있다. 《논고》에서는 현상의 기술은 자연과학자의 역할일 뿐, 논리학적 탐구의 일이라고 생각하

---

1) 리스 편집, 1964.
2) 비트겐슈타인이 슐리크와 바이스만을 상대로 했던 논의를 바이스만이 기록한 것. 바이스만의 유고를 맥기니스가 편집, 1967.
3) 존 킹과 데즈먼드 리의 노트를 리스가 편집, 1980.
4) 무어에 의한 비트겐슈타인의 강의 기록, 1959.
5) 리스 편집, 1969. 제1부 '글, 글의 의미', 제2부 '논리와 수학에 관해'.
6) 구술필기시킨 것, 리스 편집, 《청색책과 갈색책》을 제목으로 1958년 출판.
7) 구술필기시킨 것, 리스 편집, 《청색책》과 함께 출판.

지 않았다. 하지만 여기서는 논리학적 탐구에 있어서도 현상의 기술은 세계의 올바른 분석에는 빠질 수 없다는 점을 지적하고 있다. 이 후천적(경험적)인 것의 강조가 주목된다. 원자명제(요소명제)의 형식은 선험적으로는 예견할 수 없고, 현상 그 자체를 자주 보아야만 한다는 것, 그래서 원자명제는 반드시 서로 독립하지 않는다는 것을 주장하고 있다. 이것은 《논고》의 진리함수론과는 서로 맞지 않는 주장이다. 《논고》에서는 모든 명제가 원자명제의 진리함수이고, 모든 추론은 동어반복(tautology)이라고 주장하고 있다. 하지만 원자명제가 서로 독립하지 않는다는 주장은 《논고》의 진리함수론과 함께 모든 추론을 동어반복한다는 주장과는 맞지 않는다.

이 논문에 따르면 진리표를 구성하는 법칙은 완전한 표기법에 의한 구문론의 법칙에 의해 보충되어야만 한다. 이렇게 해서 여기서는 구문론이 중시되고, 이제까지의 동어반복만이 기본으로 진리함수론은 수정되고, 《논고》에서 주장한 논리적 원자론이 방치되었다. 즉 구문론을 전면에 둔 언어론이 전개되고, 이 논문은 그가 《논고》에서 《탐구》에 이르는 첫발자국을 내민 것을 나타낸 것으로, 바로 과도기의 논문이다.

명제의 체계와 기준·색채의 체계

구문론의 강조는 슐리크와의 대화《비트겐슈타인과 빈학파》에서 다음과 같이 이야기되고 있다. "나는 이전 '요소명제'에 대해 두 개의 표상을 가지고 있었다. 그중 하나는 올바르다고 생각되지만, 또 하나는 완전히 잘못되었다. ……나는 '요소명제'는 서로 독립해야만 한다는 표상을 가지고 있었다. ……잘못된 것은 논리정항의 구문론이 명제 상호의 내적 관계에 주목하는 일 없이 확립할 수 있다고 생각했던 것이다. 하지만 사태는 그렇게 되지 않는다. 예를 들면 나는 동일한 점이 붉고 동시에 푸르다고는 말할 수 없다. 이 경우 논리는 적용되지 않는다. 논리정항에 관한 규칙은 오히려 통합적인 구문론의 일부를 구성하는 데 지나지 않는다. 당시 나는 그 통합적인 구문론에 대해 아무것도 알지 못했다."

이상의 것을 알기 쉽게 하기 위해 '기준'과 '색채'의 문제를 꺼내보기로 하자. 기준을 실제로 예를 들면, 어느 대상을 기준으로 계산하고 그것이 10의 눈금에 닿는다는 것을 알 때 나는 물론 그 대상이 예를 들어 10미터라는 것을 알지만, 또 그것에 의해 나는 그 대상이 11미터나 12미터가 아니라는 것도 안다. 즉 기준을 어느 대상에 댄다는 것은 각각의 눈금을 그 대상에 대는 것이 아니라 눈금의 서열 전체를 대는 것이다. 이것은 《논고》에서 그가 주장한 하나의 '사태'의 존립부터 다른 '사태'의 존립을 추측할 수 없다는 생각이 잘못된 것이다. 즉 요소명제가 서로 독립한 것이어야만 한다는 《논고》의 주장이 잘못됐다는 것이다.

게다가 비트겐슈타인은 색채를 예로 들고 구문론 문제를 다루고 있다. 예를 들면 어느 색을 보고 내가 이 색은 파랗다고 말할 때, 나는 그것이 파랗다는 것을 알 뿐만 아니라 그것이 녹색도 빨강도 아니라는 것을 안다. 즉 나는 그때 동시에 모든 색채를 보는 것이다. 어느 색이든 적·황·청·녹의 네 원색의 조합으로 묘사된다. 원색에 맞추어진 역할은 기준의 눈금에 해당하는 역할과 비교가 된다. 단 색채에 관해서는 기준이 명확하지 않다. 색채에 관해 진술하는 명제는 세계의 존재처럼 선천적인 명제는 아니다. 하지만 경험적 명제라고는 단정할 수 없다. '이것은 빨강이고, 파랑이나 녹색은 아니다'라는 명제처럼 색채의 상호 배반을 나타내는 명제는 경험에 관한 명제는 아니다. 그렇다면 무엇인가 하는 물음에 대해 그는 구문론의 법칙이라고 답한다.

기호법과 일상 언어

비트겐슈타인은 이처럼 구문론을 강조하지만 그것은 그가 《논고》에서 주장한 러셀류의 기호법에 고집하지 않고, 일상 언어에 대해 관심이 있다는 것을 의미한다. "우리들은 본질적으로 단 하나의 언어를 가지고 있는 것뿐이고, 그것이 일상 언어라고 나는 생각한다. 우리들은 우선 새로운 언어를 고안하거나, 혹은 어느 기호법을 구성하거나 할 필요는 없다. 일상 언어에 따라오는 불명확함을 빼면 일상 언어는 바로 언어이다. 우리들의 언어는 기호화하고 있는 것을 명확하게 하면 완전히 질서를 가지고 있다"고 말한다. 그리고 그는 일상 언어가 본래적으로 완전한 질서를 가지고 있다는 것을 강조하고, 기호법이 가진 일의성(一義性)이 오히려 현실 사태를 명확하게 표현하는 데는 맞지 않는 이유를 다음과 같이 말하고 있다.

"만약 하나의 주어—주어 형식이라면 어느 명사도 형용사도 서로 바꿔놓아야만 한다. ……하지만 일상 언어가 나타내듯이 사실은 그렇지 않다. 겉보기에 나는 '이 의자는 갈색이다'나 '이 의자의 표면은 갈색이다'라고 말할 수 있다. 하지만 '갈색' 대신에 '무거운'을 넣으면 '이 의자는 무겁다'라고 말할 수 있지만, '이 의자의 표면은 무겁다'고는 말할 수 없다. 이것은 '갈색'이라는 말이 두 개의 다른 의미를 가지고 있는 것을 증명하고 있다. ……얼핏 보면 '오른쪽으로'에는, 예를 들면 '달다'라는 다른 형용사가, '오른쪽으로—왼쪽으로'에는 '달다—맵다'가 대응하고 있는 것처럼 보인다. ……그러나 '……는 ……의 오른쪽에 있다'고 말할 수 있지만, '……는 ……의 달다'고는 말할 수 없다. 때문에 '오른쪽에'와 '달다'의 구문론이 현실에는 다르다."

이처럼 비트겐슈타인은 '주어—술어 형식'이 일의적으로 결정되지 않고, 현실에는 무수한 '주어—술어 형식'이 있는 것을 지적한다. 이 지적에 의해 그는 구문론이 가진 역할을 강조하고, 일상 언어의 현실에서 사용에 대한 관심을 촉구한다. 이상의 의미에서 그는 《논고》에서 주장하고 있던 완전한 논리적 질서를 가진 기호법을 고집하는 것을 그만둔다. "현실을 묘사하기 위해 우선 '이상 언어'를 고안할 필요는 없다. 우리들의 일상 언어는 이미 각각의 말이 어떻게 표기되고 있는가를 알 수 있다면 논리적인 것이다. 구문론의 규칙을 체계에 가져오는 것이 문제이다"라고 말하고 있지만, 철학에 대한 복귀를 기회로 해서 비트겐슈타인의 관심은 일상 언어의 실제적인 용법으로 향해 있다.

1929년부터 1930년에 이르는 비트겐슈타인의 《논고》에 대한 견해는 주로 위에 적은 점에 변화는 보이지만, 《논고》에서 그가 주장한 대부분의 것은 여전히 유지되고 있다. 사상이론(寫像理論)(명제는 실재의 영상이고 따라서 실재와 형식을 공유하며, 사상(事象)과 마찬가지의 구조를 가진다는 주장), 검증이론(명제가 진짜 또는 가짜인지 어떤지의 판정은 실재와의 조합이 필요하다는 주장), 혹은 '보이는 것과 말하는 것과의 구별'이나 '명제 간의 내적 관계' 등에 관해 같은 입장을 유지하고 있다. 변한 점은 세계의 구성 요소였던 요소적 사상인 사태 및 그것을 표현하는 요소명제에 관해서이다. 따라서 이미 말했듯이 논리적 원자론의 생각을 방치한 점이 변한 것이다. 그것에 대해 구문론에 대한 관심이 강해졌다.

언어현상학

그는 이미 소개했듯이 과도기에 《철학적 고찰》(이하 《고찰》)을 썼지만, 거기서 주장되고 있는 것은 다른 과도기의 저술 내용과 겹쳐지고 있다. 하지만 거기서 그는 '언어의 현상학'에 대해 말하고 있다. 그는 이전에 '현상학적 언어'의 필요성을 생각했었지만, 《고찰》에서는 그 필요성을 인정하지 않는다. 그럼에도 불구하고 그의 철학적 활동은 언어의 현상에 향해져 있고, "비트겐슈타인만큼 언어현상학에 커다란 관심을 가지고, 커다란 감수성을 가진 철학자는 없었을 것이다"라는 것이다. 생애를 통해 비트겐슈타인의 철학에 대한 관심은 '언어의 본질'이 무언가에 향해져 있지만, 그는 《고찰》에서 언어의 본질을 언어의 현상이라는 관점으로 몰두하고 있다.

"우리들의 언어에 있어서 본질적인 것을 비본질적인 것으로 나누는 것, 이것이 가능한 것이고 필요한 전부이다"라고 말하고, 비트겐슈타인은 언어현상의 본질을 탐구하는 언어현상학에 깊은 관심을 보이고 있다. "현상학에서는 항상 가능성, 즉 의미가 문제이고 진위 문제가 아니다."《비트겐슈타인과 빈학파》 그는 진위 문제에 관심을 보인 것이 아니라 언어현상의 본질을 탐구하는 데 있어서 우리들이 직접적으로 체험하는 사항에 관해 모든 사실을 기술하는 문법에 관심을 보이고 있다. 언어현상학은 우리들이 직접적으로 경험하는 사항의 가능성 및 그것을 기술하는 문법이다. 그는 우리들의 직접적 경험을 기술하는 그 문법을 탐구하였다. 직접적 경험이란 우리들의 감각에 직접적으로 주어진 것이고, '어떠한 모순도 가지고 있지 않고 모든 논의와 반론을 넘고 있는 것'《고찰》 74), '가설에 따르지 않는 묘사'《고찰》 226)이고, 그 자체로는 진짜도 가짜도 아닌 것이다. 기호는 이러한 직접적 경험에 관계하는 것이다. 따라서 색채의 지각이라는 것은 파장 등에 근거하여 가설적으로 설명하는 것이 아니라 직접적으로 주어진 색채를 색채의 체계에 근거하여 설명하는 것을 노리고 있다. 이것에서 비트겐슈타인이 의도하고 있는 직접적 체험의 기술은 사상 그 자체의 기술이 아니라 직접적 경험의 표현을 가능하게 하고 있는 것에, 즉 사실을 표현하는 문법을 탐구하는 것에 향해져 있다고 말할 수 있다.

《철학적 문법》

비트겐슈타인은《고찰》에 있어서 "왜 철학은 매우 복잡하게 뒤얽혀 있는 것일까. 철학은 단순해야만 한다. ……철학이 복잡하게 뒤얽히는 것은 그 소재에 있는 것이 아니라 우리들의 지성이 얽혀버렸기 때문이다"라고 말하고 있다. 그러한 지성의 뒤얽힘을 푸는 것이 비트겐슈타인의 후기 철학의 과제였다.《고찰》에 있어서 이러한 지성의 뒤얽힘을 푸는 것으로서 '전망이 보인 서술'의 필요성을 설명하고 있다. 그의 일은 이미 말했듯이 일상 언어의 분석에 있지만 그에게 있어 철학은 일상 언어의 전망에 빠져 있다. 따라서 철학은 '문법의 관리인'으로서 일상 언어에 전망을 주어야만 한다는 과제를 추구하게 되었다. 그는《고찰》의 완성을 단념하고,《철학적 문법》을 집필하게 되었지만, 그것은 일상 언어에 전망을 준다는 그의 과제에 답하기 위해서였다.《철학적 문법》은 언어에 전망을 주기 위한 언어의 문법적 고찰로 짜인 책이다. 여기에서의 문법적 고찰은《철학탐구》에 여러 가지의 의미로 연결되어 있다. 비트겐슈타인이 주장하는 이 문법적 고찰에 대해서는 다음 장에서 다루기로 한다.

IV. 후기의 사상
만년의 삶과 사상

산속 오두막에서 영국으로

비트겐슈타인의 고백

비트겐슈타인은 노르웨이의 산속 오두막에 틀어박혀서 집필에 전념했다. 그것은 후기 비트겐슈타인의 사상으로서 알려진 《철학탐구》의 집필이었다(여기서 그는 《탐구》의 1절에서 188절까지 쓴다). 1936년 여름부터 1937년 11월 케임브리지로 돌아가기까지 고독 속에서, 바깥 세계와의 접촉은 친한 친구와의 편지 이외에는 아무것도 없이 집필에 전념했다. 일에 대한 그의 집념은 대단했고 집필도 순조로웠다. 그러나 평생 따라다니는 근심과 걱정으로 여전히 괴로워했다.

비트겐슈타인은 무어에게 "나의 마음에 모든 일이 일어나고 있다. 지금 그것에 대해 쓰는 것은 아니다. 신년에 며칠 케임브리지에 갈 예정이다. 그때 나는 매우 곤란하고 심각한 일에 대해 당신의 조언을 듣고 싶다"는 내용의 편지를 쓰고 있다. 그는 그 뒤 케임브리지를 방문했을 때 무어와 파스칼 부인을 찾아 고백하였다. 그 고백이 그가 말하던 '곤란함과 심각한 문제'였다. 그것은 도대체 어떤 문제였을까. 파스칼 부인은 그것을 다음과 같이 쓰고 있다.

"그는 어느 날 아침 나를 찾아와 나에게 만날 수 있을지 어떨지를 물었다. (아이 몸 상태가 좋지 않아서) 나는 긴급한 일인지 물었다. 그는 단연코 긴급을 요하는 것으로 기다릴 수 없다고 말해서 나는 초조해졌다." 그는 고무를 입힌 코트의 버튼을 채운 채 등을 바로 하고, 험악한 표정을 하고 의자에 앉았다. 그리고 자신은 고백하러 왔다고 말했다. 무어에게도 같은 고백을 하고 왔다고 파스칼 부인에게 말했다. 그 내용은 다음과 같다.

"나는 그가 두 개의 죄에 대해 말한 것을 기억한다. 첫 번째로는 그가 유대의 혈통이라는 것이고, 두 번째는 그가 오스트리아 마을 학교에서 교사를 했던 때에 저지른 잘못이었다."

그의 내면에 머무르고 있는 양심의 가책은 그를 계속 괴롭혔다. 그는 이 고백을 친구 엥겔만에게 편지로 썼지만 그 내용에 관해서는 공개되지 않는다. 엥겔만이 비트겐슈타인에게 보낸 편지로 짐작하면 비트겐슈타인은 자신을 여러 결함을 가진 인간으로서 책망했던 것을 알 수 있다. 엥겔만이 "당신은 내가 만난 사람 중에서 정신적으로 가장 뛰어난 사람이고, 게다가 내가 개인적으로 알던 사람들 중에서 당신만큼 영혼의 순수함을 구하려 노력을 한 사람과 만난 적이 없다"(1937년 6월 4일)고 적었듯이, 비트겐슈타인의 고백은 그의 내면에 있던 영혼의 순수성에 사로잡힌 것이고, 그가 정신적인 삶을 구하려고 어떻게 노력했는지를 보여주는 것이다. 노르웨이에서의 집필은 이러한 그의 내면을 사로잡고 있던 고뇌와의 갈등 속에서 이루어졌다. 그의 사색은 고뇌 속에서 이루어졌는데, 그것은 어쩌면 커다란 사색의 힘든 진통이고, 그 커다란 정신적 고뇌는 그의 사상의 위대함과 그 깊이를 보이고 있는 것 같다. 우선 이 '고백'에 대해서는 마지막 장에서 다루고, 그의 내면의 고뇌를 더듬어보자.

영국으로의 귀화와 히틀러

독일에서는 나치가 대두하고, 1938년 2월에는 히틀러가 완전히 독재권을 장악하여 결국 오스트리아도 독일에 합병되었다. 나치에 의한 오스트리아 합병에 의해 그의 국적은 필연적으로 독일이 되었다. 그때 케인스의 추천으로 그는 영국에 국적을 신청해서 영국으로 귀화하게 된다.

그러나 비트겐슈타인은 히틀러에게 증오감을 가지고 있었던 것 같지는 않다. 당시 친하던 드루리에 의하면, 드루리 등 영국인이 나치에 대해 가지고 있던 증오감이나 공포감은 보이지 않는다. 예를 들면 나치가 독일을 장악하고 있던 것에 대해 "한 나라의 정치가 갱들에 의해 이루어지고 있는 것이 어떠한 의미인지를 생각해 보게. 암흑시대로 다시 되돌아가고 있다. 하지만 사람들이 마녀처럼 산 채로 화형에 처해지는 공포를 보면서 자네와 내가 살게 되어도 나는 놀라지 않는다"고 대답하였다. 또 히틀러가 오스트리아에 침입했다는 뉴스

스홀덴의 피오르 풍경

에 대해 "그것은 우스꽝스러운 소문이다. 히틀러는 오스트리아를 바라지 않는다. 오스트리아는 그에게 어떤 도움도 되지 않을 것이다"라고 말했다. 드루리가 다음 날 신문을 가져와 정말 오스트리아를 합병했다고 이야기를 해도 동요하는 것 같지 않았다. 드루리가 누나들이 위험한 것은 아닌지 물으면 "누나들은 잘 보이고 있으므로, 누구도 건드리지는 않을 거야"라고 말한다. 그는 히틀러가 한 일을 싫어했지만, 나치의 패배가 결정적이 되었을 때 영국인이 모두 기뻐하고 있을 때에도 "히틀러 같은 남자가 왜 곤경에 처한 것일까" 하고 오히려 히틀러를 동정했다.

같은 일이 맬컴의 《회상록》에 쓰여 있다. 두 사람이 산보하고 있을 때 히틀러 암살 계획을 영국 정부가 선동한다며 독일 정부가 비난하고 있다는 신문 뉴스 속보에 대해 이것은 사실이 아니더라도 놀랍지 않다고 비트겐슈타인은 말했다. 그에 대해 맬컴은 영국 정부는 야만인이 아니므로 그런 비열한 짓은 하지 않고, 또 그러한 계획은 영국 국민성에도 반한다고 대답했다. 비트겐슈타인은 맬컴의 발언에 매우 화를 내며 "자네가 받은 철학적 훈련에서 자네는 아무것도 배우지 못했다"고 말하고, 그때 이후 맬컴과 산보를 하지 않았다. 이렇게 두 사람이 전하는 히틀러에 관한 에피소드를 어떻게 이해해야 할 것인가. "이미 전쟁 체험이 있는 비트겐슈타인이 유대인으로서 자신과 자신의 친척들에게 위해를 가할지도 모르는 독일에 대해서조차 영국을 시작으로 하는 연합국에 대한 것과 '같은' 공평한 태도로 임했다는 것, 가장 정확하게는 국가 간의 대립을 넘어 인간의 의무라는 관점에서만 전쟁 외의 시세를 본 것은 가치가 있다"(케니《비트겐슈타인》)고도 이해할 수 있다.

케임브리지 대학 교수로

비트겐슈타인은 영국 국적을 케인스의 추천으로 신청했다. 이때 그의 심정은 '가짜 영국인'이 되고 싶지 않고, 영국 국민으로서 살기 위해 영국에서 일을 해야 하니 케임브리지에 적을 두고 싶다는 뜻을 담아 케인스에게 보낸 편지를 보면 알 수 있다. 이 비트겐슈타인의 희망은 케인스의 노력으로 이루어졌다.

1939년 무어의 퇴직에 즈음하여 그 후임으로 트리니티 칼리지 교수로 추천을 받아 그 지위에 올랐다. 케인스로부터 교수 취임 결정 소식을 전보로 받고, 그는 "감사합니다. 당신에게 정말 감사드립니다. 나는 당신이 잘못을 저지르지 않았음을 진심으로 믿습니다. 당신이 잘못을 저지르지 않았다는 것을 증명하는 것이 나의 임무라는 것을 알고 있습니다. 나는 교수로서 그 이름에 부끄럽지 않도록 노력할 생각입니다"라는 감사의 마음을 표하고, 자신에게 주어진 일에 전념할 것을 맹세하고 있다. 그의 정식 교수 취임은 10월부터였다. 9월 1일에 제2차 세계대전이 발발했다. 케임브리지에서의 그의 강의는《탐구》에서 시작했다. 이《탐구》는 이미 전에 손을 몇 번이나 댔고, 그 뒤에도 퇴고에 노력했다. 그래서 그는 전쟁이 한창인데도 철학 연구에 몰두하고《고찰》,《수학의 기초》등의 초고를 계속 썼다.

병원에서의 전쟁 협력

비트겐슈타인에게 있어 전쟁에 대한 협력은 국민으로서는 해야만 하는 당연한 의무였다. 제1차 세계대전 때에 지원했던 것과 마찬가지로 전시 협력을 스스로 지원했다. 1941년 11월부터 1944년 봄까지 맨 처음은 런던 가이즈 병원에서, 또 뉴캐슬에 있는 로열 빅토리아 진료소의 임상의학연구소에서 일했다. 가이즈 병원에서는 피부병 약을 만드는 조수로서 일했다. 그동안 그는 사적으로 대학에서 토요일 오후나 경우에 따라서는 일요일 오전 중에 세미나를 열

런던의 가이즈 병원

고, '수학의 기초'를 논했다. 또 가이즈 병원에서는 그랜트 박사와 알게 되었는데, 그는 그랜트 박사의 상처 쇼크 치료법에 흥미를 가졌다. 그런 관계에서 그랜트 박사가 뉴캐슬의 로열 빅토리아 진료소의 연구소로 이동하자, 그도 거기서 실험 조수로서 일했다. 그랜트는 그때 비트겐슈타인에 대해 다음과 같이 말하고 있다.

"그는 예리하고 비판적인 정신을 가지고 있어서 의학과 생리학 문제에 관한 논의에서는 가장 유용하고, 자극이 되는 동료였다. 그는 인간의 혈압과 호흡의 변동 관계를 관찰하고, 그 실험을 하고, 그 장치를 고안했다."

하지만 뉴캐슬은 런던에서도 케임브리지에서도 떨어져 있어서 가이즈 병원에 있던 때처럼 철학 연구에 종사할 수 없었다. 그때의 모습을 맬컴에게 보낸 편지에 쓰고 있다.

"철학이야말로 정말 나에게 만족을 줄 수 있는 유일한 일인데도, 외적 및 내적 이유로 철학을 할 수 없다. 철학 이외의 어떤 일도 나를 기운나게 하지 않는다. 나는 매우 바빠 마음에 철학이 들어올 여유도 없다. 하루가 끝나면 피곤해서 슬퍼질 뿐이다. 아마 오늘보다도 나은 시대가 올 것이라 생각한다. 나는 케임브리지에 거의 가지 않는다. 대학 연구실은 비워 주었다. 물론 전쟁이 끝나면 교수로서 돌아가게 되지만, 아무래도 교수로서 일을 할 수 있을지 상상이 되지 않는다."

가이즈 병원과 뉴캐슬 연구소에서의 비트겐슈타인의 일을 다음과 같이 동료들이 적고 있다.

"가이즈 병원에서 나는 저녁을 비트겐슈타인과 자주 먹었다. 처음에는 그를 조금 까다롭다고 생각했다. 그는 항상 긴장하고, 비판적이고, 다른 사람이 부정확한 표현을 하는 것을 인정하지 않았다. 나는 세세한 것은 기억하지 못하지만, 사람들은 그에게서 사소한 발언을 하기 전에 두 번 생각하는 것을 배웠다. 그는 어떤 화제라도 관심을 보였다. 그리고 가이즈 병원에서는 나의 동료로, 내가 뉴캐슬에 외상성 쇼크 치료법 연구를 위해 옮겼을 때에는 나와 함께 실험실 기사로서 일했다. 그는 뛰어난 솜씨를 가지고 있었으며 일에 몰두했다. 어느 때에는 기맥을 관찰하고, 맥박 수 등을 기록했다. 그는 바로 맥박을 기록하는 방법을 고안했다. 그것은 지금까지의 측정법과는 다른 독창적인 방법이고 실제로 많은 도움을 주었다. 하지만 그는 항상 자신의 철학 문제로 돌아가곤 했는데, 순조롭게 진행되지 않는 것을 초조해하였던 것 같다. 저녁에 그는 자주 나와 뉴캐슬에서 산보했다. ……그는 어느 때 나에게 그가 산보하는 것은 휴식의 훈련이나 멋진 전원 풍경이나 작은 새나 들판의 꽃을 보기 위함이 아니라, 그의 아이디어를 서로 이야기하는 기회를 갖기 위함이라고 말한 적이 있었다. 하지만 그는 들어주는 것만이 아니라 그 논의에 참가하는 것을 요구했다. 자세한 것은 잊어버렸지만, 나는 그 산보가 매우 힘들고 지치게 했다는 것을 기억하고 있다."

이 에피소드에서 알 수 있듯이 그의 마음은 완전히 철학을 향해 있고, 그는 자신의 사색 아이디어를 주머니 일기장에 엮어 쓴다. 그는 영국 국민으로서 해야만 하는 의무를 수행하고자 노력했지만, 또 자신의 본업인 철학에 정열을 다하고, 《탐구》 완성에 힘을 기울였다. 이 모습은 제1차 세계대전 중 《논고》 집필을 생각나게 한다.

연구와 저술의 재개

1944년 봄, 비트겐슈타인은 케임브리지로 돌아왔다. 2년 반 동안, 그는 전시 협력으로 허비했다. 이동안 대학에서 사적으로 세미나를 열거나 일기장에 사색을 쓰거나 해서 철학 문제에 몰두했지만, 그래도 철학 연구에 전념할 수는 없었다. 케임브리지로 돌아오자 그는 철학 활동에 정력적으로 몰두하고, 그때까지의《탐구》저술 외로 새롭게 수학 기초의 문제에 관심을 가지고 그 고찰도 깊어졌다.

그는 '수학의 기초'에 관한 지금까지의 원고를 일부 정리하면서《탐구》의 완성에 힘을 다했다. 후기 비트겐슈타인의 사상인《탐구》는 실제로 오랜 기간 집필을 했기 때문에 어디에서 그 기원을 찾을지는 일의적(一義的)으로 정할 수 없다. 출판은 사후 1953년의 일이다. 거기에 게재되어 있는 것은 1930년대 전반으로까지 돌아가고, 여러 초고도 복잡한 것이다. 하지만 그 집필은 1936년 가을부터 46년 봄까지 10년간 일부가 이루어지고, 2부는 1949년에 완성되었다. 단 그는《탐구》초고에 손을 댔다. 그가 몇 번인가 이 책의 출판을 기획하면서도 생전에 실현되지 않았던 것은 그의 만족할 수 없는 철학탐구심에 의해 여러 새로운 철학적 아이디어가 샘솟고, 그 아이디어들을 그는 항상 이전 초고에 넣었기 때문이다. 또 하나 그가 퇴고를 하면서 초고를 완성하지 않았던 이유는 그의 심리학에 대한 새로운 관심이었다고 추정된다.

수학에서 심리학 연구로

비트겐슈타인은 1945년부터《심리학의 철학에 관한 고찰》을 집필하기 시작했다. 그래서 세미나도 '심리학의 철학'이라는 제목으로 하고, 그의 관심은 심리학에 있었다. 그에게 있어 수학의 철학과 심리학의 철학은 전혀 다른 문제가 아니라 근본에 있어서는 동일한 문제였다.

그가 무어에게 보낸 편지에 그의 심리학 연구의 동기가 쓰여 있다.

"어제 당신이 발표한 논문을 보고 얼마나 기뻤는지 모릅니다. 가장 중요한 점은 '이 방에 불이 있지만 나는 그것이 있다고는 믿지 않는다'라는 언명(言明)의 배리(背理)가 있던 것처럼 생각됩니다. 나는 당신이 말한 심리학적 이유로 배리라 부르는 것은 잘못된 것인지 매우 헷갈립니다(만약 내가 누군가에게 '옆방

G.E. 무어(1873~1958)
영국의 철학자. 러셀, 비트겐슈타인과 함께 케임브리지학파를 대표한다.

에 불이 있습니까' 하고 묻고, 그래서 그가 '있다고 생각합니다'라고 대답한다면 나는 '관계가 없습니다. 나는 불에 대해 물은 것이지 당신의 마음 상태에 대해 질문한 것이 아닙니다'라고는 말할 수 없다). 하지만 내가 말하고자 하는 것은 이것입니다. 실제로 모순과 닮은 것이 배리라고 지적하는 것은 실제로는 그렇지 않지만, 매우 중요해서 당신의 논문이 출판되기를 희망합니다. ……그래서 이것은 논리가 논리학자가 생각할 정도로 단순하지 않다는 것을 나타냅니다. 특히 모순은 사람들이 생각하고 있는 정도로 특이한 것이 아닙니다. 그것은 논리적으로만 인정될 수 없는 형식이 아닙니다. 그것은 사정에 따라서는 인정될 수도 있습니다. 이것을 나타내는 것이 당신 논문의 주된 장점이라 생각됩니다. 한마디로 말하자면 당신을 발견해서 그것을 출판해야겠다고 생각했습니다."(1944년 10월)

비트겐슈타인은 심리학에 대한 관심을 원래 청년 시절부터 가지고 있었고, 그가 맨체스터 대학에 들어갔을 무렵부터 심리학 실험에 관심을 보였다. 따라서 이 무어의 발표가 자극이 되고, 그 이후 심리학 연구에 몰두하게 된 것은 아니다. 하지만 무어의 발표가 본격적으로 심리학의 철학에 몰두할 기회가 되어준 것은 부정할 수 없다.

교수 사임

그의 케임브리지 대학에서의 생활은 매우 바빴다. 그는 강의에, 사적인 연구회에, 그리고 매일 열리는 도덕과학 클럽 모임 등에 출석하고, 자신의 철학 연구 및 그 집필 등으로 심신이 모두 피로했다. 어떤 일에 관해서도 열중하고, 몰두하고, 의무감을 가진 성격 때문에 그에게 대학 교수 일은 힘든 것이었다고 생각된다. 그는 심신의 피로에 대해 맬컴에게 편지로 쓰고 있다.

"나의 정신은 매우 혼란하다. 나는 교수 이외에는 오랜 시간 일다운 일을 하고 있지 않다. 앞 학기는 좋았지만, 지금 나의 두뇌는 불난 집처럼 주위 벽만이 까맣게 남아 있다. 내일 강의이다!"

이 편지에서 그는 당시 자신이 놓인 입장과 심경을 솔직하게 말하고 있다. 그래서 그의 피로감은 높아가고, 이듬해에는 사직할 생각이었다.

"최근 나의 정신은 너무나 혼란스럽다. 가을에 교수직을 그만두는 것은 거의 확실하다. ……지금은 어딘가에서 혼자 있고 싶다. 그래서 적어도 내 책 일부를 출판하고 싶다. 케임브리지에서 가르치는 동안은 출판하는 것은 불가능할 것

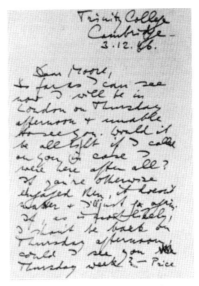

비트겐슈타인이 무어에게 보내는 편지

이다. 또 나는 집필하는 것 이외에 누구와도 이야기하지 않아도 좋고, 혼자 생각할 시간이 너무 필요하다. 하지만 내 계획에 대해서 아직 대학 당국에는 말하지 않았다. 10월이 되어 확실히 결심할 때까지는 이야기하지 않을 생각이다."

3개월 뒤 그는 사직을 결심했다. "오스트리아에서 돌아오자 바로 부학장에게 사직서를 제출했다. 즉 나는 12월 30일 오후 12시부터 교수가 아니다. 어떻게 되더라도(나의 장래 예측은 전혀 아니다) 당연한 일을 하는 것뿐이라는 느낌이다. 약 3주간 아일랜드에 가볼 작정이다. ……2, 3년간 쓴 것을 구술시키고 있어서 최근에도 매우 바쁘다. 그것은 정말 성과가 나쁘지만, 휴대할 수 있도록하고 싶다. 무어와는 일주일에 한 번 만난다. 이전보다도 그와 함께 있는 것이 즐겁다. 어떻게 보면 우리들은 서로 잘 이해하게 된 것 같다."

비트겐슈타인이 10월에 부학장에게 사표를 제출하자, 부학장은 이를 만류했지만 그의 결의는 확고했다. 단 그에게는 한 학기 동안 유급 휴가를 가질 자격이 있었다. 그래서 그는 한 학기를 쉬게 되었다. 하지만 결국은 그의 사표가 수리되었고, 맬컴에게 보낸 편지처럼 12월 31일 바라던 대로 교수직을 물러나 철학 연구와 저술에 전념할 수 있게 되었다.

아일랜드에서의 생활과 마지막 삶

고독한 해변에서

비트겐슈타인은 맬컴에게 편지를 보내고 바로 아일랜드로 갔다. 거기에서 또 맬컴에게 편지를 썼다.

"오늘 나는 더블린에서 버스로 두 시간 반에서 세 시간 정도 이동하여 작은 게스트하우스에 있다."

그는 거기서 머무르면서 혼자 집필에 전념했다. 그때까지 억제당하고 있다고 생각해도 할 수 없었던 일에 대한 의욕이 얼마나 격렬했을지 상상하기 어렵지 않다. 하지만 이듬해 2월 편지에는 "나는 현재 몸 상태가 매우 좋고, 게다가 일도 나쁘지 않다. 나는 때때로 신경이 불안정한 기묘한 상태에 빠진다. 그것이 계속되는 동안 진절머리 나는 것 이외에는 없다. 운을 하늘에 맡긴다. ……여기는 누구도 말할 상대가 없다. 이것은 좋은 것이기도 하고 나쁜 것이기도 하다. 때때로 정말 말을 주고받을 수 있는 사람이 있으면 좋겠지만 말을 할 필요는 없다. 때때로 웃을 수 있는 사람이 있으면 좋겠지만"이라고 썼다. 여기에는 일에 전념하고 있는 상태와 고독에 빠져가는 모습이 그려져 있다. 그래서 그로부터 1개월 뒤 "나의 일은 너무 느려서 힘들지만, 어떻게든 진행시키고 있다. 더 일할 수 있는 능력이 있고 금세 지치지 않는다면 좋겠다. 하지만 나의 상태를 받아줄 상대가 없다"라는 편지를 맬컴에게 보낸다.

그리고 6주 뒤 아일랜드에서 온 편지에는 "이 편지는 주소 변경 통보를 위한 것이다. 최근 몸이 좋지 않아 마음도 정신도 좋지 않다. 몇 주간이나 매우 우울한 상태가 계속되고 병이 생겨 현재도 좋지 않고 공허한 상태이다. 5, 6주간은 아무 일도 하지 않았다. 지금 서해안 바다에 접한 오두막집에서 혼자 문명에서 벗어나 살고 있다"라는 내용이 적혀 있다. 그리고 6월에는 조금씩 회복되어가는 모습이 적혀 있고, 그의 매일 생활 모습이 적혀 있다.

"이 주변은 꽤 황량하다. 나는 여기서 산보를 즐기고 있다. 그렇게 길게는 산보하지 않지만. 색색의 바닷새들을 보는 것은 좋아한다. 단 한 번밖에 보지 못했지만 바다표범도 보았다. 매일 우유를 가져다주는 사람 이외에는 아무도 볼 수 없다. ……일이 잘 되지 않는다. 단 조금씩은 진행이 된다. ……만약 나의 철

빙클러 호텔 비트겐슈타인은 이곳에 머물렀다.

학 능력이 다한다면 운이 나쁠 뿐, 그것뿐이다."

그는 거기서 8월까지 머물렀다. 그리고 빈에서 두어 주간 보내고, 케임브리지에서 10월에 2주쯤 원고 구술을 했으며, 더블린에 있는 친구 드루리를 방문했다. "여기에 오면 놀랍게도 다시 일을 할 수 있게 된다. 나의 뇌에 태양이 비추는 사이에 마른풀을 만들기를 바라고, 따뜻하고 조용한 방에 머무르고 싶다"는 편지를 맬컴에게 썼다.

더블린에서의 에피소드

비트겐슈타인이 머무른 호텔은 피닉스 공원과 로열 동물원 바로 근처에 있었다. 드루리의 조치로 동물원에도 자유롭게 출입할 수 있었다. 그는 거기서 식사를 했다. 그는 그것을 마음에 들어 했다. 호텔 데스크의 젊은 여성이 그에게 매우 친절해서 그는 그 여성을 식사에 한 번 초대한 일이 있었는데, 그것은 호텔 종업원들에게 화제를 불러일으켰다. 또 다음과 같은 에피소드가 있다. 비트겐슈타인은 더블린 거리에 있는 커피숍에 점심 식사를 하기 위해 자주 들렀다. 그래서 그는 오믈렛과 커피 한 잔을 항상 주문했다. 그가 마음에 든 것은 웨이트리스와 잘 알게 된 뒤로는 주문을 따로 하지 않아도 그녀가 오믈렛과 커피를 그에게 가져다주는 것이었다. "멋진 가게야. 이렇게 된 것은 매우 좋은 관리가 이루어진 결과야"라고 그는 말했다.

여기서 그의 일은 잘 되어갔다. 어느 때는 점심도 잊고 일에 열중했다. 그 모습을 드루리는 다음과 같이 소개하고 있다. 점심을 함께 하려고 그가 비트겐슈타인을 찾아가면 비트겐슈타인은 "이 일이 끝날 때까지 잠깐 기다려줘"라고 말하고, 그때부터는 한마디도 안 하고 두 시간이나 일을 계속했다. 일을 끝냈을 때에는 점심 시간이 너무 지나서 점심 약속을 잊어버리곤 했다.

드루리와의 대화

그들은 자주 피닉스 공원을 산보했다. 산보하면서 여러 화제를 이야기했다. 그때 철학자들에 대한 대화를 들어보자.

비트겐슈타인(이하 **비**라고 한다) "버클리와 칸트는 매우 깊은 사상가라고 생각하네."

드루리(이하 **드**라고 한다) "헤겔은 어떨까요?"

비 "나는 헤겔과 맞는다고는 생각하지 않네. 헤겔은 달라서 볼 수 있는 것이 정말은 같은 것이라고 항상 말하려고 했던 것 같아. 거기에 대해 나의 관심은 마찬가지로 볼 수 있는 것이 정말은 다르다는 것에 있지. 나는 내 책의 표어를 《리어왕》의 '나는 너희들에게 여러 가지로 서로 다른 것을 가르쳐주겠다'라는 인용구를 사용하려고 생각했던 때가 있었어. ……'당신은 놀랄 것'이라는 표어로서 나쁘지 않지."

드 "일시적으로 저는 키르케고르를 읽으면 매우 혼란스러워서 잘 수가 없었습니다."

비 "자네는 키르케고르를 읽어서는 안 될지도 몰라. 나는 지금은 그를 읽을 수 없어. 키르케고르는 매우 오랫동안 반복해서 같은 것을 말해서 '알겠다. 당신의 견해에 동의한다'고 말하고 싶네."

드 "칸트의 기본적인 생각을 그가 중년이 될 때까지 생각하지 못했다는 것에 놀랐습니다."

비 "나의 기본적인 생각은 어릴 때부터 쭉 같아."

드 "쇼펜하우어는요?"

비 "아니. 나는 쇼펜하우어가 자신의 철학으로부터 무엇을 얻었는지를 정말 명료하게 이해할 수 있다고 생각하네.―하지만 쇼펜하우어를 읽으면 매우 쉽게 알 수 있게 된다고 생각하지. 그에게 있어서 깊이란, 칸트나 버클리가 깊

더블린의 피닉스 공원 비트겐슈타인은 드루리와 함께 산책하면서 철학을 논하고, 다양한 화제를 떠올려 이야기했다.

다는 의미에서의 깊이는 아닐세."

드 "플라톤의 《파르메니데스》를 읽으려고 노력했지만 도무지 알 수가 없습니다."

비 "그 대화편은 플라톤의 저작으로 가장 심오한 것이라고 생각해."

드 "아리스토텔레스 책을 읽으셨나요?"

비 "여기에 아리스토텔레스의 한마디도 읽은 적이 없는 예전 철학 교수가 있다!"

다음으로 비트겐슈타인 자신의 저작에 대해서 그의 의견을 골라보자.

비 "브로드가 《논고》에 대해 그것이 고도로 농축된 것이라고 말하고 있는 것은 옳다. 《논고》의 어느 문장도 한 장의 표제어로서 보고, 설명이 필요한 것이다. 내 현재 문체는 전혀 다르고, 나는 그 잘못을 피하고 싶다. 교수직을 단념했을 때 나는 드디어 내 허영심에서 벗어날 수 있다고 생각했다. 지금 나는 내가 쓰고 있는 문체에는 자신이 있다."

"내가 지금 쓰고 있는 것을 자네가 앞으로 읽을 수 있다고 생각한다. 현재 사람들은 내가 쓰고 있는 생각을 바란다고는 생각하지 않는다. 하지만 대부분 100년 이내에는 사람들이 바란다고 생각한다."

"음악이 내 인생에서 차지하고 있는 의미에 대해 내 책에서 한마디로 말하는 것은 불가능하다. 그러면 어떻게 하면 나를 이해할 수 있을까."

　그들은 피닉스 공원을 혹은 동물원을 산책하면서 여러 화제에 대해 이야기했다. 그들은 산책 중에 주위에서 볼 수 있는 식물의 신선한 향을 맡으면서 그리고 작은 새들의 지저귐을 들으면서 자연의 경이에 대해 말하고, 세계의 창조에 대해 말했다. 또 그들의 화제는 그리스 고전 세계, 히브리 세계, 성서나 교회, 음악이나 예술 등의 여러 가지 문제에도 닿았다.

　비　"자네의 종교적 관념은 성서에 의한다기보다 그리스적인 것 같네. 그것에 대해 나의 사상은 100퍼센트 히브리적이다."
　비　"드루리, 자네가 좋아하는 복음서는 무엇인가?"
　드　"저는 그 문제를 지금까지 저에게 물어본 일이 없습니다."
　비　"나는 마태복음이다. 마태복음서는 나에게 전부라고 생각한다. 그러나 나는 제4복음서(요한)를 이해할 수 없어. 나는 그 긴 설화를 읽으면 나에게는 그것이 마치 공관복음서(마태·마가·누가의 3복음서의 총칭)와는 다른 사람이 말하고 있는 것 같네."
　어느 날 드루리가 톨스토이와 도스토옙스키 가운데 도스토옙스키 쪽을 좋아한다고 말했을 때 비트겐슈타인은 그것에 동의하고, 그로부터 톨스토이의 《민화》를 접하고 "톨스토이의 그 단편은 영원히 살아 있다. 그것은 모든 사람들에 대해 쓰여 있다"고 말했다. 또 그때 드루리는 톨스토이가 가톨릭 신앙에서 멀어진 그의 형제의 사망에 즈음하여 가톨릭 의식에 따라 매장했던 것을 이야기했다. 그것을 듣고 그는 "나도 같은 입장이라면 그렇게 했을 거야"라고 대답했다.

'신의 의지가 있다면'
　드루리에 의하면 비트겐슈타인은 이때쯤 몸 상태가 나빴다. 그는 오른쪽 팔에 고통이 주기적으로 찾아오고, 극도의 피로감이 있다고 말했다. 드루리는 트리니티 칼리지 교수에게 진찰을 추천했다. 그것에 대해 그는 '어떠한 경우든 진찰 결과를 솔직하게 설명해 주기를 바란다는 자신의 뜻을 담당 의사에게 전

▲베번 박사의 집
비트겐슈타인은 오른쪽 끝에 있는 방에서 숨을 거두었다.

▶베번 부인
비트겐슈타인이 원하는 대로 베번 박사의 저택에서 극진한 보살핌을 받으며 안락하게 숨을 거둔다.

달'하는 조건으로 진찰받는 것에 동의했다. 진찰 결과, 그는 정밀 검사를 위해 입원하게 되었다. 진단은 원인불명의 빈혈증이었다. 그는 자주 치료를 받아 점점 회복되어 팔의 고통을 호소하지 않게 되었다.

그는 미국에 있는 맬컴에게 초대를 받아 1949년 여름을 미국에서 보내게 된다. 드루리가 비트겐슈타인의 미국행 짐을 꾸리는 데 도와주러 갔을 때 그는 커다란 노트나 초고가 들어간 꾸러미를 싸고 있었다.

"나는 오스트리아의 옛 친구 교수로부터 편지를 받았다. 그 안에 그는 신의 의지가 있어서 내 일이 잘되기를 바란다고 말하고 있다. 내가 바라는 것은 신의 의지가 있다면 하는 것뿐이다. 바흐는 그의 《오르간 교정》 표제에 '매우 높은 신의 영광을 위해 그래서 내 이웃들이 그 은혜를'이라고 썼다. 나는 나의 일에 대해 말하고 싶은 것이다."

바흐에게 배워 그는 '신의 의지가 있다면' 하는 희망을 안고 남겨진 일을 계속하기 위해 미국으로 향했다.

'나는 유럽에서 죽고 싶다'

1949년 7월, 비트겐슈타인은 미국에 가서 뉴욕주의 코넬 대학이 있는 이타카에서 지냈다. 머무르고 있던 1개월 내지 6주간 그의 몸 상태는 매우 좋았다. 그는 도착해서 바로 맬컴과 《탐구》를 함께 읽거나 다른 사람을 만나 철학 논의를 하거나 프레게의 책을 읽거나 코넬 대학 맬컴의 철학 동료들과 철학의 모든 문제에 대해 논하거나 했다. 그는 열심히 또 격렬한 자세로 논의를 한다. 이러한 여러 철학적 논의에서 특기할 만한 것은 맬컴과의 사이에서 알게 된 무어의 '외적 세계의 증명'과 '상식 옹호'에 관한 논의였다. 그것은 '알고 있다'라는 말의 용법을 둘러싸고 전개된 논의로 확실한 지식에 대해 무언가를 논하고 증명하고자 하는 것이었다. 비트겐슈타인은 여기서 이루어진 논의를 기본으로 해서 《확실성의 문제》를 집필하고 있었다.

비트겐슈타인은 철학 논의에 집중했지만, 그것에서 온 피로로 그의 건강은 매우 쇠약해졌다. 그의 양어깨는 심한 염증을 일으켰고, 불면증으로 몸이 극도로 쇠약해졌다. 의사는 입원해서 정밀 검사를 받도록 말했지만, 입원에 즈음하여 그는 병만이 아니라 정신적으로 겁을 냈다. 그러나 그것은 그의 아버지가 암으로 죽고 누나도 암이어서 자신도 암일 가능성이 있을 것에 대한 두려움은 아니었다. 입원해서 병상에 누워 산송장이 되어 죽음을 기다리는 것에 대한 두려움이었다. "나는 미국에서 죽고 싶지 않다. 나는 유럽인이다. 나는 유럽에서 죽고 싶다"고 자신의 심경을 맬컴에게 토로했다. "여기에 온 것이 바보 같았다"고 말하고 자꾸만 후회했다. 하지만 검사 결과는 특히 나쁜 곳이 없다는 것이었다. 병원에 입원할 필요가 없었고, 귀국을 연기할 걱정도, 산송장이 되어 죽음을 기다릴 걱정도 없어지자 그의 체력은 놀라울 정도로 빠르게 회복되었다.

비트겐슈타인은 10월에 영국에 귀국하여 12월 초순 케임브리지에서 맬컴에게 이러한 편지를 보냈다.

"의사가 드디어 진단을 내렸다. 전립선암이었다. 이것은 어느 의미에서는 난처한 것이다. 이렇게 말하는 것은 어느 약으로(실제로는 어느 호르몬) 병을 억제하고 수년간 살 수 있다는 이야기이기 때문이다. 의사는 내가 다시 일을 할 수 있다고까지 말하고 있지만, 나는 그렇게는 생각하지 않는다. 나는 내가 암이라

고 들었을 때 충격을 받지는 않았지만, 무
언가 치료할 수 있다고 들었을 때는 충격이
었다. 나는 더 살고 싶지 않기 때문이다. 하
지만 나의 바람은 이루어질 것 같지 않다."

죽음을 준비하다

그는 이미 죽음을 각오하고 있었다. 미국
에서 돌아오자마자 빈으로 가서 그는 누나
를 만났다. 그래서 빈에서 남은 그의 노트
나 초고를 소각했다. 2월에 누나를 간병하
고 그는 주위를 정리한 다음, 4월에는 영국
으로 돌아갔다. 그동안 그는 지인이나 친
구들과 만나는 한편 마지막 집필에 몰두하
였다. 빈에서 돌아와 그는 옥스퍼드에 있
는 앤스콤의 집에서 머문다. 그때 로크 강
연을 의뢰받거나 맬컴으로부터 록펠러재
단의 연구비 지원에 대한 이야기도 있었지

리스 비트겐슈타인의 유고관리자

만, 전부 거절했다. 그는 맬컴에게 보낸 편지에 그 이유를 적었다. 그 요지를 말
하면 나이를 먹어감에 따라 사고력이 매우 저하되고, 피로가 더해가고, 몸은
만성빈혈로 힘든 상황이라 일을 할 수 있는 시간이 적어진다는 것이다. 따라서
약속된 일을 하기 어렵다는 것이다. 이러한 몸으로 "나로서는 속여서 연구비를
받는 것은 절대로 할 수 없다"는 것이다. 하지만 그래도 "살아 있는 한, 나의 정
신 상태가 허락하는 한, 나는 철학적 모든 문제에 대해 생각하고 집필을 계속
할 생각이다"라고 적고 있다. 살아 있는 한 집필을 계속해서 예전 《논고》나 《탐
구》를 집필한 노르웨이에서 머물 것을 결정하고 그곳에서 친구와 몇 주간 보
냈지만, 친구가 병이 나서 일시적으로 영국으로 돌아갔다. 그는 한 번 더 노르
웨이를 갈 생각이었지만 이루어지지 않았다. 1950년 11월에는 드루리를 통해
알게 된 케임브리지의 의사 베번 집으로 옮겨 빈에서 마지막 크리스마스를 보
냈다. 그리고 옥스퍼드로 돌아가 유언을 작성해서 리스를 유언집행인, 앤스콤,

폰 브리크트, 리스를 유고관리자로 했다. 그는 "옥스퍼드는 '철학의 사막', 옥스퍼드 철학 모임은 '인플루엔자 감염 지역'이다" 등의 말을 하고 옥스퍼드를 떠나 케임브리지의 베번 집으로 옮겼다. 1951년 2월의 일이었다.

'생각하는 것을 멈추지 마라'

비트겐슈타인이 마지막 삶을 보낼 곳으로 베번 집을 선택한 것은, 그가 병원에서 죽는 것에 대해 공포감을 가지고 있어서 병원이 아닌 가정에서 보내려고 했기 때문이다. 그의 상태는 악화되었지만 그래도 방문하는 친구와 꿋꿋하게 이야기하고, 산보하고, 마지막까지 글을 썼다. 아래는 드루리와 나눈 담화 중 비트겐슈타인의 말이다.

"의사가 나에게 호르몬과 X선 치료를 계속해도 무리여서 몇 개월밖에 살지 못한다고 말했을 때 나에게는 구원이었다. 이미 알듯이 나의 생애를 통해 나는 의사를 비판해 왔다. 하지만 마지막에 정말 뛰어난 세 의사와 만난 것은 정말 행운이었다. 그대가 더블린에서 소개해 준 교수, 맬컴이 미국에서 나에게 소개해 준 의사, 그리고 지금 베번 박사이다. 길지 않다는 것을 알고 있지만, '앞으로의 삶'에 대해 생각하지 않는 것은 기묘하다. 나의 모든 관심은 이 세상의 삶과 아직 할 수 있는 집필에 있다."

두 사람은 이후 구약성서에 있는 이야기에 대해 말하고 의견을 나누었다. 두 사람의 의견이 맞지 않을 때 비트겐슈타인은 드루리에게 "그것은 내가 말하고 있는 것과 전혀 관계가 없다. 자네는 모른다. 깊이가 빠져 있다"고 꾸짖었다. 그는 이미 자신의 삶이 얼마 남지 않았다는 것을 자각하고 있었다. 그래도 기세를 잃지 않았다. 그래서 그는 드루리를 역까지 배웅해 주고 헤어질 때 "될 수 있다면 생각하는 것을 그만둬서는 안 된다"라는 말을 했다. 이것이 드루리가 들은 비트겐슈타인의 마지막 말이었다.

비트겐슈타인의 마지막

4월 26일은 그의 생일이었다. 베번 부인은 그의 생일을 축하하며 선물을 주었다. 그에 대해 비트겐슈타인은 부인의 얼굴을 바라보며 영원한 것은 없다고 대답했다. 다음 날 그는 산보를 나갔다. 그 뒤 병이 급격히 악화되었다. 그래도 의식은 확실해서 앞으로 며칠 남았다고 들었을 때 부인에게 "나는 대단한 삶을 살았다고 그들에게 전해주세요"라고 말하고 혼수상태에 빠졌다. 1951년 4월 29일, 62세의 나이로 삶을 마감했다.

그의 장례는 드루리의 제안에 의해 이루어졌다. 그는 비트겐슈타인이 생전에 자신과 톨스토이 이야기를 나누었을 때, 톨스토이의 형제가 죽었을 때의 방법과 똑같이 하기를 바란다고 말한 내용을 제안하였고, 그대로 이루어졌다.

비트겐슈타인의 무덤 케임브리지의 세인트 자일스 공동묘지에 묻혔다.

장례는 로마 가톨릭 양식으로 치러져 케임브리지의 세인트 자일스 공동묘지에 묻혔다. 묘에는 간소하게 다음과 같이 새겨져 있다.

'LUDWIG WITTGENSTEIN 1889~1951'

《철학탐구》의 과제

《철학탐구》의 완성

비트겐슈타인이 철학에 다시 복귀한 이후의 그의 철학 연구를 과도기 철학으로 보아왔다. 하지만 과도기에 이루어진 일련의 철학 연구는 《철학탐구》(이하 《탐구》)의 완성을 향하고 있다. 그는 이 책을 생전에 간행하지 않았지만, 사실상 이 책은 완성되어 이미 서문도 써둔 상태였다. 거기에는 "이하에 공간(公刊)하는 것은, 내가 지난 16년 동안 몰두해 왔던 철학적 탐구의 침전물이라고 할 수 있는 여러 사상들이다. 그것들은 의미, 이해, 명제, 논리의 개념, 수학의 기초들, 의식의 존재 양식들, 그 밖에 많은 주제들과 관련되었다"고 썼다. 이 책은 철학 복귀 후 그의 사색의 풍경을 일련의 스케치로 기록한 16년간의 사색의 결정으로 그 과제는 지금 인용한 의미, 이해 등의 말을 둘러싼 여러 문제였다. "16년 전 다시 철학에 종사하게 된 이래 나는, 내가 첫 번째 책에 적어두었던 내용 중에 중대한 오류가 있다는 것을 인정하지 않을 수 없었기 때문이다"라고 쓰고, 그는 《논고》로 전개한 사상의 반성으로 이 책을 발간했다고 말하고 있다. 그는 "나의 첫 번째 책[《논리철학논고》]을 다시 읽고, 그 사상을 설명할 기회를 만나게 되었다. 그때 갑자기 그 옛 사상과 새로운 사상을 함께 간행해야 할 것이 아닌가, 새로운 사상은 나의 낡은 사상과의 대비에 의해서만이 또 그 배경 아래에서만이 정당한 조명을 받을 수 있을 것이 아닌가 하는 생각이 들었다"고 쓰고, 이 책이 《논고》와의 대비에 의해 이해되어야 함을 강조하고 있다. '과도기의 사상'의 장에 있어서, 몇 개의 차이를 들어왔는데, 여기서는 그의 철학의 자세에 대해 어떻게 대비되는지를 먼저 살펴보기로 하자.

《논고》에서 《탐구》로

《논고》는 언어 비평을 철학의 과제로 하고, '말할 수 있는 것'과 '말할 수 없는 것' 사이의 한계의 구분을 명확히 했다. 이런 철학적 정신에 관해서는 《탐구》도 기본적으로는 같다. 단지 《논고》는 전통적인 철학적 문제에 바로 정면에서 맞붙었다. 일반적으로 철학의 탐구는 '어떤 것의 본질 파악'에 있다고 하는데, 《논고》도 그 입장에서 '언어, 사고, 세계'의 본질을 구했다. '사고란 뭔가 독특한 것'(95, 이하 《탐구》에서의 인용은 단락 번호를 가리킨다)이어야 하며, '사고의 본질, 논리의 질서, 게다가 세계의 선천적인 질서 내지 세계와 사고에 공통되어야 하는 가능성의 질서를 그려내는 것'을 목표로 하고 있다. 《논고》는 '그 탐구의 특수성, 심오함, 중요함은 그것이 언어의 비길 데 없는 본질, 즉 명제, 낱말, 추론, 경험 등등의 여러 개념 사이에 성립되는 질서를 파악하려'(97)고 하는 것이었다.

《탐구》는 '심원함과 높은 곳에 사물의 본질이 숨어 있다'는 사고방식, 즉 '언어와 사고와 세계의 본질을 묻는'다는 철학적 자세에 대해, 철학하는 것의 '중단'을 제안하고 있다. 그리고 철학의 탐구가 목표로 하는 것을 '우리에게 가장 중요한 사물의 양상은, 그 단순함과 평범함에 의해 감추어져 있다'(129)며 《탐구》는 우리의 일상성에 눈을 돌려 우리가 눈치채지 못하게 감춰져 있는 것을 찾아내거나, 또는 우리가 오해하거나 혼란스러워하고 있는 것의 실수를 바로

잡을 것을 재촉하고 있다.

비트겐슈타인에 따르면 철학하는 것은 뭔가 특이한 것, 경탄할 만한 것을 하는 것이 아니다. 철학은 어떤 특별한 일을 하는 것도 아니고, 또 철학하는 것에 의해 어떤 중요한 것이 만들어지거나 무언가가 창조되는 것도 아니다. '철학은 모든 것을 있는 그대로 해둔다.'(124) '있는 그대로 해둔다'는 것은 그대로 방치한다는 것이 아니라, '본래 있는 그대로 한다'는 것을 의미한다. 그것은 철학의 역할이 말(예를 들면 지식, 존재, 대상, 자아, 명제, 명사 등)을 이용해 어떤 것의 본질을 파악하려고 할 때, 그 말이 그 고향인 언어 속에서 실제 어떻게 쓰이고 있는가를 묻고, 말을 일상적 용법으로 다시 끌고 오는 것에 있음을 의미한다.

《논고》에도 '일상 언어는 인간이라는 유기체의 일부'(4.002), '우리의 일상어에 의한 모든 명제는 그 자체로 논리적으로 완전한 질서를 갖추고 있다(우리의 문제는 추상적인 것이 아니라, 가장 구체적으로 존재하고 있는 것이다)'(5.5563)라고 써서, 비트겐슈타인을 일상 언어에 대한 깊은 관심을 보이고 있다. 하지만 《논고》가 직접 관여한 것은 '언어, 사고, 세계의 본질'로, 일상 언어보다도 인공적 언어였다. 그것에 대해 《탐구》는 직접 일상 언어의 본래적인 용법을 향하고 있다.

철학의 목적

《논고》는 일상 언어에 질서가 있음을 지적하며, 그럼에도 불구하고 일상 언어는 다의적이고 혼란함을 지적하고 있다. 따라서 《논고》는 일상 언어를 이해하는 암묵의 협정은 착종(錯綜)하고, 언어 논리를 일상 언어에서 끌어내는 것이 인간의 능력으로는 불가능하다고 주장하고 있다. 《탐구》에서는 이런 일상 언어에 대한 애매모호함은 사라져 있다. 《탐구》는 일상 언어에 관해 다음과 같이 말하고 있다. '우리 언어에 포함되는 어느 문장에도 '그대로의 상태로 질서가 있다'는 것은 분명하다. 즉 우리는 자신들이 사용하는 일반적인 모호한 문장에는 아직 완전무결한 뜻 같은 것은 없으므로, 완전한 언어는 자신들에 의해 우선 구성되지 않으면 안 된다고 생각해서 이상을 추구하는 것이 아니다―라는 것. 다른 한편으로는 뜻이 있는 곳에 반드시 완전한 질서가 있다는 것이 명백한 것처럼 보인다. 그러므로 완전한 질서가 모호한 문장 속에도 숨어 있지 않으면 안 된다고.'(98) 이렇게 일상 언어에 충분히 질서가 있으므로 《탐구》에서 철학의 임무는, 일상 언어의 실제적 용법에 따라 철학적 문제를 해명하는 것으로, 지금까지의 철학이 해온 것처럼 말을 형이상학적 용법으로 가져오는 것을 배제하고, 철학자들이 구축해 온 철학적 체계의 공중누각을 파괴하고 말이 세워져 온 그 지반을 확실히 하는 데 있다.

비트겐슈타인은 '철학의 목적은 파리에게 파리 잡는 항아리로부터 출구를 가르쳐주는 것이다'(309)라고 말하고 있다. 이 의미는 다음과 같다. 철학은 일반적으로 말하는 것처럼, 하늘로의 상승에 있는 것도 영혼의 자유로운 비상에 있는 것도 아니다. 만약 하늘을 나는 것을 예로 든다면, 우리의 아주 가까이에 날아다니는 파리를 들 수 있다. 파리가 파리 잡는 항아리 안에 들어가 출구를 잃어버리면, 파리가 가진 자연의 모습은 속박당한다. 만약 파리에게 출구를 보이고 풀어주면, 파리는 전처럼 자연스럽게 날아다닐 수 있다. 그는 파리를 예로 들어 철학의 문제가 실제 가장 가까운 말의 실제적 용법에 관계해 있고, 그것을 여러 가지로 속박하고 있는 것을 해방해 말에 늘 붙어다니는 오해, 무이해, 착각을 배제하고, 그 본래 있는 그대로의 용법으로 돌려보내는 것에 있음을 주장하고 있다. 그러면 우리는 왜 이런 말의 본래적인 용법을 이해하지 못하는 것일까.

말의 전망과 철학적 문제의 해소

'우리가 자신들의 말의 관용을 전망하지 않고 있다는 것, 이것이 우리의 몰이해의 한 원천이다. 우리의 문법에는 전망성이 결여되어 있다.'(122) 그는 우리가 이해하지 못하는 것의 원천을 전망의 결여로 보고 있다. 전망이 부족한 것은 말이 실제적인 작용을 하고 있지 않은 때이다. '철학적인 여러 문제는 언어가 쉬고 있을 때 발생한다'(38), '우리를 번거롭게 하는 혼란은 언어가 작동할 때가 아니라 공회전을 할 때 생긴다'(132)고 말해, 그는 말의 용법을 전망하는 것에 철학의 역할이 있다고 강조하고 있다.

비트겐슈타인의 후기 사상의 중심은, '말의 용법의 전망을' 향하고 있다. 바꿔 말하면 철학은 전망이 좋은 서술로, 말을 본래적 용법으로 돌려보내는 것에 있다. 이 과제를 수행하기 위해 '철학은 우리의 언어 수단을 매개로 우리의 오성을 현혹시키는 것에 대한 도전이다.'(109) 그런데 이 과제가 수행되었을 때 대체 무엇이 성취되는 것일까. 특별한 것은 없다는 것이 그의 대답이다. 이 전망에 의해 우리를 괴롭히고 있는 말 사용의 무이해, 혼란을 제거하고, 말의 오용을 치료해 말의 용법에 보이는 갖가지의 병을 낫게 하는 것이 목표가 되고 있다. 병이 나으면 이제 치료는 필요 없다. 그것과 마찬가지로 철학적 제문제도 명확해지면 소멸해 버린다. '우리가 얻고자 하는 명석함은, 물론 완전한 명석함이지만 단지 철학적인 여러 문제가 완전히 소멸해야 한다는 것에 지나지 않기 때문이다.'(133)

이 입장은 《논고》의 입장과 기본적으로 완전히 같다. 《논고》는 철학적 제문제의 해명을 과제로, 철학적 문제의 소멸을 목적으로 하고 있다(4.112, 6.54). 그는 철학적 문제의 해명 및 소멸에 이르러, '진정한 발견은 우리가 원할 때 철학하는 것을 중단하도록 해준다. 그것은 철학을 평안하고, 철학 그 자체를 문제삼는 물음에 의해서 더 이상 쫓기지 않도록 한다'(133)라고 말해, 《논고》와 기본적으로 같은 언어 비판의 정신으로 《탐구》에서도 철학적 문제의 해명 및 소멸을 목적으로 언어의 문제에 몰두하고 있다.

《철학탐구》의 사상

문법적 고찰과 철학의 병 치료

'철학적 질병의 주된 원인은 편식이다. 사람들은 자기의 사고를 단 한 종류의 여러 가지 예로 양성하고 있다.'(593) 편식이란 말이 똑같이 기능한다는 생각으로, 이런 일반적인 해석에 의해 언어의 문제를 해석하는 것에 철학의 병이 있다. 이런 병의 치료에 임해 비트겐슈타인이 취한 방법은, 말의 실제적 용법을 실례에 따라 기술하는 것이었다. '철학은 최종적으로 언어의 관용을 기술할 수 있다.'(124) 그렇다고 해도 언어의 용법은 실로 다양해서, 그것을 하나의 방법으로 한정해 기술하거나, 여러 가지 용법을 포괄하는 통일적인 기술법을 찾아내는 것에 철학적 문제의 해명이 있는 것은 아니다. 말의 실제적 용법의 기술을 통해 이전부터 알려져 있던 것을 정리 정돈하고, 거기에 오용과 혼란이 있으면 그 질서를 회복하는 것이다. 이런 말의 작용을 통찰하는 철학적 고찰이 문법적 고찰이다.

그가 말하는 '문법'은 우리가 학교에서 배우는 이른바 국어의 문법이나 영문법이 아니다. '문법은 기호의 관용을 기술할 뿐이다.'(496) 따라서 '문법'은 말의 실제적 용법의 기술에 관계된다. 그는 《탐구》 이전의 저작 《철학적 문법》에 있어 이미 문법적 고찰을 하고 있었고, 거기서 '문법은 말의 규칙을 포함하지만', 문법은 '말의 실제적 용법의 기술이므로, 언어의 영업부라고 할 수 있다. 따라서 언어의 실제 업무 처리에 관한 것은 전부 그 영업부에서 간파할 수 있다'(43, 44)고 말하고 있다. 그리고 그는 여러 가지 문법에 대해 이야기한다. 예를 들면 단어의 문법, '아픔'이라는 단어의 문법, 상태의 문법, 수의 문법, 시간의 문법 등에 대해 말하고 있는데, 그는 이런 다양한 문법에 공통된 문법이라든지, 문법 규칙 등을 말하려고 하는 것이 아니다. 그의 문법적 고찰은 말의 실제적 용법의 기록, 구체적으로는 단어나 문장의 의미 고찰을 향하고 있다.

말의 의미 이해

예를 들면 '단어나 문장을 안다든지 모른다는 것의 의미는 무엇인가' 하고 묻는 것이 문법적 고찰이다. 그렇다고는 해도 '안다'는 말을 '심적 과정이나 상태'처럼 일반적으로 다루어지듯이 심리학적인 의미로 해석하는 것이 아니다. '어떤 말을 안다, 또는 이해한다'는 것은, '그 말의 용법을 알고 있는 것', '그 말을 적용할 수 있는 것', '그 말의 의미를 이해하고 있는 것'을 뜻한다. 그러면 '말의 의미를 이해한다'는 것은 대체 무슨 말일까. 《철학적 문법》에는 '문법에 있어서 한 단어의 위치가 그 단어의 의미라고 설명하고 싶다', '의미의 설명은 단어의 용법을 설명한다. 언어에 있어서의 단어의 용법이 그 단어의 의미이다. 문법은 언어에 있어서 갖가지 단어의 용법을 기술한다. 따라서 언어와 문법의 관계는 어떤 게임과 그 게임의 기술, 즉 게임 규칙과의 관계와 닮아 있다'(23)고 말하고 있다.

의미를 설명하는 데 가장 간단한 방법은 직시적 설명이다. 예를 들면 '빨간 종잇조각'을 가리키면서, '이것은 빨강이다'라고 말하면 그 종잇조각이 길다든지, 둥글다든지 하는 길이, 모양, 그 외의 것을 말하는 것이 아니라 그 종잇조각의 색이 빨강임을, 즉 그것이 빨강이라는 의미를 말하고 있다. 이런 의미에서 '문법에 있어서의 단어의 위치가 그 단어의 의미를 규정하고 있는' 것이다. 예를 들면 '이 원은 빨강이다'라는 문장에서, '이 원'이 주어인 한 술어인 '……'에 들어갈 단어는 한정된다. '이 원은 사각이다'라는 문장에서 '사각'이라는 단어는 잘못된 적용이다. 이 '……'이라는 술어에 들어갈 단어는 이 경우 색이나 크기로 한정된다. 이런 의미에서 단어의 사용은 실제의 적용을 무시할 수 없다. 그러므로 '어떤 말의 의미를 안다'는 것은 '그 말이 적용되는

언어의 의미 언어란 그것이 사용되는 세계에서 의미를 이끌어낸다고 비트겐슈타인은 생각했다. 이를테면 오페라 세계에서의 개념이 사업, 종교, 과학 세계에서 비슷하게 사용되는 듯 보이더라도, 실제로는 전혀 다른 기능을 수행할 수도 있다는 것이다.

문법상의 모든 가능성을 알고 있다'는 것이다.

그런데 적용의 문법상의 가능성을 안다고 해도 어떤 문장에 있어서, 어떤 주어가 주어지면 그 술어를 모두 떠올릴 수 있다(순간적이건, 시간이 많이 걸리건)는 뜻은 아니다. 우리는 위에서 들었던 '이 원은 빨강이다'라는 문장에서 본 것처럼, '이 원'이라는 주어에 적용되는 술어 모두를 떠올리는 것은 불가능하다. 여기서 문법상의 가능성이라는 것은, 단어 및 문장 적용의 모든 가능성을 체계적으로 추구하는 것이 아니다. 비트겐슈타인의 후기의 철학탐구는 일상의 언어였지만, 그 일상 언어의 질서를 논리적 체계로 가져오는 것에 있지는 않았다.

말의 의미와 게임

그의 철학탐구는, 대체 말은 사실상 어떤 식으로 쓰이고 있는가에 대한 고찰에 있다. 어떤 말의 사용이건 통상의 문법 규칙의 테두리 안에 있고, 어떤

발화건 하나의 언어 체계가 전제되어 있다. 하지만 그렇다고 해서 우리가 하나의 언어 체계를 숙지하고 있지 않으면 말을 사용할 수 없는 것은 아니다. 예를 들면 어떤 어린아이에 대해, '저 아이가 말을 할 수 있다. 저 아이가 말을 알고 있다'고 일반적으로 말할 때, 그것은 그 아이가 문법 규칙을 알고 있거나 하나의 언어를 배워서 터득하고 있다는 것이 아니라, 그 아이가 말을 사용해 다른 사람과 제법(또는 충분히) 교신할 수 있고, 다른 사람과 말로 게임을 할 수 있는 것을 말하고 있다. 즉 '말을 알고 있다든지, 이해한다'는 것은 다른 사람과 교신할 수 있는 것, 말을 주고받음으로써 의사소통이 된다는 것을 뜻한다. 그러므로 말의 이해는 게임을 하는 것에 견줄 수 있다. 예를 들면 체스라는 게임을 안다는 것은, 체스 말의 이름과 그 규칙을 단순히 기억하는 것이 아니다. 물론 체스라는 게임을 안다는 것 속에는 그것들을 안다는 것이 포함된다. 하지만 그것이 체스를 아는 것의 절대 조건은 아니다. 말의 이름을 몰라도 말을 움직이는 방법을 알고, 규칙의 전부는 모르더라도 실제로 게임을 할 수 있다면 체스를 안다고 한다. 말도 마찬가지이다. 말을 안다는 것은 말을 실제로 사용할 수 있고, 언어라는 게임을 할 수 있는 것이다.

언어 활동의 기반으로서의 언어 게임

비트겐슈타인은 언어를 게임이라는 관점에서 고찰하고 있다. 그런데 어떤 게임이건 규칙에 따라 행해지지만, 모든 게임에 적용할 수 있는 규칙은 없다. 게임을 서로 비교해 보면 확실히 거기서 유사점은 발견되지만, 엄밀히 말하면 하나하나의 게임은 다르다. 언어 게임도 마찬가지이다. 하나하나의 언어 게임이 다른 문법을 가지고 적용도 제각각이다. 따라서 언어 게임의 뭔가를 알기 위해서는 실례를 따를 수밖에 없다. 여기에 그가 든 언어 게임의 여러 예를 소개하겠다.

'명령하기 그리고 명령에 따라 행동하기

어떤 대상을 자세히 바라보고, 또는 계량(計量)한 대로 기술하기

어떤 대상을 어떤 기술(記述)[소묘]에 의해 구성하기

어떤 사건을 보고하기

그 사건에 대해 추측하기

어떤 가설을 세우고 검증하기

어떤 실험의 결과를 표나 그림으로 표현하기

이야기를 창작하고 읽기

연극을 연기

돌림노래 부르기

수수께끼 풀기

농담을 하고, 남의 이야기를 낸다

산술 응용문제 풀기

어떤 말을 다른 말로 번역하기

부탁한다, 감사한다, 야단친다, 인사한다, 기원한다.'(23)

그는 '언어 게임(Sprachspiel)'을 '언어를 말한다는 것이 어떤 활동의, 또는 어떤 생활 형식의 일부'임을 명확히 하는 말로서 사용하고 있는데, 이들의 제례는 모두 구체적인 생활의 일부이다. 어떤 생활의 형태든 이런 종류의 언어 게임으로부터 성립되어 있다. 현실 생활에서 이루어지는 언어 게임은 실로 다양하고 많아서 때와 상황에 따라 지금까지의 언어 게임이 못쓰게 되고, 새로운 언어 게임이 생긴다. 하지만 다양한 언어 게임을 정리하고 분류해 언어 게임의 체계를 구축했다고 해도, 특별히 뭔가가 해결되었다는 것은 아니다. 또 언어 게임에 뭔가 공통성을 구했다고 해도, 그것은 기껏해야 한 가족 사람들 사이에 보이는 갖가지의 유사성(예를 들면 얼굴형, 눈매, 체격 등이 닮아 있는 것)이 서로 겹쳐, 교차해 있는 것을 찾아내는 정도이다(그는 그것을 '가족적 유사성'이라 부르고 있다). 비트겐슈타인은 이렇게 다양한 언어 게임의 작업에 눈을 돌림으로써, 지금까지의 언어의 일반적 고찰을 하고, 단어를 정의하고, 단어의 의미를 규정했다. 또 문장의 형식을 규정함으로써 단어와 문장의 의미라든지 형식을 정확히 규정할 수 있다는, 이른바 언어의 보편적 고찰을 비판하고 언어를 우리 삶의 형식으로 보는 근거를 마련했다.

규칙과 인간의 행동

그런데 어떤 게임이건 규칙에 따라 행해지지만, 게임 중의 모든 행위가 규칙에 얽매여 있는 것은 아니다. 예를 들면, 테니스를 칠 경우 서브를 할 때 볼을 얼마나 높이 올려야 하는가, 또 얼마나 세게 쳐야 하는가 하는 규칙은 없다. 그곳의 상황에 따라 여러 가지 형태로 서브를 할 수 있다. 게임 중의 행위는 선수들이 경기할 때의 관용에 따르고 있다.

우리의 언어적 행위는 언어의 규칙에 따르고는 있지만, 그것에 완전히 속박되어 있지는 않다. 또 규칙은 언어 게임에 있어서 일의적인 역할을 하는 것이 아니라, 실로 여러 가지 작용을 하고 있다. 비트겐슈타인은 '규칙을 따른다는 것은 하나의 실천이다'(202)라고 말하고 있는데, 규칙에 따르는 것은 말이 실제로 사용되는 상황에 의해 구체적으로 행해진다. 언어의 규칙이 언어 행위를 일의적으로 규정하고 있는 것이 아니다. 우리의 언어 게임은 모두 구체적인 생활 속에서 행해진다. 그런 의미에서 '인간은 언어에 있어서 일치한다. 그것은 의견의 일치가 아니라, 생활 양식의 일치이다.'(241)

언어 게임의 사상적 기반

여기서 이런 언어 게임이라는 사고방식은 대체 어디에 요구하는 것인지에 대해 생각해 보자. 이미 비트겐슈타인이 크라우스주의자임을 보아왔지만, 말의 실제적 용법을 강조하는 언어 게임의 발상은 같은 크라우스주의자인 건축가 로스의 입장과 기본적으로 같다. 로스는 "의미는 용법이다"라고 말했지만, 그것은 건축에 있어서 기능을 중시하고, 생활 양식에 따라 설계되어야만 하는 것을 의미한다. 비트겐슈타인이 말의 의미를 중시하고, 말의 실제적 용법을 중시하고 있는 것은 이런 크라우스주의적 발상에 입각하고 있다. 그리고 그가, 언어가 삶의 형식에 입각하고 있다고 할 때, 이 말은 빈에 고루 미치고 있던 말이었다. E. 슈프랑거가 《삶의 형식》을 써 그것이 베스트셀러가 되어 빈의 사람들에게는 알려진 말로, 비트겐슈타인 자신에게도 친숙한 말이었다. 야니크와 툴민은 "1920년대의 빈에서 이것은 설명할 것도 없이 문화적인 결정 문구의 하나였다. ……생활 양식이 철학의 궁극의 테마인 것, 또 사고의 기초적인 카테고리와 형식이 이들의 생활 양식과 문화에 대한 이 관계로부터 얻어지는 것이 알려져 있었다"라고 지적하고 있다. 물론 비트겐슈타인은 그것을 그대로 적용하지는 않았다. 그는 그것을 독창적인 방법으로 자기의 철학에 편입시켰다. 그는 나아가 마우트너가 제출한 의론, 예를 들면 "언어의 규칙은 게임의 규칙과 같으며, '언어'라는 말을 해명하려면, 사람들이 그들의 모든 문화의 맥락 속에서 자신들의 언어 표현을 실제로 어떻게 쓰는지를 볼 필요가 있다"는 의론을 부활시켰던 것이다. 이것도 역시 마우트너의 문화적 상대주의와 유명론의 입장과는 다르지만, 그는 마우트너의 의론을 크라우스주의 정신에서 받아들이고 있다. 우리는 《논고》의 사상이 세계 기술에 이르러 '사상이론'과 '진리함수론'으로부터 이루어져 있는 것을 설명했는데, 《탐구》는 《논고》에서 다룬 '논리형식'보다는 말의 실제적 용법을 중시하고, 말의 생활 형식에 입각하는 언어 게임을 강조하고 있다. 언어 게임의 발상은 그가 교사로서 학생에게 말을 가르쳤던 경험이라든지, 그가 로스의 방법을 모방해 실제로 건축에 성공한 것에도 크게 관여하고 있다고 할 수 있다.

사적 언어에 대한 물음

《탐구》는 말의 실제적 용법은 무엇인가를 과제로 하고 있는데, 그 문제는 사실 철학적 문제가 언어의 실제적 사용과 별개로 논해지는 것을 향한 비판이기도 하다. 데카르트 이래의 근대 철학은 인식주관주의에 기인해 인식론을 전개하고, 진리의 근거를 주관으로 보아왔다. 근대의 철학은 인식의 근거를 주관의 표상, 관념, 인상, 감각 등에 두고, 인식 문제를 심리주의적 언어에 의해 이야기해 왔다. 《논고》는 이런 근대 인식주관주의의 철학과는 달리 언어의 논리성에 입각해, 언어를 심리주의의 주술적 속박으로부터 해방하는 노력을 하고 있지만, 《탐구》는 나아가 말의 관용에 비추어, 인식론에 내재된 오류를 지적하고, 철학적 용어를 말 본래의 용법으로 되돌리는 노력으로, 그런 의미에서 '사적 언어'의 문제는 《탐구》의 근본 주제이다. '사적 언어란 무엇인가', '애초에 사적 언어라는 것이 가능한가'라는 물음은 이상의 의미에 있어 중요한 문제로, 만약 그것이 가능하다면 종래의 인식론의 정당성이 주장되고, 불가능하다면 그것의 오류가 명확해지게 될 것이다.

《탐구》에 따르면 사적 언어란 '타인은 이해 못 하지만, 나는 이해하고 있는 것처럼 보이는 음성'(269)이다. 상세히 말하면 '자신의 내적 경험—자신의 느낌, 기분 등—을 자기 자신이 사용하기 위해 적어두거나, 이야기할 수 있는 언어', '말하고 있는 사람만이 알 수 있는 것, 즉 직접적이고 사적인 그 사람의 감각을 가리키는 언어'(243)이다. 이런 언어의 상정은 언뜻 보기에 기묘해서, 다른 사람에게서 자신의 비밀을 유지하기 위해 자신이 만들어낸 암호문처럼 생각된다. 하지만 사적 언어의 가능성 문제는 근대 및 현대의 철학적 근본 문제에 깊이 뿌리박혀 있다.

사적 체험과 감각일기

사적 언어의 문제를 취급함에 앞서, 먼저 경험 내지 체험의 프라이버시에 대해 생각해 보자. 우리의 어떤 지각작용(知覺作用)이건 그것은 개인적이고, 어떤 경험도 '나'라는 개인의 경험이다. 그런 의미에서는 우리가 받는 어떤 지각 내용도 사적이고, 어떤 경험도 모두 사적이다. 여기서 직접 문제가 되고 있는 것은 이런 사적 체험이 아니라 사적 체험을 이야기하는 것이다. 우리는 이런 사적 체험을 우리의 커뮤니티(사회)에서 쓰이고 있는 언어로 이야기한다. 그 언어는 커뮤니티의 성원에게 이해된다. 그런데 사적 언어는 '다른 사람은 이해 못 하지만, 나에게만 이해되는' 언어이다. 비트겐슈타인은 그런 사적 언어의 존립 가능성을 부정하고 사적 언어의 존립을 냉엄하게 비판한다. 그에게 그런 언어는 '다른 사람은 이해 못 하지만, 내가 이해하고 있는 것처럼 보이는 음성'에 지나지 않았고, 그것은 언어라고 할 수 없다.

비트겐슈타인은 말의 직시적 정의에 의해 성립하는 원시적인 사적 언어의 한 예로 '감각일기'를 꼽는다. 그것은 자신이 반복해서 일어났다고 느끼는 감각을 어떤 종류의 말(기호)에 결부시켜, 그 감각을 가진 날에 그 말을 일기에 쓰는 것이다. 여기서 먼저 문제가 되는 것은, 말과 그 감각을 어떻게 결부시키는가이다. 가령 내가 아픔의 감각을 가지고, 그것에 어떤 말을 부여했다고 하자. 그런데 나는 그 감각이 아픔의 감각이고, 가려움 등의 다른 감각이 아니라는 것을 어떻게 인정하는 것일까. 또 그것에 어떤 말을 부여해, 어떤 아픔의 감각에 올바르게 사용했다고 했을 때의 올바름의 기준은 대체 무엇인가. 여기서 적어도 동일성이나 차이성을 지시하는 규칙이 있어야 할 것이다. 그렇다면 내가 그 규칙에 따르고 있다는 것을 결정하는 것은 대체 무엇인가. 이 언어에는 처음부터 다른 사람이 배제되어 있다. 따라서 내가 같다고 생각한 것이 같아질 뿐으로, 내가 옳다고 생각하는 것이 옳은 것이다. 나만이 판정자이다. 만약 올

언어는 공공의 것 비트겐슈타인에 의하면 사적 언어는 없다. 우리는 언어 및 그 사용법을 사회의 여러 상황들로부터 배워 간다. 사진은 런던의 스피커스 코너에 선 연설가와 청중.

바름의 판정을 다른 사람에게 요구한다면, 나 이외의 다른 사람에게 호소해야만 한다. 그러나 그런 경우 나 이외의 것을 기준으로 하게 되어, 사적 언어는 사적 성격을 잃고 존립하지 않게 된다. 사적 언어의 존립을 고집한다면, 결국 올바름의 기준은 나여야 한다. 하지만 이미 말한 것처럼 그때는 내가 옳다고 생각하면 옳은 것이 되고 그 기준은 단순히 나의 인상에 지나지 않아, 사적 언어는 나의 인상으로부터 성립하는 언어의 인상이다. 그런고로 사적 언어는 언어가 아니라는 결론에 이르게 된다.

사적 언어의 발상과 오류

비트겐슈타인은 사적 언어의 발상이 두 개의 오류에 입각하고 있다고 생각하고 있다(케니,《비트겐슈타인》). 하나는 경험에 대한 오류이고, 또 하나는 언어에 대한 오류이다. 경험에 대한 오류란 경험이 사적이고, 우리가 어떤 것을 알고 있다고 주장할 때 우리가 진정으로 알고 있는 것은 우리 자신의 경험뿐으로, 그것은 우리 자신의 심적 상태와 심적 과정에 대한 우리의 앎에 입각하고 있다는 사고방식을 하고 있다. 이 사고방식에 입각해 사적 언어의 옹호자는 우리의 경험을 언어로 표현할 수 있고, 사적 체험에 입각한 것을 표현할 수 있는 사적 언어의 가능성을 믿고, 그것에 입각해 우리의 현실 언어가 사적 언어임을 믿었던 것이다. 그들은 어떤 단어가 우리들 한 사람 한 사람에게 의미를 획득하는 것은 본질적으로 개인의 심적 과정에 있어서인데, 그 과정에 있어서의 경험이 그것을 표시하는 단어와 연합해 내적으로 그 체험이 단어에 직시적으로 정의되고 있다고 생각했다. 즉, 사적 언어의 옹호자는 사적·직시적 정의에 의해 단어의 의미가 획득된다고 생각했다. 이것은 언어에 대한 오류이다.

'나만이 이해하는 언어'는 이렇게 보면 사실 '나만이 이해하고 있는 것처럼 보이는 말'에 지나지 않음을 알 수 있을 것이다. 사적 언어의 발상은 감각적 체험(예를 들면 아픔)을 느끼고 있는 사람의 것으로, 다른 사람의 감각을 느낄 수 없다는 사실로부터 형성되고 있다. 그런데 '아픔을 느낀다'는 것과 '아픔을 느끼고 있는 것을 안다'는 것은 구별되어야 한다. 우리는 '그가 아픔을 느끼고 있음을 알고 있다'고는 말할 수 있지만, '나는 자신이 아픔을 느끼고 있음을 알고 있다'고는 말할 수 없다. 여기서 왜 말할 수 없는지에 대해 '아픔'이라는 말의 관용을 둘러싼 문법적 고찰을 하고, 사적 언어의 존립이 왜 불가능한지를 탐구해 보자.

표층문법과 '아픔'의 문법

(1) '나는 아픔을 느끼고 있다'. (2) '그는 아픔을 느끼고 있다'. (3) 'X는 아픔을 느끼고 있다'. 통상 (1)번 문장과 (2)번 문장은 표층문법에 있어서 같은 형식을 가지고, 그들은 (3)번 문장의 명제함수로서 표시된다. 또 아픔 등의 감각을 표현하는 문장이라는 문장 이외에는, 예를 들면 '······은 ······을 느끼고 있다'라는 문장 이외에 'X는 ······이다'라는 문장에는 '나'도 '그'도 다 같이 대입할 수 있고, 그 경우의 문장은 표층문법에 따르고 있다. 이 경우 '나'도 '그'도 문법적으로는 같은 용법으로, 'X'에 함께 대입할 수 있고 그 문장이 언명하고 있는 것은 관찰의 대상도 된다. 그런데 '나는 아픔을 느끼고 있다(Ich habe Schmerzen)'라는 문장과 '나는 충치가 있다(Ich habe faule Zähne)'는 문장은 표층문법에서 같은 형식을 가지면서 문장의 용법은 전혀 다르다. '나는 충치가 있다'는 문장은 '나는 아픔을 느끼고 있다'는 문장과 마찬가지로 인지문(진위를 주장할 수 있는 문

장)이다. 간단히 말하면 검증에 의해 알 수 있는 문장이다. 그에 비해 '나는 아픔을 느끼고 있다'는 문장은 인지문이 아닌 것이다.

비트겐슈타인에게 있어 '나는 아픔을 느끼고 있다'는 것은 아픔의 기술이 아니라 아픔의 자연적 표출이다. 따라서 '나는 아픔을 느끼고 있다'는 신음소리나 울음소리의 대신이 되는 감각의 자연적 표출로, '아픔'의 행동 그 자체이다. 사람은 자신의 '아픔'으로 무의식중에 신음하거나 운다. 그 신음소리나 울음소리에는 거짓이 없다. '나는 아픔을 느끼고 있다'는 발화도 마찬가지로 그 표출에는 거짓이 없다. '아픔'의 표출은 자연적 행동과 마찬가지로 실수가 없으므로, 그것은 정정이 불가능하다. 바꿔 말하면 이 표출은 주체의 오인을 피하고 있는 것으로, 이 표출에서 인지(認知)가 문제가 되고 있는 것도 아니고, 이 표출은 '아픔'의 기술도 아니다. 그러므로 '나는 아픔을 느끼고 있다'는 표현에 '알고 있다' 등의 인식적 연산자(演算子)를 붙이는 것은 무의미하다. '나에 대해서 사람들은 일반적으로 내가 나 자신의 아픔을 느낀다는 것을 알고 있다라는 식으로 말할 수 없다[농담을 하는 경우 외에는]. 그러면 이것은—내가 아픔을 느낀다는 것 외에—대체 무엇을 의미하면 좋을까.'(246)

비트겐슈타인에게 있어 '자신이 모른다'고 말할 수 없는 부분에서 '나는 알고 있다'고 말하는 것은 난센스이다. 예를 들면 '나는 그가 아픔을 느끼고 있음을 알고 있다든지, 의심한다든지, 믿고 있다'고 말하는 것은 유의미한데, 내가 실제로 '아픔'을 느끼고 있을 때, '나는 아픔을 느끼고 있음을 알고 있다든지, 의심하고 있다든지, 믿고 있다'는 것은 난센스이다. 즉 '나는 아픔을 느끼고 있다'는 표출은 어떤 의미에서도 인지적이지 않은 것이다.

'나'와 '아픔'의 문법

이런 것에 대해 당연히 이 표출이 기술적인 경우가 있지 않은가 하는 이론도 제출될 수 있다. 예를 들면 의사의 문진(問診)에서 '나는 머리가 아프다'는 발화는 어떤 의미로 나의 '아픔'에 대한 보고로, 기술은 아닌가 하는 문제가 제출되었다고 하자. 그런데 그 경우에서조차 나는 자신의 아픔을 '아픔'으로서 인정하는 '기준에 의해서가 아니라 같은 표현을 쓰고 있다.'(290) 문진에서 '나는 아픔을 느끼고 있다'고 대답하는 것은 앞서 말한 신음소리와는 다르다. 나는 의사와 간호사 등에게 나의 심적 상태를 말로 보고하고 있다. 이런 '아픔'이라는 단어의 언어 게임도 가능할 것이고, 사실 이 경우 '나의 아픔'의 보고를 나의 아픔에 대한 여러 가지 행동으로, 또는 의사의 체험으로부터 진위의 대상으로 할 수 있어, 그런 의미로는 기술적인 면을 가지는 것은 부정할 수 없다. 하지만 이 보고는 내가 자기 방의 모양을 보고하는 것과는 전혀 다르다. 내 방에 대한 보고는, 예를 들면 크기가 어느 정도이며 거기에는 책상이라든지 책장이 있다는 보고에 관해서는 진위를 판정할 수 있다. 하지만 내 '아픔'의 표출은 내 방의 기술과는 다르다.

'아픔'이라는 사적인 감각 여건에는 그것 특유의 문법이 있고, 나의 '아픔'이라는 말의 언어 게임에는 항상 어떤 종류의 사적인 의미가 맡겨져 있다. '사적인 체험에서 본질적인 것은 원래 각자가 자기 고유의 표본을 가지고 있다는 것이 아니고, 다른 사람도 이것을 갖고 있는지 아니면 다른 것을 가지고 있는지를 모른다는 것이다.'(272) 우리는 각자 다른 사람이 '아픔'이라고 말하고 있는 말을 다른 사람의 행동으로부터 배우고 사용하고 있지만, 다른 사람의 아픔을 느낄 수는 없다. 단지 각자가 자신이 느끼고 있는 아픔을 '아픔'이라 표현하고 있는 것에 지나지 않고, 자신의 아픔을 아픔으로서 인정하는 기준도 가지고 있지 않다. 따라서 '나는 아픔을 느끼고 있다'는 표현은 나의 내적 상태의 기술이 되지는 않는다. '내적인 일은 외적 기준을 필요로 하는'(580) 것으로, 우리가 이 기준을 가질 수 없는 이상 언뜻 보기에는 내 아픔의 표출이 기술 가능한 것처럼 보여도, '아픔'이라는 사적 감각에 관해서는 결코 기술적이지 않은 것이다.

근대 인식론에 대한 비판

비트겐슈타인은 "나는 남이 생각하고 있는 것을 알 수는 있지만 내가 생각하고 있는 것을 알 수는 없다. '나는 당신이 생각하고 있는 것을 알고 있다'고 말하는 것은 옳지만, '나는 내가 생각하고 있는 것을 알고 있다'고 말하는 것은 잘못이다. [철학의 모든 구름 덩어리가 한 방울의 언어 이론으로 응축된다.]"《탐구》제2부)고 말하고 있다. '나는 자신의 아픔을 알고 있다'고 말하는 것은 그야말로 난센스이거나, '나는 아픔을 느끼고 있다'고 말하는 것과 같다. 그는 심리적 동사에 의해 표현되는 문장에 '나는 알고 있다'라는 인식적 연산자로 말하는 것을 난센스라고 하며, 다음과 같이 말한다. "'나는 내가 무엇을 욕망하고, 바라고, 믿고, 느끼고, ……하고 있는가[등등, 모든 심리적인 동사에 의해서 표현되어 있는 일]를 알고 있다'고 하는 것은, 철학자의 난센스이거나, 또는 선척적인 판단이거나─둘 중의 하나이다."《탐구》 제2부) 그에 반해 나는 다른 사람의 심적 상태와 감각에 관해서는 어떤 사실에도 뒤지지 않게 확실히 알 수 있다고 말하는 것이다.

여기서 우리는 '앎'이라는 이 기묘한 현상은 무엇인가'라는 문제에 직면한다. '알고 있다'는 것은 결코 마음의 상태나 내적 과정이 아니다. '나는 이것이 P임을 알고 있다'는 것은 '이것은 P이다'라는 나의 발언에는 P가 사실로서 기술되어 있다는 것이다. 그것은 기술되어 있는 내용이 어떤 언어 공동체의 구성원에 의해 공유할 수 있는 기준에 따르고 있다는 것의 표명으로, 나의 발언은 그런 기준을 충족시키고 있다는 것의 표명이기도 하다. 만약 그 기준을 충족시키지 못한다면 나의 발언은 틀렸고, 나는 그것에 대해 몰랐던 것이 된다. 그런 의미에서 '내가 알고 있다'는 표명은 나의 앎을 다른 사람과 공유하고, 다른 사람과 의사소통을 할 수 있다는 것이 전제되어 있다.

비트겐슈타인의 '아픔'의 문법 고찰은, 일반적으로 '나의 아픔'은 다른 사람의 아픔이 아니라 나의 아픔이므로, 내가 그 '아픔'을 잘 알고 있다는 것처럼 해석하면서 문제의 기만성을 파헤치고, 나의 '아픔'이 우리의 앎의 근거가 되지 않았다는 것을 증명하는 노력이었다. 그것을 통해 '앎'이 우리의 심적 상태나 내적 과정에 근거를 마련한다는 사고방식을 날카롭게 비판하고 있다. 그런 의미에서 '아픔'의 문법 고찰은 사적 언어 비판으로 유아론의 논박을 목표로 하고 있으며, 근대의 주관에 입각한 인식론에의 비판인 것이다.

가장 만년의 책 《확실성의 문제》

《탐구》에서 《확실성의 문제》로
《탐구》에는 대부분의 문제가 논구되고 있는데, 그것을 주로 《논고》와의 관계, 문법적 고찰, 언어 게임의 관계, 나아가 사적 언어의 문제에 초점을 맞춰 논해왔다. 여기서 비트겐슈타인의 후기 사상의 무언가를 조망하기에 앞서, 그가 마지막으로 죽기 직전까지 집필했다고 여겨지고 있는 《확실성의 문제》(이하 《확실성》)를 다루고, 그가 가장 만년에 힘써 성찰한 문제는 대체 무엇이었는지를 보려고 한다.

지금까지 《논고》와 《탐구》의 문제와의 연속성을 더듬어왔는데, 여기서도 《확실성》의 과제와 《탐구》의 문제와의 연속성을 강조하고 싶다. 비트겐슈타인의 후기 사상은 여러 가지 형태의 유고에 남겨져 있고, 그들 유고 모두가 《탐구》의 사상과 밀접하게 관련되어 있다. 《확실성》에 제출되어 있는 문제도 여러 가지 형태로, 이미 《탐구》에서 기본적으로 서술되어 있고, 그런 의미에서는 《확실성》도 《탐구》와 연속성을 가지고 있다고 생각한다. 하지만 《탐구》에서 직접적으로 다루어져 있지 않은 문제가 《확실성》에서는 논해지고 있다. 여기서 그들 문제에 초점을 맞춰 그것을 대략 말하고자 한다. 《확실성》에 있어서 비트겐슈타인이 직접 관여하고 있는 문제란 지식의 확실성의 기반 문제이다. 그것은 데카르트를 시작으로 모든 선입견을 배제하고, 모든 지식을 회의(懷疑)한 다음 확고한 지식의 근거로 마련하려고 한 근대 철학의 비판이기도 하다. 이 문제는 직접적으로는 무어가 제출한 '상식의 옹호' 및 '외적 세계의 증명'에 관한 의견에 자극을 받고 있다.

《확실성》의 과제

데카르트가 지식의 확실성을 구하기에 앞서 방법적 회의를 하고 모든 지식을 회의에 두었지만, 회의할 수 없었던 한 점으로서 코기토(의식의 갖가지 작용, 즉 심적 상태와 과정에 대한 의식)를 전제로 하고, 그것을 의심할 여지 없는 지식의 원점으로 삼았다. 또 근대 인식론의 성립에 힘쓴 로크도 지식의 원천과 확실성의 근거를 감각적 지각에서, 즉 '나 자신의 마음의 작용'에서 구했다. 데카르트와 로크에 의해 시작된 인식론의 문제는 근대 철학의 주요한 과제가 되었는데, 비트겐슈타인은 《확실성》에 있어서 근대의 철학이 과제로 삼아온 인식의 문제를 '언어'와의 연관에서, 특히 언어 게임과의 연관에서 다루고 있다. 그런 의미에서 《확실성》의 문제는, 하나에는 앎의 회의 문제에 관여해 앎의 확실성의 근거를 유아론에서 구하고 있는 근대 철학의 비판이 관계되어 있고, 또 하나에는 지식의 근거를 우리의 언어 행위에 근거를 두고 있는 언어 게임의 문제가 관계되어 있다.

근대의 철학은 확실성의 근거를 '나'에게서 구하고 있고, 그런고로 궁극적인 유아론에 입각하고 있다. 유아론의 기본적인 입장은 '나는 나의 세계이고 나만이 존재한다. 자신의 마음에 있다고 자신만이 의식하는 것에 앎의 원천, 확실성의 근거가 있다'는 주장에 있다. 비

비트겐슈타인이 죽기 이틀 전 마지막으로 쓴 필적 확실성의 문제》 마지막 맺음말—"그의 꿈이 빗소리와 실제로 결합되어 있다 해도 사정은 변하지 않는다"—이 적혀 있다.

트겐슈타인은 《논고》에서 '유아론이 말하려는 바가 전적으로 옳지만 유감스럽게도 그것은 스스로를 드러낼 뿐 말로 표현될 수 없다'(5.62)라고 서술해, 유아론이 생각하고 있는 것이 옳다고 해도 정당화될 수 없음을 강조하고 있는데, 유아론이 정당화될 수 없는 것은 사적 언어의 존립이 전혀 정당화되지 않는 것으로 증명되고 있고, 우리의 지식이 언어 게임에 입각해 있는 것으로부터도 입증된다. 그는 지식의 문제를 논하기에 앞서 지식의 표현 문제와 관련해 그것을 언어 게임의 관점에서 파악하고 있는 것이다.

비트겐슈타인은, 앎의 작업에는 우리가 확실히 전제해야만 하는 것이 있다고 주장한다. 지금까지 근대의 철학이 회의를 통해 확실한 앎의 근거를 추궁해 왔는데, 비트겐슈타인에게 있어 회의는 근거에 입각하고 있고, 전혀 근거 없는 회의는 불가능한 것이다. '사람은 일정한 근거에 입각해 의심한다. 문제는 어떻게 회의가 언어 게임에 편입되는가이다'(458, 《확실성》에서 인용해 단락 번호를 붙였다. 이하 동일), '모두를 의심하려고 하는 자는 회의까지는 이르지 못할 것이다. 회의의 게임은 이미 확실성을 전제로 하고 있다'(115)고 서술해, 그는 근대의 철학이 확실한 앎을 구함에 앞서, 전부를 회의하는 것에서부터 시작함에 대해 회의라는 행위는 사실 '믿어 의심치 않는 것'을 전제로 했을 때 비로소 가능함을 강조하고, 그 전제가 되는 것을 무어의 '나는 알고 있다'라는 명제에서 구하

고 있다.

무어의 명제

무어가 '내가 알고 있다'고 든 명제는 '여기에 손이 있다', '이것은 나무다', '나는 인간이다', '대지는 내가 태어나기 훨씬 이전부터 존재했다' 등이다. 무어에 의하면 이들 명제는 모두 확실히 알려진 것이고, 그런고로 틀림없는 것이다. '어째서인가' 하는 물음에 대해, 예를 들면 '여기에 손이 있음을 내가 알고 있다'는 명제에 관해, 무어의 말에 따르면 "자신의 손을 눈앞에 두고, '내가 보고 있는 것은 바로 내 손이기 때문이다'라고 답할 수밖에 없는 것으로, 이 이상 근거를 댈 수가 없다. '여기에 손이 있다'는 것은 의심할 수 없는 것이고, 그것을 '나는 모른다'고 해도 의미가 없다."

비트겐슈타인은 무어의 주장에 동의하고, 다음과 같이 서술하고 있다. '무어가 알고 있다고 주장하고 있는 진리는, 그가 알고 있다면 우리도 모두 알고 있다고 해도 지장이 없는 것이다.'(100) '이 명제는 나에게 있어 전적으로 확실하므로, 나는 그 이상의 논거를 제시할 수 없다.'(111) 그러므로 나는 이 명제를 의심할 수가 없다. 우리는 이 명제와 반대의 것을 '여기에 손이 있음을 나는 모른다'라고 주장한다고 해도, 그것은 어떤 설명도 되지 않고, 그렇게 주장해도 의미가 없다. 왜냐하면 '그 주장을 증명하는 것은 하나도 없고, 모두가 그것의 반증이 되기'(117) 때문이다. 나아가 무어가 꼽은 또 하나의 명제 '나는 내가 태어나기 훨씬 이전에 대지가 존재했음을 알고 있다'를 살펴보자. 여기서 말하고 있는 것은, 문헌이건 그 외의 것이건 내가 얻은 정보는 모두 이 명제가 확실함을 나에게 확신시키고, 나의 이 세계상(世界像)은 그 반대의 것을 믿게 하는 것은 없다는 사실이다. 이렇게 해서 무어의 명제는 우리도 모두 알고 있는 명제로서 승인해야만 하는 것이다.

'나는 알고 있다'와 언어 게임

통상 '나는 P를 알고 있다'고 하는 것은 나의 발언에 대해, 나는 자신의 주장이 정당함을 입증할 수 있다는 것을 넌지시 말하고 있다(243). '나는 P를 알고 있다'라는 나의 발언이 정당함을 평가하는 기준은 나의 내적 과정에 있는 것이 아니라, 외적인 것에 있다. 즉 나의 발언의 정당함은 내 마음의 상태나 과정에 의한 것이 아니라, 내가 다른 사람에게 증거를 제시할 수 있는 것에 있다. 바꿔 말하면 다른 사람과 언어 게임을 할 수 있는 것에 있다. 그런 의미에서 나의 앎은 결코 유아론에 기인하고 있지 않다.

그런데 무어가 든 '대지의 존재'에 대한 나의 앎은 이런 외적인 기준에 의해 진위가 판정되는 명제일까. 이런 나의 세계상은 내가 태어나서부터 '부모님, 교사 또는 주변으로부터 여러모로 배우고, 여러모로 경험을 쌓아' 말하자면 전통으로서 이어받아 만들어진 것이다. 이 명제는 어떤 의미에서는 증거를 제시할 수 있는 명제이지만, 잘 음미해 보면 결국은 증거가 바닥나버려 '대지의 존재'를 흔들리지 않는 사실로서 승인할 수밖에 없는 명제이다. '대지의 존재'에 대한 나의 발언은 내가 살고 있는 커뮤니티의 구성원과 함께 언어 게임에 전제되어 있다. 무어가 '나는 알고 있다'로서 든 어떤 명제건, 커뮤니티의 구성원이 자명한 것으로서 받아들여 언어 게임을 하고 있어 그것들은 증거를 제시하는 것에 의해서는 확증되지 않지만, 흔들리지 않는 사실이고 신념에 근거를 두고 있다.

'알고 있는 것'과 '믿고 있는 것'

'나는 P를 알고 있다'라는 것은, 나는 'P'에 대한 증거를 원하면 제시할 수 있다는 것의 표명이다. 그리고 내가 'P'에 대한 증거를 실제로 제시한 경우, 내가 말하고 있는 것은 참으로 여겨진다. 하지만 여기에서 누군가가, 내가 제시한 증거가 정당하다는 근거를 제시해 달라고 했을 경우는 어떤가. 이것에 대해 나는, 내가 제시한 증거에는 반증이 없다고밖에 답할 수 없고, 'P'인 것의 근거가 정당하다는 증거를 예로 들 수 없다. 즉 우리가 증거를 제시하는 작업은 어딘가에서 막혀버린다. '증거를 근거로 정당화하는 작업은 어딘가에서 끝난다.' (204) 우리는 증거의 근거를 증명할 수 없다. '진리에 근거가 있다면 그 근거는 참도 아니고 거짓도 아니다.'(205)

무어가 제출한 명제는 경험명제의 형식을 취하고 있는데, '우리가 등용해 음미하지 않고 긍정하고 있는' 명제이며, 그 반대의 것을 믿는 이유를 상정하는 것이 불가능한 명제이다. 따라서 '나는 알고 있다'라고 하는 대신에 '나에게는 확실하다', '나에게도 다른 사람에게도 확실하다', '나는 의심할 수 없다'라고 말해도 되는 명제이다. 그는 '나는 알고 있다'라는 명제를 듦으로써 '틀림없는' 명제가 존재한다는 그의 확신을 서술하고 있는 것이다. 여기에 무어의 결정적인 오류가 있다. 무어는 '알고 있다'는 것과 '확실하다', '의심할 수 없다'라는 말의 구별을 하지 않고 있다. 비트겐슈타인에게 있어, 이 구별은 중요하다. '나는 이것이 P임을 알고 있다'라는 명제는 증거를 인용해 그 진위가 판정된다. 그 명제는, 만약 나의 주장이 증거에 의해 보증되지 않으면, 내가 알고 있다고 주장하고 있는 것이 잘못된 것이 될 가능성이 있다. 나의 주장이 거짓이라고 판정된 경우, 사실 '내가 알고 있다'고 하는 것은 '나는 모르고 있었다'라든지 '내가 알고 있다고 생각하고 있었다'에 지나지 않게 된다. 그것에 대해 무어의 '나는 알고 있다'라는 명제는 이런 '모르고 있다'라든지 '알고 있다고 생각하고 있다'는 것이 되지 않는 명제로, 결코 거짓이었다고는 할 수 없는 명제이고, '내가 알고 있는 것은 또한 내가 믿고 있는 것'(177)을 표명하고 있는 명제이다.

확실성의 근거

우리는 일상에서 '알고 있다'와 '믿고 있다'라는 말을 구별해 사용하지만, '너는 자신의 이름을 알고 있는 것이냐, 아니면 믿고 있는 것이냐' 하고 물어봤을 경우 어떻게 대답할까. 보통 자신의 이름을 알고 있다고는 하지 않을 것이고 믿고 있다고도 하지 않을 것이다. '나는 자신의 이름을 조금도 의심하지 않는다. 만약 그것이 의심된다면 나에게 확실한 판단은 무엇 하나 존재하지 않을 것이다.'(490) 우리는 자신의 이름을 '알고 있다'고는 말하지 않는다. 왜냐하면 자신의 이름에 대해 보통 '알고 있다고 생각하고 있었지만 사실은 몰랐다'고 말할 일은 없기 때문이다. 우리는 자신의 이름을 확신하고 있고, 알고 있는지 어떤지 의심하지 않는다. 무어가 '알고 있다'고 한 것은, 바로 이렇게 '확신해 의심하지 않는다'는 의미이다.

'지구가 아득한 옛날부터 존재하고 있었다고 우리는 상정한다라든지, 그것과 비슷한 것을 내가 말하면 이상하게 들린다. ……그럼에도 불구하고 이 명제는 우리가 영위하는 언어 게임 전체 체계의 기초에 해당한다. 이 상정은 행동의 기반이고, 따라서 당연히 사고의 기반이기도 하다.'(411)

우리는 앎의 언어 게임을 영위하기에 앞서 '확신해, 의심하지 않는' 것을 기초로 해야 한다. 우리는 누구나 이 세상에 태어난 이래 무수한 사정을 배우고, 그것을 믿고 받아들이고 있다. 아이들이 어른을 믿고 배우는 것처럼(160), 우리는 무수한 사정을 받아들여, 언어 게임을 할 때 '믿는' 것을 기초로 하고 있다. 비트겐슈타인이 '학습이란 처음부터 믿는 것에서 시작된다'(170)고 말하고 있는 것처럼, 우리는 '믿는' 것으로 인해 여러 가지를 배운다. 예를 들면 '몽블랑의 높이를 알고 있는가' 하는 물음에 '알고 있다. 4000미터이다. 학교에서 배웠고 책에도 쓰여 있다'라고 답한다. 이 경우의 '알고 있다'라는 발언은 '배운 것을 근거로 그렇게 믿고 있는'(171) 것을 말한다. 하지만 나아가 '학교에서 배운 것을 어째서 믿는가' 하고 물으면 우리는 대답하기 곤란해진다. 하지만 대답하기 곤란해도 그 지식이 틀려 있었던 것은 아니다. '증거에 근거를 두고 정당화하는 작업은 어디에선가 끝나는'(204) 것이다.

'알고 있다'는 말의 용법은 '검증의 체계'에 근거를 두고 있다. 하지만 검증에 의한 우리의 정당화 작업은 어딘가에서 끝난다. 우리는 '확신해, 의심하지 않는' 명제를 가지고, 그것을 기초로 언어 게임을 영위하는 것이다. 이런 우리의 신념은 검증에 의해 정당화되지 않는다. 바로 '진리에 근거가 있다면 그 근거는 참도 아니고 거짓도 아닌'(205) 것이다. 우리는 그 근거를 믿는 것이다. 이것이 확실성에 따른 것이고, 이것이 언어 게임의 구조를 부여하고 있다. 이렇게 해서 무어가 '내가 알고 있다'고 든 명제를 둘러싼 비트겐슈타인의 성찰은 '안다'는 말의 용법을 전망하고 그 오용을 지적하며, 우리 앎의 행위에 따른 부분은 신념에 근거를 둔 것에 있었다. 《확실성》의 집필은 비트겐슈타인의 죽음 이틀 전까지 이루어졌으나 그 저술은 미완성으로 끝났다. 하지만 지금까지 서술한 것처럼 확실성에 관한 그의 성찰에서는, 문제의 핵심은 논해져 있다. 그리고 이 성찰은 물론 《탐구》와 연속하고 있지만 《논고》의 사상과도 깊은 곳에서 결부되고 있다. 그런 의미에서 《확실성》도 《논고》와 같은 기반에 기인하고 있다고 할 수 있을 것이다.

《논고》에 쓰이지 않은 이야기

《반철학적 단장》

《반철학적 단장(反哲學的斷章)》은 작은 책이지만 원석(原石)의 보고이다. 비트겐슈타인의 자세를 선명하게 전하는 문장이 여기저기 굴러다닌다. 예를 들자면 '내가 만든 것은 새로운 비유·우화이다."

'철학 잡지에 논문을 쓰는 따위의 패거리들에게만은, 무슨 일이 있어도 흉잡히고 싶지 않다.' 비트겐슈타인은 철학을 혐오하면서도 철학에 홀려 있었다. '철학자들이 쓰는 말은 이를테면 거북스러운 신발 탓에 이미 일그러져 있다.' 철학자 비트겐슈타인은 철학병의 치료라든가 철학뿐만 아니라, 문화나 종교 등의 문제에도 깊은 관심이 있었다. 그 이야기는 《논고》에서도 '쓰이지 않은 제 2부'로서 짐작되는 일이지만.

슐리크나 카르나프의 빈학파 연구회에 초대되었을 때, 비트겐슈타인은 철학의 이야기는 하지 않고 때때로 타고르의 시를 낭독했다고 한다. 카르나프에 따르면 비트겐슈타인은 과학자라기보다 예술가와 비슷했다.

'철학에 대한 나의 태도는 「무릇 철학은 시처럼 만드는 방법밖에 없다」는 말로 요약될 것이다. 이 말에서, 나의 사고란 언제까지나 현재, 미래, 과거 어느 한 지점에서만 존재한다는 것을 알게 되었다. 이 말로 말미암아 나는, 자기가 하고 싶은 것을 완전하게는 못하는 사람이라고 고백을 하는 것이 되니까.'

이 책의 원래 제목은 《가지가지의 코멘트》이다. 1914년에서 1951년까지 쓰인 원고에서 직접으로는 철학에 관계없는 문장을, G.H. 폰 브리크트가 H. 니만의 도움을 얻어 편집한 것이다. 상세한 부분은 본서 〈초판 머리글〉〈신판 머리글〉〈편집 노트〉에 쓰여 있다.

단장(斷章)은 쓰인 연대순으로 수록하였다. 테마로서는 철학의 작법, 말, 음악, 문학, 종교, 건축, 정신분석, 자기 관찰, 유대인, 서양 문명 등등 다방면에 걸쳤고, 비트겐슈타인의 문화와 가치관을 격언풍의 문체로 담아냈다.

비트겐슈타인은 철학에서는 혁명아였으나, 문화와 가치에 관해서는 보수적인 전통주의자였다. 이 대조가 여간 재미를 더하는 게 아니다. 20세기 사람처럼 독창성에 대한 열등감도 지니고 있었다. 《반철학적 단장》은 그러한 그의 생리를 잘 전하고 있다.

유머나 음악이나 문학 등을 이해할 때 문화적 배경이 관점을 이해하는 데 큰 역할을 하고 있다. 그렇다면 《반철학적 단장》은 '직접으로는 철학과 관계없는 문장을 순서대로 늘어놓는다'는 편집 방침에도 불구하고, 사실은 '시처럼 만들어내는 철학'과 깊이 관계하고 있는 셈이다.

비트겐슈타인을 이해하기 위해서는 독일·오스트리아 문화의 전통을 잊어서는 안 된다. 그는 영국 문화가 기질에 맞지 않고 게다가 단순한 도덕가였기에 끝까지 셰익스피어와는 파장이 안 맞았던 것 같다.

그러한 이유로 《반철학적 단장》은 비트겐슈타인 자신에 의한 모양새를 갖춘 비트겐슈타인 안내서이다. 또 동시에 철학 전공의 비트겐슈타인밖에 안 보이는, 사람들을 도발하는 책이기도 하다. 여기에는 비트겐슈타인에게 싫증 내지 않는 사람들도 물리지 않는, 가지가지의 원석이 전시되어 있다.

방의 정돈이 취미이고 가지가지 일에 깔끔하기를 구한 천재로서는, 뜻밖의 발언도 수록되어 있어서 범인들의 마음에 든다. '범용한 저술자가 조심할 것은 대범하고 부정확한 표현을 정확한 표현으로 성급히 바꾸지 않아야 한다는 것이다. 그런 짓을 하면 최초의 번득임이 없어진다. 작은 식물에는 아직 생명이 있었는데 정확을 기하려고 하다 보니 시들고 아주 무가치하게 된다.'

V. 비트겐슈타인의 인간상
고뇌와 인생의 진실

내면의 고뇌

비트겐슈타인의 생애는 끊임없는 방랑의 여로였다. 그는 마음의 안식을 모르고 오로지 순수한 탐구심을 가지고 자신이 하고 있는 일에 모든 심혈을 쏟아부었다. 폰 브리크트는 "그에게 가장 뚜렷하게 나타나는 특성은 아주 순수한 진지함과 강력한 지성에 있다"고 말하고, 그의 '진지함'이 도덕적인 것에 입각해 종교적인 감정에서 우러나오고 있음을 지적하고 있다. 그리고 그는 "비트겐슈타인은 예민하고 자학적일 정도로 의무에 충실한 사람이나, 그의 진면목과 엄격함은 제2의 것(종교)에 가까웠다"《약전》라고 서술하였다. 비트겐슈타인의 철학탐구는 이러한 종교적 심정이 깊숙하게 지탱되고 있는 것이다. 그의 철학적 사색은 소위 사변적이지 않고 극히 실천적이었다. 그는 말의 문제를 탐구하였으나 그것을 언어학의 문제나 단순히 논리의 문제로서 탐구하지는 않았다. "언어가 의미를 가지는 것은 사상과 삶의 흐름 안에 있다"고 말한 것처럼 그의 관심은 항상 삶에 있었다. 그는 삶의 흐름에서 진리를 탐구했다.

그는 어떠한 일에서나 진지하고 성실하게 정열을 뿜어내며 몰두하였다. 그렇지만 지금까지 이미 보아온 대로 한평생 그는 불안과 근심 걱정에 고민하며 격심한 죄의식으로 자신을 괴롭혔다. 그는 자신이 '저주받은 운명'이라고 느끼고 있었다. 그가 가르친 제자 맬컴은 다음과 같이 말했다. "통상 일어나는 일 중에서 그의 관심을 끄는 것은 거의 그에게 기쁨을 전하지 못하였고, 그 대부분의 많은 것은 그에게 비탄에 가까운 감정을 불러일으켰다. 함께 산보를 하고 있을 때 그는 자주 걸음을 멈추고 '뭐란 말이냐'고 울부짖으며, 마치 인간 세상에 신이 손을 내뻗어주기를 애원하듯 나를 슬프게 바라보았다."《회상》 그는 항상 자신에게 엄격했고 또한 다른 사람도 용서치 않으며 타협하지 않았다. 그는 완전주의자로 어떤 일이건 완전히 이해해야만 했다. 그는 자신을 심하게 몰아세웠기에 그의 모든 존재는 긴장 속에 있었다. 그 엄격함은 그의 진리에 대한 열렬한 사랑이었다(같은 책). 그러나 그의 엄격함은 이 세상의 것을 뛰어넘는 것인 듯 보였다. 그는 격심한 내면의 고통에 습격받고 거기서 구제를 바랐다. 나는 이 장에서 그의 정신의 고뇌를 더듬어가며 그가 한평생에 걸쳐 내면에서 열렬히 구하고자 한 진실에 대해 서술해 그의 인간상을 그려보고 싶다.

베번 부인이 그린 비트겐슈타인

내부에 깃든 죄의식

1931년에 비트겐슈타인은 가족과 친한 친구들에게 '고백'의 편지를 보냈다. 그 일에 대해 드루리는 "그가 노르웨이에서 돌아온 날, 그는 그곳에서 아무것도 저술하지 않고 그저 그 무렵의 시간을 낭비하였다. 그는 과거 생활에 대해 가장 창피했던 일에 대해 고백을 써두어야 할 필요를 느낀 것이다. 그는 그 편지를 나에게 꼭 읽어보도록 당부하였다. 그는 이미 그 편지를 무어(Moore)에게 보여줬다. 무어는 그것을 읽어야 하는 것에 무척이나 망설였다고 말했다. 물론 나는 이 고백의 내용에 관해 말하지 않을 작정이다"라고 말했다. 또한 무어와 엥겔만도 한결같이 '고백'에 대해서는 아무런 언급이 없었다. 그들은 자신과 친한 사람의 프라이버시에 대해 말하지 말아야 한다는 양식(良識)에 따른 것이다. 그러나 앞 장(章)에서 이미 다루었듯이 비트겐슈타인의 고백을 직접적으로 들은 파스칼 부인은 그런 터부를 굳이 깨뜨려 그 내용을 후세를 위해 공표했다. 그에 따르면 다음과 같다.

"그가 고백한 두 가지의 '죄'가 떠오릅니다. 하나는 그가 유대인의 혈통을 이어받은 것, 또 하나는 그가 오스트리아 시골 마을 교사로 재직할 때 일으킨 과오에 관한 것이었습니다."

첫 번째 죄에 관해서는 그를 알고 있는 사람들 대부분이 그를 4분의 3은 비유대인으로, 4분의 1은 유대인으로 생각하고 있었으나 실제 그 비율이 뒤바뀌어 있다는 것이다. 문제는 그가 자신을 알고 있는 사람들이 그렇게 생각하고 있다는 것을 알면서도 그것이 오해임을 그들에게 말하지 않은 것이다. 두 번째 죄에 대해서는 초등학교 교사 시절 그는 제자를 체벌하다가 기절시켰다. 그 일로 인해 고소당했을 때 그가 그런 일이 없었다고 거짓말을 한 일에 대한 양심의 가책이었다.

사람들이 그의 유대 혈통의 비율을 오해하고 있던 것을 알고 있으면서 그가 그 오해를 바로잡지 않았다는 것과 학교 교사로서 부끄러워해야 마땅한 거짓 증언을 한 것이 그의 '고백'의 내용이었다. 그에게 있어 죄는 용서받아 마땅한 것이 아닌 참회하지 않으면 안 되는 것이었다. 여기에서 그의 글자 그대로 진지함과 자신의 양심에 대한 완전한 성실함이 엿보인다. 브리크트가 "신에 대해 생각한 것은 특히 그에게 있어 무서운 심판에 대해 생각하는 것이다"《약전》에서 서술한 바와 같이 그의 죄의식에는 어딘가 신의 심판에 대한 두려움이 있는 것처럼 보였다. 그리고 '참회는 새로운 생활의 일부임에 틀림없다'《반철학적 단장》, 이하《단장》에서 기술한 것처럼 그는 '참회(고백)'로 인해 다른 사람이 되는 것을 바라고, 번민 끝에 고백을 결심한 것이다.

유대적 정신

유대인의 혈통 문제에 대해 말하자면 그가 유대인인 것에 대해 특별히 고민하지 않았다. 그의 죄의식은 사람들의 오해를 풀어주지 않은 것에 있었다. 그와 같은 세기말 빈에 살던 유대인인 바이닝거가 유대적 성격을 경멸하고 그 고난을 극복하고자 했으나 비트겐슈타인은 그러지 않았다. 그는 유대인인 것에 심적 부담을 짊어지며 유대적 특성을 날카롭게 분석하고, 유대 전통 안에 있는 자신과 자신이 하고 있는 것을 척척 파악하여 유대적인 생활 방식을 받아들였다. 일반적으로 유대인의 실천적, 도덕적, 종교적으로 여겨지는 특징을 그는 계승하고 그 자신이 '유대인은 거친 지대에 있다. 하지만 그 엷은 암석층의 밑은 정신적인 것이 마그마처럼 가로놓여 있다'《단장》라고 지적하고 있듯이 그의 정신생활의 원동력은 이 유대인적인 것 안에 있었던 것이라 여겨진다.

'유대의 천재는 성인들뿐이다. 유대의 최고 사상가는 재능인에 지나지 않는다. (가령 나 같은 존재.) 나의 사고는 사실 복제·재생밖에 안 된다. 그렇게 생각한다면 일면의 진리가 있는 것이 아닐까? 나는 사상 운동을 차례로 계속한 일이 한 번도 없었던 것이 아닌가?'(같은 책) 여기에 그의 유대적인 것의 본질적 이해가 드러나 있다. 인간은 본래 창조라고 하는 이름값 할 만한 일을 하는 것은 아니고, 하는 일이 불가능하다는 이해가 그러한 것이다. 계속해서 그는 자신이 해온 일을 다음과 같이 말하고 있다. '언제나 누군가로부터 주어져서 바로 정열적으로 거기에 달려들었고 그것을 명석하게 하려고 했다. 그리하여 나는 볼츠만, 헤르츠, 쇼펜하우어, 프레게, 러셀, 크라우스, 로스, 슈펭글러, 스라파 등으로부터 영향을 받았다. 유대적인 복제·재생의 한 예로서 브로이어와 프로이트의 이름을 들 수가 있을까?—내가 만든 것은 새로운 비유·우화 그런 것들이다.'(같은 책) 우리들이 지금껏 더듬어온 《논고》의 사상도 《탐구》의 사상도 틀림없이 그가 여기서 말하고 있는 재생과 명석화에 관계된 것이라고 말할 수 있으리라.

'나의 사상은 100퍼센트 히브리적이다'라고 말하고 그는 유대적인 것이 그의 사상의 기반이 된 것을 인정하고 있다. '전통은 누구나가(우리가) 수용(습득)할 수 있는 것이 아니다. 마음에 든다 하여 끌어당길 수 있는 실타래는 아니다. 자기 조상을(자기 조상을 마음대로) 선택할 수 없는 것과 같이 전통도 선택은 어렵다'(같은 책)고 말하고 그는 유대적 전통의 무게를 확실히 자각하고 있었다. 그의 어떠한 탐구에도 이런 자각이 세워져 있다.

도덕적 가치의 추구

그는 재생과 명석화를 유대적 정신으로 받아들이고 그 정신이 삶의 기반에 근거가 된다는 것을 주장하고 있는데 그가 사물을 바라보는 방법은 동시대 같은 유대인인 크라우스, 로스, 쉰베르크에 극히 가깝다. 그들은 각각의 문예·건축·설계·음악이라는 다른 예술 장르에서 활동하였는데, 그들의 공통된 정신은 예술 활동이 궁극적으로 도덕적 가치에 기초하지 않으면 안된다고 하는 점이었다. 비트겐슈타인도 바로 이런 정신으로 그의 주제였던 '언어'에 몰두하였다. 그의 기본적인 입장은 언어비판이라고 말할 수 있으나 그것은 달리 말하자면 크라우스적 정신이었다고 말할 수 있다.

비트겐슈타인은 도덕적 가치를 추구했으나 그 일은 그의 철학적 저술에서는 거의 다루어지지 않았다. 그에게 가치 문제는 이론적으로 해명되어야 할 것이 아니었다. 그의 가치에 대한 성찰은 그가 살아가는 방식에 직접 관계하고 있었다. 그는 그것을 자신의 내면에 대해 받아들여 자신에게 엄격하게 부과하였다. 그는 스스로 지원한 전쟁에서 과감하게 싸운 것, 수도원에 들어가고자하거나 학교 교사를 지망한 것, 혹은 의사를 지망한 이 모든 것이 가치의 실천화였다. 죽음에 직면한 전쟁에서는 조국을 위해서 싸우는 것을 당연한 의무로 받아들이고 전우들로부터는 '좋은 전우'로 간주되어 전장에서 '복음서를 가진 남자'로 불리며 내면에서 인생의 의미를 두루 생각하였다.

그는 수도원에 들어가지 않았으나 그곳 정원사 조수로 땀 흘리며 열심히 자신의 일을 달성하였다. 그가 가장 열의를 쏟아부었던 것은 교사로서의 아이들 교육이었다. 그의 교육은 아이디어로 넘치고 창의성이 풍부한 교육 방식이었다. 그 자신은 꾸밈없고 수수한 그 생활 자체로 헌신적인 교육에 걸맞았다. 그는 트라텐바흐의 마을 사람에게 그의 종교에 대해 질의를 받았을 때 "나는 그리스도교는 아니지만 복음의 사도입니다"라고 대답했다고 전해진다. 그의 교육은 무엇보다도 인생의 가치에 대해 촉구함에 있다고 여겨진다.

예술과 윤리적 가치

두 개의 예술 작품

비트겐슈타인은 그의 생애 중에 두 개의 예술 작품을 만들었다. 하나는 누나인 마르가레테 스톤보로가(家)의 건축이고, 다른 하나는 소녀의 두상 작품이었다. 이 두 개의 작품은 그가 교사로서 살아갈 꿈이 부서지고, 실의의 나락으로 떨어진 시기에 제작된 것이었다. 그는 그것에 몰두하고 전력을 다하였다. 그는 자신의 작품을 다음과 같이 평가했다.

'내가 세운 그레텔의 집은 단호한 귀 밝음의, 예의 바름의 결과(산물)이고 (하나의 문화 같은 것에 대한) 위대한 이해의 표현이다. 그러나 거기에는 마음껏 날뛰고 싶은 근원적인 생명이, 야생의 생명이―결여되어 있다.'《단장》

비트겐슈타인 자료관 키르히베르크에 있다.

'드로빌 대신에 두상을 만들었을 때도 기본적으로는 드로빌의 작품에서 자극을 받았고, 내가 실제로 한 것은 역시 명석화라는 작업이었다.'(같은 책)

이 두 개의 자기 작품에 대한 평가는 그가 유대인 정신으로 예로 든 재생과 명석화의 일을 자신이 했다고 하는 표명이기도 했다.

비트겐슈타인에 따르면 진실로 위대한 예술 작품은 천재에 의해 태어나는 것이다. 그러나 '유대인의 정신은, 몹시 작은 풀꽃 하나 만들어내지 못한다. 그러나 다른 정신 속에 자라난 풀꽃을 묘사하여, 그 전체상을 그리는 데는 능숙하다. ……남의 작품을 그 솜씨를 부린 사람보다 더 이해한다. 이것이 유대 정신의 특징이다'(같은 책)라고 말하고 있다. 그는 이처럼 유대적 정신을 대표하는 음악가로서 멘델스존을 예로 들고 있다. 멘델스존에게는 위대한 예술에 빠질 수 없는 인간의 원시적 충동, 야생의 생명이 결여되어 있어 그런 의미에서 그는 '복제적 예술가'이다.(같은 책) 그는 멘델스존의 경향성을 자신과 동질적인 것으로 보고 자신의 작품도 재생적이라고 하는 인식을 가지고 있었다.

예술관

비트겐슈타인에 따르면 '우리가 세계 존재에 놀랄 일', 이것이 예술을 낳는 감정이고 예술은 세계, 곧 자연이라고 말해도 좋을 세계 내지 자연의 존재에 놀라고 그 불가사의함에 자극받는 것에 기초가 부여된다. '예술은 자연의 불가사의를 가르쳐준다. 자연의 불가사의라는 개념에 근거하고 있기 때문이다.' (같은 책) '모든 위대한 예술에는 야생 동물이 길들여 사육되고 있다.' '모든 위대한 예술에는 인간의 원시적인 충동이 근음(根音)으로서 울리고 있다'(같은 책) 등으로 기록되어 있다. 그것은 우리가 자연에 대해 놀라움, 불가사의, 신비 등의 감정을 가지며 그것에 대해 자신의 삶의 의미를 여러모로 생각하고 그러한 체험을 표현하는 것이 예술이며, 위대한 예술에는 그러한 인간의 원시적인 충동이 존재로 표현되어 있다는 것이다. 즉 예술은 표현이고 좋은 예술 작품은 완성된 표현이다. 예술 작품이 표현하고 있는 것은 사실의 세계에 대해 표현하는 과학적 언어에 의한 것이 아니라 시적 언어에 의해서 시나 그림, 음악이라는 형식에 의해 표현된다.

예술 작품은 사실의 세계를 표현하는 것이 아닌 그 세계의 밖에 있는 세계를 표현하고 있는 것이다. 예술 작품은 영원한 상(相) 아래에 보이는 대상이다. 그리고 좋은 삶이란 영원한 상 아래에 보이는 세계이다. 여기에 예술과 윤리의 연관이 있다.《일기》 사실의 세계는 예술 작품이 표현하는 세계와는 전혀 다르며, 예술 작품은 영원한 상 아래에 보이는 대상이고, 그것은 가치의 세계라고 말할 수 있다. 그런 뜻에서 예술과 윤리는 같은 것에 뿌리를 둔다.

가치와 표현

비트겐슈타인에게 있어서 크라우스와 같은 예술은 윤리적 가치에 뿌리를 둔다. 뛰어난 예술 작품에는 모두 그 가치가 표현되어 있다. 그러나 가치에 대해 우리는 '말할 수 없음'으로 침묵해야만 한다는 것이 그가 생애 동안 유지한 입장이었다.

예술 작품은 우리의 내면에 호소하고 인생의 의미를 우리에게 가리키지만, 아무리 뛰어난 작품이라도 진위 판단이나 언어 게임에 의해 말할 수 있는 것만을 언어로서 포착함은 그의 철학 과제의 영역 밖이다. 그럼에도 여전히 우리들이 예술 작품을 언어의 대상으로 하고자 하려거든 우리들은 《논고》 및 《탐구》의 과제는 도대체 무엇이며, 왜 그가 문법적 고찰을 하고 언어 용법으로의 전망을 촉구하고 사적 언어를 부정한 것인지, '확실성의 문제'는 무엇이었는가를 되돌아봐야 할 것이다.

그의 노력의 주안(主眼)은 말의 문법에 대해서는 자비롭지 않은 성찰에 있다. 그는 우리가 언어의 한계를 뛰어넘고 말의 관용의 문법을 초월하는 가치에 대해 이야기하고자 하는 우리들의 경향에 대해 다음과 같이 엄히 경고하고 있다. "인간은 언어의 한계를 향해 돌진하고자 하는 충동을 가진다. 예컨대 무엇인가 존재한다고 하는 놀라움에 대해 생각해 보자. 놀라움은 질의의 형식으로 표현되지 않고 어떻게 될 것인지 해답 또한 존재하지 않는다. 우리들은 무엇을 이야기하더라도 그것은 선험적인 무의미일 뿐이다. 그럼에도 불구하고 우리들은 언어의 한계를 향해 돌진한다. 언어에 대한 이 돌진이 윤리이다. 나는 사람이 윤리에 대한 모든 불필요한 잡담—인식이 존재할지 말지, 가치가 존재할지 말지, 선(善)은 명백하게 규정할지 어떨지를 등—에 종지부를 찍는 일을 아주 중요한 것으로 이해한다.

윤리에 있어 사람은 사물의 내용의 본질에 관여하지 않는 것, 결코 연관 지어질 수 없는 것을 말하려고 항상 일을 꾸민다. 만약 인간이 선의 정의가 어떻든 간에—인간이 현실에서 생각하고 있는 본래의 것이 그 표현에 대응하고 있는 것은 '언제나 오해에 불과하다'(무어)라고 하는 것이 선험적으로 확실하다. 그러나 돌진이라는 경향이 무언가를 시사하고 있는 것이다. 이것을 아우구스티누스는 이미 알고 다음과 같이 말하였다. 너희 부정한 자들이여, 너희는 무의미한 것을 말하고자 하지 않는가? 무의미의 것만을 말하라. 그것은 어떠한 해를 만들어내지 않는다!"《비트겐슈타인과 빈학파》

상대적 가치와 절대적 가치

그는 '우리들이 언어의 한계를 향해 돌진하고자 하는 행동'을 지적하고 그 행동이야말로 윤리에 대해 오해를 낳고 우리들을 무의미하고 불필요한 말로 몰아세우는 것이라고 주장하고 있다. 이러한 윤리적 가치에 대해서 그의 생각을 공표한 것이 논문 〈윤리 강화〉이다. 그는 이 외에도 윤리에 관해서는 단편적으로 발언하고 있는데 일정 분야에서는 어디에서도 말하지 않았기에 여기서는 〈윤리 강화〉에 따른 그의 윤리적 가치에 대한 견해를 더듬고자 한다. 그 속에서 그는 가치를 표현하는 말의 용법을 전망하고 언어의 한계 내에 있는 가치의 용법과 언어에 의해 표현되지 않는 가치의 존재를 설명하고 있다. 전자가 상대적 가치이고 후자가 절대적 가치이다.

가령 '이것은 좋은 의자이다'라고 말하는 것은, 의자에는 미리 사전에 결정된 목적이 있어 이 의자에는 그 목적에 쓸모 있음을 말하고 있다. 또한 '그는 좋은 주자이다'라는 것은 '그가 몇 마일을 몇 분에 달린다'라는 것을 말하는 것이다. 이들의 글은 비트겐슈타인에 따르면 상대적인 가치를 표현하고 있다. 상대적인 의미로의 '좋은'이라는 말을 포함하고 있는 글은 '좋은'이라는 말을 포함하지 않는 다른 사실을 표명하는 글로 번역 가능하다. 그 의미로 상대적 가치를 표명하는 글은 서술적이자 《논고》로 다루어지는 자연과학의 명제와 같은 가치이다. '좋은 의지인가, 아닌가'는 의지에 대해 미리 결정된 '좋은'이라는 기준에 비추고 '좋은 주자인가, 아닌가'는 달리던 시간의 길고 짧음에 비추어 그 선과 악이 결정된다. 상대적 가치를 표명하고 있는 글은 모든 사실을 표명하고 있는 글로 본래적으로 가치(사실은 그 자체 선도 악도 아닌)를 포함하지 않는다. 그것에 대해서 절대적 가치는 사실을 기술하는 글로 번역 불가능하다. 그것은 사실을 초월한 것으로 초자연적이고 본질적으로 숭고한 것이다. 그런 까닭에 절대적 가치는 언어에 의해서는 기술 불가능하고 그에 대해 말하는 것은 단적으로 무의미하다.

절대적 가치라는 것은 '절대적으로 바른길', '절대적인 선'이다. '절대적으로 바른길'은 '누구라도 그것을 보면 논리적 필연성을 가지고 행해야만 하든지 혹은 행하지 않은 것을 부끄럽게 여기는 길'로 '절대적인 선'은 '만약 그것이 기술 가능하다면 누구라도 필연적으로 생기거나 생기지 않는 것에 대해 죄악감을 기억한다고 여겨지는 상태'(《윤리 강화》)이다. 이상의 것은 우리들의 절대적 가치에 대한 정의이지만, 비트겐슈타인에게 이러한 것은 현실에서는 일어나지 않는 환상에 지나지 않는다. 절대적 가치는 절대 사실로의 번역이 불가능하며 언어에 의해 기술되지 않는다. 그것은 고작 직유나 풍유로밖에 표현되지 않는다. 만약 그것이 그 이외로 표현된다고 하면 그것은 상대적 가치와 같은 것이 되고, 절대적 가치가 존재하는 것은 무의미가 되어 언어상 이치에 어긋나게 된다.

언어 없는 신앙

'윤리가 삶의 궁극의 의미, 절대적 선, 절대적 가치에 대해 무언가를 이야기 하고자 하는 욕구에서 생기는 한 그것은 과학에선 있을 수 없다'(같은 책)라고 기술한 비트겐슈타인은 절대적인 의미로의 가치를 표현하는 것은 무의미(과학적으로 기술되는 명제가 유의미)하다는 결론에 도달한다. 우리들은 언어의 한계 내에서만 언어를 유의미에 사용 가능하다. 그럼에도 불구하고 우리들의 경향성은 이 언어의 한계를 향해 돌진하고자 하는 것이다. 그러나 그것은 '절대적으로 희망이 없는 것'으로 돌진을 꾀하고 그렇게 꾀한 것의 불가능성을 잘 알고도 열심히 표현하려고 꾀하고자 하는 우리들의 경향성에 대해 그는 '윤리의 서(書)는 인간의 정신에 숨은 경향을 기록한 다큐멘터리이니, 나는 이 경향에 개인적으로 경의를 표하지 않을 수 없다. 나는 생애에 걸쳐 그것을 비웃는 일은 없을 것이다'(같은 책)라고 기술하고 있다.

우리는 절대적 가치가 표현되지 않는 것을 자각하고 유의미한 언어를 뛰어넘어, 이른바 사실의 세계를 초월해야 한다. 비트겐슈타인은 우리에게 있어 가장 중요하고 우리가 그것에 생명을 걸고 물러서지 않는 것에 삶의 깊은 밀의(密議)를 본 것이다. 그 가치를 '언어 없는 신앙'으로서 우리 내면에서 책임지며 살아갈 수밖에 없다. 비트겐슈타인의 이 가치에 대한 발언은 예술에서도 들어맞는다. 우리들은 미적인 것에 대해 똑같이 말할 수 없는 것으로 미적인 것을 음악·회화·시 등을 통해 자신의 내면에서 납득하고 공감한다. 그것은 윤리적 가치와 마찬가지로 초월적인 것이다.

종교와 삶

종교적 정열

비트겐슈타인은 전형적인 학자의 기질과는 동떨어져 냉정한 태도로 초연한 명상에 잠기는 일은 없었다. 그의 사색이나 지(知)도 실천과 연결되어 있다. 이것은 실천적이고 종교적이라고 하는 유대적 특성과 일치하고 있다. '지혜는 잿빛, 그러나 삶과 종교는 색채가 풍성하다'라고 하는 한 문장에서 그의 살아가는 방식이 이야기되는 것 같은 생각이 든다. '나는 종교적 인간은 아니지만 어떠한 문제라도 종교적 관점에서밖에 볼 수 없다'(같은 책)라고 말하는 것처럼, 그의 이해에는 종교의 문제를 빠뜨리는 것은 불가능하다. 틀림없이 그는 성직자도 아니었고 특정의 종파에도 소속되지 않았으며, 또한 그리스도교 신자도 아니었다. 그러나 그는 한평생 신과 종교에 대해 이리저리 곰곰이 생각하였고, 그의 삶의 방식은 종교적 정열에 지탱되어 윤리적 결백함, 사물 내용에 대한 성실함, 검소하고 소박한 생활, 금욕적인 성, 그 모든 것은 종교적인 삶에 확고부동하게 정착하였다.

그는 지식을 행동과 연결짓고 생활과 결부시켰다. 그는 자신의 인생을 되돌아보고 다음과 같이 말하였다. '인간은 몇 번이고 무릎을 꿇고 넘어지나 해야 할 그저 단 한 가지의 일은 계속 다시 해야 한다. 적어도 이 일은 내가 살아 있는 기간에 하지 않으면 안 되는 것이다.'(같은 책) 이 말이야말로 그의 생애를 특징짓는 말일 것이다. '인간의 위대함은 자신의 일에 얼마나 노력하는지에 달려 있다고 생각된다.'(같은 책) 그는 어떤 일에서도 정열적으로 그것을 자신의 삶에 결부시켰다. 그의 정열은 더욱이 종교적이었다.

종교의 존재 이유

'삶은 산등성이를 달리는 하나의 길 같은 것이다. 좌우로 미끄러지는 경사가 있고, 어느 방향에서나 어찌할 수 없이 미끄러져 떨어져버린다.'(같은 책) 이 같은 인생을 살아왔을 때의 자신의 생활 태도를 책임지고 떠맡는 것이 종교적 신앙이다. '종교적 신앙은 가치판단의 기준이 되는 좌표 계통을 정열적으로 자신에게 받아들이는 것에 지나지 않을 것처럼 여겨진다. 따라서 하나의 삶의 방식 혹은 그 방식의 판단인 것이 신앙이다. 이 같은 견해를 정열적으로 받아들이는 것이다'(같은 책)라고 말하며, 그는 우리들이 자신의 삶의 태도를 정열적으로 받아들이는 것이 종교적 신앙이라고 가정하고 있다.

'그리스도교라는 종교는 무한의 구원을 필요로 하고 있는 사람에게만, 따라서 무한의 고통을 느끼고 있는 사람이 필요로 한다. 전 지구의 고통은 한 인간의 고통보다도 크지 않다. 그리스도교의 신앙은—나의 생각으로는—그 가장 큰 고통의 피난처이다. 이 같은 고통 안에서 자신의 마음을 닫는 대신 여는 것이 가능한 사람은 마음속에 치료약을 받아들여라…… 살아 있는 인간이 느끼는 고통만큼 커다란 것은 없다고 하는 것은 한 인간이 절망하고 있을 때, 그것은 가장 큰 고통이기 때문이다.'(같은 책)

이같이 우리들이 고뇌하고 절망하고 살아가고 있는 것에 종교의 존재 이유가 있다.

트라텐바흐에 있는 교회
교사 시절 그는 자주 이곳까지 산책했다.

'그리스도교는 인간의 영혼에 대해 일어난 것, 그리고 일어날 것 같은 것에 관해 교의도 이론도 아닌, 인간의 삶에 있어서의 실제 생긴 일을 기술한 것이라고 생각한다. 죄의식도 하나의 실제 생긴 일이고, 절망도 신앙에 의한 구제 역시 그렇기 때문이다. ……그리스도교는 역사적 진리에 바탕을 둔 것이 아니다.'(같은 책)

'또한 복음서에 쓰여 있는 역사적 보고는 역사적인 의미에서 틀리다는 것을 증명할 수 있는데, 그렇다고 해서 그로 인해 신앙을 잃는 것은 아니라는 점은 기묘하게 생각될지 모른다. 그러나 신앙이 사라지지 않는다고 하는 것은 신앙이 예컨대 보편적인 이성의 진리에 입각한 것이 아닌, 역사적 증명이 신앙과는 전혀 관계가 없기 때문이다. ……신앙자는 복음서의 보고에 대해 역사적 진리와의 관계나 이성적 진리의 관계에 관여하지 않는다. 신앙은 곧바르고 명백한 것이 된다.'(같은 책)

그는 그리스도교의 신앙을 역사적 고증, 사변(思辨)이나 지식 등에 의해 이해하는 것이라고는 전혀 생각하지 않았다. 그 신앙이 되는 것은 나의 마음이, 나의 정열이 믿는 것을 필요로 하고 자신의 영혼이 구원받는 것을 바라고 있기 때문이라고 생각하고 있었다. 그에게 있어 그리스도교의 신앙은 우리들의 삶의 고뇌로부터 구제를 바라는 것에서 성립되고 있다.

신의 창조와 재판

"비트겐슈타인은 그 자신의 성격과 경험에서 심판자 및 구제자로서의 신의 사유를 납득할 수 있었다고 생각한다. 그러나 창조나 영원과 관념에서 인도되는 우주론적인 신의 사고방식은 그에게 견딜 수 없는 것이었다."《회상록》맬컴에 따르면 비트겐슈타인은 신의 재판이나 용서, 속죄라고 하는 사고방식은 이해할 수 있었다. 그러나 신이 세계를 창조한다고 하는 사고방식은 전혀 이해할 수 없었다. 또한 신의 존재의 증명이나 종교를 합리적으로 설명하는 것에도 참을 수 없었다.

그는 키르케고르를 참된 종교적인 인간이라고 말하고 있다. 키르케고르에게 있어 신앙은 '비합리적인 것의 비약'에 의해 쟁취하는 것으로 '주체적 진리는 가장 정열적인 내면에서 포착된 객관적 불확실성이다'라는 말에서 보이는 것과 같은 키르케고르의 태도에 비트겐슈타인은 찬성하였다. 그러나 그는 키르케고르와 같이 신의 신앙에 살지 않았다. 종교에 대한 그의 관심은 인간적인 삶의 고뇌에 확고부동하게 정착하고 있었다.

신에 대한 그의 생각은 우리들의 삶의 고뇌와 절망의 해방에 있어 결코 신은 형이상학적 사색의 대상은 아니고, 우리들의 삶과도 멀리 있지 않다는 것이다.

'신'이라는 말의 문법

그는《논고》초고의 하나가 된《일기》에서 '신을 믿는 것은 삶의 의미에 관한 질의를 이해하는 것이다. 신을 믿는 것은 세계의 사실에 의해 문제가 정리되는 것이 아닌 것을 보고 취하는 것이다'라고 했다. 그는 우리들 인간의 입장에서 '신'을 질문하고 '신앙'을 묻고 있다. '신'은 우리들의 삶의 의미를 묻고, 그 가치의 근거가 되는 것으로서 이야기하고 있다. '신은 세계 속에서는 스스로를 드러내지 않는다'《논고》6.432라고 서술하고, 그는 신이 사실의 세계 밖에서 존재한다고 주장하고 있다. '신의 존재'는 과학적 탐구의 대상일 수 없다는 것을 강조하고 있다.

그는 이제까지 서술해 온 것처럼 한평생 신에 대해 이야기할 수 있다는 것은 생각하지 않았다. 그러나 그는 철학으로의 복귀 이래 '신'이라는 말의 문법을 이야기하고자 하였다. 이 문제는 《미학, 심리학 및 종교적 신념에 관한 강의와 대화》(이하 《종교적 신념》)에서 다뤄지고 있다. 거기에서 '신'이라는 말이 실제로 어느 정도 사용되고 있는가를 전망하는 것으로 되어 있고, 우리들의 일상생활에서 '신'이라고 하는 말의 언어 게임이 어떻게 된 것인지를 고찰하고 있다. 이에 따르면 우리들이 '신'이라고 말하는 말을 배우고, 그 용법을 배우는 것은 신의 초상화나 교리를 통해서 가령 부모가 신의 초상화를 가리키며 "신께서 보고 계시단다. 신께서는 벌을 내리실 거야"라고 말하듯 우리들은 그 말을 배운다.

비트겐슈타인의 마지막 사진의 하나
1950년 늦봄 무렵 케임브리지의 폰 브리크트 저택 정원에서, 베르겐 대학교의 트라뇌이가 찍은 사진이다.

그러나 '신의 존재'에 관한 언어 게임은 다른 존재에 관한 언어 게임과는 다르다. 신의 신앙은 일반적으로 증거를 예로 인용해 영위되는 언어 게임과는 다른 행위이다. 신을 믿지 않는 사람이라도 신앙자에 대한 그의 종교적 신앙을 심판하는 기준을 가질 수 없다. 예컨대 신앙자가 꿈 안에서 최후의 심판의 꿈을 보고 최후의 심판이 어떤 것인가를 알고 있다고 말한 경우를 생각해 보도록 하자.

통상 꿈을 예로 인용한 주장과 과학으로 이뤄진 증거를 비교하면, 꿈을 증거로 한 주장은 완전한 판단 착오이자 얼토당토않은 말이라며 상대해 주지 않을 것이다. 가령 꿈을 인용한 예로 내일의 날씨를 예보하는 것은 사회생활에서는 난센스로 비난받을 것이다. 그러나 꿈을 보고 최후의 심판을 믿는 것과 내일의 날씨를 믿는 것은 다르다. 전자의 경우에는 그 일을 믿는 사람의 마음에는 평소부터 '최후의 심판이 있어 그러저러한 사람은 그러저러한 심판을 받는다'라고 말하듯 두려움이나 희망이 환기될 것이다. 따라서 최후의 심판을 믿는 사람이 '나는 ……을 믿는다'라고 말한 것을, 그것은 증거로서 불충분하다 하여 제쳐둘 수는 없다. 이러한 경우의 '믿는다'라고 하는 말도 증거도 일상적인 언어 게임의 관용과는 차이가 있다. 신앙자는 흔들리지 않는 신념을 가지고 있어서 '그것은 추론이나 혹은 신념에 대한 일반적인 근거로 호소하는 것에 의하지 않고, 그의 인생에서 모든 것을 법칙으로 하는 것에 의해 나타나 보인다.' 《종교적 신념》 종교적 신앙이 과학과 같은 종류로 다뤄지면 그것은 미신으로 간주될 것이다. 그러나 종교적 신앙은 미신과는 확실히 구별된다.

신의 상(像)과 신앙

신앙은 과학적 명제와 같은 증거를 예로 인용하여 논증하는 것이 불가능하다. 신앙자는 마음속에 신의 상이나 최후의 심판의 모습을 가지며, 그 상을 마음에 품고 살아가는 것이다. 가령 신앙자는 '지옥의 업화(業火) 속에 억지로 끌려가지 않기 위해서 자신의 생애를 걸고 싸운다. 즉 공포가 그 신념의 일부이다(같은 책)라고 서술한 것처럼, 신앙자는 이 같은 상을 마음에 그리고 생활에서 무엇인가를 선택해야 할 때에도 신의 보답, 벌, 노여움 등을 염두에 두고 행동한다. 그에 대해 무신앙자는 그 같은 일은 전혀 생각지 않는다. 이 같은 경우 양자는 반대의 일을 하고 있지만, 동일한 사항에 대한 의견이 다른 것도 아니다. 양자는 같은 것을 이야기하는 것을 애초부터 거부하고 있다. 바꾸어 말하면 양자는 전혀 다른 입장이다. 신앙자는 신이나 신의 재판의 상을 품고, 무신앙자는 그 같은 상에 의미를 두지 않는다. 따라서 양쪽 모두 신의 신앙에 관한 언어 게임을 행하지 않는 것이다.

이같이 비트겐슈타인의 '종교적 신앙'을 둘러싼 '신'에 대한 문법적 고찰은 신은 무엇인가라든가, 신의 존재 증명이나 자신의 신앙에 대해 이야기하는 것이 아니었다. 그는 《논고》에서 저술한 것처럼 '신'에 대해서는 똑같이 이야기하지 않는다. 그는 《종교적 신념》에서 오로지 '신'이라는 말의 문법, '종교적 신앙'이라고 하는 생활 형태를 그 특수성에 주목하여 고찰한 것이다. 그리고 이러한 고찰에서 우리들은 비트겐슈타인이 '신' 또는 '신의 신앙'에 대해 어떻게 해석하고 있는가를 어슴푸레하나마 이해하는 것이다. 그는 신을 신앙하지 않았다고 이야기하나, 그 같은 신앙에 대한 고찰과 통찰은 참된 종교적인 체험 없이는 불가능하다. 그에게 있어 어쩌면 신의 존재는 부정할 수 없는 것이라고 나는 생각한다. 앞에서도 서술한 것처럼 '나는 종교적 인간은 아니지만 어떠한 문제라도 종교적 관점을 떠나서는 볼 수 없다'고 한 비트겐슈타인의 고백은 그의 사상 및 인간의 이해에 있어 없어서는 안 될 것이다.

방랑의 삶

비트겐슈타인의 생애를 연보로 더듬어보면 그는 한평생 빈을 떠난 적이 없었음을 알 것이다. 그는 영국에 귀화한 후에도 크리스마스 휴가를 대부분 빈에서 보냈다. 그것은 그가 생애 동안 빈을 짊어지고 살아왔다고 하는 증명이기도 하다. 그는 자신의 사상이 이미 젊은 시절부터 형성되어 있었던 것을 고백하고 있고 유대적인 것에 100퍼센트 뿌리내린 것을 말하고 있으나, 그것은 직접 그가 태어나고 자란 세기말의 빈에 확고부동하게 정착되었다는 고백이기도 하다. 그는 무언가 하고자 할 때 항상 홀로 있는 것을 원했다. 혼자 된 생활은 글자 그대로 고독의 생활이었다. 그가 머문 곳은 마을과 떨어진 매우 적막한 곳이었음에 불구하고 아름다운 자연의 풍광에 둘러싸인 혜택받은 곳이었다. 실제적으로 그의 지식의 행위는 결코 관상(觀想 : 순수한 이성 활동에 의해 진리나 실재를 인식하는 일)적이거나 아카데믹하지는 않았다. 그만큼 그는 자신의 철학탐구를 인간의 자연에 기초하고 있다.

그는 자주 '자연에 맡겨라'라고 주장했는데, 그것은 철학탐구에서나 일상생활에서도 실천한 것이었다. 그러나 그의 생활 태도는 우리들 일상적인 이해를 뛰어넘어 이른바 일상인의 자연은 아니었다. 사람들의 눈에는 그가 기인이나 괴짜로 투영되었으나, 그는 반대로 그를 이해 못 하는 사람들을 인간으로서 값어치가 없다고 생각하고 있었던 것이다. 그는 성실한 사람을 좋아하고 신앙이 깊은 사람에게 경의를 표했다. 따라서 그에게 있어 인간으로서의 삶이란 성실한 것이 당연했다. 그런 의미로 그의 삶은 윤리적이고 종교적이었다.

그는 그의 인생을 되돌아보며 그가 정신적으로 고민하고 진지하게 살아온 것을 반복적으로 기술하고 있는데, 그는 유머(humor)의 정신이 모자라고 타인을 달래며 구슬리는 포용력이 부족했다. 그 때문에 그는 많은 사람들과 충돌했다. 그와의 교제는 사람들에게 긴장을 요하는 일로 좀처럼 견디기 어려운

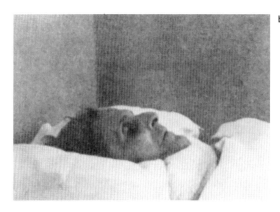
비트겐슈타인의 마지막 모습

일이었다. 그는 한평생 독신으로 지냈다. 그러나 그의 주변에는 항상 청년들이 있었다. 그들은 젊고 진리 탐구에 정열을 불태웠다. 그는 그러한 젊은이들과 친분을 나누고 격한 기질로 의견을 주고받았다. 그러나 그는 제자들에게는 절대로 철학자가 될 것을 추천하지 않았다. 오히려 될 수 있으면 철학자가 되지 않도록 설득하고, 철학자가 되었을 때라도 가능하면 그만두도록 설득했다. 다만 철학하는 것만은 그만두어서는 안 된다고 타일렀다. 그 자신은 케임브리지 대학교의 철학 교수가 되었으나 그것을 특별히 명예로운 일이라고 생각하지 않았다. 다만 주어진 임무를 수행하고자 그는 열심히 노력하였다. 그는 땀 흘리고 손을 더럽히는 일을 좋아해 사람들에게 추천하고 자신도 실천하였다. 그는 철학 이외의 것을 하고자 하였으나 결국은 철학의 자리로 되돌아왔다. 되짚어본 그의 삶은 유대민족의 디아스포라와 같이 방랑의 삶이었고, 그만큼 그의 내면 정신은 격심한 근심과 걱정으로 고민하며 자비롭지 않은 진리 탐구를 향해 있던 것이었다.

비트겐슈타인 연보

1889년   4월 26일 저녁 무렵, 오스트리아–헝가리 이중제국의 수도 빈, 알
            레가세 16번지에서 태어났다. 제철업자인 아버지 카를과 어머니
            레오폴디네의 막내아들이며, 위로 네 명의 형과 세 명의 누나가 있
            었다. 세례명은 루트비히 요제프 요한 비트겐슈타인.
            동시대 사람으로 하이데거와 히틀러가 있다.

1902년(13세) 큰형 한스가 미국 체서피크만(灣)에서 투신 자살. 아버지와의 갈
            등이 원인이라고 한다.

1903년(14세) 린츠의 레알 슐레(실과학교)에 입학하여 1906년까지 공부하였다.
            같은 시기에 히틀러도 재적하고 있었다.

1904년(15세) 둘째 형 루돌프(베를린 대학교 학생), 베를린에서 음독 자살. 동성
            애자였던 것이 원인이라고 한다.

1906년(17세) 베를린의 샬로텐부르크 공과대학에 기계공학 학생으로 입학하여
            주로 항공공학을 배운다.

1908년(19세) 영국으로 건너가 글로솝의 상층기상관측소에 들어간 그는 항공
            공학상의 실험을 위해 연을 날렸다. 가을, 맨체스터 대학교 공학연
            구소의 연구생으로 등록한다. 프로펠러의 설계를 하면서 관심은
            점차 항공공학에서 수학의 기초론으로 변해 간다.

1911년(22세) 예나 대학교의 프레게를 방문한다. 프레게의 권유에 의해 10월부
            터 케임브리지 대학교의 러셀 밑에서 공부하기 시작한다.

1912년(23세) 케임브리지 대학교 트리니티 칼리지의 학생이 되어 논리학 연구에
            몰두한다. 가을, 친구 핀센트와 아이슬란드 여행.

1913년(24세) 아버지 카를, 혈암으로 사망. 〈케임브리지 리뷰〉에 《논리의 과학》
            서평'이 게재된다. 여름, 핀센트와 함께 노르웨이를 여행. 가을, 노

르웨이의 스홀덴에 틀어박혀 논리학 연구에 전념한다. 《논리철학논고》의 기본적 아이디어가 싹트기 시작한다.

1914년(25세) 무어가 스홀덴을 방문, 비트겐슈타인의 연구 성과를 구술필기한다. 빈에서 문예지 편집자 피커와 만나, 아버지에게서 상속받은 유산을 오스트리아의 불우한 예술가들에게 후원하는 것에 대한 상담을 한다. 후원받은 사람들 중에는 시인 릴케와 트라클, 화가 코코슈카, 건축가 로스 등이 있었다. 7월 말, 제1차 세계대전이 발발해 비트겐슈타인은 핀센트와 계획하고 있던 여행을 중지하고, 8월 초 오스트리아군에 지원병으로 입대한다. 동부 전선에 배속됨과 동시에 《초고》라고 불리는 노트를 쓰기 시작해 9월에는 《논리철학논고》의 핵을 이룩한 '사상이론'의 아이디어를 잉태한다. 또한 이해에 피아니스트인 넷째 형 파울이 전장에서 오른손을 잃고 러시아군의 포로가 되었다.

1916년(27세) 6월, 러시아의 브루실로프군의 공격을 받아 죽음의 공포에 직면한다. 이때부터 《초고》의 내용이 논리학에서 형이상학적 문제로 완전히 바뀐다. 사관으로서의 훈련을 받기 위해 올로모우츠의 사관학교에 파견되어, 거기서 건축가 로스의 제자 엥겔만과 만난다.

1918년(29세) 이탈리아의 남부 전선에 전속, 산악포병연대에 배속되어 공훈을 세운다. 5월, 친구 핀센트가 영국에서 시험 비행 중에 추락사했다는 소식을 듣고 큰 충격을 받는다. 여름휴가를 빈과 잘츠부르크에서 보내고 《논리철학논고》를 사실상 완성한다. 11월, 트렌토 근처에서 이탈리아군의 포로가 되어 코모수용소로 보내진다. 또한 이해, 셋째 형 쿠르트가 철퇴의 책임을 지고 전장에서 권총 자살.

1919년(30세) 1월, 몬테카시노의 포로수용소로 이송. 6월, 케인스의 손을 빌려 《논리철학논고》의 원고를 러셀에게(뒤에 프레게에게도) 보낸다. 8월, 석방되어 빈에 돌아와 모든 재산을 넷째 형 파울과 두 누나에게 나누어준다. 9월, 초등학교 교사가 되기 위해 빈의 교원양성학교에 등록. 12월, 네덜란드의 헤이그에서 러셀과 재회하고 《논리철학논고》에 대해 토론. 러셀은 '머리말'을 쓸 것을 약속한다.

1920년(31세) 러셀의 '머리말'을 받았으나 실망한다. 교원양성학교를 졸업하고 9월부터 트라텐바흐의 초등학교 임시교사가 된다.

1921년(32세) 가을, 러셀의 추천으로 《논리철학논고》가 오스발트가 편집하는 〈자연철학연보〉(제14권 3·4호)에 게재된다.

1922년(33세) 9월, 푸흐베르크의 초등학교에 전임. 11월, 《논리철학논고》의 독영 대역판이 오그던의 영역으로 간행된다.

1923년(34세) 9월, 케임브리지에서 램지가 방문한다. 이후 몇 번에 걸쳐 방문이 계속된다.

1924년(35세) 가을, 오테르탈의 초등학교에 전임. 11월, 《초등학생을 위한 사전》의 출판을 계획(간행은 1926년). 12월, 빈 대학의 모리츠 슐리크에게서 처음으로 편지를 받는다.

1925년(36세) 7월, 프레게 사망. 6월, 케임브리지에 체류하며 케인스와 램지를 만난다.

1926년(37세) 4월, 학생 체벌 사건을 일으켜 교사직을 사임한다. 빈으로 돌아와 휘텔도르프의 수도원에 들어가기를 원하지만 이루지 못하고, 수도원의 정원사를 직업으로 삼는다. 6월, 어머니 레오폴디네 사망. 가을, 셋째 누나 마르가레테(스톤보로 부인)를 위해 건축가 엥겔만과 함께 저택을 설계하기 시작한다.

1927년(38세) 2월, 빈학파의 지도자 슐리크와 처음으로 회견. 그 뒤 바이스만, 카르나프, 파이글 등 빈학파 사람들과 교류가 시작된다.

1928년(39세) 3월, 바이스만, 파이글과 함께 수학자 브라우어르의 '수학·과학·언어' 강연을 듣고 자극받아 다시 철학을 이야기하기 시작한다.

1929년(40세) 1월, 케임브리지 대학교 트리니티 칼리지의 대학원에 재입학. 6월, 《논리철학논고》를 학위논문으로 제출하고, 러셀과 무어에 의한 논문심사를 통과하여 박사학위를 수여받았다. 〈아리스토텔레스 협회 연보〉에 〈논리 형식에 관한 약간의 고찰〉을 발표. 7월, 마인드 협회와 아리스토텔레스협회의 합동학회에서 '수학에 있어서의 무한'에 대해 강연. 11월, '이교도들'이라고 불리는 회합에서 '윤리 강화'를 강연. 12월, 빈에 돌아와 슐리크, 바이스만과 토론을 거듭한다. 1932년 7월까지 계속된 이 토론은 나중에 《비트겐슈타인과 빈 학파》(1965)로 출판된다.

1930년(41세) 1월, 램지가 27세로 사망. 케임브리지 대학교에서 강의를 시작한다. 무어는 그때의 노트를 바탕으로 《비트겐슈타인의 강의 케임브리지, 1930~1933》을 집필한다. 5월, 《철학적 고찰》의 초고를 완성한다. 12월, 트리니티 칼리지의 연구원에 추천된다.

1931년(42세) 6월, 《철학적 문법》으로 제목을 붙인 저작의 구상에 착수한다.

1933년(44세) 〈마인드〉지 편집장에게 편지를 보내 브레이스웨이트의 논문이 '내 견해의 부정확한 표현'이 된 것에 항의한다. 여름, 《철학적 문법》의 바탕이 되는 타자 원고를 작성. 가을부터 《청색책》의 구술을 시작한다.

1934년(45세) 러시아 이주를 계획하고 F. 스키너와 함께 파스칼 부인에게 러시아어를 배우기 시작한다. 9월, F. 스키너와 함께 아일랜드에 제자 드루리(정신과 의사)를 방문해, 의사가 되어 러시아에 갈 수 있는 가능성을 조사했다. 가을부터 《갈색책》의 구술을 시작한다.

1935년(46세) 〈'개인적 경험' 및 '감각여건'에 대해서〉를 노트에 기록한다. 9월, 러시아를 방문하고 레닌그라드(현 상트페테르부르크)와 모스크바를 여행한다. 논리학자 소피아 야놉스카야를 만나 철학 교수의 지위를 약속받지만, 결심이 서지 않은 채 영국에 돌아온다. 망설인 끝에 결국은 러시아 이주를 단념한다.

1936년(47세) 6월, 슐리크가 빈 대학 구내에서 정신이상 학생에 의해 죽는다. 8월, 노르웨이의 스홀덴에 틀어박혀 《갈색책》 독일어 번역에 몰두하지만, 머지않아 그 작업을 포기한다. 11월부터 12월에 걸쳐 《철학탐구》를 쓰기 시작해, 현행판의 제1절부터 188절까지를 완성한다.

1937년(48세) 1월, 빈에서 노르웨이를 향하던 도중에 케임브리지에 들러, 무어와 파스칼 부인 등에게 두 가지의 심각한 문제에 대해 '고백'을 한다. 9월부터 11월에 걸쳐 스홀덴에서 《수학의 기초》 제1부에 해당하는 원고를 완성한다.

1938년(49세) 3월, 나치 독일에 의한 오스트리아 합병 소식을 듣고 영국에 귀화할 것을 결심한다. 여름, 케임브리지 대학교 연구실에서 리스 등 몇몇 학생을 상대로 '미학, 심리학 및 종교적 신념에 관한 강의와 대화'를 한다.

1939년(50세)　2월, 케인스 등의 추천에 의해 무어의 후임으로 케임브리지 대학교 교수로 취임. 4월, 영국 국적을 취득. 9월, 제2차 세계대전 발발. 10월 이후 《수학의 기초》 제2부의 집필을 계속한다.

1941년(52세)　10월, F. 스키너 사망. 런던 가이즈 병원에서 봉사 활동. 그것과 병행해 《수학의 기초》 제3부, 제4부를 집필.

1942년(53세)　리스와 '프로이트에 대한 대화'를 시작해 1946년까지 계속한다.

1943년(54세)　4월, 뉴캐슬의 로열 빅토리아 진료소 실험조수가 된다. 일하는 틈틈이 노트에 《수학의 기초》 제5부 원고를 자기 손으로 직접 썼다.

1944년(55세)　2월, 병원 일을 그만두고 케임브리지에 돌아온다. 10월, 케임브리지 대학교에서의 강의를 재개하고 《철학탐구》의 제189절부터 421절까지 집필. 11월, 무어의 후임으로 도덕과학 클럽의 회장이 된다.

1945년(56세)　1월, 《철학탐구》의 '머리글'을 집필. 5월, 독일이 연합국에 항복.

1946년(57세)　《철학탐구》의 초고에 제422절부터 693절까지 첨가해서 제1부를 완성. 5월부터 제2부의 집필에 착수한다. 가을부터 '철학적 심리학'이라고 제목을 붙인 강의를 시작한다.

1947년(58세)　12월, 케임브리지 대학교 교수직 사임. 《심리학의 철학 I》 초고 작성.

1948년(59세)　여름까지 아일랜드에 머문다. 9월, 병상에 있던 큰누나 헤르미네를 문병하러 빈에 간다. 10월, 케임브리지에 돌아가 《심리학의 철학 II》 초고 작성.

1949년(60세)　《철학탐구》 제2부의 선정을 마친다. 《쪽지》의 초고 작성. 7월부터 10월까지 맬컴의 초대에 응해 미국으로 건너가 뉴욕주의 이타카에 머물며 코넬 대학에서 강의와 세미나를 한다. 귀국 뒤, 11월에 전립선암으로 판명된다. 12월, 빈으로 가서 자택에 보관하고 있던 노트나 초고들을 불태워 없앤다.

1950년(61세)　2월, 큰누나 헤르미네가 암으로 사망. 4월, 옥스퍼드의 앤스콤의 집에서 잠시 신세를 짐.《확실성의 문제》를 쓰기 시작한다. 11월, 케임브리지의 의사 베번의 집으로 옮겨간다.

1951년(62세) 1월, 옥스퍼드의 앤스콤의 집으로 가 유언장을 작성해, 유언집행인과 유고관리인을 지명한다. 2월, 병세가 악화되어 다시 의사 베번의 집으로 돌아간다. 3월부터 4월,《확실성의 문제》를 써나간다. 4월 27일 오후, 산책 뒤에 발작을 일으켜 다음 날에 의식을 잃고, 4월 29일 아침에 삶을 마감한다. 유해는 5월 1일, 케임브리지의 서북단 세인트 자일스 공동묘지의 거의 중앙에 매장되었다. 묘비에는 이름과 태어난 해와 죽은 해만이 기록되어 있다.

김양순

성신여대 독문학과를 졸업하고 동대학원에서 독문학을 전공하다. 독일 뮌헨대학에서 심리학 전공. 심리치료사자격을 취득하다. 옮긴책 미하엘 엔데《끝없는 이야기》프로이트《정신분석 입문》《꿈의 해석》등이 있다.

세계사상전집039
Ludwig Wittgenstein
TRACTATUS LOGICO-PHILOSOPHICUS
PHILOSOPHISCHE UNTERSUCHUNGEN
VERMISCHTE BEMERKUNGEN
논리철학논고/철학탐구/반철학적 단장
루트비히 비트겐슈타인/김양순 옮김
동서문화사창업60주년특별출판
1판 1쇄 발행/2016. 9. 9
1판 4쇄 발행/2024. 10. 15
발행인 고윤주
발행처 동서문화사
창업 1956. 12. 12. 등록 16-3799
서울 중구 마른내로 144 동서빌딩 3층
☎ 546-0331~2 Fax. 545-0331
www.dongsuhbook.com
잘못된 책은 구입하신 곳에서 바꾸어드립니다.
＊
사업자등록번호 211-87-75330
ISBN 978-89-497-1447-9 04080
ISBN 978-89-497-1408-0 (세트)